工商管理优秀教材译丛

管 理 学 系 列——

风险评估

理论、方法与应用

[挪威] 马文·拉桑德（Marvin Rausand） 著

Risk Assessment: Theory, Methods, and Applications

刘一骝 译

清华大学出版社
北 京

MARVIN RAUSAND
Risk Assessment
Theory, Methods, and Applications
EISBN: 978-0-470-63764-7

图书在版编目(CIP)数据

风险评估：理论、方法与应用 /（挪威）拉桑德(Rausand, M.)著；刘一骝译. —北京：清华大学出版社，2013 (2021.12 重印)
(工商管理优秀教材译丛. 管理学系列)
书名原文：Risk assessment: theory, methods and applications
ISBN 978-7-302-32417-1

Ⅰ. ①风… Ⅱ. ①拉… ②刘… Ⅲ. ①风险管理 Ⅳ. ①F272.3

中国版本图书馆 CIP 数据核字(2013)第 105230 号

责任编辑：杜 星
封面设计：常雪影
责任校对：宋玉莲
责任印制：宋 林

出版发行：清华大学出版社
网 址：http://www.tup.com.cn, http://www.wqbook.com
地 址：北京清华大学学研大厦 A 座 **邮 编**：100084
社 总 机：010-62770175 **邮 购**：010-62786544
投稿与读者服务：010-62776969, c-service@tup.tsinghua.edu.cn
质 量 反 馈：010-62772015, zhiliang@tup.tsinghua.edu.cn
印 装 者：三河市龙大印装有限公司
经 销：全国新华书店
开 本：185mm×260mm **印 张**：32.25 **字 数**：772 千字
版 次：2013 年 6 月第 1 版 **印 次**：2021 年 12 月第 7 次印刷
定 价：79.00 元

产品编号：045768-02

译者序

风险评估
Risk Assessment

在中国经济逐渐成为全球领头羊的今天，安全事故却仿佛是梦魇一样一直围绕在我们周围。从大连湾的漏油事件到温州的高速列车追尾再到不时发生的煤矿瓦斯爆炸和塌方，这些悲剧都在时刻提醒我们，确保技术安全、避免事故发生已经成为保证可持续发展的重要命题。事实上，自从工业革命以来，随着科技发展，技术系统也变得越来越庞大并且复杂，全世界的学者和工程技术人员一直都在致力于寻找有效的方法和手段，在发展生产的同时能够保护人员、财产和环境的安全。

风险评估是进行重大事故预防不可或缺的一个重要环节，有效的风险评估可以帮助人们识别技术系统的缺点，发现各种可能会造成伤害的危险事件，进而采取相应的预防和补救措施，阻止事故的发生，或者将事故的影响降到最低。

西方发达国家，尤其是西北欧国家，在经历了 20 世纪 70 年代和 80 年代一系列惨痛的工业事故之后，就一直把工业安全和事故预防的问题放在重中之重的地位，并大范围推广风险评估技术和方法，也对此进行了大量的探索和研究。所有的这些成果都会对解决中国日益严重的技术安全问题有巨大的帮助。

位于挪威特隆赫姆的挪威科技大学和挪威工业与技术研究院，拥有在风险评估和重大事故预防领域全世界领先的研究团队，而我在博士后和访问博士期间的导师——马文·拉桑德教授更是其中的领军人物。从 20 世纪 70 年代，拉桑德教授就一直从事可靠性与风险评估方面的研究、咨询和教学工作，他的《系统可靠性理论：模型、统计方法与应用》一书，是包括麻省理工学院、伯克利大学在内的世界很多知名大学的可靠性课程指定教材，已经在国内出版，受到了广大读者的欢迎。

我很荣幸能够有机会把拉桑德教授的新书翻译成中文带给大家。本书对风险评估相关的概念进行了详细的界定和周密的定义，因此读者可以循序渐进，系统地把握风险评估的内涵。可以说，市场上现在所有的教材都没有做到这一点。另外，本书也真正全面并且结构化地介绍了各种风险评估方法，能够帮助读者纵览全貌，对不同的方法进行比较，并根据实际应用选择合适的技术手段。

这本书基于拉桑德教授自己和很多合作者多年的研究成果和经验，最后成稿于 2011 年拉桑德教授在法国普罗旺斯国立高等工程技术学院进行学术休假期间。作为国际知名专家，拉桑德教授并没有利用学术休假满世界演讲圈钱，而是实实在在、一页一页地把这本著作完成，可见这是对读者一份多么充满诚意的礼物。而拉桑德教授这种踏实的态度，也激励着我认真地对待自己的翻译工作。

在翻译的过程中，拉桑德教授给予了我很大的支持，也经常及时解答我很多有关内容方面的问题。在此，我再次向拉桑德教授表示最真诚的谢意。

同样，我要感谢我的硕士和博士生导师——天津大学管理与经济学部的刘子先教授。没有刘老师的无私帮助，这本书就无法完成。此外，我还要感谢清华大学出版社的编辑杜星先生和他的同事，他们的帮助和专业工作让本书得以出版。我也应该感谢挪威科技大学的胡亨平博士对于本书概率论相关内容翻译的指正。

最后，我要感谢我的妻子韩菡，一方面是因为她一直以来对我的支持，另一方面她在本书的文字和内容的校对上也付出了巨大的努力。

拉桑德教授在原作致谢中提到，本书的优点大部分应该归功于我的合作者，至于一切错误、缺点和不正确的见解，当由自己完全负责。我在工作当中慢慢地体会到，这真的不是一句空话或者自谦，而是发自肺腑。对于中文版而言，如果读者发现了问题和错误，那么很多都是由于译者的水平有限，而如果读者有所收获的话，我们应该感谢原作者多年来的努力。

刘一骝

挪威特隆赫姆

2012 年 8 月 1 日

前　言 风险评估
Risk Assessment

这本书全面介绍了风险分析、风险评估以及相关的方法。我们关注的是技术或者社会技术系统中可能发生的事故，尤其是突发的重大事故。一般性的职业事故以及由于长期工作引起的健康问题不是本书的重点所在。

1991 年，挪威颁布了国家标准 NS 5814《风险分析需求》，与此同时，我也编写了一本小册子，名为《风险分析：NS 5814 指南》(拉桑德，1991 年)。这是一本非常浅显的读物，但是却涉及一个非常重要的命题，因此得到了广泛的使用。在《系统可靠性理论》一书第一版 1995 年出版之后，我就开始筹划撰写这本书。但不久之后，我发现撰写一本有关风险评估的书要比撰写系统可靠性教材难得多，这主要是因为风险评估的术语非常模糊，同时它又是一个多学科交叉的话题，相关的报告和指南汗牛充栋却又很难理出线索。

到了 2008 年，NS 5814 第二版发布，相关的指南也随之更新和扩展，因此我和英格瑞·波沃尔·于特内(Ingrid Bouwer Utne)合作了一本挪威语教材《风险分析：理论和方法》(拉桑德和于特内，2009 年 b)，它与本书的结构类似，只是更加基础和平铺直叙，构成了本书的雏形。

本书主要分为两个部分。第一部分介绍了风险分析，并且定义和讨论了相关的概念。我们是否能够真正理解事故是如何发生的，对于风险评估方法的选择会产生影响。因此，我们在书中专门留出一章描述事故模型和事故的前因后果。书中还有一章介绍了输入数据要求和数据质量，而其他的一些章节则按照结构化的方法介绍了风险评估的各个步骤。

第二部分讲述的是风险分析的主要方法，包括初步危险分析、HAZOP、故障树分析和事件树分析等。我们还讨论了像共因失效和人因错误这些特别的问题。在第二部分的最后，我们简单回顾了风险评估在一些主要应用领域的发展进程和应用情况。

本书的第三部分是附录，其中附录 A 对一些相关的概率和统计知识进行了简单的介绍。如果读者没有经过基本的概率和统计的训练，可以首先阅读这部分附录。其他的读者也可以对照附录 A 中的公式加深对其他章节内容的理解。此外，我们还在第三部分中列出了风险评估中常用的缩写和术语。

本书还列出了一些可供参考的法律、规章和标准。在使用这些参考资料的时候，读者需要及时检查是否已经有最新版本的文件发布。

在风险评估领域，有很多家机构发布了数不清的技术报告。这些技术报告虽然大部分都具有非常高的质量但是却在使用相互冲突的术语，或者介绍了多种方法但是这些方法的作用却大抵相同。另外，市场上真正关于风险评估的教科书也寥寥无几。

为了让风险评估的术语更加标准规范，我花了很多的工夫去界定这些术语，并尽量给出清楚的定义。在本书中，对于大部分的定义我都使用了单独的段落和专门的符号作为标记。

此外，在编写这本书的过程中，我还阅读了很多不同机构发布的指南，试图从这些指南中挖掘一些重要的信息。然而，这些指南的发布速度要超过我的阅读速度，所以我不得不说阅读全部指南确实是一项无法完成的任务。在搜索指南的时候，我也一定会漏掉一些重要的机构，同时还有很多指南是用我不了解的语言编写的，这些都有待读者根据自己的情况进一步学习。

我选择了一些自己认为有用也是最常见的方法，但是这些方法是否合适还要取决于读者本人的判断。这本书可能看起来有些保守，因为我选择的主要都是那些久经考验的方法，而没有包括那些新奇的想法。

在风险评估的一些领域，比如人因可靠性分析中，有很多种方法，所以每个研究人因可靠性的人都可以开发属于自己的方法和技术。

在每章的最后，我都给出了一些延伸阅读的建议。我不敢说这些参考书目是最相关的，但是就我个人而言，它们确实是最有用、与本书相应内容最为接近的文献。

本书主要用作风险分析和风险评估的大学高年级和研究生课程。出于这个目的，我也设计了一系列相关问题，有兴趣的读者可以登录本书主页找到这些问题：http://www.ntnu.edu/ross/books/risk。

我希望本书也能够成为实用风险评估的指南，因为它对各种方法都做了充分的描述，读者在阅读完描述之后就可以使用相应的方法。我在介绍每一种方法的时候都使用了相同的结构，包括方法的具体步骤以及流程图。这些方法的描述基本上都是独立的，因此不需要阅读整本书就可以使用其中的一些方法。

本书中的大部分描述和案例都来自欧洲，尤其是挪威。然而，我相信它们对于世界上的其他地区也是有着借鉴意义的。

本书的写作风格与我前一本有关系统可靠性理论的书（拉桑德和霍伊兰德，2004 年）类似，甚至有一些方法同时在两本书中出现，只是考虑的角度有些差别。有些问题在《系统可靠性理论：模型、统计方法与应用》一书中阐述得更加详细，因此我推荐读者最好能够同时拥有这两本书。

我希望您在阅读本书的过程中会有所收获。如果您有问题或者建议，可以给我发送电子邮件。我的联系方式可以在本书的主页找到。

马文·拉桑德

挪威特隆赫姆

2011 年 3 月 15 日

致 谢

风险评估
Risk Assessment

我很荣幸能够得到很多朋友和同事对于本书提出的宝贵建议和帮助。他们是(按音序):

- 斯坦·豪根,是挪威科技大学风险分析领域的教授,拥有非常丰富的工业项目风险分析经验。他曾经阅读了本书的几个章节,并提出了一些富有价值的改进建议。
- 派尔·胡可斯塔德,来自挪威工业与技术研究院,是本书第 15 章共因失效部分初稿的合作者,他对于这一章的内容有重要的影响。
- 英格丽莎·约翰森,是挪威科技大学的一名博士研究生。我很荣幸能够成为她的硕士和博士阶段的导师,她的硕士论文是和本书的第 2 章和第 4 章共同完成的,她本人也对这两章的内容做出了巨大贡献。此外,她还阅读了其他几章的内容,对我的一些拙劣的表达进行了修改,补充了一些内容,并提出了一些有关文字和技术上的建设性建议。
- 安德烈·尼沃特,来自布拉格捷克理工大学,他曾经在挪威科技大学做过六个月的短期访问,我很荣幸可以在此期间对他进行指导。他帮助我撰写了第 10 章中有关佩特里网的内容。
- 英格瑞·波沃尔·于特内,是挪威版教科书《风险分析:理论和方法》(拉桑德和于特内,2009 年 b)的合作者,当时她是挪威科技大学的一名博士后研究员。她的很多观点以及我们关于一些问题的讨论对于本书都有着影响。
- 克努特·厄恩,来自挪威工业与技术研究院,同时也是挪威科技大学风险评估领域的兼职教授。他是本书第 13 章人因可靠性分析部分初稿的合作者,并对最终稿给出了建议。此外,本书的第 17 章有关风险评估发展的应用的内容,也是基于多年以前克努特·厄恩和我合编的一份挪威语报告完成的。

我同样还要感谢 John Wiley & Sons 出版社编辑人员认真、高效和专业的工作。

我也要感谢国际电工委员会(International Electrotechnical Commission,IEC)许可我使用 IEC 60300-3-9 第 1.0 版(1995 年)、IEC 60300-3-4 第 2.0 版(2007 年)、IEC 60050-191 第 1.0 版(1990 年)、IEC 61508-0 第 1.0 版(2005 年)、IEC 61508-4 第 2.0 版(2010 年)、IEC 61508-1 第 2.0 版(2010 年)、IEC 61508-6 第 2.0 版(2010 年)。所有这些标准的版权都归瑞士日内瓦国际电工委员会所有。如果要了解更多有关 IEC 的信息,请访问 http://www.iec.ch。IEC 对于作者复制和使用的内容不负任何责任,同时 IEC 对于本书其他内容和准确性也不负任何责任。

本书第 2 章中有部分内容来自 NS-ISO 31000:2009《风险管理——原则和指南》,还有一些定义来自 NS-EN ISO 17776:2002,这些复制的内容都已经在 2011 年 3 月得到了标准在线公司的许可，但是公司仍然保留全部版权，标准在线公司也不保证复制的这些内容正确。

本书使用到了英国健康与安全执行委员会(Health and Safety Executive，HSE)的一些出版物作为参考文献，这些都属于 HSE 发布的公共信息，得到了英国《政府开发式许可条例 1.0 版》的许可。

这本书是我在法国普罗旺斯省的法国国立高等工程技术学院(Ecole Nationale Supérieure d' Arts et Métiers，ENSAM)进行学术休假期间完成的，我非常感谢里奥那尔·卢库莱斯教授(Lionel Roucoules)和他的同事们，他们帮助我在法国度过了愉快的一年。

在本书的写作过程中，我也阅读了很多与风险评估相关的书籍、科技论文、标准、技术报告、指南和讲义，我尽量对它们进行了重新加工和整理，并尽量列出了参考文献注释。如果本书使用了未经授权的句子并且没有给出参考文献注释，绝对不是我的本意，我对此感到非常抱歉。

在《生活的艺术》(1937 年由美国纽约威廉姆·英罗公司(William Morrow)出版)一书的前言中，林语堂先生写道："当我结束这篇自序时，必须照例地说，本书如有优点的话，大部分应该归功于我的合作者，至于一切错误、缺点和不正确的见解，当由我自己完全负责。"我在这里也想表达同样的意思，只是要把合作者一词替换成同事和参考文献。

马文·拉桑德

目 录 风险评估 Risk Assessment

第1篇 风险评估介绍

第2篇　风险评估方法与应用

第3篇 附 录

第 1 篇

风险评估介绍

第1章

背景介绍

风险是一个既有趣又复杂的概念。从某种意义上说，它关心的总是与未来、可能性以及还没发生的事情有关。

——艾尔姆斯(Elms,1992年)

1.1 简介

如果你向10个人询问风险的含义，你可能会得到10种不同的答案。甚至关于风险这个问题，报纸或者其他媒体上给出的说法也都大相径庭。表1-1列出的是我们将“风险”作为关键词在一些网站上搜索的结果。在这些描述当中，“风险”一词可以被“机会”、“可能性”或者“概率”替代。和“风险”一样，还有一些词人们也容易发生混淆，比如“危害”、“威胁”和“危险”。这种混淆不只发生在普通公众身上，学术界也不例外——每一名研究人员都对这些词汇有着自己独特的解释。只要我们随便翻一翻有关风险评估的教科书、期刊论文、标准和指南，就会发现风险评估专家对于最基本的概念实际上也是各执一词。

表1-1 在一些网站上使用的“风险”一词(2010年5月收集)

……政府有遭遇耻辱性失败的风险……	……因为存在被盗窃的风险……
……人们判断股指有很大的风险会下跌……	……更多的家庭可能会有被洪水淹没的风险……
……并没有一种简单的方法可以预测离婚风险……	……这是一种对于环境风险更大的开采能源的方式……
……投资者愿意承担高风险……	……风险偏好型股票和企业债券……
……受到鼓舞的金融从业者，冒着违法的风险，去追逐更大的利润……	……降低汽车相撞的风险……
……风险已经开始冲击股市……	……自行车头盔可以将头部受到伤害的风险降低88%……

续表

……这笔投资已经让他们的资产暴露在风险当中……	……这项行动的风险性很高,很容易引起漏油事件……
……我们的食品和饮水供应都存在风险……	……有发生"切尔诺贝利"这样重大事故的风险……
……她已经考虑到由于自己工作带来的风险……	……种种迹象表明,风险已经在控制当中……

1996 年,知名风险研究专家斯坦·卡普兰(Stan Kaplan)在接受风险分析协会颁发的特别贡献大奖时,在协会年度全体会议上阐述了关于风险一词自己的看法。在他大会发言的介绍部分当中,卡普兰说道①:

"风险分析这个词曾经是、现在是、将来也一直会是一个问题。你们当中的很多人还会记得,在风险分析协会刚刚创建的时候,第一项工作就是成立一个委员会定义'风险'这个词。委员会花了整整四年的时间,最终还是决定放弃。它的最后一份报告指出,最好的方法也许就是不要对风险下定义。让每一个作者按照自己的方式去定义,唯一需要的就是他们都应该解释清楚自己的定义方式(卡普兰,1997 年)。"

1.1.1 三个主要问题

(本书中使用的)风险一词通常与未来发生的事情有关。我们与古人不同,他们相信未来是由上帝的意志所决定的[可参阅贝恩斯坦(Bernstein)的著作,1996 年],而我们则认为自己可以以理性的方式分析和管理风险。我们的工具就是"风险分析",而目标则是面向未来进行更好的决策。

可能会发生的有害事件其实就是生活的一部分。这些事件可能是自然灾害,比如洪水、地震或者雷电;也可能是由于技术失效或者人类活动造成的。一些有害事件可以预见并且能够快速解决,然而另外一些却总会不期而至,因为它们可能是无法预测的,或者发生概率很小。在很多系统中,人们安装了各种防护装置阻止有害事件发生,或者在此类事件发生的时候尽量减少它们的负面影响。风险分析的作用,就是寻找这些有害事件的成因,认定有害事件的可能后果,识别并设定安全栅的优先级,并帮助确定与系统相关的风险是否可以"容忍"。

进行风险分析,目的是回答下列三个主要问题[卡普兰(Kaplan)和卡里克(Garrick),1981 年]。

问题 1:会发生什么问题?

为了回答这一问题,我们必须识别出可能会对我们希望保护的资产造成伤害的潜在"危险事件"②。我们要保护的资产可能是人、动物、环境、建筑、技术装备、基础设施、文化遗产,也可能是我们的声誉、信息、数据等。

问题 2:发生问题的可能性有多大?

这个问题的答案可能是一段定性的描述,也可能是一个概率或者频率。我们需要逐

---

① 来自《风险分析》第 17 卷《风险分析词汇》一文,作者卡普兰(1997 年)版权,已得到 Wiley-Blackwell 出版社的授权许可。

② 卡普兰和卡里克(1991)使用"情景"(scenario)一词来替代"危险事件"(hazardous event)。

个考虑问题 1 中识别出的危险事件。为了确定这些事件发生的可能性,我们一般需要进行因果分析,识别出可能导致危险事件的根本原因(也就是危害或者威胁)。

问题 3:后果是什么?

对于每一个危险事件,我们都必须识别出潜在的伤害以及对于问题 1 中提及资产的负面影响。绝大多数系统都会安装安全栅,防止或者缓解伤害。资产是否会受到伤害将取决于这些安全栅在危险事件发生时能不能发挥应有的作用。

那么现在,我们就可以将风险定义为上述这三个问题的答案。

1.1.2　概念模型

在回答了第一个问题之后,我们就可以识别出每一个危险事件,而回答问题 2 和问题 3 的分析过程,如图 1-1 所示。这幅图描述了不同的危险或者威胁可能会导致危险事件的发生,这些危险事件又可能会产生不同的后果。在危险/威胁与危险事件之间,我们可以部署各种安全栅。同时,安全栅也可以置于危险事件与后果之间。图 1-1 中的模型被称为"领结"模型,因为它看起来很像男士在正式场合身穿西装时佩戴的蝶形领结。

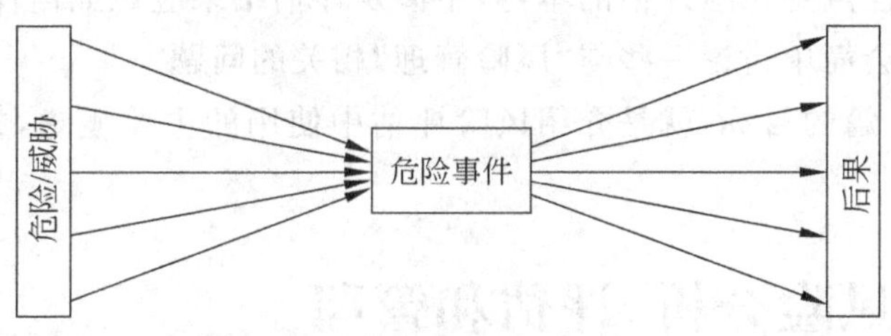

图 1-1　一个简单的领结模型

这个领结模型对于描述风险的概念和分析过程都非常有意义。要解释风险这个词,就需要回答卡普兰和卡里克(1981 年)提出的三个问题,然而已经有太多的机构和从业者按照他们自己的方法进行了解释,因此才会出现今天的混乱局面。现在,很多法律条文都要求进行风险分析或者风险评估,但是对于这些评估工作还缺乏统一的术语和标准架构。

1.1.3　本书的目标

本书的主要目标是向读者全面地介绍风险评估,同时也将介绍在工程或者社会技术系统中进行风险评估的必备理论和主要方法。

上述目标可以细分为:

(a) 介绍并讨论工程及社会技术系统风险评估中使用的术语。我们希望风险评估的术语可以借此更加规范。

(b) 定义并讨论如何对风险进行量化,以及如何使用这些量化方法评价风险的容忍度。

(c) 介绍风险评估的主要方法,并讨论每一种方法的适用范围、优点以及局限。

(d) 介绍并讨论与风险评估相关的一些主要问题(比如人为错误、关联失效等)。

(e) 描述在实践中如何进行风险评估,并介绍一些重要的应用领域。

1.1.4 本书的重点

本书所关注的风险具有以下几个特点：

- 在工程或者社会技术系统之中；
- 可能是未来发生的事件；
- 会产生不良后果；
- 会对我们希望保护的资产产生影响。

我们考虑的系统包括各种类型的工程系统，它可以是小型机械，也可以是复杂的工厂或者交通网络。当然，本书并不会涵盖所有类型的风险，我们主要关注的是“事故”，也就是突发事件带来的负面后果(可能是某种损失或者破坏)。因此，连续或者长期暴露在危险环境当中或者使用危险材料(比如说石棉)所产生的负面影响，除非这种危险环境是由某一个特定事件(比如爆炸)引起的，否则它们并不在本书的关注范围之内。此外，本书也不会介绍或者讨论具体的物理因果模型，比如火灾或者爆炸模型。

本书的主要关注点是风险评估的本身，不涉及评估结果应该如何使用的问题。当然，本书的第 5 章还是会简单讨论一些与“风险管理”相关的问题。

那么，本书第 1 篇的目标，就是介绍风险评估中使用的主要概念，并将风险评估与决策相结合。

1.2 风险分析、评估和管理

1.2.1 风险分析

到现在为止，我们已经多次提到了风险分析，但是还没有给出一个清晰的定义。对于这个概念，最为常用的定义如下。

- **风险分析**：系统地使用既有信息，识别出危险，并预测其对于人员、财产和环境的风险(IEC 60300-3-9，1995 年)。

从某种意义上来说，风险分析通常是一种“主动”的方法，目的就是避免可能发生的事故。事故调查则与之相反，是一种“被动”的方法，目的是寻找已经发生的事故的原因和情况。

三个主要步骤。风险分析主要按照三个步骤执行，目的就是回答第 1.1.1 节中提出的三个问题：

1. 危险识别。在此步骤中，需要一起识别出潜在的危险事件，以及与系统相关的危险和威胁。同时，也需要识别出可能会受到伤害的资产。

2. 频率分析。在这一步中，需要进行演绎分析，识别出每一个危险事件的成因。同时根据经验数据和专家判断预测危险事件的频率。

3. 后果分析。这个环节需要进行归纳分析，识别所有由危险事件引起的潜在后果。归纳分析的目标通常是找出所有可能的最终结果，以及它们的发生概率。

定量分析与定性分析。风险分析可以是定性的,也可以是定量的,具体采用哪种方法需要取决于分析的目标。

- **定性风险分析**:以完全定性的方法确定概率和后果。
- **定量风险分析(quantitative risk analysis,QRA)**:对概率及后果进行数学估计,有时候还需要考虑相关的不确定因素。

定量风险分析适合对那些发生概率较低、影响较大的事件的风险进行量化,也可以进行专门的概率评估和大规模分析。而"半定量风险分析"一词,有时候指在一定范围内对概率和后果进行近似量化的风险分析。

注释:有的行业使用另外一些词汇描述定量风险分析。在美国核能以及航天工业当中,定量风险分析被称为"概率风险分析"。而在欧洲的核能领域,定量风险分析则被称为"概率安全分析(probabilistic safety analysis,PSA)"。欧洲的海洋工业中使用"综合安全评估(formal safety assessment,FSA)"一词,而挪威的海洋工业中有时候会出现"全面风险分析(total risk analysis,TRA)"这种说法。

风险分析的类型。可以按照不同的方法对风险分析进行划分。图1-2就列出了其中一种划分方法,它以一个3×3矩阵的方式展现了三种类别的危险和三种类别的资产。

资产	危险源		
	人员	环境	技术/材料
人员	1	2	3
环境	4	5	6
钱物	7	8	9

图1-2 风险分析的不同类型

我们主要关注图1-2的最后一列,即危险的来源是技术系统或者一些危险物料。当然,对于其他类型的风险分析,本书也会进行简单介绍。

1.2.2 风险评价

我们首先要将风险评价与风险分析区别开来。前者的定义如下。

- **风险评价**:以风险分析作为基础,考虑社会、经济、环境等方面的因素,对风险的容忍度做出判断的过程(IEC 60300-3-9,1995年)。

风险评价的工作,有时候会包括根据某些风险接受准则对风险分析的结果进行比较。本书的第4章将会对风险接受准则进行进一步的讨论。

在企业中存在的一个非常普遍的现象,就是管理层在进行风险评价的时候,并没有一个风险分析人员可以参与其中。这就会出现沟通方面的问题,导致有很多误解产生。因此,我们强烈建议风险分析人员也应该参与到评价工作当中。

1.2.3 风险评估

如果我们把风险分析和风险评价连接起来,这个整体的过程就叫做风险评估。

- **风险评估**：风险分析和风险评价的全部过程（IEC 60300-3-9，1995 年）。

- 案例 1-1　风险评估的五个步骤

英国健康与安全执行委员会（HSE）曾经发布过一份风险评估的简要介绍：《风险评估的五个步骤》（HSE，2006 年）。这五个步骤分别是：

1. 识别危险。
2. 确定谁会受到伤害以及如何受到伤害。
3. 评价风险并决定预防措施。
4. 记录结果并实施。
5. 检查评估情况，并在必要的时候进行更新。

注意：一些书籍和指南并没有区分风险分析和风险评估，有些不包含风险评价的工作也试图使用风险评估这个词汇。还有一些指南将风险评估定义为风险评价的一个补充，其中的一个例子就是美国联邦航空管理局将风险评估定义为“使用风险分析的结果进行决策的过程”[可参阅美国联邦航空管理局（US FAA）2000 年的报告中附录 A 的部分]。

1.2.4　风险管理

如果我们识别并在必要的情况下采取降低风险的行动，调查风险如何随着时间发生变化，我们实际上就是在进行“风险管理”。

- **风险管理**：目标是识别、分析、评价系统当中或者与某项行为相关的潜在危险的持续管理过程，寻找并引入风险控制手段，消除或者至少减轻这些危险对人员、环境或者其他资产的潜在伤害。

风险管理的定义在各种指南和教科书中也略有不同。一些书籍强调，风险管理是一种主动的系统性方法，可以在不确定的环境下设定行动的最佳步骤，同时还需要解决各方在沟通中的风险问题[可参阅加拿大财政局（Treasury Board）2001 年的报告]。

尽管本书主要的关注点是风险分析，我们也会对风险评价和风险管理发表一些看法。图 1-3 给出了风险管理的基本元素，我们将在第 5 章中做进一步的讨论。

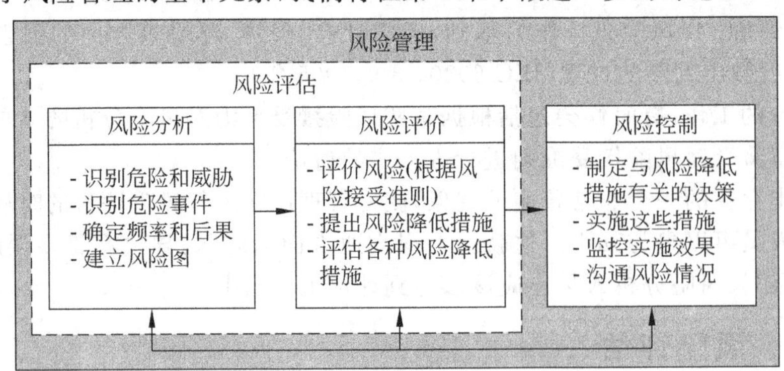

图 1-3　风险分析、评价、评估和管理（也可参阅 IEC 60300-3-9，1995 年）

连续风险管理：风险管理是一个连续的管理过程，通常包含图 1-4 中所列出的六大基本元素[参考美国宇航局(NASA)2008 年的报告][①]。

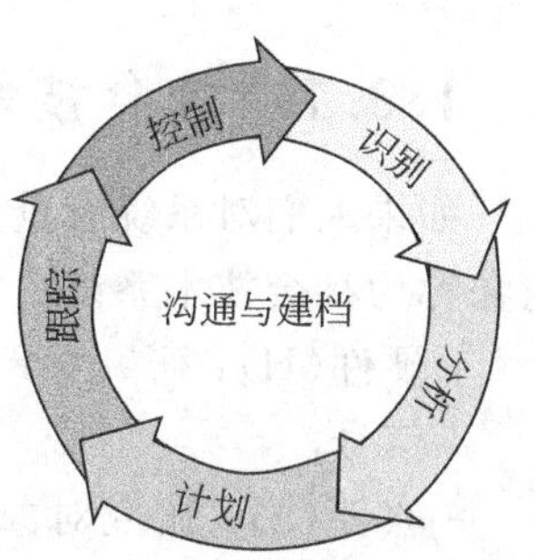

图 1-4 连续风险管理过程(NASA，2008 年)

识别：在管理风险之前，必须要识别出危险和潜在的危险事件。所谓识别的过程就是在问题浮出水面之前发现它们，同时还要对问题进行陈述，描绘出危险事件是什么，何时、何地、如何发生，以及发生的原因。

分析：在这里，分析意味着将数据转化为与风险相关的决策支持信息。这些数据可能是危险事件的概率，或者事件发生造成后果的严重程度。这些分析可以作为企业为关键性风险元素排序的基础。

计划：在此步骤中，风险信息被转化为决策和行动。计划包括确定处理每一个危险的方案，为风险降低工作排序，以及制定完整的风险管理计划。风险行动计划的关键，是要考虑今天所做的决策对未来的影响。

跟踪：跟踪包括监控风险级别和降低风险的行动。需要找出合适的风险降低方法并进行监控，保证可以对风险状态进行评价。

控制：在这一步当中，需要执行先前提出的风险降低措施，并进行控制。该步骤可以集成到一半的管理活动当中，根据管理流程控制风险行动计划，修正实际与计划之间的偏差，对事件做出反馈并改进风险管理过程。

沟通与建档：上述几项工作都需要建档，并在各部门之间沟通和交流。图 1-4 中的模型将沟通放在中间的位置，就是为了凸显它的重要性和无处不在的特征。如果没有有效的沟通，任何风险管理方法都是没有用处的。我们必须要建立档案管理系统，并对风险决策进行跟踪。

1.3 研究对象

本书的研究对象是技术或者社会技术系统。在后续的章节中，我们将会称其为研究对象或者系统。系统可以被定义如下。

- **系统**：由人员、过程、物料、工具、设备、设施和软件等组成的复杂程度不尽相同的复合体。该复合体中的元素可以在一定的运行和支持条件下一同使用，执行某项任务，实现特定的目标(IEC 60300-3-9，1995 年)。

在对研究对象进行分析的时候，应该记住风险影响研究专家詹斯·拉斯姆森(Jens Rsamussen)的话："系统不仅仅只是这些元素简单相加"(拉斯姆森，1997 年)。

---

① 我们也可以在下列英国政府内阁办公室策略研究中心(Strategy Unit，2002 年第 44 页)和加拿大财政局(2001 年第 26 页)的报告中找到与图 1-4 类似的信息。

1.3.1 社会技术系统

如果人们对系统有重要影响、与系统相关或者处于系统之中，我们就可以将这类研究对象称为社会技术系统。社会技术系统包括几种类型的要素，例如，

- 硬件(H)：研究对象的任何物理元素和非人类元素，比如场地、建筑、机器、设备和信号。
- 软件(S)：研究对象的非物化元素，比如计算机软件、工作流程、规范、检查表和实施等。
- 人(生命体，L)：包括操作人员、维护人员、服务人员、访客和第三方工作人员。人为元素还包括团队合作和领导力。
- 管理/组织(M)：管理、政策、策略、培训等。
- 环境(E)：研究对象运行的内在和外在环境。

图 1-5 中给出了研究对象的各种要素。在风险分析中，要考虑所有的要素以及它们之间的联系。

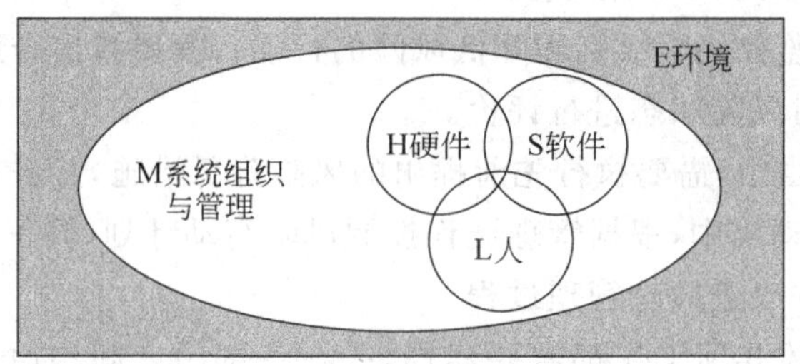

图 1-5 研究对象的构成要素(参见 IEC 60300-3-4，2007 年)

绝大多数研究对象同风险分析中需要考虑的其他对象也都有着联系。航空工业比较推崇 SHEL 模型，以保证上述所有这些联系都被纳入在考虑之中。

1.3.2 SHEL 模型

SHEL 是 20 世纪 70 年代到 80 年代早期航空工业开发的一个模型，模型的名字来源于系统四大构成要素的首字母：软件(S)、硬件(H)、环境(E)和人(L)。

图 1-6 给出了一个 SHEL 模型，图中的方框都用波浪线绘制，是为了强调各个要素之间复杂的相互关系。在风险分析中，所有的联系都需要研究。其中，重要的联系包括(参见 ICAO 报告，2009 年)：

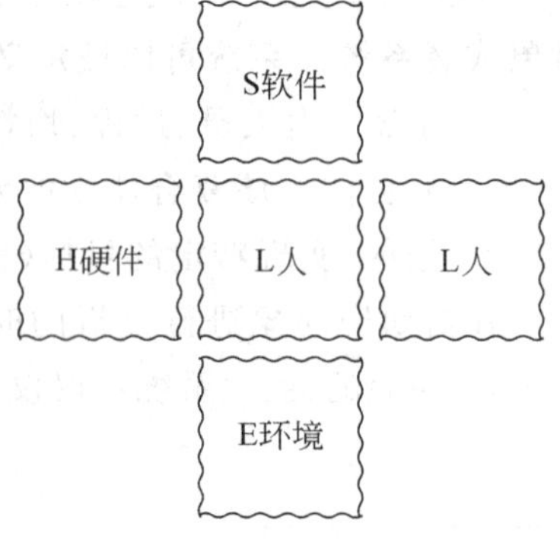

图 1-6 SHEL 模型

(a) 人与硬件(L-H)。人与硬件之间的联系很多时候也被称为人机界面。

(b) 人与软件(L-S)：这里描述的是人与计算机软件、检查表等之间的关系。它取决于演示形式、清晰程

度以及符号的使用情况。

(c) 人与人(L-L)。包括在工作过程中每个人与他人之间的关系,取决于领导力、协同、团队合作和个人沟通能力。

(d) 人与环境(L-E)。这部分考虑的是个人与内部和外部环境之间的关系。内部环境包括温度、光线、噪音、振动、空气质量等因素,而外部环境则包括天气条件这类因素以及可能影响工作的外部系统。

1.3.3 复杂性与耦合

在分析社会技术系统各要素之间关系的时候,风险分析还是会面临两个重要的问题:复杂性与耦合。查尔斯·佩罗(Charles Perrow)的著作《正常事故:与高风险技术共存》(1984年)给出了这两个概念的定义,我们将在第6章中进行讨论。

复杂性。图1-7描述了系统的输入输出或者说是系统的要素。输入变量 x(可能是一个向量)会产生输出变量 y。如果输入的变化是 Δx,可以利用知识和模型预测出输出的变化为 Δy。我们针对某个特定的输入变化 Δx 预测输出变化 Δy 的能力,可以体现系统的复杂性。如果我们可以非常确定地预测出输出变化 Δy,我们称这个系统是线性的。相反,这个系统就是复杂的。Δy 值的不确定度越高,说明这个系统的复杂度越高。一个极端的情况就是,当我们改变输入变量 x 的时候,完全不知道 y 值会如何变化。

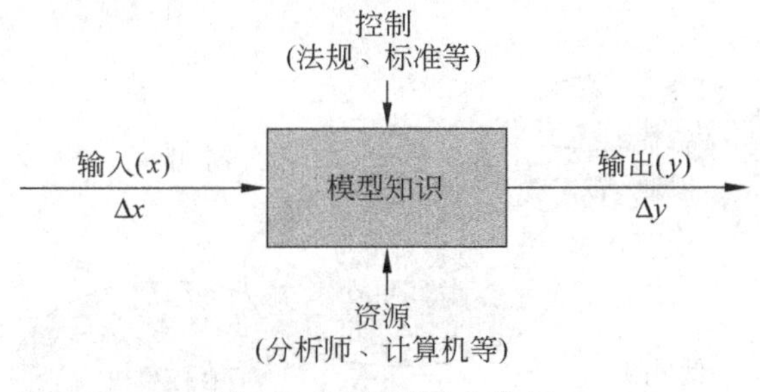

图1-7 系统输入与输出

正如莱文森(Leveson,1995年)所指出的,复杂性引发了风险分析中的很多问题。

如果我们构建的系统复杂度(包括产品和流程)增加,就会产生很多新的危险事件。复杂不仅会带来新的危险,还会增加识别危险的难度。

系统中信息与通信技术的集成日益深入,数字架构越来越普及,这些都增加了系统的复杂程度。格勒坦(Grøtan,2011年)等人的文章对此进行了深入讨论。

耦合。佩罗(1984年)讨论的另外一个重要概念就是耦合,它被定义成是系统元件相互之间关联强度的量度。佩罗(1984年)主要关心的是紧耦合:

> 紧耦合系统的子元件之间彼此有着显著的影响。如果一个部分的变化对另一个部分影响很小,或者每一种变化发生得都非常缓慢(尤其是从人类思维的角度看非常缓慢),这个系统就不是紧耦合的。对于紧耦合系统,操作人员的干涉可能会让问题变得更加糟糕,因为我们很少能够真正理解到问题的本质。

表1-2中列出了紧耦合与松耦合系统的一些主要特点。

表 1-2　紧耦合与松耦合系统的特点

紧耦合	松耦合
流程中不可能出现延迟	流程中可能出现延迟
事件顺序不能改变	事件顺序可以改变
只有一种方法可以实现目标	可以使用多种方法
在供给、设备和人员方面几乎不留余地	各种资源都留有余量
可能会有缓冲和冗余，但是必须进行精密设计，不存在灵活性	有大量的缓冲和冗余
可以有后备供给、设备和人员，但是数量有限，并在计划之中	各种资源都有丰富的后备

来源：选自佩罗(1984 年)以及斯蒂瓦特(Stewart)和梅尔切尔斯(Melchers，1997 年)的著作。

1.4　事故类别

在分析风险的时候，需要根据事故的类型选择最为适合的方法。我们可以使用频率、根源和影响来区分不同类型的事故。

1.4.1　詹斯·拉斯姆森分类法

根据拉斯姆森(1997 年)的研究，事故可以分为三个主要类别，如图 1-8 所示。

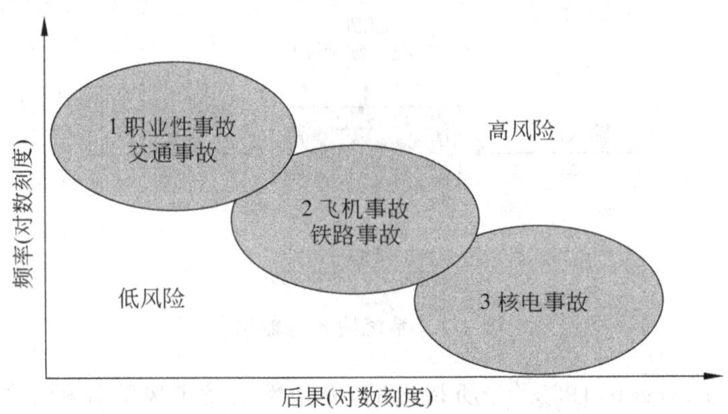

图 1-8　事故的三个主要类别(选自拉斯姆森 1997 年的文章)

事故类别 1：像公路交通事故和职业伤害这类事故经常发生，并且发生得非常“规律”，我们可以根据过去的观察，预测未来一段时间类似事故的数量。这种类型的事故频率较高，而造成的后果相对不是很严重。

事故类别 2：图 1-8 中的事故类别 2 很少发生，但是相比事故类别 1 后果则要严重很多。这类事故包括重大工业事故、航空事故、铁路事故和海事事故。在此类事故发生之后，相关机构会展开详细的事故调查，寻找事故的可能原因，分析如何能够避免事故再次发生。在确定与这类事故相关的风险的时候，通常并没有足够数量的历史数据用于评估。我们需要进行详尽的风险分析，识别出所有可能的危险以及仍然存在的事故诱因。系统的每一个部分都需要分析，然后才能根据与各个部分相关的风险确定总体风险。

事故类别 3：图 1-8 中事故类别 3 发生的可能性微乎其微，但是一旦发生，就会产生大范围、灾难性的后果。此类事故的一个例子就是1986年发生的切尔诺贝利核电站爆炸事件。对于这样的事故，根据历史数据确定风险是毫无意义的，因此必须要对系统的各个部分进行详细的风险分析。

本书所涉及的风险分析主要与可能发生第二类和第三类事故的系统有关。

1.4.2 詹姆斯·雷森分类法

知名风险研究专家詹姆斯·雷森(James Reason，1997年)将事故分成了两种类型。第一种类型是个体事故，即由单一个体引起，同时只是单一个体受害的事故。这种类型的事故较为普遍，比如发生频率较高的公路交通事故和老年人在家中摔倒的事件。雷森将第二种类型称为组织型事故，它们发生的次数相对较少，但是影响的规模却很大。组织型事故通常由多种原因造成，系统各个元素之间的关系也错综复杂。本书重点关注的也是这一类事故。在本书的第2.7.2节中，我们将讨论雷森分类法。

表1-3概括了过去几十年中我们目睹的一些最为严重的事故，根据雷森分类法，它们都属于组织型事故。

表1-3 一些重大事故

事故地点	时间	后果
英国弗利克斯巴勒	1974年	爆炸和火灾，造成27人死亡，超过100人受伤
意大利塞韦索	1976年	二噁英泄漏，2 000人中毒，环境污染，大规模人口疏散
挪威北海	1977年	布拉沃平台油气泄漏，污染附近海域
美国三英里岛	1979年	复杂事故，造成放射性物质外泄
挪威北海	1980年	亚历山大·基兰钻井平台倾覆沉没，123人死亡
加拿大纽芬兰	1982年	海洋徘徊者号近海钻井平台沉没，84人死亡
印度博帕尔	1984年	异氰酸甲酯剧毒气体泄漏，造成3 800人死亡、2万人中毒、20万人流离失所
墨西哥首都墨西哥城	1984年	圣胡安德伊斯华德佩克工业区液化石油气仓库爆炸，大约500人死亡
美国	1986年	挑战者号航天飞机坠毁，7人死亡
乌克兰切尔诺贝利	1986年	核电站爆炸，发生核辐射
瑞士巴塞尔	1986年	桑多兹化工厂仓库发生火灾，莱茵河被污染，对环境造成严重伤害
比利时泽布吕赫港	1987年	自由企业先驱号渡轮倾覆，造成193人死亡
英国北海	1988年	派珀·阿尔法钻井平台爆炸起火，随即平台沉没，造成167人死亡
美国帕萨丁娜	1989年	聚乙烯工厂爆炸事故，造成23人死亡，100人受伤
美国阿拉斯加	1989年	埃克森·瓦尔迪兹号油轮触礁，原油泄漏，造成严重的环境污染
荷兰阿姆斯特丹	1992年	波音747货机在斯基普机场附近坠毁，造成43人死亡
波罗的海	1994年	爱沙尼亚号渡轮沉没，据称造成852人死亡

续表

事故地点	时间	后果
德国艾须德	1998年	高速列车脱轨,造成101人死亡、88受伤
澳大利亚长滩	1998年	化工厂爆炸并发生火灾,造成2人死亡,墨尔本地区中断天然气供应19天
法国布雷斯特港	1999年	埃里卡号油轮沉没,大量重油排入海中
荷兰恩斯赫德	2000年	烟花仓库发生爆炸,22人死亡、1 000人受伤、超过300间房屋被毁
法国图卢兹	2001年	化肥厂发生爆炸和火灾,30人死亡、2 000人受伤、600间房屋被毁
西班牙加利西亚	2002年	威望号油轮沉没,大量原油泄漏
美国得克萨斯城	2005年	BP炼油厂发生爆炸和火灾,15人死亡、180人受伤
英国赫默尔亨普斯特德	2005年	邦斯菲尔德油库发生爆炸
墨西哥湾	2010年	深海地平线号钻井平台发生井喷和爆炸。11人死亡、17人受伤,造成巨大财产损失,大量原油泄漏

1.5 现代社会中的风险

1.5.1 风险增加

很多安全方面的研究人员都同意这样的观点：在过去的五六十年中,我们所在社会的风险一直在增加。造成这种趋势的原因可能包括(参见拉斯姆森1997年和莱文森2004年的文章)：

- 技术变化的速度太快,人与自动化之间的关系越来越复杂。
- 工业设备的规模越来越大,因此出现大规模事故的可能性也会增加。
- 信息和通信技术的高速发展,促进系统的高度集成与耦合。这样做虽然增加了灵活性,但是也增加了发生事故的可能性。
- 企业运营的环境越来越严酷,竞争日益激烈,这些都敦促企业提升运营效率、加大设备利用率、减少维护和缓冲环节。
- 人类对速度的无限追求(汽车、火车、轮船和飞机的速度都变得越来越快)。
- 破坏活动和恐怖活动增多。
- 劳动力的跨国流动(通常出于降低成本的考虑),会引起文化壁垒和语言问题。
- 气候变化和不稳定的天气条件,像洪水、暴风雨等极端天气现象发生的频率越来越高,程度越来越严重。

1.5.2 重大事故经验

最近几十年来,发生了很多重大事故,因此公众越来越关注由某些技术系统引起的风险。一些事故甚至已经导致公众对于相关系统的态度发生了巨大变化(译者注：比如

2011年日本大地震之后，各国对于核电站的态度）。工业界自身对此也是忧心忡忡，这是因为此类事故不仅仅会带来巨额的成本，有时还会导致企业破产甚至打击到整个行业。表1-3中所列出的这些事故对于公众和立法机构的态度就都有着深远的影响。

我们列出的这些实际上只是众多事故的冰山一角，目的只是要提醒我们时刻都应该对安全工作高度重视。马克扎(Macza，2008年)曾经就事故与事故之后的社会反应以及相关的法规更改和后续行动进行过详细的讨论。

1.6 安全立法

在重大事故发生之后，总会有很多新的法律法规出台或者得到修改。同时由于事故的发生，人们也在探索如何更加系统地对安全问题进行立法。事实上，安全法规有着悠久的历史，早在公元前1780年，古巴比伦的《汉谟拉比法典》中就包含了所谓“伤害类推”的惩罚性内容。比如法典的第229条指出：

> 如果建筑师修建的房子有问题，出现房屋倒塌砸死房主，建筑师将会被处死。

传统上，安全法规都是描述性的规章条文，由立法机构规定出设计和运营工厂需要的各种细节要求。然而在很多国家，单单只是描述已经不够了，更多情况需要的是基于表现情况的规定，这种规定要求管理层必须要确保存在合理的安全系统。《汉谟拉比法典》实际上可能就是现存最早的基于表现情况（比如上文出现的房屋倒塌情况）的法规（马克扎，2008年）。以目标为导向和风险描述，是现在基于表现情况的法规的两大构成要素。跨国公司和很多行业都热衷于这种根据表现情况的法规标准[阿文(Aven)和雷恩(Renn)，2009年]。

1.6.1 安全实据

有一些国家使用的是安全实据法规（译者注：安全案例在本书中指的是与安全相关的论据和证据）。一个安全实据就是一套风险管理系统，需要工厂中的操作员编制一份文档，这份文档可以：

(a) 识别危害和潜在的危险事件。

(b) 描述如何对危险事件进行控制。

(c) 描述现在使用的安全管理系统，保证控制持续有效。

不同国家安全实据的详细内容和应用领域千差万别，但是以下这几个方面的因素最为重要①：

- 安全实据必须能够体现企业设施中技术和管理两方面的关键安全因素。
- 必须合理定义关键安全因素的性能标准。
- 工作人员必须参与其中。
- 根据知识经验确定安全实据，同时需要独立的监理机构对其进行详细的检查。

① 来自 http://www.nopsa.gov.au。

1.6.2 安全立法中的风险评估

欧洲已经颁布了很多欧盟法令和法规，对大量可能出现危险的系统和行为强制进行各种类型的风险评估。在世界的其他很多地区，情况也是如此。以下我们将介绍一些应用非常广泛的重要法律规定：

- 欧盟重大事故危险控制法令，包括有《危险物品法令(82/501/EEC)》，即针对1977年塞维索事故颁布的《塞维索法令》。随后，欧盟又分别在1986年和1988年根据在博帕尔毒气泄漏和桑多兹化工厂火灾事故中得到的教训，对《塞维索法令》进行了修订。而在派珀·阿尔法平台爆炸事故之后，欧盟再次对该法案进行了重要修改，这就是《塞维索二号法令》(欧盟，1996年)[①]。

  《塞维索二号法令》的应用，需要取决于在一座设施中现有(或者将有)危险品的数量。法令根据危险品的数量设定阈值，并将责任分为两个层级。对于那些危险品数量接近或者超过"上限"的设施，法令规定的安全要求会更加苛刻。

  其他国家也有一些类似的法规：比如美国编号为29 CFR 1910.119的《高危险性化学品过程安全管理法令》，该法令要求企业必须进行流程危险分析(PrHAs)。
- 1989年发布的《欧盟机械法令(89/392/EEC)》，涵盖了与机器安全相关的诸多领域。该法令要求对一些危险机械进行风险分析。而在2010年，专门的风险分析国际标准ISO 12100发布。此外，在多个国家也有类似的法规存在。
- 1974年颁布的《工作健康与安全条例(HSWA)》是英国在健康和安全方面最为重要的法规，它明确了保证雇员在工作中保持健康、安全并享受相应福利是雇主的基本责任。同时，该法令也强调，人员在职责之外不应该暴露在风险当中。雇主必须要进行各种风险分析，保证所有的工作都能满足"到目前为止可行"(SFAIRP)这一原则。
- 英国健康与安全执行委员会(HSE)于1992年颁布了《海上设备(安全实据)法》，要求相关机构进行相应的风险评估，收集安全实据并保持更新。
- 《美国海事交通安全法》颁布于2004年，该法律旨在保护美国的港口和水道免受恐怖袭击。法律要求船只和港口设施都必须进行风险和弱点分析。
- 在挪威，挪威环境部和挪威石油安全局也颁布了相关的法规，要求在石油行业进行风险分析。挪威于2010年发布了国标NORSOK Z-013，对风险评估工作提供支持。

1.6.3 风险分析标准和指南

现在，许多国家和国际组织已经颁布了与风险分析相关的标准和指南，表1-4列出了其中的一部分。这个表格在本书中只是起到一个说明的作用，远远没有列出全部的标准和指南。

---

① 在英国，《塞维索二号法令》使用的时候被称为《重大事故危险控制法(COMAH)》。

表 1-4 风险分析标准和指南(举例)

国际标准 (a) IEC 60300-3-9：关联性管理应用指南：技术系统的风险分析 (b) ISO 12100：机器安全-通用设计原理：风险评估与风险降低 (c) ISO 31000：风险管理：原理和指南 (d) ISO 31010：风险管理：风险评估技术 (e) ISO 17776：石油天然气行业-离岸生产设备：危险识别与风险分析工具和技术指南 (f) ISO 14971：医疗设备：风险管理在医疗设备中的应用 国家级标准和指南 (a) NS 5814：风险评估要求-挪威国家标准 (b) CAN/CSA-Q634-91：风险分析要求和指南-加拿大国家标准 (c) CAN/CSA-Q850：风险管理：决策者指南-加拿大国家标准 流程行业标准和指南 (a) CCPS：危害评估过程指南 (b) CCPS：化学流程定量风险分析指南 (c) DOE-HDBK-1100-96：化学流程危害分析	油气行业标准和指南 (a) NORSOK Z-013：风险与紧急准备分析 核工业标准和指南 (a) NUREG/CR-2300：PRA 过程指南：核电站概率风险评估绩效指南 航天工业标准和指南 (a) 美国宇航局(NASA)：NASA 管理人员和工作人员概率风险评估过程指南 (b) 欧洲航天局(ESA)：航空产品质量保证：危害分析 铁路标准和指南 (a) EN 50126：铁路应用：可靠性、可用性、可维护性与安全性(RAMS)规范与描述 (b) RSSB：工程安全管理(黄页) 海洋标准和指南 (a) 国际海事组织(IMO)：IMO 规则制定过程中的综合安全评估(FSA)指南 (b) 美国船级社(ABS)：海洋相关设施分类风险评估指南 电子行业指南 (a) SEMATECH：危害分析指南：半导体制造设备安全危害分析参考手册

1.7 风险与决策

尽管很多法律法规都要求进行风险评估，我们还是应该认识到风险评估从来就不只是为了单纯地满足法律要求。它的目的是为与风险相关的决策提供必要的信息。

风险评估工作几乎全部的目的，都是在将风险作为重要决策准则的前提下，在一定程度上对决策制定提供支持。决策可能会与下列的问题有关[可参考：HSE，2001 年 a；赫姆格伦(Holmgren)和塞登(Thedén)，2009 年]：

(a) 允许这一行动吗？

(b) 为了降低风险，需要额外的安全栅或者对系统进行其他方面的改善吗？

(c) 在不同的安全与花费的组合中，应该倾向哪一种？

(d) 提升系统安全性需要多少投资？

为了回答这些问题，决策制定者必须确定系统或者行为是否足够安全，或者何时才能足够安全。如果风险程度很低，那么就不需要更多的安全栅和对系统进行其他的改善。

1.7.1 决策模型

必须要牢记,风险实际上通常只是决策需要考虑的一个维度。运营、经济、社会、政治和环境等方面的因素都有可能是决策必须遵循的重要准则。我们知道,决策从来就不是一个空中楼阁,它会受到很多的限制,比如法律法规、时间和成本的约束等。同时,还会有一系列利益相关者对于决策感兴趣,希望以不同的方式对决策制定过程产生影响。图 1-9 中给出了一个包含风险在内的简单决策制定模型,它是建立在阿文提出的模型(2003 年,第 98 页)基础之上的。

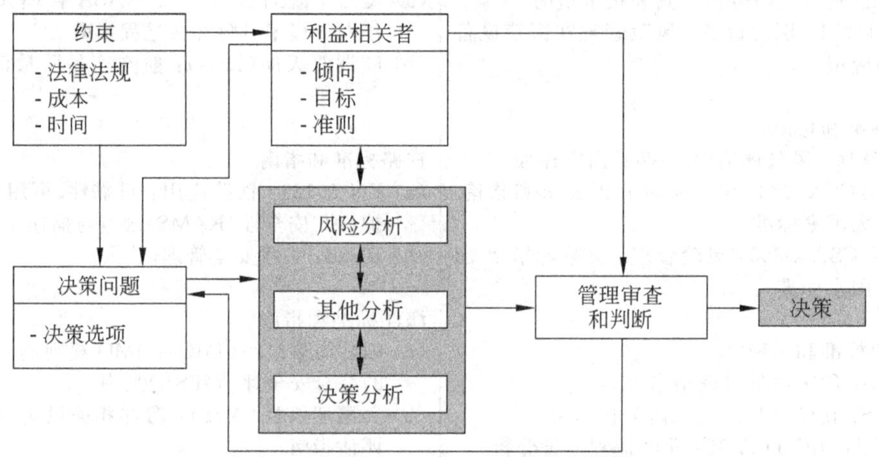

图 1-9 决策框架(摘自阿文的著作,2003 年)

风险评估的结果可以用作:

- 决策的直接输入(如图 1-9 所示);
- 决策的间接输入:比如影响利益相关者。

实际决策必须由管理层完成,并不在本书所讨论的风险评估范畴之内。

1.7.2 利益相关者

如图 1-9 所示,决策过程可能会受到利益相关者的影响。他们是指:

• **利益相关者**:能够影响决策或者行为以及已经或者可能受到决策或者行为影响的人或者机构(ISO 31000,2009 年)。

定义覆盖的范围要比图 1-9 给出的宽泛得多。比如,在一次可能发生的事故中受到后果影响的人们,很多情况下是没有能力影响决策过程的。

利益相关者类别。利益相关者可以按照多种不同的方式进行划分。其中的一种方法,是根据利益相关者的能力、紧急程度以及合法性进行的划分。利益相关者还可以分为[尤西(Yosie)和海波斯特(Herbst),1998 年]:

(a) 直接受到决策影响的人,需要针对任何问题或者项目采取行动。

(b) 对项目和行动感兴趣的人,希望参与到决策过程当中,并寻找机会施加自己的影响。

(c) 对于过程更感兴趣、可能是在寻找信息的人。

(d) 受到决策后果的影响,但是自身没有意识到或者没有参与到决策过程当中。

一些利益相关者可能扮演着多种角色。事故的后果对于不同的利益相关者也不一样,具体的影响需要取决于他们与受损资产之间的关系。举例来说,如果一名工人在事故中遇难,她的丈夫和孩子所承担的痛苦要比雇主大得多。

1.7.3 确定性决策

确定性决策,意味着在进行决策的时候,不需要考虑任何可能会发生的事件。假定失效条件是一个有限集,只有这些条件发生才会导致负面事件的发生,因此可以根据确定的未来愿景来预测事件的后果。为了避免此类负面事件发生,决策者需要使用传统的工程技术手段,比如冗余、多样化和安全边际。

1.7.4 风险导向型决策

风险导向型决策(risk-based decision-making,RBDM)是根据风险评估结果进行决策的过程。美国能源部将基于风险的决策定义为:

- **风险导向型决策(RBDM)**:在资源有限的条件下,使用定量的风险、成本和收益,评估和比较决策选项的过程(美国能源部,1998年)。

美国海岸警卫队曾经在其官方报告中对RBDM的过程进行了详细的叙述。这一过程可以分为四个步骤:

1. 建立决策结构(识别出可能的决策选项以及影响这些选项的因素)。
2. 进行风险评估(即本书的内容)。
3. 将结果用于风险管理决策制定(即评估风险管理的可能选项,使用决策过程第2步中的信息)。
4. 通过影响评估监控决策是否有效(跟踪采取的行动以管理风险,确认组织的收益恰如风险管理决策的预期)。

有兴趣的读者可以阅读美国海岸警卫队2008年的报告,了解各个步骤的具体内容。

1.7.5 风险响应型决策

批评者认为,风险导向型决策方法太过强调对概率性风险的预测,而对确定性要求和设计原理关注的很少。为了弥补这一缺陷,人们开发了告知风险状态下的决策方法,该方法的定义如下:

- **风险响应型决策(risk-informed decision-making,RIDM)**:这是一种决策方法,理念是将风险与其他因素一起考虑,更加关注设计和运营问题,将它们放在与健康和安全同等重要的位置(来自NUREG-1855,2009年)。

NASA(2007年)给出的定义有些许不同。根据NUREG-1855(2009年)的描述,RIDM过程可以分为五个步骤:

1. 在考虑周全的情况下(包括环境和边界条件)定义决策。
2. 识别并评估合理的要求(法律、法规、要求、设计准则)。

3. 在被告知风险的状态下进行分析，包括：

(a) 确定性分析(根据工程原理、经验和既有知识)。

(b) 概率分析(即包括不确定评估在内的风险评估)。

4. 确定实施和监控程序。决策制定过程的重要一步就是要理解决策的内涵，并尽量防止任何意料之外的负面影响。

5. 整合决策。将第 1 步到第 4 步的结果整合起来进行决策。这需要对 RIDM 过程中从所有其他步骤中收获的观点进行比较权衡，并将它们融合到一起，得出结论。考虑不确定因素，是整合非常必要的一步。

RBDM 与 RIDM 的一个主要区别，就是使用 RBDM，决策几乎只关注概率风险评估的结果，而使用 RIDM，决策既要使用来自概率风险评估的信息，还要依靠来自确定性分析和技术考虑的信息。

1.7.6 风险评估的有效性

所有的风险分析都需要大量的数据和假设，或多或少都会存在一定的不确定性。只要有可能，数据和假设都应该尽量反映真实的情况。然而，有时候这不太现实，所以一些决策制定者会怀疑风险分析结果的有效性。卡里克(2008 年)针对这一类问题做出了解答：

> [……]对于未来事件来说，很少能有足够的数据，完全确定它们于何时何地发生以及结果如何。但是“确定”这个词对于更好地做出决策通常并没有什么意义。

然而，我们在进行假设的时候应该尽量保守。这些假设应该是“保守的最佳估计”，这样才能保证不会低估风险、做出不安全的决策(NSW，2003 年)。我们将在第 16 章专门讨论风险评估中的不确定性。

1.7.7 结束语

需要认识到系统永远不可能在零风险的状态下运行，这一点非常重要。即便有的企业从未发生过严重的事故，也不代表它不存在潜在的事故隐患。因此，运营者必须要理解他们面对的风险，了解自己在运营过程中做出的任何变更可能会带来的变化。

在我们进一步探讨风险的术语和评估的方法论之前，需要再次强调，如果风险评估没有成为制定决策的基础，它的价值就是非常有限的。因此，我们建议：

如果您没有一个特定的问题需要决策，那么就不要进行任何风险评估！

1.8 本书结构

本书主要分为两个部分以及附录。

1.8.1 第 1 篇：风险评估介绍

第 1 篇共有七章，对风险分析和风险评估进行了全面的介绍。本章主要展示了书中涉及的主要概念，并将风险评估工作放置在决策环境当中。其他的章节内容如下：第 2 章将会对主要的概念进行定义和讨论，并给出一些案例。第 3 章讲解并讨论与系统相关的不同类型的危害和威胁。第 4 章讨论与量化风险相关的问题，并定义几个风险矩阵，还将介绍确定风险程度能否接受的几种方法。在第 5 章中，风险分析和风险评估将被纳入风险管理框架当中，并对风险分析的不同步骤进行了介绍和讨论，同时指出对研究团队能力和质量的要求。风险评估通常会受到研究团队对潜在事故和潜在后果的认知能力的影响，因此我们在第 6 章中介绍并讨论了事故模型。第 7 章是第 1 篇的最后一章，列举并描述了风险评估所需要的输入数据。

1.8.2　第 2 篇：风险评估方法及应用

第 2 篇根据风险分析的主要步骤列举了风险分析的主要方法。第 8 章讨论了不同方法的主要特征，尤其是应该如何对分析进行计划、准备和报告。第 9 章介绍了多种危险识别方法，其中包括初步危险分析(preliminary hazard analysis，PHA)和 HAZOP。第 10 章介绍了成因和频率分析，比如故障树分析和贝叶斯网络，而第 11 章则介绍了描述事故场景发展的模型，其中事件树分析是最为常用的方法。第 12 章对安全栅进行了讨论，并介绍和探讨了一系列安全栅分析方法。第 13 章讨论了人因错误和人因可靠性的问题，同时也介绍了多个人因可靠性评估模型。第 14 章的内容包括了工作安全分析(job safety analysis，JSA)，这一章与第 2 篇的主体架构稍微有些偏移，因为 JSA 是一种独立的、分析与某一特定工作或任务相关风险的方法。在第 15 章中，我们讨论了关联性失效和共因失效(common cause failures，CCF)，并介绍了多个 CCF 模型。第 16 章的内容是风险分析中常见的与结果相关的不确定性问题。第 2 篇的最后是第 17 章，讨论的是在一些特定应用领域风险评估的历史经验和发展状况。

我们希望在一个通用架构的基础上，尽可能介绍更多的分析方法。书中每一种方法的描述都自成体系，因此，您可能不需要阅读整本教材，也不需要借助其他资源，就可以进行相关的分析。当然，这样做的另外一个结果，就是可能会在多种方法的描述中出现相同的信息。

1.8.3　第 3 篇：附录

附录 A 给出了概率论的一些主要内容。我们对概率论的知识进行了简要介绍，同时也将系统可靠性和贝叶斯方法包含其中。如果您对概率论并不太熟悉，您需要同时阅读附录和那些使用到概率的章节。

第 3 篇还包括书中使用的缩写和简写列表，以及主要风险概念的术语表。术语表中的很多词汇在书中都进行了定义。有一些词汇在不同文献中的定义存在冲突，我们在术语表中也给出了多种不同的定义。

与本书相关的其他材料可以登录以下网站获取：

http://www.ntnu.edu/ross/books/risk.

1.9 延伸阅读

我们推荐读者阅读下列与第1章内容相关的文献。

- 《风险评估的五个步骤》(*Five steps to risk assessment*)(HSE,2006年),简短地介绍了风险评估,结构非常清楚。
- 《NASA管理人员与工作人员概率风险评估过程指南》(*Probabilistic risk assessment procedures guide for NASA managers and practitioners*)(斯塔马特拉托斯(Stamatelatos)等人,2002年),是一本航天工业使用的指南,但是它也可以为其他行业应用提供很多有价值的信息。
- 《工程中的风险分析:技术、工具和趋势》(*Risk Analysis in Engineering: Techniques, Tools, and Trends*)(莫达雷斯(Modarres),2006年),这本教科书对风险分析进行了全面的介绍,它可以视做本书的一个竞争对手。然而,这两本书的形式和结构却是非常不同的。
- 《概率风险分析:基础和方法》(*Probabilistic Risk Analysis: Foundations and Methods*)(贝德福德(Bedford)和库克(Cooke),2001年),是一本风险分析方面的教科书,主要关注概率方面的问题。
- 《风险分析:评估期望值与概率之外的不确定性》(*Risk Analysis: Assessing Uncertainties Beyond Expected Values and Probabilities*)(泰利·阿文,2008年),是一本专门讨论与风险分析相关的概念性问题的学术专著。

第 2 章

风险分析术语[①]

……定义风险基本上是一项政治任务。

——罗杰·E.卡斯帕森(Roger E. Kasperson)

2.1 简介

斯坦·卡普兰 1996 年在风险分析协会年会上领取特别贡献大奖之后所做的报告，使用了和本章一样的标题。这份报告随后在《风险分析》杂志上发表，并成为讨论风险概念的最具影响力的一篇文章(卡普兰，1997 年)。

我们在第 1 章已经对风险的概念做出了简要的介绍。如果有人问“什么是风险?”，实际上他是在问三个问题：(i)什么会发生问题? (ii)发生问题的可能性有多大? (iii)后果是什么?

为了回答这些问题，我们首先需要清楚地定义问题中所涉及词汇的真正含义，同时我们也需要定义其他的一些相关词汇。

2.2 事件与场景

为了回答第一个问题，我们需要弄清楚“什么会发生问题?”的含义。这个问题的答案一定是一个或者多个事件(event)，或者是一系列事件。

- **事件**：在某一特定的时间段、某一特定的地点发生的事故或者状况(AS/NZS 4360，1995 年)。

在本书中，“事件”这个词的一个含义是要在未来发生。事件的持续时间可能只是短暂的一瞬间(比如瞬时冲击)，也可能非常漫长。

---

① 挪威科技大学的英格丽莎·约翰森(Inger Lise Johansen)博士为本章编写做出了重要的贡献。

我们将可能带来负面影响的事件划分成两类：(i)危险事件和(ii)初始事件。如果“什么会发生问题?”的答案是一系列事件，那么我们可以将这个事件序列称为事故场景，或者直接简化称为场景(scenario)。

本章后面的部分将会为危险事件、初始事件和事故场景这些词汇下定义并进行讨论。如果您希望了解更多的内容，请阅读约翰森在2010年撰写的论文。

2.2.1 危险事件

危险事件可以定义为：

- **危险事件**：一系列事件中的第一个，如果不加以控制，会导致意料之外的后果，对一些资产造成损害。

危险事件也可以定义为“缺乏没有得到控制的点”。也就是说，只有在此增加更多的安全栅(或者防护措施)才能减轻事件的后果。

我们将在第3章中对危险这个词汇进行定义和讨论。在此，我们只需要知道危险经常与某种形式的能量有关，而危险事件会在能量释放的时候发生。在流程工业里，主要的两类危险事件是“物料损失”和“结构不完整”。

有些文献也会使用另外几个词汇来表示危险事件，包括事故启动、事故初始事件[斯塔马特拉托斯(Stamatelatos)等人，2002年]、造成事故的事件、关键性事件、意外事件、触发事件、顶事件、流程偏差、潜在重大问题和流程需求等。我们选择危险事件这一用法，是因为ISO 12100(2010年)和IEC 60300-3-9(1995年)这些国际标准都是这样使用的。

2.2.2 初始事件

我们给出了危险事件的定义，但是还有一些风险分析方法需要用到的概念比这个定义更加灵活(可参见本书第2篇)，因此我们还需要使用到初始事件这个词汇，它可以定义为：

- **初始事件**：已经发现的对系统正常运行造成不良影响的事件，需要采取措施才能避免意外的后果(该定义来自国际原子能机构，2002年)。

与危险事件不同，初始事件可以存在于整个事件序列的任何一个环节，它既可以是最初的系统偏差，也可以是形成的伤害。初始事件这个词汇甚至可以代替危险事件，这是因为初始事件实际上是一个分析性的概念，它的意义取决于分析人员研究的问题是危险还是安全栅。当然，无论何种情况，如果发现有初始事件发生，我们都需要采取行动来保证系统安全。

2.2.3 事故场景

事故(演化)场景的定义是：

- **事故场景**：从触发事件到意外后果(或者伤害)的特定事件序列(概念来自国际海事组织，2002年)。

事故场景的概念可以解释为图2-1领结模型中的某一具体的路径。该事件序列开始于触发事件发生，终止于唯一定义的最终事件。这个最终事件可以是意外后果、状况或者事件的发生。图 2-1 中，在能量释放之后，初始事件最终会发展成一个危险事件。

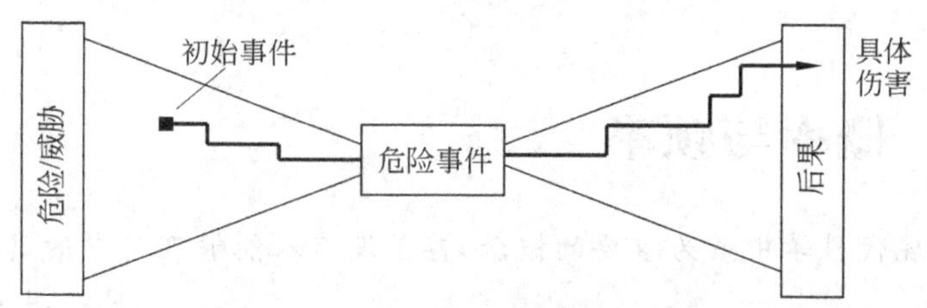

图 2-1 领结模型描述的事故场景

可以通过激活安全栅改变事故场景中的路径。一个事故场景通常包含一个事件序列和多个安全栅，但是也可能只是一个单独事件。后者发生在没有安全栅介入触发事件直接对资产造成伤害的情况下。克汗(Khan)和阿巴西(Abbasi)在 2002 年的文章中对事故场景这个概念进行了深入讨论，此外事故场景也是 ARAMIS 方法(ARAMIS，2004 年)中的核心元素。

- 案例 2-1 流程工厂中的事故场景

石油化工企业中的一个事故场景可能开始于一次气体泄漏，然后出现了下列情况(按照下列步骤演化)：

1. 法兰 A 发生气体泄漏(也就是危险事件发生)。
2. 检测到泄漏，而报警器处于关闭状态。
3. 流程关闭系统失效，气体发生扩散。
4. 气体被点燃，有火焰出现。
5. 消防系统发挥作用，火焰在大约一个小时之内被扑灭。
6. 没有人员伤亡，但是事故造成了大量物料受损，生产停止 20 天(也就是最终事件)。

需要注意的是，定义一个危险事件或者事故场景，并不是说它们就一定会发生。如果是要描述业已发生的事故，那么使用事故过程这个词更加合适。

事故场景分类。在很多风险分析中，需要花费大量的时间和资源研究所有可能的事故场景。因此，可以为细节分析选择一系列有代表性的场景，它们通常被称为参考场景。

- **参考事故场景**：是指某一个事故场景，它可以代表风险分析中识别出的事故场景集合。而在此集合中的所有场景都是有可能发生的。

在有些应用中，我们也许需要考虑最坏情况的场景。

- **最坏情况事故场景**：会带来最严重后果的事故场景，与它的发生概率无关[金东焕(Kim)等人，2006 年]。

举例来说，最坏情况事故场景可能会在“最坏”的天气情况下释放出最大量的危险物质。最坏情况事故场景一般用于制定紧急计划，但是不应该用于像土地使用计划这类长期规划(参见第 4 章)。

由于最坏情况事故场景发生的概率并不高，因此还需要考虑更加可信的事故场景。

- **最坏可信事故场景**：合理可信的会带来最严重后果的事故场景(金东焕等人，2006 年)。

2.3 概率与频率

概率是现代科学中最为重要的概念，甚至没有人能够理解它的真正含义。

——贝特朗·罗素

为了回答风险三定义中的第二个问题——“发生问题的可能性有多大?”，我们需要使用概率论的一些定义。

本书的附录 A 中对概率理论进行了简要的介绍。从本质上来说，事件 E 的概率是介于 0 到 1(也就是从 0%到 100%)之间的一个数，用来表示该事件在特定条件下发生的可能性，写作 $\Pr(E)$。如果 $\Pr(E)=1$，我们就可以知道事件 E 一定发生；反过来如果 $\Pr(E)=0$，那么可以确信事件 E 绝对不会发生。

2.3.1 概率

概率是一个复杂的概念，很多书籍和科学文献都专门探讨过它的真实含义。计算概率主要有三类方法：(i)经典方法；(ii)频率学方法；(iii)贝叶斯或者主观方法。

人们对于“概率”一词的含义已经讨论了至少几百年、甚至上千年，但不幸的是，各个学派之间的争论和冲突也是旷日持久的，就仿佛是历史上那些宗教战争。直到今天也是如此(卡普兰，1997 年)。

经典方法。描述概率的经典方法，适用范围局限在试验能够取得有限数量(n)结果的场合，每一次试验结果出现的可能性相同。这种方法可以描述很多靠运气取胜的游戏，比如翻硬币、掷骰子、抽扑克牌或者轮盘赌等。

我们可以这样描述：结果是单一试验的输出，而样本空间 S 则是所有可能结果的集合。事件 E 是在 S 内部具有相同特征的结果集合(可以是一个或者多个结果)。如果结果是 E 中的某个元素，我们就可以说事件 E 发生了。附录 A 中对很多相关的术语都进行了定义。

因为所有的 n 个可能结果发生的可能性都相同，我们可以确定事件 E 发生的可能性，即属于事件 E 的结果数量 n_E 与所有结果数量 n 的比值。有时候，我们也将属于 E 的这些结果称为 E 的满意结果。

在一次试验中得到属于 E 的结果的可能性，称为 E 的概率：

$$\Pr(E)=\frac{\text{满意结果的数量}}{\text{所有可能结果的总数}}=\frac{n_E}{n} \tag{2-1}$$

事件 E 也可以是一个单一结果，得到某一个特定结果的可能性，称为该结果的概率，计算方法为 $1/n$。

在本例中，S 中的所有结果发生的概率都相同，我们就称之为均匀模型。

• 案例 2-2 翻硬币

考虑一个翻硬币试验。试验有 $n=2$ 种可能结果，所以试验的样本空间 $S=\{H, T\}$，在这里 H 代表正面向上的结果，而 T 代表背面向上。我们假设硬币是平的，也就是说两个结果发生的概率相同，我们希望得到事件 $E=\{H\}$ 的概率。在 $n=2$ 这些结果中，只有一个是满意的结果(即 $n_E=1$)，因此 E 的概率是

$$\Pr(E)=\frac{n_E}{n}=\frac{1}{2}$$

• 案例 2-3 掷两个骰子

考虑一次试验有两个骰子，一红一蓝。在本试验中，共有 $n=36$ 个可能的结果，样本空间为

$$S=\begin{Bmatrix}(1,1) & (1,2) & (1,3) & (1,4) & (1,5) & (1,6)\\ (2,1) & (2,2) & (2,3) & (2,4) & (2,5) & (2,6)\\ (3,1) & (3,2) & (3,3) & (3,4) & (3,5) & (3,6)\\ (4,1) & (4,2) & (4,3) & (4,4) & (4,5) & (4,6)\\ (5,1) & (5,2) & (5,3) & (5,4) & (5,5) & (5,6)\\ (6,1) & (6,2) & (6,3) & (6,4) & (6,5) & (6,6)\end{Bmatrix}$$

其中，每个括号中前面的数字表示红色骰子掷出后的结果，后面的数字表示蓝色骰子掷出后的结果。

我们假设骰子是完好的，S 中的所有结果都有相同的发生概率。对于事件 $E_1=$“两个骰子向上一面数字相同”，有 $n_{E_1}=6$ 个结果满足，因此 E_1 的概率是

$$\Pr(E)=\frac{n_{E_1}}{n}=\frac{6}{36}=\frac{1}{6}$$

而对于事件 $E_2=$“骰子向上一面数字之和为 9”，有 $n_{E_2}=4$ 个结果满足，因此 E_2 的概率是

$$\Pr(E)=\frac{n_{E_2}}{n}=\frac{4}{36}=\frac{1}{9}$$

频率学方法。频率学方法主要关注在必要的相同条件下本质上可重复的那些现象。我们将每一次重复称为一次试验，并假定在每一次试验中事件 E 要么发生，要么不发生。试验重复 n 次之后，我们可以计算出 n 次试验中事件 E 发生的次数 n_E，于是 E 的相对频率可以定义为

$$f_n(E)=\frac{n_E}{n}$$

因为所有试验的条件都是相同的，在 $n\to\infty$ 的时候相对频率会达到一个极限。这个极限就称为 E 的概率，用 $\Pr(E)$ 表示为

$$\Pr(E)=\lim_{n\to\infty}\frac{n_E}{n} \tag{2-2}$$

如果我们只做一次试验，考虑到试验本身的概率特性，得到结果 E 的概率就是

Pr(E)。

- 案例 2-4 重复试验

重新考虑案例 2-2 中的试验，如果多次进行试验，并在每次试验之后计算正面向上($E=\{H\}$)的相对频率，您会发现在 n 值较小的时候，$f_n(E)$的值波动很大；而随着 n 值的增加，$f_n(E)$将越来越接近 1/2。因此，事件 E(正面向上)的概率是

$$\Pr(E)=\lim_{n\to\infty}\frac{n_E}{n}=\frac{1}{2}$$

如果只掷一次硬币，我们可以说正面向上(E)的概率 Pr(E)=1/2，这一概率与案例 2-2 中使用经典方法解释所得到的概率相同。

需要注意的是，如果硬币不是完全平整的，我们就无法使用经典方法，但是频率学方法仍然适用。

- 案例 2-5 扔图钉

考虑一个扔图钉的试验。该试验有两种可能的结果，解空间是 $S=\{U,D\}$，其中 U 表示图钉的针向上，D 代表针向下。在本例中，上述两种结果发生的可能性并不是相等的，因此我们无法使用经典方法确定 Pr(U)。但是，我们还是可以进行大量的重复试验，找到 Pr(U)。我们找到的这个概率，可能会因为各种图钉的形状区别而有所不同。如果我们选择了不同类型的图钉，得到的概率也不一样。

贝叶斯方法。在进行风险分析的时候，我们很少能够拥有一个有限的样本空间，并保证各个结果发生的概率又相同，因此经典方法在很多情况下并不适用。如果要使用频率学方法，我们至少需要在几乎相同的条件下能够进行大量的重复试验。但是实际上，这也是相当苛刻的要求，所以大多数时候我们只有最后一种选择，就是贝叶斯方法。根据这种方法，我们认为概率是主观性的，并将其定义如下。

- **主观概率**：在区间[0, 1]内的一个数值，代表个人对一个事件会在未来发生或者不发生的相信程度(置信度)。

在贝叶斯方法中，因为相同条件试验可以重复进行，所以并不需要限定试验结果的概率范围，即便有的事件只发生一次，这种概率也是完全可能的。另外，事件概率也可以不是试验的结果，而是试验的描述或者期望。它可以描述某一个无法观测的参数值，即所谓的真实状态。为了尽量简化书中的术语，我们对于这些描述仍然使用事件这个词，也就是说如果描述是真实的，那么事件就会发生。

对于事件 E 的置信度并不是武断得到的，而是分析人员根据自己对于事件的所有相关知识 K 做出的最佳判断。给定分析人员的知识水平是 K，她判断事件 E 发生的(主观)概率应该表示为

$$\Pr(E\mid K) \tag{2-3}$$

知识水平 K 可能与关于事件的物理属性、相同类型事件的历史经验、专家判断以及其他很多的信息源有关。出于避繁就简的目的，我们通常在公式中隐藏 K，只写做 Pr(E)，但是我们需要记住这个公式实际上应该是一个依赖于 K 的条件概率。

在风险分析当中，主观这个词都会给人以负面的印象。因此，一些研究人员更喜欢使用个人概率这个词，也就是说它是风险分析人员基于自己现有的知识和信息对事件发生概率做出的判断。同样的道理，有些文献也会使用判断概率这样的词汇。在这里，为了强调贝叶斯方法中的概率是主观（个人或者判断）概率，我们建议可以在相应的概率前面加上判断人的称谓，比如分析师判断出的概率或者我/你/他判断出的概率。

• 案例 2-6　您的主观概率

假设您明天上午 10 点有一份工作要做，而且非常重要的一点是，在您工作的时候不能下雨。对于事件 E：“明天 10 点到 10 点 15 分之间会下雨”，您希望给出自己的（主观）概率。这在频率学（或者经典）方法中毫无意义，因为这项“试验”根本不可能重复。

在贝叶斯方法中，您判断的概率 $\Pr(E)$ 实际上就是您对于 10 点到 10 点 15 分之间会下雨这个情况的相信程度。如果您将这个相信程度量化，比如 $\Pr(E)=0.08$，这个数值就是您对于 E 的置信度。为了得到这个概率，您可能已经做了很多工作，比如研究了该地区的历史气候报告、查阅了天气预报、观察了天空的情况等。根据您能够把握的所有信息，您相信事件 E 发生的概率是 8%，也就是说您相信在明天 10 点到 10 点 15 分之间，还是有一些下雨的可能。

在进行重复性试验的时候，也可以使用贝叶斯方法。比如掷硬币，我们知道硬币正反两面是对称的，因此我们相信正面向上的概率是 1/2。频率学方法和贝叶斯方法在本例中得到的结果相同。

而贝叶斯方法的一个迷人之处在于，当出现更多的信息和证据的时候，主观概率可以不断更新。假设一名分析师研究事件 E，他对于该事件最初或者先验的置信度是由先验概率 $\Pr(E)$ 决定的。

- **先验概率**：在没有收集任何与 E 相关的证据之前，个人对于事件 E 能够发生的相信程度。

接下来，分析师会接触到数据 D_1，其中包含与事件 E 有关的信息。现在，他可以使用贝叶斯公式描述自己对于 E 新的置信度，这可以表示为给定证据 D_1 存在的情况下 E 的条件概率

$$\Pr(E \mid D_1) = \Pr(E) \cdot \frac{\Pr(D_1 \mid E)}{\Pr(D_1)} \tag{2-4}$$

使用概率乘法法则可以推导得到

$$\Pr(E \cap D_1) = \Pr(E \mid D_1) \cdot \Pr(D_1) = \Pr(D_1 \mid E) \cdot \Pr(E)$$

分析人员在接触到数据 D_1 之后对于事件 E 新的置信度，被称为后验概率 $\Pr(E|D_1)$。

- **后验概率**：基于先验概率和新的补充证据 D_1，个人对于事件 E 能够发生的相信程度。

起初，分析人员对于事件 E 的置信度是由先验概率 $\Pr(E)$ 确定的。在得到证据 D_1 之后，他对于 E 发生概率的判断可以根据公式(2-4)得到，变化的系数是 $\Pr(D_1|E)/\Pr(D_1)$。

贝叶斯公式(2-4)可以重复使用，在得到证据 D_1 之后，分析师的后验概率是 $\Pr(E|D_1)$，他可以将这个概率视为当前的先验概率。如果出现新的证据 D_2，分析师就可以按照和上

面相同的方式更新自己对于事件 E 发生的信任度，从而得到新的后验概率。

$$\Pr(E \mid D_1 \cap D_2) = \Pr(E) \cdot \frac{\Pr(D_1 \mid E)}{\Pr(D_1)} \cdot \frac{\Pr(D_2 \mid E)}{\Pr(D_2)} \tag{2-5}$$

随着分析人员取得的证据越来越多，他对于事件 E 发生的置信度也会根据上述公式不断地变化。

注释：托马斯·贝叶斯(Thomas Bayes)(1702—1761)是一位英国数学家，还曾经做过神甫。以他名字命名的贝叶斯公式，让这位致力于概率论研究的英国皇家学会会员闻名于世。贝叶斯在逝世之后才得以发表的论文《论有关机遇问题的求解》(贝叶斯，1763 年)，提出了一种归纳推理的理论。后来，法国数学家皮埃尔·西蒙·拉普拉斯(Pierre-Simon Laplace)在 1774 年给出了贝叶斯公式更为普遍的形式。

似然性(可能性，Likelihood)。根据公式(2-4)中的后验概率 $\Pr(E|D_1)$，分析人员可以在证据 D_1 已知的情况下描述出自己对于事件 E 未知真实状态的看法。因为 D_1 已知，公式(2-4)中 $\Pr(D_1|E)$ 的意义可能让人难以理解。实际上，我们应该将 $\Pr(D_1|E)$ 解释为在得到证据 D_1 的情况下，(未知的)真实状态就是 E 的似然性(可能性)。

在日常生活当中，似然和概率这两个词的意思相同(译者注：但是似然在汉语中并不常用)。然而对于统计学而言，这两个概念却有着明显的区别。在统计学中，似然是一个非常独特的概念，主要用于参数估计(比如最大似然估计)和假设检验(比如似然比检测)。

注释：在本书的第 1 章和第 2 章的第一部分，正如我们在日常生活中常常会做的那样，我们使用了可能性这个词汇来代替概率。我们如此冒失地使用可能性这个词汇，也是因为我们希望在对概率这个词汇进行了相应的介绍之后再使用。同时，我们也希望使用和标准及指南相同的词汇介绍风险相关概念的定义。

2.3.2 争论

在频率学派、贝叶斯学派或者主观主义学派之间的争论，已经持续了 200 多年。德·法内蒂(de Finetti)曾经巧妙地概括出主观主义学派的地位(1974 年)：

> 我的论文充满了自相矛盾和似是而非，但绝对是诚意之作。简单地说，它的主题就是概率并不存在。
>
> 随着科学的不断探索，人们不再相信燃素、宇宙以太、绝对的时间和空间，甚至也不再相信童话和女巫。概率也是一样，如果它被当做是某一种客观存在的自身属性的话，它绝对是充满了欺骗性的误会，任何将我们的概率估计具体化或者实际化的尝试都会是徒劳无功的。

在进行风险分析的时候，假设事件在相同条件下可以重复是不现实的。比如，不可能在相同的条件下出现一次又一次的爆炸，这也就意味着我们需要使用贝叶斯方法。尽管绝大多数风险分析人员都同意这个观点，但是对于主观概率的解释还是存在着分歧。主要有以下两派观点：

1. 第一派认为，从严格意义上来说，主观概率就是主观武断的。两个人对于同一个事件基本上都会得到不同的主观概率值，即便他们的知识结构完全相同也不可避免。林德利(Lindley)曾在2007年撰写文章支持这一观点,他认为每个人都有不同的偏好,因此判断信息的方式也不尽相同。

2. 第二派则认为主观概率取决于知识水平。如果两个人的知识结构 K 完全相同,那么他们对同一个事件发生的主观概率基本上也会相同。耶内斯(Jaynes)在2003年撰文支持了这一观点,他指出:

> 概率在某种意义上来说就是"主观的",因为它描述的是一种知识的状态,而不是"真实"世界的某种属性。但是它在一定意义上又是"客观的",因为它和用户的个性无关。两个理性的人如果具有完全相同的知识背景,必然会得到同样的概率(卡里克2008年的文章也支持这一论断)。

然而,如果我们引用了耶内斯的观点,就会引发另外一场争论:事件 E 发生的概率到底是事件本身的属性,是实验制造出来的,还是人们内心的一种主观判断?

- 案例2-7 固定失效速率

某一种阀门有固定的失效速率(见附录A)。失效速率是阀门失效分布的时间参数,λ 的数值是观察不到的。有的时候,λ 的值可以根据多个同类型阀门无故障工作时间的记录来预测。考虑事件 $E=\{\lambda>\lambda_0\}$,这里 λ_0 是一个指定值。本例中的争论在于,概率 $\Pr(E)$ 到底是阀门本身的性质,还是只是分析师内心判断的一个数值。

- 案例2-8 气体泄漏燃烧

考虑化工厂的气体泄漏事件,p 代表气体泄漏会引起燃烧的概率。如果燃烧概率 p 被视做气体泄漏这一状况的自身属性,分析师的工作就是要努力找到 p 的真实值。在收集到所有的可能信息之后,他可以通过预测值 $\hat{p}$ 来说明自己对于这一燃烧概率的置信度。

在本例中,讨论 $\hat{p}$ 到底对于 p 的估计是否准确是很有意义的,分析师可能还需要评估 $\hat{p}$ 的不确定性。本书的第16章将会对这一问题展开讨论。

然而,如果相信燃烧概率只是存在于我们的内心,确定预测值 $\hat{p}$ 的准确度也就毫无意义了,因为"真实"的 p 值根本就不存在。分析师可以讨论预测时用到的知识、数据和信息的不确定程度,但是却无法涉及这个预测值的准确度。

计算概率的数学法则清晰明了,不存在任何的争议。概率论的精妙之处在于,无论我们自诩是频率学派还是使用贝叶斯方法,我们都可以使用相同的符号和公式,不需要考虑概率到底是不是事物本身的性质。当然,有时候对于数学计算结果的解释还是会有所不同。

注释:一些研究人员认为,频率学方法是客观的,因此在一些重要领域只有频率学方法可行,比如测试一种新药的疗效。根据这种观点,测试不能基于主观判断。然而这种观点也存在瑕疵,因为频率学方法也需要使用基于一系列假设的模型,而这些假设很多都是主观的。

2.3.3 频率

如果事件 E 发生的间隔不同,我们经常讨论的问题就是 E 的频率而不是概率。比如，我们可能会问“事件 E 发生的频率如何?”

每年都会发生一些重大交通事故，我们会记录在特定时间段 t 内此类事故的发生次数 $n_E(t)$。在这里，重大交通事故指的是造成一名或者多名人员死亡的事故。在时间间隔 $(0, t)$ 内，重大交通事故的频率是

$$f_t(E) = \frac{n_E(t)}{t} \tag{2-6}$$

“时间”t 可以是日历上的时间，也可以是累计运行时间(比如汽车在道路上累计行驶的时间)或者行驶的累计千米数等。

在一些情况下，我们可以假设条件保持不变，这个频率在 $t \to \infty$ 的时候趋近于一个固定值。我们将这个极限值称为事件 E 的速率(rate)，并使用 λ_E 表示。

$$\lambda_E = \lim_{t\to\infty} \frac{n_E(t)}{t} \tag{2-7}$$

在概率的频率学解释中，像 λ_E 这些参数会有一个真实但是未知的值。参数可以根据观察值进行预测，并使用置信区间来量化参数估计量的精确程度和误差范围。

读者可以在附录 A 中找到相应的分析模型和公式。

2.4 资产与后果

为了回答风险定义中的第三个问题“后果是什么?”，我们首先需要识别是谁或者是什么可能会受到伤害。在本书中，这些被伤害的对象统称为资产(asset)。

• **资产**：对我们有价值并且希望保护的东西。

资产有时候也被称为目标、易受损目标、受害者、接受者、接受方或者风险吸收元素。表 2-1 列出了一些资产的例子，需要注意的是，表 2-1 中所列的资产并没有按照重要度或者优先级进行排序。

表 2-1 一些资产类型

- 人员(第一类、第二类、第三类、第四类)	- 历史遗迹，文化遗产
- 社会	- 金融资产
- 环境(动物、鸟类、鱼类、水资源、土壤、景观、自然保护区、建筑环境)	- 无形资产(比如名誉、心愿、生活质量)
- 绩效(比如生产系统的有效性、铁路服务的准时性)	- 活动的时间或者计划(项目或者目标风险)
- 物料资产(比如建筑、设备、基础设施)	- 组织行为

2.4.1 受害人员分类

在风险分析中，人员通常被当做最为重要的资产。根据他们与危险的接近程度以及对危险的影响，事故中可能受害的人员可以分为四类[佩罗(Perrow)，1984 年]：

1. 第一类受害者。直接参与系统运营的人员。

2. 第二类受害者。与系统相关的供应商或者用户，但是对系统施加不了任何影响

力。尽管这些人员并不一定是自愿投入系统当中,但他们也不是无关的旁观者,因为他们很关心系统的情况。举例来说,飞机、轮船、火车上的乘客就属于第二类受害者。

3. 第三类受害者。他们是无辜的旁观者,并没有参与到系统当中。比如,生活在化工厂附近的居民。

4. 第四类受害者。还未出生的下一代受害者。这类受害者包括父母受到辐射或者有毒化学品伤害的胎儿,他们会在未来被事故的残留物困扰。实际上,这些残留物越靠近食物链顶端的时候,浓度越大。

• 案例 2-9 铁路事故的受害者

在铁路运输领域,可能在事故中受到伤害的人员可以分成五类:

(a) 乘客。

(b) 员工。

(c) 横穿铁轨的人。

(d) 非法入侵者(也就是未经许可靠近铁路的人)。

(e) 其他人员。

2.4.2 后果和伤害

后果在这里指的是对一种或者多种资产造成的损害,有时候也可以称为负面影响、冲击、折损或者损失。一些重要的国际标准,比如 IEC 60300-3-9 和 ISO 12100 还会使用到伤害这个词汇。

• **伤害**:对健康、资产或者环境的实际损伤和破坏(IEC 60300-3-9,1995 年)。

后果分类。按照损坏的资产的不同,事故的负面影响可以分为如下几类:

- 人员死亡。
- 人员受伤。
- 人员预期寿命缩短。
- 环境破坏(包括动物种群、植物种群、土壤、水、空气、气候、景观)。
- 生产资料破坏。
- 调查和清除费用。
- 打扰正常商业活动。
- 员工工作效率下降。
- 信息丢失。
- 声誉受损(公关危机)。
- 保险费用增加。
- 罚款和司法处罚。
- 法律纠纷和索赔。
- 连带商业影响。
- 社会动荡。
- 其他一些与“无形资产”相关的后果,比如人员流失和丧失自由。

注释：我们在这里讨论的后果，主要都是意料之外的(负面)后果，会造成某种程度的损失。当然，有的危险事件也可能会产生一些正面的后果，但是这些正面影响不在本书的讨论之列。

对于人员的伤害，通常可以分为以下几类。

- 暂时性伤害：人员受到伤害，但是在事故发生一段时间之后可以康复并能够返回到工作岗位。
- 永久性伤害：受害者会患上终身疾病或者造成终身残疾，伤残的程度有时候可以用百分数来表示。
- 致死性伤害：伤害造成人员立即死亡或者由于多种原因死亡。这种致死性伤害可能会在事故发生相当长的一段时间后才发生，比如由于受到核电站泄漏而引发的癌症。

2.4.3 严重度

通常还可以根据危险事件可能产生后果的严重度对事件进行分类：

- **严重度**：事件后果的严重性程度，可以用财务指标或者后果类型表示。

按照严重度进行划分非常常见，比如事故的后果可以分为灾难性后果、重大损失、严重破坏、一般破坏和轻微破坏。本书的第 4.4 节将会对这种划分方法做进一步的描述和讨论。

2.4.4 后果集

一个危险事件可能引发一系列可能的后果 $C_1, C_2, \cdots, C_n$。后果 C_i 发生的概率 p_i，取决于实际情况以及系统的安全栅是否发挥的作用。图 2-2 描述了危险事件的可能后果及相关概率。

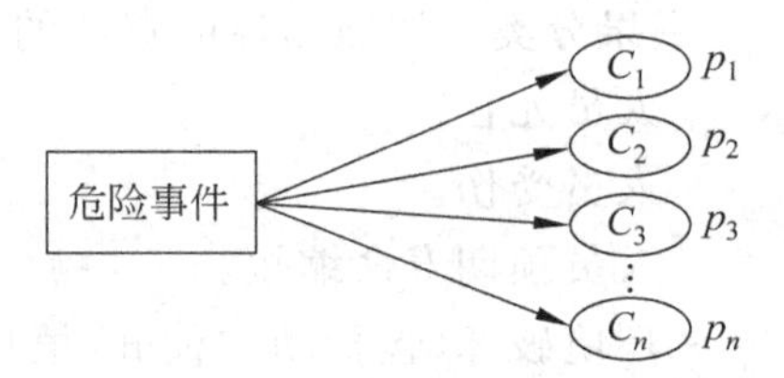

图 2-2 危险事件的后果集

我们可以将图 2-2 称为与危险事件相关的后果集、风险图或者风险形势。一个危险事件的后果集还可以写成一个向量：

$$\boldsymbol{C} = [C_1, C_2, \cdots, C_n]_{[p_1, p_2, \cdots, p_n]} \tag{2-8}$$

在图 2-2 和向量(2-8)中，我们都假设事件的后果可以被分成若干个(n)离散的后果。

一项活动能够引发多个可能的危险事件，因此建立单独危险事件的后果集是不够的，可能还需要建立这项活动的后果集合。接下来，如图 2-2 所示，每一个危险事件也会有一个自己的后果集。如果我们将所有相关的危险事件放在一起，就可以建立整个行为的后果集，它的结构与危险事件后果集类似。后果集也可以使用表格的方式表示，比如表 2-2。

有时候，可以使用统一的单位来衡量这些后果(比如美元)。令 $\ell(C_i)$代表后果 C_i 发生时以美元为单位的损失，$i=1,2,\cdots,n$。危险事件的损失集合可以按照图 2-3 的方式描述。

表 2-2　行为后果集合(举例)

i	后果(C_i)	概率(p_i)
1	操作员死亡	0.001
2	操作员永久性伤残	0.004
3	操作员受伤	0.008
⋮	⋮	⋮
n	少量材料受到损坏	0.450

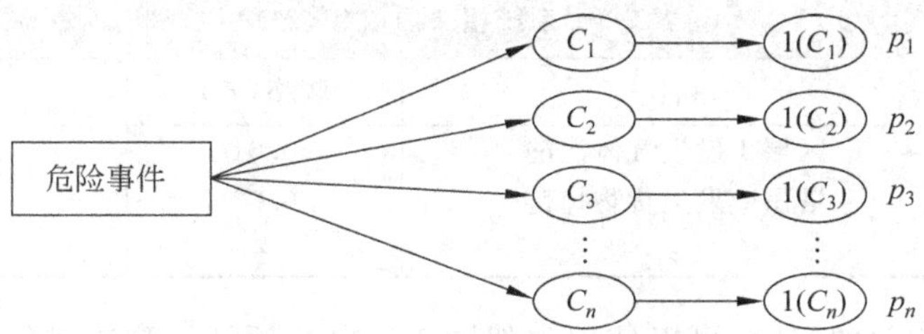

图 2-3　危险事件的损失集合

在这里，讨论危险事件发生情况下的后果期望值或者说平均损失也是有意义的：

$$E[\ell(C)] = \sum_{i=1}^{n} \ell(C_i) \cdot p_i \tag{2-9}$$

需要注意的是，式(2-9)是假设某一危险事件发生情况下的条件平均损失。

2.4.5　后果的时效

在一起事故发生之后，有些后果可能立刻显现，而另外一些后果可能会在多年之后才被人们察觉。比如，在 2011 年，仍然有人因为受到 1986 年切尔诺贝利核电站爆炸事故的辐射而患癌症死亡。大量的核辐射甚至一直从乌克兰扩散到遥远的挪威北部。实际上，在事故发生的当时，只有少量的伤亡，但是在接下来的数年里，很多人由于核辐射患上癌症并因此丧生。另外一些存在危险材料的事故也是如此。因此，在我们评估事故后果的时候，很重要的一点就是不仅要考虑即时的后果，还要考虑在未来的影响。

2.5　风险

根据提默曼(Timmerman)在 1986 年的描述，风险(risk)一词是在 17 世纪 60 年代从意大利语中的 riscare 一词演化成英语的。它的意大利语本意是在充满危险的礁石之间航行。正如第 1 章所述，我们只是在描述未来某些事件是否发生的时候才使用风险这个词汇。在讨论过去发生的危险状况的时候，我们不会使用风险。另外，虽然在经济学理论中风险同时涵盖损失和收益，但是在本书中这个词汇涉及的都是“负面”的后果。

注释：我们应该明白，给后果贴上正面或者负面的标签，实际上反映的只是社会的判断，而不是危险事件真实的自然属性[科林克(Klinke)和雷恩(Renn)，2002 年]。

正如我们在第 1 章中所描述的那样，风险并不存在统一的定义。在本书中，我们将风险定义为卡普兰和卡里克在1981年所提出三个问题的答案。

- **风险**：关于下列三个问题的综合答案：(1)什么会发生问题？(2)发生问题的可能性有多大？(3)后果是什么？

表2-3列出了关于上述三个问题的答案，其中事件 i 一列代表触发事件、危险事件或者事故场景。在大多数情况下，我们建议这些事件应该被定义为危险事件。频率 f_i 是事件 i 的频率，这一数值有的时候与使用概率相关。后果集 C_i 描述了事件 i 发生情况下的可能后果。后果出现的概率要取决于系统中安全栅的防护功能和可靠性。

表2-3 系统相关风险(举例)

i	事件 i	频率(f_i)	后果(C_i)
1	区域1发生气体泄漏	0.01	后果集1
2	塔吊2发生货物掉落	0.03	后果集2
⋮	⋮	⋮	⋮

与指定事件相关的风险，可以使用类似图1-1中的领结模型来进行描述。如果我们将事件移至图的左侧，可能发生的事件序列数量就会增加。在大多数情况下，频率分析会因此变得更加简单，而结果分析则变得更加复杂。另外，如果在领结模型中将事件向右侧移动，频率分析将变复杂而结果分析会变简单。如果将该事件定义为一个完整的事故场景，那么一个极端的情况就出现了，即后果集被局限为一个单一最终事件的后果。至于使用哪些方法可以得到最佳、最完整的结果，则要取决于系统的情况。

接下来，我们假设该事件是一个危险事件，并使用 $s_1, s_2, \cdots, s_n$ 来代表不同的事件。卡普兰和卡里克(1981年)将系统相关的风险 R 描述成一个三向量的集合：

$$\boldsymbol{R} = \{\langle s_i, f_i, C_i\rangle\}_{i=1}^{n}$$

如果将所有的相关危险事件包含其中，我们可以认为该三向量集是完整的，可以表示风险。后果集 C_i 是一个多维向量，包括对人员、财产、环境等的破坏。如果在不同的时间危险事件造成破坏的程度不同，C_i 还可以是一个以时间为变量的函数。比如，对于核燃料熔解这个事件，在不同的时间点"测量"破坏的程度就会得到不同的后果。

与每一种后果相关的概率 p 介于0到1之间，其中 $p=0$ 代表该事件不可能发生，而 $p=1$ 代表一定发生。然而，这两种极端的情况也许只能发生在宿命论的世界里，与人类的行为毫无关系。根据罗萨(Rosa，1998年)的观点，风险这个词汇在这种已知结果的世界当中根本毫无用处。风险概念的核心，就是后果存在着一定程度的不确定性。

2.5.1 风险的其他定义

在现有的文献中，还有另外一些有关风险的定义，其中包括：

(a) 某一危险事件发生的频率或者概率与事件后果的组合(IEC 60300-3-9，1995年)。在这个定义中，风险与某一特定的危险事件有关。比如，我们可以讨论某种气体泄漏或者与塔吊货物掉落有关的风险。这个定义和我们使用的有所不同。在本书中，风险是与系统或者行为有关的，可能会有多个危险事件发生。

(b) 人类活动或者事件造成的后果对现有价值造成伤害的概率(科林克和雷恩，

2002 年)。

(c) 造成资产(包括人员本身)处于危险的情况或者事件,而结果是不确定的(罗萨,1998 年)。

(d) 与资产相关行为的不确定性以及后果(结果)的严重程度(阿文和雷恩(Renn),2009 年)。

(e) 在特定的时间段内,或者由于某种困难情况导致某一负面事件发生的概率(英国皇家学会,1992 年)。

(f) 风险是指未来事件和结果的不确定性。它描述了该事件对于完成组织目标产生影响的可能性(美国财政部,2001 年)。

有一些文献对与风险相关的不同定义进行了全面的讨论,例如,读者可以阅读路普顿(Lupton,1999 年)和约翰森(2010 年)的文章。

2.5.2 安全绩效

在本书中,我们使用风险这个词来描述未来可能发生的负面事件的不确定性。有时候,决策者可能会对"在未来的一段时间里(比如五年)预测出的风险比过去一段时间里的风险更高还是更低"这样的问题感兴趣。根据我们对于风险的定义,谈论过去的风险是毫无意义的。这是因为一段时间过去了,事件已经发生了,就不存在不确定性了。因此,我们需要另外一个词汇来描述过去发生的事情,这个词汇就是安全绩效。

- **安全绩效**:在指定的(过去)时间段内发生的所有事故,以及观察到的每种类型事故的频率和后果。

频率可以基于不同的"时间"单位,比如:日历中的每一天、运行中的每个小时、行驶的每千米。按照这种方式,未来一段时间内预测的风险就可以与过去一段时间的安全表现进行比较了。

我们应该记住,危险事件和事故的发生至少有一部分是随机的。如果我们预测未来一段时间的风险是非常高的,而在这段时间结束之后我们发现实际的安全绩效是没有事故发生,这也不能说明风险分析是错误的。

- 案例 2-10 直升飞机运输风险

对于使用直升飞机从事挪威海上油气设施与大陆之间的运输工作,挪威工业与技术研究院(SINTEF)已经进行了超过 20 年的研究。在这些年当中,直升飞机运输曾经出现过几次事故,而 SINTEF 研究的主要目的就是识别出高风险的影响因子,并提出降低风险的方法。

SINTEF 收集了事故和安全表现方面的数据,并对其进行了分析,识别事故原因并预测未来的趋势。事实上,在过去的 20 年里,直升飞机的设计、装备、维护手段、空中交通管制措施以及直升飞机的起落平台,都已经发生了巨大的变化。

挪威石油行业的目标是降低直升飞机运输的风险,因此他们会问道:"未来的风险相比过去一段时间的风险会如何变化?"进行风险分析是为了预测未来一段时间(比如五年)的风险,而风险的预测值需要与过去一段时间的安全绩效进行比较。

2.5.3 风险影响因子

胡克斯塔德(Hokstad)等人在2001年给出了风险影响因子的定义。

- **风险影响因子**(risk influencing factor,RIF):可以影响风险的一个相对稳定的条件。

RIF并不是孤立事件,实际上它会存在一段时间,影响危险事件的发生和安全栅的表现。因此,RIF也被视做频率影响因子或者后果影响因子。RIF代表了一种平均的情况,可以通过某些措施对其进行改进,风险管理者也能够施加自己的影响。

- 案例2-11 直升机运输中的风险影响因子

作为直升飞机安全研究的一部分(参见案例2-10),SINTEF已经发现了一系列影响直升机运输风险的因素。这些风险影响因子主要可以分为三大类。

(a) 运营RIF:以天为单位,与保证直升飞机运输安全高效的活动相关,比如运营、流程和维护。

(b) 组织RIF:包括组织架构、支持力度、对直升飞机制造商和运营商飞行活动的控制等。

(c) 与法规和客户相关的RIF:考虑国家、国际航空管理机构和客户的举措和要求。

RIF在BORA(安全栅与运营风险分析)这种风险评估方法中扮演核心角色。斯克莱特(2006年)开发了这种方法,用来为运营和组织因素在海事行为风险中的影响建模。在这种方法中,我们可以通过使用风险影响图,衡量相关RIF的权重,从而评估安全栅的表现。本书的第12章将对BORA这种方法进行深入的讨论。

2.5.4 渴望风险

在风险分析领域,风险通常被认为是技术行为带来的意料不到的负面作用。然而,在现代社会中,有时候一些风险却是人们主动选择和期望的。马西里斯(Machilis)和罗萨(1990年)将其称为渴望风险。

- **渴望风险**(**desired risk**):人们为了追求某种形式的乐趣,主动选择、不想回避的一类风险。

赌博、飙车、滥用药物以及滑翔伞、高台跳水、攀岩这类娱乐活动都是高风险行为,但是人们为了追求感官享受、社会认可或是掌握某项技术而乐在其中。对于一些人来说,这些风险充满着吸引力,都是有必要尝试的。他们并不会去有意降低这类渴望风险,相反还会主动去寻找。

2.5.5 风险的动态平衡

维尔德(Wilde,1982年)认为,每个人都有着自己固定的风险接受水平。如果感知到危险增加,人们的行动就会更加谨慎。另一方面,在那些感觉更加安全、受到的保护更全面的场合,人们就不会非常小心翼翼。这个理论就叫做风险的动态平衡。维尔德认为,这个理论在更大规模的人类系统中也同样成立,比如汽车驾驶的问题。随着汽车技术安全水平的提高，司机在驾驶的时候也越来越不小心。

2.5.6 残余风险

风险分析可以预测与某种类型的危险事件相关的风险。在分析完成之后，必须要确定是接受当前的风险还是要采取必要的降低风险的措施。在使用了上述措施之后仍然存在的风险就是残余风险：

- **残余风险**：在工程、管理和工作实践控制措施完成之后依然存在的风险(SEMATECH，1999 年)。

残余风险与风险接受度密切相关。如果根据 ALARP 原理(参见第 4 章)确定可以接受的风险水平，残余风险就意味着在合理可行的范围内，应该不断地评估风险，并尽可能降低风险水平。而根据确定性风险接受准则，只要残余风险水平满足能够接受的最低要求，就不需要进一步的评估。需要注意的是，虽然有一些后果如果不采取风险降低措施就无法消除，但它们也是可以接受的。

2.5.7 猜测风险

如果是没有专业经验的人对风险进行直观判断，这不能称做风险评估，而应该称为风险猜测。

- **风险猜测**：对风险的性质和严重度进行的主观判断。

风险猜测基本上就是我们对于风险严重度的态度和头脑中的印象，它会受到很多现象的影响。人们在猜测风险的时候，并不会遵循风险是由事故演化、概率和负面结果组合在一起的这样的技术概念。对于猜测风险影响最大的因素包括系统的脆弱度、新奇度、可控水平和人们内心的恐惧[斯洛维奇(Slovic)，1987 年]。

现在，研究人员已经提出了多种理论，解释为什么不同的人对风险的判断会不一样。心理学者关注认知偏差(称为启发)和负面影响，而人类学家将风险猜测解释成文化归属和系统性信任缺失的产物。还有一些交叉学科的研究，比如卡斯佩森(Kasperson)等人(1988 年)提出的社会性放大风险的理论框架，关注信息流程、系统结果和社会响应。

研究风险猜测是非常重要的，因为它可以解释人们在危险状况下会如何表现，以及在面对风险的时候如何决策。如果人们猜测现有活动的风险很低，没有遵守新规则的必要，即便是经过周密设计的风险管理程序(比如禁烟运动)也不会有什么作用。另外，20 世纪 70 年代美国和欧洲公众对于核电站的抵制情绪，实际上也是一种对于风险的猜测。即便风险评估工作认为风险很低，人们还是会感到非常不安。

- 案例 2-12 避免重大事故

对于大多数人来说，百年一遇导致 100 人死亡的重大事故，要比每年发生但是每次只造成一人死亡的事故严重得多，即便这两类事故的平均年死亡率实际上是相同的。这反映了我们对于重大事故和恐怖后果一种特有的规避心理。

文献中对于风险猜测影响因素的描述也不尽相同，但是下面的几个因素是经常被提到的：

- 熟悉程度(新的风险可能会被认为比既有的影响更大)。
- 自愿程度(如果自己能够把握是否处于危险之中,人们对于风险就会有更大的接受度)。
- 控制程度(如果可以影响危险的概率,人们对于风险就有更大的接受度)。
- 发生灾难的可能性(如果危险可能会导致一场灾难发生,人们的风险接受度较低)。
- 恐惧(一些风险会带来更大的恐惧)。
- 对于风险作为一门科学的了解程度。

2.5.8 争论

在学术界,有关概率的争论还没有烟消云散,对于定量风险分析及其结果解释的争论就已经甚嚣尘上了。

经典方法。在风险分析的经典方法中,风险被认为是现实世界的一种属性,而风险分析的目标就是尽可能准确地将这种风险描述和表示出来。定量风险分析的结果就是前面提到的风险图,它被认为是描述和预测了实际存在但是不为我们所知的真实风险。

一些学者将风险视为事件、系统或者行为的客观属性。他们谈论的都是客观风险或者实际风险,并将风险量化为具有相关概率的一系列后果。汉森(Hansson,2010 年)认为,客观风险是存在的。

- **客观风险**:(仅仅)通过陈述真实世界的客观现实,就可以对风险进行准确合理的完整描述。

贝叶斯方法。在风险评估使用的贝叶斯方法或者主观方法中,风险被认为是一种心理认知,在现实世界并没有任何的对应实体。根据斯洛维奇(1992 年)的描述:

> 是人类发明了"风险"的概念,根本没有注入"真实风险"或者"客观风险"这种东西。

如果风险不是"真实世界的属性",而是实际上根本不存在,那么它就只是我们心中的一种感知,施拉德·弗莱切特(Sharder-Frechette,1991 年)认为:

> 总的来说,在感知和实际风险之间并没有区别,因为除了感知到的风险之外就没有其他的风险存在了。如果存在危险但是没有被感知,那么我们根本就不知道它们。

汉森(2010 年)使用了主观风险这个词汇。

- **主观风险**:在真实世界中不对应任何客观现实,对风险进行的准确合理的完整描述。

科林克和雷恩(2002 年)的观点是,纯粹使用主观风险这种解释还是有着局限性,他们认为"如果风险评估只是一种社会认知的话,那么就没有任何的法规会比从业人员的预测和公众的猜测更加真实有效了"。贝叶斯理论的追随者认为,尽管风险分析的基础是对这个社会认知概念的主观性解释,但是并不能抹灭风险评估的作用。我们可以获取关于风险影响因素的相关知识,根据判断和分析得到对于风险的置信度,并采取合理的措施。需要注意的是,分析结果的不确定性并不取决于所得概率是否接近真实的测量值,而是与主观的置信区间相关。

双重观点。一些学者则更加务实,他们一方面在风险与现实相关的时候将其视为现实世界的属性,另一方面在上述观点存在问题的时候又将风险当做是一种心理认知。汉森(2010 年)就指出有些学者对于风险采取了双重观点。

- **双重观点下的风险(风险二象性)**:或者对应于真实世界的客观现实、或者对应于不反映任何真实世界客观情况的陈述(值),对风险进行的准确合理的完整描述。

我们在这里并不会进行更加深入的讨论,但是读者可以阅读该领域中大量的相关文献。例如罗萨(1998 年)和阿文(2003 年)的文章,都是很好的入门教材。

实证主义与构成主义。在理解风险含义的时候,风险研究主要存在两种相互矛盾的方法:实证科学(positivistic science)和构成主义(constructivism)。这两种方法都起源于哲学,属于本体论的范畴,与现实世界的状态以及它们存在的性质相关(罗萨,1998 年)。

实证的思维方式源自现实主义本体论。这种理论认为世界独立于人类的观察和存在而存在。只存在一个世界,而且这个世界是真实的,由客观状态构成。上述这些是科学的存在基础,它假设世界是被系统了解的。因为任何的风险分析都是以科学为基础的,现实主义本体论也自然而然地成为风险分析的基石。根据这种理解,风险是这个世界的某一个客观状态,我们可能有所了解,也可能一无所知。

相反,构成主义则认为风险仅仅存在于我们心中。这个世界和我们的理解密切相关,不存在人类感知以外的东西。因此,辨析"风险"和"感知到的风险"也就毫无意义,因为所有的风险都是可以被感知到的(施拉德·弗莱切特,1991 年)。而极端构成主义,比如道格拉斯(Douglas)和威尔达沃斯基(Wildavskky)在 1983 年提出的文化理论,将风险定义成与客观现实无关的社会认知,因此风险并不是一种客观事物,而是一种文化现象,它是在我们对其进行定义的时候诞生的。

无论是极端实证主义还是极端构成主义,都存在一个问题,就是将风险简化成一个科学或者社会学的概念了。实际上,风险既不会独立于社会环境,也不会独立于现实世界:

> 不管我们的认知是对是错,有一些风险都不可否认地存在,这不仅仅是我们文化上的判断(罗萨,1998 年,第 32 页)。

我们终有一天会走向死亡,但是死亡本身并不是风险,风险在于死亡的原因和时间。因此,区分现实主义(本体论)和我们所理解的风险是有用的,这两者不一定一直吻合(罗萨,1998 年)。

下面我们给出的例子可能过于简单,但是至少可以在一定程度上说明风险可能是真实存在的。

- 案例 2-13 俄罗斯轮盘

考虑一个俄罗斯轮盘游戏。参与者在左轮手枪的六个弹槽中放入一颗子弹,旋转转轮,把手枪对着自己的头(太阳穴),扣动扳机。这个游戏的风险包括下面的三个元素:

1. 危险事件:子弹发射。

2. 概率:危险事件有六分之一的可能性会发生。为了达到平衡,左轮手枪的其他五个弹槽也应该装填上与子弹相同的物体。如果我们假设转轮的旋转正常,左轮手枪质量可靠，弹药也没有问题，那么危险事件发生的概率就接近六分之一。

3. 后果：如果持枪方式正确，危险事件发生就会导致参与者立刻死亡。

2.6 安全栅

如本书第1章所述，绝大多数设计良好的系统都拥有安全栅，可以避免危险事件的发生，减小其发生概率，消除或者减轻事件的后果。

- **安全栅**：计划用来预防、控制或者防止泄漏能量接触到资产并造成伤害的物理或者工程系统以及人员行动(基于具体的程序或者管理措施)。

安全栅也可以称为安防屏障、保护层、防护措施或者对策。本书的第12章将重点讨论安全栅的相关问题，而我们在表2-4中列出了安全栅的一些类别。

表 2-4 安全栅的类别

实体型安全栅	组织型安全栅
- 设备及工程设计 - 个人防护设备(比如服装、头盔、眼镜等) - 防火墙、屏障 - 安全设备(比如释放阀、紧急停机系统、灭火器等) - 报警设备(比如火焰及气体警报器)	- 危险识别和分析 - 生产线管理督导 - 监督 - 检查和测试 - 工作计划 - 工作程序设计 管理型安全栅 - 培训 - 知识和技能 - 法律法规

2.6.1 安全栅的分类

强生(Johnson,1980年)将安全栅分为：

1. 围绕并限制能量源(危险)的安全栅。
2. 保护资产的安全栅。
3. 将能量和资产在物理、时间和空间上隔离的安全栅。

安全栅还可以分成：

预防型安全栅。这种安全栅也被称为防止或者控制型安全栅，安装预防型安全栅是为了防止危险事件发生。

响应型安全栅。这种安全栅也被称为缓解型安全栅。只有在危险事件发生之后，响应型安全栅才会被激活，阻止或者缓解危险事件发生后的一个或者一系列后续事件。

- 案例 2-14　石化企业气体泄漏相关的安全栅

在一家石化流程工厂当中，安装用来阻止或者缓解气体泄漏后续事件的安全栅包括：

- 气体探测系统和报警器。

- 流程关闭系统。

- 火源隔离。
- 消防系统。
- 防火墙。
- 疏散系统。

2.6.2 缓解

缓解(mitigation)这个词经常和安全栅搭配使用。在大多数的字典中,缓解的定义如下。

• **缓解**:降低某个事物的严重程度、剧烈程度和痛苦程度的行为。

在风险管理中,缓解这个词主要与响应型安全栅有关,用来防止、减轻或者修正危险事件发生后对于资产的后果影响。

2.6.3 深度防护

在核工业当中有一种深度防护的策略,指的是针对单一危险事件采用多个、冗余型且彼此独立的安全栅。这样做的目的是建立并保持多重安全栅,对可能出现的人为错误或者机械失效进行补偿。即便某个单一的安全栅再可靠,也不能把全部的赌注压在它身上。深度防护通常是一种既定的战略,并不取决于风险分析的结果。

2.7 事故

强生(1980年)将事故定义如下。

• **事故(1)**:由于一系列的计划和运营错误,没有对物理或者人为因素的变化做出调整,产生了不安全的情况和(或)不安全的操作,引起某一行动中的风险增加,打乱或者干扰了正常行动,同时因为缺乏安全栅和(或)控制,出现了不应该的能量转移,造成对人员、财产和流程的伤害。

另外一个更为简洁的事故定义如下。

• **事故(2)**:突然发生、不受欢迎且在计划之外的事件或者事件序列,会伤害到人员、环境或者其他资产。

定义(2)暗示,事故是否发生以及何时发生是无法预测的。该定义还强调,事故是可以辨识的事件,而不是长期暴露在某种危险材料或者能量之中。萨茨曼(Suchman,1961年)认为,事件只有在想不到、不可避免和无意识的状态下发生的时候,才可以称为事故。

本书第6章将会深入讨论事故和事故模型。

• 案例 2-15　直升飞机事故

根据SINTEF所做的直升飞机研究,直升飞机相关事故可以分为八类:

1. 在直升飞机场起落时发生的事故。
2. 在直升飞机坪起落时发生的事故(比如在海上平台)。
3. 飞行途中由于关键性飞行器出现故障导致的事故。

4. 与其他飞行器在空中发生碰撞。

5. 与山脉或者建筑发生碰撞。

6. 直升飞机内部的人员事故(比如火焰或者货物释放的有毒气体)。

7. 直升飞机外部的人员事故(比如被螺旋桨打中)。

8. 其他事故。

该研究仅限于与直升飞机机组人员和乘客有关的事故,并没有包括与其他人员和其他资产相关的事故。

2.7.1 意外事件与未遂事故

意外这个词汇可以定义如下。

- **意外**(Incident):计划之外、没有预料到的事件,可能会也可能不会对资产造成伤害。

根据这个定义,事故实际上是一种特殊的意外事件:即会伤害到资产的意外事件。意外有时候也可以称为不测(mishap)。

注释:要区分危险事件和意外这两个概念并不容易。危险事件是一个会释放能量的单一事件,也可能是最终会破坏资产的一系列事件。而意外可能是一个单独事件,也可能是一个事件序列,并不一定会伤害到资产。

未遂事故可以定义如下。

- **未遂事故**:计划之外、没有预料到的事件,情理上会伤害到一个或者多个资产,但实际上伤害并没有出现。

基于这个定义,未遂事故是一场意外,而不是一次事故。未遂事故实际上就是一种侥幸脱险。

未遂事故有时候也被认为是一种先兆,它通常包括那些能够妨碍安全栅正常工作的危险事件。比如,某个保护系统失效就是一个未遂事故,它意味着如果有危险事件发生,能量就会被释放(美国环境部,1996 年)。

2.7.2 特殊事故

本书的第 6 章将会详细讨论事故成因和事故模型。查尔斯·佩罗和詹姆斯·雷森的观点对于事故理论的发展影响巨大,正是他们引入了很多重大事故的全新概念。

雷森(1997 年)提出了组织型事故的概念,它可以定义如下。

- **组织型事故**:相对少见,但通常是灾难性的。这些事件发生在复杂的现代科技当中(比如核电站、商业航空、石化工业、化工厂、海事及铁路运输、银行和体育场等),有多种成因,涉及很多在各自组织中层级不同的人员。组织型事故经常会对无辜的人群、资产和环境造成可怕的影响。

雷森(1997 年)将那些不能归为组织型的事故称为个体事故。

- **个体事故**:在某一个人或者团体身上发生的事故,通常事故的造成者和受害者是相同的。后果对于个体而言可能很严重,但是波及的范围有限。

佩罗(1984 年)在其开创性的著作《高风险技术与"正常"事故》当中,提出了系统事故与正常事故的概念。我们将在第 6 章对正常事故进行介绍，所以这里只给出系统事故的概念。

- **系统事故**：由于元件（机电、数字和人员）之间的相互作用，而不是元件自身失效引发的事故（佩罗，1984 年）。

按照雷森（1997 年）的说法，不能被归为系统事故的事故，有时候可以称为元件失效事故。

- **元件失效事故**：由于元件失效导致的事故，包括可能出现的多重和多米诺式的失效[可参见莱文森（Leveson），2004 年]。

2.8　不确定性

不确定或不确定性（uncertainty）一词有多个含义。一般意义上，任何没有完全和彻底了解的事物对我们来说都存在不确定性。在风险评估领域，"不确定"一方面是风险的代名词，另一方面也可以表示我们对风险评估结果的信心。因为风险一词对于确定输出没有意义，不确定就与风险紧密相关。在一般情况下，如果概念太过宽泛，我们就应该缩小它所涉及的范围，避免在沟通中出现误会。在本书中，我们承认不确定性是风险的核心元素，是对缺乏确定性的常用说法，但是我们对于这个词汇使用下面的解释。

- **不确定性**：对于风险评估结果所持信心的量度。

这一概念涵盖了不确定性可以影响风险分析稳定性的很多方面。我们对于期望出现的情景、结果情况、概率分配、个人偏好、资产价值并不确定，另外我们对自己评估上述这些方面的能力也不确定（汉森，1996 年）。

不确定性的类型。不确定性可以分成两大类。

1. 偶然不确定性：这种不确定性是由自然差异和内在随机性引起的。常见的例子比如风速、降雨量和产品质量。偶然不确定性也可以称为随机或者不可降低的不确定性，这是因为即便可以获取更多的知识，这种不确定性也是无法降低的。

2. 认知不确定性：这种不确定性源自知识缺乏。常见的例子包括转基因食物的健康影响以及二氧化碳排放导致全球变暖的担忧。随着知识增加，认知不确定性可以因此降低，所以它也被称为可降低的不确定性。与偶然不确定性相反，认知不确定性依赖于评估者的知识水平，因此它还被称为主观不确定性。

尽管偶然不确定性一般是无法降低的，但是一个有意思的现象是，有些我们起先认为是偶然的不确定，随着时间的推移和科学技术的进步，会被重新定义为认知不确定。因此，对偶然和认知不确定性进行区分还是有意义的，因为这样做可以找出哪些不确定是可以在短时间内降低的。

认知不确定与无知有关，人们对于自己的无知可能会有察觉，也可能完全认识不到。有意识的无知是指我们已经了解到缺乏相关的知识，并在进行分析的时候考虑到了这一点。而无意识的无知是指我们根本没有意识到自己不知道，说得更严重点，就是我们对于风险评估结果的信心可能就是一种错觉。

不确定性的来源。在风险评估当中,不确定性的来源主要有三种:

(a) 完整度不确定性,与分析中没有考虑到的方面有关。比如,没有识别出的危险事件就不会包括在分析之中,因此可能会导致风险被低估。

(b) 模型不确定性,是指模型不足以描述真实世界的现象。数学和逻辑模型通常是对现实的简化,因此会带来不确定性。

(c) 参数不确定性,源自输入数据的准确性和实用性。比如失效速率和人因错误概率。

其他的不确定性来源,还包括缺乏对可能出现后果的了解(后果不确定性)、近似计算的时候不够保守和计算误差(计算不确定性)、风险分析技术不足(能力不确定性)以及分析在时间和成本等方面受到的限制(资源不确定性)。

我们将在第 16 章更加详细地讨论不确定性的不同类型和各种处理方法。

2.9　脆弱性和弹性

2.9.1　脆弱性

NS 5814 标准(2008 年)将脆弱性(易损性,vulnerability)定义如下。

- **脆弱性**:物体无法抗拒危险事件的影响,也无法在事件发生之后恢复初始的功能状态。

脆弱性是一种系统属性,会影响到危险事件发生的后果。因此,降低脆弱性实际上就可以降低危险事件的风险,但是反过来却不一定(即降低风险不一定会降低系统脆弱性)。脆弱性有时候也可以使用(对于某种压力的)敏感性和适应能力来表示。

脆弱性会受到很多系统内在和外在因素的影响。

内在因素:

- 系统属性(比如元素之间相互影响的复杂程度及耦合的紧密程度)。
- 技术性失效和危险。
- 人为和组织因素。
- 维护因素。
- 员工影响(比如安全文化以及是否拥有足够的技术人员)。

外在因素:

- 环境因素。
- 社会因素。
- 基础设施因素。
- 法律因素。
- 财务因素。
- 市场因素。

2.9.2　弹性

弹性(resilience)在很多情况下可以理解成脆弱性的反义词。福斯特(Foster,1993

年)将弹性定义如下。

- **弹性**：在没有重大故障的情况下适应变化的能力,以及平稳吸收冲击的能力。

弹性这个词也指在受到压力之后恢复成初始形状或者回到初始位置的能力。弹性要比鲁棒性(robustness)的词义更加宽泛,后者基本上是一个描述对破坏的容忍度的静态概念。除了防止破坏的能力之外,弹性还包括一个动态元素,也就是对新环境的适应。因此,弹性实际上是一种无处不在的属性,可以影响系统对于各种压力和威胁的响应[可参见罗斯内斯(Roseness)等人 2004 年、霍纳格尔(Hollnagel)等人 2006 年的文章]。

2.10 安全与安防

在风险分析中,非常重要的一点是要识别出所有相关的危险事件。危险事件可能是随机的,比如技术失效和自然灾害(如地震、洪水等),也可能是由于某些蓄意的行为,比如电脑黑客攻击和纵火。当我们讨论随机事件的时候,我们通常使用安全(safety)这个词,而讨论与蓄意破坏相关的话题时,则会使用安防(security)。另外,总体安全这个词汇有时则可以同时涵盖安全和安防。

2.10.1 安全

安全是一个充满着疑问的概念,有多种不同的含义。很多与风险评估相关的标准和指南都在使用安全这个词汇,但是却从来不对其进行定义。好在 MIL-STD-882D(2000 年)是一个例外,该标准给出了如下定义。

- **安全(1)**：不存在能够引起死亡、伤害、职业病、设备或者资产破坏和损失的情况,也不会对环境造成破坏。

根据这个定义,安全意味着所有的危险都已经消除,没有资产会受到伤害。因此对于大多数实际系统而言,这种安全并不能真正实现,它只是一种理想。

很多风险分析认为 MIL-STD-882D 对安全的定义没有任何实际用途,我们还需要一种可以实现的安全的定义。因此,本书提出了如下定义。

- **安全(2)**：是一个状态。在这个状态下,风险在合理可行的范围内尽量低(as low as reasonably practicable,ALARP),而剩余的风险基本上是可以接受的。

这个定义意味着,如果与系统或行为相关的风险被认为是可以接受的,那么这个系统或者行为就是安全的。因此,安全是一种相对的情况,需要基于对风险接受的能力做出判断。本书的第 4 章将会继续讨论可接受风险和 ALARP(在可能的范围尽量低)的含义。

2.10.2 安防

安防与安全类似,也是一个与风险接受能力密切相关的概念。安全与安防的主要区别在于目的性,安防实际上就是抵御伤害。因此,在评估安防的时候,就会将卡普兰和卡里克(1981 年)提出的第一个问题转变为一些人或者机构如何造成一些事情发生。这加大了风险评估的工作量,评估事件的范围不仅由评估者的想象决定,还取决于他所处环境中存在的潜在敌人或者罪犯。

与安防这个概念直接相关的词汇包括威胁、威胁制造者和弱点。

威胁。威胁这个词汇是指某种类型攻击的来源和方式。

- **威胁**：任何能够攻击系统弱点的事物和行为。

意外事件的任何可能成因都可以认为是一个威胁。比如说，火焰是一种威胁，能够攻击到可燃材料的弱点。这个概念与危险的概念（见第 3 章）密切相关，但不完全相同。危险并不会直接攻击系统的弱点。因此，我们可以说，威胁是一种危险，但是危险并不一定是威胁。

威胁制造者。这个词用来表示会制造出威胁的个体和团体。在分析安防风险的时候，最基本的一条是要识别出是谁希望攻击系统的薄弱环节，而他们又会怎样利用这些薄弱环节来破坏系统的。

- **威胁制造者**：引起或者有能力引起、携带、传播或者强化威胁的人或者事物。

威胁制造者必须要具备动机、能力和机会，才会引起对资产的伤害。动机指的是实现某一目标的决心和意愿，能力用来衡量能否实现这一目标，包括工具和技术的可用性以及能否正确使用这些工具和技术。引起伤害的机会暗指这一资产必然具有可以被攻击的弱点。

2.10.3 弱点

在与安防有关的术语体系中，弱点可以被定义如下。

- **弱点**：一件或者一组资产的薄弱之处，会被（一个或者多个）威胁制造者所利用，比如接触到资产并对整体或者部分资产进行破坏、修改或者偷盗等。

弱点在这个意义上指的就是系统中安防上的瑕疵，会让攻击得逞。这些弱点可以分为物理弱点、技术弱点、运行弱点和组织弱点。

2.10.4 IT 安防

尽管安防在某种程度还是风险评估领域不太成熟的一类话题，但是它已经成为信息技术（information technology，IT）产业中的一项重要工作。IT 安防的主要属性是可用性、真实性和保密性。

(a) 可用性。这项安防法则考虑的是 IT 系统和服务在需要的时候能否执行所需功能。

信息系统如果要执行其功能，需要的信息必须存在。很多 IT 系统的目标是保持随时可用，这样就需要防止由于停电、硬件故障和系统升级导致的服务中断。

(b) 真实性。这项安防法则要求只有授权的人员和行为才能对数据和系统配置做出修改。

数据真实性意味着在未经授权的情况下不能修改数据。其范围涵盖所有可能的修改数据的原因，包括软件和硬件失效、环境影响和人为干预。举例来说，如果有员工在意外的情况下删除了重要数据或者有未经授权的用户侵入网站，真实性就会受到损害。

(c) 保密性。这项安防法则要求只有授权的人员才能接触数据。

保密性关注的是信息是否会暴露给没有授权的人员和系统。可以通过数据传输加密、限制数据可能出现的地点(比如在日志文件和备份当中)以及限制数据库接入等方法来加强保密性。

2.11　延伸阅读

我们推荐读者阅读下列与第 2 章内容相关的文献：

- 《风险分析词汇》(*The words of risk analysis*)(卡普兰,1997 年),是一份基本参考资料,所有从事与风险分析相关工作的人员都应该阅读。
- 《风险评估基础》(*Foundations of risk assessment*)(约翰森,2010 年)与本章内容一同完成,对一些主要的风险概念进行了更为全面的讨论。
- 《后常规风险的超理论基础》(*Metatheoretical foundations for post-normal risk*)(罗萨,1998 年)对风险概念进行了全面的讨论,包括风险到底是"真实的存在"抑或仅仅是一种存在于我们内心的"社会臆想"。这是一篇非常优秀的文章,但是工程师们在阅读的时候可能会在语言上遇到一些障碍。
- 《风险分析基础：知识和决策》(*Foundations of risk analysis：A knowledge and decision-oriented perspective*)(阿文,2003 年)讨论了很多与风险分析相关的基本概念。
- 《理解不确定性》(*Understanding uncertainty*)(林德利,1997 年)对不确定性的逻辑和主观(个人)概率进行了详细的介绍。这本书浅显易懂,不需要有大量数学和概率论方面的知识。

第 3 章

危险与威胁

如果不冒点风险,人的一生也不会取得很大成就。

——西奥多·罗斯福

3.1 简介

任何风险分析工作,都必须将研究对象置于运行环境当中,详细考量与其相关的危险和威胁。本章将会对典型危险和威胁做出定义,并给出解释和案例。危险,经常会与某种类型的能量密不可分,因此了解能量的源头尤其重要。常见危险、威胁和能源来源列表,是识别潜在危险事件非常有用的一种方法,本章也将提供几个此类列表的例子。技术失效实际上是一种特殊的危险,因此我们也将会对失效和失效模式的概念做出定义,并进行简单的讨论。

3.2 危险

危险的定义如下。

- **危险**:可能会对资产造成损害的不安全源头。

所谓的"不安全源头"可能是一种资产,也可能是某种情况或者状态。只有当这个源头存在的时候,那些可能会对资产造成损害的危险事件才有可能发生。危险在很多时候与某种类型的能量相关。

我们可以列举一些危险的例子:

- 人行道上的冰就是一种危险,因为人走上去时可能会脚底打滑、跌倒甚至受伤。
- 酒驾是一种危险,因为司机的机敏程度会下降,有可能伤害到自己和他人。
- 直接接触石棉是一种危险,可以导致多种严重疾病。

我们可以将危险理解成一种潜伏状态,未来可能会以某种形式表现出来,对系统或者环境造成伤害。有一些学者会使用风险因子这个词来代替危险。

注释：在《塞维索二号指令》(欧盟,1996 年)中,“含有危险品的重大事故危险控制”主要关注的是危险化学品,因此将危险这个词定义为“危险品或者实际状况的一种内在属性,可能会对人体健康或者环境造成伤害”。尽管该指令中的说明更加具体,但是它与我们在本书中对危险的定义完全吻合。

3.2.1 常见危险列表

常见危险列表对风险分析来说是一种非常有用的工具,表 3-1 就是我们给出的一个常见危险列表的例子。读者还可以在很多文献中找到更加全面的危险列表。比如,在 ISO 12100 标准中的机械系统相关危险列表。表 3-1 中列出的很多危险并没有给出相应的解释,这可能会引起误解,好比我们在说“地震”是一种危险的时候,实际上可怕之处是地震发生无法预知,而不是地震这个事件本身。其他类型的危险也有着相似的问题。

表 3-1 常见危险列表(部分)

机械相关危险 - 动能 - 加速或者延迟 - 锋利的边或者尖角 - 势能 - 高压 - 真空 - 运动部件 - 旋转运动设备 - 往复运动设备 - 稳定或坍塌问题 - 材料损坏(腐蚀、磨损、疲劳等) **危险材料** - 易爆炸材料 - 材料氧化 - 易燃性材料 - 有毒材料 - 腐蚀性材料 - 致癌性材料 **电气相关危险** - 电磁危险 - 静电危险 - 短路 - 过载 - 热辐射 **热力学危险** - 燃烧 - 爆炸 - 表面高温或者低温 - 热辐射 **辐射危险** - 电离 - 非电离	**噪音危险** - 外部噪音 - 内部机器噪音 **不良人机工程引发的危险** - 不健康的姿势或者过于繁重的工作 - 局部照明不足 - 心理压力过大或者压力不足 - 人为错误 - 显示器的位置或者设计不合理 **环境相关危险** - 洪水 - 塌方 - 地震 - 闪电 - 暴雨 - 雾霭 **组织相关危险** - 安全文化 - 维护不足 - 能力不足 - 控制方过多 **破坏或恐怖活动** - 网络威胁 - 纵火 - 偷盗 - 蓄意破坏 - 恐怖袭击 **兼容性相关的危险** - 物料不兼容 - 电磁干扰及不兼容 - 硬件和软件控制

有时候我们还需要找到危险存在的更为深入的原因，它们才代表着“真正的危险”。比如，如果要研究存储的可燃物品发生爆炸的风险，人们通常认为重大危险与可燃物品的数量有关。实际上，我们可以这样认为，只要存储可燃物品，危险就会随之而来。换句话说，从风险分析的角度来说，我们应该将危险定义为存储可燃物品这一行为(HSE，2001 年)，而不是可燃物品本身。

3.2.2 触发事件

有一些危险需要出现触发事件才会引发危险事件，而另外一些危险可能会逐渐演化成危险事件。比如，天然气管道的内部腐蚀就属于后者。腐蚀是一种危险，如果任其发展，日积月累，突然有一天就会发生天然气泄漏(危险事件)。而触发事件经常(但不全是)是技术失效或者人为错误，也可以认为是触发事件将危险释放了出来。

- **触发事件**：危险升级为事故时所需要的事件或者条件。

- 案例 3-1 爬梯子

比如，在刷墙需要爬梯子时，您会有一定的势能，并且可能会从梯子上跌落。在本例中，您自身的势能就是一种危险。当站在梯子上工作时，您就暴露在危险之中。势能是使用梯子的一种内在危险，如果您站立不当或者梯子的某一节横杆比较薄弱，危险就会被释放出来，也就是人从梯子上跌落。本例中的危险事件就是从梯子上跌落。

- 案例 3-2 结冰路面

在开车时，我们会遇到的一种危险是“路面结冰”，而触发事件则可能是“快速改变行车方向”。两者结合，就会导致“汽车失控”这个危险事件发生，进而有可能引起伤害(后果)“司机死亡”。

有些时候，多种危险并存，共同导致事故的发生。比如在案例 3-2 中，可能存在下列多种危险：“路面结冰”、“高速行驶(动能很大)”和“司机正在接打电话”等。每一种危险都可能会导致危险事件“汽车失控”的发生，但是如果这些同时存在的话，危险事件的概率将会大很多。

- 案例 3-3 操作塔吊

建筑工地现场会使用塔吊来提升重物。在提升重物的过程中，存在多种危险，其中之一是被提升物品的势能。这种危险是提升作业的内在危险，因为如果不产生势能的话根本无法提升任何物品。然而，如果触发事件“绳索断裂”发生的话，上述的势能就会被释放出来，因此触发事件将会导致危险事件“物品在不受控制的状态下掉落”。掉落的后果则要取决于物品落在哪里，如果掉落的区域有人或者有重要设备(即资产)，那么后果就相当严重。图 3-1 描绘了本例中使用到的概念。

3.2.3 安全问题

欧洲航空安全局(The European Aviation Safety Agency，EASA)提出了一个新的概

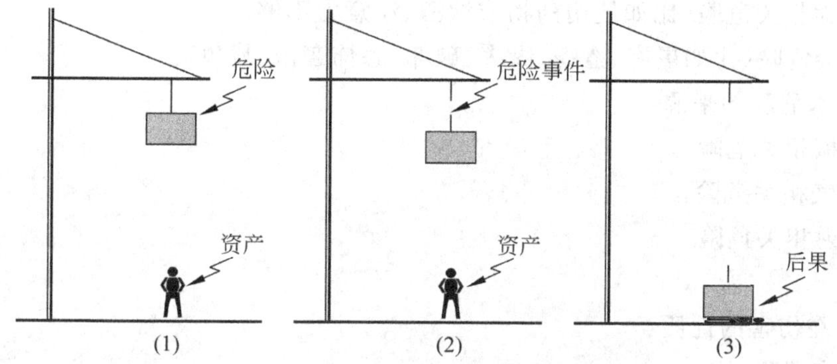

图 3-1 危险、危险事件和后果(案例 3-3)

念——安全问题(safety issue):

- **安全问题**:特定的环境下的一种危险或者多种危险的组合。

很多危险是系统运行自身的属性。比如说,飞机飞行不可能没有动能和势能,所以要辨识出这些危险并不是一项简单的工作。根据 EASA 的观点,安全问题是至少一种危险和触发事件的组合。如果我们能够识别出所有有关的危险问题,那么降低风险就有了一个良好的开端。

3.2.4 显性故障和潜伏状态

雷森(1997 年)对显性故障(active failure)和潜伏状态(latent condition)这两个概念进行了区分。显性故障是指可以触发意外状况的事件,像现场操作员、飞行员和控制室操作员的违规操作和错误就属于显性故障[①]。这些人员是系统运营的一部分,雷森将他们称为系统中最棘手的部分。而潜伏状态并不会立刻触发事故,但是它长期存在于系统之中,可能会引发未来的事故。潜伏状态的例子包括不良设计、维护失效、程序不合理甚至不可行等。潜伏状态会增加显性故障的概率。

潜伏状态实际上与危险的含义类似,而显性故障则与触发事件比较相像。

3.3 危险分类

我们可以按照很多种方式对危险进行分类,然而目前还没有出现一套被所有人都接受的分类体系。以下我们列出了一些分类方法。

根据事故演化的主要原因:

(a) 技术相关危险(比如与设备、软件、结构和运输相关)。

(b) 自然(或者环境)危险(比如洪水、地震、闪电、暴雨、高温或低温)。

(c) 组织相关危险(比如工作时间过长、能力不足、程序不合理、维护不足、安全文化缺失)。

---

① 第 13 章将会详细讨论人为错误。

(d) 行为相关危险(比如使用药物或饮酒、注意力不够)。

(e) 社会危险(比如黑客、盗窃、纵火、破坏、恐怖袭击、战争)。

根据技术危险的来源:

(a) 机械相关危险。

(b) 电气相关危险。

(c) 辐射相关危险

……

根据潜在伤害的性质:

(a) 癌症危险。

(b) 窒息危险。

(c) 污染危险。

……

根据研究对象或系统的范围:

(a) 内生危险(也就是存在于受分析系统内部的危险)。

(b) 外生危险(也就是存在于受分析系统外部的危险)。

• 案例 3-4　与船有关的危险

我们在表 3-2 中按照内生和外生的危险分类方法,列出了一些典型的与船有关的危险。当然,这个表单并不完整。

表 3-2　与船有关的危险(案例 3-4)

外生危险	内生危险
存在于船外部的危险,比如: - 暴雨、闪电、海啸 - 视线不佳 - 水下物体、其他船只 - 战争、破坏 ……还有很多	船上的危险: - 生活区:可燃性的家具和清洁材料,厨房中储存的油脂等 - 甲板:货物、塔吊操作、易滑倒的甲板地面、电气连接等 - 机械区:线缆、燃料和柴油、燃油管道和阀门、冰箱等 - 燃烧源:明火、电器、高温表面、高温操作中的火星、甲板及动力室设备 - 船员工作危险:长时间工作、出海期间在甲板上工作、装运货物、搬运箱体、现场维修等

3.4　威胁

我们在第 2.10 节中简要定义并且讨论了威胁和威胁制造者这两个词汇。纵火、盗窃、网络攻击、破坏和恐怖活动就是各种现存的危险。如果威胁变成现实,那么就是一个危险事件。某种可能的威胁会导致危险事件,拿盗窃做一个例子,一个人如果药物上瘾可能就会促使他去盗窃,这样他才能购买新的药物。

威胁制造者通常是炮制威胁并从事了可能引发危险事件的活动的人。威胁制造者不一定是某一个人,也可以说是一个群体、组织,甚至是一个国家。威胁制造者可以是内部人员(比如公司自己的员工),也可以是外部人员。

如果要制造一起恶性事件,威胁制造者必须要有动机和能力进行相关的活动。动机可能变化得非常快,因此威胁也可以变化得非常快。在这一点上,威胁和危险有着显著的差别。

注释:在我们常用语言当中,如果没有威胁制造者存在,威胁一词也可以表示可能会带来很大伤害性的危险。比如,我们可以说大型水坝对于生活在下游的人们是一个巨大的威胁,或者储存危险品对于周围的环境是一个威胁。

3.4.1　威胁情况

在对威胁进行评估的时候,可以将所有潜在的威胁都列出来,这种表达实际上就是描绘出了威胁情况。如图 3-2 所示,威胁情况由三个因素决定:

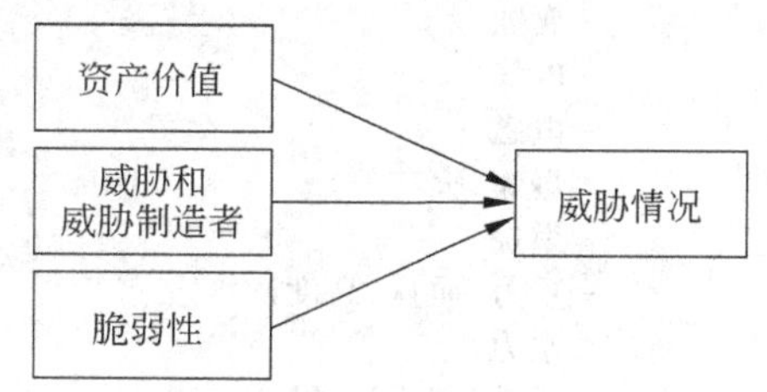

图 3-2　威胁情况的组成元素

1. 资产价值。资产对于系统或者运营的重要度决定了自身的价值。有时候很难对某一资产的价值进行量化,这是因为它的价值可能是多元化的,很难用一种单一的价值表示出来。

2. 威胁与威胁制造者。代表有动机和能力破坏、损害、盗窃某类资产的内部和外部人员。

3. 脆弱性。这个概念包括威胁制造者可以利用的技术、组织、人员和规章上的错误和缺点。

- 案例 3-5　信息系统的威胁

我们在表 3-3 中列出了对于计算机信息系统的一些威胁。其中的一些威胁与表 3-1 中的常见危险有一定的联系。

表 3-3　计算机信息系统在其运行过程中会遇到的威胁(案例 3-5)

泄密威胁	人为威胁
- 未授权人员进入系统 - 打印内存文件 - 从外部读取数据 - 在技术服务过程中泄密 - 向错误的接收者传输数据 - 不合理输出	- 偷盗 - 欺诈 - 骚乱 　- 阴谋破坏 　- 肆意破坏 　- 程序错误 　- 处理错误 　- 意外更改数据 　- 意外销毁数据 　- 蓄意更改数据 　- 蓄意销毁数据

3.5 能量源

很多危险的根源都是某种类型的能量。如果要识别出危险，通常可以先列出相关的能量来源。表 3-4 中列出了一些主要的能量源。了解更多信息和分类情况，可以参考强生的著作(1980 年，第 37 页)。

表 3-4 能 量 源

- 声音	- 运动(旋转运动)
- 大气	- 磁力
- 化学	- 机械
- 腐蚀	- 核能
- 电气	- 致病原
- 电磁	- 气压
- 爆炸、火花	- 势能
- 燃烧	- 压力
- 重力(质量、高度)	- 热量
- 水力	- 有毒物
- 运动(直线运动)	

3.6 技术失效

技术产品失效或者无法发挥功能，可能与危险和触发事件都密切相关。失效的定义如下。

- **失效**：需要的功能终止。

失效通常与物品的功能有关。如果物品无法执行规定绩效标准所要求的功能，那么就发生了失效。

如果某一物品在不需要的时候执行它的功能，或者在需要停止运行的时候无法停止，这些情况也可以称为失效。因此，失效不仅仅指物品在需要的时候无法工作，也指它在不需要的时候进行工作(可参阅 NUREG/CR-4780，1989 年)。

- 案例 3-6 水泵失效

假设有一台水泵用来为某一个流程供水。按照要求，水泵需要每分钟供应 60～65 升水。如果水泵的供水量偏离了这个区间，那么它就没有执行所需要的功能，也就是说发生了失效。

失效是一个在特定时间发生的事件。它有可能观察得到，也有可能观察不到。当失效已经发生并在持续，该物件就处于一个故障之中。因此，故障在本书当中指的是一个状态，而非一个事件。故障也可以用于有一个或者更多元件不能执行要求功能的系统当中。

失效可能会引起多种不同的故障，它们通常会有各种失效模式(即状态)[①]。

• **失效模式**：在失效物品身上观察到的失效的影响(IEC 60050-191,1990 年)。

一般来说，失效模式描述了失效发生的方式以及失效对该元件的影响。

• 案例 3-7 水泵失效(续)

再一次考虑案例 3-6 中的水泵，它可能有以下失效模式：

- 没有输出(水泵没有供水)。
- 输出过低(即水泵的供水量每分钟少于 60L)。
- 输入过高(即水泵的供水量每分钟多于 65L)。
- 水泵在需要的时候没有启动。
- 水泵在需要的时候没有停止。
- 水泵在不需要的时候启动。

……根据其他的功能要求，还有更多的失效模式：比如，与耗电量和噪音有关的失效。

有一些失效的可能原因被称为失效机制，它的定义如下。

• **失效机制**：导致失效发生的物理、化学或者其他流程。

举例来说，案例 3-6 中的水泵可能会因为腐蚀、磨损或者疲劳这些失效机制出现失效。失效也可能源于不属于失效机制的原因，这些原因包括运行错误、维护不足、过载等。

3.6.1 失效分类

根据失效的原因。有些时候，可以将失效分为：

(a) 主要失效。元件的自然老化引起的失效，是在元件设计时考虑到的情况下发生的。需要进行修理才能让物品恢复到功能良好的状态。

(b) 次要失效。设计范围之外的压力过大而导致的失效。这些压力可能是来自热力、机械、电气、化学、磁力或者放射性能量源的冲击，也可能是由邻近的物品、环境或者系统操作员或工厂工作人员引起的。需要进行修理才能让元件恢复到功能良好的状态。

(c) 指令错误。由不合理的控制信号或者噪声引起的失效。通常并不需要修理，元件就可以恢复到功能良好的状态。命令故障有时候也可以称为瞬间失效。

根据失效的程度。还可以按照失效的程度对失效模式进行划分。比如，在 OREDA 数据库(见第 7 章)中，失效模式就分成：

(a) 决定性失效。这种失效可以立刻导致系统输出功能的完全丧失。

(b) 降低性失效。这种失效不是决定性的，但是会妨碍系统的某些输出功能。这种失效经常是逐渐或者一步一步发生的，假以时日，也可能会导致决定性失效。

(c) 早期失效。这种失效不会立刻引起系统输出功能的损失，但是如果不加以重视，可能会在不久以后引起决定性或者降低性失效。

---

① 这样的状态应该称为故障模式，但是失效模式一词的使用现在非常普遍，很难改变。

要了解更多关于失效和失效分类方面的信息，请阅读拉桑德和霍伊兰德(Høyland)的著作(2004 年，第 3 章)。

3.7 人为和组织因素

人为错误和组织上的缺陷也是事故和意外发生的常见原因。本书的第 13 章将进一步介绍人为错误，而组织因素不在本书讨论范围之内。

3.8 延伸阅读

我们推荐读者阅读下列与第 3 章内容相关的文献：

- 《哪里出了问题：流程工厂灾难案例研究》(*What Went Wrong? Case Histories of Porcess Plant Disasters*)(克莱茨(Kletz)，1998 年)介绍并讨论了一系列流程事故，同时还分析了事故发生的原因和过程。
- 《系统可靠性理论：模型、统计方法及应用(第二版)》(*System Reliability Theory: Models, Statistical Methods, and Applications*)(拉桑德和霍伊兰德，2004 年)对失效的主要概念和失效的分类进行了全面的介绍，并讨论了这些概念是如何应用到可靠性分析之中的。(译者注：《系》为本书作者的另一著作，作者名被译为劳沙德。该书中文版已经出版)
- 《失效分析的基本概念》(*The basic concepts of failure analysis*)(拉桑德和厄恩，1996 年)讨论了失效分析的主要概念，以及这些概念之间的联系。

第 4 章

风险的测量和评价[①]

如果不进行测量，什么问题也解决不了。

——丹尼尔·帕特里克·莫尼汉(Daniel Patrick Moynihan)

4.1 简介

进行风险分析通常是为了支持决策，比如设备变更、风险降低工作相关开支的分配、为危险性工厂选址等。通常我们需要做的是，确定都有哪些方面需要测量，并对测量的结果进行评价。如何测量风险将会最终决定我们可以从风险分析中获得哪些信息，以及我们的结论是否合理。

本章也会考虑如何量化并评价与人员相关的风险。首先，我们将介绍用于表示定量风险的各种指标，接下来会讨论评价风险能否接受的定性和定量方法。

可接受的风险是一种复合表达方法，自从 20 世纪 60 年代以来就一直处于争论之中。当时，一些有关设施选址和技术开发方面的话题引起了大众的关注。费斯赫夫(Fischhoff)等人(1981 年)总结道，人们不会孤立地接受风险：

严格来说，人们不会接受风险。他们只会接受描述出各种后果风险程度的选项。

4.2 风险指标

与系统或者行为相关的定量风险评估会使用到至少一种指标。在这里，指标是提供风险程度相关信息的一个量(厄恩，2001 年)。现在主要使用的有两种类型的指标：其中一种称为风险指标，用于预测未来将会发生什么，而另外一种则负责描述过去发生了什么。

---

① 挪威科技大学的英格丽莎·约翰森博士为本章编写做出了重要贡献。

- **风险指标**：根据风险分析模型，使用通用或者其他可用数据可以预测的参数。一个风险指标代表我们对于一个未来行为或者未来系统运行的某一方面所存在风险的了解和相信程度。

对于过去的“风险程度”，我们在第2.5.2节中将其称为安全绩效，因此关于这个绩效的指标就称为安全绩效指标。

- **安全绩效指标**：根据具体设备或者活动的经验数据估计出的参数。因此，安全绩效指标可以告诉我们已经发生了什么。

风险指标用于评估(预期的)风险，而安全绩效指标的作用主要是进行监控，也就是检查安全绩效是否稳定，是在改善还是在恶化。此外，我们还可以将一项活动的安全绩效与其他活动的绩效进行比较。

- 案例 4-1　深潜作业的风险指标

某公司即将要发布一款用于深潜作业的新型设备。令 θ 表示使用新设备进行深潜作业时潜水员死亡的概率。根据对新型设备和潜水作业的风险分析，以及来自相似设备和相似作业的通用数据，我们可以估计参数 θ 的值。这种估计基于现有的知识和数据，能够指出使用新设备时潜水员将会面对怎样的风险。因此，θ 的值就是一个风险指标。需要注意的是，θ 只是提供了潜水员所面临风险的一部分信息，因为它仅仅考虑了致死性风险，而没有将受伤的风险涵盖其中。

在新设备运行一段时间之后，我们可以使用标准统计技术，根据所记录的数据来估计参数 θ。我们使用 θ^* 来代表这一估计值，以区分于(预期的)风险指标。估计值 θ^* 就是安全绩效指标，可以告诉我们已经发生的情况。

令 θ 为提供系统风险或者行为风险的相关信息的参数。接下来，我们也会使用相同的符号 θ 来代表风险指标，这也就是说对未来的估计值是根据风险模型和通用数据推导得到的。我们使用 θ^* 来代表根据经验数据估计的安全绩效指标。

必须要注意的是，单一的风险指标并不会给出整体的风险情况，它只会描述风险的一个维度(比如人员风险)。

4.3 人员风险

一个人死亡是悲剧，100万人死亡就只是统计数据了。

——约瑟夫·斯大林

大多数人都会同意：只有少数人暴露在危险之中和很多人暴露在危险之中是不同的，即便这种危险对于暴露在其中的人来说并不会很严重。

人员风险可以分为两大类：

(a) 个体风险，是指单独一个人在某个时间段内(比如长期或者一年)暴露在危险中的风险。个体风险通常会使用到假设人或者统计人这样的概念，也就是这个个体与危险之间存在确定的联系。他可能是最常暴露在危险之中的人，比如火车司机，或者其他长期从事某项工作的人。分析师必须要定义很多假设人，才能保证所有暴露在危险之中的情况都被考虑到。个体风险并不取决于暴露在危险中的人的数量。

- **个体风险**：当某些危险变成现实的时候，预计个体会受到一定程度伤害的频率（英国化学工程师协会，1992 年）。

（b）群体风险，是一个群体所经历的风险。当这个群体是普通民众的时候，群体风险就可以称为社会风险。在本书中，无论群体的成员是某家公司的职员还是普通民众，我们都倾向使用群体风险这个词汇。群体风险是个体风险程度和处于风险中（暴露在危险之中）的人数的乘积。

英国化学工程师学会给出的社会风险的定义经常会被引用。

- **社会风险**：当某种危险成为现实的时候，在一定的人群中，受到某种程度伤害的人数与频率之间的关系（英国化学工程师学会，1992 年）。

例如，航空旅行就是一种群体（或者社会）风险。重大的航空事故会震惊整个国家，使无数人陷入悲痛之中。事故发生之后，有关部门通常会对事故的成因进行周密的调查，并会采取降低此类风险的行动。群体风险与那些不会造成灾难性后果的个体风险（比如摩托车事故）相比，差异就体现在社会的激烈反应上，即便那些个体风险实际上可能每年造成的死伤会更多。

本章接下来的部分将会介绍几种个体和群体（社会）风险的量度。

4.3.1　年均个体风险

设定一个人身处一系列危险 a 之中。由于特殊行为或者特别状况引发的危险：比如骑摩托车或者居住在化工厂附近。相关的风险指标可以是在一年的一段时间里，由于指定的危险 a 导致其死亡的概率。因此，这个风险指标可以称为对于危险 a 的年均个体风险（individual risk per annum，IRPA_a），它的定义是

$$\mathrm{IRPA}_a = \Pr(\text{在一年的时间里由于暴露在危险 } a \text{ 之中而死亡}) \tag{4-1}$$

IRPA_a 可以根据在一段时间对暴露在相同危险 a 之中的一个群体观察的致死率来进行估计：

$$\mathrm{IRPA}_a^* = \frac{\text{观察到的危险 } a \text{ 导致的致死数量}}{\text{一年中暴露在危险中的总人数}} \tag{4-2}$$

IRPA_a^* 是一个安全绩效指标，可以告诉我们在指定（较早）的时间段内，特定群体中的个体风险。

- 案例 4-2　挪威的个体事故风险

在 2009 年，挪威全国 490 万人口中有 1 989 人死于事故。如果从全部人口中随机找出一个人，他在 2009 年死于事故的概率就是

$$\mathrm{IRPA}^* = \frac{1\,989}{4\,900\,000} \approx 4 \times 10^{-4} \tag{4-3}$$

这也就意味着，如果随机抽取一万个人，那么其中平均就有四个人在 2009 年死于事故。表达式（4-3）是对所有挪威居民中随机选中的个人的总体年均个体风险（IRPA）的估计值。

对于死亡数据的详细分析显示，总体 IRPA* 值与年龄和性别有着很大的关系。高龄人士死亡事件中，有很高的比例是由于在家中跌倒引起的。而对于 5～15 岁这个年龄段的儿童来说，观察到死亡的比例是最低的。在这一年龄段，总体 IRPA* 的值大约是 2×10^{-5}，这也就意味着在 5～15 岁的儿童中随机选择 10 万个个体，每年大约只有两人死亡。在过去的很多年中，挪威儿童群体的平均 IRPA* 都非常稳定，其他西欧国家收集到的数据结果也基本相同。

- 案例 4-3　航空旅行的个体风险

如果一个人一年当中在两个城市之间搭乘飞机旅行 n 次，航空事故频率的估计值是 λ，那么这一活动的 IRPA_a 值是：

$$\text{IRPA}_a = \lambda \cdot \Pr(\text{此人在飞机上}) \cdot \Pr(\text{此人死亡} \mid \text{此人在飞机上})$$

- 案例 4-4　货轮上的个体风险

考虑货轮船员的个体风险。货轮上的一些危险只是存在于工作时间，而另外一些危险则是 24 小时都存在。因此，在测量危险暴露时间的时候，需要根据事故的类型确定是应该选择工作时间还是在船上的全部时间。假设我们拥有累计 $\tau_s = 29\,500$ 船年（在这里，一船年表示一艘船工作一年）的数据，每艘船平均的船员（在船上的人员，POB）数量 = 25，而每个船员每年有 $a = 50\%$ 的时间是在船上。接下来，假设有 $n = 490$ 名船员在危险暴露期间死亡。那么，这段时间的安全绩效是：

$$\text{IRPA}^* = \frac{n}{\tau_s \cdot \text{POB}} \cdot a = \frac{490}{29\,500 \times 25} \times 0.5 \approx 3.3 \times 10^{-4}$$

注意，如果使用这个安全绩效指标，我们就无法分辨单独死亡的情况和重大事故中多人死亡的情况。

4.3.2 潜在等效死亡率

在很多情况下，死亡风险并不足以描述出人员面临的所有风险，我们还应该考虑人员受伤的风险。有时候，我们可以对致伤、致残和致死的数据进行比较，计算潜在等效死亡率。

- **潜在等效死亡率**（potential equiralent fatality，PEF）：将引起重大和轻微伤亡的各种伤害都等效成死亡率的一定比例（RSSB，2007 年）。

- 案例 4-5　伦敦地铁的定量风险分析

在伦敦地铁有限公司①的定量风险分析（QRA）中，可能对人身造成的伤害被分成轻伤和重伤两种。重伤的权重被设为 0.1，也就是说 10 起重伤事件被认为可以等效成一起死亡事件（即 10×0.1=1）。轻伤的权重是 0.01，也就说 100 起轻伤事件被认为可以等效成一起死亡事件。

① http://www.yellowbook-rail.org.uk/resources/models/yellowbookR1.pdf.

4.3.3 地域性个体风险

地域性个体风险(localized individual risk, LIRA)的定义如下。

- **地域性个体风险**(LIRA):假定一个人一直身处某一地点,由于危险设备的事故导致他在一年的时间里死亡的概率[可参见约克曼(Jonkman)等人 2003 年的文章]。

LIRA 也可以称为指定地点个体风险(location-specific individual risk, LSIR)和个体风险指数,它主要在进行土地规划的时候使用。

LIRA 是一种地理属性。根据 LIRA 的定义,通常可以假定这个人一直身处在某一个地方。因为在事故发生的时候无论这个人是否在现场,LIRA 的值都不会发生改变,所以我们完全可以认为 LIRA 是一个地理属性,而不是个体风险的量度。正是由于这种地理属性,LIAR 主要用在与危险设备相关的土地使用规划上面[参见拉赫伊(Laheij)等人 2000 年的文章]。欧盟《塞维索二号指令》第十二条就是关于土地使用规划的要求,此外欧盟还发布了有关这些要求的行动指南(EU-JRC,2006 年)。

不同类型事故的 LIRA。考虑有一个危险性的设备,可能会导致 m 种类型的事故 $A_1, A_2, \cdots, A_m$。令 λ_i 代表 A_i 类型事故发生的频率,其中 $i=1,2,\cdots,m$。假定一个未受到保护的人一直处在地图上坐标为(x, y)的位置。根据 A_i 类型事故发生时毒气压力和剂量的分析,我们可以估计这个人中毒死亡的概率:

$$\Pr[\text{位于坐标}(x,y)\text{ 处未受到保护的人死亡} \mid \text{事故 } A_i \text{ 发生}]$$

我们将这个概率简写为 Pr[在坐标(x, y)处死亡$|A_i$],那么源于 A_i 类型事故的坐标(x, y)的 LIRA 值就是

$$\text{LIRA}_i(x, y) = \lambda_i \cdot \Pr[\text{在坐标}(x, y)\text{ 处死亡} \mid A_i], \quad i = 1, 2, \cdots, m$$

危险性设备导致的位置(x,y)的总体 LIRA 值是

$$\text{LIRA}(x,y) = \sum_{i=1}^{m} \lambda_i \cdot \Pr[\text{在坐标}(x,y)\text{ 处死亡} \mid A_i]$$

如果要考虑个体实际上在位置(x, y)停留的时间比例 a,LIRA(x, y)的定义可能会发生一些变化。在这种情况下,总体的风险是

$$\text{LIRA}(x,y) = \sum_{i=1}^{m} \lambda_i \cdot \Pr[\text{在坐标}(x,y)\text{ 处死亡} \mid A_i] \cdot a$$

- 案例 4-6 暴露时间缩短时的 LIRA

危险性设备附近有一座位于坐标(x, y)处的办公楼。我们已经确定了这个位置上的地域性风险 LIRA(x, y)。一个人每年会在这座办公楼内工作大约 1 500 个小时,那么他在任意时间点上在办公楼里的概率就是 1 500/8 760≈17%。由于这座建筑可以充当一个保护层的作用,人在建筑物中时所承受的风险也就有所降低。令 $p(x, y)$表示在位置(x, y)的毒气达到致死剂量的时候人中毒死亡的概率。如果我们假设 $p(x, y)$和事故概率都不会随着时间变化,那么该危险性设备带来的个体风险大约是 IPRA≈LIRA(x, y)

$\cdot p(x, y) \cdot 0.17$。如果事故概率每天不同，或者在正常工作的时间发生事故的概率更高，我们就需要进行更加全面的分析。

4.3.4 风险等高线

由于 LIRA 具备的地理属性，我们在这里使用一个地理学和气象学上常用的概念——等高线。如图 4-1 所示，我们使用个体风险等高线图(individual risk contour plot)描述临近危险设施的各个位置的风险。等高线可以显示危险性设备周围区域 LIRA 值变化的情况，因此如果某一未受保护的个体一直处于某一位置，他就会暴露在风险之中。

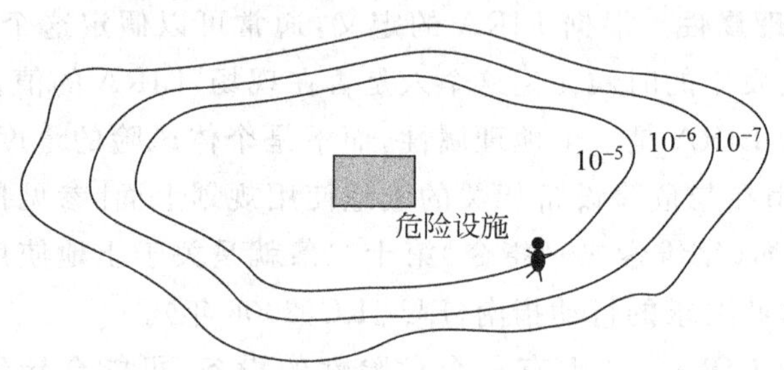

图 4-1 风险等高线图示例

风险等高线图可以画在描述危险设施周围情况的地图上面。为了计算更加方便，我们还可以将整个地图进一步划分为若干更小的区域。接下来，我们需要考虑影响每一个区域的危险，计算该区域的 LIRA 值。LIRA 值通常分为不同等级，比如 10^{-5}、10^{-6}、10^{-7}等。如图 4-1 所示，10^{-5}等级同风险等高线围绕 LIRA$\geqslant 10^{-5}$的区域，而 10^{-6}等级同风险等高线则围绕 LIRA$\geqslant 10^{-6}$的区域，以此类推。如果一名没有受到保护的人员一直处在 10^{-5}等级同风险等高线上，他每年受到危险伤害死亡的概率就等于 10^{-5}。危险性设备与等高线的距离取决于危险的类型、拓扑结构、主要风向等因素。由于手工计算风险等高线的工作量非常大，现在人们已经开发出了很多相应的计算机程序。

风险等高线没有考虑任何人们可以采取的规避风险的行动，也没有计算人们实际待在这个位置上的时间。实际上，很多人都长期暴露在风险之中，但是他们并没有意识到。风险等高线只是起到指示某一区域危险程度的作用，它通常用于工厂选址和布局等方面的工作。在机场附近或者运送危险物品的公路附近也可以绘制风险等高线。

- 案例 4-7 荷兰的同风险等高线

在荷兰，10^{-6}(每年)等级同风险等高线以内的区域，不允许建设任何新的住宅或者其他安全性要求较高的设施，比如幼儿园或者医院。而安全性要求相对较低的设施，比如写字楼，可以建设在 10^{-5}等级和 10^{-6}(每年)等级同风险等高线之间的区域(拉赫伊等人，2000 年)。

一些国家已经为不同类型的设施定义了最大限度可以容忍的 LIRA 值。表 4-1 的数据就是澳大利亚政府的各个部门在计划土地使用时的参考数值。

表 4-1　不同设施的个体风险标准

暴露类型	风险等级
医院、学校、儿童看护中心、敬老院	小于 $5 \cdot 10^{-7}$
住宅以及有人连续居住的地方(如酒店和度假村)	小于 $1 \cdot 10^{-6}$
商业建筑,包括写字楼、购物中心、带有展厅的仓库、饭店和娱乐中心	小于 $5 \cdot 10^{-6}$
体育场和常用的开放空地	小于 $1 \cdot 10^{-5}$
工业设施	小于 $5 \cdot 10^{-5}$

来源:澳大利亚各个政府部门。

4.3.5　预期寿命缩短

由于某一种危险所导致的死亡和残疾,并不一定发生在危险事件的过程当中,这些严重的后果可能会在多年之后才会显现出来。比如说,员工在工作中由于事故导致立刻死亡的风险,要低于因为致癌物质意外泄漏而导致他患上癌症这种不治之症的风险。然而,对于第一种情况,员工死亡的时候是一个年轻人,而后一种情况造成的后果是在癌细胞扩散之前,他还会再工作 20～30 年。

之前介绍的风险指标并不能区分年轻人死亡和老年人死亡的不同。为了体现受害者年龄上的差异,我们使用预期寿命减少时间 RLE(the reduction in life expectancy)作为一个风险指标。如果一个人由于事故的原因在年龄 t 的时候死亡,RLE_t 就可以定义为

$$\mathrm{RLE}_t = t_0 - t$$

其中,t_0 代表与随机抽取的受害者同龄人士的平均寿命,而受害者却只能活到 t。RLE_t 看起来与在年龄 t 时遇难人士的平均剩余寿命相等。RLE 突出了年轻人的价值,因为预期寿命减少的时间取决于受害者死亡时候的年龄。

为了计算暴露在某一特定危险中的特殊人群的平均预期寿命减少值 $\mathrm{RLE}_{\mathrm{av}}$,我们必须要对同样的一群人在没有危险情况下的预期寿命和实际观察到的寿命进行比较。这群人的预期寿命可能会与所在国家平均人口寿命存在很大差距。

费斯赫夫(Fischhoff)等人在 1981 年的研究中列出了由于某些特定原因而导致的平均预期寿命减少时间的估计值 $\mathrm{RLE}_{\mathrm{av}}^*$。在表 4-2 中,我们选取了其中的一些数据。

表 4-2　由于各种原因导致的平均预期寿命减少时间的估计值

原　因	减少的天数	原　因	减少的天数
心脏病	2 100	家中事故	95
癌症	980	一般性工作事故	74
中风	520	溺水	41
摩托车事故	207	步行时发生的事故	37

来源:费斯赫夫等人(1981 年)。

4.3.6　失时工伤

失时工伤(lost-time injury,LTI)是指造成员工至少有一个工作班次不能返回工作岗

位的伤害。失时工伤的频率通常被当做是一个风险指标，定义为

$$\text{LTIF}^* = \frac{\text{失时工伤(LTI)的数量}}{\text{工作时间(小时数)}} \times 2 \times 10^5 \tag{4-4}$$

这里 LTIF* 的值基于每年(或者每月)进行计算。

• 案例 4-8 计算 LTIF

员工每年的平均工作时间大约为 2 000 个小时[①]，因此 $2\times10^5=200\,000$ 小时大约为 100 名员工一年总共的工作时间。如果一家公司的 LTIF* =10LTI/200 000(每 200 000 个工时有 10 个失时工伤)，这就意味着平均会有十分之一的工人在一年当中遭遇一次失时工伤。

一些企业和组织还会使用另外一种时间尺度。比如，将 LTIF 定义为每百万个(10^6)小时出现失时工伤的次数。此外，下列安全绩效指标有的时候也会用到：

- 特定人群中前后两次失时工伤的(平均)间隔时间。
- 特定人群中从上一次失时工伤发生到现在的时间。
- 需要医学治疗的受伤的频率。

误工频率。LTIF* 并不能衡量受伤的严重程度。在这种方法中，一次致死性事故对于 LTIF* 的影响和划破手指这样的事情是一样的。因此，我们可以使用另外一个安全绩效指标，即由于此次受伤导致的误工时间，也就是误工频率 LWF* (lost workdays frequency)，衡量失时工伤的严重程度。LWF* 的定义为

$$\text{LWF}^* = \frac{\text{由于失时工伤导致的误工天数}}{\text{工作时间(小时数)}} \times 2 \times 10^5$$

- 一些企业和组织还会用另外一种时间尺度。比如，将 LWF* 定义为每百万个(10^6)小时中损失的工作日。
- 可以确定 LWF*/LTIF* 中每一次失时工伤导致的平均误工天数。
- LWF* 有时被称为 S-率(严重率)。
- 有时也可以计算 7500 个工作日内的致死率和 100% 永久伤残率(查伦(Kjellén)，2000 年)。

• 案例 4-9 计算 LWF

考虑一家公司每年总计有 150 000 员工工时，相对应的就是大约有 75 名员工全勤工作(每年工作 2 000 个小时)。假设这家公司一年中的失时工伤数量是 8 次，相对应的就是暴露在危险中 200 000 小时的 LTIF* =10.7 LTI。假设这家公司因为失时工伤出现了 107 个误工日，相对应的暴露在危险中每 200 000 小时的 LWF* ≈144。注意，LWF* 并不能体现每一次失时工伤的严重程度，也不能说明误工是平均分布的。比如，可能会有七次工伤每次都导致误工一天，而第八次工伤却造成误工天数达到 100 天。

---

① 在很多国家，正常工作时间要低于每年 2 000 个小时，实际值比较接近于 1 750 个小时。

4.3.7 致死与受伤频率之间的关系

有多项研究试图寻找严重和轻微事故频率与其他危险事件之间的关系。对待这一类问题，本书存在一个基本的假设，就是发生频率较高的事件通常严重程度较低，如图4-2所示。

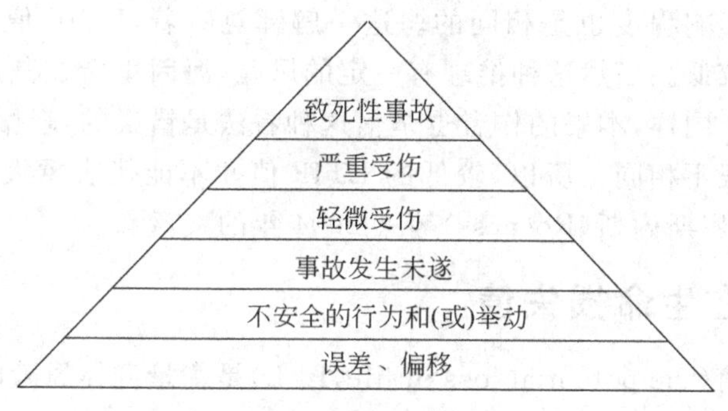

图4-2 事故比例三角形

不同研究的结果实际上很难进行比较，因为它们对于严重事故、轻微事故以及未遂事件这些概念的定义都有所不同。然而，我们还是可以从中观察到一些固定的规律。

海因里希三角形。海因里希(Heinrich，1931年)在研究铁路的事故的时候，发现了下面的规律：

1次　重大事故

29次　轻微事故

300次　未遂事件

这个分布与图4-2中描绘的三角形非常类似，该图形也被称为海因里希三角形、海因里希金字塔或者海因里希冰山。使用冰山这个比喻的目的，是警示我们冰山90%的体积隐蔽在水下还没有被人们发现，重大或死亡事故实际上只是整个冰山露出水面的一角。而“隐蔽”的部分还可以分为若干个层次，底层就是一些无法报告或者人们“视而不见”的意外情况。

在1974—1975年间，泰尔(Tye)和皮尔森(Pearson)分析了在英国工业界发生的一百万起事故，发现了如下分布：

1次　死亡或者严重受伤

3次　轻度受伤——受伤人员误工最多三天

50次　需要现场治疗的轻伤

80次　物品受损事故

400次　没有造成受伤或破坏的事故或者事故发生未遂

博德(Bird)和哲曼恩(Germain)在1986年的研究报告中给出的事故分布是：

1次　死亡或者严重受伤

10次　轻度受伤

30次　物品受损事故(包括各种物品)

600 次　没有受伤和破坏情况的事故(及事故发生未遂的情况)

海因里希的冰山理论至今仍然非常流行,在安全管理中经常会被提到。很多安全人员都相信,减少那些无法报告的意外情况(也就是三角形模型中的最底层),也会减少冰山顶端事件发生的次数。按照一般的理解,无论是重大事故、轻微事故还是未遂事故,实际上它们产生的原因都是相同的,因此与这些原因相关的风险降低方法对于重大事故、轻微事故和未遂事故的影响程度也是相同的。这一解释意味着,LTIF 值较低可以说明发生重大事故的风险也较低。当然这种推理有一定的风险,海因里希在其原文(1931 年)当中并不支持这种推理。同样,本书的作者也坚信这种看法是错误的,轻微事故的成因在许多情况下与重大事故很不相同。所以,较低的 LTIF 值并不能代表重大事故风险同样较低[具体论述也可参见罗斯内斯(Rosness)等人 2004 年的文章]。

4.3.8　潜在生命损失值

潜在生命损失值(the potential loss of life,PLL)是衡量群体风险时最常用的指标,它的定义如下。

- **潜在生命损失值(PLL)**:PLL 是特定人群(或者在特定区域 A)每年预计的死亡人数。

PLL 也可以称为年均死亡率(AFR),它是衡量群体(社会)风险最简单的一种指标。PLL 并不会区分到底是一起事故导致 100 人死亡,还是有 100 起事故其中每次事故有 1 人死亡。因此,尽管社会公众对于少见但是严重事故会产生强烈反应,而对于常见但是轻微事故的态度则非常冷淡,如果是单单从 PLL 的数值来看,这项指标是无法反映出上述公众态度上的差别的[赫斯特(Hirst),1998 年]。

特定区域的 PLL。再次考虑如图 4-1 所示的危险设施,但是在这里我们假设有不同的人暴露在风险之中,如图 4-3 所示。令 $\text{IRPA}(x, y)$表示位于图中坐标点(x, y)位置上那个人的年均个体风险,令 $m(x, y)$表示以坐标点(x, y)为变量的人口密度函数。我们假设,在估计 $\text{IRPA}(x, y)$值的时候,已经考虑到身处这个位置上的人以及他在风险面前表现出的弱点,那么在指定区域 A 中每年预期的死亡数量 PLL 是

$$\text{PLL}_A = \iint_A \text{IRPA}(x,y)m(x,y)\,\mathrm{d}x\mathrm{d}y \tag{4-5}$$

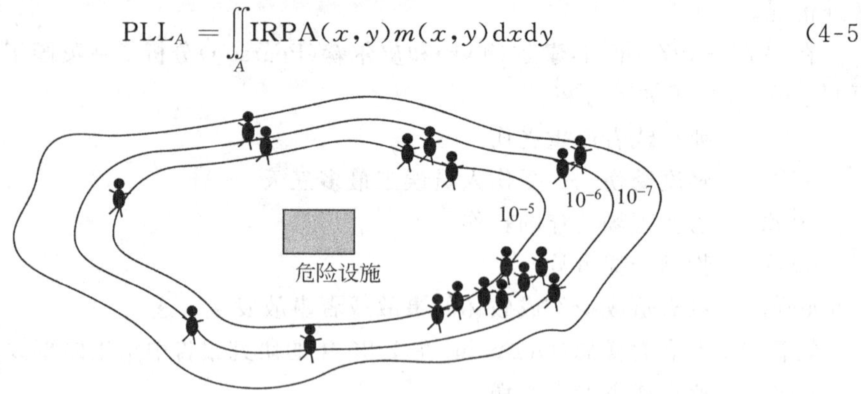

图 4-3　有多人暴露在风险中的风险等高线图

特定人群的 PLL。假设人群中所有的成员具有相同的年均个体风险 IRPA。令 n 代表这个群体中成员的数量，那么 PLL 是

$$\mathrm{PLL} = n \cdot \mathrm{IRPA} \tag{4-6}$$

有时候，逐个考虑不同类型的事故可以让分析更加简单。假设现在识别出了 m 种类型的事故，并令 λ_i[年$^{-1}$]表示第 i 种类型事故的频率，$i=1, 2, \cdots, m$。令 n_i 表示受到第 i 种类型事故影响的人数，p_i 表示一个人会因为第 i 种类型事故发生而死亡的概率。PLL 的值与事故类型 i 有关，因此

$$\mathrm{PLL}_i = n_i \cdot \lambda_i \cdot p_i \tag{4-7}$$

因此，所有类型事故的总体 PLL 值是

$$\mathrm{PLL} = \sum_{i=1}^{m} \mathrm{PLL}_i \tag{4-8}$$

PLL 也可以当做安全绩效指标，而 PLL* 是在指定人群当中(或者在指定区域 A)每年观察到的死亡人数。PLL* 可以描述成年份的函数，用来确定风险是否存在变化的趋势。需要注意的是，对于 PLL 来说，PLL* 通常是非常不稳定的估计值，因为重大事故对它的影响非常大。

- 案例 4-10　挪威一些职业的 PLL 值

挪威劳动监察局负责收集挪威境内所有与职业安全事故相关的数据，并将这些数据划分为不同的类别。根据数据，我们计算各个行业每年的 PLL* 值。表 4-3 列出了从 2004 年到 2008 年期间内一些行业的平均 PLL* 值。

表 4-3　挪威一些职业的 PLL* 值，数据基于 2004—2008 年间的平均死亡人数

职业类型	PLL*	职业类型	PLL*
农业	9.4	建筑	6.4
交通运输	7.2	健康与社会服务	1.6

来源：挪威劳动监察局(2009 年)。

4.3.9 致死事故率

英国帝国化学工业集团(ICI)引入了致死事故率(the fatal accident rate, FAR)这个概念，作为衡量英国化工行业职业风险的指标。现在，FAR 已经成为在欧洲衡量职业风险时最常用的一个指标。它的定义如下。

- **致死事故率(FAR)**：指定人群暴露在危险之中累积一亿个(10^8)小时所出现的死亡数量。

$$\mathrm{FAR} = \frac{\text{预计死亡人数}}{\text{暴露在危险中的时间(小时)}} \times 10^8 \tag{4-9}$$

我们可以这样解释 FAR 的数值：如果 1 000 个人在 50 年中每年工作 2 000 小时，他们累积暴露在风险中的时间就是 10^8 小时。FAR 就是这 1 000 个人预计会在他们 50 年的职业生涯中死亡的人数。

FAR 的数值可以用来比较不同职业和活动的平均风险。然而，确定暴露在危险中的时间并不一定很容易，尤其是在有一些人是兼职工作或者有一些活动的时间不好衡量的时候。

在工业领域进行风险分析，暴露在危险中的时间一般就是工作时间。而如果要分析海洋油气生产领域的风险，FAR 的数值有时需要根据实际工作时间进行计算，有时则需要根据工作人员在平台上停留的时间计算。

与之相对应的安全绩效指标 FAR^* 可以定义为

$$FAR^* = \frac{观测到的死亡人数}{暴露在危险中的时间(小时)} \times 10^8 \tag{4-10}$$

在 1993 年，丹麦工业环境服务局发布了一份北欧国家（丹麦、芬兰、挪威和瑞典）有关致死性事故的报告，表 4-4 中列出的 FAR^* 数值就是来自这份报告。

表 4-4　北欧国家在 1980—1989 年间的 FAR^*

行　业	FAR^*（每 1 亿（10^8）工时的致死事故率）
农业、林业、渔业和狩猎业	6.1
原材料开采	10.5
工业制造	2.0
电力、燃气和供水	5.0
建筑	5.0
贸易、餐饮和住宿	1.1
交通、邮政和电信	3.5
银行和保险	0.7
私人及公共服务、国防等	0.6
总计	2.0

来源：丹麦工业环境服务局（1993 年）。

如表 4-5 所示，英国也曾经发布过类似的数据。需要注意的是，表 4-4 和表 4-5 中的数据难以进行比较，因为两份报告对于行业或者活动组织的定义都不一样。

表 4-5　英国的 FAR^*

活动/行业	FAR^*（每 1 亿（10^8）工时的致死事故率）
工厂工作（平均）	4
建筑（平均）	5
建筑，高空作业	70
制造业（全部）	1
油气开采	15
乘小汽车出行	30
乘飞机出行（固定机翼飞机）	40
乘直升机出行	500
攀岩	4 000

来源：数据来自汉姆比利的研究报告（Hambly，1992 年）。

FAR* 是对 FAR 的无偏估计，但是由于 FAR* 和重大事故之间存在着强烈的关联性，因此这个估计的鲁棒性不一定很好。如果我们计算(0, t)区间内的 FAR*，随着时间 t 增加，FAR* 可能会一直保持一个较低的值，直到有第一次重大事故发生。接下来，FAR* 的估计值会陡然增加，然后缓慢下降。下降的趋势会一直延续到下一次重大事故发生。表 4-6 中的数据体现的正是这种现象，该表格呈现的是英国和挪威两国从 1980 年 1 月 1 日到 1994 年 1 月 1 日这段时间内在北海海洋石油平台上工作的工人的 FAR* 数值。在此期间，有两次重大事故发生：1980 年 3 月 27 日的亚历山大·基兰钻井平台倾覆沉没事故导致 123 人遇难，以及 1988 年 7 月 6 日英国派珀·阿尔法钻井平台火灾和爆炸事故导致 167 人遇难。很明显，总体 FAR* 的值被这两起事故所左右。

表 4-6　从 1980 年 1 月 1 日到 1994 年 1 月 1 日期间，英国和挪威两国在北海海洋石油平台上工人的 FAR*

国家	计 算 条 件	FAR*（每 1 亿(10^8)工时的致死事故率）
英国	总体 FAR*	36.5
	除派珀·阿尔法钻井平台事故之外	14.2
挪威	总体 FAR*	47.3
	除亚历山大·基兰钻井平台事故之外	8.5

来源：数据来自霍兰德的研究报告（Holand，1996 年）。

FAR 一般认为是非常有用的总体风险指标。但是，它可能只是一个非常粗糙的量度。这是因为 FAR 数值（和 FAR*）描述的对象是指定人群的全体成员，而没有考虑这些成员实际上面对的危险程度存在巨大差异。比如，在表 4-6 中，所有的海上平台工作人员都被认为是隶属于同一人群，因此 FAR 的值代表的是全部海上工作人员的平均情况。然而很明显，生产人员、钻井工人和后勤人员面对的危险程度是不一样的。

他们可能会面对一些同样的危险（比如整个平台倒塌），但是还有很多重大危险是因工作而异的。因此，尽管在一定的条件下，我们可以使用针对所有工作人员的 FAR 值，但是也应该清楚，比如钻井工人的 FAR 明显要比其他人员高出很多。

因此，FAR 的值有时候需要根据不同的活动或者风险因素进行分解。

交通事故率。交通部门在衡量风险的时候，时间并不是唯一的参数，有时他们也会采用运载方面的指标。比如航空业就会使用：

- 飞行时间。
- 人员飞行时间。
- 飞机起飞次数。

航空 FAR_a 通常定义为

$$FAR_a = \frac{\text{事故相关死亡人数}}{\text{飞行时间(小时)}} \times 10^{-5}$$

因此，FAR_a 描述的是每十万飞行小时的死亡人数。

还有一种飞行事故率的计算方法与起飞次数有关：

$$FAR_d = \frac{\text{事故相关死亡人数}}{\text{起飞次数}} \times 10^{-5}$$

而在铁路和公路部门，经常会使用下列运载指标：

- 行驶千米数。
- 人员行驶千米数。
- 人员旅行时间。

因此相关的风险量度为：

- 每1亿人千米死亡数量(相当于有100万人，每人旅行100km)。
- 每1亿车千米死亡人数(相当于有100万辆车，每辆车行驶100km)。

4.3.10 每百万人死亡率

特定人群的每百万人死亡率(the number of deaths per million，DPM)有时也可以作为一个安全绩效指标。图4-4描述了英国各种年龄人群中死亡风险与年龄之间的函数关系。图中数据既包括事故死亡也包括因病死亡。

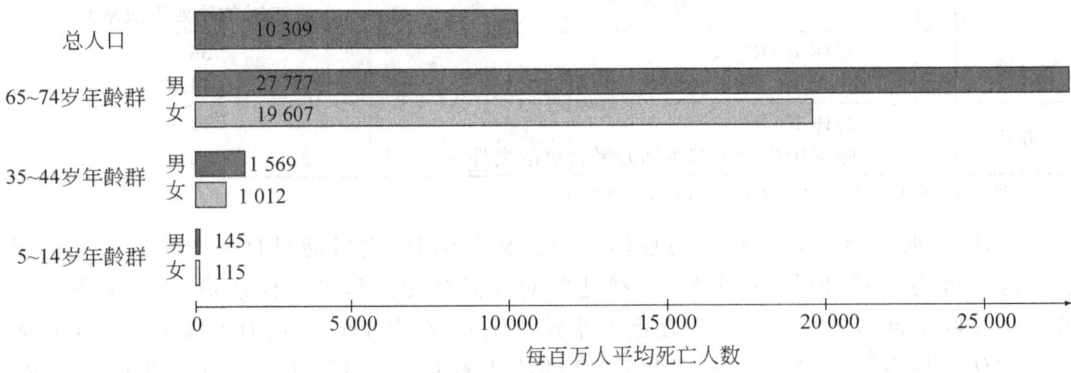

图4-4 根据1999年的死亡统计，英国各个年龄段人权的平均死亡人数(来源：HSE，2001年)

如果我们在英国随机找一个人，不管其性别和年龄，按照图4-4所示，他或她在未来一年中死亡的概率大约为 $10\,309/10^6 \approx 1.03\%$。需要注意的是，我们在使用这类历史数据进行预测的时候必须加倍小心，因为一个国家人民的健康情况可能会随着时间改变，而不同年龄人群中的分布也可能会发生变化。

很多国家每年都会发布个体安全统计报告。这些报告可以分成不同类型，比如，

- 50～60岁妇女平均每年因为癌症死亡的概率。
- 建筑行业雇员平均每年因为职业事故死亡的概率。

个体风险通常在不同行业和不同活动之间的差异巨大，表4-7就描述了这种差异。

表4-7 不同行业人员工业事故死亡的年均风险

行业部门	年均风险	年均风险
企业雇员死亡率	1/125 000	8×10^{-6}
自雇人员死亡率	1/50 000	20×10^{-6}
矿山和能源开采	1/9 200	109×10^{-6}
建筑	1/17 000	59×10^{-6}

续表

行业部门	年均风险	年均风险
公用事业	1/20 000	50×10^{-6}
农业、狩猎业、林业和渔业(不含远洋捕捞)	1/17 200	58×10^{-6}
金属材料和金属制品生产	1/34 000	29×10^{-6}
制造业	1/77 000	13×10^{-6}
电气和光学设备制造	1/500 000	2×10^{-6}
服务业	1/333 000	3×10^{-6}

来源：摘自 HSE 的报告(2001 年)。

在描述风险状况的时候，通常需要确定这一状况针对的是谁或者是哪一群人。比如，谈论全国民众因为滑翔伞死亡的风险是两千万分之一，就没有什么意义。我们真正应该关注的，是从事滑翔伞运动人群的风险情况。

注释：如果按照表 4-7 这种方式统计死亡人数，我们无法区分死亡的是年轻人还是老年人。我们还需要将发生事故之后立刻死亡与事故引发疾病导致的死亡进行等效变换(比如使用预期寿命减少量)。

4.3.11 FN 曲线

同样的事故，后果却可能会千差万别。因此，如果能在同一幅图中展示后果与其出现频率的关系，会很有意义。为了让图看起来更加“稳定”，一般人们都倾向于绘制结果 $C\geqslant c$ 的累积频率 $f(c)$。法梅尔(Farmer，1967 年)首先使用这种绘图方法描述热核反应堆中碘-131各种辐射的累积频率，因此这种类型的曲线有时也被称为法梅尔曲线(Farmer curve)。

如果频率相对应的后果是死亡数量 N，那么这条曲线通常被称为 FN 曲线。FN 曲线是一种描述性风险指标，可以提供风险如何在各类事故中分布的信息。比如，图 4-5 中所示的 FN 曲线，其中纵轴上的频率 F 是“超标”频率，也就是说 $F(n)$表示后果是 n 个或者更多人死亡的事故频率。

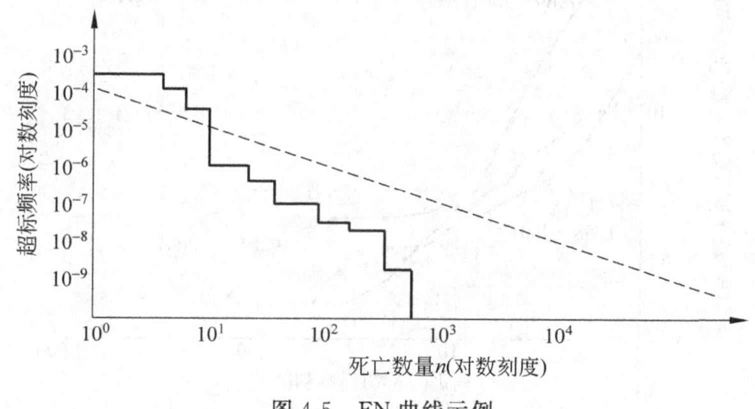

图 4-5 FN 曲线示例

假设指定系统或者指定区域中致死性事故的发生是频率为 λ(每年)的齐次泊松过程，在这里，致死性事故是指至少引起一人死亡的事故，令 N 表示未来一次致死性事故中死亡的人数。因为在这里我们考虑的事故全部都是致死性事故，我们知道 $\Pr(N\geqslant 1)=1$。那么，导致 n 个或者更多人死亡的致死性事故的频率是

$$F(n)=\lambda_{[N\geqslant n]}=\lambda\cdot\Pr(N\geqslant n) \tag{4-11}$$

将 $f(n)$ 作为 n 的函数，我们就可以绘制出 FN 曲线，其中 $n=1, 2, \cdots$，如图 4-5 所示。因此，正好导致 n 人死亡的事故频率是

$$f(n)=F(n)-F(n+1) \tag{4-12}$$

因为无论 n 取任何值，都有 $f(n)\geqslant 0$，FN 曲线就可以是平的，也可以是竖直的。

未来一起事故导致 n 人死亡的概率是

$$\Pr(N=n)=\Pr(N\geqslant n)-\Pr(N\geqslant n+1)=\frac{F(n)-F(n+1)}{\lambda} \tag{4-13}$$

未来单一一起致死性事故的平均死亡人数是

$$E(N)=\sum_{n=1}^{\infty}n\cdot\Pr(N=n)=\sum_{n=1}^{\infty}\Pr(N\geqslant n) \tag{4-14}$$

每年致死性事故的平均数量是 λ（我们使用年作为时间单位），因此年均总死亡人数是

$$E(N_{\text{Tot}})=\lambda\cdot E(N)=\sum_{n=1}^{\infty}\lambda\cdot\Pr(N\geqslant n)=\sum_{n=1}^{\infty}F(n) \tag{4-15}$$

在图 4-5 中，总死亡人数即为 FN 曲线下方的“面积”。图 4-6 给出了一些交通系统的 FN 曲线。

FN 曲线至少有下列三个作用：

- 显示事故的历史记录。
- 描述定量风险评估的结果。
- 说明判断定量风险评估结果可容忍度和可接受度的准则。

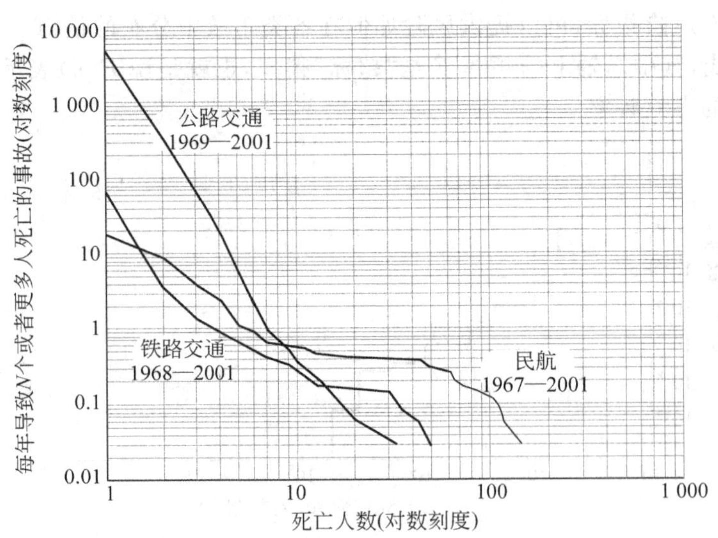

图 4-6 FN 曲线示例(摘自 HSE 的报告，2003 年)

FN 标准线。如图 4-7 所示，我们可以在 FN 图中引入标准线，这样就能够判断定量风险评估的输出结果是否达到预先定义的可接受风险水平。FN 标准线由两个参数确定

(保尔(Ball)和弗洛伊德(Floyd),1998 年):

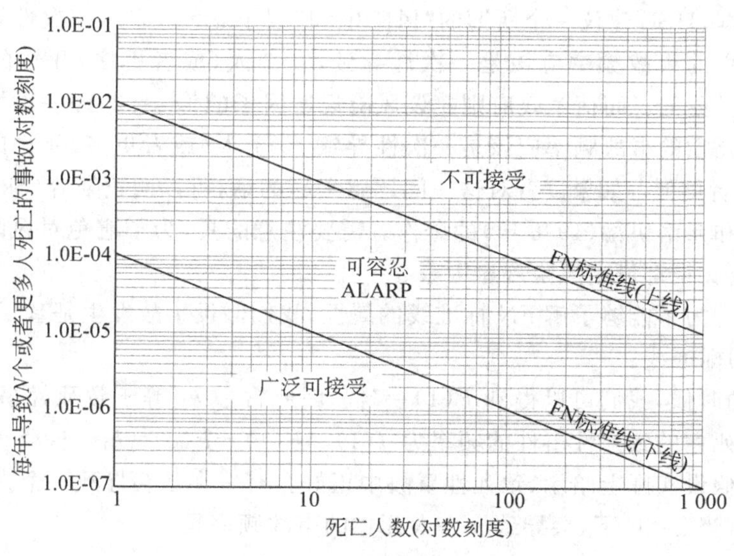

图 4-7　FN 标准线(示例)

1. 定位点$(n, F(n))$,表示固定的一对后果和频率。

2. 风险规避因子 α,确定标准线的斜率。

给定一个定位点和风险规避因子 α,就可以根据下列等式建立标准线:[①]

$$F(n) \cdot n^{\alpha} = k_1 \tag{4-16}$$

其中 k_1 是一个常数。在方程两边取对数,就可以将其转化为

$$\log F(n) + \alpha \log n = k \tag{4-17}$$

其中 $k=\log k_1$。如果在坐标轴中使用对数刻度绘图(如图 4-7),根据这个函数可以绘制出一条斜率为 α 的直线。

如图 4-7 所示,我们通常需要画两条不同的线,因此将整个区域分成三个部分:不可接受区域、ALARP 可容忍区域(采用 ALARP“在合理可行的范围内尽量低”这一风险接受原则的区域)以及广泛可接受区域。关于 ALARP 原则,我们将在 4.5.3 节中进一步讲解。

需要根据风险接受准则推导定位点和斜率。对于图 4-7 中选择的数值,较上方一条的 FN 标准线表示如果致死性事故的频率超过每年 1/100,这种风险水平是不可接受的。类似地,较下方一条的 FN 标准线表示致死性事故发生的频率如果低于每年 1/1 000,则基本上是可以接受的。两条线之间的区域称为 ALARP 区域,在这个区域中,如果遵循 ALARP 原则(最低合理可行原则),风险也是可以容忍的。

图 4-7 中的斜率基于 $\alpha=1$ 得到。如果 α 值更大,直线的斜度也会更大,表示对于导致多人死亡的事故尽量采取风险规避的态度。风险规避意味着,当事故造成的死亡人数增加的时候,对这类事故关注程度提升的幅度会更大。一个具有风险规避意识的人,会认为那种一次性造成多人死亡的事故,要比造成同样人数死亡的多起事故更加难以接受。

---

① 该等式经常可以写成 $F \cdot N^{\alpha}=k_1$。

在制定政策的时候考虑风险规避是一个矛盾性的议题，因此在确定 α 值的时候可以用多个选择。在英国，HSE 建议一个所谓的“风险中和”因子 $\alpha=1$，表示一次性导致 100 个人(或者更多)死亡的事故频率应该是一次性导致 10 个人(或者更多)死亡的事故频率的 1/10(10^{-1})或者更低。而荷兰政府则建议风险规避因子的值 $\alpha=2$，即一次性导致 100 个人(或者更多)死亡的事故频率应该是一次性导致 10 个人(或者更多)死亡的事故频率的 1/100(10^{-2})或者更低。如果读者对这一问题感兴趣的话，可以阅读斯容(Skjong，2007 年)等人以及保尔和弗洛伊德(1998 年)的著作。需要注意的是，为了避免对风险接受度的盲目判断，这两篇文章都设定风险规避因子 $\alpha=1$。

一些注解。为了能够了解 FN 标准线的属性，我们假设事故发生是基于规避因子 $\alpha=1$，$F(n)=k1$ 的标准线。

当 $n=1$ 的时候，我们可以得到 $F(1)=k_1$。因此常数 k_1 等于致死性事故的总频率。会造成一个人死亡的致死性事件的频率为 $f(1)=F(1)-F(2)=k_1-k_1/2=k_1/2$。所以，对于标准线的假设实际上暗示，致死性事故中正好会有一半是会导致一个人死亡的事故。

一般情况(当 $\alpha=1$)下，会导致 n 个人死亡的事故频率是

$$f(n)=F(n)-F(n+1)=\frac{k_1}{n(n+1)} \tag{4-18}$$

该公式可以理解为，导致任何死亡数量的事故发生都会有一定的规律性。

如果在计算风险的时候，将其理解为预计每年的后果，来自导致 n 人死亡的事故的风险就是 $\Delta R_n=n\cdot f(n)=k_1/(n+1)$，而这个数值会随着死亡人数的增加而降低。

FN 标准线有时候也被称为等风险线，但是现在对于等风险这个词汇还有任何清楚的定义。根据 ΔR_n 的值不同，等风险的意义也还需要讨论。

在假设条件相同的情况下，每年预计的死亡人数为

$$E(N_{\text{Tot}})=\sum_{n=1}^{\infty}n\cdot f(n)=k_1\cdot\sum_{n=1}^{\infty}\frac{1}{n+1}=\infty$$

然而在绝大多数情况下，暴露在危险中的人数会受到某一个数值 $n_{\max}$ 的限制，因此每年预计的死亡人数是

$$E(N_{\text{Tot}})=k_1\cdot\sum_{n=1}^{n_{\max}}\frac{1}{n+1} \tag{4-19}$$

FN 标准线广泛用于评价行为或者系统的群体(社会)风险。然而，它的使用仍然颇受争议。埃文斯(Evans)和维兰德尔(Verlander)在 1997 年的文章中就对其进行了批评。他们认为标准线在超出一定区域的时候一致性会出现问题，因此并不建议使用。尽管一般认为 FN 标准线可以为很多与风险接受度相关的决策提供指导，用户在使用的时候还是需要注意这种方法的局限性。

4.4 风险矩阵

风险矩阵是一种表格式的危险事件或者事故场景频率和严重度的表示方法。风险矩阵可以根据危险事件的重要程度对它们进行排序，筛掉不重要的事件，或者评估每一个事

件在降低风险方面的需求(参见 HSE2001 年的报告)。

现在并没有人们都认可的有关矩阵规模、行列标签这些参数的标准。在大多数风险矩阵中,规模和严重度都会被分为三到六个等级,一般横轴表示频率而纵轴表示严重程度。在图 4-8 的风险矩阵当中,频率和严重程度分别都分成了五个等级。矩阵中的每一个单元格都代表频率和严重度的一种组合,并被赋予一个优先级或者其他的风险描述符。不同的层级可以使用定性或者定量的方法描述,可能包括事故对人、环境、资产和(或)声誉造成的后果。下面我们将会分别讨论频率和严重度的分类方法。

概率/后果	1 非常罕见	2 很少发生	3 可能发生	4 有时发生	5 相当平常
5 灾难性	6	7	8	9	10
4 重大损失	5	6	7	8	9
3 严重破坏	4	5	6	7	8
2 破坏	3	4	5	6	7
1 轻微破坏	2	3	4	5	6

□ 可接受—只考虑ALARP措施
■ 可接受—使用ALARP原则，考虑进一步分析
■ 不可接受—需要降低风险

图 4-8　风险矩阵

4.4.1　频率分级

在大多数情况下,仅仅使用频率(此时频率既是一个风险指标,也是一个安全绩效指标)对事故进行分级也就足够了,比如表 4-8 提供的分级方法。尽管这些分级方法很常用,但我们在标准和指南中还会找到一些其他的分级方法。在定义频率级别的时候,通常会让后一个级别中的频率比前一个级别高出 10 倍。根据这种方法,级别的编号可以近似为对数刻度。

表 4-8　频率等级

等　级	频率(每年)	描　　述
5. 相当平常	1～10	预计事件会经常发生
4. 有时发生	0.1～1	事件现在发生了,以后碰到也很正常
3. 可能发生	10^{-3}～10^{-1}	稀有事件,人的一生中可能会碰到
2. 很少发生	10^{-5}～10^{-3}	非常稀有的事件,在同类的工程中也不见得碰到过
1. 非常罕见	10^{-5}～0	几乎不可能发生的事件

4.4.2　后果分级

事故的后果还可以根据其严重度分成不同的等级。表 4-9 就给出了这样的一种分级方式。

表 4-9 列出的是一种常见的分级方法。在对一个特定系统进行风险评估的时候,需要根据具体情况进行分级。与频率分级类似,在定义严重度类别的时候,一般也会让后一

个级别中的严重程度比前一个级别高出 10 倍。因此，严重度的编号也是对数刻度。

表 4-9 按照严重程度对后果分级

级别	后果类型		
	人	环 境	财 产
5. 灾难性	严重伤亡	生态资源恢复的时间不少于 5 年	系统全部损失，系统外遭受重大破坏
4. 重大损失	一人死亡	生态资源恢复的时间为 2～5 年	系统主要部分损失；造成数月的生产停顿
3. 严重破坏	永久性致残、长期住院治疗	生态资源恢复的时间不多于 2 年	无法忽视的系统破坏，生产停顿数周
2. 破坏	医护治疗和损时受伤	当地环境遭到短期破坏（不多于 1 个月）	轻微的系统破坏；对生产有轻微影响
1. 轻微破坏	轻微受伤、烦躁和干扰	有轻微的环境破坏	轻微的财产损坏

表 4-10 给出了另外一种常见的分级方法。

表 4-10 MIL-STD-882D(2000 年)中的严重程度分级

级别	描 述
灾难性的	任何失效都会导致伤亡，或者阻止既定目标的达成
重大的	任何失效都会将系统的性能降低到容忍限度以下，产生危险（如果没有立刻采取措施加以纠正，也会导致伤亡）
严重的	任何失效都会将系统的性能降低到容忍限度以下，但是采取相应措施应对和控制
轻微的	任何失效都不会导致系统的总体性能降低到容忍限度以下——只是一种干扰

4.4.3 风险指数

正如我们在第 2.2 节中所讲述的，与危险事件相关的风险 R 可以通过事件发生概率（或者频率）乘以事件后果 C 的方法“计算”得到，因此有 $R=C\cdot p$。如果在这个表达式两边取对数，有

$$\log R = \log C + \log p \tag{4-20}$$

如上所述，在对数轴上划分频率和后果的不同级别是非常普遍的方法，因此某一个级别的频率和后果应该比前一个级别高出 10 倍。也就是说，我们使用的是以 10 为底的对数。

如果我们给定后果级别 1 中的后果 C_1 有 $\log C_1=1$，那么级别 2 的后果 $C_2=10\cdot C_1$，取对数就有 $\log C_2=\log(10\cdot C_1)=2$。同理，$\log C_3=3$，以此类推。同样的原理也适用于频率分级。

危险事件的风险指数定义为事件相关风险的对数值，由事件的频率级别和严重级别的数值相加得到。

• 案例 4-11 地铁列车起火

考虑一个危险事件 A：隧道中的地铁列车上起火并产生浓烟。

- 根据表 4-9 对后果进行评估，我们假设会有 3～10 个人死亡，那么其后果级别为 5 级。
- 根据表 4-8 对发生概率进行评估，我们假设危险事件 A 每 10～100 年发生一次，那么概率等级为 3 级。

因此，危险事件(事故场景)A 的风险指数为 5+3=8。需要注意，本例中的数据没有经过全面的分析，只是起到说明的作用。

风险指数可以被称为危险事件的风险优先级(the risk priority number，RPN)。在图 4-8 的风险矩阵中，可以计算矩阵中不同组合的风险指数。因为该矩阵是一个 5×5 的矩阵，所以风险指数的范围也就是从 2 到 10。

根据上面描述的方法，具有相同风险指数的时间基本上也会拥有同样的风险。这样的推论可以用来划分危险事件，将风险指数在某一特定范围内的事件合成一种，使用类似的方法进行处理。在图 4-8 中，英国国土航空局(UK CAA，2008 年，第 12 页)定义了三个不同的区间或区域：

(a) 可接受。后果不会或者没有严重到需要担忧的程度，风险是可以容忍的。但是，还是应该考虑让风险在合理可行的范围内尽量低(ALARP)，从而将事故或者意外的风险减到最小。[①]

(b) 检查。后果和(或)概率需要引起注意，需要采取措施让风险在合理可行的范围内尽量低。如果在措施执行之后，风险仍然还处于需要检查的级别，那么这种风险也可以接受，因为它已经被充分了解，相关组织的安全负责人会将其特别标注出来。

(c) 不可接受。概率和(或)后果的严重程度是无法容忍的。必须要采取重大的举措，降低与危险相关的事件发生概率和后果的严重程度。

在图 4-8 的风险矩阵中，可接受区域位于矩阵的左下角，涵盖了风险指数为 2～5 的事件。不可接受的区域位于右上角，涵盖风险指数为 8～10 的事件。而矩阵的中间区域是检查区，相应的事件风险指数是 6 和 7。

4.4.4 另一种风险矩阵

ISO 17776 使用了一个更加全面的风险矩阵，包括四种后果类型：人、资产、环境和声誉。每个类型都有六个严重级别，如图 4-9 所示。通过将资产和声誉风险涵盖其中，该矩阵可以解决企业进行战略性决策时遇到的一些重要问题。

需要注意的是，这个风险矩阵使用了更加具体的概率语言(比如所在公司曾经发生)，取代一般性的描述(比如有时发生、偶尔发生)。这种方法使得风险矩阵更加容易在具有悠久运营历史的系统中使用，但是对缺乏历史数据的新系统来说，使用起来有些困难。

---

① 我们将在第 4.5.3 节中深入讨论 ALARP 原则。

后果					不断增加的概率			
严重程度排序	人	资产	环境	声誉	A	B	C	D
					业界曾经发生	所在公司曾经发生	所在公司一年内发生过多次	所在地一年内发生过多次
0	无人受伤	没有损坏	没有影响	没有影响				
1	轻微受伤	轻微损坏	轻微影响	轻微影响	通过自身管理持续改善			
2	较轻受伤	较轻损坏	较轻影响	有限影响				
3	严重受伤	局部损坏	局部影响	一定影响				
4	单人死亡	严重损坏	严重影响	严重国内影响	加入风险降低手段			
5	多人死亡	完全损坏	大面积影响	严重国际影响			无法满足筛选要求	

图 4-9　风险矩阵[摘自 ISO 17776,2002 年,已得到标准在线公司(Standard Online)的许可]

4.4.5　优势和局限

优势。风险矩阵的主要优势包括:

- 容易使用,不需要大量培训;
- 决策者容易理解;
- 风险评估中的常用工具,有据可查;
- 可以作为讨论风险问题的基础;
- 适合对风险进行排序,确定优先使用的风险降低手段,同时可以了解是否需要进行深入分析。

局限。风险矩阵的主要局限包括:

- 没有使用任何的标准术语或者标准绘制方式,因此不同研究的结果很难比较;
- 逐一查看危险,没有进行累计,而风险决策实际上应该依据的是一个行为的总体风险;
- 只有识别出的危险事件才能使用(风险矩阵本身并不能识别任何其他的危险事件)。

如果想要了解更多的信息,可以参阅 NASA 在 2007 年的报告。由于分析人员可以自由决定后果的等级,风险矩阵既可以用来处理个体风险,也可以处理群体(社会)风险。风险矩阵甚至还可以同时描述两种风险,比如将多人死亡视为最为严重的后果,同时兼顾 IRPA 计算值的数量级(约翰森,2010 年)。

4.5　风险接受准则

NS 5814(2008 年)标准指出,"风险分析的结果必须要与可接受风险准则进行比较",并要求在进行风险分析之前首先要建立风险接受准则。

NS 5814(2008 年)对风险接受准则的定义如下。

- **风险接受准则**:对可接受风险做出决策时所依据的准则。

风险接受准则可以是定性的,也可以是定量的(NS 5814,2008 年)。根据澳大利亚新南威尔士州规划局的规定，无论根据定量接受准则计算的数值是多少，都必须采用一些定性的准则。常见的定性准则包括：

- 所有的风险都应该规避。
- 在任何可行的情况下都应该降低风险。
- 事件的影响应该控制在一定边界之内。
- 未来的发展不应该增加风险。

风险接受准则是根据权威机构、标准、经验、理论知识和规范建立的。在给定的环境中，到底何种程度的风险是"可以接受的"，需要取决于多种因素，比如我们从能够引发风险的活动中取得的收益，以及我们是否愿意主动承担风险。NS 5814(2008 年)将可接受风险定义为：

- **可接受风险**：根据当前的社会价值观和企业情况，在特定的环境下可以被接受的风险。

而根据费斯霍夫等人(1981 年)的观点，无论是单独来看还是在普遍意义上，没有任何风险可以被接受。他们认为讨论可接受风险会对人们产生误导，并指出：人们不应该讨论所谓可接受的选项。接受这样的一个选项，就意味着对于各种相关的风险、成本和收益采取了一个妥协的态度。反过来，对这些因素的期望则要取决于其他的选项、取值以及决策过程中考察的事实情况。根据具体的情况，可接受风险问题中最能够被人们接受的选项可能并不是风险最低的选项。费斯霍夫等人(1981 年)指出：

> 可接受风险的问题是决策问题。也就是说，他们需要在不同的选项中做出选择。这一选择可能取决于估值、置信度以及其他一些因素。因此，不存在单一的可以满足全部目标的数值能描述出社会的可接受风险……

- 案例 4-12 核电站的风险接受准则

在核电行业，人们已经投入了大量的精力制定定量风险接受准则。比如我们下面列出的这些条款，都有人曾经提出来应该写到定量准则当中[可参阅卡梅隆(Cameron)和卫莱士(Willers)，2001 年；以及加拿大核安全理事会(CNCS) 2009 年的报告]：

(a) 对于公众的全部风险。

(b) 对于个人的风险。

(c) 可以导致放射性原料释放，需要当地民众临时撤离的所有事件序列的频率之和(称为少量释放频率——SRF)。

(d) 可以导致放射性原料释放，需要当地民众长期撤离的所有事件序列的频率之和(称为大量释放频率——LRF)。

(e) 安全壳失效的条件概率(假设核反应堆芯已经发生损伤)。

(f) 可以导致反应堆芯严重熔化的所有事件序列的频率之和(称为堆熔频率——CDF)。

(g) 某一特定事故序列的概率。

(h) 每个安全系统的可靠性。

如果按照 CNCS 的规定，新建核电站的定量准则应该是

CDF≤10^{-5}堆年(per reactor year)

SRF≤10^{-5}堆年

LRF≤10^{-6}堆年

然而，实际上各国对于上述这些准则的具体数值并没有达成一致的意见。[①]

4.5.1 可接受风险和可容忍风险

风险接受实际上是关于您希望从接受风险这一行为中获得何种收益的问题。如果可能获得高回报的话，一些人就会自愿接受非常高的风险。比如，一名工人会接受工厂中的风险，因为他在其中工作能够为自己带来收入。而与其相反，工厂附近的居民不会从工厂运营中得到任何直接的好处，因此他们会认为来自这家工厂的群体(社会)风险是完全无法接受的。那么，谁才应该是决定者呢？对于企业经理来说，他可能很容易地就会接受风险，是因为他根本不会暴露在危险之中。而工人和居民在生活中会直接面对风险，他们的选择和经理们绝对不一样。

因为可接受风险问题十分复杂，HSE(1992 年)对可容忍和可接受风险进行了区分：根据 HSE(1992 年)：

> [容忍度]指的是为了获得某种收益而忍受风险的意愿，以及对于可以合理控制风险的信心。[……]容忍一个风险，并不意味着我们会忽略风险或者对其放任自流，而是要保持对风险的关注，并在可能的时候采取措施进一步降低风险。另一方面，如果风险是可接受的，那就意味着我们已经做好准备在生活和工作中放任该风险存在了。

根据这种区分方法，英国的立法部门将风险分为三种类别：不接受、可容忍和广泛可接受(HSE，2001 年)：

- 对于具有不可接受程度风险的行为，除非在一些特殊情况下(比如在战争期间)，无论其收益如何，都不能进行。应该禁止任何引发这类风险的行为，或者必须不惜成本降低风险。
- 对于具有可容忍程度风险的行为，为了获得某些收益，这些行为是可以容忍的。在这个区间里，风险需要在合理可行的范围内保持尽可能的低，因此也就需要采取措施降低风险，除非采取这些措施的负担(比如成本、精力和时间)和可以降低的风险比例失衡。
- 广泛可接受的风险意味着风险的水平在一般情况下是较低的，通常也并不需要采取进一步的行动降低风险。

英国皇家协会(1992 年)对于面向公众的风险给出了一个类似的概念性框架。如果风险达到一定程度，比如每年的发生概率高于 1/10 000，这种风险就是不能容忍的，需要立刻采取措施，不能顾及成本问题。即便暴露在风险中的人认为他可以从风险中得到足

---

① 译者注：中国国家能源局的目标是将 CDF 降低到 10^{-6}堆年。

够的补偿，降低风险的行动同样必不可少。如果风险低于每年 1/1 000 000，那么就可以认为它对于公众来说基本上是可以接受的了。而介于这两者之间的风险就可以容忍，但却是不能忽略的情况，需要采取措施使其"在合理可行的范围内尽可能的低"。如果风险低于广泛可接受的水平，我们就可以考虑忽略这种风险，也不需要相关人员寻求更加有效的风险降低手段了。值得一提的是，交通事故风险当前在各个国家都处于无法容忍的等级。

4.5.2　生命的价值

确定人的生命的价值是一项充满矛盾的工作，很多人都会感到很不愉快。但是，为了能够比较收益和对人的伤害、衡量风险降低的成本以及其他类型的风险，我们有的时候还是要迫不得已使用货币单位对人员遇难和受伤的情况进行量化。

统计生命的价值。所有的人都要承担风险，但是有一些风险可以用时间或者金钱来避免，也就是常言所说的破财免灾。如果是用花钱的方式来降低风险，无论我们愿意与否，都不得不在风险降低措施的成本和收益（比如死亡率降低）之间寻求一种平衡。我们可以使用"每起死亡的费用（美元）"衡量投入成本对死亡概率的影响[阿森菲尔特(Ashenfelter)，2005 年]。

因为成本收益分析会考虑拯救生命的概率，所有我们引入了统计生命（statistical life）这个词汇。另外一个原因是我们希望考虑的是"一般"人员的生命，也就是说研究对象是从人群中随机抽取的。我们之所以强调"一般"人员，是因为对大多数人来说，衡量他人生命价值的时候差异都非常大。如果我们考虑的是自己或者家人，那么我们总会认为他们生命的价值要高于那些不认识的人。

假设决策者需要考虑实施一项风险降低措施，这项措施需要的投资为 Δc。风险分析显示，该措施可以将死亡的概率降低 Δp。如果决策者在进行评估之后，愿意投资 Δc 降低 Δp 大小的风险，那么成本收益因子 $v=\Delta c/\Delta p$ 就可以用来推导出统计生命的价值（value of a statistical life，VSL）。显然，VSL 不是一个常数，它的取值会取决于死亡概率 p、总体投资额以及死亡事件对公司声誉的影响等很多方面。

现在人们已经相当关注统计生命价值的问题，并且在不同研究中使用了不同的 VSL 值。VSL 的值一般介于 100 万到 1 500 万美元之间。

需要注意的是，VLS 并不能等同于"生命的价值（价格）"，后者指任何人愿意接受的用自己生命换取的经济补偿。实际上，VSL 衡量是公司或者大众希望付出多少成本去进一步降低已经很低的残余风险。因此，VSL 是公司或者社会价值观的一种衡量指标。

其他概念。有时候人们还会用到其他的一些概念，包括：

(a) 社会支付意愿。在潘德伊（Pandey）和纳兹瓦尼（Nathwani）2004 年的文章中对这一概念有更为详细的描述，作者还提出应该在我们支付意愿的评估中加入生命质量的指标。

(b) 规避（或者避免）个体死亡的价值（value of averting a fatality，VAF）。这是一种总体的意愿，体现人们是否愿意为降低一点点个人死亡风险而埋单。

(c) 避免死亡的隐含成本（implied cost of averting a fatality，ICAF）。国际海事组织

(The International Maritime Organization,IMO)使用ICAF作为一种决策变量：

$$\text{ICAF} = \frac{\text{采取措施每年的净成本}}{\text{年死亡率降低的程度}} \tag{4-21}$$

(d) 避免死亡的净成本(net cost of averting a fatality,NCAF)。这个指标考虑了风险降低措施的经济收益。经济收益(或者风险降低)可能也包括减少污染带来的经济价值。

$$\text{NCAF} = \frac{\Delta\,\text{成本} - \Delta\,\text{经济收益}}{\Delta\,\text{风险}}$$

4.5.3 风险接受方法

现在,研究人员已经开发出很多不同的方法来确定与某个系统或者行为相关的风险是否可以接受。下面,我们将会简要介绍一些最常用的方法。

ALARP原则。ALARP是英语“在合理可行的范围内尽量低(as low as reasonably practicable)”的缩写,也是英国的风险接受原则①。ALARP原则主要有两个作用：

(a) 提供了一个分析风险的框架(比如识别风险和风险降低措施)。这需要对风险容忍能力进行明确的描述和分析。

(b) 确定风险降低措施的成本与其可以产生的收益是否成比例,进而确定是否执行这一措施。

在使用ALARP原则的时候,风险被划分为三个等级,如图4-10所示(HSE,2001年)：

1. 不可接受区域,在这里除了特殊情况之外,风险都是无法容忍的,必须采取降低风险的措施。

2. 中间区域,也就是ALARP区域,在这里最好采取降低风险的措施,但是如果成本和收益比例失衡的话,也可以不采取行动。

3. 广泛可接受区域,在这里不需要采取进一步降低风险的措施。当风险处于这个水平的时候,进一步降低风险从经济上考虑是不划算的,与其在这里花费大量资金,不如考虑降低别处的风险。

因此我们必须要指出两个风险界限：风险上限(介于不可接受区域和ALARP区域之间),在此界限之上,无论有什么理由,这些风险都是不能容忍的;风险下限(介于ALARP区域和广泛可接受区域之间),在此界限以下,基本上认为风险是可以接受的。

ALARP原则最早用于衡量英国核电站的风险容忍度(TOR)(HSE,1992年),后来HSE也将其用于其他场合。

ALARP主要与人面对的风险有关。因此,图4-10中的纵轴是个体风险的量度,比如IRPA。表4-11列出了HSE确定的IRPA值的上限和下限。

---

① 译者注：在中华人民共和国国标GB/T 28001—2011中,ALARP称为“最低合理可行原则”。在实际使用中,有时候人们也称ALARP为“二拉平”原则。

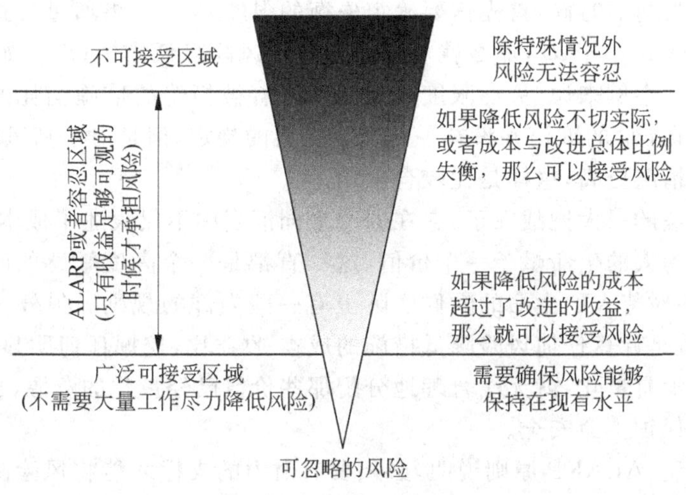

图 4-10　ALARP 原则

表 4-11　英国使用的 ALARP 界限

界限	年均概率		针对对象
上限	1/1 000	10^{-3}	工作人员
	1/10 000	10^{-4}	社会大众(对于现有的工厂)
	1/100 000	10^{-5}	社会大众(对于新建工厂)
下限	1/1000 000	10^{-6}	社会大众

在 ALARP 区域的风险必须要降低到 ALARP 的水平。那么 ALARP 中的"可行的范围"是如何定义的呢？我们在定义的时候要考虑以下四点：

1. 所谈论危险事件的严重程度。
2. 关于该危险事件的知识水平，以及避免或者减轻影响的方式。
3. 避免危险事件或者降低影响的方法是否可以使用、能否发挥作用。
4. 避免危险事件或者降低影响使用的成本。

成本收益评估。ALARP 原则需要采用成本收益方法确定"合理性"水平的内涵。在 ALARP 区域，"总体比例失衡"是需要考虑的一个核心问题，如果措施的成本与取得的收益之间没有出现比例失衡的情况，那么这一降低成本的措施就可以实行。成本失衡因子 d 可以根据以下公式计算：

$$d=\frac{\text{风险降低措施的成本}}{\text{风险降低的收益}} \tag{4-22}$$

风险降低措施的成本是对总成本的估计值，涵盖购买、安装、培训等多个方面，还包括与系统运营相关的成本，比如因为降低产能导致的潜在成本。(如果做出决策不执行风险降低措施，主要是考虑到产能也许会降低，那么公司就需要证明即便是将某些工作调整到计划停产时间(比如维护期间)，也不能减少损失)

实施风险降低措施的收益，是通过减少受伤和死亡而节约的"成本"的估计值，也包括可能消耗资源的减少和系统产能的提升。

在评估比例失衡的时候，首先需要确定失衡的限度 d_0。如果通过公式(4-22)计算得到的实际失衡因子 d 小于 d_0，那么就可以实施这项风险降低措施；反之如果 $d>d_0$，该措施就不应该使用。举例来说，失衡限度 $d_0=3$ 意味着被拒绝的措施消耗的成本就会超过收益的三倍。现在，d_0 的取值并没有一个严格权威的规定，但是对于高风险情况，d_0 的取值应该比低风险情况更高，这样是比较合理的。

成本收益方法的一大挑战在于，它在同一个词汇当中不仅表述了成本，还包括了风险降低的收益。要为人的生命赋予一个价值，这一直都是一个高度敏感的问题。为了指导决策，一些公司在对待人的生命的时候实际上有一些内部的规则。另外一种衡量人的生命价值的方法，就是计算任何风险降低措施的成本-收益比，挖掘任何明显不合理的情况。如果生命的价值没有量化，就无法合理地分配那些价值已经量化的资源，也就无法开发或者采用相应对策保护生命安全。

从本质上来说，ALARP 原则说明，必须要有财力的支撑才能将风险降低到可行范围内足够低的水平，并且在风险不能忽略、这些措施的性价比又比较合适的情况下，应该投入的资金要持续投入。如果只需要合适的成本和不太多的精力就可以进一步降低风险的“可容忍”水平，那么就应该推动这些工作。与此同时，ALARP 原则也认识到并不是所有的风险都可以消除。因为有时候要采取进一步行动降低风险或者识别出事故原因都是不现实的，总会有一些残余风险存在。

注释：在英国《工作健康与安全条例》和其他的一些法规中，SFAIRP 一词常用来代替 ALARP。实际上，这两个概念非常相似，经常可以互换。SFAIRP 是英语“到现在为止可行(so far as is reasonably practicable)”的缩写。

ALARA 原则。ALARA 是英语“合理可能的情况下尽量低(as low as reasonably achievable)”的缩写，它是荷兰采用的风险接受框架。ALARA 在概念上与 ALARP 类似，但是并没有包括基本可接受的区域。直到 1993 年，荷兰的政策中都一直包括可忽略风险这一类别。但是后来，这种分类方式被摒弃了，因为它要求所有的风险都应该尽可能降低(波泰尔波斯(Bottelberghs)，2000 年)。然而在实际操作中，人们对于 ALARA 还是有着一些不同的理解方式。根据阿莱(Ale，2005 年)的研究，荷兰的企业通常关注的只是不要超过上限，而不是在可行的情况下采取进一步的措施。而在另一方面，ALARA 的不可接受区域要比 ALARP 更加严格。

GAMAB 原则。GAMAB 是法语“globalement au moins aussi bon”的缩写，也就是说“整体上至少是好的”。该准则假设可以接受的解决方案已经存在，任何新的方案都应该至少跟现有方案同样有效。“整体(globalement)”这个词在这里非常重要，因为它提供了妥协的空间。如果有措施进行了过度补偿，个体某些方面的情况可能会变得更糟。

法国在交通系统的决策中使用 GAMAB，在这里新系统需要提供在整体上与现有等效系统的一致的风险水平。铁路可靠性标准 EN 50126(1999 年)写入了这项准则。GAMAB 最近的一个变体是 GAME，它将要求转化为“至少等效”。

GAMAB 是一项基于技术的准则，将现有技术作为参考值。使用这一原则，决策者不需要去设定风险接受准则，因为已经给定了现在的风险水平(约翰森，2010 年)。

MEM 准则。德国准则 MEM 是“最低内源性死亡率(minimum endogenous

mortality)”的缩写，它将自然原因死亡概率作为风险接受参考水平。该准则要求任何新的或者改造的技术系统，都不能引起任何人 IRPA 的显著升高(塞贝(Schäbe)，2001 年)。MEM 的理论依据是不同年龄人群的死亡率不同，同时它还假设有一定比例的死亡事件是由技术系统引起的(诺兰德(Nordland)，2001 年)。

内源性死亡率是指由于自身原因，比如疾病，引起的死亡。与之相反，外源性死亡则是由于外部事故的影响引起的。内源性死亡率是特定人群在特定时间由于内在原因引起的死亡率。如本书第 4.5.4 节所示，5～15 岁年龄儿童的内源性死亡率是最低的，在西方国家这一数字是平均每年每人 2×10^{-4}(EN 50126，1999 年)。这意味着，在 5 000 个孩子当中平均每年会有一个孩子死亡。MEM 准则将这个比例作为基准参考值，要求任何技术系统都不可以显著提升风险水平。

根据铁路标准 EN 50126(1999 年)，MEM 中提到的这种“显著提升”等于 5%。这项计算是基于人们会暴露在 20 种不同类型技术系统之中的假设进行的。准则中提到的技术系统包括交通、能源生产、化学工业以及休闲活动等。假设在最低内源性死亡率的框架内总体技术风险是可以接受的，那么对于每一个技术系统来说

$$\Delta \text{IPRA} \leqslant \text{MEM} \cdot 5\% = 10^{-5} \tag{4-23}$$

如果有单一技术系统会将 MEM 中的 IRPA 值提升超过 5%，它就会带来无法接受的风险。需要强调的是，MEM 准则关注的是任何个体的风险，而不是提供参考值的同一年龄的人群。与 ALARP 和 GAMAB 不同，MEM 是一个从最低内源性死亡率推导得到的通用定量风险接受准则。

社会风险准则。在 2001 年，英国健康与安全执行委员会发表了名为《降低风险，保护人民》的报告(HSE，2001 年)，报告提出了社会风险准则，指出对于任何一座工业设施来说，“如果存在风险可能发生 50 或者 50 人以上死亡事故，并且事故发生频率预计高于每年 1/5 000，那么这种风险就是无法容忍的”。这是第一次有机构公开发布这种类型的准则。

预防原则。预防原则与本章描述的其他方法不同。之前提到的各种方法都是基于风险的，也就是说风险管理是根据概率和潜在伤害的数学评估进行的(科林克和雷恩，2002 年)。而预防原则恰恰相反，这是一种采取提前行动的策略，可以处理不确定或者高度脆弱的情况。这种基于预防的方法，不会提供任何定量准则与评估的风险水平进行比较。在衡量风险接受度的时候，也不会使用潜在后果的严重度与预防措施投入的比例。

联合国于 1992 年在《里约宣言》的第 15 条首次给出了预防原则的定义：

- **预防原则**：在存在严重或者不可逆的破坏危险的场合，缺乏足够的科学根据不能成为拖延采取有效行动去阻止情况恶化的借口。

对于下列情况，需要采取预防原则：

- 有充分的理由相信人、动物、植物或者环境会受到伤害。
- 后果和频率从科学的角度都存在不确定性，因此没有十足的把握评估风险并告知决策者。

举例来说，我们有理由相信工厂改造会对现有的居民产生有害影响，但是我们缺乏有关危险与后果之间关系方面的知识，这时候使用预防原则就比较合适。与之相反的一个

例子是海洋工业。因为我们已经充分了解各种危险和后果，就可以采用传统的评估技术来评价风险，并进行必要的提醒。因此，预防原则非常不适合海洋工业。

4.6 结束语

科学界一直在讨论风险决策时使用的风险接受准则。其中，泰利·阿文(可参阅下列文章：阿文，2007 年；阿文和维恩南(Vinnem)，2005 年)就从理论和伦理两个角度对决策中使用风险接受准则提出了质疑。他指出，评价风险接受度必须基于 ALARP 的框架，没有固定的准则，就无法处理风险、收益和改善之间的关系问题。

约翰森(2010 年)选择了更加实用的方法。她建议在进行评价的时候，应该考虑风险接受准则对决策者是否合理，以及准则是否会推动正确决策。第一个问题就是要考虑应该采用哪些风险指标(比如 FN 标准线和 IRPA)，以及这些指标能否帮助对各个选项排序、提供确定并且准确的建议。第二个问题是如何使用这些准则(比如 MEM 和 ALARP)，了解它们是鼓励改进、保持现状还是允许风险与其他一些因素进行平衡。作者建议，在实际工作中，我们应该将风险接受准则作为标杆指南，而不是严格的限制条件。

4.7 延伸阅读

我们推荐读者阅读下列与第 4 章内容相关的文献：

- 《社会风险》(*Societal risks*)(保尔和弗洛伊德，1998 年)讨论了社会风险以及建立 FN 标准线的一些规定。
- 《可接受风险》(*Acceptable Risk*)(费斯赫夫等人，1981 年)是研究风险接受问题的开创性著作。这本书对处理可接受风险问题使用的三个主要方法进行了评价：专家判断法、步步为营法(接受过去已经接受的风险)和综合分析法。
- 《降低风险，保护人民：HSE 的决策过程》(*Reducing Risks, Protecting People: HSE's Decision-Making Process*)(HSE，2001 年)介绍了英国健康与安全执行委员会在决策过程中使用的 ALARP 框架。
- 《核电站的风险容忍度》(*The Tolerability of Risk from Nuclear Power Stations*)(HSE，1992 年)解释了 HSE 风险接受方法的内涵。
- 《风险接受准则的基础和谬论》(*Foundations and fallacies of risk acceptance criteria*)(约翰森，2010 年 a)与本书一同完成，对于风险接受准则问题有更深入的讨论。
- 《风险与紧急准备分析》(*Risk and emergency preparedness analysis*)(NORSOK Z-013，2010 年)对于各种风险指标的优缺点进行了全面的介绍。
- 《风险评价准则》(*Risk evaluation criteria*)(斯容等人，2007 年)全面介绍了风险指标以及海洋工业中的评价准则。
- 《海上风险评估：QRA 研究的原理、建模和应用》(*Offshore Risk Assessment: Principles, Modeling and Application of QRA Studies*)(维恩南，2007 年)讨论了海洋工业中对于人和环境伤害的情况和相关风险指标。

第5章

风险管理

5.1 简介

本章将会介绍风险分析的各个步骤,并描述风险分析和风险评估在风险管理过程中的作用。我们将简要介绍风险管理过程中领结图和领结分析的使用情况,还将结合学习人员的要求和能力来讨论不同类型的风险分析。另外,本章还会简要介绍风险管理,但是管理中很多方面的内容都不在本书的介绍范围之内。本书的第 9 章到第 11 章将会讨论风险分析中最常用的分析方法。

5.2 风险管理

在第 1 章中,风险管理被定义为系统中目标为识别、分析、评估潜在危险事件的连续管理过程,可以识别并引入有效的风险控制手段,消除或者减少对人员、环境或者其他资产可能造成的伤害。风险管理是所有良好管理的集成,在我们的定义中它主要包括三个元素:

1. 风险分析

风险分析的目的是:

(a) 识别与研究对象(系统)相关的危险和威胁。

(b) 识别与研究对象有关的可能发生的潜在危险事件。

(c) 寻找每一个危险事件的原因。

(d) 识别可以阻止危险事件发生或者降低发生概率以及(或者)减轻事件后果的安全栅和防护措施,并评估这些安全栅的可靠性。

(e) 识别与每个危险事件相关的事故场景,确定它们的后果和频率(比如建立风险状况图)。

2. 风险评价

风险评价的目标是:

(a) 评价步骤 1(e)中建立的风险状况图,尽可能地将该风险与已经建立的风险接受准则比较。

(b) 考虑备选系统和(或)运行方案。

(c) 描述与研究对象相关的风险。

(d) 提出风险降低措施,评价每一种措施对降低风险的影响,以及措施的成本。

(e) 为风险相关的决策提供输入。

3. 风险控制与风险降低

这个步骤的目标是:

(a) 决定引入新的风险降低措施还是修改现有的措施。

(b) 实施风险降低措施。

(c) 监控风险,在合适的时候提出修改方法并进行评价。

(d) 与利益相关人员和公众就风险问题就行沟通。

(e) 进行其他与风险相关的决策,比如:

- 根据现在的风险程度,某一活动是否应该进行下去?
- 实施某种风险降低措施是否合适?
- 在提出的多种措施当中,哪一种最适合实施?
- 要降低风险,需要多少投资?

风险管理的相关活动如图 5-1 所示。

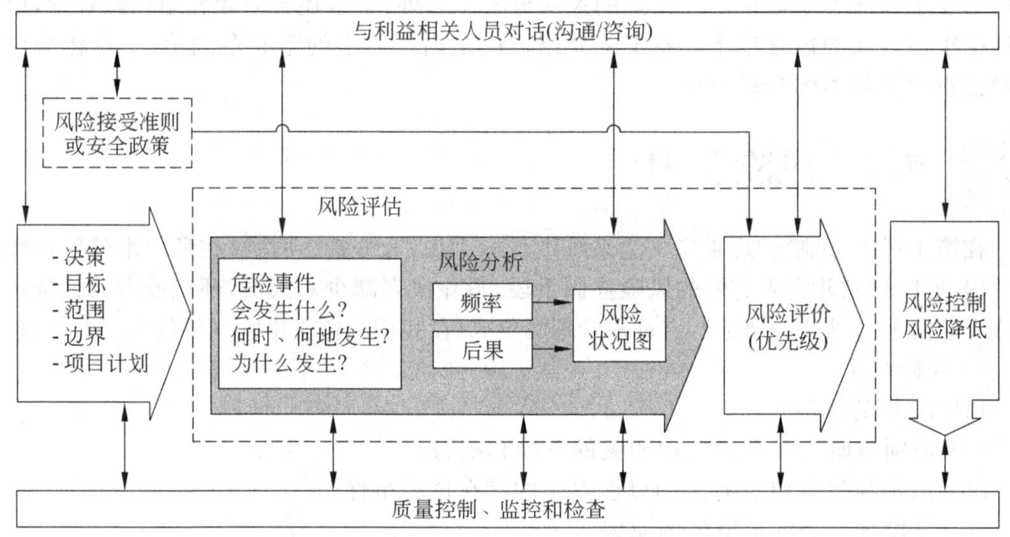

图 5-1 风险管理的元素(得到澳大利亚国际发展局的许可使用,2005 年)

5.3 领结图分析

本书已经多次提到了领结图。领结图描述了已识别危险事件及其原因和结果之间的关系,图中也包括降低危险事件概率、减轻事件后果的安全栅[可参阅:科克绍特

(Cockshott),2005 年]。

我们并不清楚这种方法的起源,但是从 20 世纪 90 年代初期开始,壳牌石油公司就一直致力于推广使用这种方法。在英国石化工业的安全报告中,领结图的使用十分普遍,稍后美国联邦航空管理局也开始采用这种方法。领结图也是 ARAMIS 方法中的核心元素[萨尔维(Salvi)和德布雷(Debray),2006 年],而 ARAMIS 方法主要用于《塞维索二号指令》要求的风险分析。

领结图已被证明是培训操作人员识别风险、采取合理行动避免事故的有效工具[卡德维尔(Cardwell),2008 年]。

图 5-2 就是一个典型的领结图。注意,我们必须要为每一个危险事件建立一个单独的领结图。领结图通过一系列事件线将危险和后果连接起来,并指出事故的"路径"。系统中已经安装或者计划安装的安全栅,与它们相关的事件序列相连。

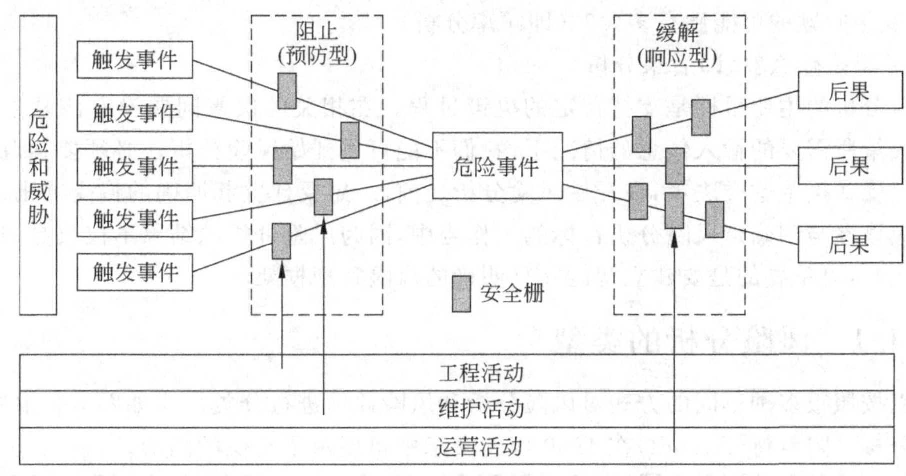

图 5-2 领结图

有时候,我们可以像图 5-2 所示这样,指出工程、维护和运营活动对于不同危险和防护措施的影响。通过这个方法,领结图更加适合在风险管理中使用,因为它以图形的方式展示了工程、维护和运营等活动与它们控制的危险之间的关系。在各种活动和管理系统中提出的改变,将直接与各种危险、安全栅和风险连接。

领结图的设计初衷并不是用来识别危险事件,但是它却可以显示出现有的管理这些事件的物理和程序措施。

5.3.1 分析步骤

领结分析的起始点是识别出的一个或者多个危险事件。对于单一事件来说,领结图分析包括下列步骤:

1. 详细说明危险事件(危险事件是什么,何时、何地发生)。

2. 识别出与危险事件相关的危险、威胁和触发事件,并将它们(单独事件或者事件组合)与危险事件连接起来。

3. 针对危险事件和危险,列出现有和计划安装的预防型安全栅,并把它们放在图中。

4. 识别出可能会引发危险事件的事件序列。

5. 列出可以停止事件序列或者减轻后果的现有和计划安装的响应型安全栅，并把它们放在图中。

6. 列出危险事件所有潜在的意外后果。

7. 识别工程、维护和运营活动对于不同安全栅的影响，并在领结图中描述出这些影响。

5.4 风险分析

正如我们在第 1 章中所概括的，进行风险分析主要是回答三个问题：

1. 什么会发生问题？（即危险识别）
2. 发生问题的可能性有多大？（即频率分析）
3. 后果是什么？（即后果分析）

风险分析的主要目标是支持特定的决策过程。在相关的决策问题没有清楚参考、也没有做决策所需要的输入信息的情况下，我们不能盲目开始风险分析。必须要强调的是，如果是接受或拒绝这类决策，在开始风险分析之前，一定要建立起明确的接受准则。高层管理者应该参与到确定风险分析目标的工作当中，因为风险分析的结果不仅仅是回答“风险是什么？”，更重要的是要建立智能并且明确的风险管理框架。

5.4.1 风险分析的类型

可以按照很多种不同的方式对风险分析和风险评估进行分类。比如图 5-3 中的定性和定量分析。阿兰特(Arendt)在 1990 年的文章中也展示了类似的图形。

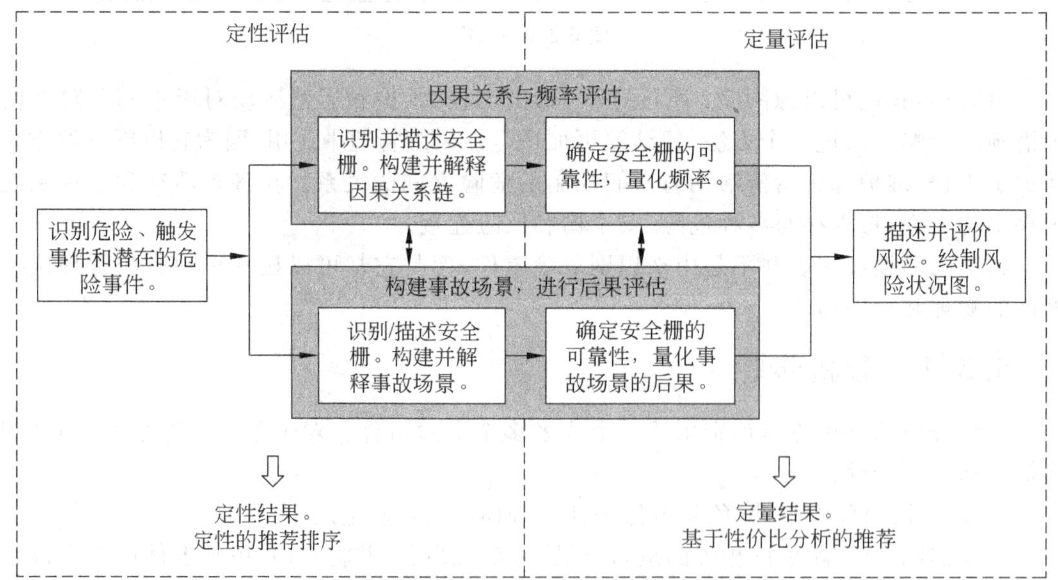

图 5-3 风险评估过程：定性与定量风险评估

定性风险分析。定性风险分析是采用词语和(或)叙述性的方法，描绘已识别危险事件的频率以及由这些事件导致的潜在后果的严重程度。这些叙述可能需要根据环境进行调整，而对于不同类别的风险，我们也可以使用不同的描述。

定性风险分析可以用于：

- 初始的筛查，识别需要进一步详细分析的事故场景。
- 风险级别较低，不需要花费时间和精力进行更加详细分析的时候。
- 没有足够数据进行定量风险分析的时候。

半定量风险分析。在半定量风险分析中，可以为定性的描述赋予一定的数值。分配给每一段描述的数值并不一定需要准确地反映出实际的频率或者严重程度。数值可以按照不同的方式组合，形成风险状况图。这样做的目的是建立起比定性分析更加详细的优先次序，但它并不是要像定量分析那样给出风险的实际值。本书4.4.3节中提到的风险优先级(RPN)就是一个典型的半定量指标。

定量风险分析。定量风险分析使用数值来描述频率、后果和严重程度。这些数值的来源有很多(见第7章)。定量风险分析还有很多不同的叫法，包括：

定量风险分析/评估(quantitative risk analysis/assessment，QRA)。在多个应用领域的很多不同类型的风险分析中，都使用这个词汇。

概率风险分析/评估(probabilistic risk analysis/assessment，PRA)。这一表达方法由美国核电行业提出，后来被美国宇航局采用。

概率安全分析/评估(PSA)。与PRA属于同一类型的分析，但是主要在欧洲使用。

流程危险分析(process hazard analysis，PrHA)。这一词汇主要在《美国职业安全与卫生条例》(OSHA)规定的风险分析中使用，通常用于高危化学品的流程安全管理。

综合安全分析/评估(FSA)。国际海事组织(IMO)率先在海洋工业风险分析工作中使用了这个词汇。澳大利亚石油行业也使用相同的词汇。

全面风险分析/评估(TRA)。海洋油气行业的一些运营商使用这一词汇。

第一个全面的PRA项目，是纽曼·拉斯姆森(Norman Rasmussen)领导的团队为美国核标准委员会(Nuclear Regulatory Commission，NRC，前身为原子能委员会)在1970至1975年间进行的反应堆安全研究(NUREG-75/014)。现在定量风险分析中使用的多种方法都是在这项研究中开发出来的。

在QRA(或者类似分析)中采用的方法，是将系统分解成子系统和元件(比如阀门、泵等)。如果我们已经在结果模型中得到了绝大部分元件的数据，分解就可以停止了。

如果观察到的实际系统故障很少，我们还可以寄希望在运行和常规测试当中发现有关泵和阀门失效频率方面的重要数据。使用这些数据，可以估计元件的失效率，接下来我们就可以根据QRA模型将失效率的估计值累加，得到所研究系统总体失效频率的估计值[贝尔(Bier)等人，1999年]。

5.4.2 风险接受准则

风险接受准则，是用来表示某一风险水平对于所研究的系统或者活动是否可以容忍的准则(NORSOK Z-013，2010年)。我们在第4.5节已经对风险接受准则进行过讨论。

5.4.3 风险分析的步骤

风险分析可以分为多个步骤进行，而具体的项目需要哪些步骤则取决于分析的范围和研究对象的复杂程度。通常，定量风险分析包括如下 11 个步骤：

1. 风险分析的计划和准备。
2. 确定系统的边界和分析的范围。
3. 识别危险和潜在的危险事件。
4. 确定每一个危险事件的原因和频率。
5. 识别由每一个危险事件引发的事故场景(即事件序列)。
6. 选择相关和典型的事故场景。
7. 确定每一个事故场景的后果。
8. 确定每一个事故场景的频率。
9. 评估不确定性。
10. 建立并描述风险状况图。
11. 报告分析结果。

我们将在本节中列出每一个步骤需要处理的一些主要矛盾和需要回答的问题。我们是按照逻辑次序列出的这些步骤，但是其中的一些步骤可以根据风险分析的实际情况变换位置。图 5-4 给出了风险分析的步骤以及各个步骤之间的联系。

第 1 步：风险分析的计划和准备。风险分析需要周密的计划和准备，这对于分析结果的质量和实用程度至关重要。我们必须要考虑下列一些问题：

1.1 建立目标和风险分析的边界条件

(a) 风险分析的背景是什么？为什么进行风险分析？

(b) 风险分析是在为哪些决策服务？

(c) 风险分析必须要提供的信息是什么(类型和格式)？

(d) 法律、法规和标准对于风险分析有哪些要求？

(e) 需要在何时获得风险分析的结果？这一点对于启动和管理风险分析很重要，因为在必须要进行决策的时候需要能够获取并使用风险分析的结果。

(f) 风险分析的利益相关人员包括哪些？应该通知哪些人员参与到风险分析工作当中？(尤其是在评价风险能否接受的时候，需要相关人员参与)

(g) 在研究对象的设计和运营过程中，相关人员的参与程度如何？

(h) 已经有建立好了的风险接受准则吗？

(i) 公司是否已经定义了总体安全目标？

1.2 建立研究团队，保证质量和人员参与

(a) 应该使用内部人员还是外部的咨询顾问？

(b) 哪些领域需要进行分析？

(c) 工作的质量应该如何进行控制？

(d) 相关人员应该如何通知和参与？

输入
输出
- 目标
- 法规和规定
- 标准
- 人员/领域
- 历史数据
第1步：
- 确定目标和范围
- 明确决策要求
- 建立研究团队
- 提供背景数据
- 共同目标
- 风险接受准则
- 研究团队
- 时间计划
- 利益相关者名单
- 绘图
- 能量源/量
- 物理/化学属性
- 危险材料
- 运行过程
第2步：
- 定义系统、确定边界
- 提供分析数据
- 识别资产
- 识别安全栅
- 系统边界确定
- 需要保护的资产确定
- 数据建档
- 经验数据
- 检查表
- 分析方法
第3步：
- 识别危险和威胁
- 识别危险事件
- 危险与威胁清单
- 危险事件清单
- 经验数据
- 可靠性数据
- 分析方法
第4步：
- 确定危险事件原因
- 确定危险事件频率
- 每个危险事件的因果关系描述
- 频率估计
- 经验数据
- 可靠性数据
- 分析方法
第5步：
- 构建事故场景
- 描述最终事件
- 过滤次要场景
- 事故场景清单
- 最终事件描述
第6步：
- 选择相关和典型的事故场景
- 相关与典型事故场景清单
- 物理模型
- 后果模型
- 曝露资产
第7步：
- 确定事故场景(最终事件)的后果
- 每个最终事件的后果
- 可靠性数据
- 分析方法
- 专家判断
第8步：
- 确定事故场景的频率
- 每个事故场景的频率估计
- 分析方法
- 计算工具
第9步：
- 评估输入参数的不确定性
- 评估结果的不确定性
- 输入参数的敏感度评估
- 不确定性评估
第10步：
- 建立并描述风险状况图
- 风险状况图描述
第11步：
- 报告分析结果
- 风险分析报告

图 5-4　风险分析的步骤

1.3　选择分析方法

(a) 哪种方法是最适合实现分析目标的?

(b) 这种方法对于潜在危险的属性、可以使用的数据和需要进行的决策是否敏感?

1.4　提供背景信息

(a) 之前有哪些与研究对象相关的事件发生(比如利益相关人员的抗议和抱怨、法律诉讼和媒体报道)?

(b) 曾经发生过哪些与研究对象或者类似对象相关的危险事件或者事故?

(c) 对于这类系统,一般认为可以接受的风险是怎样的?

第 2 步:确定系统的边界和分析的范围。为了进行风险分析,有必要充分理解系统的功能,包括正常运行和偏离正常的各种情况。如果是雇佣外部咨询顾问进行风险分析,公司内部熟悉系统和(或)活动的人员与外部团队的合作就非常重要。

2.1　系统功能

(a) 系统执行哪些功能?

(b) 每一项功能需要的输入有哪些(比如电力、用水等)?

(c) 风险分析需要覆盖系统的哪些部分?

(d) 分析需要覆盖生命周期中的哪些阶段?

(e) 分析需要覆盖运行过程的哪些阶段(比如正常运行、维护和启动)?

(f) 系统有哪些政治和社会意义?

2.2　资产和后果

(a) 系统内部和外部的哪些资产可能会因为事故受到伤害?

(b) 需要在分析中考虑哪些资产?

(c) 需要在分析中考虑哪些危险?(比如技术危险、自然危险、破坏活动等)

(d) 在分析中应该优先研究哪些类型的事故?(比如火灾、有毒物品泄漏、可能会伤害到第三方的事故)

2.3　安全栅和紧急防护

(a) 系统中存在哪些安全栅?(包括预防型和响应型,比如警报器、紧急停机装置、消防系统等)

(b) 存在哪些外部的紧急救护资源?(比如消防队、急救、救护车、搜寻和营救服务),这些资源的可用性和可靠性如何?

(c) 这些营救资源需要多长时间才能赶到事故现场?

2.4　分析的细致程度

(a) 风险分析需要达到怎样的详细程度?

(b) 哪些类型的事件可以忽略?

(c) 是否已经根据决策的重要度确定了分析的细致程度和边界条件?

2.5　数据建档

(a) 有哪些参数和定量指标需要寻找输入数据?

(b) 我们可以在哪里找到这些数据?

(c) 对每一个数据源质量的信任度如何?

第 3 步：识别危险和潜在的危险事件。这是风险分析过程中最重要的步骤之一。如果有一些危险或者危险事件没被识别出来，后续的分析过程就会忽略掉它们的影响。

3.1 识别危险和威胁

(a) 哪些危险可以导致与系统相关的危险事件？

(b) 这些危险位于何处？

(c) 系统暴露在哪些类型的威胁之中？

(d) 相关的威胁制造者有哪些？

(e) 威胁制造者在哪里？

(f) 它们喜欢攻击哪些资产？

3.2 识别危险事件

(a) 哪些危险事件可能会发生？

(b) 这些危险事件分别发生在系统的哪一部分？

(c) 我们在这一步骤是否应该采取措施避免危险事件的发生或者降低事件相关风险？

这个部分的分析有时候还会包括危险事件的风险筛查，目的是确定未来分析中是否需要考虑这些危险事件，以及分析这些事件需要的细致程度。

第 4 步：确定每一个危险事件的原因和频率。我们需要对第 3 步中识别和找出的每一个危险事件进行因果分析。在这一步骤当中，最常使用的方法是故障树分析，我们将在第 10.3 节进行介绍。

4.1 因果分析

(a) 危险事件的原因是什么？（无论是表面原因还是根本原因都应该识别出来）

(b) 安装了哪些预防型安全栅用以避免或者降低危险事件发生的概率？

(c) 这些安全栅的效果和可靠性如何？

(d) 哪些事件的组合可能会导致危险事件？

4.2 频率分析

(a) 我们是否掌握了用来确定危险事件频率的数据？

(b) 危险事件发生的频率如何？（或者说：危险事件在指定的条件下发生的概率是多少？）

(c) 哪些原因或事件是影响危险事件是否发生的最重要因素？

第 5 步：识别事故场景。每一个危险事件都会是一个或者多个最终会伤害到资产的事件序列的开始。我们通常可以使用事件树分析（见第 11.2 节）的方法识别并描述这些可能的事件序列。事故树上的每个路径都代表一个事故场景。而路径的终点称为最终事件，表示至少有一项资产受到了伤害。

5.1 构建事故场景

(a) 安装了哪些被动型安全栅用于终止或者减轻来自危险事件的事故场景的影响？

(b) 这些安全栅的效果和可靠性如何？

(c) 有哪些外部事件和条件会影响到事件序列？

(d) 哪些事件序列比较重要？

5.2 最终事件描述

(a) 每一个事故场景(事件序列)的最终事件是什么?

(b) 每一个最终事件都有哪些特质?

(c) 哪些资产会受到伤害?

(d) 资产被伤害的程度如何?

如果事故场景的最终事件对资产并不会造成任何严重的伤害,那么在接下来的风险分析中可以将其忽略。

第 6 步:选择相关和典型的事故场景。第 5 步通常会识别出很多事故场景。有时候,场景的数量太多,我们逐个进行分析不切实际。实际上,识别出的事故场景中,有一些可能非常相似,后果完全相同或者基本相同。因此,有必要减少事件的数量,仅仅详细研究一些有代表性的事故场景。

6.1 选择有代表性的事故场景

(a) 哪些事故场景会带来最坏的后果?

(b) 哪些事故场景会带来可能出现的最坏后果?

(c) 哪些事故场景可以代表更大规模的场景集合?

6.2 定义代表性场景

我们必须对每一个代表性场景进行定义、确定其范围。

(a) 该场景的特点有哪些?

(b) 哪里会发生危险事件?

(c) 危险事件会在何时(哪个阶段)发生?

第 7 步:确定每一个事故场景的后果。在这个步骤中,我们需要识别代表性事故场景的最终事件的后果,并对其进行量化。

(a) 最终事件会涉及哪些资产?

(b) 事故对于各项资产会有怎样的冲击?

(c) 系统存在哪些安全栅和安全功能,可以终止或者减轻最终事件的影响?(比如人员保护装置、消防设备等)

(d) 哪些(内部和外部)资源可以帮助减轻后果?(比如消防队、救护车)

第 8 步:确定每一个事故场景的频率。在这个步骤当中。我们继续研究第 6 步选择的事故场景。第 4 步已经确定了相关危险事件的频率,如果已经掌握了相关输入数据的话,就可以使用事件树分析确定事故场景(给定该危险事件)的条件概率。我们将在第 11.2 节中给出量化过程中需要的公式。

注释:第 7 步和第 8 步的次序可以互换。如果首先进行第 7 步,可以确定每一个事故场景的可能后果,但我们会忽略那些后果并不严重的场景的频率分析,或者只进行非常粗浅的分析。与之相反,如果先进行第 8 步,每一个事故场景的频率都可以确定,但我们可能会忽略那些发生频率很低的场景的后果,或者只是进行非常简单的分析。

第 9 步:评估不确定性。风险分析的结果总会存在多种不确定性,而这些不确定性的来源也不尽相同。我们将在第 16 章继续讨论不确定性的问题。除此之外,还需要进行与不确定性分析相关的敏感性分析。敏感性分析可以定义为:

• **敏感性分析**：检查计算或者模型的结果是否会随着假设的不同而发生变化（AS/NZS 4360，1995 年）。

9.1　敏感性分析

(a) 关于敏感性的定量分析会改善风险评估吗（即敏感性分析是否值得）？

(b) 哪些输入量最为重要？（通常需要使用多种重要度指标才能确定输入量的重要度）

(c) 如果我们改变这些数值（比如加倍或者减半），对于风险会有什么样的影响？

9.2　不确定性分析

(a) 定量不确定性分析会改善风险评估吗（即是否值得）？

(b) 不确定性的主要来源是什么？

(c) 是否有进行复杂分析所需要的时间和资源？

(d) 不确定性的定量评估会改进决策吗？决策将如何受到不确定性分析的影响？

(e) 如何将不确定性告知决策者？

(f) 分析结果的不确定性是由什么引起的：

- 我们选择的方法和模型。
- 我们使用的数据。
- 我们进行的计算。

(g) 是什么引起了不确定性：

- 缺乏对于分析目标和（或）分析边界条件的规划，或者规划过于草率。
- 时间方面的压力。
- 工作的质量控制不够。
- 没有足够的现代计算机工具。
- 研究团队能力有限。

注释：很明显，将不确定性完全量化是不太可能的。但是，研究团队应该注意到不确定性的各种因素，并已经尽其所能降低不确定性。

第 10 步：建立并描述风险状况图。风险分析最为重要的结果就是风险状况图，它列出了事故场景以及相关的频率和后果，其中后果有的时候也可以转化为严重度。风险状况图还可以称为后果集合。有时候，它还关系到为每一个危险事件建立的领结图（见图 5-2）。在这个步骤中，主要的问题包括：

1. 已经识别出并且选择了哪些需要进一步分析的危险事件？
2. 已经识别出并且选择了哪些需要进一步分析的事故场景？
3. 这些事故场景的频率分别是多少？
4. 每一个事故场景会产生哪些后果？
5. 是否可以用一系列领结图表示风险状况图？
6. 识别出的事故场景个体和总体风险级别分别是多少？
7. 风险级别是否合理？是否满足风险接受准则？

风险状况图的表示方法有很多，比如，

(a) 列出所有的危险事件（第 3 步中识别出的），以及这些事件的频率（第 4 步中确定的)和由该危险事件引发的所有事故场景的后果集合和频率(第 7 步和第 8 步中确定的)。

(b) 列出所有的相关事故场景(第 5 步和第 6 步中识别和选择的),以及它们的频率和后果(第 7 步和第 8 步中确定的)。

如果我们只是分析了一些代表性的事故场景(如第 6 步),很重要的一点就是要记住这些场景所代表的集合中可能存在多个场景。如果我们要展示完整的风险状况图,就需要涵盖所有的场景。

第 11 步:报告分析结果。必须要报告风险分析的结果,这样才能实现它的既定目标。在这一步骤中,有如下问题需要考虑:

(a) 分析报告的要求是什么?

(b) 都有谁会阅读这份报告?

(c) 该报告(或者其中的一部分)是否面向公众发行?

(d) 该报告是否全面?

(e) 该报告如何发布?(比如通过相关媒体、会议、权威机构或者互联网)

(f) 报告当中是否有些部分需要其他的形式发布和展示?(比如通过海报和视频)

5.5 风险评价

我们在第 1 章中将风险评价定义为评价研究对象的风险状况图、将其与风险接受准则和(或)安全政策进行比较的过程。除此之外,识别其他的风险降低措施并进行建档,对于风险评价的过程也非常重要。

风险评价过程的主要步骤包括:

1. 根据风险接受准则评价风险

(a) 风险分析中确定的风险是否能够被相关的风险接受准则所接受?(如果存在这类准则的话)

(b) 相比类似系统和活动中的风险,该风险是否可以接受?

2. 推荐并评价可能的风险降低措施

(a) 有哪些相关的风险降低措施?

(b) 每一项措施分别会降低多少风险?

5.6 风险控制和风险降低

主要有两类降低风险的措施:

1. 预防型措施,目的是降低危险事件的频率,这些措施也被称为主动措施或者频率降低措施。

2. 缓解型措施,目的是避免或者减轻潜在危险事件的后果,这些措施也被称为被动措施或者后果减轻措施。

一般来说,只要有可能,应该优先采取频率降低措施,然后再考虑后果减轻措施。

我们将在第 6.4.2 节中讨论哈顿(Haddon)的十项策略,它们可以作为提出风险降低措施时的有效指南。NASA(2007年)、NSW(2003年)和IMO(2002年)也分别总结了更为详细的方法。

哈顿的十大策略可以概括为四个方面：

(a) 终止、替换及(或)最小化。本安型设计体现的就是这一策略，比如通过(i)避免使用危险物品，(ii)使用危险性较低的物品替换危险物品，以及(或者)(iii)尽量减少系统中使用和储藏的危险物品，来实现本安设计。

(b) 预防。该策略包括降低一个或者多个危险事件的概率或者频率，可以通过设计变更或者实施预防型安全栅来实现(更多关于安全栅的内容请参见第12章)。

(c) 检测和警告。这意味着将危险事件的信息传送给控制系统和操作人员，这样他们就可以介入以防止危险事件发生。

(d) 缓解。可以通过以下方式实现缓解：(i)引入响应型安全栅终止由危险事件导致的能量释放，或者降低能量释放的速度；(ii)将资产与能量隔离(比如采用围栏、防火墙等)；(iii)使资产不那么容易受到负面影响(比如让工人佩戴安全帽、身着防护服)；(iv)改进急救和恢复系统(包括救护车、医院等)。

必须要评价风险降低措施，对可能的风险降低程度和实施措施(单一措施或者多项措施的组合)的成本进行比较。读者可以在阿文和雷恩的著作(2009年b)中找到更多的相关介绍。

5.6.1 人为错误的控制

事故预防需要降低人为错误的数量，或者让系统的容错能力更强。

控制和避免人为错误的策略主要有三种：

(a) 减少错误。这种策略是设计系统帮助用户避免错误，或者在错误刚刚出现的时候进行修正(RSSB，2007年)。

(b) 捕捉错误。这种策略的意图是在错误导致任何负面后果之前"捕捉"到错误。捕捉错误策略的例子包括项目监理和第三方检查。

(c) 容忍错误。这种策略体现在系统能够接受一个错误，并且不会造成严重的后果。

5.7 能力要求

风险分析能否实现既定目标，需要取决于研究团队的能力。通常，我们需要研究团队在以下几个方面达到一定水准：

- 对研究对象的了解程度。
- 概率论和统计学功底。
- 化学、机械、电气、结构或者核能技术方面的能力。
- 健康知识，包括毒理学。
- 社会科学知识，包括经济学、心理学和社会学。
- 人员因素和人员可靠度。
- 对安全有影响的组织和管理。

5.8 质量要求

任何合理的科学调查都应该具备如下的质量特征：

- 内在逻辑一致。
- 实证能够支持。
- 相似条件下的输出可以预测。

5.8.1 特殊要求

与风险评估过程质量有关的一些特殊要求包括：

1. 必须确定清晰的分析目标，它可以反映决策者在制定决策时所需要的信息。
2. 必须确定风险分析的程度和内容，这样才能提供满足第1点中所提目标的答案。
3. 为风险分析分配的资源必须与所做决策的重要程度相匹配。
4. 分析必须是客观、系统、结构化的，必须尽可能以事实为依据。
5. 分析过程中的所有假设都必须建档，并且包括在分析的报告当中。
6. 风险分析中的所有结果都应该是可以追溯到产生结果的不同源头。
7. 分析师应该对所有的计算进行自我检查，其他研究团队成员应该进行检查。
8. 风险分析应该完全由独立人员进行验收。至少下面几个方面的问题需要检查：

(a) 分析的范围是否与既定的目标相匹配？

(b) 所有的关键性假设都可信吗？

(c) 是否已经有合适的方法、模型和数据？

(d) 其他人员是否可以重复原始分析师的分析(也就是分析是否建档并清楚明了)？

(e) 结果对于数据使用方式是否敏感？结果是否结构化？

9. 风险通常必须要进行定性描述，并且在可能的情况下进行定量描述。
10. 需要描述结果的不确定性和不确定的主要原因。
11. 对于阅读报告的所有利益相关人员来说，风险分析都应该清楚明了、容易理解。
12. 应该鼓励公众参与，尤其是评价风险的时候。
13. 风险分析必须容易升级，并考虑到未来的变化。

5.8.2 风险评估外包

风险分析经常会影响分析人员的心态，这可能也是分析最重要的一个结果。因此，管理层积极参与到风险分析之中就显得至关重要，公司不应该把分析外包给其他机构而自己置身事外。

5.9 延伸阅读

我们推荐读者阅读下列与第5章内容相关的文献：

- 《关联性管理——应用指南：技术系统的风险分析》(*Dependability Management*—

Application Guide: *Risk Analysis of Technological Systems*)(IEC 60300-3-9，1995 年)，全面介绍了风险评估的各个步骤，为方法选择提供指导，所有从事风险分析工作的人员都应该阅读。

- 《危险识别，风险评估和风险控制》(*Hazard identification*, *risk assessment*, *and risk control*)(NSW，2003 年)是一份非常优秀的报告，全面介绍了风险评估的各个阶段和步骤。
- 《NASA 项目中的概率风险评估(PRA)步骤》(*Probabilistic risk assessment* (*PRA*) *procedures for NASA programs and projects*)(NASA，2010 年)是航天工业定量(概率)风险评估的全面指南，对于其他领域也有着很强的借鉴作用。
- 《在 IMO 规则制定过程中的综合安全评估(FSA)使用指南》(*Guide for formal safety assessment* (*FSA*) *for use in the IMO rule-making process*)(IMO，2002 年)专门针对海事应用，但也为其他类型的风险评估提供了一些有价值的建议。
- 《海上风险评估：QRA 的原则、模型和应用》(*Offshore Risk Assessment*: *Principles*, *Modeling*, *and Application of QRA studies*)(维恩南，2007 年)专门针对海上油气应用，对其他领域也是有益的指导。

Risk Assessment

第6章

事故模型

事故模型是所有危险分析和风险评估技术的基础。

——莱文森(2004年)

6.1 简介

为了理解事故的形成机制、开发事故预防和控制策略,有必要了解过去的事故情况,并从中吸取经验[科汉(Khan)和阿巴西(Abbasi),1999年]。因此,我们需要收集事故数据,并储存在不同的数据库中(见第7章),同时还应该开发事故模型以支持事故调查。

尽管事故调查并不属于本书研究的范围,但却是我们所介绍的很多知识的基础。这是因为事故模型会影响我们对于潜在事故的认知程度,也会影响我们在风险评估中使用的方法。

最初的事故模型非常简单,只是把事故归结为单独的技术失效。随后,研究人员又将人为因素和人因错误包括到模型里面。现在的事故研究者已经认识到,系统包含社会、组织和环境等多方面因素,还会受到技术和个人的影响,所有的这些都应该集成到事故模型当中[可参见下列文章:莱文森,2004年;库瑞斯(Qureshi),2008年]。

很多事故模型主要关注职业事故,不在本书的讨论之列。当然,出于历史的原因,我们也会对其中的一些模型做一些简要的介绍,这主要是因为现在使用的更加复杂的重大事故模型很多都是基于这些早期模型。

6.1.1 事故分类

事故可以按照多种方式进行分类。其中的一种分类是按照事故发生的环境,根据这种方法,我们可以将事故分为:

- 核事故。

- 化工厂事故。
- 航空事故。
- 铁路事故。
- 海事事故。
- 道路交通事故。
- 职业事故。
- 居家事故。

……

每一种类别又可以进一步分为几个子类别，比如案例 6-1 就是对航空事故的划分。

• 案例 6-1　航空事故

根据 ICAO(2009 年)，航空事故可以分为：

- 起飞或者降落时发生的事故。
- 飞行中的技术故障。
- 飞机碰到山脉或者电线等。
- 飞机在空中发生碰撞。
- 对机舱内外的人员造成伤害。
- 其他事故(比如雷击、结冰、湍流等)。

我们还可以根据受到伤害的资产的类型对事故进行分类。比如，人员事故和环境事故。另外一种划分事故的方法是根据严重程度，比如，轻微事故、致死性事故、重大事故和灾难性事故。

比如，美国国家交通安全理事会将航空业的重大事故定义如下。

• **重大事故**(在航空业)：满足下面三个条件其中任意一条的事故。

- 飞机损毁；
- 多人死亡；
- 一人死亡同时飞机基本损坏。

6.1.2　事故调查

事故调查的目标主要有两个：(i)明确事故责任；(ii)了解事故发生的原因，在未来避免类似事故。第二个目标是本书最为感兴趣的话题(可参见莱文森，2004 年)。

事故调查通常是根据某个事故原因模型。比如，如果调查人员认为事故是由事件发展而来，他们首先会将事故描述成一个序列，但是这样做可能会忘记考虑其他的概率。对于所有类型的调查，实际上都会存在这样一个问题，就是“你发现的就是你想要寻找的”[可参见路德伯格(Lundberg)等人，2009 年]。

斯克莱特(Sklet)在 2004 年对事故调查的方法进行了统计，而美国能源部的工作手册《执行事故调查》中对事故调查进行了更加全面的介绍(美国能源部，1999 年)。

6.2 事故原因

有效地进行事故预防，需要正确理解它们的原因。历史上曾经出现过多种事故溯源的方法，本章将会介绍其中的一部分。

6.2.1 天灾

有时候，人们只能将无法控制的事故归咎于天灾。这类事故包括像地震、龙卷风、洪水、闪电之类的自然灾害。以前很多事故都被认为是天意使然，这也就意味着没有人能够对这些事故负责，也没有可能避免这些事故。

今天这种观点的支持者已经不多了。很多早年间被认为是天灾的事故，现在看起来也可以避免，或者至少可以预报，而且我们还能够通过很多方式减轻这些事故的后果。

6.2.2 事故倾向性

在20世纪20年代，有相关的研究认为，事故是由那些比其他人更倾向于受到伤害的人员引起的。事故研究人员宣称，这些人的性格使得他们有更大的概率卷入事故当中。该理论称为事故倾向性理论，虽然它充满矛盾，但却依然有着一定的影响力。比如说，在警方进行事故调查的时候，就经常会使用这套理论。有些事故研究显示受伤并不是随机分布的，也在一定程度上支持了这个理论。当然，还有一些研究显示事故倾向性理论毫无科学根据。

今天的研究人员试图将事故倾向性与个人承担风险或者把握机会的偏好联系起来。这是对于安全更加正面的一个看法，因为即便人们承担风险的偏好不会变化，他们的行为还是可以改变的。

6.2.3 事故原因分类

研究人员已经提出了很多有关事故影响因子的术语。我们可以按照自然或者人为、主动或者被动、显性或者隐性、自发或者受让等多种方式将这些因子分类。基本上，事故的原因和影响因子可以分为：

- 直接原因：会直接导致事故发生的原因。直接原因也被称为即时原因或者直接近因，这些原因通常是源于其他的更低层因素。
- 根本原因：事故的最基本原因。识别和评价根本原因的过程叫做根本原因分析。
- 风险影响因子(risk-influencing factors，RIFs)：是影响原因和(或)事故发展的背后因素。

• 案例6-2 飞机事故的直接原因

一项由飞机制造商波音公司推动的研究，给出了1992年至2001年间飞机事故的各种直接原因。

百分比	原　因
66	机组人为错误
14	飞行器故障(包括机械、电气和电子故障)
10	天气
5	航空交通管制
3	维护
3	其他(比如炸弹、劫机、地面攻击)

来源:《全球商业喷气式飞机事故统计调查:1959—2001年》,波音公司飞机安全部。

• 案例6-3 汽车事故原因

绝大部分汽车事故都是由以下一项或者多项原因导致的①:

— 设备故障
- 刹车;
- 轮胎;
- 转向和减震。

— 道路设计
- 能见度;
- 路面;
- 交通管制设备;
- 行为控制设备;
- 交通流量。

— 路面维护
- 路面条件(比如路面坑洼);
- 雪天撒盐和撒沙情况;
- 维护活动;
- 建筑活动。

— 天气条件
- 降雪/结冰;
- 降雨;
- 刮风;
- 雾霭。

— 驾驶员行为
- 速度;
- 是否违反交通规则;

……

① 可以在网站 http://www.smartmororist.com 找到更多相关信息。

6.3 事故模型

事故模型用简化的方法表示出已经发生或者可能在实际中发生的事故。每一个事故模型由于表示的原因类型不同,都有着自己的独特之处[塞尔兰(Kjellén),2000 年]。

6.3.1 事故建模的目的

事故建模有多重目的,其中包括:

1. 事故调查

(a) 确定事故的责任人。

(b) 理解事故发生的原因,在未来避免类似事故的发生。

2. 预测和预防

(a) 在全新和现有技术和社会技术系统中,识别可能出现的偏差以及可能会引起事故的失效。

(b) 对现有或者全新技术和社会技术系统提出整改意见,避免偏差和可能导致事故的失效。

3. 量化

(a) 估计偏差和可能导致事故的失效的概率。

(b) 为定量风险评估提供输入数据。

6.3.2 事故模型分类

我们可以按照多种不同的方式对现有事故模型进行分类。然而,任何一种分类方式都不是完美无缺的,这是因为很多模型可能无法包含在一种分类方式当中,或者也有可能适合多个类别。我们首先会在本章当中对将要提到的各种模型和方法进行简单的分类。接下来,我们会在本书的其他章节对一些模型进行具体的描述,比如介绍复杂模型的各个模块。在本节的分类当中,我们也会指出讨论相应模型的具体章节。

1. 能量与安全栅模型。这些模型主要是基于吉布森(Gibson,1961 年)提出的简单危险-安全栅-资产模型,如图 6-1 所示。

危险 安全栅 资产

图 6-1 危险-安全栅-资产模型

(a) 安全栅分析(第 12 章)。

(b) 能量流和安全栅分析(第 12.8 节)。

2. 事件序列模型。这些模型将事故解释为一个离散事件序列,按照一定的顺序发生。事实上,每一种事件序列模型看起来都非常有趣,因为它们以图形化的方式呈现,易于理解。但是,这类模型的缺点是过于简单,在很多案例中都无法使用。

(a) 海因里希的多米诺模型。

(b) 损失因果模型。

(c) 事件树分析(第 11.2 节)。

(d) 保护层分析(第 12.9 节)。

3. 事件因果和序列模型

(a) 根本原因分析。

(b) 故障树分析(第 10.3 节)。

(c) 人-技术-组织(man-technology-organization,MTO)分析。

(d) 管理疏忽与风险树(management oversight and risk tree,MORT)。

(e) Tripod-Delta 方法。

4. 流行病学事故模型。这些模型把事故的发生类比成疾病的传播,将其看做多种因素的共同作用,包括各种在时间和空间上共存的显性和隐性因素。

(a) 雷森的瑞士奶酪模型。

5. 系统事故模型。这类模型试图从整个系统的高度描述整体表现,而不是纠结于某个特定的因果"机制"或者影响因素[霍纳格尔(Hollnagel),2004 年]。

(a) 社会技术系统层次结构。

(b) 系统理论事故模型和过程(systems-theoretic accident model and processes, STAMP)。

(c) 正常事故理论。

6. 事故重构方法。这一类方法主要用于事故调查,描述真实发生的情况。

(a) 时间序列事件描点法(sequentially timed events plotting,STEP)。

(b) 人-技术-组织(MTO)分析。

(c) Tripod-Beta 方法。

(d) 事故地图。

需要注意的是,有一些事故模型出现在不止一个类别当中,有兴趣的读者可以阅读库瑞斯(2008 年)和霍纳格尔(2004 年)的文章,了解更为全面的事故模型分类。而阿特伍德(Attwood)等人(2006 年)的文章则对职业事故模型进行了综述。

6.4 能量与安全栅模型

能量与安全栅模型的构建理念是:事故可以理解,人们通过关注危险能量、使用可靠的方法将能量与易损资产分离,来避免事故发生(吉布森,1961 年;哈顿,1970 年,1980 年)。这类模型对于实际安全管理有着重大的影响。

一个能量与安全栅模型包括下列基本元素:

1. 能量源。绝大多数系统都有一系列能量源,我们已经在第 3 章当中讨论了能量源的问题。

2. 安全栅。我们将在第 12 章进行介绍。安全栅有很多种类型,可以按照下面的方法对安全栅分类(霍纳格尔,2004 年):

(a) 物理型。障碍物、屏障、警卫、围墙、栅栏等。

(b) 功能型。机械(互锁)、逻辑、空间隔离或使用密码。

(c) 符号型。标识和信号、工序。

(d) 非物型。规则、法律、宗教信仰、文化传统。

3. 能量路径。从能量源到易损资产的路径,可能是空气、管道、电线等。

4. 资产。曝露在能量中的资产可能是人、财产、环境等。我们在第 2 章已经对资产的范围进行了较为详细的讨论。

6.4.1 安全栅分析

通过安全栅分析,可以识别出能够避免事故发生或者减少事故概率和严重程度的行政、管理和实体安全栅。我们将在第 12 章进一步讨论安全栅和安全栅分析过程,还将介绍几种安全栅分析方法,其中包括:

- 能量流与安全栅分析(energy flow and barrier analysis,EFBA)。
- 保护层分析(layer of protection analysis,LOPA)。
- 安全栅与运行风险分析(barrier and operational risk analysis,BORA)。

6.4.2 哈顿模型

威廉姆·哈顿(William Haddon)是一位物理学家兼工程师,他在 20 世纪 50 年代后期参与了美国公路安全设计工作,并开发出一个分析伤害情况的框架。在这个框架中,所谓的伤害主要包括三个方面的属性:

(a) 人。特指有受伤风险的人。

(b) 设备。能量(机械能、热能、电能)可以通过物品或者路径(其他人或者动物)传递给人。

(c) 环境。包括事故发生环境(比如道路、建筑和体育设施)的所有特征,社会和法律规范,以及当时的文化和社会习惯(比如纪律要求、饮酒量控制、毒品管控)。

哈顿进一步从三个阶段分析了上述的三种属性:

(a) 伤害前阶段。如果找出原因并采取行动(比如水池边修建围栏、高速公路分来往车道、良好的路况和房屋设计),可以避免伤害事件的发生。

(b) 伤害阶段。在事件实际发生的时候,通过设计和实施保护机制(比如佩戴护齿套、使用安全带和头盔),可以避免伤害或者减少伤害的严重程度。

(c) 伤害后阶段。事件发生之后立刻采取足够的措施(比如第一时间进行急救这类医学治疗),可以减轻受伤和致残的严重程度,从长期看可以尽可能恢复受伤人员的生理健康和心理健康。

哈顿事故预防方法主要包括三个元素:

1. 事件因果序列。
2. 哈顿矩阵。
3. 哈顿的十项对策。

事件因果序列。为了确定哈顿矩阵中包含的元素,我们推荐使用导致伤害发生的"事件因果序列"这个词汇。本书的第 11 章和第 13 章将会介绍更多事件序列模型方面的内容。

哈顿矩阵。哈顿矩阵(哈顿,1970 年)通过三阶段(伤害前、伤害进行中和伤害后)和三属性(人、设备和环境)模型识别出避免伤害的措施,如图6-2所示。环境有的时候还可以分为两个子属性：物理环境和社会环境。

		因素		
		人	设备	环境
阶段	伤害前	培训 警报	维护 ESP系统	道路质量 天气
	伤害中	反应 稳定性	气囊 头枕	路中隔离栅
	伤害后	急救 救护车	开门的概率 燃油泄漏	逃生条件

图6-2 哈顿矩阵(案例为一起交通事故)

哈顿的十项策略。哈顿的基本观点是,如果在能量源和观察对象之间缺乏有效的安全栅,资产一旦受到有害能量的影响,就意味着事故发生。他将已知的事故预防原理系统化,总结出了降低损失的十项策略。每一项策略都可以对应图6-2中的一个介入点。

伤害前阶段

1. 终止能量凝聚(比如避免酒驾、使用无毒材料)。
2. 限制能源量(比如减少储油量、降低速度)。
3. 避免不受控状态下的释放(比如使用互锁装置、强化容器)。

伤害阶段

4. 降低能源释放速度,或者分散能量源(比如降低汽车行驶速度、降低燃烧速度)。
5. 将受害者和释放的能量在时间和(或)空间上进行分离(比如远程控制系统、触摸不到的电线)。
6. 通过物理安全栅(比如防火墙、闸和门)将受害者和能量隔离。
7. 修改能量的某些属性,包括接触面、表面以下或者基本结构(比如汽车中的填充物接触区和气囊)。
8. 增强原本脆弱的观察对象对于来自能量流的破坏的抵抗力(比如各种训练和培训项目、抗震结果等)。

伤害后阶段

9. 限制伤害进一步发展(比如灭火系统、紧急医疗救助)。
10. 采取措施减轻伤害(比如中长期的医学治疗)。

策略1、2、3和7的目标是消除或者改变危险,而5和6试图限制危险源与受害者或者资产的接触。策略8、9和10主要是保护人员和资产,以及恢复其健康状态。很多更高级别的控制策略也是以这十项基本策略作为参考的。

根据ISO 12100(2010年),实施降低风险的措施需要优先考虑以下几方面的工作：

1. 安全设计。通过设计手段,消除危险或者降低风险。
2. 安全栅。通过使用安全栅(比如安全设备,见第12章)降低风险。
3. 警告。通过警告设备(比如红灯、报警器)降低风险。
4. 培训。通过特殊的安全培训(比如有认证要求)和(或)安全程序降低风险。

哈顿注意到，这十项策略中的每一项都可能会起到相反的效果，也就是让破坏更加严重。原则上，这份表单也可以用来识别威胁制造者会采用哪些方法进行有目的性的破坏(也可以参阅：罗斯内斯等人，2004 年)。

哈顿的 4E 方法。哈顿将避免伤害(也就是降低风险)的工作分为四类，我们通常将其称为哈顿的 4E 方法：

E1：工程。通过设计变更、流程变更和维护控制危险。

E2：环境。让物理环境和社会环境更加安全。

E3：教育。培训所有与安全有关的工人和操作员，提供个人需要的信息，说服管理层对安全给予高度重视。

E4：强制执行。确保工人和管理层在运营过程中都能够遵守内部和外部规章、制度和标准。

6.5 顺序事故模型

顺序事故模型将事故解释为一系列离散事件按照一定顺序发生的结果。

6.5.1 海因里希的多米诺模型

海因里希的多米诺模型是最早的一种顺序事故模型[海因里希(Heinrich)，1931 年]。这个模型总结了绝大多数事故中都存在的五种因素和事件。

1. 社会环境和遗传。无论人生长在哪里，有过怎样的经历，他总会继承一些意想不到的性格特征，比如轻率和固执。

2. 人因错误或者疏忽，受到社会环境影响或者来自于遗传。

3. 不安全的行为或者条件，源自粗心的人拙劣的设计或者维护不当的设备。

4. 事故是由工作地点中的不安全行为或者不安全条件引发的。

5. 伤害是由事故造成的。

海因里希(1931 年)按照多米诺的方式对这五种因素进行了排列，这样第一张多米诺骨牌的倒下会导致整套牌倒下。因此，相应的模型就叫做多米诺模型，如图 6-3 所示。

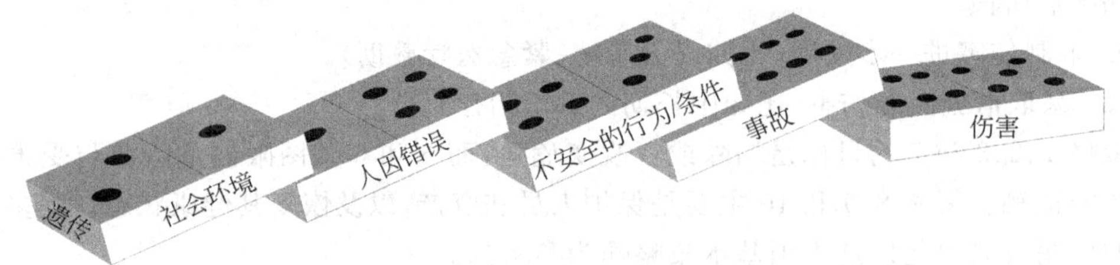

图 6-3 多米诺模型

从严格意义上说，多米诺模型并不是一个事故因果模型，它表示的是伤害发生的概念。该模型将人，而不是技术设备看做事故的主要诱因。事件的序列显示，一起事故的原因不是一个，而可能会有多个。

多米诺模型有时候也称为多事件序列模型，因为它暗示事件的逐一线性发展会导致事故发生。该模型是确定性的，也就是说结果被看做是某一事件的必然后果。就像玩多米诺骨牌，移出任何一个因素都会停止这个序列，避免伤害。因此，多米诺模型也暗示：通过控制、改善或者消除不安全行为或者物理危险，可以避免事故发生。

在提出多米诺模型的时候，它代表着一种反向的搜索，将事故理解为一系列离散事件的结果。但是后来，多米诺理论受到了批判，因为它表示事故的方式过于简单了。另外一类批评则指出多米诺模型只是表示出了事件的序列，并没有解释不安全事件为什么会发生，以及为什么会出现危险。

6.5.2 损失因果模型

损失因果模型是对原始多米诺模型的一种修正，由伯德(Bird)和金尔曼(Germain)在1986年代表国际损失控制学会开发完成。

这个模型通常也被称做ILCI模型，它认为事故就是下面这样一个事件序列：

1. 缺乏管理控制。
2. 基本原因(人为因素或者工作因素)。
3. 直接原因(不符合标准的行为和条件)。
4. 意外[与能量、危险品和(或)人员接触]。
5. 损失(人、财产、环境和物料)。

图6-4给出了损失因果模型的主要元素。损失因果模型的最后三个元素与多米诺的最后三个元素类似，只是用一个更加通用的词汇“损失”代替了“伤害”，用“意外”代替了“事故”。从“事故”变化成“意外”，也意味着模型也适合分析那些不一定会引起严重损失的意料之外的事件。模型的前两个元素代表根本原因，关注管理方面的因素，比如缺乏必要的程序、缺少标准以及工作因素和人为因素等。需要注意的是，这些因素和质量保证程序中的元素类似。

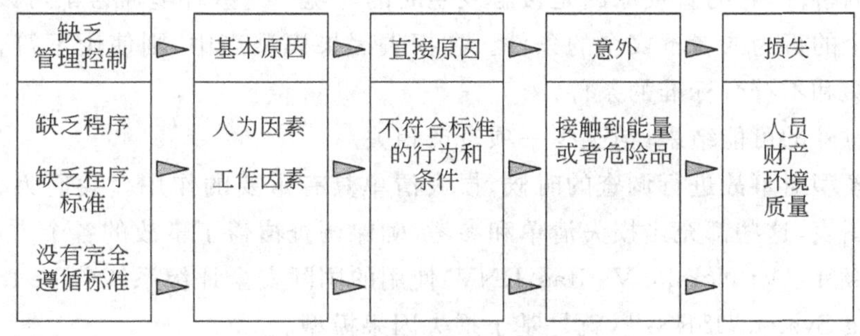

图6-4 损失因果模型的主要元素

损失因果模型的五个主要元素可以简要描述为(斯克莱特，2002年)：

缺乏管理控制意味着缺少消除或者降低风险的内部标准，它可能与下列的工作有关：

- 危险识别和风险降低。
- 绩效考核。
- 员工与管理层之间的沟通。

还有一种可能是，虽然有内部标准，但是这些标准已经过时或者不足。

另外，经常出现的一种情况是，管理和（或）员工不遵守业已存在的内部标准。

基本原因可以分为两大类：人为因素和工作因素。人为因素与下面几个方面相关：

- 体力或压力。
- 心理素质或压力。
- 知识。
- 技能。
- 动机。

工作因素可能是下面这些工作存在不足：

- 监督。
- 工艺。
- 采购。
- 维护。
- 工具和设备。
- 工作标准。
- 工具和设备的质量或可靠性。

直接原因是与下面这些方面相关的行为和条件：

- 安全栅不足（包括人员保护装备）。
- 报警或警报系统不足。
- 管理不到位。
- 酒精或药物的影响。

……

意外描述了能量源与一种或者多种资产（比如人、财产和环境）的接触。意外是发生在损失之前的事件，它的直接原因是接触发生时的环境。这些环境通常都可以被感知，也被称为不安全的行为或者不安全的条件。在损失因果模型当中，则使用不符合标准的行为（或者实践）和不符合标准的条件。

损失是意外的可能结果，与至少一项资产相关。

在根据模型对事故进行调查的时候，损失清单具有重要的作用。我们为事故调查制作了特殊的图表，这些都充当损失清单和参考，确保调查覆盖了事故的各个方面。

挪威船级社（Det Norske Veritas，DNV）使用的国际安全评级系统（The International Safety Rating System，ISRS）①，就是基于损失因果模型。

6.5.3 拉斯姆森-斯文顿模型

拉斯姆森（Rasmussen）和斯文顿（Svedung）（2000 年）将事故描述成原因和事件的线性序列，如图 6-5 所示。

---

① ISRS 是挪威船级社的注册商标。

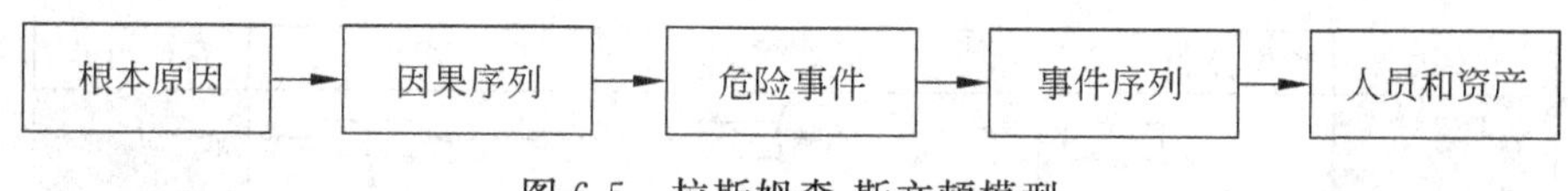

图 6-5　拉斯姆森-斯文顿模型

拉斯姆森-斯文顿模型的主要元素包括：

(a) 根本原因。根据本书使用的术语，根本原因在这里代表一个危险或者威胁，或者多个危险或威胁的组合。预防相似类型事故的行动，可以消除或者减轻这些危险和威胁。

(b) 因果序列。绝大多数系统都安装有预防型安全栅防范危险事件。如果有危险事件发生，一定是因果序列找到了这些安全栅的漏洞，或者安全栅过于薄弱无法阻挡这些危险。在这种情况下，就需要采取预防事故的行动，比如安装新的安全栅或者改进现有的安全栅。

(c) 危险事件。正如我们在第 2 章中所讨论的那样，如果危险事件没有得到“控制”，它不可避免地会伤害到人、环境或者其他资产。有些时候，可能很难确定事件序列中的哪一个事件应该被定义为危险事件。

(d) 事件序列。谈到事件序列，绝大多数设计良好的系统都拥有安全栅，用于阻止或者延缓危险事件的后果发展。这些安全栅一般被称为响应型安全栅。如果有伤害发生，那么一定是这些安全栅存在“漏洞”。这时，就需要采取行动——安装新的安全栅或者改进现有安全栅，防止事故发生。

(e) 人员和资产。这些是事故当中会伤害到的资产。为了减少未来类似事故的伤害，有必要减少资产在危险中曝露的时间、加强防护、建立更完善的急救系统以及实施其他的缓解方案。

图 6-5 中的拉斯姆森-斯文顿模型只是一个更加全面的事故模型框架中的一小部分，要了解详细的模型信息请参阅拉斯姆森和斯文顿(2000 年)的著作。

6.5.4　STEP

时间序列事件描点法(the sequentially timed events plotting，STEP)由亨德里克(Hendrick)和贝纳(Benner)开发(1987 年)。STEP 主要是一款事故调查工具，通过在 STEP 图中描绘相关事件序列和行为，对事故进行重构。事故可以看做是这样一个过程：起始于系统中的意外变化，终止于最终事件，在最终事件发生的时候有一些资产受到了伤害。图 6-6 给出了 STEP 图的结构。

STEP 图的主要元素包括：

(a) 开始状态描述系统的正常状态。

(b) 初始事件是扰动系统、开启事故进程的事件。初始事件是某一参与者做出的计划之外的改变。

(c) 参与者改变了系统或者介入对系统进行控制。参与者不一定是人，它也可能是技术设备或者某种物品。在 STEP 图中需要列出“参与者”的名单。

(d) 基本事件是一个参与者的一次行动。事件是事故进程的一部分，在 STEP 图中

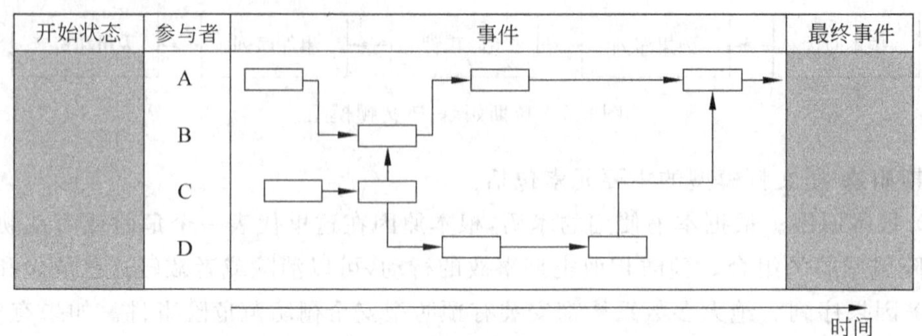

图 6-6 STEP 图(主要元素)

使用矩形表示。在矩形中,分析人员需要对相应的事件进行简要描述。

(e) 假设事故进程中的事件按照图中给出的逻辑顺序发生。箭头表示的就是事件的发生次序。

(f) STEP 图的横轴是时间轴,用于记录事件何时发生何时结束。时间轴上并不需要给出线性刻度,这是因为 STEP 图中时间轴的作用主要是保证事件的逻辑顺序,即定义它们的时序关系。

(g) STEP 图中的最终事件是指有资产受到伤害的事件,它定义出了图的终点。

参与者的作用包括两个方面:他们既能够引起变化(偏差),还可以修正偏差。行动应该可以是观察到的,但是如果参与者是人的话,也可以包括心理活动(斯克莱特,2002年)。

分析首先需要定义事故序列的初始事件和最终事件,接下来还需要识别出主要的参与者和对事故发生有影响的事件(行动),以及这些事件在 STEP 图中的位置。分析人员需要记录下列信息:

- 事件的开始时间。
- 事件的持续时间。
- 引起事件发生的参与者。
- 事件的描述。
- 信息的来源和获取方式。

每一个事件都有输入和输出箭头,表示该事件与其他事件之间的“承前”和“启后”的关系。我们尤其需要留意参与者之间的相互关系,但是要把关注的重点放在行为上面,而不是行为的动机上。

在制作 STEP 图的时候,分析人员应该反复问这样一个问题“哪些参与者必须要做什么才会导致下一个事件发生?”如果较早发生的事件是某一个后续事件的必要条件,就应该从较早事件引一条箭头到这个后续事件。对于图中的每一个事件,分析人员都应该考虑:“先前事件已经足以引起该事件发生了吗?或者还需要有其他的事件?”

可以通过逆向 STEP 技术检查事件表示的准确程度。这种方法采用逆向推理,确定每一个事件发生的原因。逆向推理可以帮助分析人员识别出还可以有哪些方式导致事故发生,以及还有哪些措施可以预防事故。按照这种方法,STEP 可以用来识别安全方面的问题，还可以提出安全方面的改进建议[库图杰阿尼斯(Kontogiannis)等人，2000 年]。

6.6 流行病学事故模型

流行病学事故模型将事件到事故发生这一过程类比成疾病传播。从这个角度来说，事故可以看做是一系列因素组合的结果。这些因素可能是显性的，也可能是隐性的，它们在时间和空间上可以共存。雷森(1990 年，1997 年)对这类模型做出了重大贡献。

6.6.1 雷森的瑞士奶酪模型

詹姆斯·雷森(James Reason)提出了瑞士奶酪模型，他使用瑞士奶酪切片来比喻安全栅。图 6-7 体现了模型的主要思想，即安全栅就像奶酪切片一样，在不同地方存在不同的孔(漏洞)，这些孔也被称为隐性失效或者隐性条件。瑞士奶酪模型显示了事故从隐性失效发展成显性故障的过程，就是穿过一系列的安全栅，最终导致伤害发生。图 6-7 中这条穿过多个奶酪切片上的孔洞的箭头线就表示了这个过程。

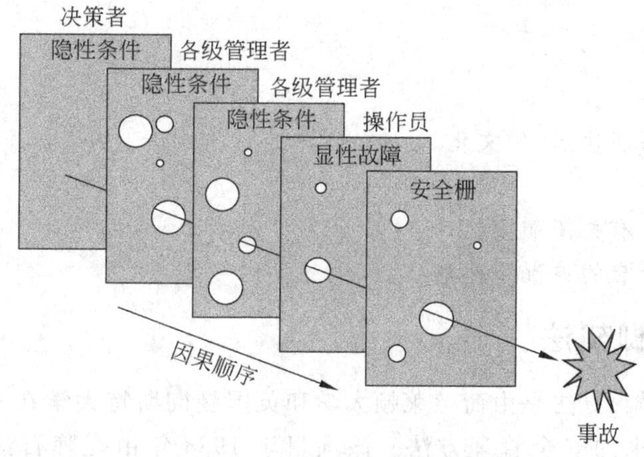

图 6-7 雷森的瑞士奶酪模型

瑞士奶酪模型的主要元素包括：

(a) 决策者。通常包括公司管理层和法规制定部门，他们负责可支配资源的战略管理，实现两个截然不同的目标并在两者之间寻求平衡。这两个目标分别是安全的目标，以及时间和成本的目标。然而。平衡总会导致错误决策。

(b) 基层管理者。这些人负责实施决策者制定的决策。他们会将决策与企业的日常运营相结合。

(c) 前提条件。高层的决策和各级管理者的执行会形成很多基础工作的前提条件，工作人员就是在这些前提条件下尽量安全高效地开展自己的工作。

(d) 不安全行为。工人或操作员出现的不安全行为。

(e) 最后屏障。现有的防护措施和设备，在有不安全行为的时候避免伤害、破坏和花费巨大的修理。

研究人员已经提出了多种瑞士奶酪模型，对原始模型进行了很多改进。

- 案例 6-4 自由企业先驱号

1987 年 3 月 6 日，自由企业先驱号客货渡轮在刚刚驶离比利时泽布腊赫港不久，就发生了倾覆。

总计 193 名乘客和船员遇难。调查人员使用了多种不同的方法对事故细节进行了分析。使用瑞士奶酪模型，可以发现事故的主要原因包括：

决策者

- 本身存在“顶部过重”的不安全船体设计。
- 没有安装艏门指示。

基层管理

- 糟糕的报告习惯。
- 士气低迷。

前提条件

- 疲劳。
- 海面波浪起伏。
- 及早起航的压力。
- “事不关己，高高挂起”的文化。

不安全行为

- 甲板长助理没有关闭艏门。
- 船长在艏门开启的情况下起航。

6.6.2 三脚架法

Tripod[①]（三脚架）方法是由荷兰莱顿大学和英国曼彻斯特大学在一项油气行业联合研究项目中开发出来的安全管理方法。该项目于 1988 年由壳牌石油公司启动（雷森，1997 年）。

三脚架安全管理系统现在被称为 D 型三脚架法，以区别于非常接近的 B 型三脚架法：

D 型三脚架法是一套安全管理系统，也是一种主动型事故预防方法。

B 型三脚架法是一种事故调查和分析方法。它本身是一种被动型方法，经常在事故发生之后使用，用来避免事故再次发生。

为了避免事故再次发生，仅仅了解发生了什么是不够的，更重要的是要理解事故为什么会发生。因此，事故调查对于任何安全管理系统来说，都是不可缺少的一部分。

D 型三脚架法。D 型三脚架法的名字正是取自如图 6-8 所示中的三角结构，它包括：[②]

---

① Tripod 是荷兰登海尔德 AdviSafe 风险管理有限公司的注册商标。

② 本节中的图和表格都已经得到 AdviSafe 风险管理有限公司的许可使用。

1. 基本风险因素。
2. 危险和不安全的行为。
3. 事故、意外和损失。

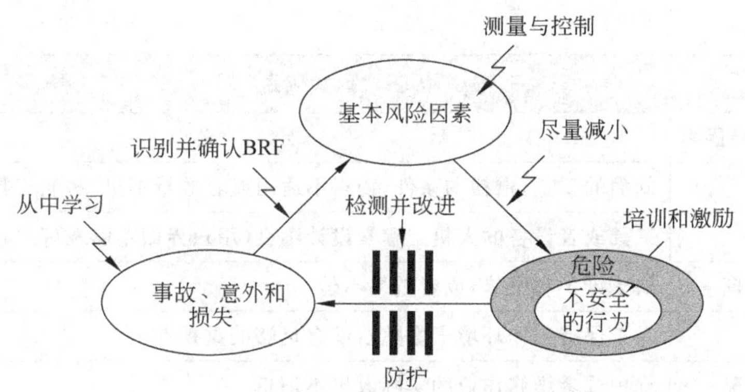

图 6-8　D 型三脚架法的三个支脚：一般失效类型、不安全行为和负面结果

D 型三脚架法不是仅仅关注事故的直接原因，而是着眼于组织的各个层级。因为只有在保护性安全栅失效的时候事故才会发生，而正是人们失误或者犯下明显错误（失效）导致了安全栅失效。明显错误更容易在特定的前提条件下发生，这些条件可能产生于隐性失效，而隐性失效又是由一些基本风险因素导致的。这个因果链就构成了三脚架法事故因果模型，如图 6-9 所示。瓦格纳（Wagenaar）等人（1990 年）将其称为一般事故场景，因为它表示的都是一般类型的因素导致了事故。

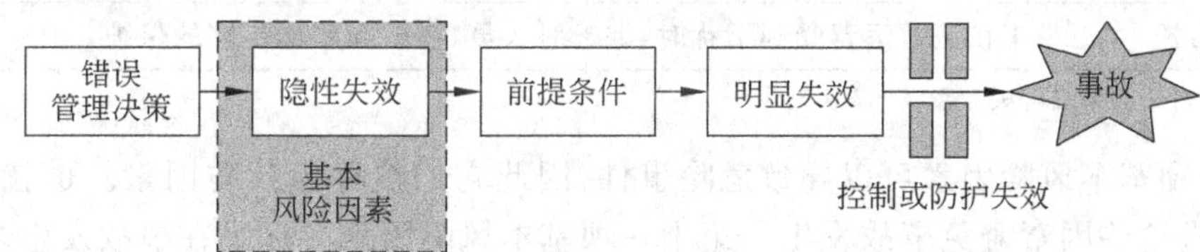

图 6-9　三脚架法事故因果模型（摘自瓦格纳等人，1990 年）

事故是一长串事件的最终结果，而这些事件开始于管理层的决策（瓦格纳等人，1990 年）。

基本风险因素。D 型三脚架法强调事故的直接原因（比如技术失效、不安全的行为、人因错误等），并不是独立产生的，而是受到至少一个基本风险因素[①]的影响。这些基本风险因素可以潜伏或者隐藏在组织内部，但是会间接造成事故。它们就像疾病一样无法直接观测，只能通过某些症状发现。

- **基本风险因素（basic risk factors，BRF）**：“……机构中长久存在的错误要素，但是一直处于隐藏的状态，因为如果没有触发状况的话，它们的影响就不会浮出水面”（瓦格纳等人，1990 年）。

① 基本风险因素之前被称做基本失效类型。

如表 6-1 中所列出的 D 型三脚架法定义了 11 种基本风险因素，涵盖了人员、组织和技术问题等多个方面(可参阅：三脚架法解决方案，2007 年)。可以使用头脑风暴法、事故分析、研究审计报告和理论学习，识别出这些基本风险因素(格鲁涅维格(Groeneweg)，2002 年)。

表 6-1 基本风险因素

序号	基本风险因素	定义
1.	硬件	低劣的质量，糟糕的条件，物料不适用或者数量不足，劣质工具、设备或元件
2.	设计	工具或者设备的人机工程学设计不良(用户界面不够友好)
3.	维护管理	缺乏维护和维修，或者效果不佳
4.	总务	对于保持工作环境干净整洁没有足够的重视
5.	改善情况	维护或者维修作业的实际效果不理想
6.	程序	缺乏程序、指南、说明和相关手册(规范，实际使用的“纸质文件”)，或者这些文件质量低劣
7.	彼此不兼容的目标	一方面，人员必须根据既有的规则在最优工作方法之中进行选择；另一方面，又希望同时实现生产、财务、政治、社会和个人等多方面的目标
8.	沟通	在不同地点、部门、公司人员之间，或者与官方缺乏有效的沟通
9.	组织	组织架构、组织文化、组织流程、管理策略中存在缺陷，导致公司的管理能力不足或者效果不佳
10.	培训	人员的能力或者经验不足(没有经过合适或足够的培训)
11.	防护	在正常运营受到干扰时，缺乏对人员、物料和环境足够的保护

来源：摘自三脚架法解决方案(2007 年)。

有 10 项基本风险因素可以导致危险事件，因此它们被称为预防因素。也就是说，可以通过改进这些因素避免事故发生。第十一项基本风险因素目标是在事故发生之后控制后果，因此它有时候也被称为缓解因素。在 10 项预防性基本风险因素当中，有五项一般因素(表 6-1 中的 6～10)和五项特殊因素(表 6-1 中的 1～5)。

绝大多数基本因素都受制于计划人员、设计人员和管理者的决策和行为，而这些人实际上都远离可能的事故现场。由于自身的特点，基本风险因素的影响宽广。因此，识别并控制这些因素，要比寻找某一具体事故的直接原因更有意义。

图 6-9 中的前提条件可以是环境、状况、身心健康程度甚至是心理状态，它可以诱发或者直接导致明显错误(失效)。前提条件实际上将显性和隐性失效连接了起来，可以看做是人为失效的根源(见第 13 章)。

D 型三脚架法调查。D 型三脚架法包含从安全的角度评估组织合理性的工具。这一工具就是 D 型三脚架法调查，它基于一个拥有 2 000 个左右问题的数据库。

调查采用的方式是问卷，我们可以使用纸质问卷，也可以借助于计算机。组织当中的所有人员最好都能够接受调查，并进行匿名回答。调查的时候，分析人员会从 2 000 个问题当中选取 275 个(每一项基本风险因素 25 个问题)。对于某些特殊的行业，有一些需要优先选择的问题，因为这些问题已经在相关的行业使用过，并且已经证明非常合理。

我们在这里列举一些问题示例，比如，

- 在您工作的领域，每个人都职责明确吗？
- 在过去的四周里，您是否在工作中遇到过相互矛盾的信息？
- 您是否因为了解了去年的预算而对今年的预算进行了削减？

我们需要使用一系列专用的统计工具分析 D 型三脚架法调查的结果，找到组织中与 11 项基本风险因素相关的安全优势和弱点。根据找到的优势和弱点，可以生成关于基本风险因素的风险状况图。状况图采用条形图的形式，给出每一项基本风险因素"需要担心的原因"，并进行排序。

D 型三脚架法中还包括其他工具，可以评估安全管理系统的性能以及管理层的政策和责任。并且，这些工具都是基于预先设计好的问题，可以使用简单的"是"、"不是"或者"不适用"来回答。如果读者想要了解更多的信息，请访问 http://www.advisafe.com，或者阅读雷森的著作（1997 年，131～138 页）。

B 型三脚架法。B 型三脚架法是一种在事故调查的同时进行事故分析的方法。分析得到的反馈可以验证调查人员收集到的结果，衡量风险管理措施的效果，并确认是否需要新的调查。和 D 型三脚架法一样，B 型三脚架法也同时适用于事故和干扰运营的情况。

B 型三脚架法实际上综合了两个不同的模型：危险与影响管理过程（the hazard and effects management process，HEMP）模型和 D 型三脚架法事故因果理论。如图 6-10 所示，HEMP 模型用来表示与一起事故有关的参与者和安全栅。一起事故的发生需要两个主要的因素：(i)危险和(ii)目标（或者资产）。① 通常，可以使用一个或者多个安全栅对危险进行控制，使用屏障或者被动型安全栅保护资产。如图 6-10 所示，危险控制和防护同时失效，就会发生事故。

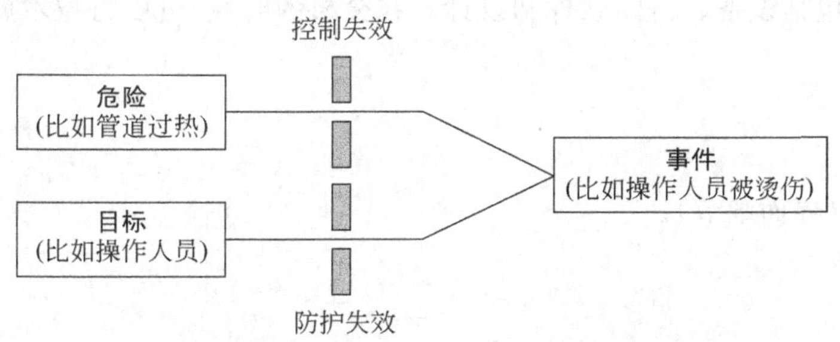

图 6-10　基本 HEMP 模型是 B 型三脚架法的一部分

图 6-11 给出了 B 型三脚架法中使用的事故因果模型，可以识别 HEMP 模型中表示的控制和防护失效的原因。与传统的事故调查方法不同，B 型三脚架法并没有花费精力去识别所有相关的不安全行为或者不安全行为的组合。相反，调查的目标是确认是否有基本风险因素在起作用。如果发现确实有基本风险因素的影响，我们就可以减小甚至消除这些影响。因此，通过这种方法，我们就能够接触到问题的本质，而不是流于表面。

---

① 在最新的 B 型三脚架法版本中，研究人员使用了"动因"取代了"危险"这个词，使用"对象"取代了"目标"。

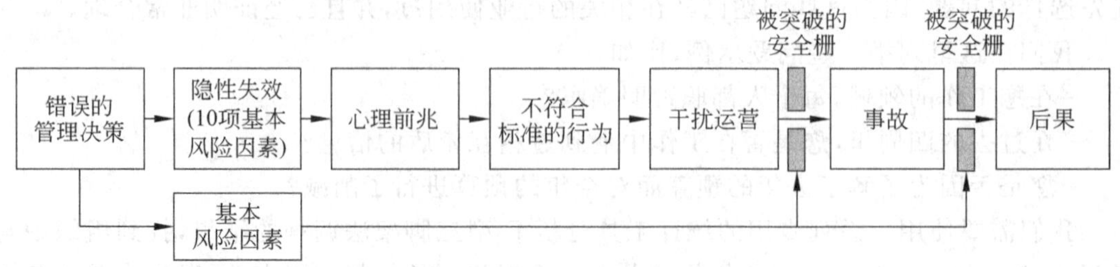

图 6-11　最新的 B 型三脚架法事故因果模型

现在有软件支持 B 型三脚架法，它可以向用户提供受调查事故的树状模型。这款菜单式工具可以在调查的过程中对调查人员提供指导。

6.7　事故因果和顺序模型

6.7.1　MTO 分析

MTO 方法的理论基础是在分析事故的时候，将人员、技术和组织放在同样重要的位置(斯克莱特，2002 年)。

M(人员)：包括在第一线工作的人员。在分析的时候，可以将人员特征按照如下的方法分类：

- 基本特征。
- 具体特征(性别、种族、年龄、受教育程度)。
- 个性(价值观、信仰、干劲)。

T(技术)：包括设备、硬件、软件和设计。在分析的时候，可以将技术属性按照如下的方法分类：

- 功能层。
- 系统层。
- 人机互动(界面细节)。
- 自动化层。
- 透明度。

O(组织)：包括管理、所有者和授权情况。在分析的时候，可以将组织特征按照如下的方法分类(可参见拉斯姆森，1997 年)：

- 国家或政府。
- 地区。
- 企业(文化和环境)。
- 风险管理。

事故的 MTO 分析主要基于下面三大元素(可参见斯克莱特，2002 年)：

1. 使用如图 6-12 所示的事件与原因图进行结构分析，描述事故事件顺序。我们需要识别出每一个事件在技术和人为方面的可能原因，并将其关联到图中相关事件的纵轴上。

2. 变化分析描述事件与先前事件和一般情况之间存在怎样的偏差。图 6-12 同样也显示正常情况和偏差的情况。

3. 安全栅分析识别已经失效或者不复存在的技术、人员和管理方面的安全栅。图 6-12 中事件下方的部分表示丢失或者失效的安全栅(我们将在第 12 章详细讨论安全栅分析)。

图 6-12 给出了结果图,即 MTO 图的主要元素。

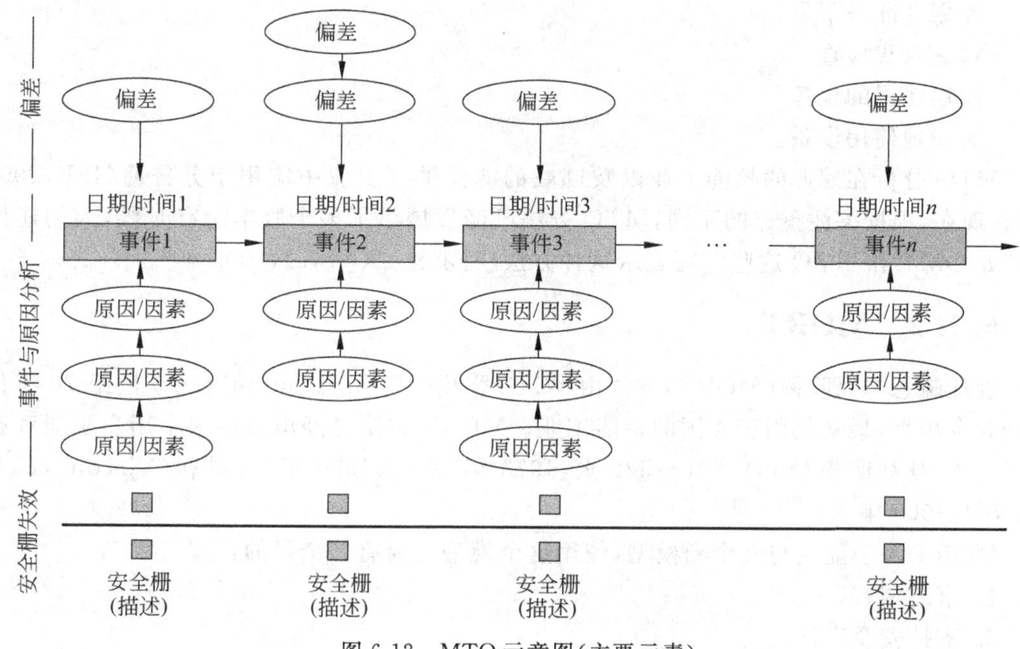

图 6-12 MTO 示意图(主要元素)

分析中涉及的基本问题包括:

(a) 什么可以终止事故进程的发展?

(b) 组织在过去做什么可以预防事故?

MTO 分析中的最后一步非常重要,就是找到并给出推荐方案。推荐方案可以是技术性的,也可以是关于人员和组织的,但是必须要具备的一点就是尽可能合理并且为事故量身定做。

失效原因清单也是 MTO 分析的一部分(斯克莱特,2002 年),清单中会列出下列因素:

1. 组织。
2. 工作组织。
3. 工作实践。
4. 工作管理。
5. 变更程序。
6. 技术中的人机交互和缺陷。
7. 沟通。

8. 说明或步骤。

9. 教育或能力。

10. 工作环境。

对于每一项失效原因,都可以再列出更加详细的因素。比如,事故原因“工作实践”包括的具体因素就有:

- 不遵守工作指南。
- 计划和准备不足。
- 缺乏自我检查。
- 使用错误的设备。
- 错误地使用设备。

MTO 分析在瑞典的核能工业以及挪威的海洋油气工业中应用十分普遍(IFE,2009年)。现在,根据关注重点的不同,MTO 方法已经发展出了多个版本。有时候,人们还使用诸如 OMT 和 TMO 这些缩写表示这种方法[丹羽雄二(Niwa),2009 年]。

6.7.2 MORT

管理疏忽与风险树(MORT)方法由 W. G. 强生(W. G. Johnson)在 20 世纪 70 年代早期开发出来,最初是用于美国的核能工业。MORT 方法已经出现在很多用户手册和教科书当中[比如萨恩(San),821～822 页,1973 年;强生,1980 年;文科利(Vincoli),2006 年;NRI,2009 年]。

MORT 基于能量与安全栅模型,使用这个模型主要有三个目的:

1. 事故调查。

2. 支持安全审计。

3. 评价安全程序。

MORT 实际上是一种推理技术,用一种预先设计好的基本树状图来表示。这种图称为 MORT 图,图中包括与故障树(见第 10.3 节)类似的“门”符号。MORT 图中包括大约 100 个问题领域和 1 500 个可能的事故原因,这些都是根据历史案例和多个研究项目总结出来的。

图 6-13 给出了一个 MORT 图的顶部结构①。这种树形结构非常复杂,通常需要搭配参考文件和检查表使用。如果您要进行 MORT 分析,就需要完整的 MORT 图。MORT 图可以从网站 http://www.nri.eu.com 下载。

MORT 的顶事件代表要分析的事故(已经发生或者可能发生)。一旦确定了事故的范围,分析人员就会遭遇第一个逻辑门,这是一个“或”门。“或”门的输入包括两个主要分支,在图 6-13 中分别使用 SM 和 R 来表示。SM 分支还可以进一步分解成两个分支,分别使用 S 和 M 表示,通过“与”门连接,表示需要一起综合考虑的因素。这三种分支就涵盖了影响顶事件事故的各种问题。

S-分支。该分支包括与事故相关的疏忽和遗漏等方面的因素。

---

① 根据篇幅的要求,作者对这一顶部结构进行了微调。

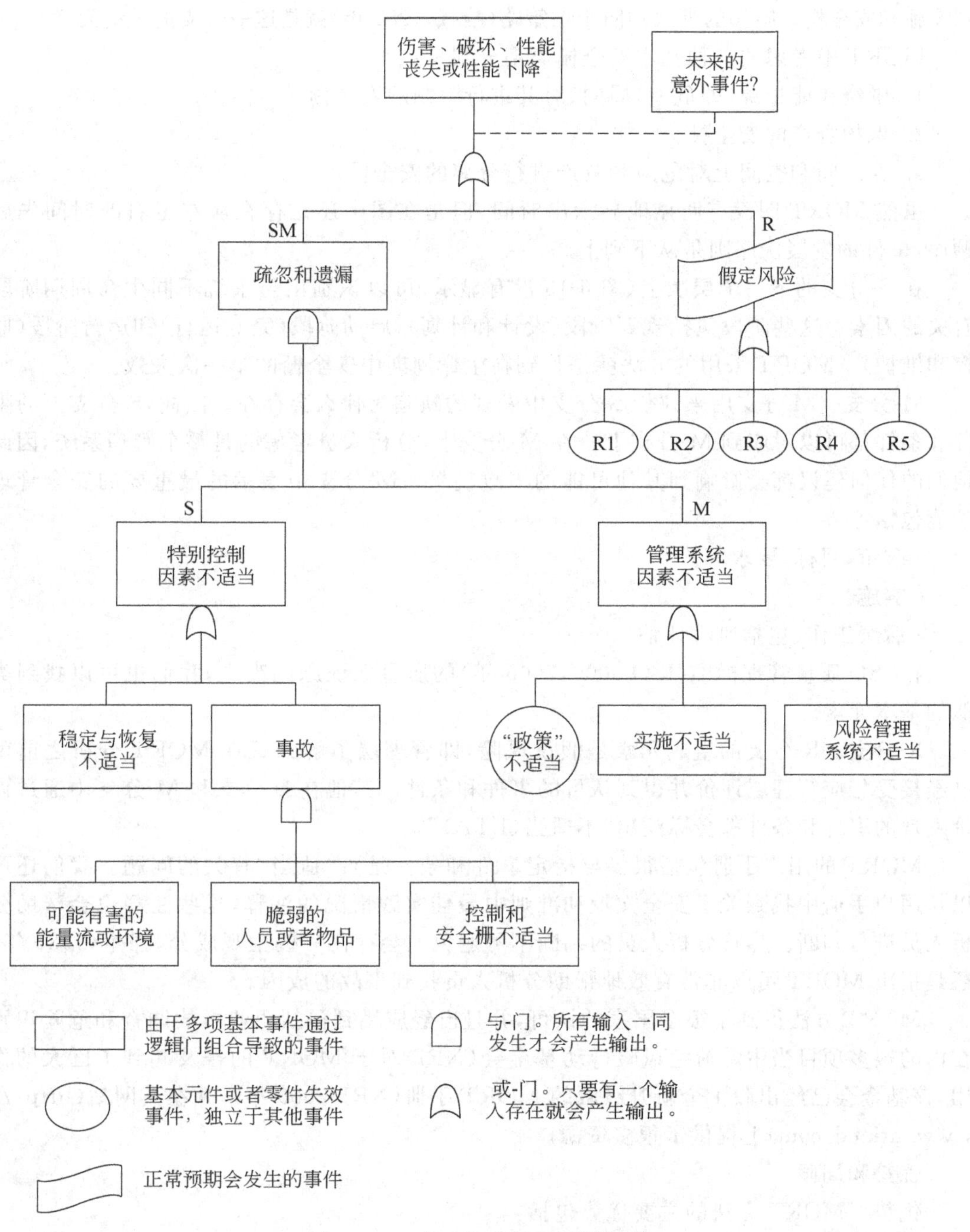

图 6-13 一般 MORT 图的顶部结构

M-分支。该分支表示引起事故的管理系统的基本特征。

R-分支。该分支包括某些方面已知但是由于某些原因没法控制的假设风险。

S-分支。S-分支关注事故的事件和条件、可能的有害能量流(危险)或者环境条件、在意外能量流面前比较脆弱的人员或者有价值的物品(比如资产)，以及保护资产免受伤害的控制设施和安全栅。哈顿的事故预防十项策略(哈顿,1980 年)就是这一分支的关键元素。

MORT 中考虑的三种基本安全栅类型分别是:

1. 围绕在能量源(即危险)周围、对其进行限制的安全栅。
2. 保护资产的安全栅。
3. 在时间和空间上对危险和资产进行分离的安全栅。

虽然 MORT 图没有明显地显示出时间,但是在图中还是存在从左至右的时间先后顺序,事件的发展次序则是从下到上。

在 S-分支的下一个层次上(图 6-13 没有显示)可以识别出与系统不同生命周期阶段有关的因素。这些阶段包括规划阶段(设计和计划)、启动阶段(完好运行)和运营阶段(监控和维护)。MORT 采用的方法就是找到在生命周期中安全栅的第一次失效。

M-分支。M 分支用来评价 S-分支中发现的缺陷为什么会存在。因此,S-分支上的事件和条件都可以对应到 M-分支上。在 M-分支上,分析人员考虑的是整个管理系统,因此他们的任何建议都会影响到其他可能的事故场景。M-分支中表示的最重要的安全管理功能包括:

- 政策、目标、要求等。
- 实施。
- 后续工作(包括风险评估)。

在 ISO 质量管理标准(ISO 9000,2005 年)的质量保证原则当中,我们也可以找到类似的基本元素。

R-分支。R-分支的组成元素是假设风险,即管理层了解并且在 MORT 分析之前就已经接受相应管理层评价并得到认可的事件和条件。其他在 S-分支和 M-分支中通过评价发现的事件和条件都会标注出“不适当(LTA)”。

MORT 的用户手册包括很多与指定事件和条件是否“适当”有关的问题。我们还可以从用户手册中找到关于安全文献和准则中最佳实践情况的注释,这些注释也会帮助分析人员进行判断。尽管分析人员的判断不可避免地会存在一些主观成分,强生(1980 年)还是指出 MORT 可以非常有效地帮助分析人员找到事故的成因。

MORT 方法得到了很多国家的认可,并且已经应用到包括职业事故调查和危险识别在内的很多项目当中。荷兰风险行动基金会(NRI)对于 MORT 的普及起到了巨大的作用,该基金会已经出版了全新升级版的 MORT 手册(NRI,2009 年),并在其网站(http://www.nri.ed.com)上提供了很多资源。

优势和局限

优势。MORT 方法的主要优势包括:

- 是一种系统化并且久经考验的方法;
- 用户手册完备并且不断更新(NRI,2009 年);
- 系统化检查所有可能的因果因素;
- 在缺乏经验无法给出正确答案的时候非常实用;
- 可以评价多种事故原因;
- 适用于包括多个系统的复杂事故;

- 不仅仅关注直接原因，也考虑了管理或程序因素、根本原因和其他原因。

局限。MORT 方法的局限包括：

- 非常耗时，使用非常烦琐；
- 需要大量的培训；
- 不适合相对简单的事故；
- 关注管理问题比关注具体事故更多；
- 可能会给出过于泛泛的建议（比如加强培训、加强监督等）；
- 无法捕捉事件之间的时序关系。

6.8　系统事故模型

系统事故模型指出，事故是因为多种因素（比如人、技术和环境）在特定的时间和空间共存导致的（霍纳格尔，2004 年）。

6.8.1　拉斯姆森的社会技术框架

我们在第 1 章中介绍了现代社会技术系统风险日益增加的原因。拉斯姆森（1997 年）对主要的风险成因进行了研究，他指出本章前面介绍的事故模型对于研究现代社会技术系统的事故仍然存在不足。因此，拉斯姆森推荐使用基于控制理论，并以系统为导向的方法，并且提出了一个框架，可以对构成事故前提条件的组织、管理和运行结构进行建模。

本节的内容正是基于拉斯姆森（1997 年）、拉斯姆森和斯文顿（2000 年）的著作以及库瑞斯（2008 年）后来进行的比较研究。

结构层次。拉斯姆森（1997 年）将风险管理视为社会技术系统中的一个控制问题，而意外后果的产生则是由于对实际过程缺乏控制造成的。安全取决于我们控制这些过程以及避免事故伤害资产的能力。

拉斯姆森将风险管理所涉及的社会技术系统分成了几个层次，从立法机构到组织、运营管理和系统操作等。图 6-14 描述了社会技术系统的六个层次，当然在各个行业当中，层次的数量和内容都会有所不同（库瑞斯，2008 年）。

图 6-14 中给出的六个层次包括（可参见拉斯姆森，1997 年；库瑞斯，2008 年）：

1. 政府。这一层次描述了政府的行为。政府可以通过政策、法律和预算等多种方法控制社会安全。

2. 标准化组织和协会。这一层次描述了标准化组织、行业协会和组织的行为，这些机构负责各自领域的法规实施。

3. 企业。这一层次关注具体企业的行为。

4. 管理。这一层次关注具体企业中的管理层，以及他们管理和控制员工的政策和行为。

5. 员工。这一层次描述了具体员工的行为，他们与受控的技术和（或）流程直接打交道。这些员工包括控制室操作员、机器操作员、维护人员等。

6. 工作。这一层次描述了在设计可能的危险设备和控制流程的时候，如何使用工程规范。比如核电站如何发电、飞机如何安全飞行。

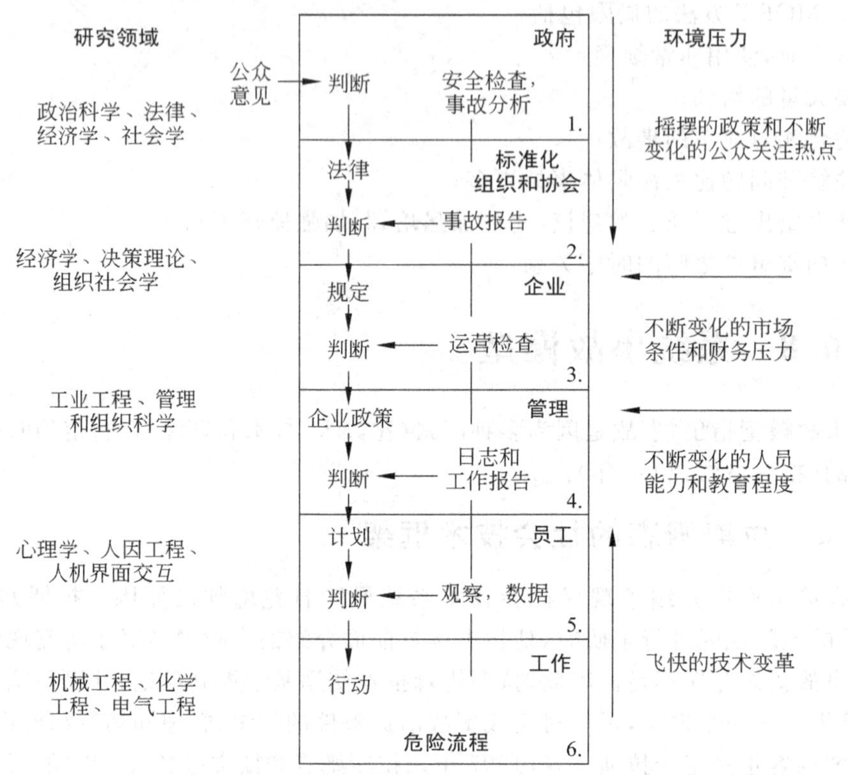

图 6-14 风险管理涉及的社会技术系统层次模型[摘自拉斯姆森和斯文顿(2000 年)的报告,已得到瑞典内务部的许可使用]

图 6-14 在每一个层次的左侧列出了评价不同层次所需要的知识类型,在右手边则列出了影响这些层次的外界压力。

传统上,人们在每一个层次都是采用独立的学科标准进行研究,没有考虑较低层次上的流程。图 6-14 中的框架指出了横向研究工作中忽略的一个关键性问题:需要将各个层次在“纵向”上串联起来。更高层次上做出的组织和管理决策应该能够向下传递,而较低层次上的信息也应该向上反馈。这种信息的纵向流动形成了一个闭环反馈系统,它对于整个社会技术系统的安全性至关重要。因此,事故与各个层次上决策者的决策和行动有关,而不能全部归咎到流程控制层的工作人员身上(参见库瑞斯,2008 年)。

系统动力学。为复杂的动态社会技术系统中的每一个可能条件都建立相应的流程并不现实,尤其是对于那些紧急、高风险和意外的情况(拉斯姆森,1997 年)。

我们根据管理要求、功能和安全限制定义了不同的工作空间。需要进行决策并采取行动才能保持这些空间不受外界干扰。

拉斯姆森(1997 年)指出,为了分析工作域中的安全问题,很重要的一项工作就是要识别出安全运营的边界,以及可能会引起社会技术系统向边界移动甚至跨过边界的动力。图 6-15 就给出了可能引起一个复杂社会技术系统随着时间出现结构和行为变化的动力。

在边界内的安全表现空间里,每一个点都是安全的。而定义空间的三条边界分别与

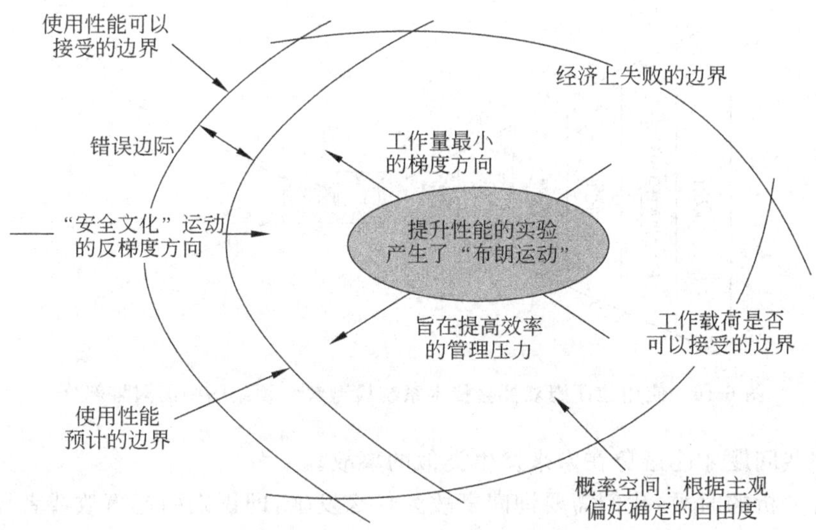

图 6-15 安全运营的边界[摘自拉斯姆森(1997 年)的文章，已经得到爱思维尔(Elsevier)公司的许可使用]

下列因素相关：

(a) 个人无法接受的工作载荷。

(b) 经济失败。

(c) 功能表现可以接受(比如安全规定和程序步骤)。

由于管理上希望提高效率和减少工作量的压力同时存在，拉斯姆森(1997 年)认为，行为也许会导致向可接受风险的边界移动。可接受和不可接受风险的准确边界对于参与者来说可能并不明显，尤其在一些复杂的系统当中更是如此。每一个参与者都希望优化自身的表现，但是他们缺乏足够的知识，而他们的决策又会对其他参与者的决策造成影响。在社会技术系统的每一个层次上，人们都会面对来自于成本效益的压力从而努力工作，但是他们并不知道自己的决策对于系统其他层次上其他参与者会造成怎样的影响。

拉斯姆森认为，缺乏协调的工作进展缓慢，并且会"引发事故"。因此，他指出如果要提升安全关键性决策的水平，就需要确定出不可接受风险的边界，并做出标注。这样，参与者就可以在边界上注意控制自己的行为。而传统的保证安全的策略在处理彼此存在冲突目标的时候，很难做到统筹兼顾[库瑞斯，2008 年；斯特赛(Størseth)等人，2010 年]。

另外一种表示方法。 图 6-14 中的拉斯姆森社会技术系统模型可以同领结图(可参见图 5-2)一起使用，更加深入地解释危险事件的成因。领结图左侧的因果部分如图 6-16 所示。丹羽雄二(2009 年)正是使用了这种方法对 2005 年 4 月在日本发生的重大铁路事故进行了分析。

6.8.2 事故地图

事故地图(AcciMap)是拉斯姆森(1987 年)提出的一种事故分析图。事故地图描述了在图 6-14 中所有六个层次上的各种事故原因彼此之间的相互关系。因此，它可以指出

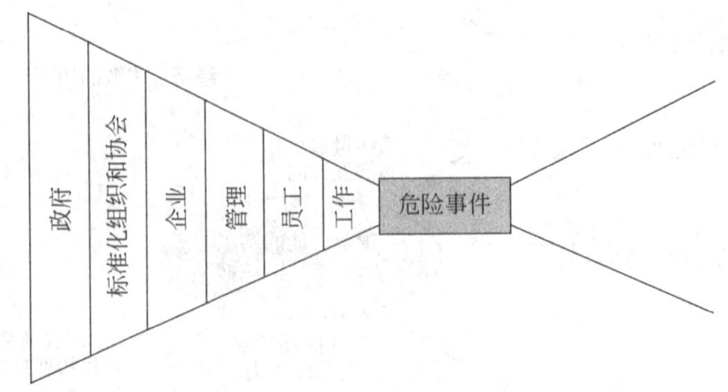

图 6-16 使用拉斯姆森社会技术系统模型解释领结图中的因果部分

需要解决哪些问题才能避免在未来发生类似的事故。

在进行分析的时候，我们需要询问事故为什么发生，即识别引起事故或者导致未能避免事故的原因。对于每一个事故原因，我们都应该重复上述的工作，这样才能理解事件序列发生的环境。事故地图不仅仅包括直接导致事故的事件和行为，还可以识别社会技术系统中更高层次上的决策。这些决策会影响环境，导致在正常工作情况下发生事故，环境还有可能与事件相互影响从而造成事故(斯文顿和拉斯姆森，2002 年)。因此，开发事故地图能够指出增大事故概率的组织和系统性缺陷，确保关注的重心不仅仅局限在直接引起事故的事件、技术失效和人因错误上。

图 6-17 给出了事故地图的主要结构和使用的符号。

拉斯姆森和斯文顿(2000 年)分步骤详细描述了事故地图的构建过程，并给出了一些案例。库瑞斯(2008 年)也给出了一个说明性的案例。

构建事故地图的目的，不仅仅在于摊派事故责任，更重要的是识别出可能的改进机会。因此，事故地图的作用并不是用来反映既有的情况，而是要找到那些可以改进的因素，从而避免未来的事故。出于这个原因，事故地图并不是一种纯粹的事故调查工具，而是在不断变化的社会环境中进行预防性风险管理的方法(拉斯姆森，1997 年)。

斯文顿和拉斯姆森(2002 年)设计了一种基本事故地图，表示故障原因，尤其是在特定的应用领域中能够产生典型事故场景(在这里，场景代表多个事故)的决策。这两位研究者还建立了能够列出基本故障地图中从公司管理层到最高层(比如政府)所有参与者的参与者地图。另外，他们还提出了信息地图，用来处理参与者之间的沟通问题。信息地图考虑了在不同决策者之间进行交流的形式和内容。

6.8.3 正常事故

查尔斯·佩罗(Charles Perrow)1979 年在参加美国总统顾问委员会调查哈里斯堡三英里岛核电站事故的时候，提出了正常事故理论。稍后，佩罗在文章中(1984 年)指出，某些社会技术系统自身拥有一些自然会引发事故的特性。他发现了两个重要的系统特征会导致复杂系统更容易发生重大的事故，这两个特征分别是交互复杂性和紧耦合性。作者认为，像三英里岛这样的事故，必须被看做是社会技术系统中的复杂相互作用和紧耦合性

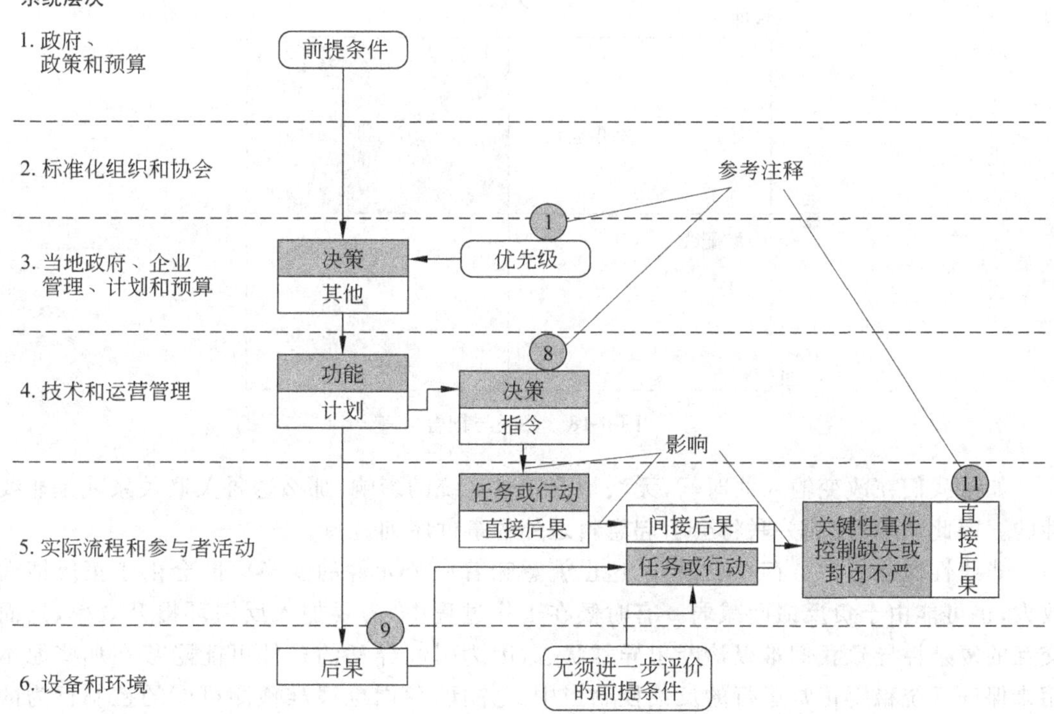

图 6.17 事故地图结果和符号[摘自拉斯姆森和斯文顿(2000 年)的报告，已得到瑞典内务部的许可使用]

导致的"正常"后果。因此，佩罗的理论被称为正常事故理论。

- **正常事故理论**：很多失效事故是由于存在无法预知的相互作用导致的，很难甚至不可能(根据我们对系统现有的理解程度)检测得到这些作用。

正常事故也被称为系统事故。当然，即便正常事故理论认为事故的发生是不可避免的，它也并不意味着我们无能为力或者无事可做。事实上，正常事故理论的精髓是要将事故预防的重心转移，事故分析的"重心应该放在系统自身的属性上，而不是关注所有者、设计者或者操作员运行系统时犯下的错误"(佩罗，1984 年)。佩罗的结论就是，在事故分析的时候，"我们需要基于系统特征做出解释"[黄育信(Huang)，2007 年]。

复杂性与耦合。本书的第 1 章曾经简单介绍过复杂性和耦合的概念，佩罗(1984 年)指出，像大型核电站这类社会技术系统，特点就是各个部分之间的相互作用非常复杂。这些系统难以控制，不仅仅是因为拥有很多元件，更是因为这些元件之间的相互作用关系也难以捉摸。

关联复杂性。佩罗使用线性系统作为复杂系统的反义词(图 6-18)。如果我们能够"理解"一个系统，并且能够在改变输入的时候预测系统的输出变化，那么这个系统就是线性的。在这里，输入和输出这两个词可以按照通常的方式理解。举例来说，输入的变化可能是一个元件失效、人因错误或者压力开关的错误设置。系统元件之间的线性关系会导致可以预测、可以理解的事件序列。

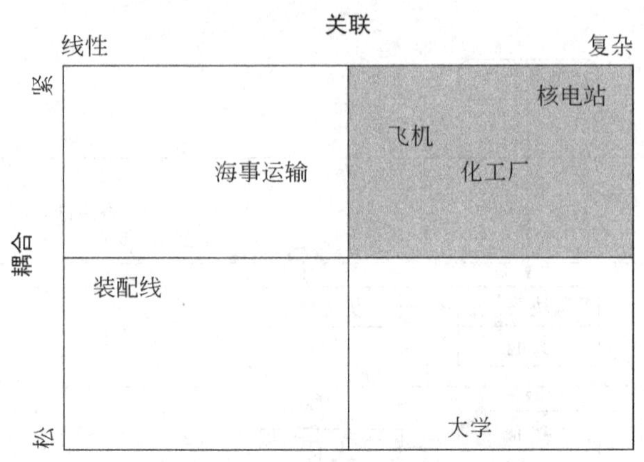

图 6-18 关联与耦合

如果我们在改变输入的时候，无法预测它对系统的影响，那么这种关联关系就是非线性的。因此，非线性的关联将会引起意料之外的事件序列。

非线性交互经常会存在反馈环，这也就意味着一个元件的变换可能会由于正反馈而放大，也可能由于负反馈而减弱。有时候在工作过程中，需要加入反馈环提升效率，然而交互的复杂性导致我们难以诊断出异常状态，因为引起异常的条件可能隐蔽在那些原本用来保证系统稳定正常运行的反馈控制当中。并且，我们也很难预测可能的控制行为的效果，因为正反馈或者负反馈环可以按照意想不到的方式放大或者减小控制的效果，甚至使效果与初衷截然相反（罗斯内斯等人，2004 年）。

交互复杂性可以定义为：

- **交互复杂性**：因为复杂的连接和关联关系，两个或者更多元件的失效会以一种意想不到的方式相互影响。

表 6-2 中列出了一些交互复杂性的特点。这种复杂性可能是技术性的，也可能是组织性的，也可能两者兼而有之。

表 6-2 交互复杂性的特征

复杂系统的特征	评　价
接近性	物理元件或流程步骤之间非常接近，几乎没有剩余空间
共因关系	很多共因关系
互联子系统	很多子系统之间的相互连接，失效可以“跨越”子系统的边界
替换	替换人员、软件或者硬件的概率不大。对于每一个元素都有严格的要求
反馈环	不熟悉以及无意识的反馈环
控制参数	多个控制参数并且参数之间相互影响
信息质量	间接、需要推理或者不完整的信息
系统结构和行为的理解	对于系统及其结构的理解有限、不完整或者不正确

来源：摘自萨马尔科的文章（2003 年）。

紧耦合性。另外一个造成控制难以进行的特征是紧耦合性。紧耦合的系统缺乏“自然”缓冲，因此很难甚至无法松弛下来。这些系统对于任何的扰动反应都会快，并且会立刻将扰动传播开来，因此操作员没有时间也没有能力确定错误所在，工作人员对系统的干预既不现实也不合适[萨马尔科(Sammarco)，2005 年]。

紧耦合有时候被认为是提高系统效率的一种代价。比如及时生产(just-in-time，JIT)，这是一种帮助企业削减库存成本的生产理念，但是与此同时，一旦生产链条中的某个环节出现问题，企业的生产链条反而会变得更加脆弱。此外，紧耦合的出现也可能是受到空间和重量上的限制。例如在海洋油气平台上，技术系统必须要相当紧凑，这样就对防火防爆工作提出了更高的要求(罗斯内斯等人，2004 年)。

紧耦合可以定义如下。

- **紧耦合**：由于与其他元件之间存在直接和即时的连接和关联，作为系统一部分的流程发展速度太快，因此无法关闭或者隔离。

表 6-3 中列出了紧耦合的一些特性。

表 6-3 紧耦合的特性

紧耦合特性	评 价
时间依赖性	无法容忍流程中的延迟
顺序	流程需要严格按照顺序进行，不能更改(比如 A 必须在 B 之后)
灵活性	获得理想结果和实现某种功能只有一条途径
松弛度	在供应、设备、人员以及系统结构和行为当中几乎甚至根本不允许存在松弛，某些资源的数量需要非常精确才能保证良好的结果
替换	也许可以替换供应商、设备和人员，但会受到非常多的限制

来源：摘自萨马尔科的文章(2003 年)。

注释：正常事故理论引发了很多争论，主要的原因是佩罗认为一些技术应该摒弃其现有的形式，因为可能任何组织都无法充分地驾驭这些技术。

一些分析师对正常事故理论持批评的态度，因为该理论没有包括任何测量复杂性和耦合度的准则。不过在萨马尔科的文章(2003 年，2005 年)中，作者讨论了复杂性的测量方法。

6.8.4 高可靠性组织

高可靠性组织(high-reliability organization，HRO)理论的提出，是为了解决正常事故理论中提出的一些关于组织方面的问题[拉普特(La Porte)和科索里尼(Consolini)，1991 年；维克(Weick)和苏特克里菲(Sutcliffe)，2007 年]。提出 HRO 理论的另外一个背景是有很多复杂、高风险性的组织(比如航空母舰、核潜艇和空中管制系统)都可以平安运行数十年，而没有一起事故发生。这暗示着正常事故理论可能并不完全正确，我们可以通过有效地管理组织的流程和运作来避免严重的事故。

HRO 理论关注的是采取主动措施，进行预测，尽可能早地避免可能的危险情况。其中，组织性冗余是降低风险的核心策略。该策略需要有足够数量并具有相当能力的人员，这样他们的工作职能才可以有重叠。工作区设计应该允许甚至鼓励去咨询顾问人员、观察其他人的工作情况以及在出现错误操作的时候进行干预。并且,也有必要建立一个鼓励提问和干预的企业文化。另外一种策略是建立具有自发性和适应性的组织(罗斯内斯等人,2004 年)。

6.8.5 STAMP

还有一种事故模型称为系统理论事故模型和流程(the systems-theoretic accident model and processes,STAMP),它是由莱文森(2004 年)提出的。在 STAMP 模型中,最基本的概念不是事件而是约束,事故的主要原因被认为是控制不足或者不合理,抑或是由系统开发、设计和运行过程中与安全相关的约束造成的。

控制可能是由组织中的管理功能驱动的,也可能是由组织所属的社会和政治系统决定的。在故障分析中,所有这些因素都应该加以考虑。

STAMP 事故分析主要包括两个步骤(库瑞斯,2008 年):

1. 开发层次控制结构,识别系统元件之间的关联关系,识别安全需求和限制。

2. 对错误控制(约束失效)分类并进行分析。首先要寻找错误控制和错误功能关联的原因,接下来再对各种因果因素进行分类。

研究人员已经使用 STAMP 对多起重大事故进行了分析,其中就包括最近在中国胶济铁路上发生的重大撞车事故(欧阳敏等人,2010 年)。

6.9 延伸阅读

我们推荐读者阅读下列与第 6 章内容相关的文献:

- 《动态社会中的风险管理:建模问题》(*Risk Management in a dynamic society*: *A modeling problem*)(拉斯姆森,1997 年),是风险管理相关领域最为重要的文章之一,所有的风险分析人员必读。
- 《管理组织型事故中的风险》(*Managing the Risks of Organizational Accidents*)(雷森,1997 年),作为本书多个章节的参考文献,是所有从事事故分析和风险评估工作人员非常有价值的信息源。
- 《基于经验反馈的事故预防》(*Prevention of Accidents Through Experience Feedback*)(塞尔兰,2000 年)介绍并讨论了事故模型,提供了事故模型与风险分析之间关系的有价值信息。
- 《组织型事故和弹性组织:五种观点》(*Organizational accidents and resilient organizations*: *Five perspectives*)(罗斯内斯等人,2004 年)介绍并比较了事故溯源和分析中的五种不同观点。
- 《复杂关键性社会技术系统事故建模方法综述》(*A review of accident modeling approaches for complex critical sociotechnical systems*)(库瑞斯,2008 年)回顾并比较了多种事故建模方法。本书中提到的很多模型也包含在这份报告里面。该报告文笔流畅,浅显易懂。

第 7 章

风险分析数据

为了理解事故原理，制定事故预防和控制策略，有必要了解过去发生的事故，并从中吸取经验。

——科汉和阿巴西(1999 年)

7.1 简介

定量风险分析需要大量的数据，本章将会介绍风险分析中几种重要的数据类型，以及在哪里可以找到这些数据。在一些行业里，有强制性的规定要收集、分析并储存与事故和意外有关的数据。以下就是一些行业的要求：

- 核电工业。在这个行业中，为了保证安全，收集数据早已经是国际惯例。根据惯例，协议当中的任意一方都需要采取行动保证：

  ……持有相关牌照的单位必须按时向执法机构报告对于安全有重大影响的意外情况，(并且)需要建立收集和分析运营经验数据的程序，取得的结果和得到的结论应该发挥作用，同时应该与国际机构以及其他运营机构和执法机构分享重要的经验(国际原子能机构，1994 年 a)。

- 航空业。根据欧盟 2003/42/EC 号指令《民用航空事故报告》(欧盟，2003 年)，航空公司必须要收集、报告并分析所有与民用意外和事故相关的数据。欧盟已经建立了 ECCAIRS 组织，“帮助所有欧洲国家国内和跨国运输机构收集、分享和分析它们的安全信息，以提升公共运输的安全性”。

- 欧盟《塞维索二号指令》覆盖的行业。欧洲的企业必须遵守《塞维索二号指令》，并被强制要求收集并使用指定的格式向各国有关部门报告数据，同时将数据上传到 eMARS 数据库当中。[①]

① 可参见 http://emars.jrc.ec.europa.eu/。

美国已经成立了可靠性信息分析中心(the Reliability Information Analysis Center, RIAC),旨在"通过收集、分析、应用并传播全世界范围内的科技信息,提升研发领域研究人员、工程师和项目经理的工作绩效"。RIAC 是隶属于美国国防部(Department of Defense,DoD)的一家信息分析中心,管理多个储存可靠性数据的数据库。

在欧洲,欧洲安全、可靠性与数据协会(the European Safety, Reliability and Data Association,ESReDA)于 1992 年成立,这是一个交流安全和可靠性研究信息、数据和成果的平台。ESReDA 已经出版了多本与安全和可靠性数据有关的手册。

在本书中,数据库一词可以表示任何类型的数据源,既包括简明数据手册,也包括全面的计算机化数据库。本书的网站中给出了数据库的列表,有兴趣的读者可以查看该网站,了解不同数据源的最新网址和参考情况。

7.2 数据类型

用于风险分析输入的主要数据类型包括:

技术数据。如果要理解技术系统的全部功能,建立诸如故障树和事故树这类系统模型,就需要多种类型的技术数据。

比如对于一个化工厂来说,研究团队需要查看工艺管道与流程仪表图,需要了解系统中存在哪些危险物品,这些危险品储藏在何处并会在哪里使用。系统所有者、设备制造商和技术手册通常可以提供技术数据。

运行数据。为了理解元件和子系统如何运行,建立流程和系统模型。需要大量的运行数据。系统正常运行、启动和关闭的过程,就属于这种类型的数据。而处理异常情况的过程则属于另一类。

事故数据。研究团队应该已经拥有过往事故、最近发生的相同类型事故以及相似系统的知识。现在,各个行业都已经建立了很多描述过往事故的数据库(详见第 7.3 节)。

危险数据。危险数据主要采用两种方法表示:(i)相关危险清单,以及(ii)能够伤害人员和环境的危险品和药品的信息(比如情况说明书)。

很多领域都使用相关危险清单。比如,ISO 12100(2010 年)国际标准中就有与机械系统相关的危险列表。另外,有多家机构都在维护包含危险品信息的数据库,有时可以为研究团队提供相关和最新的信息进行风险分析。如果要考虑与多种危险品混合有关的危险,那么就需要更多的知识。

关于分析工厂中危险情况和危险物品方面的经验,也是非常重要的信息。

可靠性数据。这是关于系统中的元件和子系统如何失效以及失效频率的信息。现在,已经有多个可靠性方面的数据库:既包括通用数据库,也包括一些公司自己的数据库。通用数据库可以提供一个相当宽泛的领域中的平均数据,而公司自己的数据库内容则主要是根据某些设备实际应用中报告的失效和其他事件(见第 7.4 节)。在一些领域,还会有几家公司建立联合数据库的情况,比如海洋油气行业的海洋设备可靠性数据库(the Offshore Reliability Database,OREDA)(OREDA,2009 年)。

一些可靠性数据库提供各种失效模式的失效速率，而另外一些数据库则只提供总体失效速率。有时候，可能会有多个元件出现共因失效(详见第15章)，在这种情况下，也有必要估计这种类型失效的发生频率。很少有数据库包括了失效频率估计值，一般我们都必须使用检查表进行估计(详见第15章)。在社会技术系统当中，还需要预测人因错误的概率，我们将在第13章讨论这个问题。

维护数据。这些数据可以告诉我们需要如何对技术元件和子系统进行维护、如何制定维护计划，以及修理和停产的时间应该是多久。例如火焰和气体检测系统、紧急停车系统等这些安全设备，一般都属于被动系统，我们需要进行测试才能确定其功能是否正常。这时，就有必要了解如何测试系统、测试间隔以及测试可以发现的失效比例等信息。

气象数据。天气条件既可以影响危险事件的概率，也可以影响这些事件的后果。比如说，主要的风向可以确定危险气体云移动的方向。

自然事件数据。对于一些系统来说，像洪水、山体滑坡、暴雨、地震、雷击这些自然事件是出现事故的重要原因。对于这种情况，预测此类自然事件的严重程度和频率就显得非常关键。

曝露数据。为了确定危险事件的后果，有必要掌握人员方位、他们到访不同位置的频率以及他们停留的时间等信息。此外，我们还需要了解系统中工作人员正在使用何种防护设备。

环境数据。潜在事故在环境方面的后果取决于环境的脆弱程度、曝露在污染中的植物和动物物种等因素。

外部安全功能。很多时候，像消防车、救护车和医院这些外部安全功能实体对于限制事故的后果也会起到举足轻重的作用。因此，与这些系统的能力和可用性相关的数据也是风险分析的重要输入数据。

利益相关者数据。通常，风险评估工作存在多个利益相关者。这些利益相关者可能会影响风险分析的过程以及最终生成的分析报告。因此，找到事故有哪些重要利益相关者，了解他们对于风险分析过程和分析报告有怎样的需求也非常重要。

风险评估所需要的数据类型还远不止这些，但是本书没有足够的篇幅讨论所有可能需要的数据类型。有兴趣的读者可以从挪威风险评估标准 NS 5814(2008年)中找到有关风险分析所需数据的调查报告。

7.3 事故数据

现在，人们已经建立了多个有关事故和意外信息的数据库。其中的一些属于官方数据库，由权威机构建立，可以保证良好的质量。而另外还有一些数据库则是由咨询公司、兴趣团体或者个人建立，这些数据库的质量就有些参差不齐了。有些数据库非常详细，而有一些只是对事故或意外进行了简要的描述，没有提供任何关于事故或意外原因的信息。一些数据库只涉及重大事故，而另外一些则关注职业事故或者那些每次只会造成一人死亡的事故。

7.3.1 事故和意外数据库的目的

根据科瓦洛依(Kvaløy)和阿文的描述(2005年),事故数据可以用于:

- 监控风险和安全水平。
- 为风险分析提供输入数据。
- 识别危险。
- 分析事故原因。
- 评价风险降低措施的影响。
- 比较各种措施和方法。

7.3.2 一些事故和意外数据库

我们在本节中会列出一些提供事故和意外数据的数据库,当然这份名单只能算是沧海一粟。

重大事故报告系统(The Major Accident Reporting System,eMARS)的创建初衷是为了支持欧盟的《塞维索指令》(欧盟,1996年),由位于意大利伊斯普拉的联合研究中心重大事故危险研究所(the Major Accident Hazards Bureau,MAHB)代表欧盟进行维护。在欧洲,《塞维索二号指令》涉及的工厂都根据一份非常细致的报告格式向eMARS报告所有的事故和意外。这一在线数据库涵盖了欧盟内部所有的工业事故以及包含危险材料的未遂事故。该数据库的最新版本(2011版)包括了从1986年以来的超过790次事故。eMARS中的信息面向公众开放,只有一些受限数据仅面向欧盟成员国开放。

eMARS数据库中的数据包括以下方面的信息:

- 事故或意外的类型。
- 事故或意外的发生行业。
- 事故发生时的活动。
- 直接包括的元件。
- 事故原因(直接原因和根本原因)。
- 影响到的生态系统。
- 采取的紧急措施。

多个欧盟成员国已经建立了本国的事故和意外数据库作为eMARS数据库的补充和扩展。其中包括:

- 失效与事故技术信息系统(The Failure and Accident Technical Information System,Facts)是荷兰研究机构TNO负责运行的数据库。该数据库包括从1900年至今超过23 900起工业事故和意外的信息。Facts数据库中的信息来自论文集和期刊,主要关注工业安全、风险管理和损失防护。数据库数据的其他主要来源还包括企业、学术机构、救援机构等。
- 事故分析、研究和信息(Analysis, Research and Information on Accidents,ARIA)是法国环境与可持续发展部管理的数据库。ARIA覆盖了对个人健康、公共安全、农业、自然和环境已经或者可能会造成破坏的事故和意外。这些事件主要集中在工业和农业，但是也同时包括了一些危险材料的运输。截止到2010年，该数据库存储了超过37 000起事故和意外，其中的绝大部分都发生在法国。

流程安全意外状况数据库(The Process Safety Incident Database，PSID)可以提供与危险材料相关的事故和意外的信息。该数据库由美国化学工程师学会(American Institute of Chemical Engineers，AIChE)的化学流程安全分会运营。现在，数据库已经包含了大约650起事故的信息。

意外状况报告系统(The Incident Reporting System，IRS)是记录核电站事故和意外的数据库。该数据库由国际原子能机构委托奥地利核安全部运营，地点设在奥地利维也纳。几乎所有国家的核电项目都参与到了IRS当中。

航空事故数据库是提供航空业事故和意外数据的数据库之一。航空事故数据库由美国国家交通安全理事会航空安全办公室管理。在欧洲，负责相关工作的是ECCAIRS(欧洲事故和意外协调中心)。该中心成立的目的是支持欧盟2003/42/EC号指令《民用航空情况报告》(欧盟，2003年)，"协助欧洲各国及整个欧洲的运输机构和事故调查组织收集、共享并分析它们的安全信息，进而提升公共交通的安全性"。有兴趣的读者还可以阅读澳大利亚航空安全管理局的相关文件(ATSB，2006年)。

国际铁路交通和事故数据库(The International Road Traffic and Accident Database，IRTAD)建立于1998年，是国际经合组织道路交通研究项目的一部分。IRTAD管理团队从很多国家收集数据，按照统一的格式进行存储和分析。所有的IRTAD成员都可以使用这个数据库。

世界海上事故数据库(The World Offshore Accident Database，WOAD)可以提供1975年以来的海事事故信息。该数据库由挪威船级社(DNV)负责运营，使用该数据库需要缴纳年费。DNV每年都会发布报告汇总当年的事故情况并总结事故发展趋势。WOAD使用的是经过DNV处理过的大众可以阅读的数据。

SINTEF海上井喷数据库包括海上井喷的数据，由挪威研究机构SINTEF负责运营。其中的数据来自于公共资源，使用数据需要具有相关项目的成员资格。

除了上述数据库之外，本书的主页上还列有其他一些数据库。

7.3.3 事故调查报告

一般情况下，都是由独立机构进行重大事故的调查，而调查结果大都是向大众公开的。比如，我们可以在美国化学安全理事会的主页(http://www.csb.gov)上找到美国化学行业事故的调查报告。很多这类报告都非常详细，其中一些还配有视频。

举例来说，卡伦勋爵(Lord Cullen)对1988年北海派珀·阿尔法灾难的事故调查影响就极为深远①。他的报告促使了立法、运营程序以及风险评估方式的重构。很多从事风险评估工作的人员都从这份报告中获益匪浅。

在挪威，由政府执行对重大事故的调查，调查报告以官方格式的NOU报告出版。这

① 要了解派珀·阿尔法平台事故的更多信息，可以参见http://en.wikipedia.org/wiki/Piper_Alpha或者其他相关文献。

些报告经常会在议会上宣读，作为法律法规修改的依据。

7.4 元件可靠性数据

元件可靠性数据主要包括两类：(i)单一失效事件的描述，以及(ii)失效频率或速率的预测。

7.4.1 元件失效事件数据

很多企业都会将元件失效事件数据库视为自身计算机化维护报告系统的一部分加以维护。在数据库中，将会记录与不同元件有关的失效和维护活动。这些数据将会用于维护计划，同时也可以作为系统变更的依据。有些时候，企业之间可以交流各自记录在元件失效报告数据库中的信息。比如，在美国就有政府工业数据交流项目(Government Industry Data Exchange Program, GIDEP)。

有些行业已经开始实施 MIL-STD-2155(1985 年)标准中所描述的失效报告分析及修正行动系统(FRACAS)。通过使用 FRACAS 或者类似的方法，企业可以在将报告存储在失效报告数据库之前就对失效进行正式的分析和分类。

7.4.2 元件失效速率

现在有很多元件失效速率数据库。元件失效速率数据库可以提供每个元件失效速率的预测值。有些数据库还可以给出失效模式分布和维修时间。数据库包括制造商的信息，并且需要确保元件信息对于企业或者企业群以外的人员保密。

比如，海洋设备可靠性数据库(OREDA)就只对参与到 OREDA 的企业提供数据。

一般来说，失效速率的预测可以根据：

1. 记录的失效事件。
2. 专家判断。
3. 实验室测试。

或者是上述这些方法的综合。

通常，我们可以假设元件具有固定的失效速率 λ，这就是说失效的发生是一个强度为 λ 的齐次泊松过程(homogeneous poisson process, HPP)。另 $N(t)$ 表示在累计服务时间 t 内的失效次数，根据 HPP 的假设，可以得到

$$\Pr(N(t)=n)=\frac{(\lambda t)^n}{n!}e^{-\lambda t}, \quad 其中\ n=0,1,2,\cdots \tag{7-1}$$

那么，在累计服务时间 t 内的平均失效次数是

$$E(N(t))=\lambda\cdot t \tag{7-2}$$

参数 λ 的含义是

$$\lambda=\frac{E(N(t))}{t} \tag{7-3}$$

在这里，λ 表示每单位运行时间的平均失效数量。

很显然，λ 的估计值可以表示为

$$\hat{\lambda}=\frac{N(t)}{t}=\frac{\text{观测到的失效数量}}{\text{累计服务时间}} \tag{7-4}$$

这个估计值可以看做是无偏估计，如果截止到运行时间 t 观察到 n 次失效，当置信度为 90%的时候，λ 的置信区间是

$$\left(\frac{1}{2t}z_{0.95,2n},\frac{1}{2t}z_{0.05,2(n+1)}\right) \tag{7-5}$$

在这里，$z_{\alpha,m}$ 表示自由度为 m 的卡方分布的 $(1-\alpha)$ 的上侧分位数。

7.4.3 通用可靠性数据库

本书的网站主页上列出了很多通用可靠性数据库。其中一些数据库具有类似的格式，提供同一类信息。现在绝大多数商业化的可靠性数据源都是基于固定失效速率的假设。有一些数据源对不同的失效模式进行了区分，并针对每一种失效模式进行失效速率的预测，而另外一些数据源使用的则是覆盖所有失效模式的总体失效速率。还有一部分数据源提供与各种失效模式相关的维修时间的估计值。

绝大多数可靠性数据源都会维护自己的网页，展示与数据源有关的信息。在本节当中，我们将会简单介绍几个主要的数据源。如果读者想要了解更多的信息，请访问本书的主页单击相关的链接。

流程设备可靠性数据库(The Process Equipment Reliability Database，PERD)由 AIChE 化学流程安全中心负责运营，包含流程设备的可靠性数据。只有参与 PERD 项目的成员才可以使用数据。

电子部件可靠性数据(Electronic Parts Reliability Data，EPRD)来自美国的可靠性信息分析中心(RIAC)。这本手册的厚度超过了 2 000 页，内容包括根据电子元件的现场使用情况对集成电路、分立半导体(二极管、三极管、光电设备)、电阻、电容、感应器或变压器等设备的失效速率的估计值。

非电子部件可靠性数据(Nonelectronic Parts Reliability Data，NPRD)同样也来自可靠性信息分析中心(RIAC)。这本大约 1 000 页的手册提供了很多类型元件的失效速率，包括机械、机电以及分立电子部件和装配体。

MIL-HDBK-217F《电子设备可靠性预测》，包括使用在电子系统中的各种类型部件的失效速率预测，比如集成电路、晶体管、二极管、电阻、电容、继电器、开关和连接器。这些预测值主要依据控制环境压力的实验室测试结果，因此 MIL-HDBK-217F(1991 年)中的失效速率只与元件的指定(主要)失效有关。实验室正常压力水平下元件基本失效率标记为 λ_B，而 MIL-HDBK-217F 表格中列出的各种影响因子，比如质量水平、温度、湿度等，可以用来确定特定应用和环境下的失效速率 λ_P。

$$\lambda_P=\lambda_B\cdot\pi_Q\cdot\pi_E\cdot\pi_A\cdots \tag{7-6}$$

公式(7-6)中的影响因子 π 会在 MIL-HDBK-217F 给出。这里没有考虑外部压力和共因失效的情况，数据也与具体的失效模式无关。

MIL-HDBK-217F 一直都是美国国防部的常备手册，但是现在已经不再进行经常性

的维护和更新了。RIAC之前一直代表美国国防部维护这个手册,而现在它正在推广名为217Plus的计算机化系统。

法国的FIDES数据库则是对MIL-HDBK-217F的扩展,具体可参见:http://www.fides-reliability.org。

海洋设备可靠性数据(OREDA)包括从多个地区收集到的海洋油气设施中使用的很多种元件和系统的数据。

这个计算机化的数据库仅面对OREDA项目的参与者开放,但是现在已经出版了多本OREDA手册,可以查看常用数据。数据按照以下的几种类别进行分类:机械装置、电子设备、机械设备、控制和安全设备以及水下设备。

MechRel是一个开放的可靠性数据源,是面向美国海军水面作战中心的机械设备开发的。它包含《机械设备可靠性预测程序手册》和"机械可靠性预测软件包"。这两项内容都可以从其网站上下载。

《控制与安全系统可靠性数据手册》旨在支持安全仪表系统的可靠性评估,帮助这些系统遵循IEC 61508(2010年)的要求。该手册有一部分采用了OREDA的数据,由挪威研究机构SINTEF开发完成。

《安全设备可靠性手册》(SERH)总共有三卷,主要涵盖安全仪表系统的可靠性数据。该手册是由exida.com开发,三卷的内容分别是传感器、逻辑控制器和接口模块、执行元件。

《IEEE STD 500》标准手册可以提供多种电气、电子、传感、机械元件的失效速率估值(IEEE STD 500,1984年)。该手册使用德尔菲方法(详见第7.7节),结合现场数据,估计元件的失效速率。手册中的数据采自核电站,但是类似的应用也可以考虑使用德尔菲方法。当然,现在这个手册中的数据已经非常陈旧。

国际共因数据交流(International Common Cause Data Exchange,ICDE)数据库由总部位于法国巴黎的国际核能理事会(Nuclear Energy Agency,NEA)代表多个国家的核能工业机构运营。非会员也可以从互联网上找到很多基于这个数据库的总结性报告。

共因失效数据库(The Common-cause Failure DataBase,CCFDB)是一套数据收集和分析系统,由美国核能管理委员会(NRC)负责运营。CCFDB包括识别共因失效事件的方法、在CCF研究中对相关事件进行编码和区分的技术以及储存和分析数据的计算机系统。NUREG/CR-6268标准对CCFDB进行了全面的描述。

欧洲工业可靠性数据(European Industry Reliability Data,EIReDA)提供EDF公司在法国核电站中元件的失效速率预测。EIReDA PC则是该数据库的计算机化版本。EIReDA中的数据主要涉及核电站中的电气、机械以及机电设备。

可靠性及可用性数据系统(The Reliability and Availability Data System,RADS)由美国核能管理委员会(NRC)开发①,可以提供一般性评估和具体工厂评估时所需要的可靠性和可用性数据,支持概率风险分析以及已知风险的法规应用。

RADS中包含了在沸水反应堆和压水式反应堆当中绝大多数风险系统的主要元件的

---

① 可参见:https://nrcoe.inel.gov/secure/rads/。

数据。RADS 中的一些常用数据也已经向公众开放，有兴趣的读者可以访问 http://nrcoe.inl.gov/resultsdb/查阅。

7.4.4 失效模式与机制分布

上面列出的一些失效速率数据库包括了对各种失效模式失效速率的预测，这些预测值可以用来确定不同元件失效模式的相对概率。有一本手册专门讲述这个方面的内容：

失效模式/机制分布(FMD-97)由 RIAC 出版发行，提供了包括电气、电子、机械以及机电部件和装配体在内的多种产品的不同失效模式和失效机制的发生相对概率。这本手册也可以用来支持 FMECA 这类可靠性分析。

7.4.5 数据分析和数据质量

最近 30 年，人们在收集和处理可靠性数据方面已经投入了巨大的精力。尽管已经进行了很多工作，但是现在的数据质量仍然不尽如人意。

数据分析。很显然，数据库中的数据质量取决于收集和分析数据的方式。业界已经发布了多份指南和标准，旨在实现高质量的数据收集和分析。这其中包括：

1.《可靠性数据质量手册》(ESReDA，1999 年)。

2.《通过数据收集和分析提升工厂可靠性指南》(CCPS，1998 年)。

3.《ISO 14224 石油、石化和天然气行业：设备可靠性和维护数据收集与交流》(ISO 14224，2006 年)。

4.《概率风险评估参数估计手册》(NUREG/CR-6823，2003 年)。

数据质量。对于良好的可靠性数据源，有多项质量要求，其中包括：

可用性。数据库必须能够方便使用，这样就不会把资源浪费在搜索数据上面。

用户界面友好。数据库的用户界面应该非常友好，为用户提供足够的帮助，这样他才不会对数据库中的估计值做出错误的解释。

系统和元件范围。必须要限定数据库中系统和元件的物理和运营范围，这样用户才能知道预测覆盖了哪些失效。

可溯源。必须要确定出初始数据的来源，这样用户可以检查自己的系统和元件的应用是否与所收集数据的应用匹配。

失效速率函数。现在，几乎所有的商用可靠性数据库都只提供固定失效速率，即便对于那些由于磨损、腐蚀、疲劳等原因导致机能不断退化的机械设备也是如此。如果假设失效速率函数是一个固定值，那么应该尽量在数据库中证明其合理性，比如进行趋势测试。

同质性。如果初始数据来自不同的样本(比如不同的设备)，那么数据库应该尽量验证这些样本是同质的。

升级。数据库必须要定期升级，这样失效速率的预测值才可以尽可能地使用于当前的技术中。

任何的风险分析都需要以历史事件频率和失效速率为依据。在一些技术飞速发展的领域，新的项目中使用的技术与之前使用的非常不同，也和我们最初进行的估计很不一样。在这种情况下，如果使用历史数据，那么对于数据与研究项目中所使用的技术是否兼容就会存在很大的争议。

7.4.6 具体工厂的可靠性数据

我们在公式(7-6)中给出的 MIL-HDBK-217F 中的方法，就是比例危险模型的一个简单例子，其中对于具体运营和环境条件的实际失效速率 λ_P，就是由基本失效速率 λ_B 乘上一系列影响系数得到的。这些系数也可以称为协变量或者相伴变量。

MIL-HDBK-217F 方法看起来简单，但是研究人员还是花费了很大的精力讨论如何确定各种系数。举例来说，如果给定环境的温度是 90℃，MIL-HDBK-217F 中的影响系数既包括温度提升的影响，也包括温度作为影响因素本身的重要程度。对于机械、机电和更加复杂的设备来说，类似的影响系数都还没有确定出来。

如果能够假设基本失效速率是固定的(也就是说没有损耗方面的影响)，比例危险模型的基本形式可以表示为

$$\lambda_P = \lambda_B \cdot h(\pi_1, \pi_2, \cdots, \pi_m) \tag{7-7}$$

其中，π_1，π_2，…，π_m 是影响系数。有时候，这些系数可能会随着时间发生改变。

一般来说，会有很多因素影响失效速率。我们在表 7-1 中列出了一些影响因素的例子。

表 7-1 影响因素举例

类别	影响因素
设计	系统类型 工作原理 维度(尺寸、长度、体积、重量) 材料 元件质量(质量要求、控制) 特殊属性
制造	制造商 制造过程(步骤、控制)
安装	位置(存取设备) 装配/激活(步骤、控制)
运行	负载类型(周期性负载、随机负载) 使用频率 装载/激活的阈值 电气载荷(电压、电流强度) 机械约束(振动、摩擦、冲击) 温度

续表

类别	影响因素
运行	腐蚀/湿度 污染 其他压力(电磁、气候) 性能要求 失效模式(已记录的失效)
维护	预防性维护频率 预防性维护质量 修复性维护质量

来源：摘自布里斯桑德(Brissaud)等人的文章(2010年)。

对于特定元件在某一家具体工厂中的失效速率 λ_P，预测方法如下。

1. 估计正常(基本)运行环境下的失效速率 λ_B，这个估计值有时候也可以从普通可靠性数据库中找到。如果找不到的话，λ_B 必须根据观察到的数据或者专家判断进行预测。我们可以假设 λ_B 的估计值反映了相关行业平均运行环境下的情况。

2. 识别出那些对于元件失效速率影响最大的因素(比如从表7-1中)，我们需要仔细研究这些因素，避免关联的情况。比如，(i)一种因素只有通过另外一种因素才能产生影响；(ii)两种因素的共同作用影响巨大，而单独影响可以忽略不计。

• *案例7-1 石油管道中的切断阀*

考虑一个石油管道中的切断阀。如果阀门的下游有危险事件发生，那么阀门的一项必要功能就是将管道中的油流切断。阀门关闭是否严密取决于阀门底座和密封的磨损程度。失效模式“处在闭合位置的阀门出现泄漏”的失效速率，会受到通过阀门的流速以及流体中的沙粒含量的影响。经过仔细分析，我们可以发现，主要的影响是两个方面因素的共同作用：流速高和流体中的含沙量高。如果考虑这个综合因素，上述两个因素的单独影响都可以忽略不计。

为了继续进行分析，影响因素的数量应该尽可能地减少。令 $y_1, y_2, \cdots, y_k$ 表示 k 个剩余的影响因素，令 $y_{0,1}, y_{0,2}, \cdots, y_{0,k}$ 表示这些影响因素的正常水平(也就是行业平均水平)。

比如，我们可以使用贝叶斯网络图(详见第10.4节)描述这些影响。

3. 根据影响因素对失效速率的重要程度来衡量它们的权重。这个工作必须由多名专家依靠他们的物理和工程知识完成。令 ω_i 表示影响因素 y_i 的权重，在这里 $i=1, 2, \cdots, k$。我们需要为各个因素分配权重，并保证 $\sum_{i=1}^{k}\omega_i = 1$。

4. 记录影响因素当前的水平(即对于指定工厂的水平)，使用 $y_{c,1}, y_{c,2}, \cdots, y_{c,k}$ 表示。确定影响因素 y_i 的得分 $\sigma_{c,i}$，在这里 $i=1, 2, \cdots, k$。其中，

如果 $y_{c,i} \approx y_{0,i}$，$\sigma_{c,i}=1$；

如果 $y_{c,i}$ 被认为比 $y_{0,i}$ 更温和，$\sigma_{c,i}<1$；

如果 $y_{c,i}$ 被认为比 $y_{0,i}$ 更危险，$\sigma_{c,i}>1$。

这意味着,如果全部的影响因素都与行业平均值相近,对于所有的 i 值都有 $\sigma_{c,i}=1$,$\lambda_P=\lambda_B$,这时基本失效速率 λ_B(即行业平均值)就可以当做这家工厂的失效速率。

5. 接下来,这家工厂的失效速率 λ_P 可以由下列等式决定:

$$\lambda_P = \lambda_B \cdot \prod_{i=1}^{k} \omega_i \cdot \sigma_{c,i} = \lambda_B \cdot \prod_{i=1}^{k} \pi_i \tag{7-8}$$

其中,$\pi_i=\omega_i \cdot \sigma_{c,i}$ 代表因素 y_i 的影响系数。

这种五个步骤的方法与 MIL-HDBK-217F 中的方法类似,也是最近豪根(Haugen)等人(2007 年)和布里斯桑德等人(2010 年)的研究中所使用方法的基础。本书的第 12 章将会介绍 BORA 方法(豪根等人,2007 年)。此外,厄恩(Øien)也提出了一个稍微有所不同的方法(2001 年)。

如果 $y_{c,i}\neq y_{0,i}$,但是差异不是很显著的时候,应该如何确定得分呢?厄恩(2001 年)、豪根等人(2007 年)、布里斯桑德等人(2010 年)针对这个问题给出了不同的解决方法。这些方法一般都是从定义每一个影响因素在行业内部可以找到的最差和最佳水平开始,然后据此调整失效速率。有兴趣的读者可以查阅相关的参考文献,或者仔细阅读本书的第 12 章。

7.5 人因错误数据

7.5.1 简介

我们将在第 13 章中讨论人因错误和人因可靠性,也有一些数据库提供与人因错误有关的数据。和技术失效类似,这些数据也可以分为两大类:(i)人因错误的描述;(ii)在特定环境中典型人因错误的概率。第二种数据也常被称为人因错误概率(human error probabilities,HEP)。

7.5.2 人因错误数据库

人因错误数据库描述了在某一系统内部已经发生的各种错误,以及它们的成因和后果。绝大多数安全关键性系统都会有某种类型的错误数据库。

计算机化操作员可靠性和错误数据库(CORE-DATA)由英国伯明翰大学创建(HSE,1999 年),是有关核能、化工和海洋石油领域发生的人因或操作员错误的数据库。CORE-DATA 使用下列数据源:

- 意外和事故报告数据。
- 来自培训和实验模拟的仿真数据。
- 实验数据。
- 专家判断数据。

有研究人员对 CORE-DATA 数据库中的信息进行了分析,总结出该数据库包括以下一些信息要素[摘自巴斯拉(Basra)和基尔万(Kirwan)1998 年的文章]:

1. 任务描述,对正在执行的任务及其运行条件进行一般性描述。
2. 人因错误模式,与元件失效模式类似,是对观察到的错误行为的描述:比如行动时间太晚、行动时间太早、行动次序错误等。

3. 心理错误机制，描述了操作员自身的错误，比如注意力不集中、认知能力有限、判断出现偏差等。

4. 绩效影响因素，描述了那些会对操作员的错误模式产生影响的因素，比如人机工程设计、任务复杂程度等。

5. 错误概率，用量化的方法描述了任务完成的次数，以及操作员有多少次没有取得预期的效果。比如，50 次当中有 1 次。

6. 名义 HEP，是给定任务的 HEP 平均值，由观察到的错误次数除以可能犯错的机会计算得到。

……

7.5.3 人因错误概率

现在关于人因错误有多个数据源，其中包括：

人员绩效评价系统(The Human Performance Evaluation System，HPES)，由位于美国佐治亚州亚特兰大的核电运营研究院创建，需要缴纳会费才能够使用数据，但是该数据库每年都会出版年度总结报告。HPES 提供核电行业中有关人因错误的数据，并提供人因错误概率预测以及错误根本原因的信息。

《核电厂人员可靠性分析手册》(斯万(Swain)和古特曼(Guttmann)，1983 年)，内容包括 27 个人因错误概率表格，并介绍了所谓的绩效影响因素(performance shaping factors，PSF)，它可以用来根据特定的情况或应用对人因错误概率进行调整。该手册中的数据绝大部分都与核能行业有关。

人因错误评估与降低技术(Human Error Assessment and Reduction Technique，HEART)包括一个列出了常见人因错误概率的表格，并且带有绩效影响因素和针对特定应用调整人因错误概率的步骤。HEART 的计算步骤比斯瓦恩和古特曼(1983 年)提出的方法要简单。

《实用人因错误评估指南》(基尔万，1994 年)在附录Ⅱ中列出了从常见数据源、工厂、人机工程实验和仿真中得到的人因错误概率值。

《人员可靠性与安全性分析数据手册》(詹特曼(Gertman)和布莱克曼(Blackman)，1994 年)对与人员可靠性数据有关的挑战和问题进行了全面的讨论，并给出了一些数据。

计算机化操作员可靠性与错误数据库(CORE-DATA)，我们曾经在第 7.5.2 节中进行过描述，它可以提供定量数据，也是人因错误概率预测的数据源。

还有很多有关人因错误的数据源。有兴趣的读者可以在互联网上搜索这些数据源。最简单的方法可以访问维基百科：http://en.wikipedia.org/wiki/Human_error。

7.6 软件失效数据

越来越多的系统装备有嵌入式软件，而这些软件有的时候是系统失效的重要原因。软件失效与元件失效以及人因错误都有所不同，因为这种失效通常并不会随机发生。软件失效一般是由程序中的内在错误或者缺陷引起的，如果有特定的输入到程序当中，失效就会发生。这些输入可能是随机的，也可能不是随机的。如果软件的错误被发现并进行了修改（除错），失效的概率便随之清零，这一类失效再也不会发生。

软件失效的概率难以预测，因此是定量分析难以解决的问题。就拿安全仪表系统（详见第 12 章）来说，常用的国际标准 IEC 61508 对于硬件失效的概率有着严格的计算要求，但是对于软件失效则推荐不要进行量化，而是应该对软件的开发过程进行周密的质量保证（可参见 IEC 61508 的第 3 部分）。就作者所知，现在还没有软件失效相关的数据库。

7.7 专家判断

正如本章之前所提到的那样，如果来自真实应用的数据很少或者根本不存在，这个时候就需要使用专家判断。专家判断启发是一个针对具体问题直接从专家那里获得数据的过程。专家判断的内容可能包括模型的结构，也可能包括模型中使用的参数和变量。专家判断的过程可能是非常正规的，也可能是不正规的；可能只邀请了一名专家，也可能邀请了来自不同领域的多名专家。一些研究提出了从专家那里获取信息的结构化过程，并且已被证明在实际的风险分析中是有用的。

本书并不会全面地介绍专家判断启发的过程，有兴趣的读者可以阅读相关文献，比如库克（Cooke，1991 年）和阿伊布（Ayyub，2001 年）的文章。

注释：正如本书第 7.4 节所提到的，《IEEE STD 500》（1984 年）中的失效速率预测采用的就是德尔菲法。所谓的德尔菲法就是一种特别的专家判断启发过程，其中每一个专家都需要回答两轮甚至更多轮问卷。

在每轮回答之后，评价小组会根据前一轮的专家预测制作一份匿名的总结报告，并会在报告中指出专家进行如此判断的原因。按照这种方式，评价小组接下来会鼓励专家根据专家组其他成员的反馈对自己早先的回答进行修正。在这个过程中，可以确信意见会逐步趋于"正确"的答案。当预先设定的停止条件满足的时候（比如回答足够的轮次、结果比较稳定），判断的过程就会结束，而最后一轮判断的中间值或者平均值可以用来确定结果。了解更多有关德尔菲法的信息，可以访问：http://en.wikipedia.org/wiki/Delphi_method。[①]

7.8 数据档案

在进行风险分析报告的时候，有时候会有人问道："这个风险分析基于什么样的数据"。因此，将输入数据全部归档是一项非常重要的工作，尤其是可靠性数据。我们推荐建立数据档案，展示并证明风险分析中为每一个元件和输入事件选择的数据。图 7-1 就是这样的一个数据档案。在很多应用中，实际上还可以使用更加简洁的数据档案。

---

① 译者注：也可以访问百度百科中有关德尔菲法的介绍页面：http://baike.baidu.com/view/41300.htm。

<table>
<tr><th colspan="3">数 据 档 案</th></tr>
<tr><td colspan="2">**元件**：液压闸门阀</td><td>**系统**：向压力容器 A1 输送的管道</td></tr>
<tr><td colspan="3">**描述**：
这是一个带有液压"故障安全"执行机构的 5 英寸闸门阀。故障安全功能通过一根由液压压缩的铁质弹簧来实现。这个阀门通常处于开启的位置，只有在容器中的压力超过 150 巴（译者注：1 巴＝105 帕）的时候，才会激活关闭。阀门每年进行功能测试。在功能测试之后，我们可以认为阀门"完好如初"。该阀门位于保护区域，并不会暴露在严寒或者冰冻的环境下。</td></tr>
<tr><td>**失效模式**：
- 需要的时候没有关闭

- 在关闭位置阀门出现泄漏
- 阀门外部泄漏
- 不需要的时候关闭

- 关闭之后无法开启</td><td>**失效速率（每小时）**：
3.3×10^{-6}
1.2×10^{-6}
2.7×10^{-6}
4.2×10^{-6}
3.8×10^{-6}
7.8×10^{-6}
1/300</td><td>**来源**：
数据源 A
数据源 B
数据源 A
数据源 A
数据源 A
数据源 B
专家判断</td></tr>
<tr><td colspan="3">**评估**：
失效速率来自数据源 A 和 B，而对于失效模式"关闭之后无法开启"的失效速率则是根据三名具有使用相同类型阀门丰富经验的人员进行的判断，预计每 300 次关闭之后的开启会有 1 次出现失效。数据源 B 比数据源 A 的相关度更高，但是数据源 B 只提供了两种失效模式的数据。因此，数据源 B 用于失效模式"需要的时候没有关闭"和"不需要的时候关闭"，而数据源 A 则用于其他的失效模式。</td></tr>
<tr><td colspan="3">**测试和维护**：
阀门会在安装之后进行功能测试，之后每年进行一次。假设功能测试就是一次真实的测试，所有在测试当中发现的可能失效都会及时得到修复，这样阀门在测试之后可以被认为是"完好如初"的。不会对阀门进行诊断性测试。</td></tr>
<tr><td colspan="3">**评价**：
该阀门是一款标准闸门阀，已经在类似的系统中使用了很长时间。因此，使用的数据非常合理，与实际情况非常相关。</td></tr>
</table>

图 7-1　可靠性数据档案举例

7.9　延伸阅读

我们推荐读者阅读下列与第 7 章内容相关的文献：

-《系统可靠性理论：模型、统计方法及应用（第二版）》（*System Reliability Theory: Models, Statistical Methods, and Applications*）（拉桑德和霍伊兰德，2004 年），这本书的第 14 章介绍了一些数据源与和数据收集与数据库相关的问题。
-《可靠性数据手册》（*The Reliability Data Handbook*）[莫斯（Moss），2005 年]，对可靠性分析中的数据使用进行了全面的介绍，包括数据收集、数据分析以及数据质量的评价。
-《可靠性与风险评估》（*Reliability and Risk Assessment*）[安德鲁斯（Andrews）和莫

斯,2002 年]介绍了可靠性和风险分析使用的方法。该书的第 12 章讲述的是数据收集以及可靠性数据分析的问题。这本书还包括有三个案例研究。

-《实用人员可靠性评估指南》(*A Guide to Practical Human Reliability Assessment*)(基尔万,1994 年)很好地介绍了人员可靠性评估以及这类分析中使用的数据。

-《不确定性和风险的专家观点启示》(*Elicitation of Expert Opinions for Uncertainty and Risks*)[阿伊布(Ayyub),2001 年]全面介绍了专家判断启发的过程。

第 2 篇

风险评估方法与应用

风险评估
Risk Assessment

第 8 章

风险评估过程

我们从来没有分析过一个系统——我们分析的只是系统的概念模型。

——P. L. 克莱蒙斯(P. L. Clemens)

8.1 简介

本书的第 2 篇将会介绍风险分析中使用的很多种方法。这个部分总共分为十章,每一种方法都出现在与之关联度最高的章节当中。有一些方法非常具体,而另外一些方法则会覆盖很大范围,可以在风险分析的多个方面使用。因此,对这些方法进行严格的分类非常困难,甚至有些方法会出现在本书不止一章的内容中。

第 9 章到第 11 章的顺序,与图 8-1 中给出的风险分析的主体结构相同。安全栅在所有的风险分析中都十分重要,因此我们会在第 12 章中全面介绍安全栅的概念,并给出几种安全栅的分析方法。人因错误是很多重大事故的主要原因,我们会在第 13 章中讨论人因错误和人员的可靠性,以及多种评估人员可靠性的方法。很多事故的另外一项重要原因就是共因失效,我们将在第 15 章讨论这类失效。第 16 章讨论的是风险分析结果的不确定性以及输入参数的敏感性问题。第 2 篇的其余两章内容与主体结构略有偏差,其中第 14 章将会介绍工作安全分析,并会涵盖其他章节的一些元素;第 17 章将会介绍在一些重要的应用领域现在是如何进行风险分析和风险评估的,以及这些工作所涉及的范围和程度。

8.1.1 描述方法的结构

第 2 篇的目标是描述各种风险评估方法,以便让读者在阅读相关章节之后可以使用这些方法。在本书当中,我们将按照以下相同的结构对所有的方法进行描述:

1. 简介

简单介绍方法及其背景。

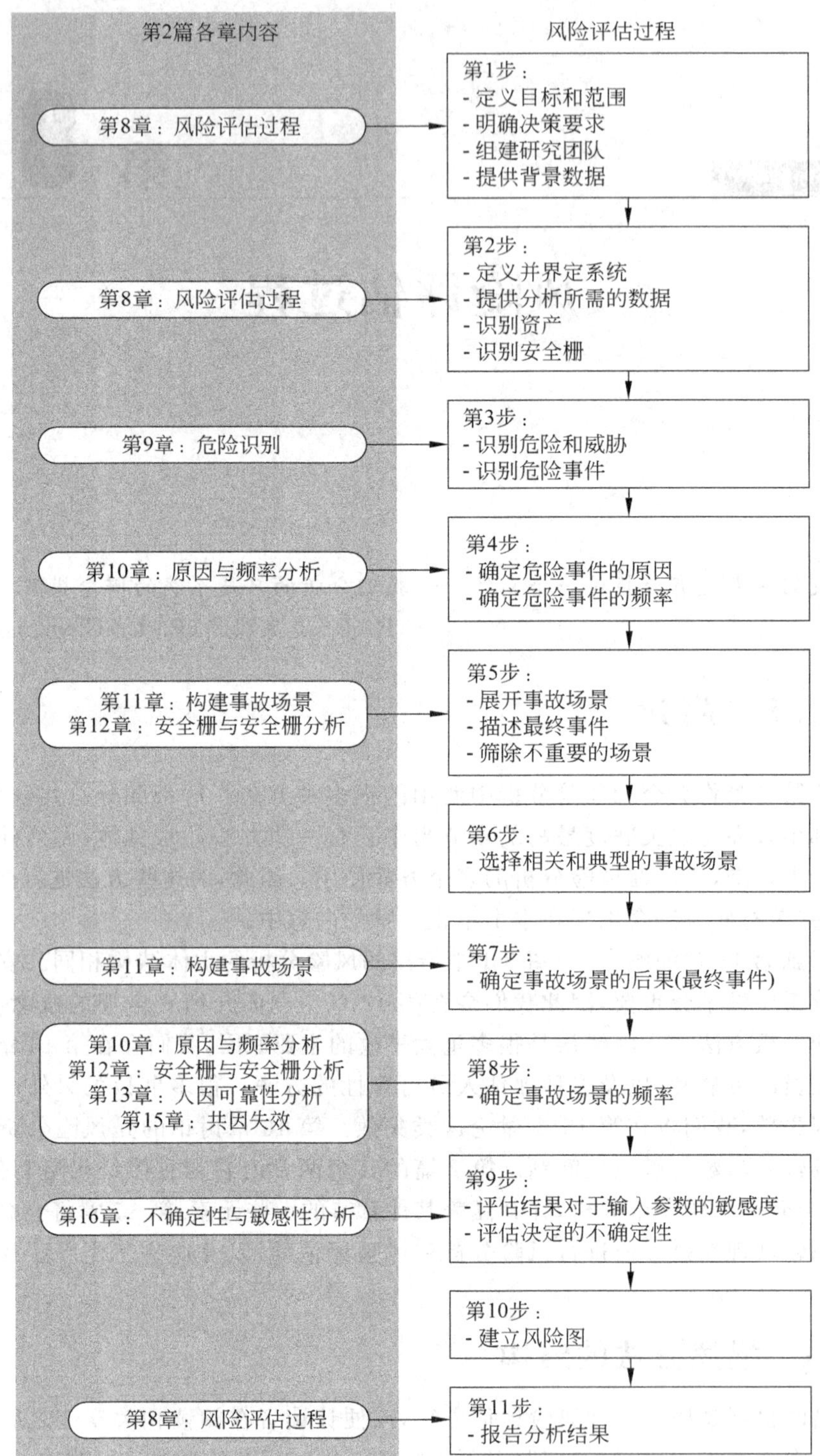

图 8-1　本书第 2 篇的结构与相关的风险评估过程

2. 目标和应用

逐条介绍方法的目标，并概括最常见的应用领域。

3. 方法描述

简单描述方法的理论背景。对于简单的方法，这一步骤将会略过或者整合到下一个步骤当中。

4. 分析过程

按照多个步骤描述使用该方法的合理过程。很多时候，这个过程也会采用流程图的方式加以描述。

5. 需要的资源和技术

简要描述进行分析时所需要的资源和技术。这个部分还包括计算机程序、标准和实用指南。

6. 优势和局限

逐条介绍方法的主要优势和局限。

我们在这里介绍的方法并没有涵盖每一种方法的所有细节。因此，我们会在每章的最后给出深入学习相关内容的建议。

我们曾经在第 5 章中简要描述了风险评估过程的主要步骤，其中的一些步骤与我们需要使用的方法没有直接的关联，对所有的风险评估都适用。比如说：

(a) 研究的计划和准备，包括系统描述、组建研究团队、建立项目计划和熟悉研究对象。

(b) 撰写研究报告。

为了避免在每一种方法的介绍中都重复讲述这些步骤，我们会在第 8.2 节和第 8.3 节中对以上两点分别进行一般性的描述。

在计划和准备风险评估的时候，您需要仔细阅读本书的第 5.3 节，回答这一节中提出的所有问题。本章并不是第 5.3 节的简单重复，而是对该节内容的评论和扩充。

8.2 计划和准备

为了让风险评估能够获得满意的结果，需要非常精心地计划和准备评估过程。有些人可能会对这部分的工作没有耐心，希望尽快地开始“真正的”工作。然而，在很多时候，在研究的准备阶段花费足够的时间和精力还是很有好处的。

“计划和准备”这个步骤被包含在第 5.4 节的第 1 步和第 2 步当中，它包括以下这些工作。

1. 定义风险评估的目标。
2. 指定研究团队，组织工作。
3. 建立项目计划(包括时间和资源计划)。
4. 描述并界定研究对象(考虑危险波及的范围，包括物理实体和运营过程)。
5. 熟悉研究对象。
6. 提供背景信息(法律、规定、之前的意外情况等)。

7. 选择风险评估方法。

这些工作不一定需要严格按照顺序完成，有时候我们必须要同时进行多项工作，有时候还需要从一项工作直接跳到另外一项。比如，选择某种方法意味着必须要在研究团队中再补充一名专家，研究目标的界定也可能需要修改项目计划。

8.2.1 目标

进行风险评估的原因可能多种多样，但是所有风险评估工作的一个相同的目标就是应该为某些决策的制定提供输入信息。因此，非常重要的一点就是，研究团队应该理解这些输入信息的要求，并对第 5.4 节中第 1 步所列出的问题给出清晰而又专业的答案。如果风险评估的目标从一开始就不甚明确，评估工作也就很难回答需要回答的问题。

如果企业的管理层已经定义了风险评价中使用的风险接受准则，那么研究团队必须要注意的就是，风险评估的结果应该可以和既定的准则进行比较（详见第 4 章）。

定义风险评估的范围，需要以下步骤（可参见 IEC 60300-3-9，1995 年，第 5.2 节）：

— 描述进行风险评估的原因，包括：
  - 根据主要的关注领域确定风险评估的目标。
  - 定义区分系统正常还是失效的准则。主要关注的内容可能是一些意料之外的结果（比如系统失效、有毒材料泄漏），或者是可能的危险条件。
— 指定需要评估的系统，对下列内容进行描述和界定：
  - 系统。
  - 相关系统的边界和接口，包括物理上的和功能上的。
  - 环境条件。
  - 能够跨越边界的能量流、物流和信息流。
  - 风险评估覆盖的运行条件以及其他的相关限制范围。
— 识别出可以提供与正在评估的活动和问题有关的技术、环境、法律、组织以及人员细节的信息源，尤其是应该描述出所有与安全有关的环境信息。
— 指出风险评估中进行的假设和受到的约束。
— 识别出必须要做的决策、研究和决策者需要的输出结果。

8.2.2 研究团队

进行风险评估的研究团队需要有一个团队领袖。这个研究团队必须包括掌握研究对象必要的知识、了解如何管理并保证安全的人员。研究团队还必须具备多方面的能力，团队成员需要来自组织的不同层级。根据研究团队的能力不同，还可以考虑引入外部专家。

研究团队必须精通风险评估方法和相关的后果建模技术，并且了解相关的系统和运营，比如对于润滑和安装的过程都非常熟悉（可参见 IEC 60300-3-9，1995 年，第 5.1.1 节）。参与研究的人员数量因风险评估的范围和研究对象的复杂度不同而不同。

有时候，企业还可以聘请咨询公司来进行风险评估。如果是由外部咨询顾问完成的风险评估，企业内部的人员就需要全程跟踪评估的过程，保证企业能够接受评估的结果。

企业还应该对研究团队中每一名成员的能力和经验建档，同时标注出他们在团队中扮演的角色。

如果有外部参与者也身处于风险之中，就应该考虑风险评估对他们的关注程度。

8.2.3 项目计划

如果风险评估的结果被用做决策依据，计划评估的过程就显得非常重要，因为只有这样才能保证评估可以按照规定的时间完成。研究团队应该与管理层合作，确定一个时间表，并估计进行风险评估工作所需要的资源情况。评估的深度将会取决于研究对象的复杂度、风险的严重程度、研究团队的能力、决策的重要程度、研究可以使用的时间、可以接触到的数据等很多方面。

如果决策需要考虑政府规定，并且有相关的指南和标准存在，那么首先就需要检查这些法律条文是否对于风险评估工作存在约束。

在很多风险评估当中，很难界定研究对象，也很难确定应该使用哪些假设和条件。风险评估应该覆盖哪些方面？哪些方面不需要考虑？因此在风险评估的第 1 步中，我们的目标就应该是描绘出与研究对象有关的最为重要的风险问题。接下来，风险评估可以覆盖研究对象在特定条件下各个部分的情况。

8.2.4 系统描述

必须要将研究对象划分为几个合理的部分再加以分析。根据研究对象的复杂程度，这些所谓的部分可以是子系统、装配体、子装配体和元件。还应该根据系统的分解情况建立数字编码体系，这样每一个部分就都应该有一个唯一的代码。在海洋油气行业，这种层级架构被称为标签编码系统。

现在有很多种系统分解的方法，最常用的就是使用某种形式的层级结构。分解有时候需要关注系统的功能，而有时候则需要关注具体的物理元件。

为了更好地描述系统和元件，必须要解决几个问题。首先，所有与研究有关的技术、组织和人员属性都应该尽量详细地描述出来，尤其是与系统安全有关的属性必须要列出来。同时，还应该提及系统与外部“世界”的接口，以及政治、社会和经济方面的问题。另外，出现事故时可能的外部援助，也应该出现在系统描述当中。

在描述系统的时候，研究团队需要问下面这些问题：

- 系统或元素需要什么样的输入？
- 系统或元素执行什么功能？
- 系统或元素的输出是什么？

回答上述问题，研究团队可以给出自己关于系统及周围环境的看法。

8.2.5 熟悉

在研究团队建立之后，很重要的一项工作就是要让团队成员熟悉研究对象以及它的运营和环境条件。研究团队需要能够使用所有的相关信息和文档，有用的信息源通常包括（也可查阅 IAEA 在 2002 年的报告）：

- 系统布置图，包括与其他系统和资产的联系。

- 系统流、逻辑和控制图。
- 系统正常以及可能异常运行的描述。
- 危险材料的存储。
- 运营步骤和操作员培训材料。
- 测试和维护步骤。
- 应急措施。
- 相同或者相似系统以前的风险评估报告。
- 工程安全系统(安全栅)和安全支持系统的描述,也包括相关的风险评估。
- 系统中以前发生的危险事件和事故的描述。
- 相似系统的经验反馈。
- 环境影响评估(如果相关的话)。

8.2.6 文档控制系统

支持风险评估所需的文件数量非常庞大,因此需要建立一个文档控制系统,管理不同的文件和其他信息源。该系统必须能够根据质量保证程序对报告的升级、修改、批注和删除进行控制,这样才能保证信息总是会得到及时更新。

8.2.7 法律法规

绝大部分研究对象都必须要遵守一系列的法律法规。这些规定很多都是针对健康和安全方面的要求,有一些也对风险评估的过程提出了要求。因此,非常重要的一点就是,研究团队要熟悉这些法律法规,这样才能够在风险评估中遵守相关的要求。

在一些领域,针对某些类型的研究对象,已经有一些特定的风险评估标准和指南。研究团队也必须熟悉这些标准和指南。

8.2.8 输入数据

风险评估需要很多数据源,我们已经在第7章中讨论了各种类型的数据和数据源。

8.2.9 方法选择

进行风险评估的方法有很多种,选择何种方法需要取决于研究的目标、研究对象的类型和复杂程度、可以利用的资源、可以使用的输入数据等。表8-1中列出了一些主要的风险评估方法,并指出了这些方法适用于系统生命周期的哪些阶段。

表 8-1 分析方法在风险评估不同阶段的适用性

方法(章节)	早期设计	设计	运行	修改
清单(9)	M	M	G	M
初步危险分析(9)	G	B	B	M
HAZOP(9)	M	G	M	G
SWIFT(9)	G	M	M	G

续表

方法(章节)	早期设计	设计	运行	修改
FMECA(9)	B	G	M	G
故障树分析(10)	B	G	G	G
贝叶斯网络(10)	M	G	G	G
佩特里网(10)	B	G	G	G
事件树分析(11)	B	G	G	G
人员可靠性分析(13)	B	G	G	G
安全审计(5)	B	B	G	B

G=表现良好/适用,M=表现一般/可以使用,B=表现不佳/不适用。

如果在早期设计阶段分析系统,我们首先可能会采用非常粗糙的方法,比如初步危险分析(参见第 9.4 节),这是因为在此阶段我们还无法了解系统的细节信息。随着项目的深入,我们逐渐了解了更多的细节,也就可以进行更加详细的分析。

8.3 报告

如果风险评估想要成为决策的依据,决策制定者就必须要能够理解风险研究团队的结论和给出的建议。因此,必须要尽可能清楚简洁地展示出风险评估得到的信息。

风险评估的结果展示通常采用报告的形式,也可以配有说明手册、幻灯片和视频。报告是风险评估的一项重要内容,在评估过程中应该尽早开始相关的工作。

决策经常是非常重要并且影响深远的,因此需要决策制定者对于研究团队所有的发现都具有足够的信心。

风险评估报告应该是精心撰写、值得信任的,可以涵盖并已经确认了所有的结果。所有的结论和建议都应该可以在文档中找到它们的背景、模型、输入数据和计算方法等信息。

因为风险评估尤其是定量方法非常复杂,理解报告总会有一定的难度。因此,清晰的描述、采用决策制定者和其他参与人员可以明白的语言建档就显得非常重要。

报告的细致程度应该与风险的水平相匹配。如果系统的风险水平较低,通常就并不需要像高风险系统那样制作一份非常详尽的报告。

报告的撰写和细致的程度还需要取决于研究的目标以及报告的对象。比如,报告的目标可以包括以下几类:

(a) 报告仅仅用作生产线管理的决策依据,没有外部人员希望使用这份报告。

(b) 报告将会被公司管理层采用,用于建立风险管理的实践范例。因此,风险评估的结果需要帮助定义企业安全工作中不同要素的需求。安全工作包括维护、培训、操作步骤、安全检查和审计以及变更管理等程序。

(c) 报告将会在董事会面前展示,作为企业战略讨论的依据。

(d) 报告将会向大众公开。比如在欧洲,遵守欧盟《塞维索二号指令》(EU,1996 年)的企业就必须要发布这样的报告。

(e) 报告和报告结果需要在有各方参与的公共会议上宣读。

值得注意的是,一些法律法规对风险评估报告的格式有特殊要求,比如《塞维索二号指令》。

8.3.1 报告的内容

我们将在本节中介绍风险评估报告的主要结构。风险评估报告要尽量避免过多的叙述,同时还应该对重点内容编号以方便日后引用。

扉页。如果风险评估需要定期更新,我们就应该在报告的扉页和内容列表中记录最初以及所有后续的修改编号。此外,扉页上还应该有最近一次修改的日期、修改编号以及修改者的签名(可参见美国国防部 2004 年的报告)。

免责声明

执行概要。应该在此列出主要的结果,并给出关于风险降低措施和进一步行动的建议。在更新报告的时候,需要标注出修改编号以及是谁进行的修改。

(a) 介绍(包括为什么要进行风险评估)。

(b) 目标和范围。

(c) 分析方法。

(d) 主要的结论和建议(应该简要解释每一条结论和建议)。

概要报告应该同时兼顾安全专家和高层管理人员,需要对风险评估背景、假设、目标、范围、结果和结论做出全面的介绍。

参考文献。应该列出风险评估中使用的所有文档和其他信息源,作为参考。

缩写和词汇表。应该列出研究中使用的特殊词汇和概念,并进行定义和(或)解释。

研究团队。应该列出研究团队的名称、位置、资质以及每名成员的作用。

介绍。介绍部分应该描述出研究的背景、目标、假设,并以清晰简洁的列表方式给出风险评估的所有已知限制和约束条件。同时,还应该列出类似系统中发生过的意外和事故。

还应该记录前后两次风险评估之间的时间间隔。

系统描述。需要简要描述研究对象及其功能,还应该给出可以找到更加细致描述的参考文献。同时,也应该提到研究对象运行的条件和限制,比如研究对象的所有者、责任、位置、人员配置水平和重要的利益相关者(比如客户、乘客)。

描述应该包括足够的信息,这样才能保证系统与风险评估中所做的假设一致。

分析方法。报告的这一部分应该全面介绍使用的方法,比如 FMECA 和 HAZOP。一般来说,还应该给出选择这些方法时所进行的讨论。

风险接受准则。接受准则对于评价风险非常重要,因此也应该列在报告当中。比如,若是使用风险矩阵,就应该定义频率和严重度的划分方式。

危险和危险事件。这个部分应该包括已经识别出的危险、威胁和危险事件。比如,可以采用表格的形式。有时候,我们还需要对最为重要的危险事件进行更加详细的描述。

模型。应该描述出风险评估使用的模型、方法和工具,以及在评估中使用它们可能会受到的限制。

数据和数据源。列出并描述评估中使用的信息非常重要，因为只有这样做第三方才能够对风险评估进行验收。应该尽可能地为数据建档（见第 7 章），同时还要对之前发生的事故以及类似系统中的近似事故进行回顾，这也是这个章节的一部分。

频率和后果分析。这个部分应该介绍每一个危险事件的频率和后果，它们可以合成一幅风险图。根据选用的分析方法，通常可以在表格中列出结果。

严重度与不确定性评估。根据输入数据、使用的模型和方法，以及研究团队的知识情况（见第 16 章），风险评估的结果可能存在着很多的不确定性。为了能够更加准确地描述出风险的实际情况，需要讨论输入数据的不确定性。有时候，还要进行敏感性分析以显示输入数据中的不确定性如何影响最终结果。报告应该解决任何预期可能会影响风险评估主要结果的分析局限。

风险降低措施的识别和评估。根据风险评估的结果，应该考虑是否需要实施一些降低风险的措施。在这个部分中，我们还需要描述出评估中发现的可以使用的防护方法。

结果讨论。非常有必要讨论风险评估的结果，并检查这些结果是否与研究的目标匹配。我们应该在报告中指出是否已经回答了那些需要回答的问题。我们还必须要检查分析是否充分，或者是否还需要更加详细的分析。所有的这些都应该在报告中提到。

结论和建议。最后，应该列出从风险评估中得到的所有结论，以及关于未来工作的可能方案。我们还需要检查所有系统及其运行方面的变更建议是否已经被列为行动条款。

附录。大多数时候，风险评估中都会使用很多文档、图形和详细的工作表。在主报告中列出所有这些内容通常需要很长的篇幅，因此可以把它们放在附录当中，或者在参考文献中提及。

当然，也应该限制附录中的信息量。如果不确定某项材料是否值得放在附录中，那么就应该果断删除。

我们在第 5 章中描述的美国国防部的报告结构（US DOE，2004 年）和本节介绍的有些许不同，读者还可以参考国际原子能机构关于撰写有效风险评估报告的建议（IAEA，1994 年 b）。

报告一般都要采取书面的形式，这样才可以经常检查、核定和更新。在完成之后，风险评估报告要在公司内部进行检查和验收，如果在使用之前有第三方的检查会更好。

有时候，风险评估也会涉及一些故意的行为，以及与这些威胁有关的系统薄弱环节。非常重要的是，如果风险评估的笔记、工作表和其他文档包含相关的敏感数据，这些文件必须是保密的。因此，我们还需要对此类文档进行评分，确定保密级别。事实上，没有什么比《薄弱环节研究报告》泄露更能暴露公司的弱点了。

8.4 更新

所有的系统都会随着时间变化。尽管风险评估的结果已经包含了很多维护系统安全的重要信息，但是如果幻想可以一劳永逸的话，那么就大错特错了，因为这些信息很快就会过时。为了确保信息能够始终及时更新，企业需要制定清晰的政策，明确风险评估应该在何时、如何进行更新。比如，可以确定风险评估的固定周期（例如每五年一次），或者确定在对系统进行重大变更的时候进行新的评估。对于某些系统而言,权威机构会要求在重大变更之后必须进行风险评估,而例行的风险评估则是以五年为一个周期。

保持风险评估文档的更新,才可以对系统的任何计划变更所带来的风险进行评估。

8.5 延伸阅读

我们推荐读者阅读下列与第8章内容相关的文献:

- 《系统工程与分析》(*Systems Engineering and Analysis*)(布兰查德(Blanchard)和法布雷奇(Fabrycky),1998年),并不是一本有关风险评估的数据,但是它介绍了按照技术和功能的层级描述系统的方法。此外,这本书还是进行基本系统分析的重要参考书。
- 《关联性管理——应用指南:技术系统的风险分析》(*Dependability Management—Application Guide: Risk Analysis of Technological Systems*)(IEC 60300-3-9,1995年)是技术系统风险分析的主要通用标准。
- 《核电站概率安全评估(PSA)应用》(*Application of probabilistic safety assessment (PSA) for nuclear power plants*)(IAEA,2001年)和《非反应堆核能设施的概率安全评估步骤》(IAEA,2002年),由国际原子能机构发布,给出了在核能行业进行定量风险评估的清晰建议。其中的很多观点也可以应用到其他行业中。
- 《NASA程序和项目的概率风险评估(PRA)步骤》(*Probabilistic risk assessment (PRA) procedures for NASA programs and projects*)是航天工业的风险评估详细指南,对于其他行业也非常有价值。

第 9 章

危险识别

我们希望可以避免已经预计到的事件，但是那些意料之外的事件本来也是可以预计到的。

——纽曼·拉夫·奥古斯汀(Norman Ralph Augustine)

9.1 简介

本章主要处理风险三定义中的第一个问题：会发生什么问题？想要给出满意的答案，意味着要识别出能够对至少一项资产造成伤害的所有危险、威胁和危险事件。现在已经有很多的方法来进行这些工作，而这些方法一般被称为危险识别方法。

- **危险识别**：识别并描述所有与系统相关的显著危险、威胁和危险事件的过程(DEF-STAN 00-56，2007 年)。

9.1.1 危险识别的目标

危险识别过程的目标包括：

(a) 识别出所有在系统有目的使用、可预见的误用过程中以及所有与系统互动的过程中出现的危险和危险事件。

(b) 描述每一项危险的特征、形式和数量。

(c) 描述危险会在何时以及系统的什么地方出现。

(d) 识别与每一项危险有关的所有触发事件。

(e) 识别出在什么样的条件下会产生危险事件，以及危险发生的路径。

(f) 识别由危险(或者与其他危险共同作用)引发的潜在危险事件。

(g) 让操作员和系统所有者都认识到危险和潜在的危险事件。

9.1.2 危险识别方法

本章将要介绍的危险识别方法包括：

危险日志

这并不是一种危险识别方法,但却是记录危险和危险事件相关信息的有用工具,还可以保证信息及时更新。

检查表和头脑风暴

在很多情况下,需要在开始的时候列出常见危险和(或)常见危险事件的清单,然后再确定这些事件是否、如何、在哪里会影响到我们分析的系统。举例来说,英国健康与安全执委会(HSE,2001 年 a)就给出了一个用于海上油气设施风险分析的常见事件清单。而团队合作以及头脑风暴环节还可以挖掘事件的更多细节。

初步危险分析(preliminary hazard analysis,PHA)

PHA 是一种相当简单的方法,通常在系统的设计阶段用来识别危险。之所以被称为“初步”分析,是因为它的结果会随着全面风险分析的展开而不断更新。对于相对简单的系统来说,PHA 也可以是全面、充分的风险分析,在系统生命周期稍后的阶段使用。有时候,简化的 PHA 也被称为 HAZID。

表 9-1 海上油气设施常见危险事件列表

井喷 - 钻井过程中发生井喷 - 完工过程中发生井喷 - 生产过程中发生井喷 - 维修过程中发生井喷 …… 过程泄漏——从下列设备发生油气泄漏 - 井口设备 - 分离机和其他流程设备 - 压缩机和其他天然气处理设备 - 工艺管道、法兰、阀门、泵 …… 意外起火 - 燃气起火 - 电气起火 - 居住设施失火 - 甲醇/柴油/航空机油起火 ……	意外溢出 - 化学品溢出 - 甲醇/柴油/航空机油溢出 - 瓶装气体溢出 - 放射性材料泄漏 …… 海事碰撞 - 补给船 - 巡逻船 - 过往商船 - 渔船 - 钻探设备 …… 还有多个类别,不再一一列出

来源:摘自英国健康与安全执委会的报告(HSE,2001 年 a)。

变更分析

变更分析用来识别与系统计划修正行动有关的危险和威胁。分析会对修改之后的系统与基本(已知)系统进行比较。变更分析还可以用来评价对操作流程所做的修改。

失效模式、影响与重要度分析(failure modes, effects, and criticality analysis, FMECA)

FMECA(或 FMEA)诞生于 1949 年,是最早的系统可靠性分析方法之一。技术系统 FMECA 的目标是识别系统元件所有可能的失效模式,寻找这些失效模式的成因,评估每一种失效模式对于整个系统的可能影响。

危险与可操作性(hazard and operability,HAZOP)研究

HAZOP方法是用来识别流程工厂中的偏移和危险情况。这种方法基于团队合作以及采用引导词进行结构化的头脑风暴法。这种方法的应用已经取得了巨大的成功,并成为当今在设计流程工厂时进行风险评估的标准方法。HAZOP还可以在系统生命周期稍后的阶段,尤其是在系统发生变更的时候使用。此外,HAZOP的一种衍生方法能够用来识别复杂工作流程中的危险。

结构化因果分析技术(structured what-if technique,SWIFT)

在头脑风暴环节召集一组专家,提出并回答一系列因果(what-if)问题,这就是SWIFT技术。这是一种结构化的方法,采用专门的检查表,因此先前也被称为"因果/检查表"方法。SWIFT可以看做是简化版的HAZOP,与HAZOP应用的系统类型也相同。

主逻辑图(master logic diagram,MLD)

MLD可以用于识别暴露在很多危险和失效模式中的复杂系统内部的危险。这种方法与故障树分析(见第10.3节)类似,但两者还是存在多个明显的特征区别。我们在本章只会简单地提及MLD,有兴趣的读者可以阅读相关的文献[如莫达雷斯(Modarres),2006年]。

本书的其他章节还会讨论几种包括危险识别模块的方法,比如第12章安全栅分析和第13章人因错误都会涉及相关的内容。实际上,没有哪种方法能够识别出系统中可能出现的所有危险事件,总是会有未识别出的危险事件发生的情况。如果一个危险事件没有识别出来,也就无法对它进行控制,因此会带来意想不到的风险。

任何危险识别分析的有效性都要完全取决于研究团队的经验和创造性,使用的方法只是为相关的工作制定了一个标准的架构。

注释:危险识别方法有时候可以分为头脑风暴法和功能方法[可参见德容(de Jong),2007年]。头脑风暴法主要是召集一组专家,并召开一些专门会议。常见的头脑风暴法包括HAZOP和SWIFT。而功能方法则是基于对系统结构和功能的详细分析,主要的例子是FMECA。事实上,绝大部分方法同时具有两种类型的元素,因此我们在本章当中没有使用这种分类。

9.2 危险日志

将危险识别过程的结果记录到危险日志当中,是一项很有意义的工作。危险日志也可以称为危险记录簿或者风险记录簿。危险日志可以定义为[也可参阅CASU(英国基尔大学控制保证支持团队)在2002年的报告]:

- **危险日志**:记录能够威胁到系统成功实现安全目标的所有危险的日志。这是一份动态资料,在组织的风险评估过程中生成。日志可以提供在风险分析和系统风险管理中使用的有关风险的对照信息。

危险日志应该在系统设计早期或者项目的开始阶段建立,在系统或者项目的整个生命周期过程中作为一份动态资料不断更新。如果发现了新的危险、对已识别的危险做出了变更或者出现了新的事故数据,我们就应该更新危险日志。

危险日志通常都是一个计算机化的数据库,但是也可以采用文档的形式。危险日志的格式根据日志目标以及系统的复杂性和风险级别的不同而有所差别,它可能只是列出

与系统相关的主要危险的表格和清单，也可能是包含多个子数据库的大型数据库。（全面的）危险日志中通常包括下列元素。

1. 危险

(a) 危险的唯一索引标识（编号或者名称）。

(b) 危险的描述（比如压力过大）。

(c) 危险在哪里出现？（比如在实验室内部）

(d) 哪里可以找到有关危险的更多信息？（比如图书 A 中的毒性相关数据）

(e) 危险的数目或数量？（比如 200 立方米柴油、压力为 500 磅/平方英寸）

(f) 危险何时出现？（比如在起吊重物的时候）

(g) 危险的触发事件是什么？（比如操作员失误）

(h) 针对上述危险，可以实施哪些风险降低措施？（比如使用毒性较低的液体替换现有流体）

2. 危险事件

(a) 危险事件的唯一索引标识（编号或者名称）。

(b) 危险事件的描述（比如位置 B 处的管道 A 发生气体泄漏）。

(c) 哪些危险和触发事件可以导致危险事件？（比如增压燃气管道上的起吊物品掉落）可以使用链接，与危险子日志中的相关危险进行关联。

(d) 危险事件发生在运营的哪个阶段？（比如在维护过程中发生）

(e) 危险事件发生的频率如何？（比如第 2 等级的频率）

(f) 危险事件实际当中可能出现的最糟糕后果是什么？（比如发生重大火灾）

(g) 危险事件实际当中可能出现的最糟糕后果有多么严重？（比如第 4 等级的后果）

(h) 可以实施哪些预防措施降低危险事件的频率？（比如改善检测工作）

(i) 可以采取哪些响应或者缓解措施？（比如使用改进的消防系统）

(j) 提出的防护措施可以在多大程度上降低风险？（比如可以将 RPN 从 6 降到 4）

所有可能发生的危险事件都应该包括在日志当中，而不应仅仅涵盖那些已经发生过的事件。

危险日志还应该包括已经发生或者可能的意外（或者事故场景）日志。该日志的内容包括：

3. 意外（或者事故场景）

(a) 意外的唯一索引标识（编号或者名称）。

(b) 意外的描述（事件序列或者事故场景）。

(c) 该意外情况是否曾经在本系统或者其他任何类似系统中发生过？如果情况确实发生过并且有相关报告的话，请给出相关意外调查报告的索引编号。

(d) 意外发生的频率如何？

(e) 意外发生的后果是什么？（使用事故场景实际可能出现的最糟糕后果）

(f) 可以采取哪些被动型或者缓解措施？

(g) 如果曾经对这个事故场景进行过定量风险评估，请指出当时使用的方法。

注释：很多数据库都包含以前发生的事故和未遂事故的信息（见第 7 章），这可以告诉我们事故是如何真正发生的。除了操作员自己和公司收集到的信息之外，上述数据源中的相关信息也应该反映在危险日志当中。然而，不能仅仅依靠历史数据，这是因为已经发生的事故并不能代表所有可能发生的事故，尤其是在防范重大事故的时候更是如此。

危险日志有时候还需要包括故意和敌对行为的子日志，比如，

4. 威胁和弱点

(a) 威胁的唯一索引标识(编号或者名称)。

(b) 威胁的描述(比如纵火、故意破坏公物、电脑黑客)。

(c) 哪里受到威胁？(比如计算机网络)

(d) 我们的主要薄弱环节是什么？(比如没有接入控制)

(e) 谁是威胁制造者？(比如访客)

(f) 会发生哪些意想不到的事件？(比如保密信息丢失)

(g) 此类事件发生的频率是多少？

(h) 事件的严重程度如何？(使用可以接受的最糟糕后果)

(i) 可以采用哪些防护措施？

制作一份有关危险日志历史记录的定期刊物也是很有帮助的。这份刊物可以包括以下内容：

5. 定期刊物

(a) 危险日志开始的日期。

(b) 与系统风险相关的法律、法规和企业目标的参考。

(c) 日志中每一项录入的日期和原因。

(d) 每一项修改的日期和原因。

(e) 危险日志和更加详细的风险分析之间的参考。

(f) 安全注释和项目决策之间的参考。

当然，根据意愿，分析人员还可以向危险日志中添加更多的信息。

危险日志在设计阶段的作用尤其明显，但是在运行阶段发生的事故和未遂事故也可以同危险日志进行比较，日志需要依此进行更新。

图 9-1 中给出了一个非常简单的危险日志示例，图 9-2 则是一个稍微复杂一点的危险日志结构。这些日志的编写并没有基于全面的分析，只是起到一个说明的作用。如果要了解对每个条目进行解释的更加详细的危险日志结构信息，请参阅英国民用航空局的报告(UK CAA，2006 年，附录 F)。

系统：流程工厂×　　　　　　制作人：马文·拉桑德
索引：　　　　　　　　　　　制作日期：2010 年 12 月 20 日

危险/威胁	发生地？	数　量	防护	评论
三氯乙烯	2 号仓库	1 桶	紧锁房间	
增压气体	3 号压力容器	10 平方米(5 巴)	防护栏	
汽油	下油泵	3 000 升	掩埋	

图 9-1　简单危险日志(示例)

系统：流程工厂×　　创建日期：2010 年 5 月 17 日

索引编号：　　修改日期：2010 年 12 月 20 日　　修改人：马文·拉桑德

编号	危险描述	危险发生		危险数目/数量	可能的危险事件	后果(会产生哪些伤害?)	风险			风险降低措施	剩余风险	计划日期	负责人
		何地	何时				频率	严重度	RPN				
1	A1 号硫黄酸储罐	2 号生产车间	经常	10 立方米	储罐破裂(由于负载跌落)	直接影响——皮肤灼伤(5 名操作员)	1	4	5	采用吊车操作			
						硫黄挥发——刺激眼睛和呼吸道(大约 25 名操作员受影响)				限定区域			
						生产停顿(＞2 天)							
2					输出管道破裂	直接影响——皮肤灼伤(2 名操作员)	2	2	4	自动关闭储罐附近的阀门			
						硫黄挥发——刺激眼睛和呼吸道(大约 5 名操作员受影响)							
						生产停顿(1 天)							

图 9-2　危险日志(样例)

9.3 检查表方法

9.3.1 简介

危险检查表是一份根据过去经验制作的有关危险或危险事件的书面清单。清单中的条目通常是以问题的形式出现的，旨在帮助研究团队考虑到与研究对象相关的每一个方面。用于危险识别的检查表分析也被称做过程审查。

检查表可以根据以前的危险日志制作，也可以针对某一流程或者项目专门制作。检查表应该是一个动态文件，需要进行审计并定期更新。

常见的危险检查表包括危险或者危险类别的标准列表。比如，英国健康与安全执委会给出的海上设施常见重大事故危险检查表(2001 年 a)。

9.3.2 目标与应用

检查表分析的目标是：

(a) 识别在有目的使用、可以预见的系统误用过程中以及系统的所有交互中出现的全部危险。

(b) 识别需要进行的控制和防护措施。

(c) 检查现有的控制和防护措施是否符合相关规定。

检查表方法可以在很多领域用于不同的目的。然而，它主要关注的还是早期设计阶段以及工作程序的建立[可参阅英国健康与安全执委会的报告(HSE,2001 年 a)]。很多企业现在都在使用检查表，确保自己能够遵守标准的要求。此外，危险检查表也可以作为其他更加详细的危险识别方法的一部分。

9.3.3 分析步骤

虽然检查表分析并没有任何严格的程序要求，但是我们的一项重要任务就是准备合适的检查表。检查表一般是一个与潜在危险事件范畴相关的问题列表，根据系统分析、运行历史以及过去事故和未遂事故的经验开发。

有些情况下，不使用书面检查表也可以进行流程回顾，这时就需要研究团队采用“心理检查表”。当然，这种方法更有可能忽略掉一些潜在的危险事件。表 9-2 中的例子就是一个检查表的一部分。

9.3.4 需要的资源和技术

检查表方法并不需要特殊技能，但是研究团队必须要始终高度关注细节，坚持不断地收集信息。分析需要的信息则取决于选择了什么样的检查表。

9.3.5 优势和局限

优势。检查表方法的主要优势包括：

表 9-2 设计阶段流程或系统检查表

<table>
<tr><td colspan="2">材料。检查流程中所有材料的特性，包括：原料、催化剂、半成品和最终成品。获取这些材料的细节数据，比如：</td></tr>
<tr><td>可燃性
- 自燃温度是多少？
- 闪点是多少？
- 应该如何灭火？
爆炸性
- 爆炸极限的上限和下限分别是多少？
- 材料是否会爆炸分解？
毒性
- 呼吸暴露极限是多少(比如立刻会对生命和健康造成伤害的阈值)？
- 需要哪些人员保护设备？
腐蚀性和兼容性
- 材料具有强酸性或者强碱性吗？
- 是否需要存放特殊材料？
- 需要何种人员防护设备？</td><td>废物处理
- 气体可以直接排放到大气当中吗？
- 液体可以直接排放到水中吗？
- 是否有清洗设备需要的惰性气体？
- 如何检测泄漏？
储存
- 是否有溢出物需要盛放？
- 储存的材料稳定吗？
静电
- 是否需要连接或者接地设备？
- 材料的导电性能如何？是否容易积累静电？
活性
- 自动反应的关键温度？
- 存在中间体的情况与其他元件之间的活性？
- 杂质的影响？</td></tr>
</table>

来源：摘自美国化学工程师学会化工流程安全中心的报告(CCPS,2008 年)。

- 非系统专家也可以使用；
- 可以利用在之前风险评估中积累的经验；
- 可以保证常见和更加明显的问题不会被忽略；
- 可以在设计阶段发现危险，否则在此阶段后这些危险就很容易被忽略；
- 只需要最少量的安装信息，因此也适用于概念设计阶段。

局限。检查表方法主要的局限是：

- 受到以前经验的限制，因此无法发现新型设计中的危险或者现有设计中的新型危险；
- 会漏掉一些之前没有见过的危险；
- 不鼓励创造性思维和头脑风暴，对于研究对象相关风险的本质认知也有限。

总而言之，常见的危险检查表对于大多数风险评估都是有意义的。但是除了那些危险细节已经研究得相当充分的标准设施之外，我们在很多应用中都不应该把检查表作为唯一的危险识别方法。

9.4 初步危险分析

9.4.1 简介

初步危险分析(PHA)可以用于在系统设计的早期识别危险和潜在事故，对于非受控环境下的能量或者危险材料的泄漏地点会有一个基本的检查。PHA 技术最早由美国陆军开发(MIL-STD-882D)，后来成功应用于国防工业以及机械和化工企业的安全分析当中。PHA之所以称为“初步”，是因为它通常还需要更多、更加全面的研究加以完善。现在，人们已经在PHA的基础上开发出了很多种衍生方法，比如危险识别(hazard identification，HAZID)和快速风险评级(rapid risk ranking，RRR)。

9.4.2 目标和应用范围

PHA的总体目标是在系统开发过程的早期发现潜在的危险、威胁和危险事件，这样人们就可以在项目的后续阶段消除、缓解或者控制这些危险。

PHA更加具体的目标包括：

(a) 识别需要保护的资产。

(b) 识别可能会发生的危险事件。

(c) 确定每一个危险事件的主要原因。

(d) 确定每一个危险事件可能发生的频率。

(e) 确定每一个危险事件的严重程度。

(f) 识别每一个危险事件相关的防护措施。

(g) 评估与每一个危险事件有关的风险。

(h) 确定风险的最重要来源(对各种风险影响因子进行排序)。

PHA最好是在系统设计的早期使用，但是也能在后期使用。PHA可以是一项独立的分析，也可以是一个更加全面的风险评估中的一部分。如果PHA属于后者，那么它的分析结果可以用来筛选未来研究涉及的事件。

9.4.3 分析步骤

PHA可以分七步执行。我们在第8章中描述了第1步和第7步，这里就不再对细节进行重复了。在本节中，我们首先列出七个步骤，然后对第2步到第6步做更加全面的描述。

1. 计划和准备。
2. 识别危险和危险事件。
3. 确定危险事件的频率。
4. 确定危险事件的后果。
5. 提出风险降低措施的建议。
6. 评估风险。
7. 分析报告。

分析的步骤如图9-3所示。

第2步：识别危险和危险事件

2.1 识别危险和威胁。这项工作的目标是全面地了解研究对象存在或者可能存在的危险和威胁。通常，我们可以使用来自相似系统的经验和表3-1这样的危险检查表，另外建立研究对象的危险日志也是一个不错的选择。公司(研究对象)各个部门的人员都需要参与到这步工作当中。对于识别出的每一个危险或威胁，研究团队都应该记录这个危

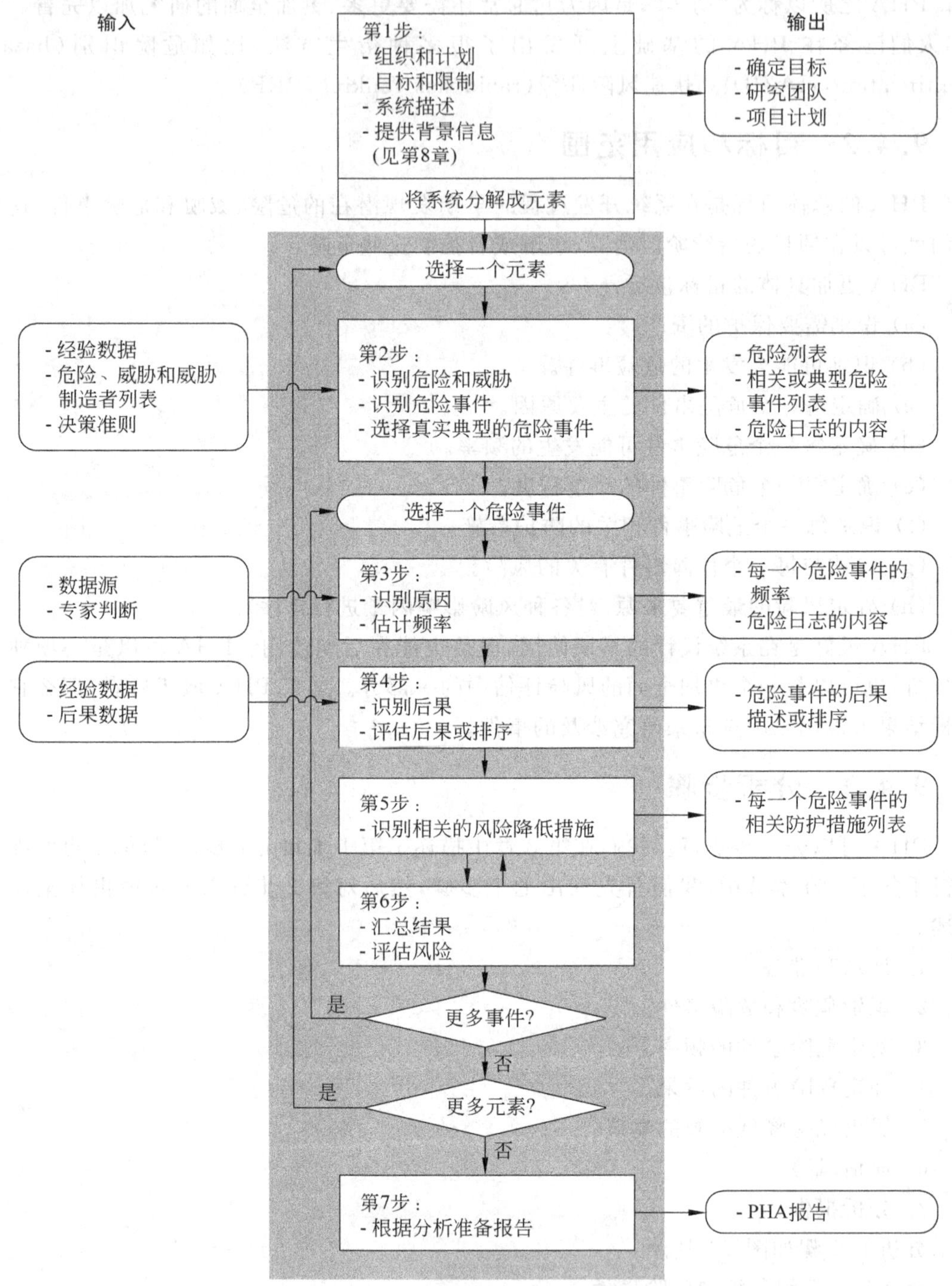

图 9-3　PHA 分析过程

险或威胁包括的内容、出现的位置以及危险的程度。

PHA 基本上是一种头脑风暴技术，但是使用了更加结构化的方法，让整个工作流程更加有效。比如，在 PHA 分析中，我们可以提出下列这些问题：

- 是否有与硬件相关的危险？
- 是否有与软件相关的危险？
- 是否有任何人员导致的危险？
- 是否有任何与程序步骤有关的危险？
- 是否存在明显的软件、硬件和人员之间交互的危险？

2.2 识别潜在的危险事件。系统中各个部分的人员都应该参与识别危险事件，会议要采用头脑风暴的形式。对第2.1步中识别出来的危险和威胁，我们需要一个一个地进行讨论，并列出可能由这些危险和威胁（或者同其他危险和威胁共同作用）导致的危险事件。列出的清单可能相当长，但是我们不需要过分拘泥于清单当中有哪些内容，研究团队稍后可以对清单进行分类，并剔除掉无关的事件。无论是否与当前的危险或威胁相关，我们都建议列出所有的事件。如果发现新的危险或者威胁，也应该将其添加到危险日志当中。

很多时候，可以将事件分成几类，比如：(i)随机事件，(ii)蓄意行动。这些类别还可以进一步划分成多个子类别，方便识别相关的事件。当有新的事件被发现的时候，通常也会发现新的类别，这是一个循环的过程，直到研究团队认为危险事件的清单对于研究的目标已经足够了。

在这个环节，研究团队需要努力识别出未来的可能情况。这项工作可以使用如下这些资源：

- 以前事故和意外的报告。
- 事故统计。
- 专家判断。
- 运营数据。
- 现有的应急计划。

为了识别出那些蓄意的行动，分析人员需要在最开始就找到可能的威胁制造者。将威胁制造者进行分类，可以帮助我们发现可能的行动。威胁制造者可以是普通罪犯、互联网罪犯、访客、外部人员、竞争对手、吸毒人员，也可能是企业自己的雇员。对于行动的描述应该包括行动的模式。

2.3 选择真实典型的危险事件。根据研究对象以及可以利用的时间和资源的情况，可能有必要减少危险事件的数量。研究团队应该首先对清单进行精简，去除那些对于风险没有影响或者重要性很低的事件。被移除的这些事件可能发生的概率很低，也可能发生之后的后果非常轻微。研究团队应该对移除的事件建档，并添加简单注释描述移除的原因。另外，对剩余的每一个事件都应该进行清晰定义，尤其要明确正在发生什么、为什么发生、在哪里发生。

为了能够全面地了解所有的危险事件，可以将这些事件列在一个如图9-4所示的矩阵中。如果一个危险事件和某一个具体地点相关，就在矩阵中两者相交的位置打一个叉号，表示这一事件必须在未来的分析中加以考虑。

位置 \ 危险/威胁	失火	压碎	爆炸	人员跌落	货物掉落	偷盗				
实验室	×		×							
化学品仓库	×		×			×				
车间	×	×	×	×		×				
修理站	×	×		×	×	×				
数据服务器	×									
行政办公室	×			×		×				

图 9-4 研究对象不同位置上的危险和威胁

为了协助未来的分析，还可以使用像图 9-5 这样的 PHA 工作表。在开始下一个事件之前完成对上一个事件的评价(包括频率和后果)，通常是效率最高的方式。

第 3 步：确定危险事件的频率。在这一步中，研究团队需要识别并讨论事件的成因，预测在第 2.3 步中发现每一个危险事件的频率。这一步的因果分析通常非常简单粗糙，仅仅记录每个事件的显著原因，使用频率分级的方法估计频率(比如使用表 4-8 中的分级方法)。

频率估计一般都要基于历史数据(比如之前是否有类似的事件发生?)、专家判断以及对于未来的假设。历史数据可以包括本企业(工厂)或者其他行业、其他组织和权威机构的有关特殊事件和未遂事故的统计和报告。

除了上述原因之外，研究团队还需要评估已经实施的用来阻止危险事件的防护方法。了解更多有关防护(安全栅)的信息，请阅读本书第 12 章。

第 4 步：确定危险事件的后果。在这一步中，需要识别并评估第 2.3 步中每一个危险事件引发的可能后果。评估既需要考虑即时后果，也需要考虑将来一段时间以后出现的后果。我们可以使用多种方法进行评估，其中包括：

(a) 最可能的情况。

(b) 可以想象的最坏情况。

(c) 可能的最坏情况(即确实有可能发生的最坏情况)。

选择哪一种方法，需要取决于 PHA 的目标，以及 PHA 是否是一个更加全面的风险分析的第一步。

很多时候，我们可能需要分别对不同类别的资产进行后果评价。这些资产的类别可以是：与人员相关(雇员、第三方人员)、环境、设施、设备、声誉等。我们在本书的第 2.4 节已经讨论过可能会被伤害的资产。

在完成危险事件后果的评估之后，每一个后果都需要被划分到某一个类别当中，比如可以使用表 4-9 的划分方法。此外，在评估后果的时候，还应该考虑到用来减轻后果的措施。

研究对象：使用储罐车进行的液化天然气运输　　日期：2010年12月20日
索引编号　　制作人：马文·拉桑德

系统元素或行为	危险或威胁	编号	危险事件（内容、地点、时间）	原因（触发事件）	后果（伤害了什么?）	风险			风险降低措施	负责人	备注
						频率	后果	RPN			
软管	人为错误	1	司机在没有拔掉储罐充填管的情况下就离开了液化天然气气站	- 没有注意到 - 工作受到了干扰	- 液化天然气泄漏（没有被点燃） - 火灾或爆炸	3 1	2 5	5 6	在储罐车前方安装安全栅，只有在软管拔掉的情况下车辆才能启动 在储罐车上安装警报器，在软管连接的情况下会发出警报信号		
储罐车	驾驶路线	2	储罐车倒车时撞到液化天然气气站的水泥柱上	通道狭窄，在液化天然气气站内部倒车视线不佳	- 储罐车受到损坏，没有液化天然气泄漏 - 储罐上出现穿孔 - a. 没有被点燃 - b. 火灾或爆炸	2 2 1	2 3 5	4 5 6	对气站区域进行重新设计		

图 9-5　PHA 工作表样例

注释：哈默尔(Hammer,1993 年)认为,对后果的严重程度进行排名没有什么意义。他建议应该利用现有的时间消除或者减轻后果,而不是沉迷于排名。然而另一方面,MIL-STD-882 则要求 PHA 工作表中应该包括后果排名。

第 5 步：提出风险降低措施的建议。在研究团队考虑现有防护方法的时候,可能经常会有新的或者改进的方法以及其他风险降低的手段涌现出来,研究团队也可以在方法建议当中提到这些新的进展。当然,最终还是由分析的目标确定是否采用这些新的改进的方法,而研究团队应该把注意力放在发现危险、威胁和危险事件上面,并描述出研究对象的风险等级。列出新的风险降低措施的完整名单并不是 PHA 的重要目标。

研究团队应该浏览推荐并整理出风险降低措施的名单,确定是否有方法会对不止一个危险事件产生影响。最后,研究团队还应该对每一项推荐措施进行粗略的成本/收益评估。我们将在第 12 章中进一步讨论与防护(安全栅)相关的内容。

第 6 步：评估风险。在这一步中,需要列出所有的潜在危险事件,以及它们的相应频率和后果,从而描述出与研究对象有关的风险。有时候,还需要计算每一个危险事件的风险优先级(RPN)。

接下来,可以将危险事件写到风险矩阵当中,表示风险情况,并显示出最严重的事件。如果需要评价或者对改进措施的优先级进行排序,上述的工作就会很有帮助。我们在第 4.4 节中已经对风险矩阵进行了详细的讨论。

第 7 步：分析报告。必须要向管理层、安全人员和其他责任方报告从 PHA 分析中得到的结果和教训,只有这样分析的结果才能为安全管理所用。如图 9-5 所示,通常企业都会使用专门的 PHA 工作表来显示 PHA 的分析结果。

- 案例 9-1 液化天然气运输系统

可以使用储罐车将液化天然气(liquefied natural gas,LNG)从气站运送给客户,我们的研究对象包括以下过程：将天然气充填到储罐车里、运送给客户、排空液化天然气以及空车回到气站。在充填和排空液化天然气的时候,都是储罐车司机使用一条软管将储罐和气站或者客户的接收端连接起来。同时,我们假设储罐车是在正常交通状况下的公路上行驶。

潜在的危险事件可以分为两类：

1. 不会导致液化天然气泄漏的事件,包括

- 一般交通事故。
- 在充填和排空液化天然气的过程中伤害到司机的事故。

2. 会导致液化天然气泄漏的事件,包括

- 软管破裂。
- 储罐出现裂纹和穿孔。
- 安全阀泄漏。
- 软管拧紧或松开过程中发生的液化天然气泄漏。

我们在图 9-5 的 PHA 工作表中给出了液化天然气运输系统的一些相关危险。这个工作表只是起到一个介绍的作用,并没有给出有关液化天然气运输系统的全面研究结果。

注释：有一些PHA指南建议在工作表中使用单独的两列来指示风险(包括频率、后果和风险优先级)，一列是现在的设计，而另一列是在实施防护措施之后的情况。按照这种方法，可以研究使用防护措施的影响。我们在图9-5中并没有这么做，但是加上这一列是非常简单的事情。

HAZID。有时候，可以使用图9-6这样的简化工作表。根据这种简化工作表进行的分析有时候也称为简化PHA，或者HAZID。图9-6给出了HAZID工作表的应用，其中一些危险来自于案例9-1。HAZID的目标是发现那些需要在更加详细的风险分析中进行深入研究的危险事件。

研究对象：使用储罐车进行的液化天然气运输　　日期：2010年12月20日
索引编号：　　制作人：马文·拉桑德

编号	危险事件(内容、地点、时间)	频率类别解释	频率类别	后果类别解释	后果类别	RPN颜色代码
1	储罐车与其他车辆发生碰撞	道路上的视线较差，路口较多。交通繁忙，道路有时候出现湿滑。	4	最常见的破坏主要发生在储罐车车身。平均在50起碰撞当中，会有一起出现储罐穿孔(储罐内罐和外罐都出现穿孔)的事故。在这种情况下，气体有40%的可能会被点燃。	2	6(黄色)
2	气体通过安全阀泄漏	安全阀会定期接受测试和维护(每三个月一次)。运输公司拥有这类阀门的丰富数据。	3	最常见的破坏是气体泄漏，但是没有被点燃。平均100次这类事件会有1次气体被点燃。这最有可能发生在充填和排空的过程当中，这时因为卡车停驶、气站区域又被遮挡，气体的密度达到最高值。	2	5(黄色)

图9-6　HAZID工作表举例

从两张工作表中，我们都可以看出，估计频率和后果是最麻烦的事情。要知道，同一个危险事件可能会产生不同的后果。我们需要找出最可能出现的后果，对后果的等级进行划分，并估计它们的频率。图9-5的PHA工作表可以完成这些工作，而在图9-6的HAZID工作表中，仅仅显示了平均后果，这些信息还不足以确定风险，但是如果考虑到这一步的分析主要是为了发现深入分析中需要关注的事件，HAZID也就足够用了。

9.4.4　需要的资源和技术

PHA需要有一两名经验丰富的工程师来进行分析工作，最好他们还拥有安全工程师的背景。简而言之，PHA需要分析人员具备足够的经验并且理解系统。

由于PHA是在项目早期阶段进行的，一般我们可以得到的系统信息量十分有限。对于一家化工厂来说，必须要在分析开始之前就明确流程的概念。在这个时间节点上，我们还需要了解最重要的化学品和化学反应以及流程设备中的主要元件(比如容器、泵等)。

PHA 必须要基于所有与系统有关的安全相关信息,比如设计准则、设备规范、材料和化学品规范、以前发生的事故情况、类似系统之前进行过的危险分析等。在进行分析的时候,上述这些信息都应该可以使用(也可参见 MIL-STD-882D,2000 年)。

计算机化工具和各种危险检查表也可以帮助研究团队进行 PHA 分析。

9.4.5 标准和指南

关于 PHA 并没有专门的国际标准,但是在 MIL-STD-882D(2000 年)《系统安全的标准实践》中对这种方法进行了描述。在《危险评价过程指南》(CCPS,2008 年)和其他几本关于风险评估和安全工程的教科书中也对 PHA 进行了全面的介绍。

9.4.6 优势和局限

优势。PHA 的主要优势包括:

- 简单易用,不需要很多培训;
- 是绝大多数风险分析中不可缺少的第一步,在国防和流程工业中已经广泛使用;
- 识别并提供危险以及相应风险的日志;
- 可以在项目早期阶段使用,也就是说可以早到允许设计变更;
- 是一种多变的方法,可以解决很多问题。

局限。PHA 的主要局限包括:

- 难以表示可能出现很多不同后果的事件;
- 无法评价危险组合或者共存型系统失效模式的风险;
- 很难显示防护的作用,也就无法为防护措施排序。

9.5 变更分析

9.5.1 简介

变更分析用来评价一些系统或者流程建议修改方案的可能影响。分析需要对新系统(变更之后)和基本(已知)系统或者流程进行比较。

变更经常会导致系统在运行中出现偏差,甚至会引发流程扰动和事故。因此,识别出变更的可能影响非常重要,这样才能采取必要的防范措施。在后面的章节中,我们将会使用关键性差别这个词来表示新系统和基本系统之间可能引发危险事件或者影响系统相关风险的差别。这里所说的系统可以是社会技术系统、流程,也可以是一个程序步骤。

9.5.2 目标和应用范围

变更分析的主要目标包括:

(a) 识别新系统(变更之后)和基本(已知)系统之间的关键性差别。

(b) 确定每一个差别的影响。

(c) 识别由这些差别引起的系统的主要弱点。

(d) 确定每一个差别对于风险的影响。

(e) 识别控制风险影响所必需的新的防护措施和其他预防手段。

无论是简单还是复杂的系统都可以使用变更分析,适用的场合包括系统配置改变、运营过程或者策略发生变化,出现新的或者不同的活动。

9.5.3 分析步骤

变更分析分六步进行,我们已经在第 8 章当中介绍了第 1 步到第 6 步,这里就不再赘述。

1. 计划和准备。
2. 找到(新系统和基本系统之间的)关键性差别。
3. 评价这些差别可能会造成的影响(对于风险的正面或者负面影响)。
4. 确定差别的风险影响程度。
5. 更加细致地对重要问题进行检查。
6. 报告分析结果。

图 9-7 给出了分析的工作流程。

第 2 步：找到关键性差别。这一步需要基于基本(已知)系统和新(改变后的)系统的详细描述。可以通过比较和头脑风暴的方法识别两种系统之间的差别,还可以使用各种检查表。在这里,各种差别,无论大小都应该识别并列出。

第 3 步：评价这些差别可能会造成的影响。在这一步中,需要逐一对第 2 步中发现的差别进行评价。对于每一种差别,研究团队都需要确定它是否会对某些资产造成伤害。无论是对于风险正面还是负面的影响,都应该记录下来。那些会引发或者影响危险的差别,就需要列为关键性差别,分到相关的组别当中并赋予唯一的索引编号。这个过程经常会给出如何进行设计变更以及如何对关键性差别进行更好控制的建议。

第 4 步：确定差别的风险影响程度。这里,研究团队需要评价每一个关键性差别的风险影响程度。可以使用诸如风险矩阵这样的风险评价方法,指出这些差别是如何影响不同资产的风险。在需要的时候,研究团队还应该提出对现有防护措施的修改意见以及更多的防护方法。

第 5 步：更加细致地对重要问题进行检查。在变更分析的过程中,可能会发现有一些重要的问题需要进一步分析。研究团队应该描述出这些问题,并给出使用其他风险评估工具进行进一步分析的建议。有时候,这些分析也是变更分析的一部分,会由同一个研究团队完成。

9.5.4 需要的资源和技术

变更分析需要至少两名具有丰富经验的工程师才能完成。分析需要对系统以及基本系统的风险问题有充分的了解,同时团队中至少应该有一名成员具有安全工程师的背景。

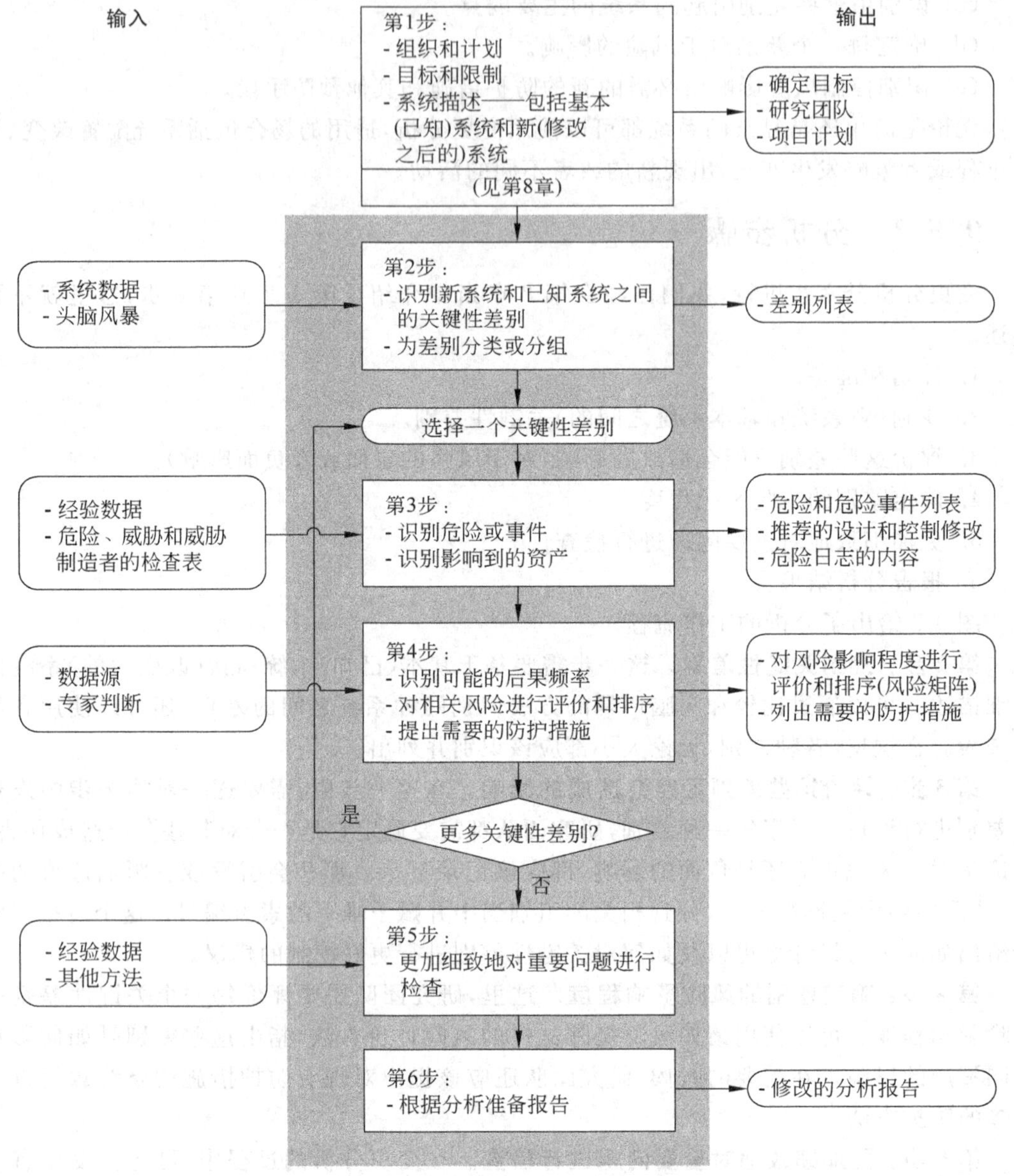

图 9-7 变更分析的工作流程

9.5.5 标准和指南

对于变更分析，现在并没有特别的标准和指南。一些安全工程方面的教科书对这种方法进行了介绍，但是它们都没有本书讲述得详细。

9.5.6 优势和局限

只有在那些已经根据经验建立了风险基准的系统中或者至少企业在之前已经进行过

风险分析，变更分析才是有意义的。

优势。变更分析的主要优势包括：

- 高效且不需要大量培训；
- 系统地研究可能会导致显著风险或者可能会引起实际事故的所有差别；
- 对于不同条件和情况下的主动风险评估都是有效的。

局限。变更分析的主要局限包括：

- 依赖两个系统的比较。因此，掌握与基本系统有关的风险问题的全方面的知识非常关键；
- 并不能量化风险水平（但是变更分析的结果可以与其他风险评估方法一起进行定量风险评估）；
- 研究团队的经验对于结果影响很大。

注释：变更分析的另外一项用途：变更分析的基本前提是如果系统在一段时间内一直按照特定的标准运行然后突然失效，那么这一失效就是由系统中的变化或者变更引起的。通过识别出这些变化，我们也许可以发现导致失效的原因。

9.6　FMECA

9.6.1　简介

失效模式与影响分析（failure modes and effects analysis，FMEA）是最早用于技术系统失效分析的系统性技术。可靠性分析人员在 20 世纪 40 年代后期开发出了这项技术，用于发现军事系统中存在的问题。传统上，需要在技术系统中的每一个元件上进行 FMEA 分析，寻找并描述可能的失效模式、失效原因和失效影响。另外，如果我们描述的是不同的失效模式，或者是对各种失效模式排序，这种技术就称为失效模式、影响和重要度分析（FMECA）。FMEA 和 FMECA 两者之间的差别非常模糊，并不需要进行严格的区分。在本节后续的部分中，我们将使用 FMECA 这个词汇。

9.6.2　目标和应用

FMECA 的目标是：

(a) 找到系统中每一个元件可能会失效的方式（也就是失效模式是什么？）

(b) 确定这些失效模式的原因。

(c) 识别每一种失效模式对于系统其他部分的影响。

(d) 描述可以如何检测失效模式。

(e) 确定每一种失效模式的发生频率。

(f) 确定不同失效模式的严重程度。

(g) 评估与每一种失效模式相关的风险。

(h) 寻找相关的风险降低措施或者方法。

FMECA 主要在技术系统的设计阶段使用，识别并分析潜在的失效。这是一种定性分析，但是也可以包含一些定量元素，比如确定失效模式的失效速率、为失效影响的严重程度进行排序。

FMECA 还可以用在系统生命周期稍后的阶段，目标是确定应该对系统的哪些部分进行改善才能满足安全性和可靠性方面的要求，同时也可以为维护计划提供信息。

很多行业都要求将 FMECA 作为技术系统设计阶段一项必不可少的工作，FMECA 工作表也应该成为系统文档。比如，国防、航天、汽车行业的供应商就都需要这样做，油气行业现在也开始有了同样的要求。

9.6.3 方法描述

FMECA 是一种简单的技术，并不需要建立任何特别的算法。研究团队需要分析尽可能多的元件、装配体和子系统，识别失效模式、原因和这些失效的影响。此外，专门的 FMECA 工作表中还应该列出每一个元件的失效模式以及它们对于系统其他部分的影响。

FMECA 主要是一种有效的可靠性工程技术，但是通常也可以在风险分析当中使用。事实上有几种类型的 FMECA，在风险分析当中，最常用的类型是产品或者硬件 FMECA，它也被称为自下而上型 FMECA，本节讲述的就是这种类型。因为 FMECA 一直是作为一项可靠性技术，它也可能会覆盖到那些与系统风险无关或者几乎无关的失效模式。因此，如果 FMECA 的目标是支持风险分析的话，就应该在分析中忽略掉上述这些失效模式。

在进行 FMECA 分析的时候，很重要的一点是要时刻铭记失效模式的概念。正如我们在第 3 章中解释的那样，失效模式实际上是同元件或物品性能要求之间的偏差。

9.6.4 分析步骤

FMECA 可以分七步进行：

1. 计划和准备。
2. 进行系统分解和功能分析。
3. 识别失效模式和原因。
4. 确定失效模式的后果。
5. 评估风险。
6. 提出改善建议。
7. 报告分析结果。

我们在第 8 章中已经对第 1 步和第 7 步进行了详细介绍，这里就不再赘述。但是，我们还会给出关于第 7 步的一些注释。相关的分析步骤请参见图 9-8。

我们使用专门的 FMECA 工作表进行分析，图 9-9 就是这样一个典型的 FMECA 工作表，其中第 4 列到第 15 列分别记录了第 3 步到第 6 步的分析结果。

第 2 步：进行系统分解和功能分析。这一步的主要任务包括：

(a) 定义系统的主要功能(目标)，确定这些功能的绩效评价准则。

(b) 描述系统的各种运行模式。

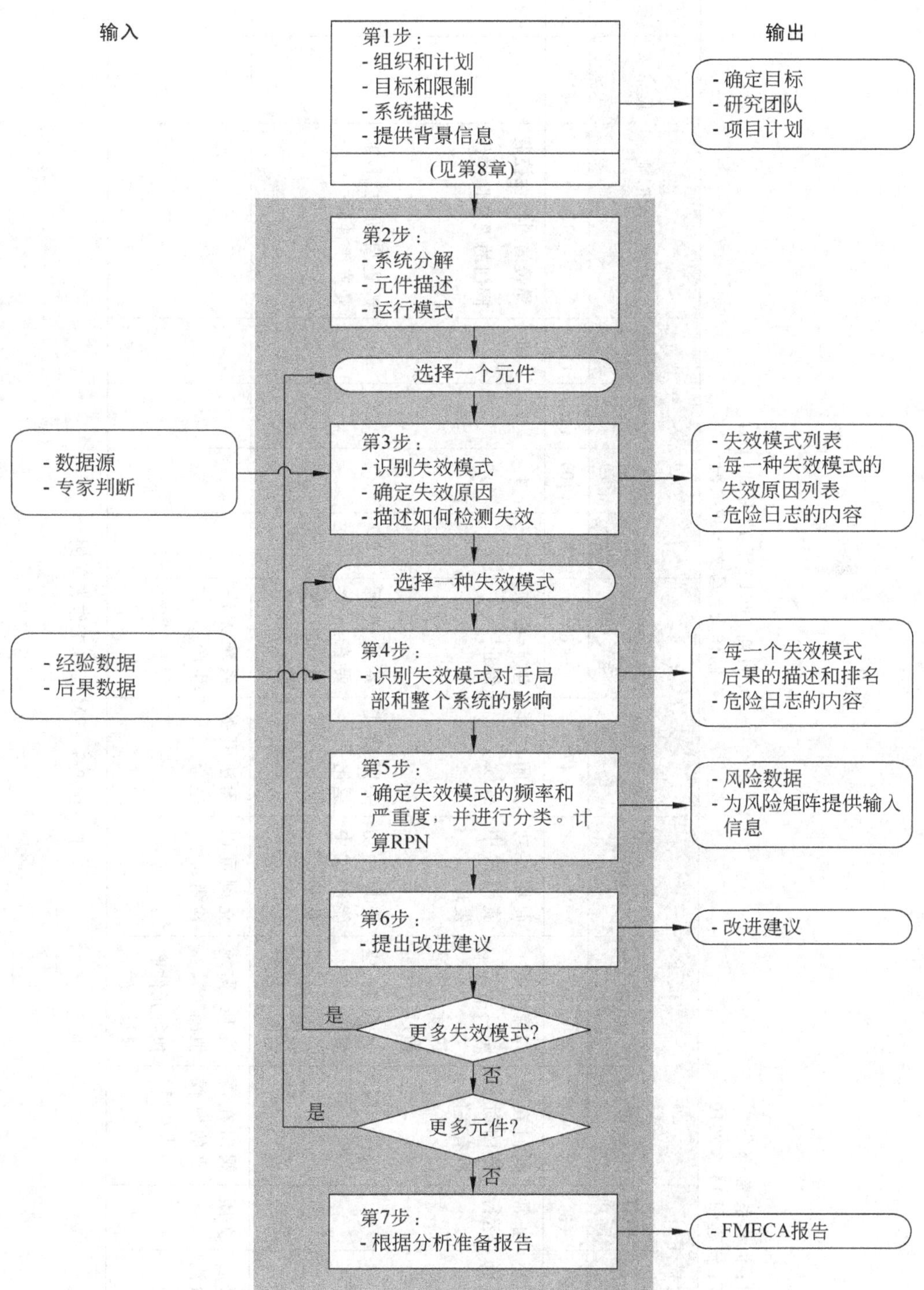

图 9-8　FMECA 的分析工作流程

研究对象：流程系统-部分　　　　日期：2010 年 12 月 20 日

索引编号：流程图 14.3-2010　　　　制作人：马文·拉桑德

单位描述			失效描述			失效影响		风险				风险降低措施	负责人	备注
索引编号	功能	运行模式	失效模式	失效原因	失效检测	对子系统的影响	对系统功能的影响	失效速率	严重度	检测难度	RPN			
(1)	(2)	(3)	(4)	(5)	(6)	(7)	(8)	(9)	(10)	(11)	(12)	(13)	(14)	(15)
4.1	切断气流	正常运行	阀门在需要的时候没有关闭	弹簧损坏 阀门中含水 执行元件磨损过于严重	周期性功能测试中发现	关闭功能失效	生产必须停止	2	4	4	10	弹簧的周期性控制 阀门的周期性操作		
			阀门泄漏	阀门底座腐蚀 底座和阀门之间有沙粒	周期性功能测试中发现	关闭功能退化	系统必须要在一个月之内修复	2	3	5	10	改进启动控制，避免产生沙粒		
4.2	开启气流	关闭	阀门在需要的时候无法开启	液压系统泄漏 执行元件磨损过于严重	立刻可以检测到	无法开始生产	系统无法生产							

图 9-9　FMECA 工作表举例

(c) 将系统分解成可以有效进行处理的子系统。比如，可以建立图 9-10 这样的一个层级架构。

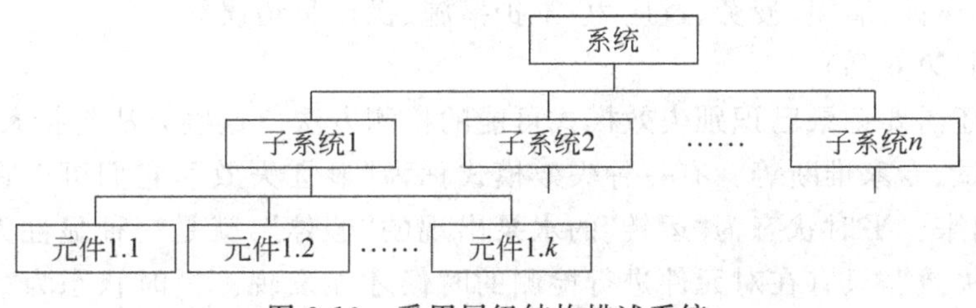

图 9-10　采用层级结构描述系统

(d) 检查系统的功能图和图纸，确定不同子系统之间的相互关系。可以绘制功能模块图来描述这些相互关联，其中每一个模块对应一个子系统。

(e) 为每一个子系统准备完整的元件清单，每一个元件都应该分配唯一识别编号。这些编号有时候就是我们常说的标签编码。

(f) 描述可能会对系统及运营造成影响的运营和环境压力。需要进行检查，确定对系统及其元件可能的负面影响。

我们在这里将这个层级系统最底层的条目称为元件。图 9-10 中的结构只有三个层级，而实际系统的层级数量需要取决于系统的复杂程度。在进行分解的时候，各个子系统分解的层级数量不一定相同。

研究团队应该讨论并理解每一个元件的功能和性能要求。对于所有的子系统以及子系统的子系统，都要这么做。

FMECA 一般情况是应用在系统最底层的元件上，但是也可以用于其他层级：比如，"子系统的子系统"层级。然而，我们在工作表的描述中都使用元件这个词汇。

图 9-9 中第 1 列到第 3 列的内容就是来自第 2 步分析的结果。

索引编号(第 1 列)

在这一列中，每个元件都被赋予一个唯一的索引编号。相应的参考文件可以是图纸或者其他形式的文件。

功能(第 2 列)

在本列中需要描述元件的功能。

运行模式(第 3 列)

一个元件可能具有多种运行模式，比如工作和待机。举例来说，飞机的运行模式就包括滑行、起飞、爬升、巡航、拉直、转向、下降、着陆等。

第 3 步：识别失效模式和原因。需要为每一个元件识别出相关的失效模式和失效原因，经验数据和常见失效模式检查表可以为此提供很多帮助。第 3 步的结果将会成为图 9-9 中第 4 列到第 6 列中的内容。

失效模式(第 4 列)

需要逐一为每种功能和运行模式找出相关的失效模式，并记录下来。此外，还需要将失效模式与元件的功能和绩效评价准则联系起来。

失效原因(第 5 列)

对于第 4 列中的每一种失效模式,需要记录可能的失效原因和失效机制。相关的失效原因可能是腐蚀、磨损、疲劳、过应力、维护措施、操作员错误等。

失效检测(第 6 列)

接下来,还需要记录已识别失效模式可能的检测方法。这些方法包括条件监控、诊断测试、功能测试、专家推断等。有一种失效模式称为“显性失效”,它们可以在发生的时候被即时检测出来。平时状态为“运转”的水泵出现的“假停”,就是一种显性失效。另一种失效是“隐性失效”,只有在对元件进行检测的时候才能发现。平时状态为“备用”的消防泵出现的“无法启用”,就是一种隐性失效。当 FMECA 在设计阶段使用的时候,工作表的第 6 列将会记录设计人员关于条件监控、功能测试等检测方法的建议。

第 4 步:确定失效模式的后果。需要在图 9-9 的 FMECA 工作表第 7 列和第 8 列中记录每一种失效模式可能的后果。

失效的局部影响(第 7 列)

在这里,我们需要记录失效模式对于系统层级架构中更高一个层级的影响。

失效的系统影响(第 8 列)

现在,需要记录该失效模式对于系统关键性功能的主要影响。还应该记录在失效发生之后系统的运行状态,即系统是否仍然功能正常,或者是否会改变成另外一种状态。

第 5 步:评估风险。在这一步中,需要考虑每一种失效模式的频率和后果的严重程度,并分类进行记录。有时候,还需要记录这种失效模式的检测难度,或者计算 RPN 的值。这些结果将会出现在图 9-9 中 FMECA 工作表的第 9 列到第 12 列。

失效速率(第 9 列)

接下来,需要记录每一种失效模式的失效速率。很多时候,使用非常宽泛的分类方法对失效速率进行划分比较合适(可参见表 4-8)。需要注意的是,与一种失效模式对应的失效速率可能会因为运行状态的不同而不同。比如阀门的失效模式“发生外部泄漏”,就更有可能发生在阀门关闭或者加压的情况下,而在阀门开启的情况下,发生概率则比较低。

严重度(第 10 列)

失效模式的严重度一般可以用该失效最糟糕的可能后果来表示。所谓失效的严重度是由伤亡情况、对环境的破坏情况以及对系统最终的破坏情况决定的(可参见表 4-9)。

检测难度(第 11 列)

一个失效的后果有时候取决于它会在多长时间内被检测出来。我们将检测难度分成五个等级,其中 1 级意味着失效可以立刻被检测出来,而 5 级则表示一般这种失效模式是无法检测出来的。在图 9-9 的例子当中,失效模式“阀门在需要的时候没有关闭”的检测难度为 4 级,因为这种失效模式只有在进行功能测试(可能每六个月进行一次)的时候才会发现。

RPN(第 12 列)

我们在第 4 章中定义了风险优先级(RPN)的概念,在这里它是对前面三列的综合考虑。一种失效模式的 RPN 是对该失效模式的频率、严重度和检测难度等级求和得到的。

注释：在本章介绍的其他方法中，RPN 是对事件的频率等级和严重度等级求和得到的。而对于 FMECA，它还可能与失效的检测难度等级有关。有的时候可能在工作表中不需要列出检测难度，但是在很多情况下检测难度还是一个必要的参数。

一些 FMECA 使用指南建议频率、严重度和检测难度三大指标都应该分为 10 个等级，这样 RPN 就可以根据三个指标等级的乘积得到。但是，这种方法的每一个等级都使用对数的量度，它的合理性到现在还没有得到很好的理论证明，因此我们在书中就不再对这种方法进行介绍。

第 6 步：提出改善建议

风险降低措施(第 13 列)

接下来，需要记录修正失效、恢复功能或者避免严重后果可能采用的措施，同时还需要记录可能会降低失效模式频率的措施。

负责人(第 14 列)

应该记录下负责失效模式后续跟进以及管理现有风险降低措施的人员的名字。

备注(第 15 列)

这一列用来记录那些没有包括在其他列当中的相关信息。

第 7 步：报告分析结果。FMECA 的分析过程会产生大量的结果信息，在 FMECA 报告中对过程和结果进行归纳总结是一项非常重要的工作。在分析大型或者复杂系统的时候，可能会有同时运行多个 FMECA 流程的情况。FMECA 报告的作用就是要将这些分析的结果汇总。在 FMECA 分析过程中发现的危险需要写入危险日志当中，并作为日志的一部分保存。正如我们在本节前面的部分中所提到的，FMECA 工作表存在多种变体，但是主要的列项目都已经包含在了图 9-9 的工作表当中。我们也可以采用与 PHA 同样的方式，将各种不同的失效模式输入到风险矩阵当中(见第 4.4 节)。

9.6.5　需要的资源和技术

FMECA 分析可以由一个人完成，也可以由一个团队完成，具体的情况需要取决于系统的复杂程度。FMECA 并不需要任何深入的分析技巧，但是要求分析人员对研究对象以及它的应用、运行和环境情况充分了解。

尽管 FMECA 分析过程本身十分简单，但是它却是一项非常费时费力的工作。因为需要评估和记录的数据数量巨大，分析过程看起来也十分繁杂。如果想要充分地发挥 FMECA 的优势，就必须要使用结构化、系统化的方法。

现在，人们已经为 FMECA 开发了多款计算机程序。合适的程序可以显著地减少 FMECA 的工作负担，让分析更加简单。

注释：复杂系统的 FMECA 分析是一项冗长枯燥的工作，经常都是交给初级人员完成。然而有些公司已经认识到这种方式会影响到 FMECA 的平均质量，因此开始使用另外一种与 HAZOP(见第 9.7 节)比较相似的方法。在后一种方法中，首先有一组专家进行严密的 FMECA 分析，在识别出重要的危险并对它们进行优先排序之后，再将其他后续工作交给初级人员完成。

9.6.6 标准和指南

现在，业界已经有多个 FMECA 标准，其中包括：

- IEC 60812：《失效模式与影响分析(FMEA)步骤》(IEC 60812，2006 年)。
- SAE ARP 5580：《非汽车行业失效模式与影响分析(FMEA)实践建议》(SAE ARP 5580，2001 年)。
- SEMATECH：《失效模式与影响分析(FMEA)：半导体设备工业持续改善指南》(SEMATECH，1992 年)。

9.6.7 优势和局限

优势。FMECA 的主要优势包括：

- 应用广泛，易于理解和解释；
- 对硬件进行了全面的检查；
- 适用于复杂系统；
- 比较灵活，分析的细节程度可以根据研究对象进行调整；
- 系统且全面，应该能够识别出机械或者电子系统中所有的失效模式；
- 有良好的计算机软件工具支持。

局限。FMECA 的主要局限包括：

- 结果取决于分析人员的经验；
- 需要绘制系统层级架构图作为分析基础，这个架构图需要分析人员在分析开始之前就制作完成；
- 仅仅考虑了单点失效，通常无法识别由失效组合引发的危险情况；
- 需要耗费大量时间且成本高昂。

FMECA 的另一个缺点，就是它需要检查所有的元件失效并建档，这其中也包括那些没有任何显著后果的失效。对于大型系统，尤其是那些存在高度冗余的系统来说，大量不必要的建档工作就会成为研究团队一项沉重的负担。

9.7 HAZOP

9.7.1 简介

危险与可操作性(hazard and operability，HAZOP)分析是一个系统化的危险识别过程，需要一组专家(HAZOP 团队)探讨系统或者工厂是否背离了设计初衷，以及危险和操作问题的产生机制。这一类分析需要召开一系列的会议，根据一组引导词进行头脑风暴。HAZOP 方法最初是由 ICI 公司在 1963 年开发出来的，最早的目标行业是化学工业[克莱兹(Kletz)，1999 年]。

9.7.2 目标和应用

HAZOP 分析的目标包括：

(a) 识别系统所有的功能偏差，包括产生偏差的原因以及和这些偏差相关的所有危险和操作问题。

(b) 确定是否需要采取行动控制危险和(或)操作问题。如果需要的话，识别出所有可以解决问题的方法。

(c) 识别出不能立刻进行决策的情况，并确定出还需要哪些信息和行动。

(d) 保证已经决定的措施能够执行。

(e) 让操作人员意识到危险和操作问题。

HAZOP 分析已经在化工和石油行业取得了巨大的成功。这种方法可以用来检查流程设计的情况，让工厂更加安全、更加高效、更加可靠。比如，HAZOP 已经是北海海洋油气平台上流程系统设计工作中的标准程序。现在，HAZOP 正被用于很多不同的领域以识别各种危险。

HAZOP 方法最终只是在设计阶段使用，但是也可以应用于运行中的系统。人们还在原始 HAZOP 方法的基础上开发了多种衍生方法。现在以 HAZOP 为基础的方法包括：

流程 HAZOP

这是用来评估流程工厂和系统的原始 HAZOP 方法。本节的后续部分主要讲述的就是这种方法。

人员 HAZOP

这实际上是“一组”更为具体的 HAZOP 方法，主要关注人因错误而不是技术失效(详见第 13 章)。

程序 HAZOP

这种 HAZOP 方法用来检查程序或者操作顺序(有时它也被称为 SAFOP——安全操作研究)。程序 HAZOP 也可以看做是工作安全分析(见第 14 章)的一种扩展。

软件 HAZOP

这种 HAZOP 衍生方法可以用来识别软件开发过程中可能出现的错误。

科莫尔(Comer)等人在 1986 年开发出了钻井 HAZOP 方法，用来进行油气钻井系统和工作程序的 HAZOP 相关分析。这种钻井 HAZOP 方法采用与传统流程 HAZOP 相同的基本方法，但是引导词有所不同。钻井 HAZOP 首先用于操作次序和工作任务分析，随后这种技术也被应用于其他海洋油气生产作业中，比如潜水操作、水下接口操作以及油井维修等。

9.7.3 方法描述

HAZOP 分析是在一系列头脑风暴畅谈会当中完成的，而头脑风暴活动则是基于引导词、流程参数和各种检查表。

系统或者工厂会被分割成很多个研究节点，可以逐一进行检查。对于每一个研究节点而言，都会定义出设计意图和正常状态。接下来，HAZOP 团队在头脑风暴环节当中使用引导词和流程参数，提出系统中可能出现的偏差。

引导词。一般认为引导词和流程参数可以刺激人们的思维，并引发集体讨论。我们在表 9-3 中列出了一些典型的引导词。在文献当中,我们还会发现其他一些略有不同的引导词列表。引导词和流程参数应该以这种方式组合,才能得到有意义的流程偏差。并不是所有的引导词都可以在所有的流程参数上使用。

表 9-3 常用的 HAZOP 引导词

引导词	偏差
无/没有	没有实现任何设计意图(比如,在应该有的时候没有流量、没有压力)
过多/数量增加	实际情况超过设计意图,物理性能参数比应有的情况要大(比如流量过大、压力过大、温度过高)
过少/数量减少	实际情况低于设计意图,物理性能参数比应有的情况要小(比如流量过小、压力过小、温度过低)
伴随	设计意图实现,但是还有一些其他情况存在
部分	只实现了一些设计意图,过程流的成分错误。某些元素可能丢失,或者所占的比例过高或过低
反向	设计意图与实际情况相反
不是/不同于	设计意图被其他情况所取代
早	一些情况发生时间比预想的要早
晚	一些情况发生时间比预想的要晚
先	与工作次序有关,一些情况在预计次序之前发生
后	与工作次序有关,一些情况在预计次序之后发生

流程参数。化学流程的典型流程参数包括:

- 流量。
- 压力。
- 温度。
- 液位。
- 成分。

- 案例 9-2 HAZOP 问题

在头脑风暴环节当中,HAZOP 项目负责人(即 HAZOP 团队领导人)需要提出如下的这些问题来引导成员讨论:

1. 会出现“没有流量”的情况吗?
2. 如果有,它是怎样产生的?
3. “没有流量”的后果是什么?
4. 这些后果严重吗?或者它们会阻碍正常工作吗?
5. 是否可以通过设计或者操作程序的变更来防止“没有流量”的情况?
6. 是否可以通过设计或者操作程序的变更来避免“没有流量”导致的后果?
7. 危险或者问题的严重程度值得进行额外投资吗?

9.7.4　分析步骤

最常见的 HAZOP 分析是在细节工程阶段进行的，包括如下八个步骤：

1. 计划和准备。
2. 识别可能的偏差。
3. 确定偏差的原因。
4. 确定偏差的后果。
5. 识别现有的安全栅或防护措施。
6. 评估风险。
7. 提出改善建议。
8. 报告分析结果。

我们已经在第 8 章讲述了第 1 步和第 8 步的内容，这里只讨论其他几个步骤中的一些要素。HAZOP 的分析程序详见图 9-11。

英国民用航空局给出的 HAZOP 程序(2006 年)和本书描述的略有不同，感兴趣的读者请阅读相关报告。

HAZOP 工作表。HAZOP 分析的结果通常是以专门的工作表形式呈现的，图 9-12 就是一个 HAZOP 工作表的例子。工作表中列的编号从 1 到 13，在描述 HAZOP 步骤的时候会使用到。事实上，并没有一个标准的工作表，业界现在正在使用的有多种表格，其中有一些表格并不包含风险排序这一列。

第 1 步：计划和准备。这一步骤中的一些主要内容我们已经在第 8 章中进行过讨论，但是还有一些问题需要补充说明：

1.1　建立 HAZOP 团队。HAZOP 团队的构成和成员的知识结构，对于分析能否成功至关重要。HAZOP 团队应该包括各个领域的专家，一般由 5～8 名具有丰富的工厂设计、运行和维护方面知识的工程师组成，这样他们才能够评价所有设计意图偏差的可能影响。

举例来说，一家新建化工厂的 HAZOP 团队可能包括以下人员(可参见新南威尔士州政府的报告(NSW，2008 年 a))：

- HAZOP 负责人。HAZOP 项目的负责人必须要熟悉 HAZOP 技术，他还要能够保证分析中的计划、运行、记录、实施等工作都可以顺利完成。负责人在会议期间的主要任务，是要保证整个团队围绕一个共同的目标工作。他应该独立于项目之外，但是对设计表达[比如管道和仪表图(P&ID)和框图]以及系统的技术和操作方面都非常熟悉。HAZOP 项目负责人应该要具有丰富的经验。
- 设计工程师。参与到设计活动中的项目设计工程师，他会考虑项目的成本。
- 流程工程师。通常是化学工程师，负责流程图和管道仪表图的绘制。
- 电气工程师。这名工程师一般负责工厂中电气系统的设计。
- 仪表工程师。这名工程师应该参与设计并选择了工厂的控制系统。
- 运营经理。这个人在工厂从试运行转换到运营阶段的时候能够担负起责任。
- HAZOP 秘书。需要在会议期间做记录，协助项目负责人管理 HAZOP 分析。

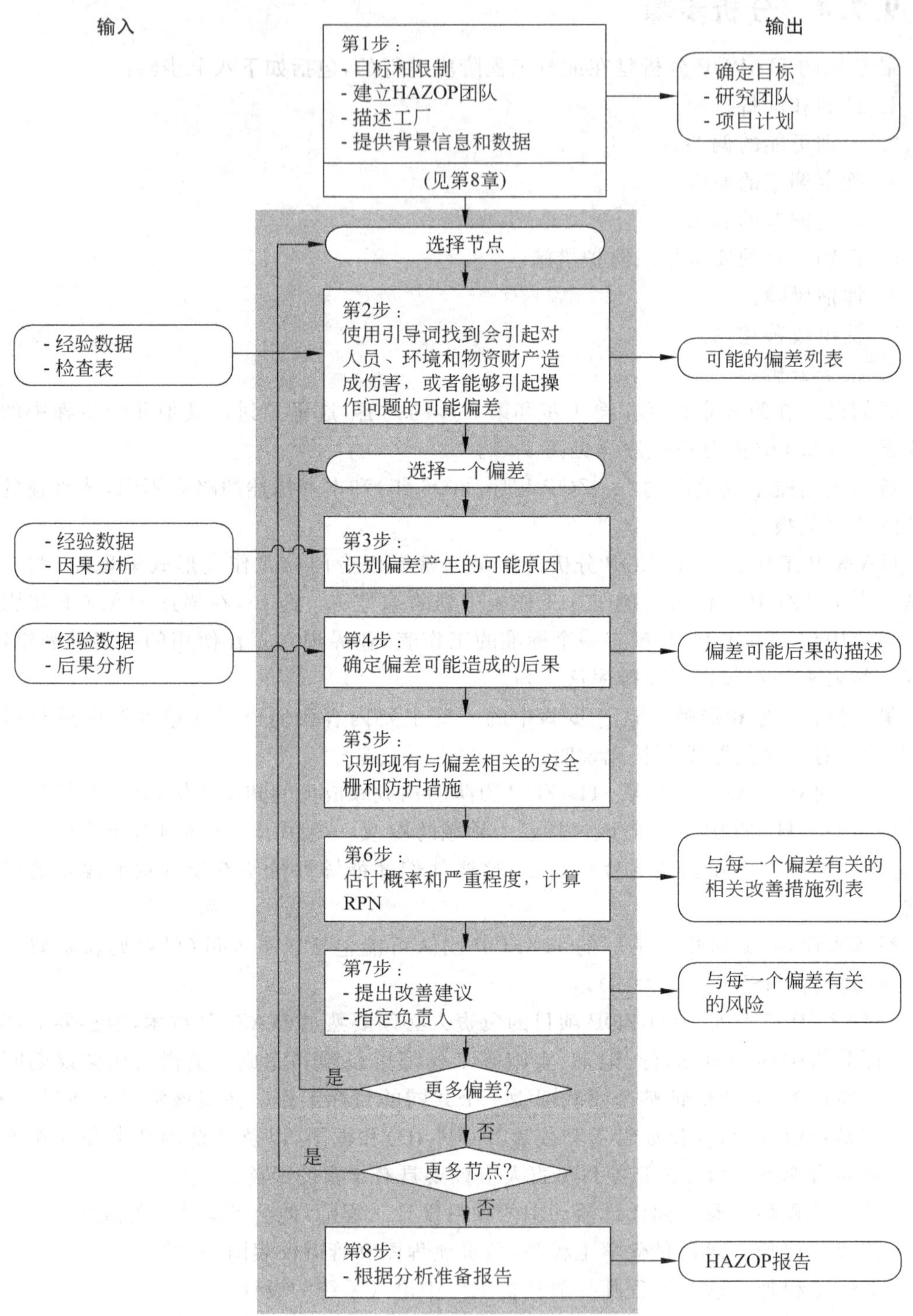

图 9-11　HAZOP 分析工作流程

研究对象：水桶装水　　　　日期：2010年12月20日
索引编号　　　　制作人：马文·拉桑德

序号	研究节点	引导词	偏差	可能原因	可能后果	现有安全栅	风险			改善建议	负责人	备注
							频率	严重度	RPN			
(1)	(2)	(3)	(4)	(5)	(6)	(7)	(8)	(9)	(10)	(11)	(12)	(13)
1	水龙头（流量）	没有	没有流量	水龙头关闭	水桶中没有水	无	1	1	2			
2		过多	流量过多	水龙头打开得太多或者太快	水桶装满速度过快，存在水溅到桶外的风险	目测	2	2	4	在装桶的时候更加注意		
3		过少	流量过少	水龙头没有充分打开	水桶装满的速度太慢	目测	2	1	3			
4		部分	部分流量	水龙头有故障，比如冷水或者热水无法流出	水桶中的水太凉或者太热	周期性控制维护	3	2	5	用手指（小心）检查		
5		不是	不是液流	水中的空气形成冲压	水溅到桶外，装桶过慢	无	1	3	4			
6	水龙头（温度）	过多	温度过高	水龙头调的水温过高	水桶中的水太热，有烫伤风险	无	2	3	5	用手指（小心）检查		
7		过少	温度过低	水龙头调的水温过低	水桶中的水太凉	无	2	1	3	用手指（小心）检查		

图9-12　向水桶中装水的HAZOP工作表

HAZOP 团队当中至少应该有一名成员拥有足够大的权力，做出的决策可以影响系统设计或者运行。

1.2　提供所需信息。在第一次 HAZOP 会议召开之前，需要收集到很多方面的信息，比如，过程流量表、管道仪表图、设备、管道和仪表规范、控制系统逻辑图、位置图、操作和中断程序、紧急程序、实用指南等。对于运行中的系统而言，我们还必须检查真实系统与设计图纸上的是否一致（在实际当中，经常会出现不一致的情况）。

1.3　将系统分为多个部分和研究节点。每一个系统和（或）活动都应该被分解成一些主要的元素进行分析，同时需要确定这些部分的设计意图和正常运行条件。

流程系统的分析一般都是基于流程元素，比如容器、泵、压缩机等。需要逐个分析进出每个元件的过程流，这些过程流通常也被称为研究节点。

第 2 步：识别可能的偏差。HAZOP 团队首先需要就研究节点的目的和正常状态的意见达成一致，才能对节点进行检查。接下来，HAZOP 负责人应该给出合并关键词和流程参数的建议，带领团队识别流程偏差和这些偏差产生的原因。

第 2 步的分析结果会出现在图 9-12 所示表格的第 1 列到第 4 列中。

序号（第 1 列）

在这一列中，每个偏差都会对应唯一的索引编号。现在最常见的索引编号是数字。

研究节点（第 2 列）

研究节点的名称（或者标识），可能还包括流程参数，会出现在第 2 列当中。如果有必要的话，每一个研究节点还可以有一张参考图（比如管道仪表图）。

引导词（第 3 列）

我们将分析中使用的引导词记录在表格的第 3 列。

偏差（第 4 列）

把引导词应用到研究对象（和流程参数）身上，产生偏差，并在第 4 列中对偏差进行简要的描述。我们还可以使用一份独立文件对偏差进行更加细致的描述。

第 3 步：确定偏差的原因。识别每一个偏差的可能产生成因，是 HAZOP 分析中的一项重要工作。我们需要将识别出的成因放在表格的第 5 列当中。

可能原因（第 5 列）

对应第 4 列中的每一个偏差，需要记录它们产生的原因。

第 4 步：确定偏差的后果。对于每一个偏差，我们都需要在图 9-12 这样的 HAZOP 工作表中记录它实际可能发生的后果。

可能的后果（第 6 列）

现在需要记录识别出偏差的所有主要后果，既要记录与安全相关的后果，也要记录可能的操作性问题。

第 5 步：识别现有的安全栅（防护措施）。为了能够提出相关的改进方案，HAZOP 团队必须要熟悉现有已经整合到系统当中的安全栅（防护措施）。

现有安全栅（第 7 列）

需要记录与偏差相关的现有安全栅。

第 6 步：评估风险。在这一步中，需要评价与每一个偏差有关的风险。并不是所有的 HAZOP 分析都包括这一步骤。

频率(第 8 列)

按照广义的频率类别,对每一个偏差的发生频率进行粗略估计。

严重度(第 9 列)

根据最终的人员受伤程度,对环境、物资的破坏或者对系统和生产的干扰程度,确定偏差的严重程度。在这里,需要考虑每一个偏差可能出现的最坏后果(见表 4-9)。

RPN(第 10 列)

我们需要对每一个偏差的频率和严重度级别求和,计算该偏差的风险优先级(RPN)。

风险矩阵。根据本书第 4.4 节的描述,每一个偏差的频率(第 8 列)和严重度(第 9 列)都需要输入风险矩阵当中,这样才可以使用某些相关的接受准则对偏差的风险进行比较。风险矩阵还可以用来评价改进建议(即风险降低方法)。

第 7 步:提出改善建议。我们需要在图 9-12 所示的 HAZOP 工作表的第 11 列记录提出的改善建议。

提出的改善建议(第 11 列)

需要记录可以避免偏差或者减轻后果的可能措施。

负责人(第 12 列)

需要记录对偏差后续状况和(或)改进措施负责的人员姓名。

备注。还可以在表格的第 13 列记录与前 12 列有关的备注。

第 8 步:报告分析结果。HAZOP 分析可能会耗费大量的时间,因此很多时候报告只需要汇报可能出现的问题,这样能避免大量的重复工作。然而,这样做可能会让人们怀疑是否有偏差被忽略掉了,或者是否有些偏差因为不太重要而被从表格中删除了。

因此,我们建议应该准备一份涵盖所有对偏差反馈的表格,并指出那些被认为危险并且确实会发生的偏差。除此之外,研究团队还需要添加有关如何检测和(或)避免偏差的注释。

如果问题系统已经有风险日志的话,研究团队也应该将其他的危险记录到风险日志当中。

• 案例 9-3　水桶装水

考虑这样一个"流程",打开浴室里的水龙头,把一个水桶装满水,同时保证水桶中的水温适中(大概 50 摄氏度)。我们在图 9-12 中对这个工作流程(部分)进行了一个简单的 HAZOP 分析,并给出了相关的工作表。

9.7.5　需要的资源和技术

HAZOP 分析包括很多头脑风暴环节,需要一个由 5～8 名专家组成的团队,在一名具有丰富 HAZOP 项目经验的负责人引导下,通力合作才能完成。HAZOP 项目秘书负责记录团队的讨论情况和做出的决定。

每一次会议的时间都不应该超过三个小时,因为绝大多数人的注意力会在三个小时之后开始减退。为了让团队成员还可以有时间从事其他工作，会议的频率每周最好不要超过2～3次。大部分HAZOP分析可以在5～10次会议当中完成，但是对于一些大型项目而言，可能需要两三个团队在工厂的不同部门并行工作长达数月的时间[英国皇家化学学会(RSC)，2007年]。

现在研究人员已经开发出了多个计算机程序支持HAZOP分析，另外还有一些HAZOP专家系统可以帮助HAZOP负责人以及整个分析过程。

9.7.6 标准和指南

如果要了解更多有关HAZOP的信息，我们推荐以下两个信息源：

- IEC 61882：《危险与可操作性研究（HAZOP研究）：应用指南》（IEC 61882，2001年）。
- 《危险评价程序指南》一书的第5.3节[美国化学工程师协会(CCPS)，2008年]。

9.7.7 优势和局限

优势。HAZOP分析的主要优势包括：

- 应用广泛，人们对于它的优势和限制都有着充分了解；
- 可以利用团队中操作人员的经验；
- 系统并且全面，可以识别出所有的危险流程偏差；
- 对于技术故障和人为错误都有效；
- 可以识别现有的安全栅，提出添加新安全栅的相关建议；
- 适用于存在多种规则和多个组织的系统。

局限。HAZOP分析的主要局限包括：

- 对项目负责人的个人能力和团队知识水平具有很强的依赖性；
- 主要面向流程危险，需要进行修改才能兼顾到其他类型的危险；
- 需要对程序进行描述，但是一般很难把握描述的细节程度。当然，使用现有文档可以简化相关的工作；
- 会生成一份冗长的文档(全面记录各种情况)。

系统或者流程的HAZOP分析采用"分步进行"的方法，这样做的一个缺点就是可能无法识别出与不同节点之间相互作用有关的危险。

9.8 SWIFT

9.8.1 简介

结构化因果分析技术(SWIFT)是一种系统化的头脑风暴方法，一组对于研究对象充分了解的专业人员会提出一系列因果(what-if)问题来识别可能的危险事件，以及这些事件的原因、后果和相关的安全栅，接下来他们还会提出降低风险的方法。此外，SWIFT分析也可以包括对不同危险事件频率和严重程度的估计工作。

9.8.2 目标和应用

SWIFT 分析的目标与 HAZOP 研究类似，但是一般不那么关注操作性相关的问题：

(a) 识别所有的危险事件，以及它们的原因和后果。

(b) 评价现有的防护措施是否足够。

(c) 确定是否还需要采取行动控制危险事件，有必要的时候是否应该提出降低风险的措施。

SWIFT 分析的适用范围与 HAZOP 研究基本一致，判断采用 SWIFT 分析还是 HAZOP 研究主要是根据分析所需的细节程度决定。SWIFT 与 HAZOP 类似，都可以分析工作程序，一般也都是以任务分析为基础(见第 13 章)。

SWIFT 分析通常都是在初步危险分析(PHA)之后进行。

9.8.3 方法描述

因果分析方法在简单的风险分析中有着悠久的应用历史(CCPS，2008 年)。SWIFT 分析与传统因果分析的主要差别在于，SWIFT 在提出问题的时候，使用的是标准化检查表，因此这种方法先前也曾经被称为“因果/检查表”分析(CCPS，2008 年)。当然，SWIFT 和传统因果分析之间的界限还是相当模糊的。

SWIFT 与 HAZOP 分析也有一些相似之处，两者的主要区别是，SWIFT 考虑的是更大的系统，使用检查表和因果问题而不是用引导词和流程参数。因此，SWIFT 分析不可能像 HAZOP 研究那样细致和全面，分析也就更简洁、更快速。

研究团队会议一般首先要详细讨论要研究的系统、功能和操作。会议上需要用到图纸和技术描述，而团队成员可能需要互相讲解，弄清系统功能的细节和失效情况。

会议的下一步就是头脑风暴环节，团队负责人需要提出“如果……会发生什么”这类因果关系问题，引导讨论。应该根据检查表提出这些问题，主题涵盖操作错误、测量错误、设备功能失效、维护、供电故障、容量损失、紧急操作和外部压力等方面。如果在讨论过程中出现词穷的状况，也可以借鉴之前的事故经验。

- 案例 9-4　因果问题的例子

如果……

- 提供的是错误化学原料
- 水泵失效
- 操作员忘记关闭电源
- 阀门不能开启
- 发生火灾
- 某个事件发生时操作员不在现场

会发生什么？

当然，也可以使用“……会怎样？”和“……可能吗？”这类问题。有时候，在回答这些问题之前，可以在头脑风暴环节先把所有的问题都列出来。

9.8.4 分析步骤

SWIFT 分析可以按照八个步骤进行：

1. 计划和准备。
2. 识别可能的危险事件。
3. 确定危险事件的原因。
4. 确定危险事件的后果。
5. 识别现有安全栅。
6. 评估风险。
7. 提出改善建议。
8. 报告分析结果。

我们在第 8 章中已经讲述了第 1 步和第 8 步，这里就不再赘述。其他的各个步骤与 HAZOP 分析中相应的步骤类似，整个分析过程如图 9-13 所示。

SWIFT 工作表。SWIFT 分析的结果一般需要记录在一个特别的工作表当中，我们在图 9-14 中给出了一个这样的工作表样例。工作表的列编号从 1 到 11，其中的内容可以对应到 SWIFT 的相应步骤当中，事实上，现在并没有标准的工作表格式，分析人员也在使用几种不尽相同的表格，有一些表格中不包括风险排序这一列。

第 2 步：识别可能的危险事件。这些问题可能在 PHA 分析中就已经发现了，研究团队需要给出因果问题的答案。另外，研究团队还可以加入一些新的问题，并给出答案。

序号(第 1 列)

在这一列中，每个因果问题都会对应唯一的索引编号。现在最常见的索引编号是数字。

研究节点(第 2 列)

需要将因果问题记录在第 2 列。

第 3 步：确定危险事件的原因。在第 3 列中记录已经发现的危险事件原因(即第 2 列中因果问题的答案)。

可能原因(第 3 列)

对于第 2 列中的每一个因果问题，都需要记录可能的发生原因。

第 4 步：确定危险事件的后果。对于每一个因果问题，如图 9-14 所示，在 SWIFT 工作表的第 4 列中记录实际可能发生的后果。

可能后果(第 4 列)

现在需要记录由因果问题答案导致的危险事件的所有主要后果。

第 5 步：识别现有安全栅。要想提出改善建议，研究团队必须对系统中业已存在的安全栅(防护措施)非常熟悉。

现有安全栅(第 5 列)

需要记录与危险事件有关的现有安全栅。

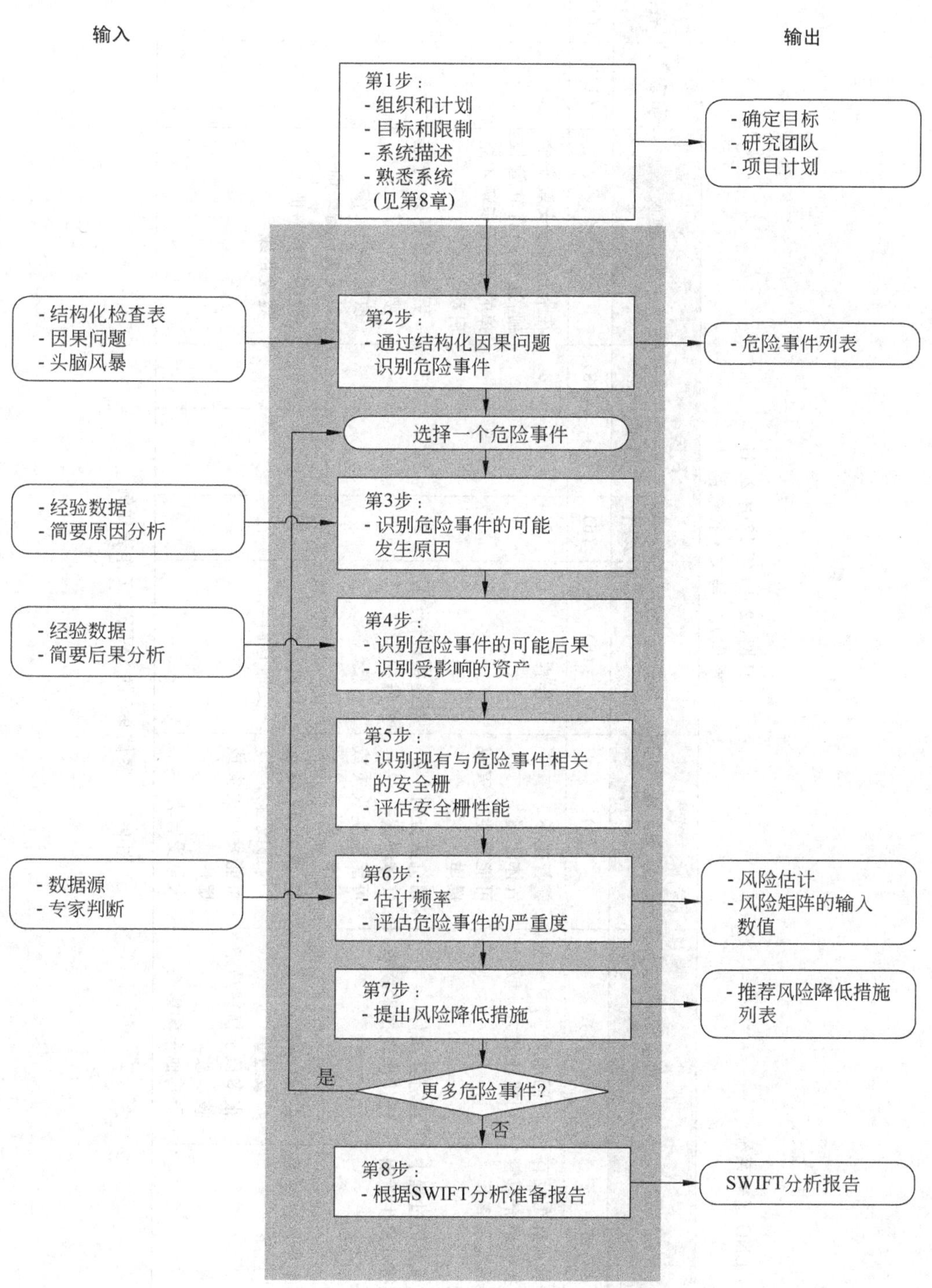

图 9-13　SWIFT 分析工作流程

研究对象：LNG 运输系统　　　　日期：2010 年 12 月 20 日
索引编号　　　　制作人：马文·拉桑德

序号	研究节点	可能原因	可能后果	现有安全栅	风险			改善建议	负责人	备注
					频率	严重度	RPN			
(1)	(2)	(3)	(4)	(5)	(6)	(7)	(8)	(9)	(10)	(11)
1	如果司机在没有拔掉储罐充填管的情况下离开	- 时间压力 - 司机注意力分散	- 软管损坏 - 气体泄漏 - 可能发生火灾或爆炸	工作程序	3	3	6	在卡车前方安装安全栅，这样只有软管拔掉的情况下车辆才能启动		
2	在填充的过程中连接处发生泄漏	- 没有连接好 - 连接出现技术故障	- 司机被打到 - 气体泄漏 - 可能发生火灾或爆炸	对连接进行预防性维护	3	2	5	- 更新或更好的连接件 - 改进维护工作 - 对司机进行培训		
3	储罐车行进时偏离“主路”	- 路滑（结冰） - 负载过重 - 很多孩子横穿马路 - 技术故障 - 受其他车辆影响	- 储罐出现裂缝（内部或者外部） - 可能发生火灾或爆炸 - 大量受害者	- 司机培训 - 交通管制	2	4	6	- 改进司机培训 - 更改路线		

图 9-14　案例 9-5 的 SWIFT 工作表样例

第 6 步：评估风险。在这一步中，需要评价与每一个危险事件有关的风险，并不是所有的 SWIFT 分析都包括这一步。

频率(第 6 列)

按照广义的频率类别，对每一个危险事件的发生频率进行粗略估计(见表 4-8)。

严重度(第 7 列)

根据最终的人员受伤程度，对环境、物资的破坏或者对于系统和生产的干扰程度，确定危险事件的严重程度。在这里，需要考虑每一个危险事件实际可能出现的最坏后果(见表 4-9)。

RPN(第 8 列)

我们需要对每一个危险事件的频率和严重度级别求和，计算该危险事件的风险优先级(RPN)。

风险矩阵。根据本书第 4.4 节的描述，每一个危险事件的频率(第 8 列)和严重度(第 9 列)都需要输入到风险矩阵当中，这样才可以使用某些相关的接受准则对危险事件的风险进行比较。风险矩阵还可以用来评价改进建议(即风险降低方法)。

第 7 步：提出改善建议。我们需要在图 9-14 所示的 SWIFT 工作表的第 9 列记录提出的改善建议。

提出的改善建议(第 9 列)

需要记录可以避免危险事件或者减轻后果的可能措施。

负责人(第 10 列)

需要记录对危险事件后续状况和(或)改进措施负责的人员姓名。

备注。还可以在表格的第 11 列记录与前 10 列有关的备注。

- 案例 9-5　储罐车运输液化天然气

再次考虑案例 9-1 中的液化天然气运输系统。我们在图 9-14 的 SWIFT 工作表中给出了一些分析系统需要的因果问题。图中所示的结果并不是来自一个全面的分析，只是起到一个说明的作用。

9.8.5　需要的资源和技术

因果分析需要专家团队进行头脑风暴，对研究对象形成一个全面的认识。因此，分析的相关性和完整性依赖于团队成员的能力和经验。至少应该有一名团队成员熟悉这个分析过程，并能够回答这一系列因果问题。团队成员的数量多少，则要取决于系统或者流程的复杂程度。对于相对简单的系统或流程而言，3～5 名成员就足够了。

9.8.6　标准和指南

有一些指南、教材和研究报告对 SWIFT 和因果分析进行了描述，其中最具权威性的是：

-《危险评价程序指南》(CCPS，2008 年)。

9.8.7 优势和局限

因果分析主要适用于相对简单的系统。这类分析并不会揭示那些同时存在多个故障或者相互作用的问题。实际上，因果分析几乎可以在任何领域使用，尤其是那些主要事故场景相对简单的情况。

优势。使用 SWIFT 的主要优势包括(HSE,2001 年 a)：

- 非常灵活，适用于任何类型的设备、应用和流程，并且可以在生命周期的任何阶段使用；
- 详细记录了危险识别过程，日后可以进行审核；
- 利用了团队中操作人员的经验；
- 快速，避免了对于偏差的重复性思考；
- 相对其他系统性技术(比如 HAZOP)更加节省时间。

局限。SWIFT 的主要局限包括：

- 本质上不全面，无法做到万无一失；
- 适用于系统级别，因此忽略了一些更低层级的危险；
- 难以审核；
- 必须要在事先准备好检查表；
- 对项目负责人的经验和团队知识水平的依赖度非常高。

9.9 主逻辑图

主逻辑图(MLD)是一种图形化技术，可以用来识别危险以及可以导致系统中某一顶事件(即事故)发生的危险路径。MLD 能够对危险和路径的细节进行追溯，全面考虑所有的重要安全功能和安全栅。在这些工作完成之后，我们就可以列出可能会威胁到安全栅和功能的原因事件。MLD 的形式是故障树(见第 10.3 节)，但是两者还是存在区别：MLD 中定义的动因并不一定是失效或者基本事件。

本书不会对 MLD 进行更多的描述，有兴趣的读者可以参考慕达雷斯(Modarres,2006 年)以及帕帕朱戈洛(Papazoglou)和阿内基利斯(Aneziris,2003 年)的文章。布里斯桑德(Brissaud)等人在 2011 年的文章当中也给出了一个案例，说明如何使用 MLD 识别智能探测器的故障模式。

9.10 延伸阅读

我们推荐读者阅读下列与第 9 章内容相关的文献：

- 《危险评价程序指南》(CCPS,2008 年)是了解危险识别方法相关知识的优秀资料。
- 《面向系统安全的危险分析技术》[埃里克森(Ericson),2005 年]介绍了很多与本书相同的方法。
- 《危险识别、风险评估和安全实据制作指南》(UK CAA,2006 年)，由英国民用航空局发布。这是一本非常清晰的指南，告诉读者如何在航空领域进行危险识别和风险评估，同时它也是其他应用领域很有价值的参考资料。

- 《系统安全基础指导》[温克利(Vincoli)，2006 年]介绍了几种危险识别方法，并提供了案例。
- 《失效模式和影响分析(FMEA)步骤》(IEC 60812，2006 年)是 FMECA 分析主要使用的国际标准。
- 《HAZOP 和 HAZAN》(克雷兹，1999 年)对 HAZOP 进行了全面的介绍。
- 《HAZOP 指南：危险行业计划建议论文第 8 卷》(NSW，2008 年 a)对 HAZOP 的流程进行了全面介绍，并在附录 2 中给出了 HAZOP 分析的工作案例。
- 《危险和可操作性研究(HAZOP)》(RSC，2007 年)由英国皇家化学学会出版，对 HAZOP 流程做了简单但是非常清楚的介绍。

第 10 章

原因与频率分析

10.1 简介

本章将要回答的是风险三重定义中的第二个问题：危险事件有多大的可能发生？为了回答这个问题，我们有必要识别并且分析危险事件的可能原因。在因果分析之前，我们必须要识别并定义出潜在的危险事件，使用的手段就是第 9 章当中介绍的危险识别方法。

10.1.1 原因和频率分析的目标

原因和频率分析的目标包括：

(a) 确定已定义危险事件的成因，因果分析的深度需要取决于分析的目标和现有的数据。

(b) 建立危险事件与基本原因之间的联系。

(c) 通过对基本原因和因果序列的仔细检查，确定危险事件的频率。

(d) 确定每一个原因对于危险事件频率的影响程度。

(e) 识别现有以及可能的防护型安全栅，评价每一个安全栅的效果和所有安全栅的总体效果。

10.1.2 原因和频率分析方法

本章将会介绍五种不同的原因和频率分析方法：

因果图

因果图最早起源于质量工程，可以用来识别危险事件的成因。这种方法易于使用，不需要对相关人员进行大量培训，但是它只能用于原因分析，不能提供定量结果。

故障树分析

故障树分析是危险事件原因分析最常用的一种方法。人们对这种方法已经进行了大量的研究，并把它应用在各种领域当中。故障树方法对于复杂系统的定性和定量分析都适用,但是不太适合处理动态系统以及需要复杂维护活动的系统。有的时候,这种方法对于应用来说还显得过于死板,因为它只使用二元分析和布尔逻辑。

贝叶斯网络

贝叶斯网络正变得越来越普及,在很多领域它已经成为故障树分析的良好替代方案。贝叶斯网络可以完全替换任何一个故障树,并且比后者更加灵活。贝叶斯网络的一个主要缺点就是相对复杂,并且需要大量的时间进行量化。

马尔可夫方法

马尔可夫方法主要用来分析小型但是具有动态效果的复杂系统。因此,马尔可夫方法可以与故障树分析一同使用,并且弥补后者存在的某些不足。马尔可夫方法的相关研究同样非常丰富,它可以让分析人员深入地了解系统的属性和运行方式。但是,马尔可夫方法并不适用于识别危险事件的原因。

佩特里网

佩特里网(Petri net)能够取代马尔可夫方法,同样也可以用来对任何故障树进行定量分析。佩特里网非常灵活,可以针对任何类型的系统建模。和马尔可夫方法一样,佩特里网也不能用来识别危险事件的原因。

我们可以从前面的三种方法当中选择一种进行原因分析。在很多情况下,最合适的方法可能就是故障树分析或者是基于贝叶斯网络的分析。但是具体选择哪种方法,则要取决于研究团队相关的知识和经验,以及可以使用的有效计算机程序。

如果要对因果序列建模、确定危险事件的频率,后面的四种方法都适用。而对于选择哪种方法,要取决于系统和因果序列的复杂程度。大多数情况下,使用故障树分析或者贝叶斯网络也就足够了,但是如果系统相对复杂,具有动态特性,那么马尔可夫方法或者佩特里网可能就是更好的选择。尤其是如果研究团队熟悉佩特里网的话,它可能经常会成为最佳方案。

后面的三种方法都属于通用型方法,可以用于不同的目的。当然这已经超出了本书的范围,我们不会在这里介绍这些方法所有的特征。我们只是对每种方法进行简要的介绍,并给出它们在风险分析中因果分析环节的应用。我们建议有兴趣的读者可以参考本章最后延伸阅读一节所列出的文献,对相关方法有一个更加深入的了解。

实际上,因果分析可以用于系统中的任何事件,而不仅仅是危险事件。因此,在本章后面的部分当中,我们使用关键事件一词代替危险事件。

10.2 因果图分析

10.2.1 简介

使用因果图(也可以称做石川图[①]或者鱼骨图)分析,可以识别某一特定事件的原因,并对原因进行分类和描述。

---

① 这种方法以它的发明人日本管理大师石川馨(Kaoro Ishikawa,1915—1989 年)的名字命名。

10.2.2 目标和应用

因果图分析的主要目标是：

(a) 识别系统中已定义关键事件的原因。

(b) 将这些原因分组。

(c) 获取研究团队的相关知识和经验，并进行整理。

因果图分析需要一个研究团队通过头脑风暴法完成，这种方法一般用于产品设计环节，但是也可以用来作为简单系统风险分析的一部分，对关键事件进行简要的因果分析。而对于复杂系统来说，故障树分析则是更好的解决方案。因果图和故障树有一些相似之处，但是前者完全是一种定性分析，缺乏系统结构，不能作为定量分析的基础。

10.2.3 方法描述

因果图没有任何深奥的理论基础，它只是一种图形化方法，将研究团队在头脑风暴环节当中产生的知识和观点以结构化的方式表达出来。根据重要度和细节程度对原因进行排列，这样可以生成一个和鱼的骨架形状类似的树形结构，主要的原因类别在图中就好像从鱼骨上长出的鱼刺。所以，因果图也被称做鱼骨图。

10.2.4 分析步骤

因果图分析主要按照下列四个步骤进行：

1. 计划和准备。
2. 建立因果图。
3. 对图进行定性分析。
4. 报告分析结果。

我们在第 8 章中已经讨论过第 1 步和第 4 步，这里就不再赘述。

第 2 步：建立因果图。要建立因果图，研究团队首先需要从某一特定关键事件开始。关键事件需要在图右端“鱼头”部分的一个方框中简要描述。鱼的躯干从左至右，采用粗线描绘，指向这个方框，而主要的潜在原因类别（见表 10-1）则是长在躯干上的鱼刺，如图 10-1 所示。在分析技术系统的时候，一般人们使用下列的 6M 分类方法：

1. 人（Man，即人员）

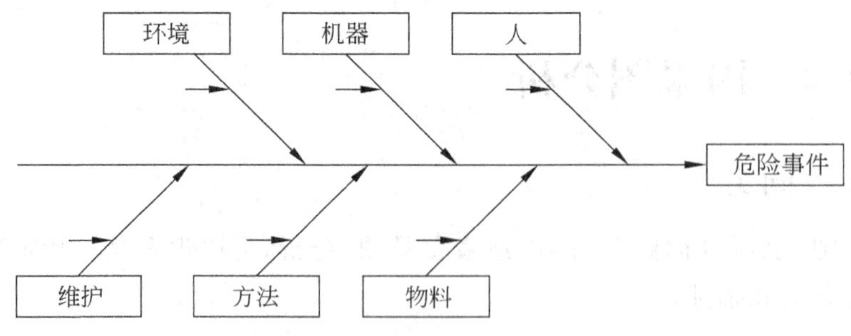

图 10-1 因果图的主要元素

2. 方法(Method,比如工作步骤、法规和规则)
3. 物料(Material,比如原材料、零件)
4. 机器(Machinery,比如技术设备、计算机)
5. 环境(Milieu,比如内部或外部环境、位置、时间、安全文化)
6. 维护(Maintenance)

表10-1　一些基本失效原因

人 - 操作员失误 - 知识缺乏 - 技术缺乏 - 压力 - 能力不足 - 不合理的激励 方法 - 缺少程序 - 程序不足 - 实际和书面程序不符 - 沟通不畅 物料 - 缺乏原材料 - 物料质量差 - 不符合工作要求	机器 - 不良设计 - 设备或工具摆放有问题 - 设备或工具有缺陷 - 工具选择错误 环境 - 工作区不整洁 - 工作设计或者工作安排不够 - 表面没有得到很好维护 - 任务对环境的要求太高 - 自然因素 维护 - 不良维护程序 - 维护能力不足 - 维护绩效不佳 - 缺乏维护程序

当然,这些类别还需要适合实际的应用。正常情况下,我们不推荐使用七种或者更多的类别。

头脑风暴可以识别在每一个M类别中可能会影响关键事件的因素(或者问题)。比如说,研究团队可能会问:"机器的问题会导致或影响到什么……?"这个问题可以在每个M类别当中重复,直到找到相关的因素或问题,并将它们写到指向相关M类别的箭头一侧。

接下来,采用相同的方式分析每一个因素,进而生成指向相关因素箭头所代表的子因素。我们还需要了解这些因素或问题为什么会存在,推动分析继续进行。如果需要的话,在每一个子因素下面,还可以包括更多的层级。直到我们无法再获得更多有关"它为什么会发生"的信息,分析才会告一段落。图10-1描述了因果图的主要元素。

因果图分析的主要价值就在于生成图形的过程。这个过程会产生很多你之前无法想到的观点和看法。

第3步:对图进行定性分析。一旦研究团队一致认为每个主要类别的细节信息都已经足够了,就可以对这些原因进行分组。我们应该重点关注那些不止出现在一个类别中的原因。而对于那些被认为是"最可能的"原因,研究团队应该同意将这些原因按照可能的程度由高到低逐个列出(比如最可能、第二可能……)。

10.2.5　需要的资源和技术

进行因果图分析,并不需要任何特殊的培训。团队成员在听取一个简要的介绍之后,就可以进行工作了。根据系统的复杂程度以及关键事件的重要程度不同,因果图分析团队成员的数量也会有所不同。

进行分析的时候需要纸笔或者黑板。很多计算机化绘图程序都有相应的模板,可以帮助绘制因果图。

在很多质量工程和管理类的教科书中,对因果图都有详细的描述和讨论。比如,读者可以参考石川馨(1986 年)以及贝尔格曼(Bergman)和克莱夫休(Klefsjö,1994 年)的著作。

10.2.6 标准和指南

对于因果图,现在还没有国际性的标准,但是我们可以在一些质量工程的教科书中找到详细的应用指南。

10.2.7 优势和局限

优势。因果图技术的主要优势包括:
- 简单易学,不需要深入培训;
- 可以帮助确定偏差的成因;
- 鼓励团组参与;
- 增加有关流程的知识;
- 帮助研究人员将偶然因素组织和关联起来;
- 使头脑风暴结构化;
- 可以涵盖方方面面的人员。

局限。因果图技术的主要局限包括:
- 可能会变得非常复杂;
- 参与人员需要足够的耐心;
- 无法按照"如果-那么"的习惯对原因进行排序;
- 不能用于定量分析。

10.3 故障树分析

10.3.1 简介

故障树是一种自顶向下的图形化逻辑方法,描述系统可能的关键性事件与这一事件原因之间的相互关系。故障树中最底层的原因被称为基本事件,它可能是元件失效、环境条件、人为错误,也可能是某一平常事件(即在系统生命周期之中预计会发生的事件)。

故障树分析最早是由美国贝尔电话实验室的科技人员在 1962 年进行民兵洲际导弹发射控制系统安全性评价时提出的。

10.3.2 目标和应用

根据分析的范围不同,故障树分析可以是定性的、定量的,也可以是两者兼而有之。

故障树分析的主要目标包括：

(a) 识别可能导致系统关键性事件的所有可能的基本事件组合。

(b) 确定特定时间间隔或者在特定时间点 t 关键事件的发生概率，或者是关键事件的频率。

(c) 识别系统需要改善以降低关键事件发生概率的各个方面(比如元件、安全栅、结构)。

故障树分析是风险和可靠性研究中最为常用的一种方法，它尤其适用于带有一定程度冗余的大型和复杂系统。比如说，故障树分析已经成功地应用在核能(可参见NUREG-75/014，1975 年)、化工(可参见 CCPS，2000 年)和航天工业(可参见斯达马特拉托斯等，2002 年 b)当中。

传统上，故障树一般应用于机械和机电系统，但是实际上我们相信，任何类型的系统都适合使用这种方法。

10.3.3　方法描述

故障树图。故障树分析是一种演绎推理方法，这也就是说我们需要去逆推某一特定事件发生的因果次序。分析首先从系统某一特定的潜在关键事件开始，这一事件被称为故障树的顶事件。一些直接原因事件 E_1，E_2，…，可以单独或者一起导致顶事件发生，在模型中这些事件通过逻辑门(见表 10-2)与顶事件连接。接下来，又有潜在的原因事件 $E_{i,1}$，$E_{i,2}$，…，可能会导致事件 E_i($i=1,2,\cdots$)发生，它们同样也是通过逻辑门与事件 E_i 连接。这个演绎推理过程可以一直持续，直到某个层级上可以获得足够多的细节信息。而在这个层级上的事件就是故障树的基本事件[①]。

表 10-2 给出了最常用的故障树符号，以及对这些符号的简单解释。当然，还有很多更加复杂的故障树符号，本书没有全部列出。有兴趣的读者可以阅读斯达马特拉托斯等人(2002 年 b)的著作。

表 10-2　故障树符号

	符号	描　述
逻辑门	或-门 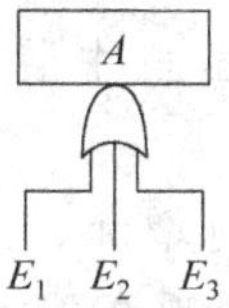 A E_1 E_2 E_3	或-门表示只要有任意一个输入事件 E_i 发生，顶事件 A 就会发生
	与-门 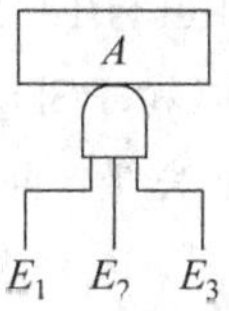 A E_1 E_2 E_3	与-门表示只有所有的输入事件 E_i 同时发生，顶事件 A 才会发生

① 基本事件也被称为树的根节点。

续表

	符号	描　述
输入事件	基本事件	基本事件表示不需要进一步细分失效原因的基本设备失效
	未探讨事件	暂不考虑事件表示由于缺乏信息或者后果不重要不需要进一步分析的事件
描述	注释框	注释框用来表示补充信息
传递符号	传出	传出符号表示故障树可以在相对应传入符号发生的位置上进一步展开
	传入	

故障树分析是一种二元分析。对于从顶事件到基本事件在内的所有事件，我们都假设它们是二元事件，即只存在两个状态：发生或者不发生。因此，故障树分析不允许存在中间状态（比如完好程度是80%的状态）。

故障树图是一种确定性模型，这也就是说在故障树建立起来之后，我们知道所有基本事件的状态，同时顶事件和所有中间事件的状态也是已知的。

故障树面向的是单一事件，因此对于系统中每一个潜在的顶事件都需要建立独立的故障树。

- 案例 10-1　海上油气分离器

考虑如图 10-2 所示的一台油气分离器。分离器当中装满了高压的油、气、水混合物。

如果在气口处出现堵塞，分离器中的压力就会快速增加。为了避免压力过大的情况出现，分离机当中安装了两个高压开关 PS1 和 PS2。出现高压的时候，压力开关应该发送信号给可编程逻辑控制器（programmable logic controller，PLC）。如果 PLC 接收到至少一台压力开关发来的信号，它就会向流程关闭阀 PSD_1 和 PSD_2 发送一个关闭信号。如果两台压力开关都没有发送信号，或者 PLC 处理信号失败、再或者 PLC 没有向阀门发送关闭信号，又或者 PSD_1 和 PSD_2 没有按照要求关闭，这个停机功能都会宣告失效。图 10-3 中描述了顶事件“在出现高压的时候进入分离器的液流没有停止”发生的各种原因。

图 10-3 中故障树的最底层是元件失效。有时候，可能需要识别这个元件失效的潜在

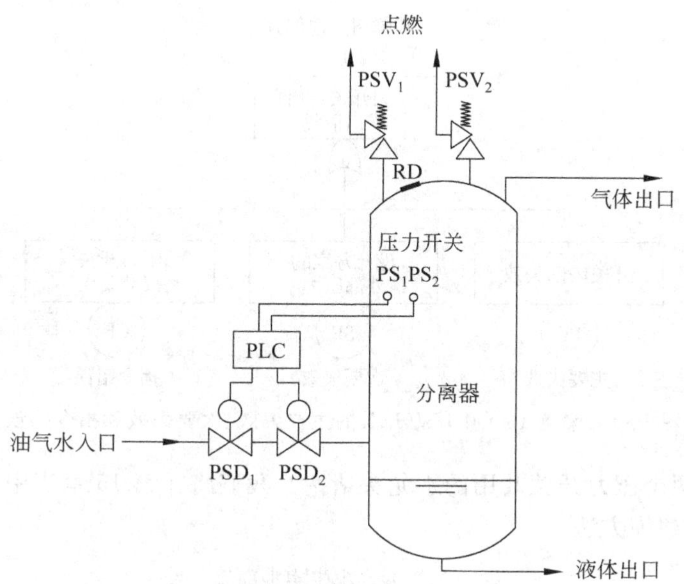

图 10-2 案例 10-1 中的油气分离器

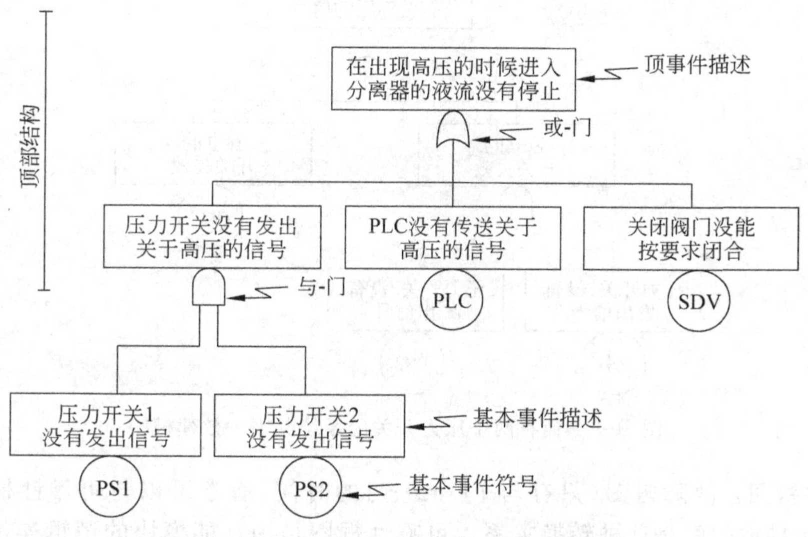

图 10-3 案例 10-1 中停机系统的故障树

原因。失效的种类有很多，比如图 10-4 中给出的压力开关的几种失效：潜在的主要失效、次要失效和指令错误。

这个层级也可以继续分析，比如寻找“压力开关校准错误”的可能原因。事实上，分析在哪个层级上停止是由故障树分析的目标决定的。

共因失效。共因失效是指两个或者更多元件由于某一个特定事件或者原因，在某一时间段内发生的失效。有时候，我们可以找到明显的共因失效，并把它放到故障树当中。图 10-5 中的故障树就给出了这样的一个例子。两个压力开关组成的并行系统可以按照两种不同的方式失效，既可以是同时发生的独立失效，也可以是共因失效。在这个例子当

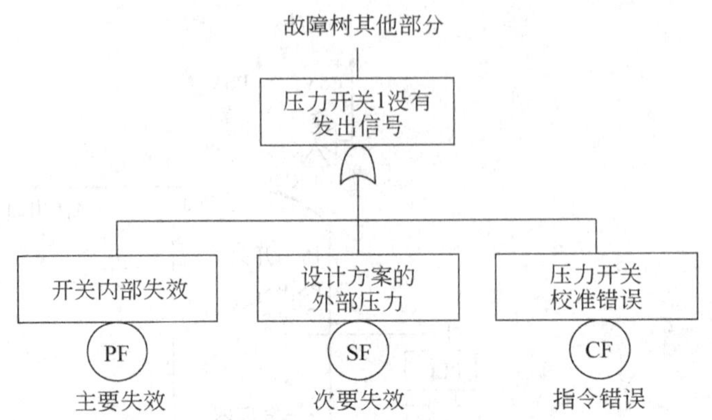

图 10-4　案例 10-1 中压力开关的主要失效、次要失效和指令错误

中，共因失效是两个压力开关共用的水龙头堵塞。我们将在第 15 章当中详细讨论共因失效问题以及它的建模方法。

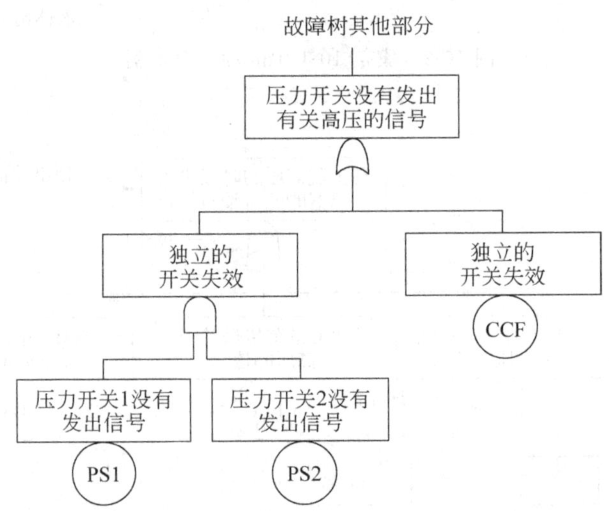

图 10-5　拥有两个压力开关的系统共因失效建模

可靠性框图。故障树图(只有与-门和或-门的时候)通常可以与可靠性框图相互转换。图 10-6 描述的就是这种转换关系。可靠性框图是用功能模块的逻辑连接结构描述这些模块执行的某一项系统功能。每一个功能都采用功能模块表示，在图中使用矩形描述(见图 10-6)。如果我们可以从功能模块的一端到达另一端，我们就说这个模块是在正常工作。附录 A 对可靠性框图有一个简要的介绍，如果读者想要了解有关可靠性框图更加全面的信息，可以阅读拉桑德和霍伊兰德(2004 年)的教材。

图 10-6(i)中的可靠性框图表示一个串联结构，如果模块 1、模块 2 或者模块 3 当中有一个出现故障，整个系统就会出现故障。如果基本事件表示的是模块故障，可靠性框图中的串联结构通常和故障树中的或-门互相对应。

图 10-6(ii)中的可靠性框图表示一个并联结构，只有在模块 1、模块 2 和模块 3 同时出现故障的情况下，整个系统才会出现故障。因此很明显，并行结构对应故障树中的与-门。

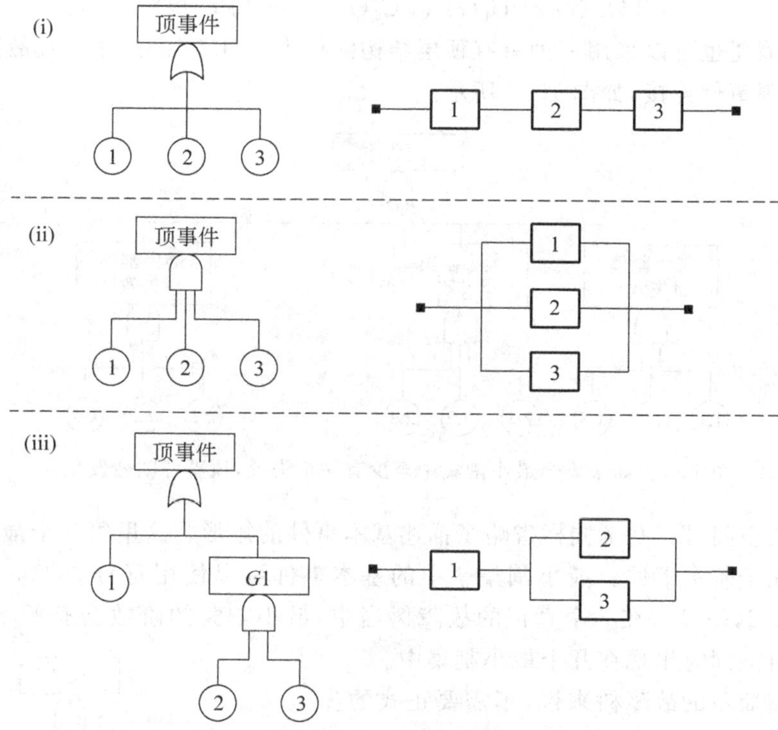

图 10-6 一些简单故障树图和可靠性框图之间的关系

需要注意，为了节省篇幅，我们在图 10-6 的故障树中省略了描述基本事件的矩形。在实际应用当中，我们一般要对故障树中的事件进行相应的描述。

最小割集。故障树主要提供可能会引起顶事件发生所有基本事件集合的信息，这些基本事件的集合就称为割集，它的定义如下。

- **割集**：故障树中的割集是一系列基本事件，它们的（同时）发生会导致顶事件发生。

而对分析最有价值的割集是最小割集。

- **最小割集**：如果一个割集继续分解的话就不能再导致顶事件发生，那么这个割集就是最小割集（即能够引起顶事件发生的基本事件的最低限度的集合）。

令 $C_1, C_2, \cdots, C_k$ 代表一个故障树的 k 个割集，最小割集中不同基本事件的数量称为这个割集的阶。如果一个割集中的基本事件同时发生，我们就说这个最小割集失效了①。因此，最小割集也可以采用一个只有与-门的故障树来表示，如图 10-6(ii)所示。在可靠性框图中，最小割集可以表示成一个带有 r 个元件的单一并联结构，其中 r 就是最小割集的阶。只有并联结构中所有 r 个元件同时失效，最小割集才会失效。

令 $C_j(t)$ 代表最小割集 C_j 在时间点 t 失效这一事件，$j=1,2,\cdots,k$。如果至少有一个最小割集在时间点 t 失效，那么顶事件就会在时间点 t 发生，因此有

① 失效这个词汇如果使用“发生”一词，可能会产生误导。因为并不一定某个基本事件在时间 t 的时候正好发生，这个词汇描述的只是这个基本事件在时间 t 的时候处于某个状态（比如元件在时间 t 的时候处于失效状态）。

$$\mathrm{TOP}(t) = C_1(t) \cup C_2(t) \cup \cdots \cup C_k(t) \tag{10-1}$$

因此,故障树也可以采用一种只有顶层结构的树表示,所有的最小割集故障树都通过一个或-门与顶事件连接,如图 10-7 所示。

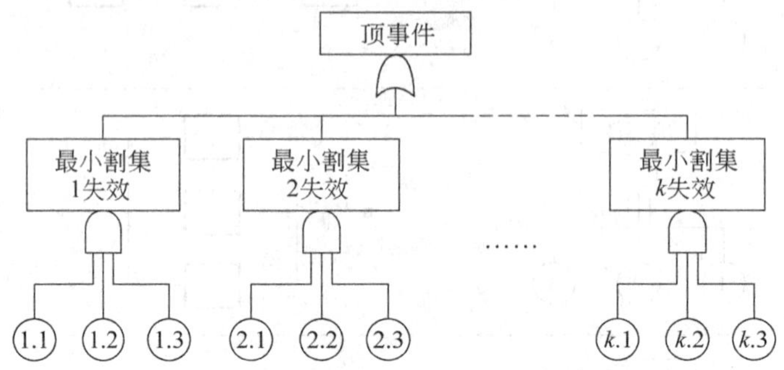

图 10-7 如果 k 个最小割集中至少有一个失效,顶事件就会发生

为了节约空间,图 10-7 同样省略了描述基本事件的矩形。这里每一个最小割集我们都只画出了三个基本事件。最小割集 j 中的基本事件可以使用符号 $j.1$、$j.2$ 和 $j.3$ 表示,其中 $j=1,2,\cdots,k$。在一个真正的故障树当中,最小割集的阶数会有所不同,而同一个基本事件可能同时出现在几个最小割集中。

对于小型简单的故障树来说,不需要正式的步骤或算法,只通过检查就可以找到最小割集。然而对于大型或者复杂的故障树而言,就需要有专门的算法了。

使用 MOCUS 识别最小割集。 MOCUS(method for obtaining cut sets,割集获取方法)是一种简单的算法,可以用来在故障树中找到最小割集。我们可以通过一个例子来解释这个方法。比如图 10-8 中的故障树,其中的逻辑门包括 TOP(顶事件)以及 *G*1 到 *G*4。算法从顶事件开始。如果 TOP 门是一个或-门,这个门的每一个输入都需要单独记录一行。类似地,如果 TOP 门是一个与-门,则需要将门的每一个输入单独记录一列。在我们的例子中,TOP 门是一个或-门,因此,我们记录

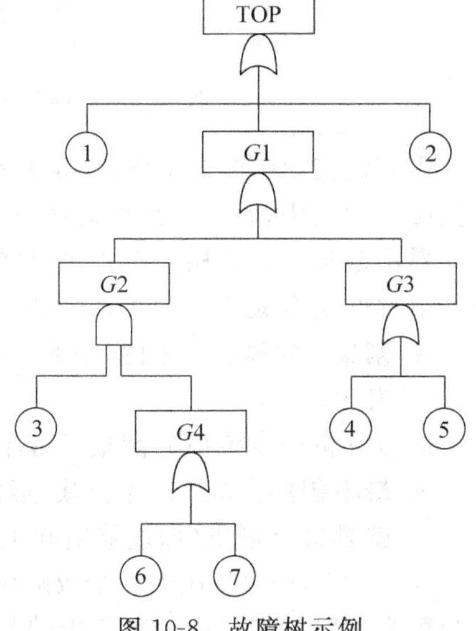

图 10-8 故障树示例

1

*G*1

2

因为 1、*G*1 和 2 这三个输入每一个都可以导致顶事件发生,它们中的任何一个都可以自己构成一个割集。

我们继续使用输入代替每一个门,直到整个故障树中所有的门都被基本事件所替代。在这个过程完成之后,所建立矩阵中的各行即为故障树的割集。

因为 $G1$ 是一个或-门：

1
$G2$
$G3$
2

因为 $G2$ 是一个与-门：

1
3,$G4$
$G3$
2

因为 $G3$ 是一个或-门：

1
3,$G4$
4
5
2

因为 $G4$ 是一个或-门：

1
3,6
3,7
4
5
2

因此，我们可以找到故障树的六个割集：

$$\{1\},\{2\},\{4\},\{5\},\{3,6\},\{3,7\}$$

需要注意的是，或-门会增加系统中最小割集的数量，而与-门则会增加最小割集的阶数(即增加割集中基本事件的数量)。

如果有同一个基本事件出现在故障树中多个地方，MOCUS 方法一般就无法给出最小割集了。因此，有必要检查找到的割集是否真的已经是最小割集。这样的一个步骤已经包含到了 MOCUS 故障树分析计算机程序当中，在上面的例子中，所有的基本事件都是唯一的，因此算法可以找到最小割集。

在图 10-9 中，图 10-8 的故障树被转化为可靠性框图，这样我们可以很轻松地看到都有哪些最小割集。然而，这种方法并不适用于大型故障树，因此我们还需要更加高效的算法。

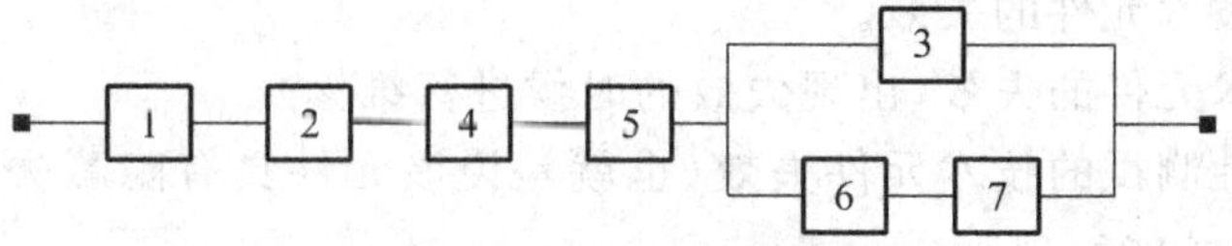

图 10-9　与图 10-8 中故障树对应的可靠性框图

现在,已经有多种更加高效的寻找最小割集的算法,并且已经编译成计算机程序用于故障树分析。

只有一个与-门的故障树。考虑如图10-10所示只包含一个与-门的故障树。

令 $E_i(t)$ 代表事件 E_i 在时间点 t 发生,其中 $i=1,2,\cdots,n$。对于这棵故障树来说,当且仅当所有基本事件都发生的时候,顶事件才会发生,因此它的布尔表达式为

$$\text{TOP}(t) = E_1(t) \cap E_2(t) \cap \cdots \cap E_n(t) \tag{10-2}$$

事件在时间点 t 发生的概率可以表示为

$$q_i(t) = \Pr(E_i(t))$$

如果事件 E_i 是一个元件失效,那么 $q_i(t)$ 就可以表示元件的不可靠性或者不可用性。我们假设事件 $E_1(t),E_2(t),\cdots,E_n(t)$ 是彼此独立的,顶事件在时间 t 的概率 $Q_s(t)$ 就是

$$\begin{aligned} Q_s(t) &= \Pr(E_1(t) \cap E_2(t) \cap \cdots \cap E_n(t)) \\ &= \Pr(E_1(t)) \cdot \Pr(E_2(t)) \cdots \Pr(E_n(t)) \\ &= q_1(t) \cdot q_2(t) \cdots q_n(t) \\ &= \prod_{i=1}^{n} q_i(t) \end{aligned} \tag{10-3}$$

只有一个或-门的故障树。考虑如图10-11所示只包含一个或-门的故障树。

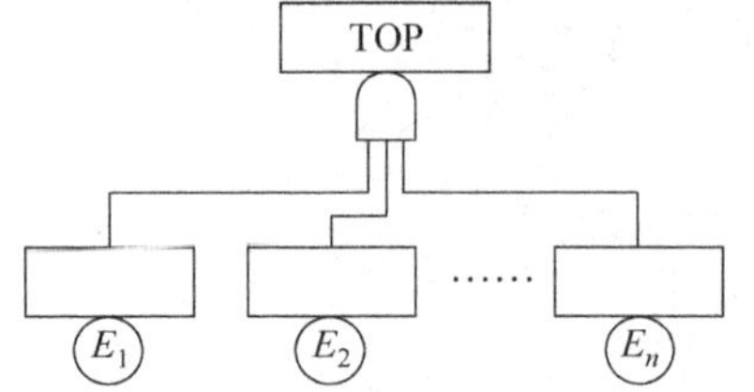

图 10-10 只有一个与-门的故障树

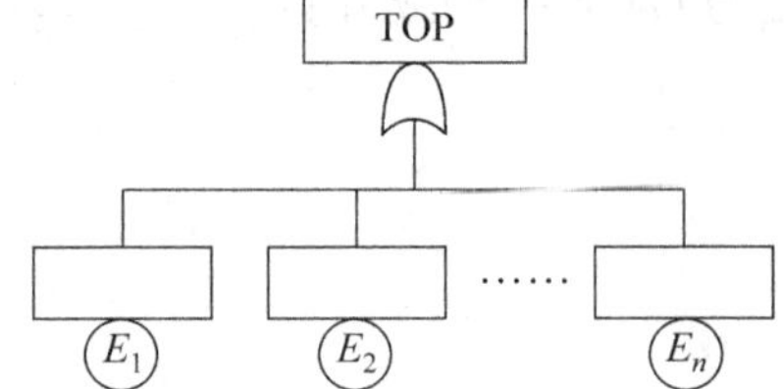

图 10-11 只有一个或-门的故障树

在这个例子中,任何一个基本事件都会引起顶事件的发生,其布尔表达式为

$$\text{TOP}(t) = E_1(t) \cup E_2(t) \cup \cdots \cup E_n(t) \tag{10-4}$$

如果所有的事件 $E_1(t),E_2(t),\cdots,E_n(t)$ 都是彼此独立的,顶事件在时间 t 的概率 $Q_s(t)$ 是

$$\begin{aligned} Q_s(t) &= \Pr(E_1(t) \cup E_2(t) \cup \cdots \cup E_n(t)) \\ &= 1 - \Pr(E_1^*(t) \cap E_2^*(t) \cap \cdots \cap E_n^*(t)) \\ &= 1 - ((1 - q_1(t) \cdot (1 - q_2(t) \cdots (1 - q_n(t)) \\ &= 1 - \prod_{i=1}^{n} (1 - q_i(t)) \end{aligned} \tag{10-5}$$

输入数据。故障树的基本事件一般可以分为五种类别:

1. 不可修复技术元件的失效。

2. 可修复技术元件的失效(出现失效的时候进行维修)。

3. 进行周期性测试的技术元件失效(也就是说该元件具有隐藏失效,这些失效只有在周期性测试当中才能发现)。

4. 按照某一频率发生的事件(比如像闪电、暴雨、洪水这些自然事件)。

5. 在一定条件下发生的事件，一般也称为出现需求时发生的事件(比如人因错误和火灾)。

接下来我们就分别讨论这五类基本事件。

1. 不可修复的元件。令基本事件 $E_i(t)$＝“在时间点 t，不可修复元件 i 处于失效状态”。这个元件假设具有固定的失效速率 λ_i，在时间 $t=0$ 的时候就投入运行，那么基本事件在时间 t 的概率为

$$q_i(t) = \Pr(E_i(t)) = 1 - e^{-\lambda_i t} \tag{10-6}$$

如果 $\lambda_i t$ 的值“很小”，就可以使用近似：$q_i(t) \approx \lambda_i t$。更多细节请阅读本书的附录 A。

2. 可修复元件。令基本事件 $E_i(t)$ ＝ “在时间点 t，可修复元件 i 处于失效状态”。令 MTTF_i 表示元件出现失效的平均时间，MTTR_i 表示一次失效后的平均停工时间，那么基本事件在时间 t 的概率为

$$q_i(t) \approx q_i = \frac{\mathrm{MTTR}_i}{\mathrm{MTTF}_i + \mathrm{MTTR}_i} \tag{10-7}$$

$q_i(t)$是元件 i 在时间点 t 的不可用概率，这个不可用概率随着时间 t 的增加会逐渐趋近于平均不可用概率 q_i，因此我们一般使用 q_i 来代替 $q_i(t)$。在公式(10-7)中，我们假设元件 i 的失效可以被立刻检测到，并随机进行修复行动。在修复完成之后，元件可以达到“完好如初”的状态，所以无论是 MTTF_i 还是 MTTR_i 都没有变化的趋势。

令 λ_i 表示元件的固定失效速率，有 $\mathrm{MTTF}_i = 1/\lambda_i$。因为 $\mathrm{MTTR}_i \ll \mathrm{MTTF}_i$，元件的不可用概率可以表示为

$$q_i = \frac{\mathrm{MTTR}_i}{\mathrm{MTTF}_i + \mathrm{MTTR}_i} \approx \lambda_i \cdot \mathrm{MTTR}_i \tag{10-8}$$

3. 周期性测试的元件。令基本事件 $E_i(t)$＝“在时间点 t，进行周期性测试的元件 i 处于失效状态”。这里，元件 i 可能存在一个隐藏的失效，只有在进行周期性测试的时候才能够被检测出来。前后两次测试之间的时间间隔表示为 τ，而隐藏失效模式相应的固定失效频率为 λ_i。在测试之后，我们假设元件是“完好如初”的，相比测试间隔，如果测试时间和修理时间(如果需要的话)短到可以忽略的话，基本事件的概率是

$$q_i(t) \approx q_i = \frac{\lambda_i \tau}{2} \tag{10-9}$$

现在假设元件在平均维修时间 MTTR_i 期间无法发挥功效，而这段时间又是无法忽略的。那么，维修事件就需要包含在概率当中

$$\Pr(\text{“元件在测试中发现出于失效状态”}) = 1 - e^{-\lambda_i \tau} = \lambda_i \tau$$

这里，基本事件的概率是

$$q_i(t) \approx \frac{\lambda_i \tau}{2} + \frac{\lambda_i \tau \cdot \mathrm{MTTR}_i}{\tau} = \frac{\lambda_i \tau}{2} + \lambda_i \cdot \mathrm{MTTR}_i \tag{10-10}$$

4. 频率。这个词汇主要用于那些经常发生，但是持续时间可以忽略不计的事件。在时间点 t 基本事件概率是 $q_i(t) = 0$，而该事件的频率为 v_i。

注意：有持续时间的事件可以看做是一个可修复的元件，其失效速率就是事件的频率，修复时间就是事件的持续时间。

5. 按需频率。令基本事件 $E_i(t)$＝“在时间点 t，基本事件 i 发生”。该词汇用于描述在某一特定环境下可能会发生的事件，比如“操作员没有启动人工停机系统”和“泄漏气体被点燃”。这类基本事件的频率一般假设和时间 t 无关。

$$q_i(t)=q_i \tag{10-11}$$

顶事件概率。如式(10-1)和图 10-7 所示,任何故障树图都可以转换为它的所有最小割集作为输入事件、只有一个或-门的故障树。根据公式(10-1),顶事件在时间点 t 的概率 $Q_0(t)$可以表示为

$$Q_0(t)=\Pr(\mathrm{TOP}(t))=\Pr(C_1(t)\cup C_2(t)\cup\cdots\cup C_k(t)) \tag{10-12}$$

其中 $C_j(t)$是最小割集 j 在时间点 t 处于失效状态的概率,$j=1,2,\cdots,k$。如果 C_j 中所有的基本事件 $E_{j,i}$在时间点 t 发生,最小割集 j 就会在时间点 t 失效。因此,最小割集失效 $C_j(t)$可以表示成一个只有与-门的故障树。最小割集 C_j 在时间点 t 失效的概率表示为 $\check{Q}_j(t)$。如果最小割集 C_j 中所有基本事件都是独立的,我们可以从式(10-3)中得到

$$\check{Q}_j(t)=\Pr(E_{j,1}(t)\cap E_{j,2}(t)\cap\cdots\cap E_{j,n_j})=\prod_{i\in C_j}q_i(t) \tag{10-13}$$

其中 n_j 是最小割集 C_j 中基本事件的数量,$j=1,2,\cdots,k$。

如果所有的最小割集都是独立的,我们可以使用式(10-5)确定顶事件在时间点 t 的概率

$$Q_0(t)=1-\prod_{j=1}^{k}(1-\check{Q}_j(t))$$

然而,如果有基本事件同时出现在多个最小割集当中,那么这些最小割集就不再是独立的了。这样的依赖关系让最小割集之间存在一种正关联[①],于是我们可以演绎出下面的近似表达式:

$$Q_0(t)\lessapprox 1-\prod_{j=1}^{k}(1-\check{Q}_j(t)) \tag{10-14}$$

这个公式称为上限近似方程,在绝大多数故障树分析程序中都有使用。使用式(10-14)的右半部分,可以给出足够的近似。这种近似比较保守,也就是说顶事件的概率 $Q_0(t)$要比计算的数值略小。

容斥方法。容斥方法是上限近似方程的一种替代方法,可以给出顶事件概率更准确的值。与此同时,这种方法也需要使用更多的计算资源。

通过将概率的加法法则应用于式(10-12),我们可以得到

$$\begin{aligned}Q_0(t)=&\sum_{j=1}^{k}\Pr(C_j(t))-\sum_{i<j}\Pr(C_i(t)\cap C_j(t))\\&+\sum_{i<j<l}\Pr(C_i(t)\cap C_j(t)\cap C_l(t))\\&-\cdots+(-1)^{k+1}\Pr(C_1(t)\cap C_2(t)\cap\cdots\cap C_k(t))\end{aligned} \tag{10-15}$$

我们定义

$$S_1(t)=\sum_{j=1}^{k}\Pr(C_j(t))$$

$$S_2(t)=\sum_{i<j}\Pr(C_i(t)\cap C_j(t))$$

① 关联一词在拉桑德和霍伊兰德(2004 年)所著教材的第六章有详细的讨论。

$$S_3(t)=\sum_{i<j<l}\Pr(C_i(t)\cap C_j(t)\cap C_l(t))$$
$$\vdots$$
$$S_k(t)=\Pr(C_1(t)\cap C_2(t)\cap\cdots\cap C_k(t))$$

现在，式(10-15)可以写成

$$\begin{aligned}Q_0(t)&=S_1(t)-S_2(t)+S_3(t)-\cdots+(-1)^{k+1}\cdot S_k(t)\\&=\sum_{j=1}^{k}(-1)^{j+1}S_j\end{aligned}$$

可以使用容斥原则找到顶事件概率的近似值：

$$\begin{aligned}Q_0(t)&\leqslant S_1(t)\\S_1(t)-S_2(t)&\leqslant Q_0\\Q_0(t)&\leqslant S_1(t)-S_2(t)+S_3(t)\\&\vdots\end{aligned}\tag{10-16}$$

比如，我们可以使用第一个不等式计算顶事件概率的保守近似值：

$$Q_0(t)\lessapprox\sum_{j=1}^{k}\check{Q}_j(t)\tag{10-17}$$

这是因为 $S_1(t)=\sum_{j=1}^{k}\Pr(C_j(t))=\sum_{j=1}^{k}\check{Q}(t)$。这个近似方程称为小概率事件近似。它是基于这样的一个假设：两个或者更多最小割集同时失效的概率要比单独一个最小割集失效的概率小得多。

小概率事件近似看起来要比上限近似更加保守，这是因为

$$Q_0(t)\lessapprox\sum_{j=1}^{k}\check{Q}_j(t)\leqslant 1-\prod_{j=1}^{k}(1-\check{Q}_j(t))\tag{10-18}$$

敏感性分析。我们需要进行敏感性分析(见第 16 章)来确定在有一个或者多个输入参数变化的时候，顶事件概率会发生怎样的变化。比如出现下列这样的情况，我们就要关注参数变化对于顶事件概率的影响：

- 某一类特定元件的失效速率比正常值高出至少 50%。
- 一组检测设备的测试间隔由 3 个月增加到 6 个月。

有时候，我们可能会对输入参数的不确定性如何影响顶事件概率比较感兴趣，这类分析称为不确定性或者错误传播分析，一般采用蒙特卡洛仿真的方法。我们将在第 16 章中进行进一步的讨论。绝大多数故障树程序中都包含有敏感性分析和(或)不确定性或错误传播分析模块。

基本事件的重要度。现在有多种重要度测量方法可以测量一个基本事件在与其他基本事件比较时的相对重要度。确定基本事件的重要度需要取决于两个方面的因素：(i)基本事件的概率；(ii)基本事件在故障树图中的位置。

伯恩鲍姆量度。伯恩鲍姆(Birnbaum)在 1969 年提出了下列故障树中基本事件 i 重要度的测量方法：

$$I^B(i\mid t)=\frac{\partial Q_0(t)}{\partial q_i(t)}\tag{10-19}$$

其中 $i=1,2,\cdots,n$。

因此，伯恩鲍姆量度是顶事件的概率 $Q_0(t)$ 对自变量 $q_i(t)$ 求偏导数得到的，这是一种标准的敏感度分析方法。如果 $I^B(i|t)$ 很大，即便是 $q_i(t)$ 一点很小的变化也会导致顶事件概率 $Q_0(t)$ 发生相对较大的改变。

令 $Q_0(t|E_i)$ 和 $Q_0(t|E_i^*)$ 分别表示已知基本事件 i 发生 (E_i) 和基本事件 i 没有发生 (E_i^*) 时候的顶事件条件概率。我们现在可以将伯恩鲍姆量度表示为（详细推导过程可阅读拉桑德和霍伊兰德 2004 年著作的第 5.2 节）

$$I^B(i \mid t) = Q_0(t \mid E_i) - Q_0(t \mid E_i^*) \tag{10-20}$$

很多故障树程序都使用这个公式计算伯恩鲍姆量度。首先，假设基本事件 i 已经发生，这样可以计算顶事件概率 $Q_0(t|E_i)$。接下来，再假设该基本事件没有发生，计算顶事件概率 $Q_0(t|E_i^*)$。与对 $Q_0(t)$ 求导相比，计算两次顶事件的概率在计算机程序中执行得要更快。

福塞尔-韦斯利量度。福塞尔(J. B. Fussell)和韦斯利(W. Vesely)建议使用下列方法测量故障树中基本事件 i 的重要度：

$$I^{FV}(i \mid t) = \Pr\begin{pmatrix}\text{至少有一个包含基本事件 } i \text{ 的最小割集在} \\ \text{时间点 } t \text{ 失效} \mid \text{顶事件在时间点 } t \text{ 发生}\end{pmatrix} \tag{10-21}$$

令 C_j^i 表示包括基本事件 i 的最小割集 j，那么这个最小割集在时间点 t 失效的概率可以表示为

$$\check{Q}_j^i(t) = \Pr(C_j^i(t)) \tag{10-22}$$

福塞尔-韦斯利量度现在可以表示为（可参见拉桑德和霍伊兰德 2004 年教材的第 5.7 节）

$$I^{FV}(i \mid t) \approx \frac{1 - \prod_{j=1}^{m_i}(1 - \check{Q}_j^i(t))}{Q_0(t)} \tag{10-23}$$

其中 m_i 是包含基本事件 i 的最小割集的数量，$i=1,2,\cdots,n$。

福塞尔-韦斯利量度的主要优势在于它的计算效率很高。

风险增加当量。基本事件 i 在时间点 t 的风险增加当量(risk achievement worth, RAW)可以定义为

$$I^{RAW}(i \mid t) = \frac{Q_0(t \mid E_i)}{Q_0(t)} \tag{10-24}$$

因此，RAW 是假设基本事件 E_i 发生情况下（比如元件 i 失效）的顶事件概率与实际顶事件概率之比。

对于关联系统来说，RAW 的值会大于 1。$I^{RAW}(i|t)$ 的值越大，如果基本事件 E_i 发生，顶事件概率增加的就越多。因此，RAW 显示了需要在哪里采取预防措施才能保证失效不会发生。

风险降低当量。基本事件 i 在时间点 t 的风险降低当量(risk reduction worth, RRW)可以定义为

$$I^{RAW}(i \mid t) = \frac{Q_0(t)}{Q_0(t \mid E_i^*)} \tag{10-25}$$

因此,RRW 是给定基本事件 E_i 被一个永远不会发生的基本事件取代情况下(比如一个绝对可靠的元件),实际顶事件概率和顶事件概率的比值。RRW 总是大于1的。

要了解更多有关 RAW 和 RRW 的信息,请阅读相关的文献,比如斯达马特拉托斯(2002年b)、拉桑德和霍伊兰德(2004年)以及慕达雷斯(Modarres,2006年)的著作。

重要度量度的应用。有一种很常见的情况,就是只有较少的事件对顶事件概率有着显著的影响。通常我们还会看到,事件会按照数量级不同进行分类。在这些情况当中,各个事件的重要度差别巨大,以至于有些事件和计算顶事件概率使用数据的精确度没有什么关系(斯达马特拉托斯等人,2002年b)。

重要度量度的主要优势在于:

- 可以识别最需要改进、保持和控制的基本事件。
- 可以识别我们需要获得高质量数据的基本事件。重要度很低的基本事件对于顶事件概率基本没什么影响,在这些事件上投入大量资源获取准确数据可能根本就没有意义。因此,有一种相关方法是首先基于近似的输入参数计算顶事件概率和至少一种重要度量度,然后再重点关注与那些最重要基本事件有关的数据获取源。

二元决策图。故障树图也可以使用二元决策图(binary decision diagrm,BDD)代替。BDD 是一个由节点和弧构成的网络,其中所有的弧都是有向的,且网络当中不允许存在闭环(可参阅:安德森(Andersen),1999年)。

与直接分析故障树不同,BDD 方法是要将故障树图转化为二元决策图,它实际上是顶事件布尔方程的一种表达方法。这种方法并不使用最小割集。在很多情况下,它都要比传统方法效率更高,也不需要近似方程。然而,这种方法还是存在一些问题,需要进一步的研究。

斯达马特拉托斯等(2002年b)和慕达雷斯(2006年)的文章对 BDD 方法有进一步的介绍,本书就不再涉及相关的内容。

10.3.4 分析步骤

故障树分析一般由五个步骤构成(CCPS,2008年):

1. 计划和准备。
2. 建立故障树。
3. 定性分析故障树。
4. 定量分析故障树。
5. 报告分析结果。

第1步:计划和准备。我们在第8章中已经讨论了这一步骤的常规任务,这里就不再赘述。然而对于故障树而言,还有两个非常关键的任务,分别是:

- 定义将要分析的顶事件。
- 定义分析的边界条件。

定义顶事件。顶事件需要有清晰明确的定义,这是非常关键的一项工作。如果没有清楚的定义,分析的价值可能就会大打折扣。举个例子来说,“工厂内起火”这一事件描述就过于宽泛和模糊。顶事件的描述一般应该回答出下列几个问题:

(a) 正在发生什么?

(b) 在哪里发生?

(c) 什么时候发生?

这三个问题有时候可以解释成什么、哪里以及何时的问题。仍然是上面的例子,顶事件更加精确的描述应该是"过程氧化反应炉在正常运行的过程中起火"。

确立边界条件。为了能够进行前后一致的分析,很重要的一点是要认真定义出分析的边界条件。通过边界条件,我们可以了解:

- 系统的物理边界。系统的哪些部分包括在分析当中,哪些部分在分析中没有涉及?
- 初始条件。当顶事件发生的时候,系统处于什么样的运行状态?系统是否在满负荷运行?哪些阀门正在处于开启或关闭的状态,哪些泵的功能正常?
- 外部压力的边界条件。哪些类型的外部压力应该包含在分析当中?在这里,外部压力我们指的是来自闪电、暴雨、地震等现象对系统的冲击。
- 解析度。我们需要深入到何种程度,才能识别出失效状态的可能原因?举例来说,当我们识别出的原因是"阀门失效",这样就可以了吗?还是说我们应该进一步将失效分解到阀套、阀杆或是执行元件?在确定理想解析度的时候,我们应该记住故障树的细节程度应该与可获得信息的细节程度相对应。

故障树分析的计算机程序。小型的故障树图采用笔纸或者绘图软件就可以完成,但是大型的故障树还是需要专业的故障树分析软件。

现在我们可以使用多种故障树分析计算机程序。绝大部分程序都拥有图形界面,允许用户建立并修改故障树图,同时也可以按照常规的步骤识别出最小割集、计算顶事件概率和重要度量度等参数。

第 2 步:建立故障树。建立故障树一般首先从顶事件开始。然后,我们需要识别出所有会产生直接、必要和充分原因导致顶事件发生的故障事件,这些原因通过逻辑门与顶事件连接。有一点必须要记住,就是我们需要按照结构化的方法排列顶事件下面第一层的原因,这个第一层级也被称为故障树的顶结构(如图 10-2 所示)。顶结构中原因一般都是系统中主要模块或者系统主要功能的失效。接下来,我们逐层进行演绎推理,直到所有的故障事件都已经按照规定的解析度识别出来。换句话说,这个演绎分析过程就是不断地问"……的原因是什么?"故障树中最底层的事件就是基本事件。

故障树建立规则。

1. 描述故障事件。每一个事件都必须要如图 10-2 所示在一个矩形框中详细描述(是什么,何时何地发生)。如果矩形框的空间不够,也可以使用关联文件给出相应的信息。

2. 对故障事件进行评价。正如我们在第 3.6 节中所讲述的,元件失效可以分为三类:主要失效、次要失效和指令错误。图 10-4 描述了这三类失效。

在评价元件故障事件的时候,我们会问"主要失效会引起这个故障吗?"如果答案是"会",那么这个故障事件就被划分为一般基本事件。如果答案是"不会",那么这个故障事件或者被划分为中间事件并且需要进一步探讨,或者可以划分为次要基本事件。次要基本事件也可以称为未探讨事件,表示不需要进一步分析的故障事件。不进行分析的原因可能是信息不足,或者是事件的后果无关紧要。

3. 完善逻辑门。必须要定义出每一个逻辑门的所有输入，并在转向下一个门之前完善相关的描述。如果要建立完善的故障树，需要在开始下一个层级之前完善现有的层级。

针对某一个顶事件的故障树事件排列的方法并不是唯一的。有些看起来不同的故障树实际在逻辑上是等价的，表示同样的结构。案例 10-2 的两棵故障树就属于这种情况。

- 案例 10-2 消防泵失效

考虑一个包含两台消防泵(FP1 和 FP2)的系统，如图 10-12 所示。这两个消防泵采用同一台发动机 EG 驱动，而阀门 V 负责打开水流。图 10-13 中的故障树就描述了一个顶事件——在需要的时候"消防泵系统中没有水"的可能原因[①]。

可以将图 10-13 中故障树转换为图 10-14 中的可靠性框图，直接得到故障树的最小割集。我们可以看到，故障树的最小割集包括

$$C_1 = \{V\}, \quad C_2 = \{EG\}, \quad C_3 = \{FP1, FP2\}$$

而图 10-15 中则给出了图 10-13 中故障树的等价故障树。

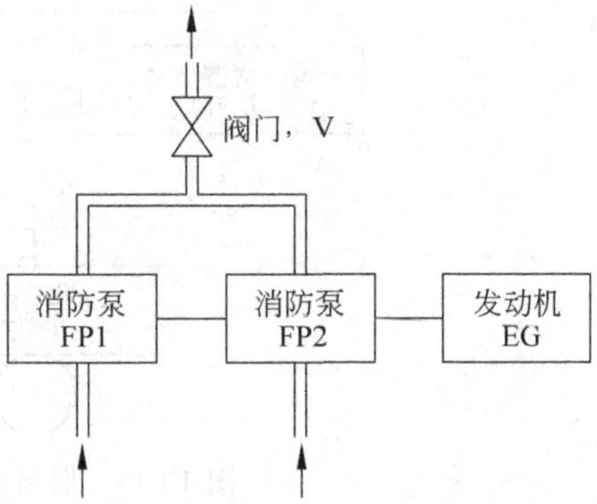

图 10-12 消防系统(案例 10-2)

需要注意，虽然图 10-13 和图 10-15 的故障树不同，但是它们在逻辑上却是一致的，拥有同样的最小割集。选择哪一棵故障树作为未来分析的基础并不重要，因为它们的结果是一样的。

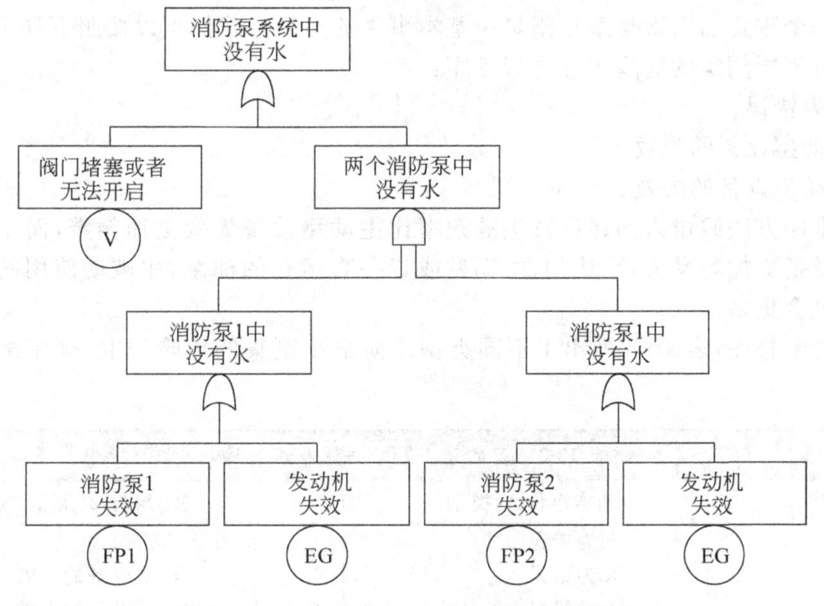

图 10-13 案例 10-2 中消防系统的故障树

① 本案例由 Safetec 公司的拉格纳・奥罗(Ragnar Aarφ)建议提供。

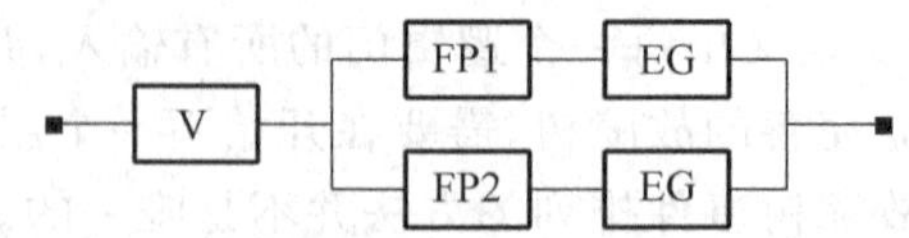

图 10-14 案例 10-2 中消防系统的可靠性框图

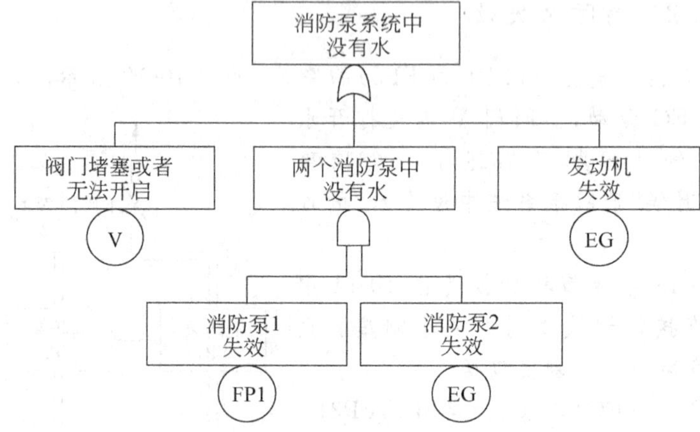

图 10-15 根据案例 10-2 建立的另外一棵故障树

第 3 步：定性分析故障树。需要根据最小割集对故障树进行定性评价。割集的危险程度主要取决于该割集的阶数。一阶割集通常要比二阶或者高阶割集更加重要。如果我们找到了一阶割集，那么就意味着只要相应的基本事件发生，顶事件就会发生。如果一个割集中有两个基本事件，这两个事件必须同时发生才能导致顶事件发生。

另外一个重要的因素是最小割集中基本事件的类型。我们可以按照下列不同的基本事件类型对不同割集的危险程度进行排序：

1. 人为错误。
2. 主动型设备的失效。
3. 被动型设备的失效。

这种排序方法假设人为错误发生的频率比主动型设备失效更加频繁，而主动型设备比被动型设备更加容易失效(比如，主动型或者一直运行的油泵，比被动使用的应急泵发生故障的机会更多)。

根据这个排序，表 10-3 列出了不同类型二阶最小割集的危险程度(排序第 1 名表示最危险)。

表 10-3 二阶最小割集危险程度排序

排序	基本事件 1(类型)	基本事件 2(类型)
1	人为错误	人为错误
2	人为错误	主动型设备的失效
3	人为错误	被动型设备的失效
4	主动型设备的失效	主动型设备的失效
5	主动型设备的失效	被动型设备的失效
6	被动型设备的失效	被动型设备的失效

第 4 步：定量分析故障树。如果可以假设故障树中的基本事件在统计上都是彼此独立的，我们就可以使用第 10.3.3 节中的公式，计算获取每一个基本事件的发生频率、顶事件的发生频率、重要度量度等参数。在大多数情况下，可以采用故障树分析计算机程序进行分析。当然，不同的程序可以计算的参数的数量会有所不同。

10.3.5 需要的资源和技术

故障树分析需要一定的培训和经验。分析比较耗时，但是一旦掌握技术后，并不太困难。很多计算机程序可以帮助分析师建立、编辑故障树并进行相关的定量研究。

为了进行故障树分析，研究团队必须对系统及其运行方式有一个全面的了解。如我们在第 10.3.3 节中讲述的，故障树的定量分析需要大量的输入数据。

10.3.6 标准和指南

现在人们已经制定了多个故障树分析的标准和指南，其中最为重要的包括：

- 《故障树分析(FTA)》(*Fault Tree Analysis* (FTA))(IEC 61025，2006 年)是故障树分析主要的国际标准。
- 美国核标准委员会的《故障树手册》(*Fault Tree Handbook*)(NUREG-0492，1981 年)是最早的一本全面介绍故障树分析的书籍，现在仍然是很有价值的参考资料。
- 《航天应用中的故障树手册》(*Fault tree handbook with aerospace applications*)(斯达马特拉托斯等人，2002 年 b)，可以看做是对 NUREG-0492(1981 年)的补充，是故障树分析最好也是最完整的参考文献之一。
- 《危险评价程序指南》(*Guidelines for Hazard Evaluation Procedures*)(CCPS，2008 年)其中一章专门讲解了故障树分析。

10.3.7 优势和局限

优势。故障树分析的优势在于这项技术：

- 易于使用，表达方式清晰且有逻辑性；
- 应用广泛，深受认可；
- 可以处理复杂系统；
- 适合很多不同的危险事件；
- 既适合技术故障也适合人为错误；
- 让分析师可以更好地理解失效的可能源头，因此可以重新思考系统的设计和运行，消除很多潜在的危险。

局限。故障树分析技术的主要局限包括

- 如果系统不只是简单的失效和运行两种状态(比如人为错误、恶劣天气)，使用故障树难以清晰表达系统特征；
- 只能处理可以预见的事件；
- 在处理对次序很敏感的事故场景时能力不足；
- 无法在故障树中显示“参与者”；

- 在处理大型系统的时候，会变得非常烦琐、耗时、难以理解；
- 只提供了导致顶事件发生的失效和事件组合的静态图像，因此故障树分析并不适用于动态系统，比如开关系统、多阶段任务系统以及使用复杂维护策略的系统。

10.4 贝叶斯网络

10.4.1 简介

贝叶斯网络(Bayesian network)是一种图形化模型，可以描述系统中关键因素(原因)和一个或者多个最终输出结果之间的因果关系。网络由节点和有向弧组成，其中节点表示状态或者条件，弧表示直接的影响。

和故障树分析一样，贝叶斯网络中引入了概率，我们可以使用这些概率计算输出结果的概率。有时候，贝叶斯网络也称为贝叶斯置信网络、因果网络或者置信网络。

根据分析范围的不同，贝叶斯网络分析可以是定性的、定量的，也可以两者兼而有之。在查尼亚克(Charniak,1991 年)以及萨鲁夫(Kjærulff)和马德森(Madsen)(2008 年)的著作当中，我们都可以找到对贝叶斯网络的介绍。

贝叶斯网络分析是一种非常全面的方法，可以用于各种不同的目的，其中的一些不在本书的讨论范围之内。在本书中，我们首先会对贝叶斯网络进行一个基本的介绍，然后关注于这种方法如何在风险分析中的因果分析中使用，这种应用的目标和故障树分析有着一些相同的地方。希望深入了解这种方法的读者，可以阅读我们在本章结尾处列出的相关参考文献。

10.4.2 目标和应用

与风险分析相关的贝叶斯网络分析的目标包括：

(a) 识别出所有会对关键性事件(危险事件或者事故)具有重大影响的相关因素；

(b) 在一个网络中描述出不同风险影响因素之间的关系；

(c) 计算关键性事件的概率；

(d) 识别出对于关键性事件概率最重要的因素。

贝叶斯网络要比故障树更加灵活，可以在风险分析中取代故障树。目前，贝叶斯网络在统计、机器学习、人工智能以及风险和可靠性分析中都十分常见。

10.4.3 方法描述

贝叶斯网络是一个有向无环图，搭配一系列概率表格。图中包括一组节点和一组有向弧[①]。弧可以写为$\langle A,B\rangle$，表示从网络节点 A 到另一个节点 B 的弧。贝叶斯网络是无环图意味着网络中没有环路。

在图中，节点可以表示成椭圆形或者圆形，弧可以采用箭头表示。每一个节点都代表

① 弧也可以称为连接、箭头、向量和边。

一个具有离散分别的随机变量。当然，我们也可以采用连续分布，但是这样做会让分析更加复杂。随机变量的值称为用节点代表的因素的状态。每一个变量可以有两个或者更多的状态，但是我们建议使用尽量少的状态，因为随着状态的增多，计算的复杂性也会增加。节点可以代表任何一种类型的变量，比如测得的数值、隐含变量，甚至可以是一个假设。

令 A 和 B 分别代表与节点 A 和 B 相关的随机变量。简而言之，我们使用相同的符号表示节点及其相关的随机变量。希望这不会让读者发生混淆。

从节点 A 到节点 B 的弧代表相应两个变量 A 和 B 之间的统计相关性。因此，从 A 到 B 的箭头，就表示变量 B 的取值取决于变量 A 的值，或者说变量 A 对于变量 B 有直接影响。

A → B

图 10-16　一个简单的贝叶斯网络

图 10-16 给出了一个可能是最简单的贝叶斯网络，其中节点 A 与节点 B 相连。在图 10-16 中，节点 A 被称为节点 B 的父节点，而节点 B 则被称为节点 A 的子节点。没有父节点的节点被称为根节点，因此在这幅图中 A 就是一个根节点。

从 A 通过有向路径可以到达的节点称为 A 的后裔节点，而那些通过有向路径可以到达 A 的节点则称为 A 的祖先节点。因为贝叶斯网络是一个无环图，一个节点永远不可能成为自身的后裔或者祖先节点。

考虑图 10-16 中这样一个贝叶斯网络图，令 A 和 B 分别为表示节点(或者因素)A 和 B 的随机变量。在实际应用中，节点一般会被赋予一个名字，比如“天气”或者“元件的状态”。随机变量则代表这个因素的可能状态，比如对于天气因素：

$$X_1 = \begin{cases} 1, & \text{下雨} \\ 0, & \text{不下雨} \end{cases}$$

图 10-16 中的节点 A 是一个根节点，我们将 A 的分布称为边际分布。

对于 A 和 B 分别的可能状态 a 和 b，A 和 B 的联合概率分布为

$$\Pr(A = a \cap B = b) = \Pr(A = a) \cdot \Pr(B = b \mid A = a) \tag{10-26}$$

这个等式还可以写成一个更加紧凑的形式

$$p_{A,B}(a,b) = p_A(a) \cdot p_{B|A}(b \mid a) \tag{10-27}$$

出于简化的目的，我们可以假设 A 和 B 都具有两个可能的状态 1 和 0。如果 $A=1$，因素 A 存在；如果 $A=0$，因素 A 不存在。因素 B 的情况与 A 相同。

- 案例 10-3　下雨时候的工作绩效

假设我们准备在明天的某个时间段内做一项工作。工作成功的概率取决于在工作的时候是否会下雨。图 10-16 就描述了这样一种情况，其中 A 代表天气，而 B 代表工作结果。如果在这个时间段下雨，令 $A=1$；如果不下雨，则 $A=0$。如果工作成功，令 $B=1$，否则 $B=0$。根据天气预报的情况，我们相信

$$\Pr(A = 1) = 0.15, \quad \text{因此 } \Pr(A = 0) = 0.85$$

那么，条件概率如表 10-4 所示。

表 10-4 条件概率

a	$\Pr(B=1\mid A=a)$	$\Pr(B=0\mid A=a)$
1	0.10	0.90
0	0.70	0.30

这说明如果我们知道明天会下雨的话，工作成功($B=1$)的概率是 $\Pr(B=1\mid A=1)=0.10$。

工作成功($B=1$)的总概率为

$$\begin{aligned}\Pr(B=1) &= \Pr(B=1\mid A=1)\cdot\Pr(A=1)\\&\quad+\Pr(B=1\mid A=0)\cdot\Pr(A=0)\\&=0.10\times0.15+0.70\times0.85\\&=0.61=61\%\end{aligned}$$

在风险分析中使用贝叶斯网络的主要目的是建立危险事件或者事故的影响网络模型。那些会影响输出结果的因素就是风险影响因子(RIF)。我们需要采用演绎的方法识别出 RIF 并利用有向弧将它们连接起来。

有时候，我们需要区别技术、人为、组织、环境和法规影响因素，图 10-17 描述的就是这种情况。根据这个模型，危险事件(比如流程工厂中的气体泄漏)是由四个技术因素直接导致的，技术因素受到人为因素(比如维护错误)的直接影响，而人为因素又会受到不同组织因素(比如时间压力、维护程序不够)的直接影响。在这个贝叶斯网络中，我们没有考虑环境和法规因素。

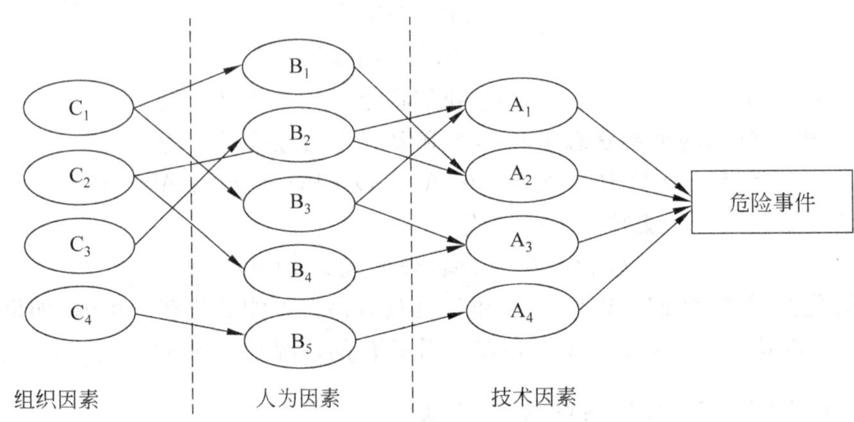

图 10-17 显示技术、人为和组织影响因素的贝叶斯网络示例

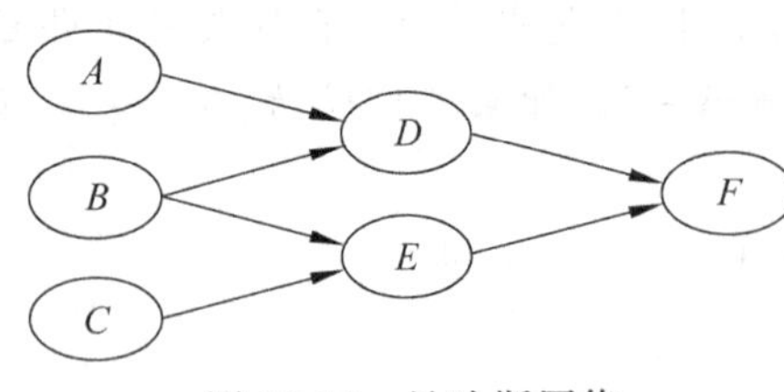

图 10-18 贝叶斯网络

假设。考虑图 10-18 中的贝叶斯网络图，我们利用这个图说明在进行定量网络分析的时候需要做出的假设。

1. 首先，假设当节点 D 的状态已知时，有关节点 A 的知识无法给出有关节点 F 状态概率的任何信息。这说明

$$\Pr(F \mid A \cap D) = \Pr(F \mid D)$$

跳出这个例子，上述的假设可以写成：

如果知道某一节点父节点的状态，我们假设该节点独立于其他更早的祖先节点。

这个假设同马尔可夫特性一致（见第 10.5 节），因为每个节点的条件概率分布只依赖于它的父节点。

2. 在图 10-18 当中，节点 D 和 E 是相关的，因为它们都受到节点 B 的影响。

为了能够计算贝叶斯网络中的概率，我们假设图中每一个节点（变量）都是条件独立的（在我们知道这些节点父节点状态的时候）。条件独立的概念可以定义如下：

- **条件独立**：设定三个事件 K、L 和 M，如果我们知道事件 M 已经发生，给定 M，如果有

$$\Pr(K \cap L \mid M) = \Pr(K \mid M) \cdot \Pr(L \mid M) \tag{10-28}$$

就可以认为事件 K 和事件 L 是条件独立的。

我们假设图 10-18 中的节点在给定父节点的情况下都是条件独立的。这也就意味着在我们知道节点 D 和 E 的父节点状态（即节点 A、B 和 C 的状态）的时候，上述两个节点是彼此独立的。这也就是说

$$\Pr(D \cap E \mid A \cap B \cap C) = \Pr(D \mid A \cap B) \cdot \Pr(E \mid B \cap C)$$

令 X 表示一个节点，$\text{Parent}(X)$表示节点 X 的父节点集合。在这个例子中，$\text{Parent}(D) = A \cap B$，$\text{Parent}(E) = B \cap C$。如果节点 D 和 E 是条件独立的，则有

$$\Pr(D \cap E \mid \text{Parent}(D, E)) = \Pr(D \mid \text{Parent}(D)) \cdot \Pr(E \mid \text{Parent}(E))$$

在一般情况下，我们可以把上述等式写成

$$\Pr(X_1 = x_1 \cap \cdots \cap X_n = x_n) = \prod_{i=1}^{n} \Pr(X_i = x_i \mid \text{Parent}(X_i)) \tag{10-29}$$

其中，我们使用变量 X_i 表示 n 个节点，x_i 是 X_i 的可能状态，$i = 1, 2, \cdots, n$。

3. 如果两个节点之间没有弧，就意味着它们是条件独立的。

条件概率表。每一个节点都必须要关联一个条件概率表（conditional probability table，CPT）。条件概率表是基于之前的信息和过去经验的可能性。CPT 给出了每一种父节点状态组合条件下的变量分布情况。

我们回到图 10-18 的贝叶斯网络，假设每一个变量都有两个可能的状态 0 和 1。我们希望了解代表这些节点的随机变量的概率。在图 10-18 中，节点 A、B 和 C 没有父节点，因此我们必须要确定这些变量的边际概率分布，比如它们可以是

$$\begin{aligned} \Pr(A = 1) &= 0.85 \\ \Pr(B = 1) &= 0.45 \\ \Pr(C = 1) &= 0.70 \end{aligned} \tag{10-30}$$

节点 D 和 E 存在父节点，所以随机变量 D 和 E 的概率分布依赖于它们相应父节点的状态，比如表 10-5 给出的状态。因为之前做出的第 1 条假设，节点状态只与它的父节点有关，而与更早的祖先节点无关。表 10-5 给出了节点 D 的条件概率表。在现有的文献当中，条件概率表有几种不尽相同的格式。

表 10-5 带有两个父节点的节点条件概率表(CPT)举例

父节点		Pr($D=d$ | 父节点)	
A	B	1	0
0	0	0.10	0.90
0	1	0.25	0.75
1	0	0.50	0.50
1	1	0.95	0.05

表格左上角的列标题标记为父节点,下方列出的是对问题中子节点(D)有因果影响的节点名称。在本例中,该节点有两个父节点(A 和 B),所以占据了表格的左侧两列。在表格的右侧,右上角列标题给出了与这个表格关联的节点名称。表格的其他部分列出了在给定父节点状态的时候,节点 D 各种状态的条件概率。在本例中,子节点 D 只有两个状态,父节点每个状态的条件概率之和应该等于 1,因此表 10-5 的最后两列中有一列是多余的,可以删除。一般来说,如果子节点 D 有 r 个不同的状态,我们在表 10-5 中就需要($r-1$)个概率列。需要注意,表中的概率值是“杜撰”出来的,只是用来说明方法。也可以使用类似的方法建立节点 E 的条件概率表。

条件概率表的复杂程度随着状态的数量以及父节点数量的增加而增长。如果节点没有父节点(即根节点),条件概率表就会缩减为像公式(10-32)那样,仅仅列出边际概率。

贝叶斯网络和故障树。故障树可以很容易地转化为贝叶斯网络。我们通过两棵故障树:(i)只有一个与-门,(ii)只有一个或-门,分别来描述转化的过程。

只有单一与-门的故障树。图 10-19(a)描述了带有两个独立基本事件(A 和 B)和一个与-门的故障树。图 10-19(b)则是拥有两个根节点的贝叶斯网络,其输出节点为 C。

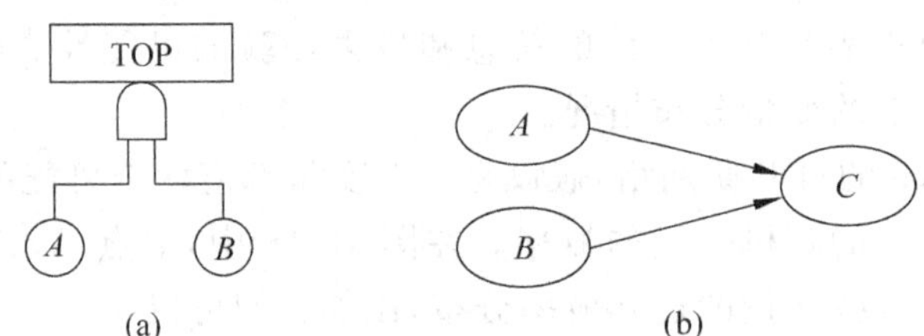

图 10-19 只有单一与-门的故障树及其对应的贝叶斯网络

令 A 为与节点 A 和基本事件 A 关联的随机变量,具有下面两个状态:

$$A=\begin{cases}1, & \text{如果基本事件 } A \text{ 发生}\\ 0, & \text{如果基本事件 } A \text{ 不发生}\end{cases} \tag{10-31}$$

随机变量 B 和 C 也采用同样的方法定义。

因为故障树有一个与-门,只有当两个基本事件(A 和 B)同时发生时,顶事件(C)才会发生,表 10-6 对故障树的这个逻辑关系进行了解释。

表 10-6　拥有一个与-门和两个基本事件的故障树解释表

基本事件		顶事件	基本事件		顶事件
A	B	C	A	B	C
0	0	0	1	0	0
0	1	0	1	1	1

令基本事件 A 和 B 在时间点 t 的(边际)概率为 $q_A(t)$ 和 $q_B(t)$，这也就意味着在时间点 t，

$$
\begin{aligned}
q_A(t) &= \Pr(A=1) \\
q_B(t) &= \Pr(B=1)
\end{aligned}
\tag{10-32}
$$

现在，顶事件的概率可以使用下列公式进行计算

$$
\begin{aligned}
Q_0(t) &= \Pr(C=1) = \Pr(A=1 \cap B=1) \\
&= \Pr(A=1) \cdot \Pr(B=1) \\
&= q_A(t) \cdot q_B(t)
\end{aligned}
\tag{10-33}
$$

图 10-19 中和故障树对应的贝叶斯网络与公式(10-32)拥有相同的边际概率，表 10-7 即为节点 C 的条件概率表。

表 10-7　与拥有一个与-门和两个基本事件的故障树相对应的条件概率表

基本事件		顶事件(C) Pr(C=1)	基本事件		顶事件(C) Pr(C=1)
A	B		A	B	
0	0	0.00	1	0	0.00
0	1	0.00	1	1	1.00

只有单一或-门的故障树。图 10-20(a)描述了带有两个独立基本事件(A 和 B)和一个或-门的故障树。图 10-20(b)则给出了拥有两个根节点 A 和 B 以及输出节点 C 的贝叶斯网络。表 10-8 是这个例子的条件概率表。

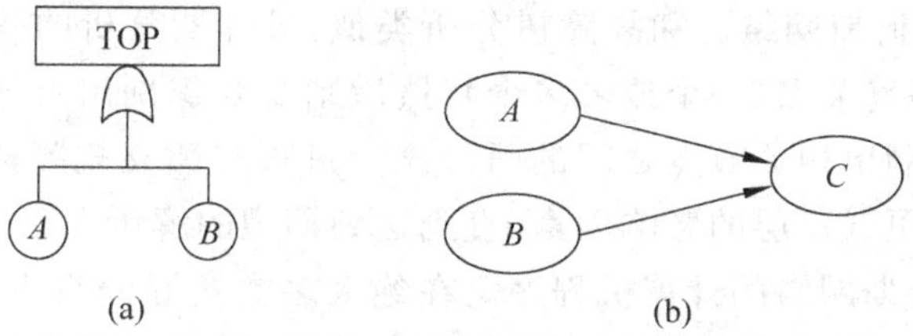

图 10-20　只有单一或-门的故障及其对应的贝叶斯网络

表 10-8　与拥有一个与-门和两个基本事件的故障树相对应的条件概率表

基本事件		顶事件(C) Pr(C=1)	基本事件		顶事件(C) Pr(C=1)
A	B		A	B	
0	0	0.00	1	0	1.00
0	1	1.00	1	1	1.00

现在,顶事件的概率可以使用下列公式进行计算

$$\begin{aligned} Q_0(t) &= \Pr(C=1) = 1-\Pr(C=0) \\ &= 1-\Pr(A=0 \cap B=0) \\ &= 1-\Pr(A=0)\cdot\Pr(B=0) \\ &= 1-(1-q_A(t))\cdot(1-q_B(t)) \end{aligned} \tag{10-34}$$

- 案例 10-4 风险影响因子

令 A 表示一个危险事件,B 表示存在的一个特定的风险影响因子(RIF)。假设我们已经估计出危险事件的发生频率为 $\Pr(A)=0.02$。此外,还假设我们根据事故报告估计出风险影响因子 B 的(边际)概率是 0.20,在危险事件发生的时候,这个因子存在的概率是 $\Pr(B|A)=0.75$。现在,我们可以使用贝叶斯方程确定

$$\Pr(A \mid B) = \frac{\Pr(B \mid A)\cdot\Pr(A)}{\Pr(B)} = \frac{0.75\times 0.02}{0.20} = 0.075$$

这就是我们观察到在风险影响因子 B 存在的时候,发生危险事件的可能性。

贝叶斯网络的一般化形式可以表示并解决带有不确定性的决策问题,这种网络模型也可以称为影响图。

10.4.4 分析步骤

贝叶斯网络分析包括下面五个步骤:

1. 计划和准备。
2. 建立贝叶斯网络。
3. 建立条件概率表。
4. 定量分析网络。
5. 报告分析结果。

我们在第 8 章中已经讨论过第 1 步和第 5 步,这里不再赘述。

第 2 步:建立贝叶斯网络。和故障树分析类似,贝叶斯分析的一项重要工作是用清晰明了的方式确定最终节点(一个或者多个),然后则是要识别出可能会影响最终节点的因素(父节点),并绘制出相关节点之间的弧。这个过程与建立故障树的顶结构类似。接下来,需要继续分析更低一层的影响因素,直到达到期望的解析度。

现在有很多贝叶斯网络的计算机程序。在绝大多数实际分析当中,都需要使用高效的软件程序。大部分计算机程序都拥有图形化的编辑器,可以用来绘制和编辑贝叶斯网络。然后,必须要将每一个节点的状态定义成取值范围在某一个离散值集合内的随机变量。

第 3 步:建立条件概率表。在定义了节点状态之后,需要描绘出节点之间的弧并分配概率。

从根节点开始(即那些没有父节点的节点),向这些节点分配概率。接下来,在给定父节点的情况下,下一个层级的节点都会被分配条件概率。在各个层级上都是如此操作,直到向最终节点的分配完成。在这个过程完成之后,所有的条件概率表就都已经建立好了。

在这个过程中，研究团队必须要确定条件概率表的输入值，这些值可以来自专家判断、一些外部数据源或根据数据进行估计，也可以综合使用上述方法得到。需要注意的是，对于贝叶斯网络来说，节点之间的交互越复杂，就需要指定更多的条件概率。

第 4 步：定量分析网络。现在可以计算不同的概率值。在绝大多数实际应用中，都有必要使用计算机。

敏感性分析可以为每一个变量相对我们感兴趣变量（一般就是最终节点）的重要度进行排名。这些变量可以说明网络中哪里需要进一步量化，并且可以识别出对模型最终节点影响最大的变量。随后，有些变量需要我们给予更大关注。对于管理层来说，这些变量可能代表着关键性的管理活动或者知识缺口。对于不同的兴趣领域和测试场景，敏感性分析的结果可能有所不同，因此关键性的知识缺口和风险优先级可能也有所不同。

10.4.5 需要的资源和技术

贝叶斯网络需要一定的培训和经验。

10.4.6 标准和指南

现在还没有关于贝叶斯网络的国际性标准，但是我们可以在一些教科书中找到详细的应用指南。

10.4.7 优势和局限

优势。贝叶斯网络的主要优势包括：

- 提供了一个直观表达的图形；
- 给予了严格的数学理论；
- 在风险分析当中可以取代故障树；
- 比故障树更加灵活（因为不需要采用二元的方法描述事件）；
- 可以融入定量和定性信息；
- 有新信息出现的时候可以升级。

局限。贝叶斯网络的主要局限包括：

- 随着节点数量的增加，工作量呈指数级增长；
- 即便是非常小的系统，也需要借助计算机程序。

10.5 马尔可夫方法

10.5.1 简介

在本书中，马尔可夫方法是一种基于离散状态和连续时间的马尔可夫过程的分析方法。罗斯（Ross，1996 年）的书中详细介绍了马尔可夫过程和一般随机过程，拉桑德和霍伊兰德的教材（2004 年）专门对可靠性研究中使用的马尔可夫方法进行了介绍。我们在本书中讨论马尔可夫过程的时候，都假设过程的状态数量有限，并且时间是连续的。马尔可夫过程是一个简单的随机过程，其中未来状态的分布仅仅取决于现在的状态，而与到达现在状态的过程无关。

我们可以采用下面一个简单的例子描述马尔可夫过程在风险分析中的应用。

- 案例 10-5　两台泵组成的系统

考虑一个由两台泵组成的并行系统，假设每台泵都有两个状态：功能正常状态和失效状态。因此，这个并行结构总计拥有 $2^2=4$ 个状态。我们在表 10-9 中列出了所有这些状态。在状态 3，泵系统的功能完全正常；而在状态 0，系统失效。在状态 1 和状态 2，系统可以运行，但是只有一台泵功能正常。

表 10-9　两台泵组成系统的可能状态

状态	1 号泵	2 号泵	状态	1 号泵	2 号泵
3	功能正常	功能正常	1	失效	功能正常
2	功能正常	失效	0	失效	失效

系统可以在时间 $t=0$ 开始运行，进入状态 3。如果在状态 3 的时候 1 号泵失效，那么系统就会进入状态 1，我们说从状态 3 到状态 1 系统有一个状态转移。另一方面，如果 1 号泵得到修复的话，系统又可以从状态 1 切换回到状态 3。当系统处于状态 1 的时候，1 号泵失效而 2 号泵功能正常，如果在 1 号泵修好之前 2 号泵出现失效，那么系统就会转换到状态 0。其他的转移也可以用类似的方法解释。

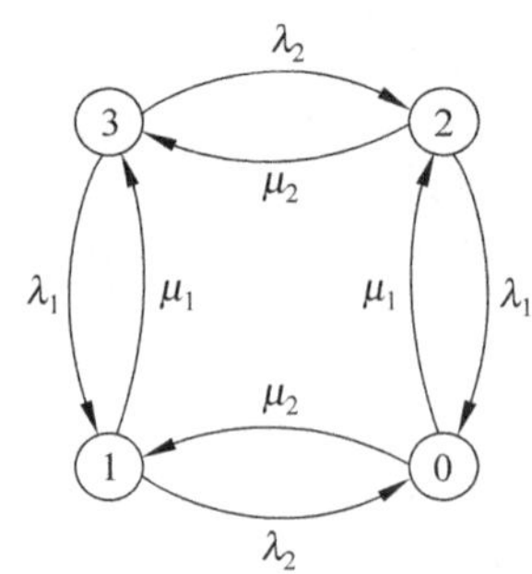

图 10-21　案例 10-5 中泵系统的状态转换图

图 10-21 中的状态转移图可以描述系统的状态以及状态之间的转移。这个状态转移图也可以称为马尔可夫图。

失效发生的时间和修复完成的时间都是随机变量，并且都遵循指数分布。图 10-21 中的状态转移图给出了这些指数分布的速率，其中 λ_i 是第 i 号泵的失效速率，而 μ_i 则表示第 i 号泵的维修速率。这也就意味着第 i 号泵的平均失效时间($MTTF_i$)是 $1/\lambda_i$，而平均修复时间($MTTR_i$)是 $1/\mu_i$。

马尔可夫方法现在可以用来研究泵系统的可靠性属性，比如我们可以确定：

- 系统处于每一个状态的平均时间比例。
- 在某一个时间间隔内，系统到达每一个状态的平均次数。
- 系统失效的频率。
- 从状态 3 启动到系统进入状态 0 的平均时间(即系统的平均失效事件)。

10.5.2　目标和应用

马尔可夫方法可以用来分析存在冗余、相互依赖、复杂维修策略和(或)依次失效的系统。随着系统元件数量的增加，状态的数量和状态转移图的复杂程度会快速增长。如果每一个元件都有两个状态，系统有 n 个元件的话，状态的数量就是 2^n。在一个马尔可夫模型中，实际上元件的状态可能不止两种，比如包括：运行、待机和失效。如果是这样的话，状态的数量将会大幅增加，建模和计算的工作量也会随之迅速增长。

马尔可夫方法可以用来分析动态系统，比如待机开关系统，还可以分析不同的维护策略，因此可以在故障树不适用的情况下作为方法补充。马尔可夫方法可以确定一系列可靠性参数，比如我们在案例 10-5 中已经列出的一些。马尔可夫方法还可以用于很多不同的领域，比如发电和配电、流程工业和计算机系统。

10.5.3 方法描述

在很多应用中，我们可以确定系统的可能状态，还可以了解这些状态之间的转移。我们对这些可能的状态进行编号，比如 $0,1,\cdots,r$，这样系统总共就拥有 $r+1$ 个状态。令 $X(t)$ 表示在时间点 t 系统的状态。对于未来的某个时间点 t 来说，状态 $X(t)$ 是一个随机变量，$\{X(t);\ t\geqslant 0\}$ 被称为连续时间的随机过程。

令 H_s 代表到时间点 s 为止的过程"历史"，这个历史包括系统从时间 0 投入运行到时间 s 所有到达过的状态信息。

如果对于所有的 s 和 $t\geqslant 0$，所有的非负整数 i 和 j，以及所有的可能历史 H_s，我们都有

$$\Pr(X(t+s)=j\mid X(s)=i\cap H_s)=\Pr(X(s+t)=j\mid X(s)=i) \tag{10-35}$$

那么这个随机过程就是一个马尔可夫过程。

等式(10-35)说明，如果我们考虑的系统在时间点 s 处于状态 i，那么系统在时间 $s+t$ 的时候进入状态 j 的概率，与系统在时间点 s 之前的状况(即系统的历史状态 H_s)无关。这也就意味着，上述的过程是没有记忆的。

另外，如果概率 $\Pr(X(s+t)=j|X(s)=i)$ 独立于时间 s，我们就可以说这个过程具有固定转移概率，对于所有的 s，可以写成

$$P_{ij}=\Pr(X(s+t)=j\mid X(s)=i) \tag{10-36}$$

这意味着如果系统在时间点 s 处于状态 i，那么从 s 开始经过时间 t 系统从状态 i 转移到状态 j 的概率，与 s 本身无关。根据这个定义，我们可以推导出一系列结果(可参考拉桑德和霍伊兰德 2004 年版教材的第八章)。

每一次系统进入状态 i，在它转移到其他状态之前，在状态 i 停留的时间都满足参数为 α 的指数分布。这也就是说，当系统进入状态 i 的时候，它在此状态的平均停留时间是 $1/\alpha$。当系统离开状态 i 的时候，它进入状态 j 的概率是 P_{ij}，在这里 $P_{ii}=0$，$\sum_j P_{ij}=1$。

如果定义 $a_{ij}=\alpha_i P_{ij}$，那么就有 $\alpha_i=\sum_j a_{ij}$，我们可以得到

$$\lim_{h\to 0}\frac{1-P_{ii}(h)}{h}=\alpha_i \tag{10-37}$$

以及

$$\lim_{h\to h}\frac{P_{ij}(h)}{h}=\alpha_{ij} \tag{10-38}$$

科尔莫格罗夫等式(Kolmogorov Equation)。为了能够保证在时间点 0 处于状态 i 的系统能够在时间点 $t+s$ 转移到状态 j，系统在时间点 t 一定处于某个状态 k。对所有的可能状

态 k 求和，我们可以得到

$$P_{ij}(t+s)=\sum_{k=0}^{r}P_{ik}(t)P_{kj}(s) \tag{10-39}$$

等式(10-39)就称为查普曼-科尔莫格罗夫等式(Chapman-Kolmogorov Equation)。

我们可以在式(10-39)中对时间求导，经过变换之后，得到下列等式

$$\dot{P}_{ij}(t)=\sum_{\substack{k=0\\k\neq j}}^{r}a_{kj}P_{ik}(t)-\alpha_j P_{ij}(t)=\sum_{k=0}^{r}a_{kj}P_{ik}(t) \tag{10-40}$$

等式(10-40)称为科尔莫格罗夫前置等式。

状态方程。假设我们已知一个马尔可夫过程在时间点 0 处于状态 i，那么有 $X(0)=i$。它可以表示成

$$P_i(0)=\Pr(X(0)=i)=1$$
$$P_k(0)=\Pr(X(0)=k)=0,\quad 对于\ k\neq i$$

因为我们知道在时间点 0 的系统状态，我们可以将 $P_{ij}(t)$ 写成 $P_j(t)$，对上述等式进行简化。因此，当我们已知马尔可夫过程在时间点 0 处于状态 i，那么向量 $\boldsymbol{P}(t)=[P_0(t),P_1(t),\cdots,P_r(t)]$ 表示这个过程在时间点 t 的状态分布。因为只有 $r+1$ 个可能状态，有 $\sum_{j=1}^{r}P_j(t)=1$。

可以从科尔莫格罗夫前置等式中找到分布 $\boldsymbol{P}(t)$

$$\dot{P}_j(t)=\sum_{k=0}^{r}a_{kj}P_k(t) \tag{10-41}$$

其中 $a_{jj}=-\alpha_j$。

我们在此引入转移速率矩阵 $\mathbf{A}$。

$$\mathbf{A}=\begin{pmatrix}a_{00} & a_{01} & \cdots & a_{0r}\\ a_{10} & a_{11} & \cdots & a_{1r}\\ \vdots & \vdots & \ddots & \vdots\\ a_{r0} & a_{r1} & \cdots & a_{rr}\end{pmatrix} \tag{10-42}$$

对于对角线上的元素，有以下特性：

$$a_{ii}=-\alpha_i=-\sum_{\substack{j=0\\j\neq i}}^{r}a_{ij} \tag{10-43}$$

根据矩阵的性质，式(10-40)现在可以表示为

$$[P_0(t),\cdots,P_r(t)]\cdot\begin{pmatrix}a_{00} & a_{01} & \cdots & a_{0r}\\ a_{10} & a_{11} & \cdots & a_{1r}\\ \vdots & \vdots & \ddots & \vdots\\ a_{r0} & a_{r1} & \cdots & a_{rr}\end{pmatrix}=[\dot{P}_0(t),\cdots,\dot{P}_r(t)] \tag{10-44}$$

或者也可以写成一个更紧凑的形式

$$P(t)\cdot\mathbf{A}=\dot{P}(t) \tag{10-45}$$

等式(10-45)称为马尔可夫过程的状态方程。

- 案例10-6 单一可修复元件

考虑一个单独的元件,该元件具备两个可能的状态:

1 元件功能正常

0 元件处于失效状态

从状态0到状态1的转移意味着元件失效,而从状态1到状态0的转移则意味着元件被修复。因此,转移速率 a_{10} 就是元件的失效速率,而转移速率 a_{01} 则是元件的修复速率。在本例中,我们使用下列标记

$$a_{10}=\lambda \quad 元件的失效速率$$

$$a_{01}=\mu \quad 元件的修复速率$$

元件在状态1的平均停留时间即为平均失效时间 $\mathrm{MTTF}=1/\lambda$,而在状态0的平均停留时间为平均修复时间 $\mathrm{MTTR}=1/\mu$。图10-22给出了这个单一元件的状态转移图。

λ
1
0
μ

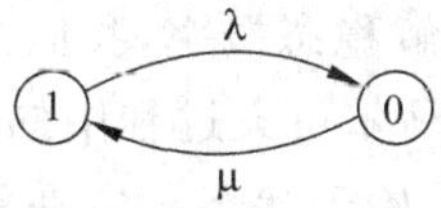

图10-22 单一元件的状态转移图(功能-修复循环)

该系统的状态转移方程是

$$[P_0(t),P_1(t)]\cdot\begin{pmatrix}-\mu & \mu\\ \lambda & -\lambda\end{pmatrix}=[\dot{P}_0(t),\dot{P}_1(t)] \tag{10-46}$$

假设这个元件在时间点 $t=0$ 的时候功能正常,

$$P_1(0)=1,\quad P_0(0)=0$$

因为上面给出的两个等式是线性相关的,所以只需要使用其中的一个就足够了,比如

$$-\mu P_0(t)+\lambda P_1(t)=\dot{P}(t)$$

将上述等式与 $P_0(t)+P_1(t)=1$ 合并,我们可以得到

$$P_1(t)=\frac{\mu}{\mu+\lambda}+\frac{\lambda}{\mu+\lambda}\mathrm{e}^{-(\lambda+\mu)t} \tag{10-47}$$

$$P_0(t)=\frac{\lambda}{\mu+\lambda}-\frac{\lambda}{\mu+\lambda}\mathrm{e}^{-(\lambda+\mu)t} \tag{10-48}$$

想要了解更多有关微分方程求解方面的知识,请阅读罗斯的著作(1996年)。

$P_1(t)$表示元件在时间点 t 功能正常的概率,即该元件的可用性(availablity)。根据等式(10-47),我们可以得到元件的可用性极限:

$$P_1=\lim_{t\to\infty}P_1(t)=\frac{\mu}{\lambda+\mu} \tag{10-49}$$

因此,极限可用性可以写成一个常见的公式

$$P_1=\frac{\mathrm{MTTF}}{\mathrm{MTTF}+\mathrm{MTTR}} \tag{10-50}$$

如果不对元件进行修理的话($\mu=0$),它的可用性就是 $P_1(t)=\mathrm{e}^{-\lambda t}$,与该元件的存活率函数(survivor function)相同。图10-23给出了可用性函数 $P_1(t)$ 的图形。

稳态概率。很多时候,分析人员只对长期(稳态)概率感兴趣,即时间趋近于无穷条件

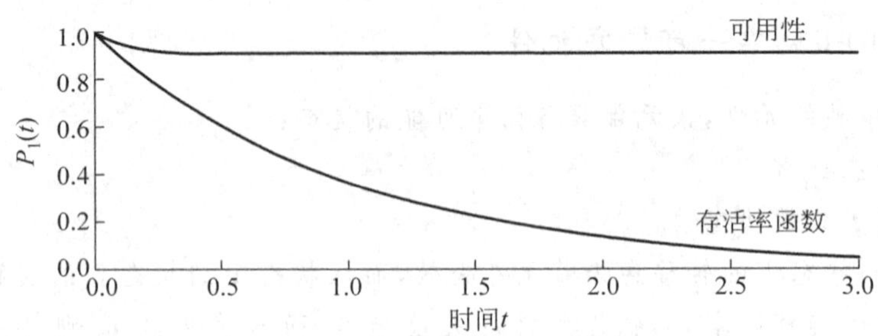

图 10-23 单一元件($\lambda=1,\mu=10$)的可用性和残存函数

下的 $P_j(t)$值。在案例 10-6 中，当 $t\to\infty$的时候，状态概率 $P_j(t)(j=0,1)$趋近稳态概率 P_j。事实上，无论系统最初是处于运行状态还是失效状态，我们可以得到的稳态概率值都是相同的。

求解稳态概率，我们必须要假设：

- 马尔可夫过程中的所有状态都是连通的。这也就是说如果一个过程在某个时间点 t 始于状态 i，它在将来的某一个时间总会有一个概率到达状态 j。这对于任何状态组合 i 和 j 都必须适用。
- 马尔可夫过程是正递归的(positive recurrent)，说明如果过程始于某一特定状态 i，系统都可以在有限的时间内返回到这个状态。对于所有的状态 i 都应该适用。

对于满足上述准则的一个马尔可夫过程，它的极限

$$\lim_{t\to\infty} \dot{P}_j(t) = P_j, \quad 其中\ j = 0,1,\cdots,r \tag{10-51}$$

总会存在，并且独立于过程的初始状态($t=0$ 的时候)。如果读者想了解证明过程，请阅读罗斯编著的教材(1996 年，第 251 页)。这些渐近概率一般被称为马尔可夫过程的稳态概率。

如果当 $t\to\infty$的时候，$P_j(t)$趋近一个固定值，那么有

$$\lim_{t\to\infty} \dot{P}_j(t) = 0, \quad 其中\ j = 0,1,\cdots,r \tag{10-52}$$

因此，稳态概率 $\boldsymbol{P}=[P_0,P_1,\cdots,P_r]$必须满足下列等式

$$[P_0,P_1,\cdots,P_r]\cdot\begin{pmatrix} a_{00} & a_{01} & \cdots & a_{0r} \\ a_{10} & a_{11} & \cdots & a_{1r} \\ \vdots & \vdots & \ddots & \vdots \\ a_{r0} & a_{r1} & \cdots & a_{rr} \end{pmatrix} = [0,0,\cdots,0] \tag{10-53}$$

这个等式可以简写为

$$\boldsymbol{P}\cdot\boldsymbol{A} = \boldsymbol{0} \tag{10-54}$$

其中

$$\sum_{j=0}^{r} P_j = 1$$

为了计算稳态概率，即这个过程的 $P_0,P_1,\cdots,P_r$ 的值，我们使用矩阵等式(10-54)中 $r+1$ 个线性代数等式中的 r 个等式，以及所有状态概率之和等于 1 这个等式。过程的初

始状态对于稳态概率没有影响。需要注意的是，P_j 也可以解释为从长期看系统在状态 j 的平均停留时间比例。

- 案例 10-7 泵系统

重新考虑案例 10-5 中的泵系统。每一台泵有两个状态：功能正常状态(1)和失效状态(0)。在维修期间，泵也被认为处于状态(0)。1 号泵在功能正常的时候每分钟可以输出 100L；如果功能失效，输出量是 0。2 号泵在功能正常的时候每分钟的输出量是 50L，失效的时候输出量也是 0。表 10-10 列出了系统可能的状态。

表 10-10 案例 10-7 中的泵系统的可能状态

系统状态	1 号泵的状态	2 号泵的状态	系统输出
3	1	1	150L/min
2	1	0	100L/min
1	0	1	50L/min
0	0	0	0L/min

我们假设两台泵的失效是彼此独立的，并且是连续运行的。泵的失效速率是

λ_1 1 号泵的失效速率

λ_2 2 号泵的失效速率

如果有一台泵失效，就开始维修行动，让泵回到正常运行状态。我们同样假设两台泵的维修也是互相独立的，使用两组独立的维修人员。那么，泵的维修速率是

μ_1 1 号泵的维修速率

μ_2 2 号泵的维修速率

图 10-21 给出了这个系统的状态转移图，其相应的状态转移矩阵为

$$\boldsymbol{A}=\begin{pmatrix}-(\mu_1+\mu_2) & \mu_2 & \mu_1 & 0\\ \lambda_2 & -(\lambda_2+\mu_1) & 0 & \mu_1\\ \lambda_1 & 0 & -(\lambda_1+\mu_2) & \mu_2\\ 0 & \lambda_1 & \lambda_2 & -(\lambda_1+\lambda_2)\end{pmatrix}$$

我们使用等式(10-54)寻找 $j=0,1,2,3$ 情况下的稳态概率 P_j 的值，可以得到下列等式

$$-(\mu_1+\mu_2)P_0+\lambda_2P_1+\lambda_1P_2=0$$
$$\mu_2P_0-(\lambda_2+\mu_1)P_1+\lambda_1P_3=0$$
$$\mu_1P_0-(\lambda_1+\mu_2)P_2+\lambda_2P_3=0$$
$$P_0+P_1+P_2+P_3=1$$

注意，我们只使用了式(10-54)中的三个稳态方程，以及 $P_0+P_1+P_2+P_3=1$。同样还需要注意的是，无论我们选择四个稳态方程中的哪三个，结果都是一样的。

方程组的解是

$$P_0=\frac{\lambda_1\lambda_2}{(\lambda_1+\mu_1)(\lambda_2+\mu_2)}$$

$$
\begin{aligned}
P_1 &= \frac{\lambda_1\mu_2}{(\lambda_1+\mu_1)(\lambda_2+\mu_2)} \\
P_2 &= \frac{\mu_1\lambda_2}{(\lambda_1+\mu_1)(\lambda_2+\mu_2)} \\
P_3 &= \frac{\mu_1\mu_2}{(\lambda_1+\mu_1)(\lambda_2+\mu_2)}
\end{aligned} \tag{10-55}
$$

现在,对于 $i=1,2$,令

$$
q_i = \frac{\lambda_i}{\lambda_i+\mu_i} = \frac{\mathrm{MTTR}_i}{\mathrm{MTTF}_i+\mathrm{MTTR}_i}
$$

$$
p_i = \frac{\mu_i}{\lambda_i+\mu_i} = \frac{\mathrm{MTTF}_i}{\mathrm{MTTF}_i+\mathrm{MTTR}_i}
$$

其中 $\mathrm{MTTR}_i=1/\mu_i$ 是维修元件 i 时需要的停机时间,而 $\mathrm{MTTF}_i=1/\lambda_i$ 是元件 i 的平均失效时间($i=1,2$)。因此,q_i 代表元件 i 的平均或者极限不可用性,而 p_i 代表元件 i($i=1,2$)的平均(极限)可用性。于是,系统在各个状态的稳态概率可以写成

$$
\begin{aligned}
P_0 &= q_1q_2 \\
P_1 &= q_1p_2 \\
P_2 &= p_1q_2 \\
P_3 &= p_1p_2
\end{aligned} \tag{10-56}
$$

注释:在这个简单的例子中,所有的失效和维修都是独立事件,我们不需要使用马尔可夫方法也可以求得稳态概率。使用独立事件的标准概率法则,同样也可以轻松地找到稳态概率。需要注意的是,这种方法只适用于失效和维修都是独立的情况。

假设我们有以下的数据,见表 10-11。

表 10-11 数 据 表

	1 号泵	2 号泵
MTTF_i	6 个月≈4 380 小时	8 个月≈5 840 小时
失效速率 λ_i	2.3×10^{-4}/小时	1.7×10^{-4}/小时
MTTR_i	12 小时	24 小时
维修速率 μ_i	8.3×10^{-2}/小时	4.2×10^{-2}/小时

需要注意的是,稳态概率可以解释为系统在一个状态的平均停留时间比例。比如,状态 1 的稳态概率等于

$$
P_1 = \frac{\lambda_1\mu_2}{(\lambda_1+\mu_1)(\lambda_2+\mu_2)} = q_1p_2 \approx 2.72\times10^{-3}
$$

因此

$$
P_1 = 0.002\,72\left[\frac{年}{年}\right] = 0.002\,72\times 8\,760\left[\frac{小时}{年}\right] \approx 23.8\left[\frac{小时}{年}\right]
$$

从长期来看,系统每年在状态 1 的停留时间大约为 23.8 小时,但是这并不意味着系统平均每年进入状态 1 一次,每次持续 23.8 个小时。

根据给定数据,我们可以得到如表 10-12 所示的结果。

表 10-12 结 果

系统状态	系统输出	稳态概率	每年系统在此状态的平均时间
3	150L/min	0.993 2	8 700.3
2	100L/min	4.08×10^{-3}	35.8
1	50L/min	2.72×10^{-3}	23.8
0	0L/min	1.12×10^{-5}	0.1

10.5.4 分析步骤

风险分析中的马尔可夫分析一般可以分为四个步骤。

1. 计划和准备。
2. 建立状态转移图和转移速率矩阵。
3. 进行定量分析。
4. 报告分析结果。

我们已经在第 8 章中讲解过第 1 步和第 4 步，这里就不再赘述。

第 2 步：建立状态转移图和转移速率矩阵。研究团队的第一项工作是要识别并且描述出相关的系统元件，然后定义出每一个元件的状态。我们建议尽量不要使用太多的状态。在大多数时候，每个元件有两个状态也就足够了：一个功能正常状态和一个失效状态。

第二项工作是要在与表 10-9 相近的表格中列出元素和定义好的状态。不相关的状态应该移除，而相关状态应该添加到表格中。

应该为系统状态分配识别代码（比如数字或者文字），但是很显然最简单的方法就是使用数字 $0,1,2,\cdots,r$，这样系统总计就拥有 $r+1$ 个状态。我们建议使用状态 0 作为最不愿发生的状态（如完全失效），状态 r 作为最期望的状态（如全部元件功能正常）。

研究团队应该对每一个状态进行描述和讨论，确保这个状态是可能存在的，同时研究团队应该充分理解每一个状态的含义。

现在，可以像图 10-21 这样用圆环将状态描绘出来。关于如何摆放圆环并没有具体的规定，但是如果处置不当就会让图看起来非常复杂。我们建议使用计算机绘图程序，尤其是使用市场上现在可以购买到的马尔可夫分析程序。

下一项工作是研究每一对状态，确定系统如何从一个状态转移到另一个状态。每一个转移都采用箭头描述，状态转移图会显示出在很短的时间间隔内发生的转移。这说明两个彼此独立的事件之间不会出现转移，比如在图 10-21 中，状态 1 和状态 2 之间就没有转移存在。这是因为如果这样的转移存在的话，就说明在 1 号泵完成修理的同时，2 号泵正好失效。由于这两个事件是独立发生的，这种转移实际上并不可能。

对于每一个转移（箭头），都有必要以固定失效速率（λ_i）和固定维修速率（μ_i）的形式提供转移速率，如图 10-21 所示。

现在，可以建立公式（10-42）中的转移速率矩阵 $\boldsymbol{A}$。我们应该完成下列这两步程序：

1. 与式（10-42）中的矩阵类似，为矩阵中每一个 $i\neq j$ 的元素确定转移速率 a_{ij}（先不必确定对角线上的元素 a_{ii})。

2. 填充对角线元素 a_{ii},保证矩阵每一行所有元素值的和为 0。也可以使用公式(10-43)计算对角线元素值。

研究团队应该对状态转移图和转移速率矩阵 **A** 进行仔细比较,在开始定量分析之前进行讨论。从矩阵 **A** 中,我们可以直接读出很多有用信息,对角线元素 a_{ii} 可以直接告诉我们从状态 i 的离开速率 $\alpha_i=-a_{ii}$。这说明,如果系统进入状态 i,它会在这里停留一段时间,而这段时间遵循速率为 α_i 的指数分布。因此,在状态 i 的平均停留时间就是 $1/\alpha_i$。当在状态 i 的停留时间结束时,系统将会以概率 a_{ij}/α_i 进入状态 $j\neq i$。

第 3 步:进行定量分析。现在,求解状态方程并不困难。在很多时候,我们只需要求得稳态解就足够了,比如我们可以解式(10-54)。对于非常简单的系统,手工计算就可以完成,但是对于大多数实际案例来说,则需要计算机程序的帮助。您可以使用任何一种现在市场上的马尔可夫分析程序,像 MatLab、Scilab 和 Octave 这些软件也可以达到相同的目的。

我们可以使用马尔可夫方法求得一系列可靠性参数,比如,

- 每个状态的 P_i。P_i 是发现系统在未来的某个时间处于状态 i 的概率,它也可以被解释为系统在状态 i 花费的平均时间比例。
- 系统的可用性 A 和不可用性 A^*。
- 状态 i 的访问频率 v_i[了解相关的求解公式,可以阅读拉桑德和霍伊兰德(2004 年)编写的教材]。那么,在一段时间间隔 t 内,系统访问状态 i 的次数就是 v_it。这个参数有很多的使用价值,比如可以用来分配维修资源、确定需要的备件数量。
- 系统失效的频率。为了计算这个频率,我们首先必须要确定哪些状态表示系统失效。比如说,如果系统在状态 0 和状态 1 失效,那么系统失效的频率就是访问这两个状态的频率,即 v_0+v_1。
- 系统的残存函数 $R(t)$。
- 不同类型失效的预期数量。
- 系统的总体平均运行时间和停机时间。
- 第一次失效的平均发生时间。拉桑德和霍伊兰德编写的教材(2004 年)中给出了相关的计算示例。

蒙特卡洛仿真。马尔可夫状态转移图也可以使用蒙特卡洛仿真处理,同样能够得到上面列出的各种可靠性参数。采用蒙特卡洛仿真方法,我们还可以使用速率不固定的转移时间。

10.5.5 需要的资源和技术

要理解马尔可夫分析的所有特征,使用者需要完成随机过程方面的基础课程。然而,马尔可夫方法的主要步骤却是很容易理解和操作的。对于经历过可靠性工程培训的人员来说,只需要 1～2 天的培训就足够了。

现在有一些马尔可夫分析的计算机工具,但实际上,一个不错的绘图工具再加上像 MatLab、Scilab、Octave 这样的软件也是可以的。

10.5.6 标准和指南

IEC已经发布了关于马尔可夫方法的国际标准(IEC 61165,2006年),还有一些教科书[比如罗斯(1996年)、普吉特(Pukite)(1998年)、拉桑德和霍伊兰德(2004年)的著作]也都对马尔可夫方法的理论和应用进行了描述。

10.5.7 优势和局限

优势。马尔可夫方法的主要优势是:

- 有完善的理论基础,已经在很多不同的理论中使用并得到了大量验证;
- 是一种分析小型复杂具有动态特性系统的有效工具,而这些系统使用故障树是无法深入分析的;
- 提供了包含重要信息的状态转移图,易于非专业人员理解,并可以让分析人员更好地了解系统如何运行;
- 提供了一系列其他方法难以获取的系统性能参数。

局限。马尔可夫的主要局限是:

- 限于只有有限数量状态的小规模系统;
- 随着状态数量的增长,分析会消耗大量时间;
- 仅限于固定失效速率和固定维修速率的情况;
- 分析人员在将他们遇到的具体问题转化成马尔可夫模型的时候会遇到很多困难。

10.6 佩特里网

10.6.1 简介

佩特里网(Petri网,Petri net)是一种离散事件系统建模和分析的图形化数学工具,它的基本概念是由卡尔·亚当·佩特里(Carl Adam Petri)在1962年提出的。

本节将会对风险分析中使用的佩特里网进行简要的介绍。读者如果想要阅读有关佩特里网更加全面的信息,可以阅读戴维(David)和奥拉(Alla)在2005年出版的著作[①]。

10.6.2 目标和应用

佩特里网可以用来解决风险分析中的很多问题,还可以在传统的风险分析模型和方法中增加新的功能。佩特里网能够取代故障树、事件树和马尔可夫图,并为分析增加了更多的内容。它可以将时间和动态行为包含在故障树分析当中,也可以处理事故树分析中的关联性问题。

在学术和工业的很多领域,人们都在使用佩特里网,包括:汽车制造(比如生产线建

---

① 布拉格捷克理工大学电气工程系的安德烈·尼沃特(Ondřej Nývlt)是本节的合作作者。在经过和原作者讨论并得到认可之后,本书译者对本节进行了一定的修改和补充。

模、控制设计和流程规划)、通信(比如通信协议建模)、化学(比如化学反应建模)、经济学、可靠性理论、安全工程和管理科学(比如人力资源规划)。

10.6.3 方法描述

图形化表示。简单地说,佩特里网是一幅图。这幅图实际上可以认为是一个有序对(K,A),其中K是一系列节点,而A是不同节点之间的连接,表现为弧的形式。如果A是一系列有序元素组成的集合,我们就说整幅图是有向的,集合A中的a可以写成$a=\langle k_i,k_j\rangle$,表示弧a是从节点k_i到k_j。

佩特里网是一种包含两类节点的有向图。这两类节点分别是位置(place,也翻译成库所)和转移(transition,也翻译成转换或者变迁)。图10-24中给出了一个佩特里网的主要构成元素。

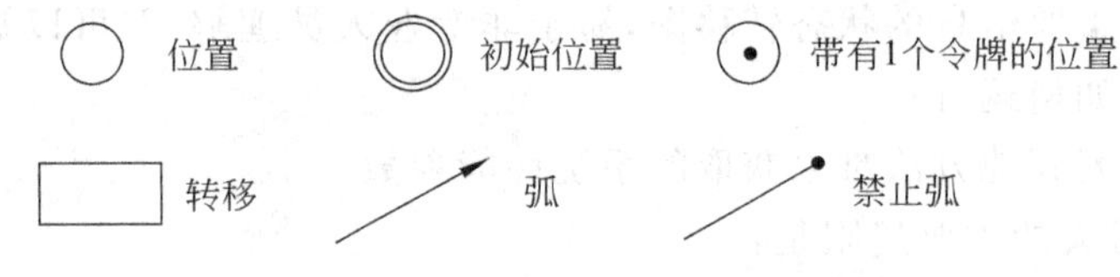

图10-24 佩特里网基本元素的图形表示方法

最基本的佩特里网称为未标记佩特里网,包括:

(a) 位置。位置提供有关状态或者条件的信息。由佩特里网中所有n个不同位置组成的(有限)集合可以写成$P=\{p_1,p_2,\cdots,p_n\}$。位置在图中以圆环的形式表示。

(b) 转移。转移表示的是一种行为,是可以改变佩特里网状态的动态元素。所有n个不同转移组成的(有限)集合可以写成$T=\{t_1,t_2,\cdots,t_r\}$。转移在图中可以用实心横线或者矩形来表示。

(c) 有向弧用于连接位置和转移,确定了佩特里网的逻辑结构。有向弧采用箭头表示。

弧可以连接位置和转移,也可以连接转移和位置,但是不能直接将一个位置和另一个位置,或者一个转移和另一个转移连接起来。这也就意味着,节点可以分成两个独立的子集P(位置)和T(转移),这样任何弧实际上连接的都是不同子集中的节点。具有这种性质的图也称为二部图。

弧a可以表示为两个节点(一个位置和一个转移)的有序集,比如,$a_1=\langle p_i,t_j\rangle$。在本例中,$a_1$表示从位置$p_i$指向转移$t_j$的弧,我们可以说$p_i$是转移$t_j$的输入位置。同样,也可以存在弧$a_2=\langle t_j,p_i\rangle$,这时$a_2$表示从转移$t_j$指向位置$p_i$的弧,而位置$p_i$称为转移$t_j$的输出位置。

标记佩特里网。标记佩特里网除了包含未标记佩特里网的全部元素之外,它的一个或者多个位置中还会包含有令牌(token,也翻译成权标)。这些令牌表示位置中的动态对象或者资源,在图中采用实心点的形式出现。

位置可以没有令牌,也可以包含多个令牌。位置可以包含的最大的令牌数量称为位置的容量。在一个位置和一个转移中间,可能会存在多个输入弧和输出弧,这些弧也可以采用单一弧来表示，而前者的数量就是这个单一弧的权重。有时候，研究人员也使用容量这个词来代替权重。权重定义了弧的传输能力。如图 10-25 所示，弧的权重可以在弧上标注出来，有时候如果权重为 1，标注就可以省略掉，也就是说佩特里网络图中没有标出权重的弧实际上权重都是 1。

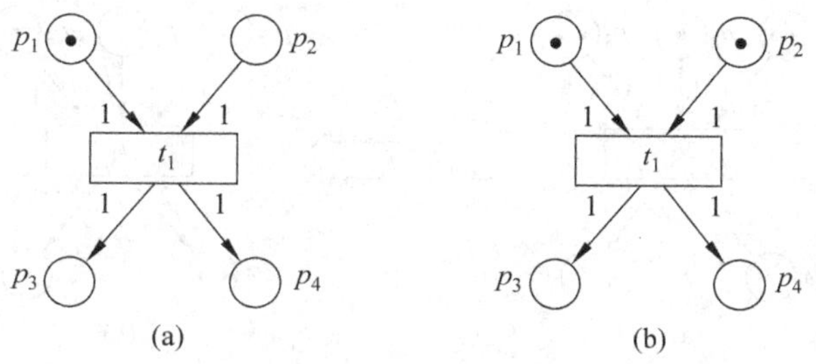

图 10-25　转移 t_1 的未允许(a)和允许(b)状态

令牌表示资源是否存在。位置 p_i 的标识 $m(p_i)$ 表示 p_i 中令牌的数量，而整个佩特里网络的状态是一个列向量，每一个位置都对应其中的一个元素，它可以说明各个位置包含多少个令牌。网络 P 的标识(marking)可以写成 $m(P)=(m(p_1),m(p_2),\cdots,m(p_n))^{\mathrm{T}}$。实际上，这是佩特里网和马尔可夫状态转移图的一个重要区别。在马尔可夫图中，一个节点(圆环)即代表系统的一个状态，而在佩特里网中网络标识 $m(P)$(即令牌在各个位置总体的分布情况)才代表系统的一个状态。

激活一个或者多个转移，可以引发佩特里网的标识变化(状态变化)。如果一个弧从某一个位置指向一个转移，就说明这个位置中需要有令牌才能允许这个转移。

当且仅当下列条件满足的时候，才能允许(enable，也翻译成使能)一个转移：

- 该转移所有的输入位置都有足够数量的令牌(资源)。这里的足够是指输入位置中令牌的数量至少与相应输入弧的权重相同。
- 该转移所有的输出位置都有足够的容量。

这就意味着转移的每一个输入位置都包含至少一个令牌。此外，对于转移 t 的所有输入位置来说，它们的状态 $m(p_i)$ 必须要大于或者等于从 p_i 指向 t 的弧的权重。

注释：在佩特里网模型中，令牌转移的实际过程应该是转移 t 根据输入弧权重吸收输入位置中相应数量的令牌，再根据输出弧的权重向输出位置释放相应数量的新令牌。有的时候，如果输入输出弧的权重一致，为了方便起见，我们也说令牌通过 t 从输入位置转移到输出位置。

我们还应该注意一种特殊类型的弧——禁止弧，如果输入位置中的令牌数量大于或者等于弧的权重，它就会阻断转移。禁止弧对于佩特里网建模非常重要，但是不会在本节后面的部分中出现。

激活转移的过程实际上包括允许(enabling)和激发(firing)两步。图 10-25 给出了一个转移 t_1 未被允许(a)和已被允许(b)的两个状态示例。当且仅当一个转移被允许的时候，它才可以被激发。

激发转移，就意味着改变位置的标识，进而改变系统的状态。当一个已被允许的转移被激发时，它的输入位置中的令牌就会减少，减少的数量与转移输入弧的权重相同，而输出位置中的令牌会增加，增加的数量也与转移输出弧的权重相当。激发过程如图 10-26 所示。

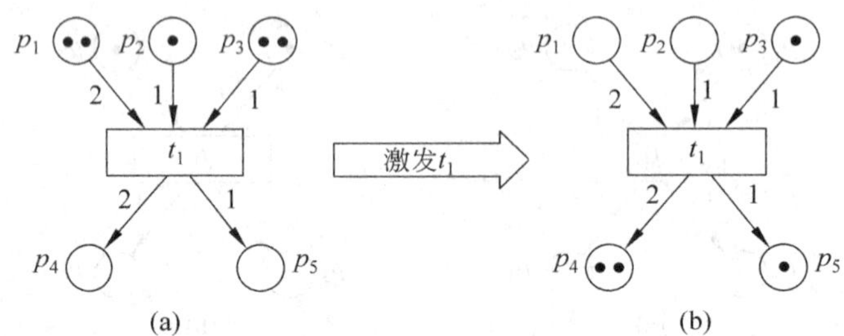

图 10-26 转移 t_1 已被允许的标识以及佩特里网标识(状态)的改变示例

佩特里网络本身是静态的，但是可以通过激发转移将动态影响涵盖其中。

分步仿真。我们可以通过分步激发转移研究令牌在佩特里网中的流动。对于简单的佩特里网来说，这项工作可以手工完成，但是对于更加复杂的网络，可能就需要使用某个面向佩特里网的计算机程序了。绝大多数这些程序都拥有一个网络模拟或者仿真的模块。仿真程序可以通过单击转移激活，也可以自动运行。仿真是测试佩特里网络并检查错误的有效工具。

10.6.4 佩特里网建模举例

本节将会给出一些使用佩特里网对简单系统建模的例子。

- 案例 10-8 不可修复串联系统

考虑一个由 n 个元件组成的不可修复的串联系统($noon$，n 选 n)。因为对于串联系统来说，当且仅当所有的 n 个元件功能正常的时候，系统才可以正常运行。这个系统可以使用由两个位置和一个转移组成的网络表示。

图 10-27 所示的系统标识，位置 p_1 中有一个令牌，而 p_2 中没有令牌，系统处于正常工作的状态。激发转移 t_1 意味着有元件失效，新的系统标识(位置 p_1 中没有令牌，p_2 中有一个令牌)代表串联系统的失效状态。

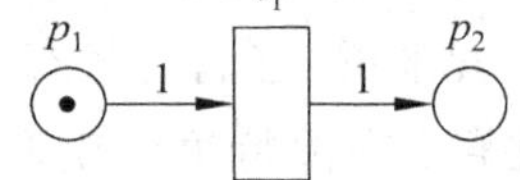

图 10-27 表示一个不可修复 1oo1 系统的佩特里网

如果系统中只有一个元件，即 1oo1 系统，它的佩特里网模型中只有一个令牌，两个弧$\langle p_1, t_1\rangle$和$\langle t_1, p_2\rangle$的权重都是 1，如图 10-27 所示。

起初，我们可以假设系统处于工作状态，这也就意味着令牌在位置 p_1 当中。而当失效发生时，转移 t_1 被激发，令牌被 t_1 吸收继而释放到位置 p_2 当中，此时系统进入失效状态。

一个具有 n 个元件的串联系统也可以采用相同的方式进行建模。同 1oo1 系统的区别在于，初始状态我们可以在位置 p_1 中放置 n 个令牌，每个令牌代表一个元件。实际上，只要有一个令牌进入 p_2，就意味着系统失效。

- **案例 10-9　单一可修复元件**

可以如图 10-28 所示使用佩特里网对一个可修复的元件建模。位置 p_1、p_2 和转移 t_1 的含义与案例 10-8 相同，而转移 t_2 则表示元件的修复。这个修复行为(通过 t_2)将位置 p_2 中的令牌吸收，释放到 p_1 当中，这也意味着激发转移 t_2 会使元件的状态从失效改变为功能正常。在本例当中，图 10-28 的位置中也可以包含更多的令牌，表示一个串联系统。但是需要注意的是，只要 p_2 中存在令牌，这些状态就都表示系统处于失效当中。

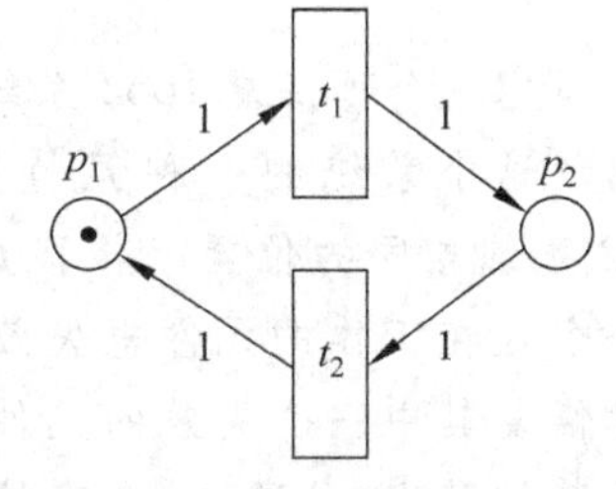

图 10-28　一个可修复的 1oo1 系统佩特里网模型

- **案例 10-10　不可修复 1oo2 系统**

由两个元件组成的并联系统是一个二选一(1oo2)系统，使用佩特里网有不止一种建模方法。其中的一种方法与马尔可夫图类似，如图 10-29 所示，位置中令牌代表的资源就是整个 1oo2 系统(而不是一个元件)。使用这种方法的好处是，整个网络中一直都只存在一个令牌，从令牌的分布位置就可以确定系统的状态。对于一个包含两个相同并且独立元件的不可修复 1oo2 系统来说，它的佩特里网模型如图 10-29 所示可以包括三个位置。如果令牌位于 p_1，表示系统处于充分工作的状态，即两个元件的功能都正常。如果令牌位于 p_2，表示一个元件功能正常，而另一个元件处于失效状态。无论令牌处于 p_1 或是 p_2，系统都可以运行，但是如果令牌位于 p_3，系统就会处于失效的状态。激发转移 t_1，表示有一个元件失效；激发转移 t_2，则表示第二个元件失效。而图 10-30 则给出了一个带有共因失效的不可修复 1oo2 系统佩特里网模型。其中，共因失效的发生通过激发转移 t_3 表示。

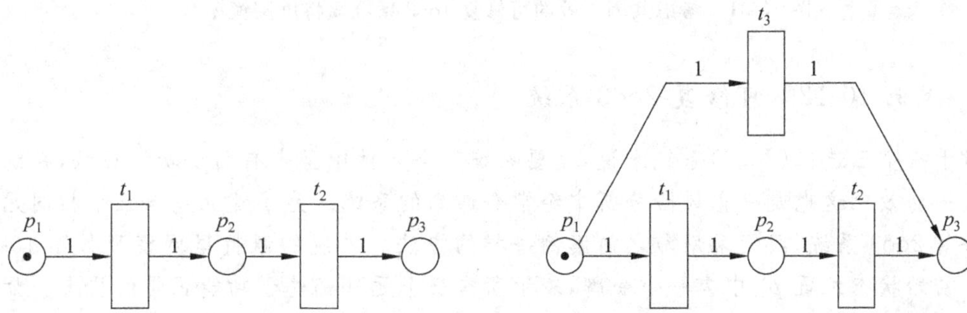

图 10-29　一个包含两个相同并且独立元件的不可修复 1oo2 系统佩特里网模型

图 10-30　考虑共因失效的包含两个相同并且独立元件的不可修复 1oo2 系统佩特里网模型

另外一种方法可以用一个令牌表示一个元件，这样建立起来的模型类似图 10-27，区别在于系统功能正常的时候，位置 p_1 中存在两个令牌。如果一个元件失效，位置 p_1 中的一个令牌被吸收，同时有一个令牌被 t_1 释放到 p_2 当中。如果两个元件都失效，那么 p_2 中有两个令牌，而 p_1 中没有令牌。这种方法的优势是，对于任何并行系统(1oo$n$，无论 n 是多少)，佩特里网模型的结构都是相同的。唯一的区别只是位置中令牌数量的不同。如果考虑共因失效，也只需再在模型中添加相应的转移。本书没有给出这种方法的图形表示，读者可以参考图 10-27。

- 案例 10-11　考虑共因失效的可修复 1oo2 系统

考虑一个可修复 1oo2 系统，包含两个相同的元件，并有可能发生共因失效。图 10-31 给出了这个系统的一种佩特里网建模方法。这个模型采用了与图 10-30 中不可修复 1oo2 系统相同的位置。转移 t_1 被激发表示其中一个元件失效，而转移 t_3 被激发则表示另一个还在工作的元件也失效了。激发转移 t_2 表示修复了失效的元件，而激发转移 t_4 则表示修复其中一个失效的元件。转移 t_5 用来描述共因失效，如果这个转移被激发，p_1 中的令牌被移出，位置 p_3 会直接得到令牌。需要注意的是，对于这个系统，如果两个元件可以同时修复，转移 t_4 的输出弧可以直接指向 p_1，而不是 p_2。

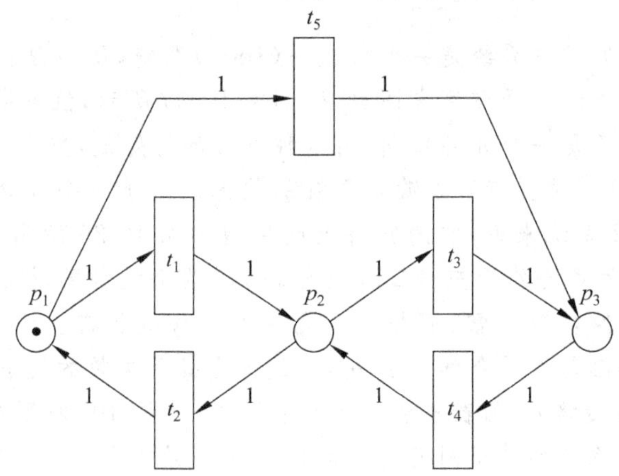

图 10-31　考虑共因失效的可修复 1oo2 系统佩特里网模型

- 案例 10-12　可修复 2oo3 系统

对于一个三选二(2oo3)系统来说，需要系统三个元件中至少有两个功能正常，系统才能够发挥功效。这也是一种风险分析中经常会遇到的系统。为了建立包含三个相同元件的可修复 2oo3 系统，我们采用与之前案例一样的方法。系统的佩特里网模型如图 10-32 所示。初始状态位置 p_1 中有一个令牌，表示所有三个元件都处于功能正常的状态。如果有任何一个元件失效，转移 t_1 就会被激发，系统的性能下降，但是仍然可以发挥作用，这时候令牌位于 p_2。

如果有任何一个其他元件失效，转移 t_3 就会被激发，系统的状态会变成一个失效状态(位置 p_3 中有一个令牌)。在这个模型中，不存在所有元件一同失效的情况，而转移 t_2 和 t_4 分别表示失效元件的修复。

如果考虑共因失效，我们需要在模型中添加一个新的位置 p_4，如果这个位置中存在令牌，表示所有的元件都处于失效状态(如图 10-33 所示)。通过激发 t_5、t_7 或者 t_8 这些转移中的任意一个，令牌可以从位置 p_1、p_2 或者 p_3 转移到 p_4(实际上是输入位置中的令

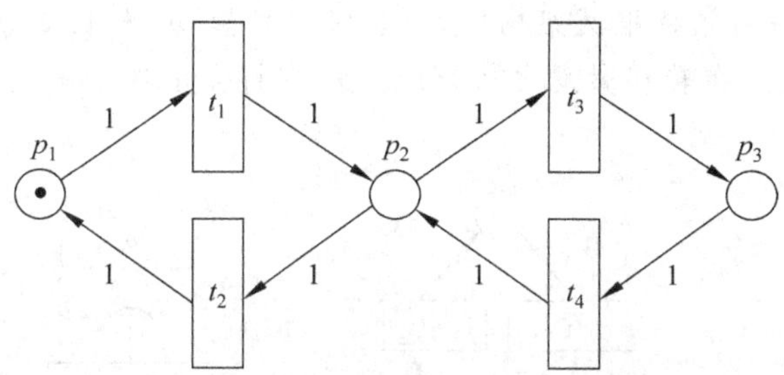

图 10-32 可修复 2oo3 系统的佩特里网模型

牌被吸收，相应的转移再将新令牌释放到 p_4）。其中，激发 t_7 和 t_8 都表示有共因失效发生（区别在于，t_7 表示共因失效发生在两个元件身上，而 t_8 表示所有三个元件一起发生共因失效）。转移 t_6 表示修复一个失效的元件。

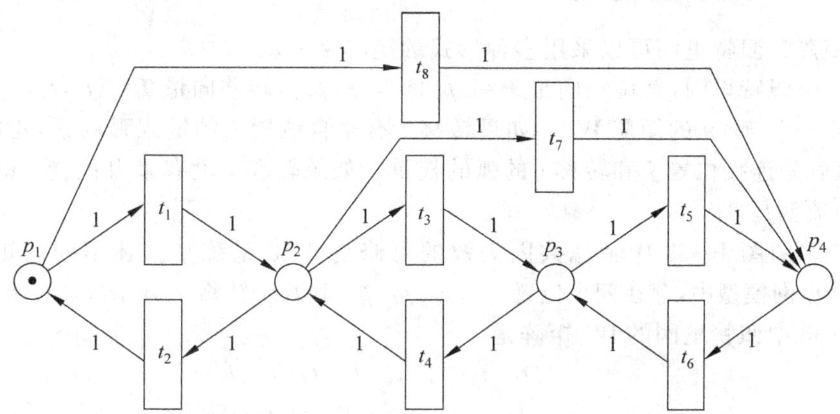

图 10-33 考虑共因失效的可修复佩特里网模型

注意：在上面几个案例中，佩特里网模型都假设共因失效和元件的个体失效不会同时发生。例如，在图 10-30 中，如果有一个元件失效，转移 t_1 被激发，那么位置 ρ_1 中的令牌被吸收，t_3 就无法激发了，即此时不会再有共因失效发生。

- 案例 10-13 佩特里网和故障树

故障树中的逻辑门（与-门和或-门）可以使用基本的佩特里网络建模（吕宗熙（Liu）和邱锡斌（Chiou），1997 年；杨善国（Yang）和吕宗熙（Liu），1997 年）。这些转换比较容易，我们可以使用合适的架构替换故障树中的每一个逻辑门，从而建立相应的佩特里网模型。所有故障树中的事件（顶事件、中间事件和基本事件）都可以表示为佩特里网中的位置。转移和有向弧可以用来建立转换之后的与-门及或-门的逻辑函数。

图 10-34 和图 10-35 给出了基本的或-门和与-门的转换。

如图 10-34 所示，如果和或-门对应的佩特里网模型位置 p_1 中有令牌，转移 t_1 就处于被允许的状态，可以被激发。激发之后，位置 p_3 中就会存在令牌。而上述的过程与位置 p_2 中是否存在令牌无关。如果 p_2 中存在令牌，同样也可以激发 t_2，因此这个佩特里网架构实际上对应了一个逻辑“或”函数。

在图 10-35 的与-门佩特里网架构中，当且仅当位置 p_1 和位置 p_2 同时存在令牌时，转移 t_1 才被允许激发。在转移激发之后，位置 p_3 中将会出现令牌。

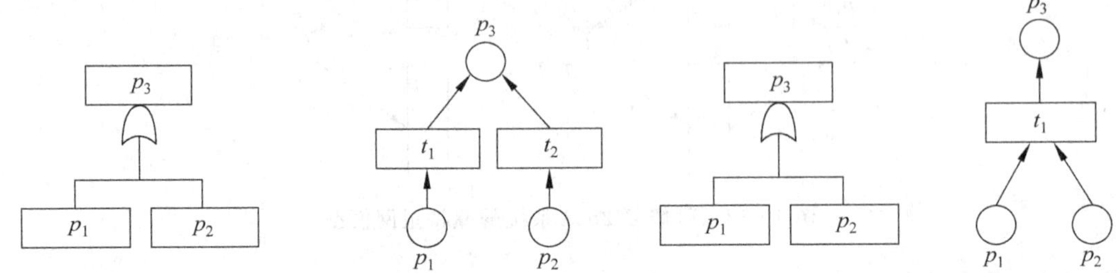

图 10-34 逻辑或-门的佩特里网模型　　图 10-35 逻辑与-门的佩特里网模型

10.6.5 数学表达式[①]

关联矩阵。佩特里网可以采用多种形式的矩阵来表示。

考虑一个佩特里网，其位置向量 $\boldsymbol{P}=\{p_1, p_2, \cdots, p_n\}$，转移向量 $\boldsymbol{T}=\{t_1, t_2, \cdots, t_r\}$。我们定义这样一个 $r\times n$ 的矩阵 $\boldsymbol{W}^-$：如果转移 i 有来自位置 j 的输入弧的话，矩阵中元素 (i, j) 的值就是连接位置 j 和转移 i 的弧的权重。如果转移 i 没有来自位置 j 的输入，那么 (i, j) 的值就是 0。

我们将采用图 10-33 中考虑共因失效的可修复 2oo3 系统来描述不同的矩阵形式。在这个佩特里网模型中，存在四个位置 $\{p_1, p_2, p_3, p_4\}$ 和八个转移 $\{t_1, t_2, t_3, t_4, t_5, t_6, t_7, t_8\}$。

图 10-33 中佩特里网的 $\boldsymbol{W}^-$ 矩阵是

$$
\boldsymbol{W}^-=\begin{array}{c} \\ p_1 \\ p_2 \\ p_3 \\ p_4 \end{array}\begin{array}{c} \begin{array}{cccccccc} t_1 & t_2 & t_3 & t_4 & t_5 & t_6 & t_7 & t_8 \end{array} \\ \begin{pmatrix} 1 & 0 & 0 & 0 & 0 & 0 & 0 & 1 \\ 0 & 1 & 1 & 0 & 0 & 0 & 1 & 0 \\ 0 & 0 & 0 & 1 & 1 & 0 & 0 & 0 \\ 0 & 0 & 0 & 0 & 0 & 1 & 0 & 0 \end{pmatrix} \end{array} \tag{10-57}
$$

我们可以发现，$\boldsymbol{W}^-$ 表示的是从位置到转移的弧。

按照相同的方式，我们定义一个 $r\times n$ 的矩阵 $\boldsymbol{W}^+$：如果转移 i 有输出弧指向位置 j 的话，矩阵中元素 (i, j) 的值就是连接转移 i 和位置 j 的弧的权重。如果转移 i 没有输出弧指向位置 j，那么 (i, j) 的值就是 0。

图 10-33 中佩特里网的 $\boldsymbol{W}^+$ 矩阵是

$$
\boldsymbol{W}^+=\begin{array}{c} \\ p_1 \\ p_2 \\ p_3 \\ p_4 \end{array}\begin{array}{c} \begin{array}{cccccccc} t_1 & t_2 & t_3 & t_4 & t_5 & t_6 & t_7 & t_8 \end{array} \\ \begin{pmatrix} 0 & 1 & 0 & 0 & 0 & 0 & 0 & 0 \\ 1 & 0 & 0 & 1 & 0 & 0 & 1 & 0 \\ 0 & 0 & 1 & 0 & 0 & 1 & 0 & 0 \\ 0 & 0 & 0 & 0 & 1 & 0 & 1 & 1 \end{pmatrix} \end{array} \tag{10-58}
$$

① 如果读者不需要处理大规模佩特里网，或者对于其数学原理不感兴趣，本小节内容只需要阅读随机佩特里网部分，并不会影响在风险分析应用中使用佩特里网模型。

W^+ 表示的是从转移到位置的弧。我们现在定义矩阵 $W=W^+-W^-$。对于图 10-33 中的佩特里网来说

$$W^+=\begin{array}{c}\\ p_1\\ p_2\\ p_3\\ p_4\end{array}\begin{array}{c}\begin{array}{cccccccc}t_1 & t_2 & t_3 & t_4 & t_5 & t_6 & t_7 & t_8\end{array}\\ \begin{pmatrix}-1 & 1 & 0 & 0 & 0 & 0 & 0 & -1\\ 1 & -1 & -1 & 1 & 0 & 0 & -1 & 0\\ 0 & 0 & 1 & -1 & -1 & 1 & 0 & 0\\ 0 & 0 & 0 & 0 & 1 & -1 & 1 & 1\end{pmatrix}\end{array} \tag{10-59}$$

这个矩阵(W)称为佩特里网的关联矩阵,可以表示出网络的结构。当我们知道关联矩阵之后,我们也可以绘制出佩特里网模型。这个关联矩阵可以按照下面的方法进行解释:考虑一个转移 j,比如以 t_4 为例。根据式(10-59),我们可以看出 t_4 没有来自位置 p_1 和 p_4 的输入或者输出(0),对位置 p_2 有一个输出(1),而接收一个来自位置 p_3 的输入(−1)。

关联矩阵只能描述佩特里网的结构,与网络的标识和转移激发都没有关系。因此,一个未标记的佩特里网对应一个唯一的三元组〈P,T,W〉。

初始标识。在分析开始的时候,佩特里网的标识 m_0 即为网络的初始标识。需要记住,m_0 是一个列向量。

激发序列。激发序列 s 指的是转移被允许和激发的顺序,比如 $s=<t_1,t_2,t_3>$。如果初始标识是 m_0,在转移 t_1 被激发之后的标识就是 m_1。接下来,转移 t_2 被激发,系统新的标识是 m_2。最后是 t_3 被激发,系统标识变成 m_3。上述的过程可以写成

$$m_0 \xrightarrow{t_1} m_1 \xrightarrow{t_2} m_2 \xrightarrow{t_3} m_3$$

在激发序列 s 给定之后,这个序列也可以概括为

$$m_0 \xrightarrow{s} m_3$$

令 S 表示所有可能激发序列的集合。

可达标识。假设佩特里网有一个初始标识 m_0,如果存在一个序列 $s\in S$,就说 m 是从 m_0 可到达的标识,即

$$m_0 \xrightarrow{s} m$$

可达性集合 $R(m_0)$ 是从初始标识 m_0 经过数量有限的一系列转移可以到达的所有标识 m 的集合。

可达树和图。从初始标识 m_0,我们可以根据那些已经允许的转移转换到"新的"标识。根据相同的原理,从任意一个新的标识,都可以生成更多的标识,直到在从 m_0 开始的转换路径上出现重复标识,或者没有允许的转移。可达树上的节点,表示可以从 m_0 转换到的标识。可达树模型上的每一个弧都表示转移的激发,它可以将系统从一个标识转换到另外一个。

佩特里网的可达图是一个有向图,图中的节点是可达标识,而有向弧从一类标识指向另一类标识。如果要了解更多有关可达树和可达图的信息,请阅读叶新明(音译,Xinming Ye)等人 2003 年的文章。在文章中,作者提出了一种建立可达图的方法。另外,还有一些用于佩特里网分析的计算机程序也可以绘制可达图。

特征向量。特征向量是一个列向量 u,表示在激发序列 s 中每一转移 $t\in T$ 被激发的

次数。如果至少有一个始于初始标识 $\boldsymbol{m}_0$ 的激发序列 $s\in S$ 给出这个特征向量，向量 $\boldsymbol{u}$ 就称为可能的特征向量。可能会存在多个激发序列 $s\in S$ 对应同一个可能特征向量的情况[了解更多信息，请阅读戴维和奥拉的著作(2005 年)]。

对于案例 10-12 中考虑共因失效的可修复 2oo3 系统，总计有 8 个转移。举例来说，有激发序列 $<t_1,t_3,t_5>$，这个序列的特征向量就是 $\boldsymbol{u}=(1,0,1,0,1,0,0,0)^{\mathrm{T}}$。这意味着转移 t_1、t_3 和 t_5 各都被激发了一次，而转移 t_2、t_4、t_6、t_7 和 t_8 没有被激发。

在这个例子中，每一个转移最多出现了一次。对于一般形式的特征向量 $\boldsymbol{u}=(u_1, u_2,\cdots,u_r)^{\mathrm{T}}$，元素 u_j 是转移 t_j 在激发序列 s 中出现的次数。

基本方程。可以采用佩特里网的基本方程描述网络从初始标识 $\boldsymbol{m}_0$ 到标识 $\boldsymbol{m}$ 的转换过程：

$$\boldsymbol{m}=\boldsymbol{m}_0+\boldsymbol{W}\cdot\boldsymbol{u} \tag{10-60}$$

其中，$\boldsymbol{W}$ 是佩特里网的关联矩阵，$\boldsymbol{u}$ 是特征向量。对于案例 10-12 中考虑共因失效的 2oo3 系统来说，它的关联矩阵为式(10-59)，初始标识 $\boldsymbol{m}_0=(1,0,0,0)^{\mathrm{T}}$，特征向量 $\boldsymbol{u}=(1,0,1,0,1,0,0,0,0)^{\mathrm{T}}$，因此，我们可以得到新的标识

$$\boldsymbol{m}=\boldsymbol{m}_0+\boldsymbol{W}\cdot\boldsymbol{u}=(0,0,0,1)^{\mathrm{T}}$$

根据这个基本方程，两个激发序列 s_1 和 s_2 都具有相同的特征向量 $\boldsymbol{u}$，可以产生相同的标识。因此，激发序列中(可能)的转移次序对于将会到达的标识没有影响。同时，因为导致从初始标识 $\boldsymbol{m}_0$ 转换到相同标识 $\boldsymbol{m}$ 的两个序列不一定拥有相同的特征向量，因此上述序列是不可逆的。

不变量。可以通过佩特里网的不变量研究网络的结构特性。这些特性只取决于网络的拓扑结构，与初始标识 $\boldsymbol{m}_0$ 无关。佩特里网中存在两类不变量：位置不变量(*P*-不变量)和转移不变量(*T*-不变量)。在这里，我们主要关注 *P*-不变量。

P-不变量。*P*-不变量可以看做一个 n 维非负整数列向量 $\boldsymbol{f}$，其中 n 是佩特里网中位置的数量，而非零元素则对应属于 *P*-不变量中的位置，零元素代表其他。

P-不变量可以定义为

$$\boldsymbol{f}^{\mathrm{T}}\cdot\boldsymbol{W}=\boldsymbol{0} \tag{10-61}$$

如果 $\boldsymbol{f}\neq 0$，我们就说 *P*-不变量 $\boldsymbol{f}$ 是一个合理的 *P*-不变量。

如果用基本方程(10-60)乘上 *P*-不变量的转置 $\boldsymbol{f}^{\mathrm{T}}$，我们可以得到 $\boldsymbol{f}^{\mathrm{T}}\cdot\boldsymbol{m}=\boldsymbol{f}^{\mathrm{T}}\cdot\boldsymbol{m}_0+\boldsymbol{f}^{\mathrm{T}}\cdot\boldsymbol{W}\cdot\boldsymbol{u}$。因为有 $\boldsymbol{f}^{\mathrm{T}}\cdot\boldsymbol{W}=\boldsymbol{0}$，对于所有可以到达的标识 $\boldsymbol{m}$，上述等式都可以简化为

$$\boldsymbol{f}^{\mathrm{T}}\cdot\boldsymbol{m}=\boldsymbol{f}^{\mathrm{T}}\cdot\boldsymbol{m}_0 \tag{10-62}$$

等式(10-62)说明，*P*-不变量是一个位置集合，令牌的某一种(正整数)线性组合对于所有可以到达的标识都是保持不变的。即便考虑到参与的资源，这个过程也同样是稳定的。因此，*P*-不变量既不会丢失，也不会得到资源(令牌)(可参见戴维和奥拉 2005 年的著作)。

根据等式(10-61)，我们可以发现：

- 如果 $\boldsymbol{f}$ 是一个 *P*-不变量，当 k 是非负整数的时候，$k\cdot\boldsymbol{f}$ 同样也是一个 *P*-不变量。
- 如果 $\boldsymbol{f}_1$ 和 $\boldsymbol{f}_2$ 是 *P*-不变量，那么 $\boldsymbol{f}_1+\boldsymbol{f}_2$ 也是 *P*-不变量。

这就意味着，一个整数 *P*-不变量的非负线性组合同样也是 *P*-不变量。如果一个 *P*-不变量不能再写成其他 *P*-不变量的线性组合，那么这个 *P*-不变量就是最小的。

等式(10-61)还说明,对于每一个转移 t_i, $\boldsymbol{f}^{\mathrm{T}} \cdot c_{t_i}(\boldsymbol{W})=\boldsymbol{0}$,其中 $c_{t_i}(\boldsymbol{W})$ 是转移 t_i 关联矩阵的列, $i=1,2,\cdots,r$。

P-不变量是分析佩特里网的重要手段,因为根据 *P*-不变量可以独立地分析网络结构,而不用考虑动态过程。分析的一项重要任务就是要识别出最小的 *P*-不变量,它们也被称为生成元。马丁内斯(Martinez)和席尔瓦(Silva)1982 年的文章曾经提出过一种寻找最小 *P*-不变量的方法,现在很多佩特里网分析的软件都在使用这种方法。

T-不变量。从基本方程(10-60)可知,所有特征向量 $\boldsymbol{u}$ 满足 $\boldsymbol{W}\cdot\boldsymbol{u}=\boldsymbol{0}$ 的激发序列并不会改变初始标识。带有这种特征的非负整数特征限量称为转移不变量,或者 *T*-不变量。*T*-不变量是一个 r 维向量(r 是网络中转移的数量),如果 $\boldsymbol{u}\neq 0$,我们就可以说这是一个合理的 *T*-不变量。

随机佩特里网。在很多情况下,佩特里网中的转移在被允许之后,需要一段延迟时间才会被激发。如果整个网络中所有的转移从被允许到激发的时间间隔都是随机的,这种佩特里网就可以称为随机佩特里网(Stochastic Petri Net,SPN)。

随机佩特里网中转移的激发时间遵循指数分布,对于每个转移都会有一个激发速率。因为激发时间的指数分布具有无记忆的特性,实际上随机佩特里网可以转化成我们在第 10.5 节中讲述的马尔可夫模型。图 10-36 和图 10-37 给出的就是使用两种模型对同一个元件的不同描述。另外,如案例 10-16 所示,任何一个故障树模型也都可以转化为一个随机佩特里网,使用两种方法分析的结果是一致的。更多有关随机佩特里网的信息,有兴趣的读者可以阅读卡特森(Kartsen)等人 1994 年和豪斯(Haas)2002 年的文章。

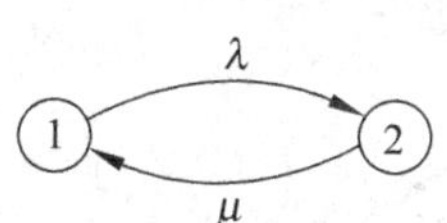

图 10-36 单一可修复元件的马尔可夫图

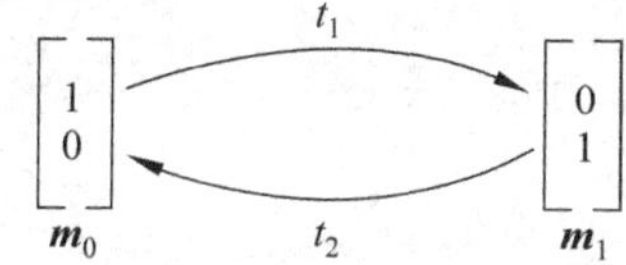

图 10-37 单一可修复元件的可达标识图

使用蒙特卡洛仿真分析随机佩特里网。我们可以使用数值方法对随机佩特里网进行定量分析,但是使用蒙特卡洛仿真会更加容易,适用范围也更宽。一些集成化的佩特里网分析计算机软件都带有蒙特卡洛仿真模块,我们也可以在其他程序中使用蒙特卡洛仿真插件。在布里斯(Briš)和科查尼科娃(Kochaníckvá)2006 年以及施尼格(Schoenig)2004 年的文章中,作者给出了一些如何使用蒙特卡洛仿真分析佩特里网的案例。

需要注意的是,对于可靠性极高的系统(比如安全仪表系统),使用蒙特卡洛仿真可能会花费大量的时间。

10.6.6 数学表达示例

我们将在本节给出一些简单的佩特里网数学表达的示例。

- 案例 10-14 单一可修复元件

重新考虑案例 10-9 中的单一可修复元件,现在我们加入两个新的参数(转移 t_1 的激发速率：固定失效速率 λ 和转移 t_2 的激发速率：固定维修速率 μ）。这样我们可以得到一个随机佩特里网以及图 10-37 中的可达标识图。很明显，这个佩特里网就是图 10-36 中马尔可夫图的另一种形式。标识 $\boldsymbol{m}_0$ 对应马尔可夫图的状态 1，而标识 $\boldsymbol{m}_1$ 则对应状态 2。基于此，我们可以按照与马尔可夫图相同的方式计算元件两个状态相同的概率：元件功能正常的概率（即位置 p_1 中有一个令牌而 p_2 中没有令牌的概率）是 $\mu/(\mu+\lambda)$，以及元件失效的概率（即位置 p_1 中没有令牌而 p_2 中有一个令牌的概率）是 $\lambda/(\mu+\lambda)$。

• **案例 10-15　考虑共因失效的可修复 1oo2 系统**

重新考虑案例 10-11，研究考虑共因失效的可修复 1oo2 系统，该系统的马尔可夫图如图 10-38 所示。在这个系统当中，我们需要确定每个转移的速率：

- 转移 t_1 的激发速率是 $2\lambda_i$，其中参数 λ_i 是一个元件独立的失效速率。这个速率乘以 2，是因为存在两个可能会失效的元件。
- 转移 t_2 的激发速率是 μ，表示一个元件的维修速率。
- 转移 t_3 的激发速率是 $\lambda_i+\lambda_c$，表示剩余的一个功能正常的元件因为共因（λ_c）和单独原因（λ_i）失效的概率。
- 转移 t_4 的激发速率是 2μ，意味着我们可以从两个完全一致的失效元件中任选一个进行维修。
- 转移 t_5 的激发速率是 λ_c，这可能是一个能够同时引起两个元件失效的外部事件的发生概率（也称为共因失效速率）。

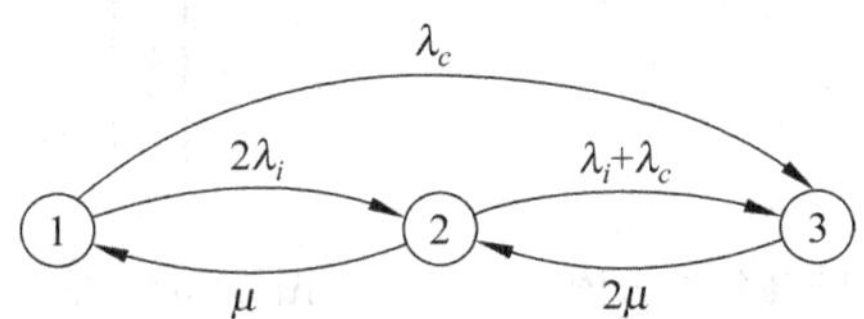

图 10-38　考虑共因失效的可修复 1oo2 系统的马尔可夫图

这个佩特里网的可达图如图 10-39 所示，与图 10-38 中的马尔可夫图相对应。可以使用标准的马尔可夫方法计算所有系统状态的概率，其转换矩阵 $\boldsymbol{A}$ 为式(10-63)：

$$\boldsymbol{A}=\begin{pmatrix}-2\mu & 2\mu & 0\\ \lambda_i+\lambda_c & -(\lambda_i+\lambda_c+\mu) & \mu\\ \lambda_c & 2\lambda_i & -(2\lambda_i+\lambda_c)\end{pmatrix} \tag{10-63}$$

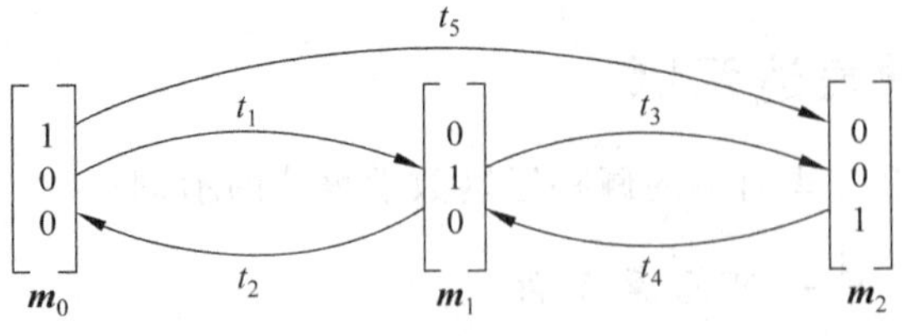

图 10-39　考虑共因失效的可修复 1oo2 系统的可达标识图

• 案例 10-16　故障树

使用佩特里网对故障树建模，我们采用一种与先前案例不同的方法。转移只表示逻辑函数（与故障树中的门相对应），因此它们没有概率参数。我们仅仅为位置添加概率或失效速率，它们在某种意义上可以表示故障树中的基本事件。在这个故障树建模示例当中，我们没有用到任何令牌，因此这是一个未标记佩特里网。为了得到故障树的顶事件概率，我们必须要进行一系列的逻辑运算，首先就是要用位置标识基本事件。

图 10-40 中的故障树可以采用图 10-41 中的佩特里网表示。其中，顶事件表示为位置 p_1，位置 $\{p_4, p_5, p_6, p_7\}$ 分别表示概率为 $\{0.1, 0.05, 0.2, 0.3\}$ 的基本事件。位置 p_2 表示的中间事件概率是位置 p_4 和 p_5 相关概率进行“或”逻辑运算的结果，等于 $p_4+p_5-p_4p_5=0.145$。而位置 p_3 表示的中间事件概率是 0.06，这个结果是位置 p_6 和 p_7 相关概率“与”逻辑运算的结果。位置 p_1 表示的顶事件概率可以再次通过（位置 p_2 和 p_3 的）“与”逻辑运算得到，结果等于 0.008 7。

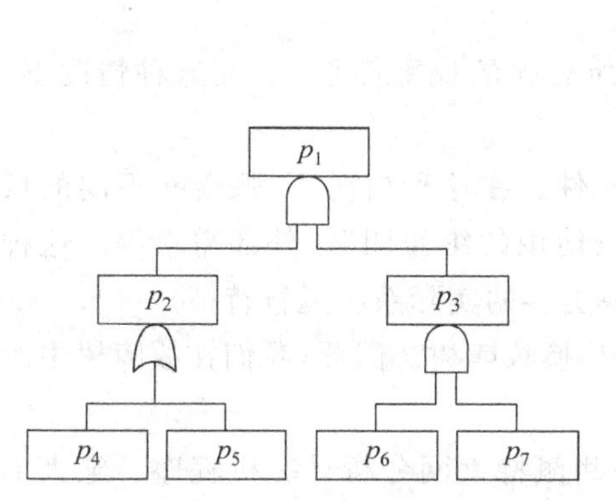

图 10-40　一棵简单的故障树

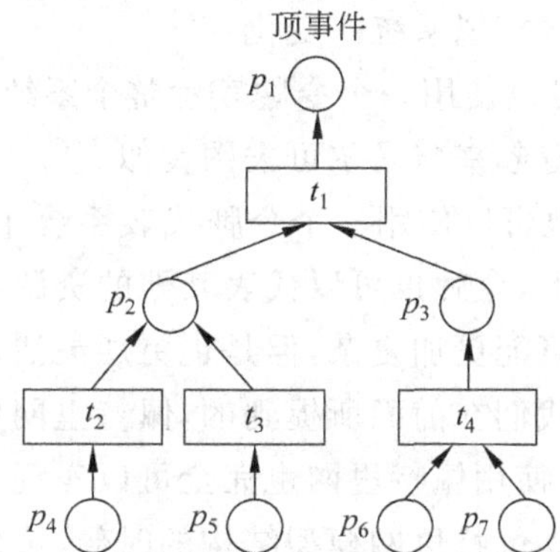

图 10-41　用来表示图 10-40 中故障树的佩特里网模型

10.6.7　佩特里网的扩展

现在，人们对标准佩特里网模型已经进行了很多扩展，其中就包括着色佩特里网和泛化随机佩特里网。

着色佩特里网。着色佩特里网可以用于含有重复部分的大型系统佩特里网建模。着色佩特里网的目的，就是使用带有颜色的令牌以及与弧相关的函数压缩大型网络的规模[有兴趣的读者可以阅读简森（Jensen）和克里斯滕森（Kristensen）2009 年发表的文章]。

泛化随机佩特里网。我们在前面已经讲述过随机佩特里网，如果网络中除了包含激发时间遵循指数分布的延时转移之外，还包括即时转移（这些转移一旦被允许便立刻激发），这种佩特里网就可以称为泛化随机佩特里网（Generalized Stochastic Petri Net，GSPN）。GSPN 仍然与马尔可夫模型等效，可以使用相同的方法计算。有兴趣的读者可以从马尔森（Marsan）等人 1984 年的文章中了解更多有关 GSPN 的信息。

10.6.8 分析步骤

正如我们在本节前面部分所讲述的，佩特里网是一种非常灵活的工具，可以用来对很多种类型的系统进行建模。在本章中，我们主要关注的是可以反映特定关键事件形成过程的模型。

风险分析中的佩特里网分析主要包括五个步骤：

1. 计划和准备。
2. 建立佩特里网模型，分配初始令牌和弧的权重。
3. 定性分析佩特里网模型，验证令牌的流动和反映系统真实情况。
4. 定量分析佩特里网模型。
5. 报告分析结果。

我们已经在第 8 章当中讲解过第 1 步和第 5 步，这里就不再赘述。

第 2 步：建立佩特里网模型。关键事件的发生会改变系统状态，我们可以按照几种不同的方式模拟系统的变化：

(a) 可以使用一个令牌表示整个系统。这样，所有弧的权重都是 1。在这种情况下，佩特里网看起来与马尔可夫图类似。

(b) 也可以使用一个令牌代表系统中的一个元件。在这种情况下，弧会有不同的权重。实际上，令牌也可以代表其他的资源，比如可以使用的维修团队、外部需求等。这种网络模型可能更加复杂，但是也更加灵活，可以反映更多的实际系统运行特征。

正如我们在前面所提到的，佩特里网可以完全替换故障树。因此，我们在故障树中所做的分析，使用佩特里网也完全可以实现。

在建立佩特里网模型结构的时候，可以使用一些佩特里网分析计算机程序。绝大部分这些程序都拥有一个图形化的编辑器，可以绘制和编辑网络模型。和马尔可夫方法一样，佩特里网对于图纸上模型的位置和转移的摆放并没有严格的规定，但是如果处理不当，模型看起来将会非常复杂。我们可以从一些教材和互联网上找到佩特里网的示例，在开始绘制自己的模型之前，好好学习一下这些例子会很有帮助。

对于复杂的佩特里网，我们建议分别绘制各个模块并进行测试，然后再将它们连入主干网络当中。

第 3 步：定性分析佩特里网模型。在佩特里网建立完成之后，我们可以从网络当中阅读到大量有趣的信息。如果这个网络是用来替换故障树的，我们就可以得到和故障树中一样的信息。我们可以使用 P-不变量来寻找最小路径集合，用 T-不变量寻找故障树的最小割集。如果佩特里网用来替换马尔可夫图，我们也能够阅读到与马尔可夫转换图中一样的信息。

通过模拟佩特里网，我们可以研究网络的动态性能，观察在转移激发的时候令牌如何移动。对于非常简单的佩特里网，使用纸笔就够了，而对于更加复杂的网络，则需要合适的计算机程序。很多佩特里网软件都拥有可以显示令牌流动的模块，这些模块一般称为佩特里网模拟器。

第 4 步：定量分析佩特里网模型。

输入数据。定量分析要求的输入数据取决于佩特里网的具体应用。如果网络用来替换故障树，我们就需要与故障树一样的输入数据，而如果网络用来替换马尔可夫图，那么就需要马尔可夫分析中的数据。

计算。对于非常小的系统，我们可以建立模型，并且仅仅靠使用纸笔就可以手工计算。但是对于更加复杂的系统，我们就必须借助计算机了，因为它可能会涉及复杂的矩阵运算。

很多佩特里网计算机程序都拥有(i)图形化输入模块，可以建立佩特里网；(ii)模拟器，可以研究令牌的流动；(iii)计算模块，可以找到关联矩阵，确定 P-不变量和 T-不变量。一些程序还拥有蒙特卡洛仿真模块。还有一些工具的功能更加先进(比如 TimeNET[①])，可以处理激发时间遵循指数分布或者非指数分布的佩特里网。

10.6.9　需要的资源和技术

研究团队需要对使用佩特里网建模的流程或者系统有充分的了解。对于图形化表示本身，并不需要特殊的技巧，但是需要了解佩特里网的术语以及令牌移动的规则。佩特里网的数学表达则需要具备一些基本的线性代数知识。对于更加复杂、非基本类型的佩特里网，或者分析一些特殊的网络特性，则需要理解图论的一些基本原理及方法、概率论和一些可靠性理论。

现在已经有很多用于佩特里网分析的软件工具。很多这些软件都拥有良好的用户界面，易于使用。可以登录 http://www.informatik.uni-hamburg.de/TGI/PetriNets/浏览佩特里网相关软件的信息。

另外一种方法就是使用通用数学工具，比如 Matlab、Scilab 或者 Octave。这时候，就需要掌握软件的基本常识。斯瓦杜瓦(*Svádová*)和汉扎雷克(*Hanzálek*)在开发的佩特里网 Matlab 工具箱可供使用。

10.6.10　标准和指南

现在我们可以找到一部称为高级佩特里网分析的国际标准(ISO/IEC 15909-1，2004 年)，但是还没有面向基本佩特里网的类似标准[②]。不过，我们有很多有关佩特里网的指南和教科书可以参考。

10.6.11　优势和局限

优势。佩特里网的主要优势包括：

- 基于通用的技术建模语言；
- 可以对几乎任何硬件、软件和人类(比如操作员)活动建模，也可以描述它们和环境之间的互动；

---

① 更多有关 TimeNET 的信息，请访问 http://www.tu－ilmenau.de/fakia/TimeNET.timenet.0.html.

② 在本书英文版出版之后，IEC 发布了基本佩特里网的国际标准 IEC 62551《关联性分析技术：佩特里网方法》(IEC 62551，2012 年)。

- 可以用来模拟复杂流程；
- 可以进行仿真，描述并测试系统行为；
- 在建模前不需要识别出系统的所有状态；
- 建模功能强大，适用于静态或动态时间相关行为、随机过程等；
- 拥有图形化表示方式，描述能力强，易于理解；
- 可以用数学表示，具有强大的分析功能，可以解决很多问题；
- 可以对任何故障树分析、事件树分析、马尔可夫过程和其他可靠性及安全功能模型进行改进，为这些模型补充更多的特征和信息，将这些模型进一步扩展；
- 在建模的细节程度上没有限制；
- 非常适合分析运行和事件的次序和时序。

局限。佩特里网的主要局限包括以下几个方面：

- 使用专门术语，分析人员都必须要能够理解佩特里网的"语言"；
- 通用性——有时候通用性太强本身就是一个缺点；
- 缺乏风险与可靠性工程方面的应用案例(尽管应用在增加，但是数量还十分有限)；
- 佩特里网可能会非常庞大、复杂并且难以理解。

10.7 延伸阅读

我们推荐读者阅读下列与第 10 章内容相关的文献：

- 《航天工程故障树手册》(*Fault tree handbook with aerospace applications*)(斯达马特拉托斯等人，2002 年 b)是故障树构建和分析的权威资料。它主要针对航天领域，但对于其他方面也是非常有价值的参考。
- 《贝叶斯网络不相信眼泪》(*Bayesian networks without tears*)(查尼亚克，1991 年)，对贝叶斯网络进行了简单的介绍，是学习贝叶斯网络优秀的入门教程。
- 《贝叶斯网络与影响图：构建和分析指南》(*Bayesian Networks and Influence Diagrams: A Guide to Construction and Analysis*)(萨鲁夫和马德森，2008 年)对贝叶斯网络进行了全面的介绍。
- 《系统可靠性理论：模型、统计方法与应用》(*System Reliability Theory: Models, Statistical Methods, and Applications*)(拉桑德和霍伊兰德，2004 年)对于故障树和马尔可夫分析的介绍要比这本书更加详细，并且使用了同样的术语。
- 《离散、连续及混合佩特里网》(*Discrete, Continuous, and Hybrid Petri Nets*)(戴维和奥拉，2005 年)，对佩特里网的构建和分析进行了全面的介绍，是学习佩特里网理论的优秀教材。

第 11 章

构建事故场景

11.1 简介

本章主要处理风险三元定义中的第三个问题：如何确定危险事件的可能后果？我们在第 2 章已经对事故场景做出了定义，即从危险(或者初始)事件到出现不良后果的最终事件的事件序列。这也可以看做是危险事件伤害到资产的一个途径。构建事故场景的含义，就是识别和描述从危险事件到一项或者更多资产的可能途径。而我们在第 9 章当中已经讨论过识别相关危险和危险(或者初始)事件的问题。

实际当中的危险事件可能会对很多资产产生很多种影响(见第 2 章)。具体要考虑哪些资产需要取决于分析的目标，而分析可能关注一项资产，也可能需要同时关注多项资产。有些研究人员倾向使用“目标”而不是用“资产”这个词，另外构建事故场景也被称为“事故序列分析”。

11.1.1 构建事故场景的目标

构建事故场景的目标包括：

(a) 确定在一个特定的危险事件发生之后可能会出现的事故场景(事件序列)。

(b) 识别可以停止或者延缓不同事故场景的现有以及可能的响应型安全栅。

(c) 识别可以影响每一个事故场景的外部事件或者条件。

(d) 确定并描述每一个事故场景的可能最终事件。

(e) 确定每个最终事件(和事故场景)的后果。

(f) 确定每个最终事件的概率和每个事故场景的频率。

11.1.2 构建事故场景的方法

常用的构建事故场景的方法包括以下几种。

事件树分析

到现在为止，事件树分析仍然是最常用的事故场景构建方法。自从 20 世纪 70 年代早期以来，这种方法已经在很多不同的领域得到了成功的应用。故障树可以很好地集成到事件树当中，分析安全栅失效。同时，事件树结构也很适合进行定量分析。

事件序列图

事件序列图与事件树几乎相同，唯一的区别就是使用了不同的图形。

因果分析

因果分析图与事件树也非常类似，但是它还包括逻辑门，可以用来组合事件序列，使得图形更加紧凑。

后果分析方法

为了确定最终事件的后果，需要很多后果模型和方法。这些模型和方法可以确定燃料载荷、爆炸载荷、有毒气体分布等。

事故场景的构建受到危险类型和系统特性的影响非常大，本书不可能涵盖所有的这些问题。因为事件树是最为常用的方法，我们在本章中主要讨论这种方法。当然，我们也会简要介绍事件序列图和因果分析。在本章的最后，我们还会提到与后果量化相关的一些问题。

11.2 事件树分析

11.2.1 简介

事件树分析是一种图形化的概率方法，用于事故场景建模和分析。这是一种归纳性的方法，采用正向的逻辑推理。它的结果图会给出由某一特定危险事件导致的可能事故场景(即事件序列)。事件树还可以描绘出系统或工厂对于危险事件的反应。影响事故场景的外部事件也会包括在事件树当中。事件树的起源并不太清楚，但是它早在核反应堆安全研究(NUREG-75/014，1975 年)中就已经有了应用。

11.2.2 目标和应用

事件树分析的主要目标包括：

(a) 识别可能是由危险事件引发的事故场景。

(b) 识别可以(或者计划)阻断或者减小事故场景有害影响的安全栅。

(c) 评估这些安全栅在相关事故场景中的适用性和可靠性。

(d) 识别可能会影响场景中事件序列或者后果的内部和外部事件。

(e) 确定每个事故场景的概率。

(f) 确定并评估每个事故场景的后果。

构建潜在的事故场景是风险分析中非常必要的一项工作，事件树分析通常是实现这一目标的主要方法。事件树分析可以用来分析所有类型的技术系统，无论这些系统是否包括操作人员。

可以单独建立事件树，也可以根据故障树分析建立事件树。故障树分析主要用来研究危险事件的成因，而事件树分析则是用来研究由相同事件引发的可能事故场景。因此，这两种方法可以在领结结构中相得益彰。

根据分析目标的不同和是否能够拿到相关数据，事件树分析既可以是定性的，可以是定量的，也可以两者兼而有之。事件树分析已经成功地在核能、化工和其他很多领域中应用，在评估人员可靠性的时候使用也很普遍（详见第 13 章）。

11.2.3　方法描述

事件树分析开始于已经识别出来的危险事件（比如采用第 9 章中的危险识别方法）。通常，我们可以采用频率为 λ 的均匀泊松分布来对危险事件的发生建模，单位是每年（或者其他时间段）预期发生的次数。

安全栅。对于绝大多数设计完善的系统，分析人员都可以在设计过程中识别出可能的危险事件，然后加入一系列安全栅来阻止或者缓解此类事件的后果。安全栅也被称为阻断、防护措施、安全功能或者保护层。我们在第 2 章中已经介绍了安全栅的概念，并且将会在第 12 章中进行深入的讨论。

安全栅可以是技术设备、人员干预、紧急程序，也可以是上述措施的集成。它既可以是简单的元件，也可以是复杂的安全系统。只要有可能，安全栅就应该设计成彼此之间相互独立，这样一个安全栅失效就不会对其他安全栅造成影响。当然，要做到这一点并不容易，独立原则可能会降低系统的效率和灵活性。因此，有时候人们更希望通过共享的计算机和网络集成多个安全栅。这样做可以增加系统的灵活性，并间接地提升安全性能。

转折性事件。图 11-1 描绘了一个简单的事件树模型。事件树开始于一个危险事件，然后这个树结构在一定的阶段会开始分叉。实际上，分叉总是发生在有转折性事件出现的时候。我们在图 11-1 树结构的上方就列出了转折性事件。这些转折性事件可以是功能，也可以是安全栅失效，但是应该注意的是，它们是一些事件或者状态，比如，

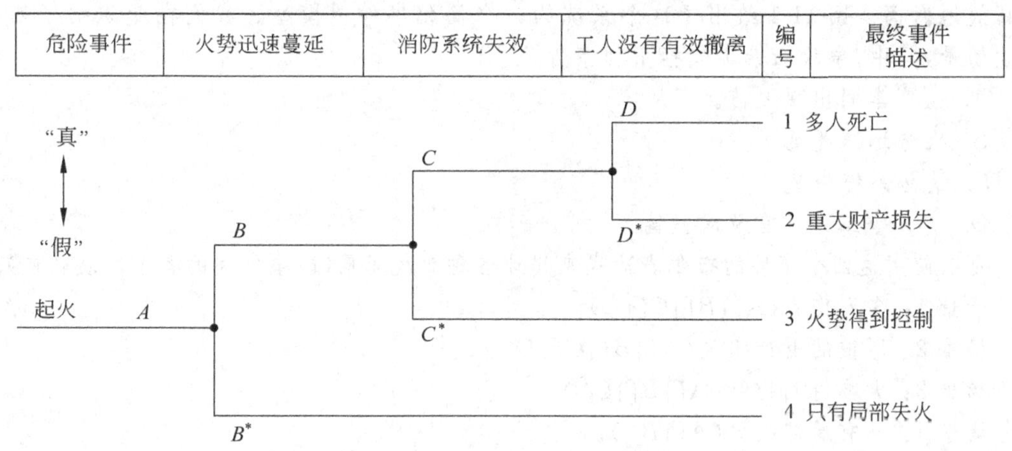

图 11-1　案例 11-1 的事件树

- 人为错误。
- 气体被点燃。
- 台风正向居民区推进。
- 无法撤出受到影响的地区。
- 外部温度低于零度(水的凝固点)。
- 夜晚在人们睡眠的时候有危险事件发生。

有时候,这些事件或者状态也被称为危险推动事件或者危险推动因素。在每一个转折性事件发生的地方,事件树至少会出现一个分叉。

图形化表示。事件树图一般都是从左向右绘制,危险事件就是模型的起点。树形图的上方会列出转折性事件。我们建议每一个转折性事件都采用一种"负面"的方式陈述,比如"安全栅 A 在需要的时候失效"或者"气体被点燃了"。

对于每一个转折性事件,都至少有一条事件树枝干分裂为两条新的分支:上分支表示节点(使用·表示),对应方框中的事件描述为"真(是)",而下分支则表示该描述为"假(否)"。如图 11-1 所示,通过这种方法,最严重的事故场景会逐渐发展到事件树图最顶部的位置。绝大多数事件树都采用"真"或"假"这种二项分割方法,但是我们也可以构建一个节点超过两个分支的事件树。在本章稍后的部分当中,我们将会给出这样的一个事件树。从同一个节点开始的事件是相互排斥的,它们相应的发生概率之和也就等于 1。

根据事故场景中事件的时间和发生情况对转折性事件建模,这一点很重要。在大多数情况下,如果转折性事件的顺序不正确,分析的结果也会出现错误。如果有必要,转折性事件可以分为若干子事件,而这些子事件同样有着自己的顺序。另外,还需要牢记,事件树模型中的每一个事件都是由其先导事件决定的。

- 案例 11-1　生产车间起火

生产车间当中需要安装能够将火灾消灭在萌芽阶段的自动喷水消防系统。如果有火苗出现,它的最终后果取决于消防系统是否能够发挥作用,以及车间中的人员是否能够快速高效地撤离。图 11-1 给出了这个系统的一个简化事件树模型。我们在此识别了四个事故场景,其中,事故场景 1 包括下列事件:

A. 生产车间出现火苗。

B. 火势迅速蔓延。

C. 消防系统失效。

D. 有 n 个工人没有及时撤离。

可以使用这四个事件的布尔表达式来描述各种事故场景(即事件树的各个发展轨迹)。

场景 1:多人伤亡($A\cap B\cap C\cap D$)。

场景 2:严重的财产损失($A\cap B\cap C\cap D^*$)。

场景 3:火势得到控制($A\cap B\cap C^*$)。

场景 4:只有局部失火($A\cap B^*$)。

其中,A^* 表示事件 A 没有发生,B^*、C^*、D^* 的含义以此类推。

现在并没有关于绘制事件树的现成标准,我们可以在相关的文献中找到多种不尽相同的结构。例如，图 11-2 也是一种常见的结构，但是与图 11-1 略有不同。在图 11-2 当中，我们引入了时间轴，表示不同转折性事件激活的时间间隔。在大多数情况下，不太可能准确地预计时间间隔，但是有时候我们可以进行粗略的估计，这对后续的分析还是有一定帮助的。

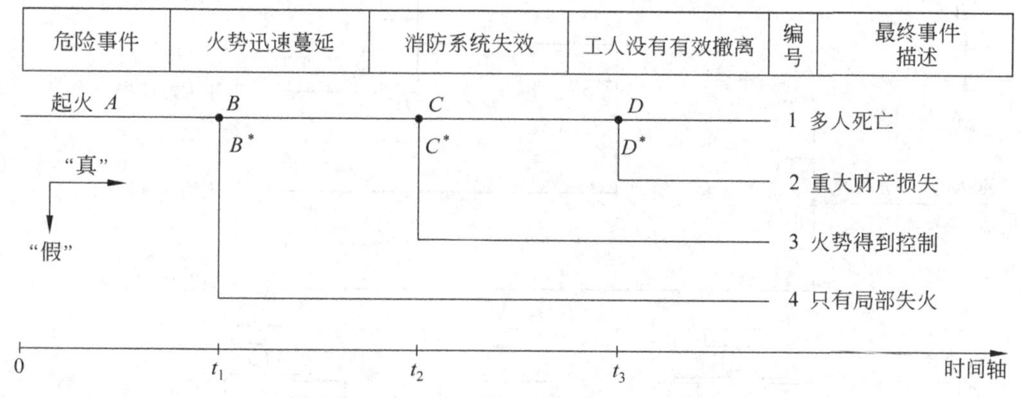

图 11-2 案例 11-1 带有时间轴的另外一种事件树结构

多个分支。在图 11-1 当中，每一个转折性事件都将至少一条枝干分成两个新的分支。有时候，新分支的数量也可以超过两个。比如，考虑储气罐泄漏这样一个案例，储气罐周围的区域可以分为互不重合的三个部分：第一部分有一所小学，第二部分是一个居民区，第三部分则无人居住。在这个例子中，我们就可以使用三个分支的事件树，如图 11-3 所示。

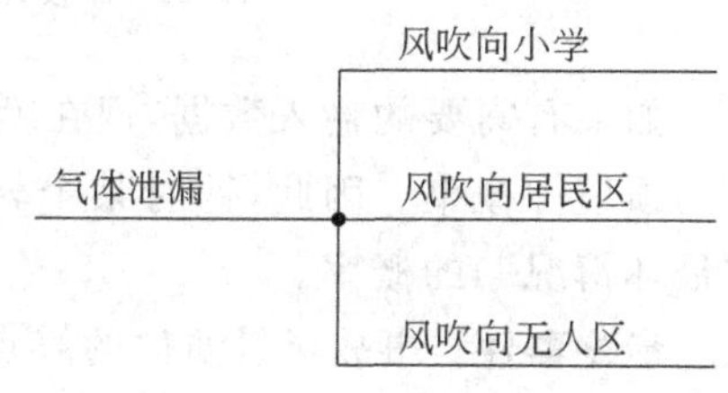

图 11-3 分成三个分支的事件树

图 11-3 中的事件树也可以采用图 11-4 中的二项分割方法描绘。然而，很显然图 11-3 的图形更加紧凑。[①]

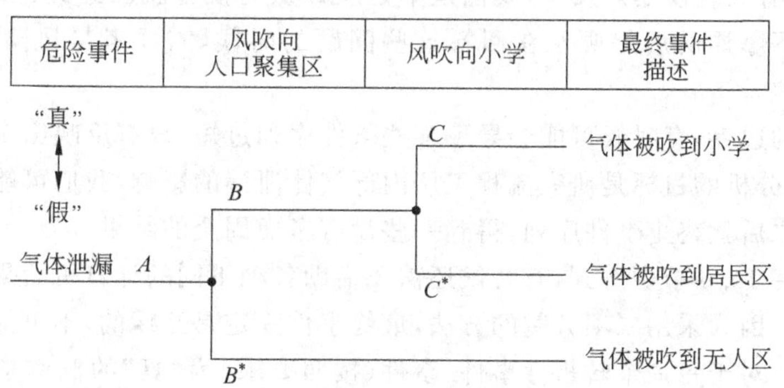

图 11-4 采用二项分割的方法描绘图 11-3 中的事件树

使用故障树分析转折性事件。我们还可以使用故障树来对从事件树节点生成分支的

① 挪威科技大学的斯坦·豪根(Stein Haugen)教授对图 11-3 和图 11-4 提出了自己的建议。

过程进行建模。如图 11-5 所示，故障树的建立都是针对二项分割中的“真”输出。

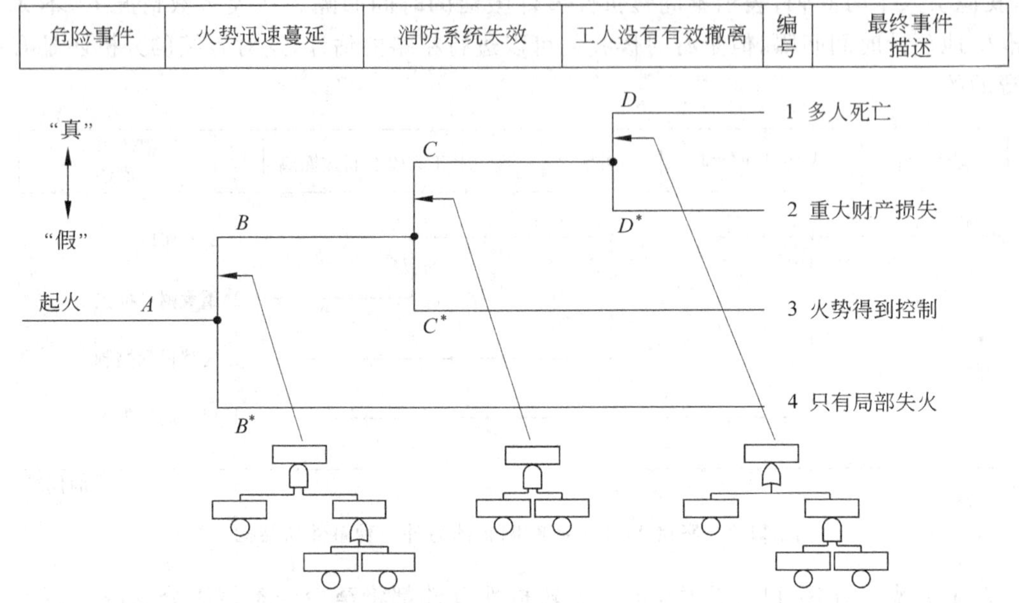

图 11-5 使用故障树分析事件树的转折性事件

如果有需要的输入数据，现在就可以采用我们在第 10 章中介绍的方法计算每个故障树的顶事件概率。因此，针对某个转折性事件的故障树顶事件概率，就是分支向上方向（“最坏情况”）的概率。

最终事件。事故场景演化的终点就是最终事件。① 有时候，应该将什么定义成最终事件也是一个问题。比如说，如果有人受到伤害，我们是不是就应该认为事件树已经完成了？或者我们是否应该考虑伤员能不能得到第一时间的救助，能不能及时送到医院？等等。

另外，如果有大规模爆炸发生，我们是不是应该认为模型就已经到达终点，或者我们还应该研究一下爆炸的后果呢？在回答这些问题的时候，需要考量风险分析的目标和范围。

确定模型的边界，有时候可能会导致某些事件序列过短，没有反映出全部的情况。比如说，如果风险分析的目标是研究流程工厂内部气体泄漏的影响，我们可能就会在分析完对工厂的影响之后就终止事件序列，得到一些没有考虑周全的结果。

我们将要在 11.6 节中讲到，有时候还需要借助各种不同的计算机后果模型来进一步分析最终事件。因为采用二项分割的方法，最终事件一定是互斥的，不可能同时发生。

定量分析。对于每一个转折性事件，事件（按照要求）为“真”的概率是给定危险事件的条件概率，而事件序列会导致转折性事件的发生。

我们可以用一个例子来清楚地讲述确定不同事故序列频率（或者概率）的过程。让我们重新考虑图 11-1 给出的案例 11-1 的事件树。

---

① 有些作者也使用“最终状态”这个词汇替换“最终事件”。

令 λ_A 代表危险事件 A(起火)的频率。在这个案例当中,λ_A 假设等于 10^{-2}/年,这也就意味着平均每 100 年会有一次爆炸发生。事件树的第一个节点表示转折性事件(危险驱动事件或因素)B:“火势迅速蔓延”。假设我们已经确定 $\Pr(B|A)=0.8$,条件概率 $\Pr(B|A)$ 指的是在事件 A 已经发生的情况下,事件 B 发生的概率。

对于第二个节点 C,它表示安全栅故障“自动消防系统失效”,这一事件的条件概率是

$$\Pr(C \mid A \cap B) = 0.01$$

第三个节点与工人撤离有关,事件 D 是“工人无法(足够迅速地)撤离”。必须要假定火灾发生、火势已经迅速蔓延并且消防系统无法正常工作这些情况都已经存在,才能确定事件 D 的概率。我们可以假设工人受到了惊吓,都堵在门口无法依次撤离,或者有些出口已经被火焰挡住了。假设我们可以得到

$$\Pr(D \mid A \cap B \cap C) = 0.30$$

和前面一样,我们令 B^*、C^* 和 D^* 分别代表事件 B、C 和 D 的对立面(即这些事件没有发生的情况)。我们知道,$\Pr(B^*)$等于 $1-\Pr(B)$,对于 C^* 和 D^* 也是如此。

图 11-1 中四个最终事件或者事故场景的频率(每年)计算如下。

场景 1:多人死亡

$$\begin{aligned}\lambda_1 &= \lambda_A \cdot \Pr(B \cap C \cap D)\\ &= \lambda_A \cdot \Pr(B \mid A) \cdot \Pr(C \mid A \cap B) \cdot \Pr(D \mid A \cap B \cap C)\\ &= 10^{-2} \times 0.8 \times 0.01 \times 0.30\\ &\approx 2.4 \times 10^{-5}\end{aligned}$$

场景 2:重大财产损失

$$\begin{aligned}\lambda_2 &= \lambda_A \cdot \Pr(B \cap C \cap D^*)\\ &= \lambda_A \cdot \Pr(B \mid A) \cdot \Pr(C \mid A \cap B) \cdot \Pr(D^* \mid A \cap B \cap C)\\ &= 10^{-2} \times 0.8 \times 0.01 \times 0.70\\ &\approx 5.6 \times 10^{-5}\end{aligned}$$

场景 3:火势得到控制

$$\begin{aligned}\lambda_3 &= \lambda_A \cdot \Pr(B \cap C^*)\\ &= \lambda_A \cdot \Pr(B \mid A) \cdot \Pr(C^* \mid A \cap B)\\ &= 10^{-2} \times 0.8 \times 0.99\\ &\approx 8.0 \times 10^{-3}\end{aligned}$$

场景 4:只有局部失火

$$\lambda_4 = \lambda_A \cdot \Pr(B^*) = 10^{-2} \times 0.2 \approx 2.0 \times 10^{-3}$$

可以看出,特定事故场景的频率是危险事件频率与问题中通向最终事件路径(事故场景)上每一个转折性事件条件概率的乘积。我们可以在事件树图中增加一列,表示定量分析的结果,如图 11-6 所示。

如果我们假设危险事件的发生可以用均匀泊松过程来表示,那么所有的转折性事件的概率就都是与时间无关的常数,而每个事故场景的发生同样也遵循均匀泊松过程(可参考拉桑德和霍伊兰德编写的教材,2004 年)。

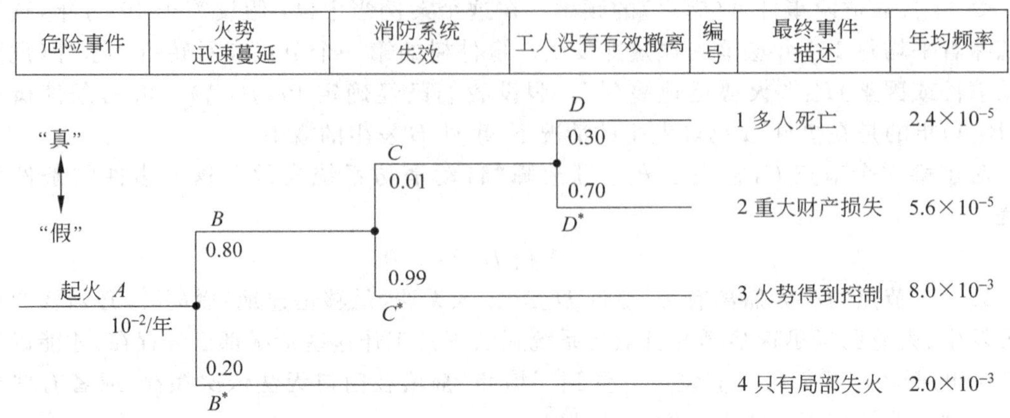

图 11-6 带有频率计算的事件树

注释：在更加复杂的事件树中，可能会有多条途径都能够激活同一个安全栅。这就意味着，在安全栅被激活的时候，它的身上可能已经存在一些负载了，也就是说在不同的事件序列当中我们需要使用不同的安全栅失效概率。比如自动消防系统的例子，爆炸可能会在消防系统启动之前就已经发生。我们可以假设，如果没有爆炸的话，消防系统的失效概率可能低于1%，但是在爆炸发生之后，可能整个消防系统都已经被炸飞了，那么这个时候该系统的失效概率可能就接近100%。

关联性。从原理上说，事件树当中所有的概率都是条件概率，这就说明在转折性事件之间，甚至是转折性事件和危险事件之间，都存在着不同的关联。

我们将在第15章着重讨论关联性和关联性建模的问题，在这里我们可以列出一些关联的类型：

- 同一个元件可能出现在两个或者更多的安全栅当中。这个问题实际上我们在前面"安全栅"一段当中已经提到过。如果我们使用故障树分析安全栅，这就意味着同一个基本事件可能进入到两个或者更多"独立"的故障树当中。
- 环境关联可能会导致多个"独立的"安全栅失效。这些失效在建模的时候一般可以当做共因失效。
- 同一故障树或者多个不同故障树之间基本事件的共因失效。如果我们使用β-因子模型（见第15章），这种情况就与两棵或者更多故障树上存在相同基本事件的情况类似。
- 其他系统、设施、元件或者操作员行为的功能关联。
- 危险事件与转折性事件之间的关联。
- 转折性事件之间的关联。尽管不是本质上的关联，但是却源于前一个转折性事件的物理后果。关键事件"气体被点燃"和转折性事件"消防泵无法启动"之间并没有直接关系，但是第一个事件引起的火灾或爆炸可能会破坏消防泵的控制电线。

上述的一些关联问题很难处理。在经典的故障树分析中，并没有直接的方法可以考虑两个或者更多故障树之间共享和（或者）相关基本事件的问题。但是，安德鲁斯

(Andrews)和丹奈特(Dunnett)在 2002 年的一篇文章当中提出了一种基于二项决策图的方法,可以在一定程度上解决这个问题。

在分析关联性的时候,另外需要记住的一点就是操作员可以对问题进行修复,这在一定程度上会弥补关联性带来的损害。我们将在第 13 章继续讨论这个问题。

使用佩特里网分析事件树。我们在第 10.6 节中已经介绍了佩特里网,这是一种分析带有关联性关键事件的事件树的有效工具。[①] 考虑这样一棵每一个转折性事件都是用故障树建立的事件树,如图 11-7 所示。对于这个事件树而言,在两个故障树之间存在共有的基本事件。

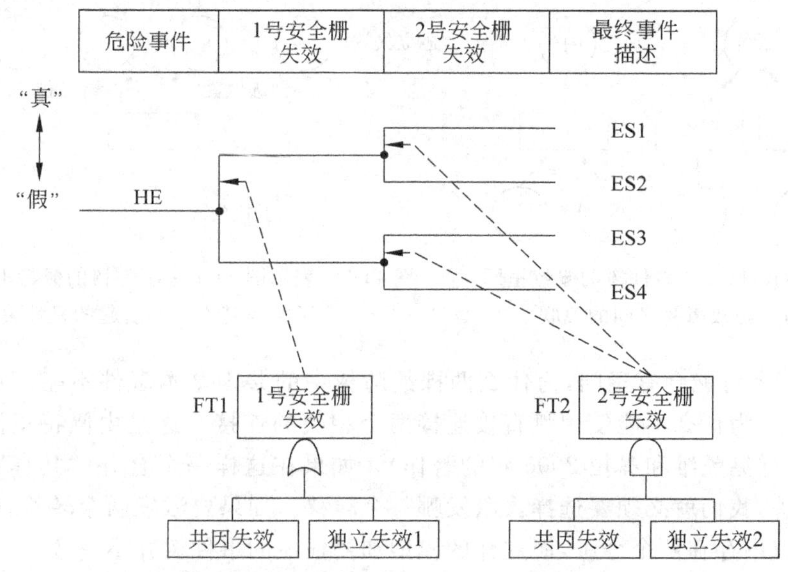

图 11-7　带有一个显性关联的简单模型

图形表示。第一步是按照第 10.6 节中的方法,将每一个关键事件的故障树转化为未标记佩特里网。接下来,将故障树的顶事件和危险事件,使用与-门逻辑定义到同一个佩特里网的位置当中,这个过程在佩特里网语言中称为同步。如果去除掉故障树之间的关联,图 11-7 中的事件树就可以表示成图 11-8 中的佩特里网。

包含关联。在将关联转换到佩特里网模型的时候必须要非常小心。如图 11-9 所示,每一个显性关联都可以表示成一个位置和一个转移的组合,然后添加到之前只含有独立事件的佩特里网当中。这种表示关联的转移,必须与表示相应故障树中关联事件的所有位置连接,这样它才可以为这些位置提供"输入"。

如果一个显性关联(比如具有共因的基本事件)是一个或-门的输入,可以在佩特里网模型中直接表示出来。而如果这种关联是一个与-门的输入,那么表示起来就会稍微有一点复杂,因为它不能直接表示成佩特里网中的一个转移,这时候我们就需要在模型中引入"虚"位置。

① 布拉格捷克理工大学电气工程系的安德烈·尼沃特是本小节内容的合作作者。

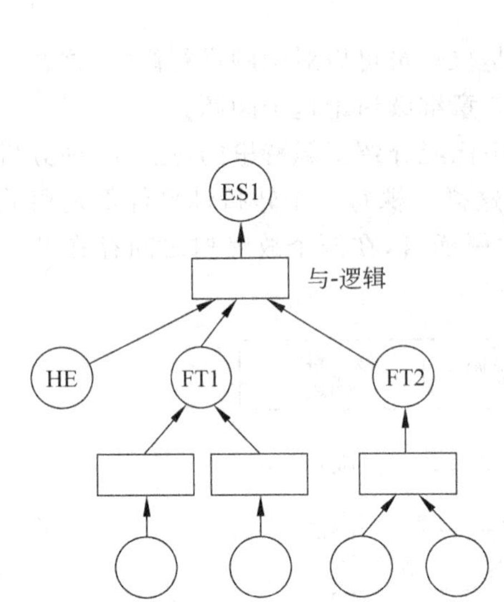

图 11-8 表示图 11-7 中事件树的佩特里网，没有考虑故障树之间的关联

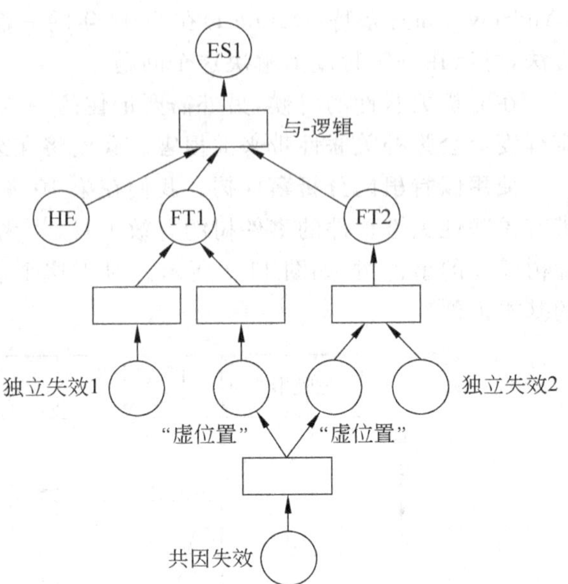

图 11-9 表示图 11-7 中事件树的佩特里网，包括了共因基本事件引起的显性关联

注释：读者可能会有疑问，为什么两棵故障树中的共因基本事件不能简单地合并到一个位置当中，为什么不能使用弧直接连接两个相关的连接？这是由佩特里网的冲突属性所决定的(详见戴维和奥拉 2005 年的著作)。如果在这样一个合并(“共享”)的位置中存在一个令牌，我们就必须要选择去激发哪一个转移。如果要激发两个转移，就需要在这个“共享”位置中存在两个令牌，而这样的模型和要描述的事件树并不一致。

另外需要注意的是，如果关联性基本事件在同一棵故障树中出现不止一次，它们的建模方式应该相同。在这种方法中，在同一棵故障树的多个地方出现相同的基本事件，并不会引起错误。

定量分析。可以采用第 10.6 节中介绍的方法对佩特里网模型进行定量分析。在大多数情况下，我们都可以使用计算机程序。当然，我们还需要选择是使用分析方法还是使用蒙特卡洛仿真。

故障树与事件树之间的转换。系统的功能或失效可以使用故障树或者可靠性框图建模，同样也可以使用事件树。我们在本书当中不会对这两种方法之间的转换进行更多深入的探讨，只是通过一个简单的例子加以说明。

考虑一个由三个独立元件组成的系统，如果 1 号元件功能正常，同时 2 号和 3 号元件其中至少一个功能正常的话，系统就可以正常工作。图 11-10 的可靠性框图就给出了这样的一个逻辑关系。与之相对应的是图 11-11 中的故障树，它显示如果 1 号元件失效，或者 2 号和 3 号元件同时失效，系统就会失效。

如果三个元件是彼此独立的，那么系统的失效概率为

$$\begin{aligned}\Pr(\text{系统失效}) &= \Pr(E_1 \cup (E_2 \cap E_3)) \\ &= \Pr(E_1) + \Pr(E_2 \cap E_3) - \Pr(E_1 \cap E_2 \cap E_3)\end{aligned}$$

$$= \Pr(E_1) + \Pr(E_2) \cdot \Pr(E_3) - \Pr(E_1) \cdot \Pr(E_2) \cdot \Pr(E_3)$$
$$= \Pr(E_1) + (1 - \Pr(E_1)) \cdot \Pr(E_2) \cdot \Pr(E_3) \tag{11-1}$$

其中 E_i 表示第 i 号元件失效这一事件，而 E_1^* 表示相关元件功能正常，$i=1,2,3$。

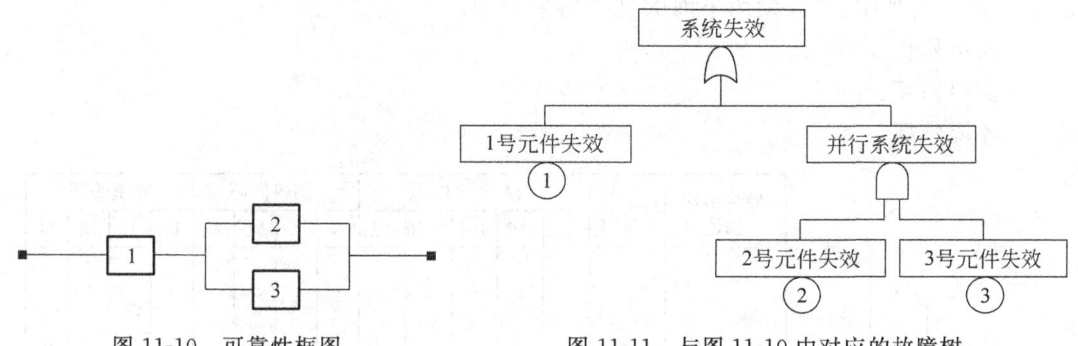

图 11-10　可靠性框图

图 11-11　与图 11-10 中对应的故障树

图 11-12 中的事件树表示出了多个不同的系统事件。我们注意到系统有四个独立最终事件，其中两个最终事件表示系统功能正常，而另外两个表示系统失效。我们可以使用布尔代数表示这些独立最终事件。

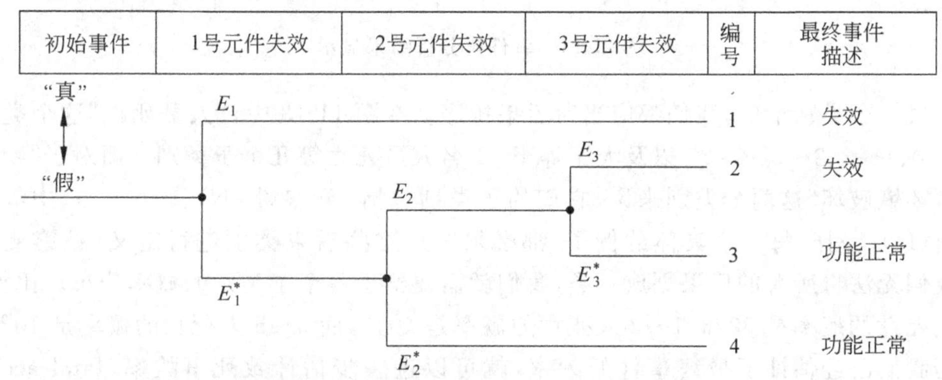

图 11-12　与图 11-10 中可靠性框图以及图 11-11 中故障树对应的事件树

场景 1：E_1（即系统失效）。

场景 2：$E_1^* \cap E_2 \cap E_3$（即系统失效）。

场景 3：$E_1^* \cap E_2 \cap E_3^*$（即系统功能正常）。

场景 4：$E_1^* \cap E_2^*$（即系统功能正常）。

如果我们按照另外一种次序对三个元件进行排列，事件树的形状会有所不同，但是我们同样会得到四个最终事件。

根据事件树，系统失效的概率是

$$\Pr(\text{系统失效}) = \Pr(\text{最终事件 } 1) + \Pr(\text{最终事件 } 2)$$
$$= \Pr(E_1) + \Pr(E_1^* \cap E_2 \cap E_3) \tag{11-2}$$
$$= \Pr(E_1) + (1 - \Pr(E_1)) \cdot \Pr(E_2) \cdot \Pr(E_3)$$

可以发现，这个结果与我们在式(11-1)中根据故障树得到的结果是一致的。

后果。在本书当中,后果表示对一项或者多项资产的伤害。事件树的最终事件,一般是对事故场景结果的描述。有时候,将这种描述转化为定量结果是一项非常复杂的任务。

有一种方法,就是将事件树分析的最终事件按照多个后果类别进行划分,如图 11-13 所示。在本例当中,可以使用下面的这些后果类别:

- 人员死亡。
- 物料损坏。
- 环境破坏。

图 11-13 事件树分析结果显示

在每一个类别里面,我们都应当对后果排序。在图 11-13 中,“人员死亡”这个类别被划分为 0、1～2、3～5、6～20 以及大于等于 21 名人员死亡等几个子类别。而对于“物料损坏”和“环境破坏”这两个类别来说,它们的子类别包括:可忽略(N)、轻微(L)、中等(M)和严重(H)。对于每一个具体的例子,都必须要对这些后果类别进行定义(见第 4 章)。如果我们无法将所有的后果划成一类,我们就需要给出各个子类别的概率分布。比如说,没有人死亡的概率是 50%,1～2 人死亡的概率是 40%,而 3～5 人死亡的概率是 10%。

当我们已经估计了最终事件的频率,就可以进一步估计致死事故率(fatal accident rate,FAR)以及其他与指定危险事件相关的风险量度。

将所有这些结果汇总,我们就可以得到与该危险事件相关的风险图或者后果集,如图 11-14 所示。其中,λ 是危险事件的频率,C_i 是最终事件 i 的后果(向量),p_i 是在危险事件已经发生的情况下 C_i 的条件概率,$i=1,2,\cdots,n$。关于后果范围的概念,我们在第 2 章当中已经进行过简要的介绍和讨论。

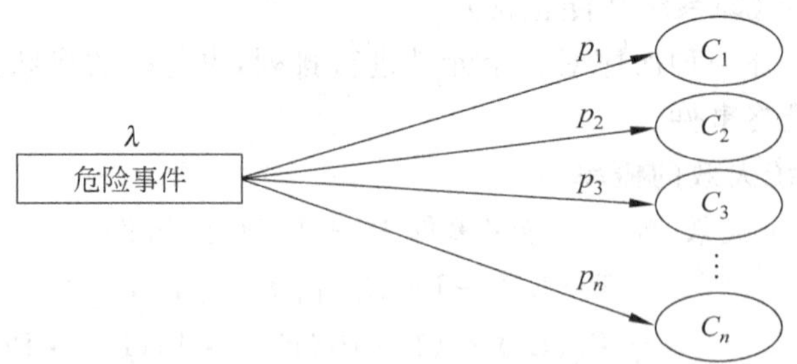

图 11-14 与危险事件有关的后果集

11.2.4　分析步骤

事件树分析通常分为七步(可参阅 CCPS 在 2008 年发布的报告)：

1. 计划和准备。
2. 定义危险事件。
3. 识别安全栅和转折性事件。
4. 建立事件树。
5. 描述事故场景。
6. 确定事故场景的概率或频率。
7. 报告分析结果。

我们在图 11-15 中给出了分析的步骤,因为第 1 步和第 7 步已经在第 8 章中进行过讨论,这里就不再赘述。

第 2 步：定义危险事件。通常,需要在风险评估工作的早期就识别出危险事件,并对其进行描述和评价。对于未来事件树分析有意义的危险事件,必须能够演化出多个事故场景。如果一个危险事件只有一个特定的事故场景,那么我们完全可以使用故障树分析来处理这个问题。

注释：不同分析人员对于各个危险事件的定义也会有所不同。比如氧化反应炉的安全分析,有些人可能会将"反应炉冷凝水损失"视为一个危险事件,而另外一些分析人员则会将"冷凝水管破裂"作为危险事件。这两种看法可能都是正确的,但是从一般意义上来说,我们应该将正常状态第一次出现的明显偏差视为危险事件,如果不能终止偏差后续的事件序列的话,就会不可避免地导致伤害发生。

在选择了相关的危险事件之后,就必须对下列几个问题进行仔细的描述：

- 这是一个什么类型的事件?
- 事件在哪里发生?
- 事件何时发生?

我们建议将采用相似处理方法的危险事件划分成一组,方便事件树的再次使用,也可以让分析更加高效。

第 3 步：识别安全栅和转折性事件。大多数时候,我们在设计阶段就可以识别出危险事件。这时,就需要部署安全栅来处理危险事件。安全栅的目的是终止特定的事件序列,或者减轻最终的后果。

我们将在第 12 章当中讨论危险事件安全栅(比如物理安全栅、安全系统、程序和操作),并对其进行分类。分析师必须要识别出对一个危险事件的后果有影响的所有安全栅,以及这些安全栅可能的激活次序。

事故场景可能会受到不同危险刺激事件或因素的影响,安全栅也是如此。所以,我们需要对所有识别出的转折性事件按照它们的"激活"次序进行排列。

第 4 步：建立事件树。事件树表示从特定危险事件开始的事件序列随着时间的发展情况。对于任意一个节点(转折性事件),研究团队都必须要确定是否有相关的安全栅或者因素会影响到特定的事件路径。如果节点上有影响存在,事件树就会分成两个枝干。

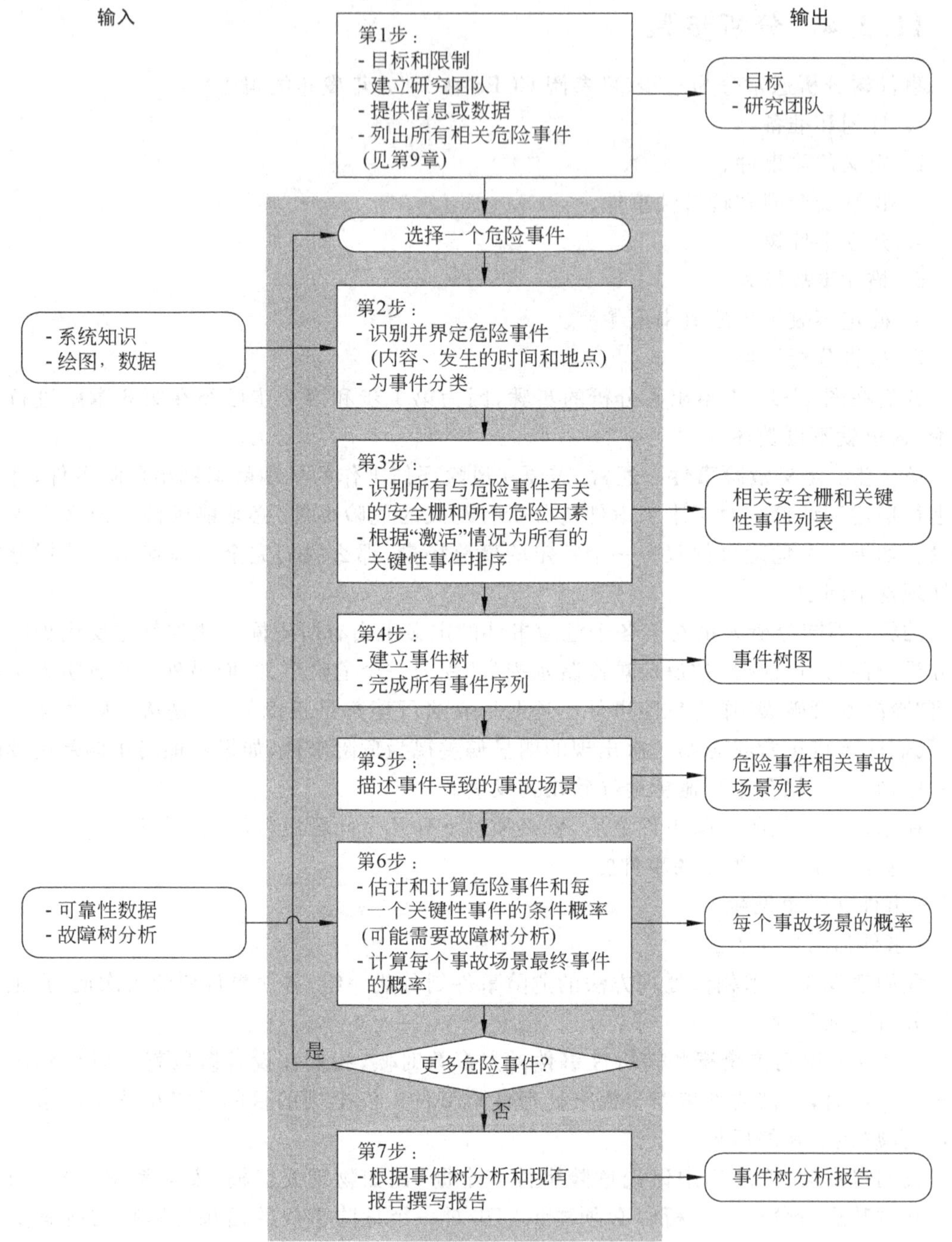

图 11-15　事件树分析步骤

如果没有，事件树模型就会继续延伸，不会有分叉出现。

如果事件树的图形太大，无法在一张纸上描绘出来，也可以把一些枝干单独拿出来，在不同的页面上描绘。这时候，需要采用转换符号将这些页面连接起来。研究团队还应该尽量移除不合理的枝干以及后果可以忽略的枝干，避免事件树的分支过多。

为了保证树模型完整全面，研究团队应该反复地考虑下列问题：

- 系统是按照事件树给出的路径运行吗？或者在指定的环境下，系统是否处于相应的事件序列当中？
- 系统的功能或者失效是否会影响到最终事件？
- 事故场景该节点上的系统，是否会安全运行？
- 该系统的运行是否会影响到其他系统？

第 5 步：描绘结果事件序列。这一步是定性分析的最后一步，用来描述由危险事件引发的不同事件序列(事故场景)。可能会有不止一个序列表示安全复原、恢复到正常运行或者常规停机。从安全的角度来说，我们需要关注的是那些可能伤害到资产的序列。

分析人员必须尽量用清晰明确的方法描述事件后果。在描述后果的时候，分析人员还应该根据重要程度对这些后果排序。事件树图的结构应该能够清楚地表示出事故的发生过程，帮助分析人员确定在哪里采取额外措施或者添加安全系统，以最有效地防止事故发生。

第 6 步：定量分析事件树。如果有相关的数据，我们就可以进行事件树的定量分析，给出危险事件后果的频率和概率。分析需要下列这些数据：

- 危险事件的频率(或者概率)。
- 每一个安全栅在出现需求时候的(条件)失效概率(probability of failure on demand，PFD)。
- 每一个事故驱动事件或因素的概率。

接下来，我们可以根据第 11.2.3 节中给出的步骤进行计算。

- 案例 11-2 海洋油气分离器

重新考虑案例 10-1，它可以看做是海上油气生产设施的一部分。钻井平台的井口管汇采集到石油、天然气和水的混合物，然后将这些混合物输送到两个相同的流程当中。通常，会有多台分离器将气体、石油和水进行分离，然后再将流程中的气体收集到压缩机歧管当中，通过压缩机将气体输送到管道里面。分离出的石油进入储油罐，而水则会被重新注入储油层当中。①

图 10-2 简单描绘出了其中的一个流程。井口管汇中的油气水混合物流入到分离器当中，在这里(一部分)气体会被从液体当中分离出来。这个过程会采用流程控制系统进行整体控制，但是在我们的图中并没有体现出这个系统。如果流程控制系统失效，另外一套独立的流程安全系统将会阻止重大事故发生。本节中的这个例子仅限于给出的流程安全系统，它包括三个安全栅。

1. 采用串联方式安装在输入管道的两个流程关闭阀 PSD_1 和 PSD_2。这两个阀门采用液压(或者气压)驱动，平时保持开启状态，在出现危险情况的时候关闭，保证流程安全。如果液压(气压)消失，这两个阀门将会受到来自预充电执行器的外力作用闭合。图 10-2 并没有给出为阀门执行元件提供液压(气压)的系统。

① 拉桑德和霍伊兰德 2004 年的教科书也讨论过一个类似例子。

分离器上装有两个压力开关 PS_1 和 PS_2。如果分离器中的压力超过事先设定的阈值，压力开关就会给逻辑元件(PLC)发送一个信号。如果 PLC 收到至少一个来自压力开关的信号，它就会发送信号给 PSD 阀门使其闭合。

2. 分离器中安装有两个压力安全阀(pressure safety valve，PSV)，可以在内部压力大于指定高压的时候释放压力。这两个 PSV 阀门(PSV_1 和 PSV_2)装有弹簧螺线管，能够将内部压力调整到预先设定值。

3. 分离器顶部的爆破片(rupture disc，RD)是最后一道安全栅。如果其他的安全栅全部失效，爆破片就会开启，防止分离器破裂或者出现爆炸。如果爆破片开启，分离器顶部的气体就会随之溢出，可能会进入放空系统。

图 11-16 分别给出了该流程安全系统三个安全栅的激活压力。根据三个保护系统是否能够正常工作的情况，我们可以得到不同的后果，因此这个系统适合进行事件树分析。假设危险事件是“气体输出管道堵塞”，我们可以建立这个危险事件的可能事件树，如图 11-17 所示。

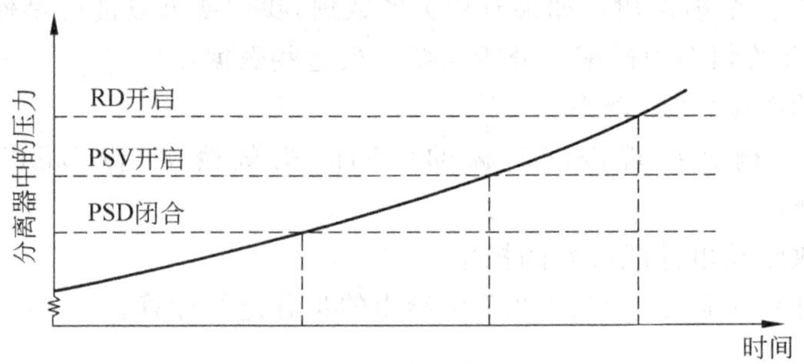

图 11-16 流程安全系统三个安全栅的激活压力

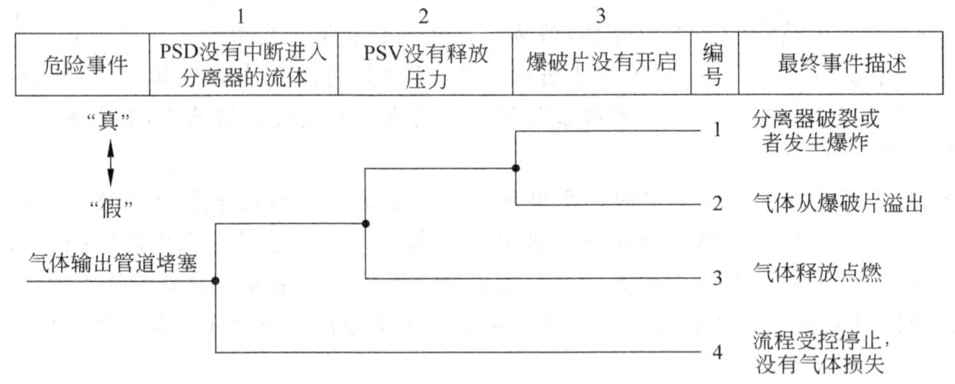

图 11-17 危险事件“气体输出管道堵塞”的事件树

我们可以看到，四个事故场景会分别导致迥然不同的后果。如果气体发生燃烧的话，最严重的场景“分离器破裂或者发生爆炸”可能会导致整个生产设施损毁。但是，因为爆破片是一种非常简单并且高度可靠的元件，这个场景发生的概率是非常低的。图 11-17 中第二严重的场景是“气体从爆破片溢出”，该场景的重要度取决于系统的设计，如果溢出气体会发生燃烧的话，这个场景对于一些设施的影响也会非常严重。下一个场景“气体释放点燃”，一般情况下并不是很严重的事件，但是会带来一些经济上的损失（比如缴纳二氧化碳税）和生产停顿。而最后一个场景“流程受控停止”，则只会带来一段时间的生产停顿。

事件树中的每一个安全栅都可以采用与事件树连接的故障树来分析。图 11-18 就给出了自动停机系统 1 号安全栅的故障树。

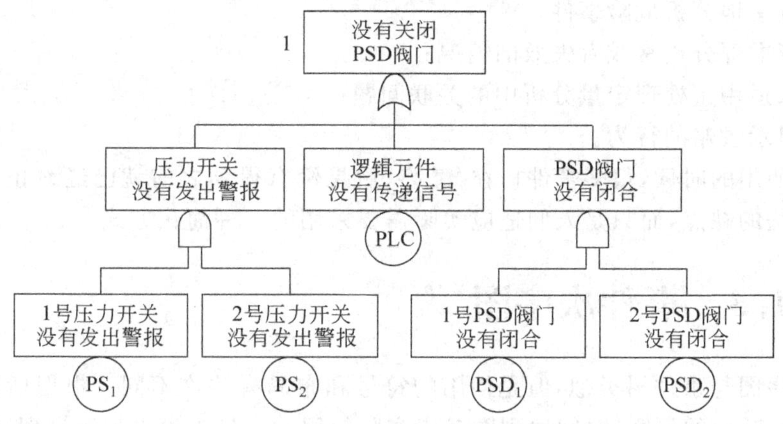

图 11-18　自动停机系统 1 号安全栅的故障树

11.2.5　需要的资源和技术

有时候，事件树分析可以由一名分析师独立完成，但是 2～4 人组成的研究团队是更加理想的选择。研究团队可以在分析中采用头脑风暴技术，而团队中应该至少有一名成员拥有事件树分析方面的经验，其他成员也应该是熟悉系统及其运行程序的技术人员。分析的工作量取决于系统的复杂程度以及团队成员对于系统的了解程度。一般情况下，一家中小型流程工厂的事件树分析，需要 3～6 天才能完成。

事件树的定量分析需要使用一些数据源（见第 7 章）。现在我们可以找到多款事件树分析计算机程序，然而很多分析师认为仅仅使用一个表格程序就足够了。

11.2.6　标准和指南

现在还没有事件树分析的国际标准。不过，在 CCPS(2008 年)的报告中，我们可以找到有关事件树分析的指南。

11.2.7　优势和局限

优势。事件树分析的主要优势包括：

- 广泛应用，深受认可；
- 资料完备，易于使用；
- 可以清楚地表示由危险事件开始的事件序列，以及事件的后果范围；
- 为安全栅（全新或者改进）评价打下了良好的基础；

- 可以用来证实资源是否合理，并进行相应改进；
- 可以识别系统的弱点和单点失效；
- 不需要预测最终事件。

局限。事件树分析的主要局限包括：

- 对于事件树的图形布局现在还没有统一的标准；
- 需要预测转折性事件的次序；
- 需要逐一地分析危险事件；
- 无法考虑部分正常或者失效的情况；
- 并不太适用于处理定量分析中的关联问题；
- 不能显示省略的行为。

在实际使用的时候，很多事件树在“最终”后果没有得到之前就已经终止了。这并不是事件树方法的缺点，而只是人们适应实际需要采用的一种简化方式。

11.3 事件次序图

事件次序图与事件树类似，但是使用的符号和布局有些许不同。根据斯达马特拉托斯等人(2002 年 a)的研究，时间序列图对于实际使用的人员来说更加容易理解，但是在进行定量分析的时候比较困难。每一幅事件次序图都可以转化成事件树，我们在图 11-19 中给出了一个简单的事件序列图示例。

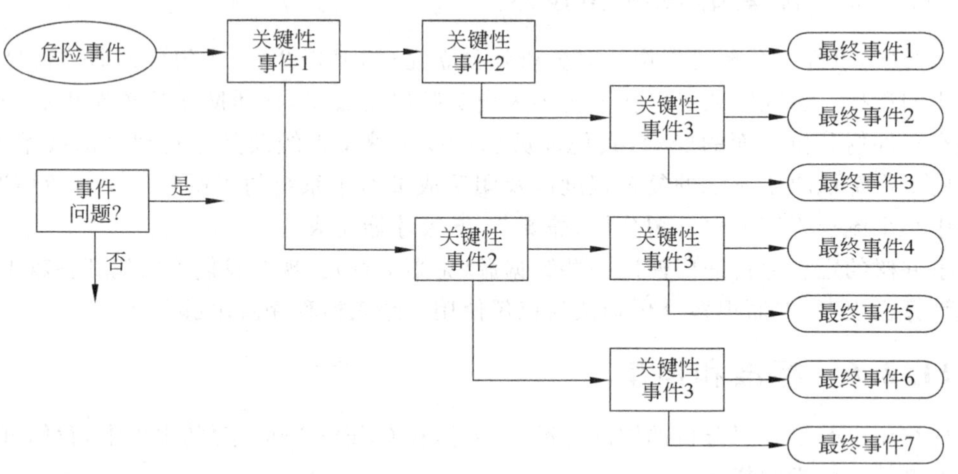

图 11-19　事件次序图

11.4 原因-后果分析

尼尔森(Nielsen,1971 年)将原因-后果分析方法引入到核电站应用当中。原因-后果分析与事件树分析类似，但是采用了另外一种布局方式。这种方法将故障树分析与事件序列分析集成，可以将事件序列融合到一个更加紧凑的树形结构当中。

图 11-20 给出了一个简单的原因-后果分析图。安德鲁斯（Andrews）和雷德利（Ridley）的文章（2002 年）对原因-后果分析进行了深入的讨论，但是他们采用的图形表达方式与本书给出的又有所不同。

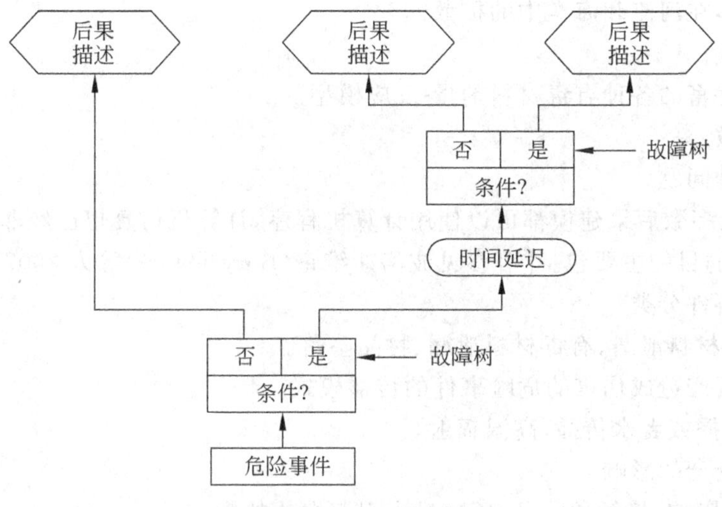

图 11-20　原因-后果分析图

原因-后果分析的优势和局限与事件树分析相同，两者主要的区别就在于原因-后果分析图更加紧凑。

11.5　恶化问题

有些事故场景的严重程度会快速升高，我们将这种现象称为恶化。从原理上来说，恶化现象是可以采用事件树建模的，但是在实际应用当中却问题多多，这是因为通常我们很难预测到未来会发生什么。一般会导致恶化发生的转折性事件包括：

- 爆炸。
- 火球。
- 喷火。
- 池火。

11.6　后果模型

我们可以在很多系统中进行风险分析，因此最终事件可能也具有很多不同的特征，本书不可能覆盖所有的后果元素。

后果建模包括使用分析模型量化可能由事件树各种最终事件引起的对资产造成的伤害。比如，一座化工厂的事故场景后果分析可能就需要与下列因素有关的后果模型：

- 火灾载荷。
- 爆炸载荷。

- 火焰分布(比如在建筑物中的分布)。
- 有毒材料泄漏。
- 气体云扩散。
- 有毒液体在河流和海洋中的扩散。
- 流体毒性。
- 对人和牲畜的各种有毒材料剂量-反应模型。
- 人员疏散。
- 其他各种问题。

现在,绝大多数后果建模都可以使用计算机程序,计算机仿真也已经非常普遍。我们使用这些模型的目的主要包括[可参见波洛斯维奇(Borysiewicz)等人 2007 年的文章]:

- 为危险事件分类
  - 可燃性材料泄漏、有毒材料泄漏、物品坠落。
- 确定对资产造成伤害的危险事件的传播模式
  - 空气传播或者水传播、高温辐射。
- 计算对资产的影响
  - 热辐射影响、接触危险品、压力过大引起爆炸的影响。
- 采取补救行动的效果
  - 屏蔽、疏散人员、医学治疗。
- 评估后果
  - 评估死亡、受伤、环境污染、经济损失的概率。

11.7 延伸阅读

我们推荐读者阅读下列与第 11 章内容相关的文献:

- 《危险评价程序指南》(Guidelines for Hazard Evaluation Procedures)(CCPS,2008 年),对事件树分析和其他几种方法进行了全面的介绍。
- 《海上风险评估: QRA 研究的原理、模型和应用》(*Offshore Risk Assessment: Principles, Modeling and Application of QRA Studies*)(维恩南,2007 年)。这本书的第 6 章对事件树分析进行了全面的介绍。
- 《面向 NASA 管理者和工作人员的概率风险评估程序指南》(*Probabilistic Risk Assessment Procedures Guide for NASA Managers and Practitioners*)(斯达马特拉托斯等人,2002 年 a)。这本书的第 6 章很好地介绍了事件树分析。同时,读者也可以在其他章节中找到事件树的案例。第 6 章还对事件序列图进行了介绍,在其他章节中也包含事件序列图的案例。
- 《工程中的风险分析》(*Risk Analysis in Engineering*)(莫达雷斯,2006 年)。这本书的第 3 章叙述了事件树的定性和定量分析方法。
- 《面向系统安全的危险分析技术》(*Hazard Analysis Techniques for System Safety*)(埃里克森,2005 年)。这本书的第 12 章概括描述了事件树分析,并主要关注于定性方法。

- 《化学流程定量风险分析指南》(*Guidelines for Chemical Process Quantitative Risk Analysis*)(CCPS,2000 年)。这本书对化学工厂中后果分析使用的很多模型和方法进行了全面的介绍。
- 《海上设施定量风险评估指南》(*A Guide to Quantitative Risk Assessment for Offshore Installations*)[司博奇(Spouge),1999 年]。这份技术报告的第 10 章全面介绍了石化企业使用的后果模型,第 14～21 章则逐一讨论了包括井喷、提升事故、流程泄漏、运输事故等多种事故后果。
- 《定量风险评估》[*Quantitative Risk Assessment* (*QRA*)](波洛斯维奇等人,2007 年)。在这份报告的附录中,作者介绍了多种化学工业相关的后果模型。
- 《定量风险评估指南(紫皮书)》[*Guidelines for Quantitative Risk Assessment* (*The Purple Book*)][荷兰房屋、空地使用与环境管理局(VROM),2005 年],介绍了几种流程行业中使用的后果模型。

Risk Assessment

第12章

安全栅与安全栅分析

12.1 简介

绝大多数设计完好的系统都装配有保护设备，或者具有其他在系统当中出现失效或者危险偏差的时候可以保护人员、环境和其他资产的功能。安装在系统当中用于上述目的的设备和功能就称为安全栅，也可以简称为栅。在相关的文献当中，安全栅还有一些其他的名字，比如，对策措施、安全功能或系统、安全关键性功能或系统、防护措施、防护、防护链、保护层、安全保障等。在本书当中，我们主要使用"安全栅"这个词汇，但是有些其他的词汇是一些方法的核心内容，所以这些词汇也会出现，比如保护层分析方法(the layer of protection analysis，LOPA)。

在前面的几章中，我们已经数次提到了安全栅的概念，但是还没有给出一个合适的定义。本章的目标就是定义并讨论安全栅的概念，介绍安全栅的分类。我们还将重点介绍一类特殊的安全栅：安全仪表系统。同时，我们也会介绍一些安全栅分析的方法，这些方法包括：

- 危险-安全栅矩阵，是一种简单的定性方法，可以识别系统中所有的危险，以及已经存在或者计划安装用来保护系统免受危险伤害的安全栅。这种方法用矩阵的方式列出了危险和安全栅，可以评价安全栅是否充足。
- 安全栅图，表示从一个或者多个初始事件到资产受到伤害的最终事件的可能事件序列(即事故场景)。图中保护现有的以及(或者)计划安装的安全栅。在大多数情况下，安全栅图都与事件树类似，并且可以转化成后者。因此，安全栅图就可以使用第11章中讲述的事件树定量方法进行分析。
- 能量流/安全栅分析(energy flow/barrier analysis，EFBA)，是能量路径/栅分析(energy trace/barrier analysis，ETBA)方法的另一个名字，它是MORT框架的一个组成部分(见第6章)。EFBA的目标就是识别出从能量源到易损资产的所有途径，以及在这些途径上是否存在充足的安全栅。

- 保护层分析(LOPA),是一种面向过程风险的半定量风险评估方法。LOPA 最好可以和 HAZOP 研究集成,在 HAZOP 研究中发现的过程偏差都可以在 LOPA 当中继续使用,后者需要同时关注传统的安全栅和安全仪表系统。这种方法会对与各种过程偏差有关的风险做一个粗略的估计。LOPA 还可以用来确定安全仪表系统是否起到了安全栅的功能,如果是的话,则需要确定这些系统应该具备的安全完善度(safety integrity level,SIL)。
- 安全栅与运营风险分析(barrier and operational risk analysis,BORA),是挪威开发的一种用于分析海上油气设施泄漏风险的定量方法。BORA 方法使用贝叶斯网络表示安全栅和其他重要事件的风险影响因子(RIF)集合,接下来通过一个评分和设定权重的程序,用量化的方法确定不同 RIF 对于指定设施的影响。虽然 BORA 主要用在一个相对专业的领域,但是它的主要观点可以在更大的范围内使用。

12.2 安全栅与安全栅分类

12.2.1 安全栅

安全栅可以定义为:

- **安全栅**:计划用来防止、控制或者缓解意外事件或者事故的物理和(或)非物理方法。

如果关注的是安全栅功能或者目的,“安全栅功能”这个词也经常出现。比如说,输油管道中安全闭合阀的栅功能就是终止管道中的液流。

- **安全栅功能**:计划用来防止、控制或者缓解意外事件或者事故的功能(斯克莱特,2006 年 b)。

我们使用“安全栅元素”这个词汇来表示执行安全栅功能的系统、措施、人或者步骤。举例来说,汽车当中驾驶员的前安全气囊就是一个安全元素,执行“防止驾驶员头部撞到方向盘”的安全栅功能。包含一个或者更多安全栅元素的保护系统就称为安全栅系统。

- **安全栅系统**:设计用来执行一项或者多项安全栅功能的系统(斯克莱特,2006 年)。

汽车中的气囊系统通常包括多个气囊,因此是一个安全栅系统。我们在案例 12-1 中列出了流程工厂中的一些安全栅系统。

- 案例 12-1 流程工厂中的安全栅系统

一座流程工厂一般包括下列与火灾和爆炸相关的安全栅:
- 火焰和气体检测以及紧急闭锁系统。
- 燃烧源隔离和通风系统。
- 防火防爆墙。
- 被动式火焰保护。
- 灭火系统。
- 用于灭火的雨淋系统和烟雾排放系统。

- 压力释放系统。
- 疏散系统。
- 火灾和疏散培训。

12.2.2 安全栅分类

安全栅的分类方法有很多，这里我们只简要介绍其中一些。

预防型和响应型安全栅。在很多应用中，可以将安全栅划分为预防型（proactive）和响应型（reactive）。

- **预防型安全栅**：安装用来防止或者降低危险事件概率的安全栅。预防型安全栅也被称为降低频率型安全栅。
- **响应型安全栅**：安装用来避免或者减小危险事件后果的安全栅。响应型安全栅也被称为减轻后果型安全栅或者缓解型安全栅。

我们在案例 12-2 中列出了一些与驾驶汽车有关的预防型和响应型安全栅。

- 案例 12-2　与驾驶汽车有关的安全栅

在驾驶汽车的时候，我们会受到一系列安全栅的保护。其中包括以下两类。

预防型安全栅：
- 电子稳定程序系统（electronic stability program，ESP）。
- 防抱死制动系统（antilock braking system，ABS）。
- 驾驶员培训。
- 速度限制和速度控制。
- 交通信号。
- 路面清理、撒盐和扬沙。
- 道路声屏障。

响应型安全栅：
- 安全带。
- 头枕。
- 气囊系统。
- 减震器。
- 防火材料。
- 碰撞之后可开启门锁。

主动型和被动型安全栅。安全栅也可以分为主动型（active）和被动型（passive）。

- **主动型安全栅**：依赖于操作员行为、控制系统和（或）一些能量源来执行功能的安全栅。

主动型安全栅的例子有：火灾报警系统、灭火系统、流程工厂中的紧急停机系统和汽车中使用的气囊系统。

- **被动型安全栅**：集成在工作场所的设计之中，不需要人员、能量源或者信息源就可以执行功能的安全栅。

被动型安全栅的例子有：防火防爆墙、被动火焰保护、流程工厂中的屏蔽以及道路声屏障。

与能量源相关。在我们第 6.4 节中讨论的经典能量-安全栅模型中，安全栅被设置在能量源和易损资产中间。根据这个模型，如果危险能量超过了控制，而在能量源和资产之间没有有效安全栅的话，就会发生事故。在图 6-1 中，安全栅被描述成介于能量源（即危险）和目标之间的实体，它可以拥有多种功能：

(a) 避免能量从能量源中释放出来或者尽量减少释放出来的能量。

(b) 在时间和空间上将易损资产同能量源分割开来。

(c) 保护资产，比如人员保护设备。

斯诺瑞·斯克莱特分类法。斯克莱特（2006 年 b）按照主动型和被动型、物理或技术式安全栅和人为或操作式安全栅几种方法对安全栅进行了分类，如图 12-1 所示。主动型技术式安全栅还可以进一步分为三组。

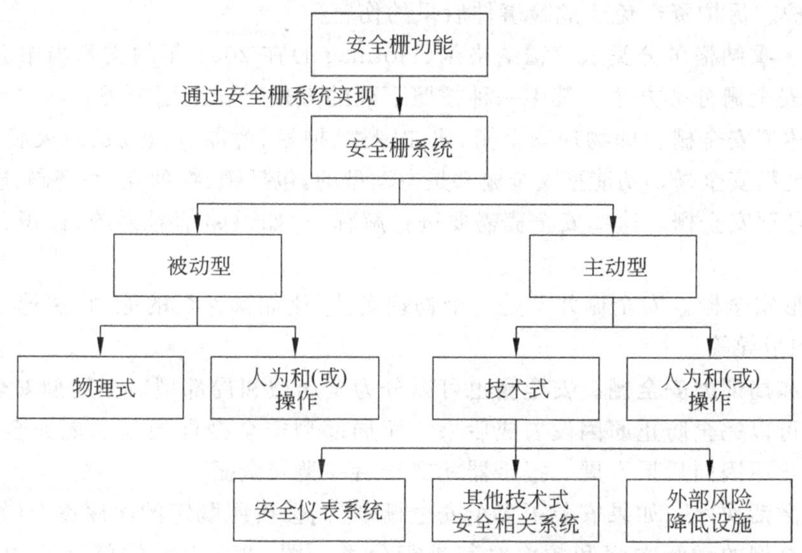

图 12-1 安全栅分类（根据斯克莱特 2005 年的文章）

(a) 安全仪表系统（safety instrumented system，SIS）：包括一台或者多台传感器、一台或者多台逻辑运算器和一台或者多台执行元件（比如阀门、断路器、马达等）。我们将在第 12.4 节详细讨论安全仪表系统。

(b) 其他技术式安全相关系统：没有进行任何集成的主动型安全系统，比如压力释放阀。

(c) 外部风险降低设施，即不属于研究对象的安全系统，比如，消防车、救护车、搜救直升机等。如果研究对象的范围更小，比如化工厂中的一台反应炉，研究对象以外的各种设施，例如防火防爆墙，就都属于外部风险降低设施。

这个主动型技术式安全栅的分类方法与 IEC 61508（2010 年）标准中使用的分类方法一致。

詹姆斯·雷森分类法。雷森（1997 年）根据安全栅的目标对其进行分类：

(a) 了解并认识到本地的危险。

(b) 提供关于如何进行安全操作的清晰指南。

(c) 在即将发生危险的时候发出警报和警告。

(d) 在异常的状况下将系统复原至安全状态。

(e) 在危险和潜在的损失之间加入安全栅。

(f) 控制危险，消除危险跨越安全栅的可能。

(g) 在危险控制失败的情况下，提供撤离和救援方法。

ARAMIS 分类。ARAMIS(在塞维索二号指令框架内的工业事故风险评估方法论)是一个欧盟项目，旨在对欧盟的重大事故危险指令(欧盟，1996 年)提供支持。作为 ARAMIS 项目的一部分[比如，可参阅萨尔维(Salvi)和德布莱伊(Debray)2006 年的文章]，研究人员将安全栅分为四类，分别与下列行为相关：

(a) 规避。通过设计变更，消除所有事故的潜在原因。

(b) 防止。降低危险事件的概率或者减轻它的结果。

(c) 控制。限制正常状态出现的偏差，同时界定出紧急状况。

(d) 保护。保护资产免受危险事件后果的伤害。

埃里克·霍纳格尔分类法。霍纳格尔(Hollnagel)在 2004 年的文章当中介绍并且讨论了很多种安全栅分类方法。其中一种按照下列的方式对安全栅分类：

(a) 实体型安全栅。即物理安全栅，比如围栏、护栏、容器、防护服、防火墙等。

(b) 功能型安全栅。功能型安全栅都是主动型的，包括锁、物理互锁、密码、进入码等。

(c) 符号型安全栅。这些安全栅需要进行解释，比如道路信号系统、标识、记号、说明和工作许可。

(d) 无形安全栅。安全栅并不是一个物理实体，比如操作员的能力、法律、指南、安全规则、监督和指导等。

全局型和局部型安全栅。安全栅也可以分为全局型和局部型。全局型安全栅在功能正常的时候可以完全防止原因发展成后果。而局部型安全栅即便是功能完全正常，也无法彻底地阻止原因向后果发展。报警器就属于后一类安全栅。

安全栅激活次序。如果安装了多个安全栅，它们会按照既定的次序逐个激活。因此，可以根据安全栅的激活次序和频率对其进行分类。图 12-2 表示的就是这种情况，其中 1 号安全栅需要相当频繁地使用(频率为 λ_{d1})。[①] 一些要求在 1 号安全栅那里就终止了，因此 2 号安全栅的要求频率也就要低一些(频率为 λ_{d2})。又有一些要求在 2 号安全栅这里终止了，于是留给 3 号安全栅的要求就已经非常少了(频率为 λ_{d3})。以此类推，即便有的话，能够通过 3 号安全栅的要求也是少之又少了。类似的道理，第一道安全栅可能已经降低了要求的强度，而第二道安全栅会让强度再次降低。

• 案例 12-3　油气井安全栅

在油气行业，根据安全栅与压力储层的距离，油井安全栅一般可以分为主要安全栅、次要安全栅等。主要安全栅距离储层最近，包括井下安全阀、井下安全阀下方的油管柱以及封隔器。如果主要安全栅发生泄漏，那么第二层安全栅就应该终止泄漏。这一层安全栅包括油层套管、油管挂、井下安全阀上方的油管、采气树等。如果第二层安全栅还是无法阻止泄漏的话，就需要使用第三层安全栅了。根据油井的开采程度以及当前运行状况

① 这幅图得到了挪威科技大学金辉博士的建议。

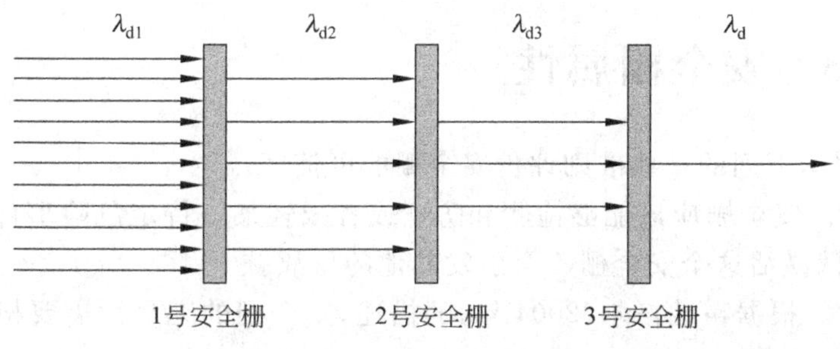

图 12-2　安全栅的次序

的不同，上述的安全栅元素会有所不同。在挪威，油井只有在至少两层安全栅经过测试之后，才允许进行开采。

图 12-3 给出了化工厂主要的安全栅（保护层）类别。这幅图显示，如果一个保护层失效，还有更多的保护层可以发挥作用、对失效进行补偿或者减轻后果。CCPS 报告（2007 年）附录 B 部分对图 12-3 的各个保护层做出了解释并进行了讨论。

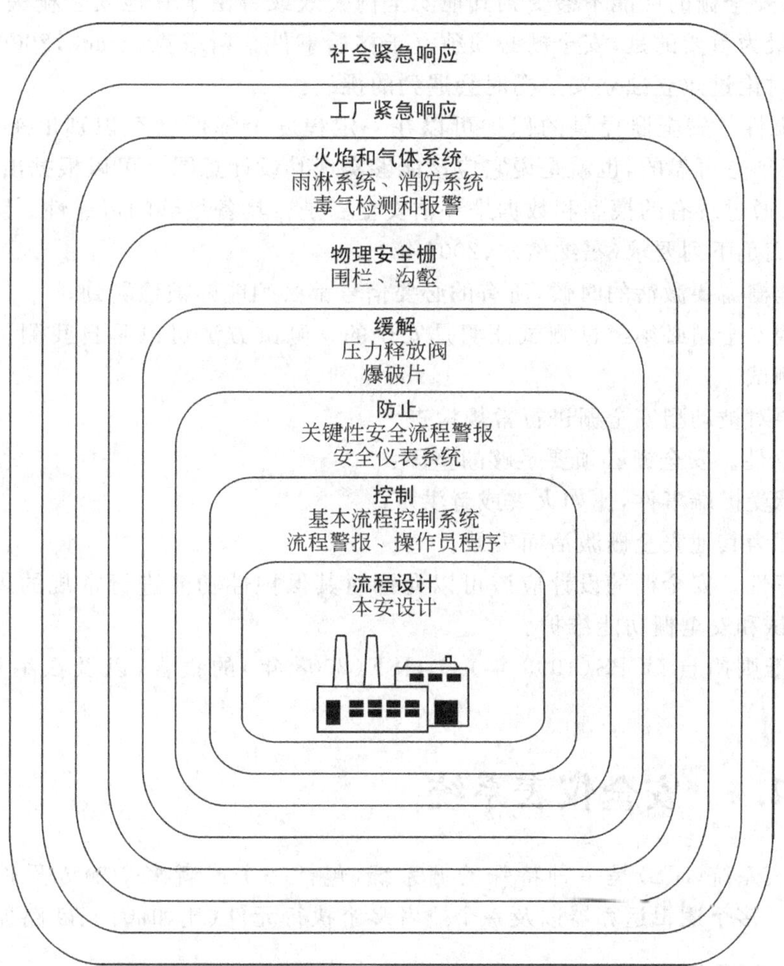

图 12-3　化工厂的保护层（摘自 CCPS 在 2007 年的报告）

12.3 安全栅属性

我们应该根据下列的一些准则评价安全栅的可信度。

(a) 特定性。安全栅应该能够检测和防止或者减轻某一特定危险事件的后果。除此之外,还应该确认激活这个安全栅不会引发其他的事故。

(b) 充足性。根据霍纳格尔(2004 年)的描述,安全栅的充足性需要根据以下几点进行判断:

- 能够在现有的设计状况下防止事故。
- 能够满足相关标准和行业规范的要求。
- 对受保护系统的变更具有包容性。

如果安全栅充足性没有达到要求,就需要再加入新的安全栅。

(c) 独立性。安全栅最好能够独立于其他所有与指定危险事件有关的安全栅。独立性的要求是,安全栅的性能不会受到其他安全栅失效或者由于其他安全栅失效引发的状况的影响。最为重要的是,安全栅必须独立于初始事件。斯塔克(Stack,2009 年)曾经在他的文章中讨论过建立独立安全栅时会遇到的挑战。

(d) 可靠性。安全栅提供的保护可以在一定程度上降低已经识别出来的风险。因此,安全栅必须是可靠的,也就是说它应该能够实现其设计意图。可以根据出现要求时候的失效概率,通过现有的模型和数据来评估安全栅是否具备足够的可靠性。除此之外,安全栅还应该满足下列要求(霍纳格尔,2004 年):

- 在安全栅需要激活的时候,所有的必要信号都必须能够被检测到。
- 主动型安全栅必须经过测试证明是安全的。测试方法可以是自我测试,或者常规功能测试。
- 必须要对被动型安全栅进行常规检查。

(e) 坚固性。安全栅必须要足够的坚固:

- 能够承受极端事件,比如火灾或者洪水。
- 不会因为其他安全栅激活而失效。

(f) 可审性。安全栅的设计应该可以允许对其保护性功能进行常规的周期性验证,比如验证测试和安全栅功能维护。

上述的准则摘自 CCPS(1993 年)和 HSE(2008 年)的报告,以及霍纳格尔的著作(2004 年)。

12.4 安全仪表系统

安全仪表系统(SIS)是一种特殊的栅系统,包括一个或者多个输入元件(比如传感器)、一个或者多个逻辑运算器以及一个或者多个执行元件(比如阀门、断路器和马达)[①]。

---

① 在一些标准当中,执行元件也被称为最终元件。

图 12-4 列出了一个简单安全仪表系统包含的主要元件。

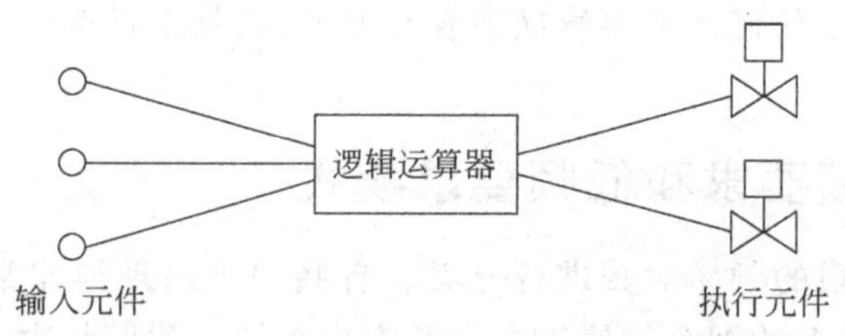

图 12-4　安全仪表系统的主要构成元素

我们社会的很多领域都在使用安全仪表系统，比如，危险化工厂中的紧急停机系统、火焰和气体检测及报警系统、压力保护系统以及船舶和海上平台使用的动态定位系统。其他的应用还包括自动化列车停车(automatic train stop，ATS)系统、航空器飞行控制系统、汽车中的防抱死制动系统(antilock braking system，ABS)和气囊系统、互锁系统以及医用放射线治疗机上的放射性元素剂量控制系统等。

在某一个危险系统当中，安全仪表系统既可以作为预防型安全栅，也可以作为响应型安全栅存在。而这个危险系统就称为安全仪表系统的受控设备(equipment under control，EUC)。EUC 可以是真正的设备，比如机床、仪表，也可以是制造工厂、生产流程、交通或者其他各种活动。

• 案例 12-4　汽车中的安全仪表系统

如果把汽车看成一台受控设备，ESP 系统和 ABS 系统即为预防型安全仪表系统，而气囊则是一种响应型安全仪表系统。

12.4.1　安全仪表功能

安全仪表功能可以定义为：

• **安全仪表功能(safety instrumented function，SIF)**：安全仪表系统执行的安全栅功能，旨在针对特定的偏差(过程要求)，使得或者保证受控设备处于安全的状态。一套安全仪表系统可能会有一项或者多项安全仪表功能。

安全仪表功能总是与受控设备的某一项偏差有关。在过程系统当中，这种偏差通常被称为过程要求。

主要失效模式。与安全仪表功能相关的失效模式主要有两种：

(a) 在 EUC 中发生特定偏差的时候，SIS 无法执行要求的安全仪表功能，这被称为功能未执行失效模式。

(b) 在 EUC 中不存在既定偏差(过程要求)的情况下，SIS 执行了安全仪表功能。这种失效模式称为误激活(spurious activation)、误跳闸(spurious trip)或者错误报警(false alarm)。

• 案例 12-5　汽车中的气囊

考虑汽车中的气囊系统。安装气囊系统的目的，是在出现“碰撞”这一偏差的时候，保护驾驶员和乘客。如果在碰撞发生的时候气囊无法打开，这就属于功能未执行失效模式，而如果气囊在没有发生任何碰撞的情况下自行打开，就属于误激活。实际上，后者也可能是一种危险失效模式。

12.4.2 高频要求和低频要求模式

可以根据偏差出现的频率对其进行分类。有些偏差出现得非常频繁，安全系统几乎需要连续地运行，汽车上的刹车就属于这一类安全系统。我们每次开车出去的时候，都需要多次使用刹车。因此，如果刹车失灵或者功能不正常，我们可以立刻发现。刹车就是一种在高频要求运行模式下的安全系统。

还有一些偏差发生的频率非常低，因此安全系统长期都会处于一个备用的状态，比如说汽车上的气囊系统。气囊系统一直都在备用，直到有特定的偏差发生。这种系统称为低频要求运行模式下的安全系统。

高频要求和低频要求之间的边界点一般并不是非常明确，传统上通常是以一年为界。如果偏差平均每年发生一次或者更多，我们就认为 SIS 是在高频要求模式下运行；而如果偏差的发生频率不到每年一次的话，SIS 就是在低频要求模式下运行。运行模式对于分析 SIS 的可靠性具有重要的影响，因此现在已经有一些文章在讨论两种运行模式的边界确定问题[刘一骝(Liu)和拉桑德，2011 年；金辉(Jin)等人，2011 年]。

12.4.3 安全仪表系统功能测试

很多 SIS 元件都属于离线元件，也就是只有在受控设备中发生某一偏差的时候才会被激活。比如，气体探测仪只有存在相应气体的时候才会被激活使用。这些元件可能在备用的时候发生失效，而这些失效在激活元件或者进行验证性测试之前都是发现不了的(隐性的)。

诊断性测试。在现代化安全仪表系统当中，通常使用可编程的逻辑运算器在运行的过程中在线进行诊断性测试。在这个测试过程中，逻辑运算器发送频率信号给输入元件，也会发送一部分信号给执行元件，然后将响应结果与预设值进行比较。在很多情况下，逻辑运算器包括两个甚至更多的冗余单元，每一个都可以进行诊断性测试。在诊断性测试中可以发现的失效比率称为诊断覆盖率。诊断性测试的频率可以非常高，只要有相关的失效发生，立刻就可以检测出来。

功能测试。诊断性测试无法揭露所有的失效模式和失效原因，因此很多低频要求的 SIS 都需要按照固定的时间间隔 τ 进行功能测试。功能测试的目标是发现隐性失效，确认系统在有偏差出现的时候(依旧)可以执行设计所要求的功能。有时候，因为技术上无法实现或者耗时过长，我们不可能对系统进行完整的功能测试。此外，测试本身也可能会带来巨大的风险。比如，我们不可能在房间中充满毒气去测试气体检测仪。实际上，测试气体检测仪一般都是使用无毒的测试气体，通过测试导管直接将气体输送到检测仪探头上面。

还有一些执行元件具有特殊的执行原理，如果不进行破坏就不可能进行功能测试。比方说，要测试汽车安全带的张力，只有拉断之后才能得到安全带真实的承受值。

12.4.4　失效和失效分类

我们在第 3 章当中已经对失效和失效分类进行了概括性的介绍。对于 SIS 和 SIS 元件，它们的失效模式通常可以分为(IEC 61508,2010 年)：

(a) 危险失效(D)。SIS 不能根据要求执行需要的安全相关功能。这种失效可以进一步分为：

- 未检测出的危险失效(DU)，阻止 SIS 在出现要求的时候激活，只有在测试或者出现要求的时候才能发现。
- 检测出的危险失效(DD)，一旦发生就可以立刻(比如通过诊断测试)检测出来。

(b) 安全失效(S)。SIS 存在并不危险的失效。这种失效也可以进一步分为：

- 未检测出的安全失效(SU)，没有通过自动自测试发现。
- 检测出的安全失效(SD)，在自动自测试中发现。

图 12-5 给出了失效模式的划分方法。此外，失效模式还可以根据失效的原因进行划分[可参见胡克斯塔德(Hokstad)和科内柳森(Corneliussen)在 2004 年的文章]：

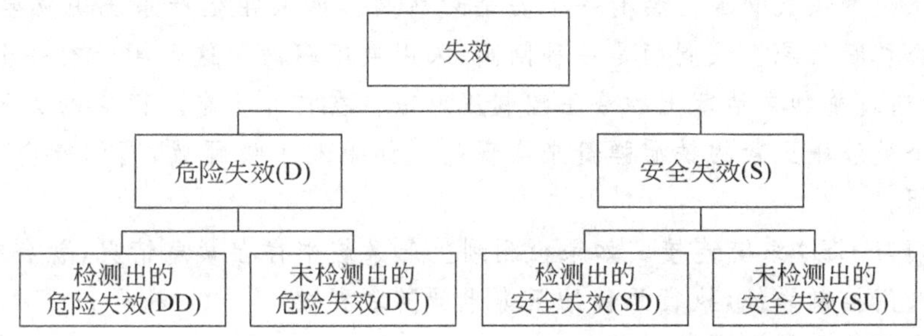

图 12-5　SIS 失效模式分类

(c) 随机硬件失效。这是一种物理性失效，由于出现物理性剥蚀，元件提供的服务与既定的服务存在偏差。随机硬件失效可以进一步分为：

- 老化失效：在元件设计的环境下发生的失效。老化失效也称为主要失效。
- 压力失效：因为有额外的压力施加在元件上发生的失效。这些额外的压力可能是由于外部原因或者是运行和维护期间的人为错误引起的。压力失效也称为次要失效。

(d) 系统性失效。这类失效是非物理性失效，在没有出现物理性剥蚀的情况下，元件提供的服务与既定的服务存在偏差。通过变更设计或者是制造过程、运行程序或者文档，可以消除这类失效。系统性失效又分为两大类：

- 在工程、制造或者安装过程中引发的设计失效，可能从设备运行的第一天就一直潜伏着。这样的例子包括软件失效、传感器无法区分真实和错误要求、火焰或气体检测仪安装位置错误因此无法检测到过程要求。
- 在操作、维护或者测试的过程中由于人为错误引起的交互失效。这样的例子包括传感器在测试过程中的校准错误、设备在维护完成之后安放位置错误，还可能是因为脚手架遮挡住了触感器，这样传感器就无法检测到实际的过程要求。

图 12-6 给出了根据失效原因对失效模式的分类。舒恩贝克(Schönbeck)等人在其 2010 年的文章中讨论了与人为和组织因素有关的 SIS 失效。

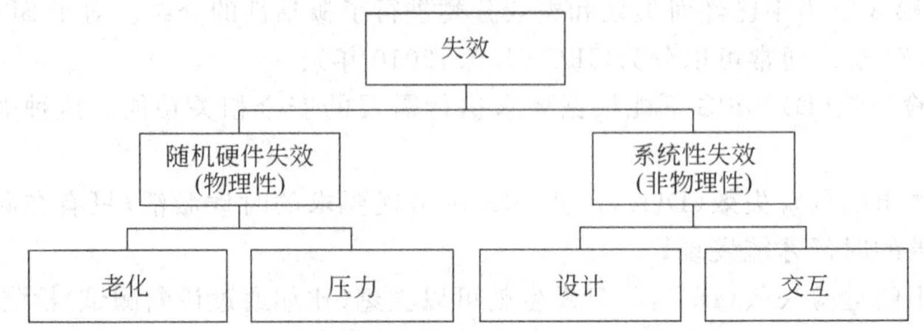

图 12-6 根据失效原因的分类方法[摘自胡克斯塔德和科内柳森(2004 年)的文章，已得到爱思维尔出版社的许可使用]

- 案例 12-6 安全切断阀

在生产系统的供气管道上装有一个安全切断阀。如果在生产系统中发生紧急情况，这个阀门就会切断气流。该阀门是一种闸阀，采用液压驱动。这个闸阀有一个失效-安全执行器，平时通过施加在活塞上的液压控制压力保持在打开状态。而它的失效-安全功能则是通过一个被液压压紧的铁质弹簧来实现的。如果液压被释放，阀门就会通过弹簧的弹力自动关闭。

这个阀门与 ESD 系统连接。如果检测到生产系统中存在紧急情况，就会有一个电子信号发送给阀门控制系统，执行元件的压力也就随之释放。

该阀门主要的失效模式是：

- 无法按照指令关闭(fail to close on command，FTC)。这种失效模式可能是由弹簧破损、返程液压流堵塞、阀杆与阀杆密封之间摩擦力过大、闸与底座之间摩擦力过大或者阀腔当中存在泥沙、碎屑或者水合物等杂质这些原因引起的。
- 闭合位置出现(通过阀门的)泄漏(leakage in closed position，LCP)。这种失效模式主要是由闸或者底座的腐蚀或磨损导致的。它也有可能是因为闸和底座之间位置不对。
- 误跳闸(spurious trip，ST)。这种失效模式发生在没有收到来自 ESD 的信号就出现跳闸的时候。它是由液压系统中的失效或者是由从控制系统到阀门中间的供应管路发生泄漏引起的。
- 无法按照指令打开(fail to open on command，FTO)。当阀门关闭之后，它可能无法打开。可能的原因包括控制管路泄漏、阀杆与阀杆密封之间摩擦力过大、闸与底座之间摩擦力过大或者阀腔当中存在泥沙、碎屑或者水合物等杂质。

安装这个阀门的目的是根据要求关闭气体流(并保持关闭状态)。FTC 和 LCP 这两种失效模式阻止了上述功能的实现，因此对于安全来说，它们属于危险失效模式。而 ST 和 FTO 这两种失效模式一般对于过程安全并没有什么危害性，但是它们还是会引起生产停滞，让企业遭受经济损失。

因为在正常运行情况下，阀门都是处于打开位置，我们只有闭合阀门才能检测危险失效模式。所以，在正常运行过程中，FTC和LCP失效都是隐性的，即为DU失效模式。为了发现并修复DU失效，阀门需要按照测试间隔τ进行周期性测试。这也就意味着，在时间点$0,\tau,2\tau,\cdots$阀门都会接受测试。一般的测试间隔可能是3～12个月。在标准测试过程中，工程师会闭合阀门，测试是否会有泄漏。DU失效可能在测试间隔中的任意时间点发生，但是直到对阀门进行测试或者由于运行原因需要关闭阀门的时候才能发现。

ST失效将会停止气体流，通常会立刻就被发现，因此ST失效是一种SD失效。在有些系统里，ST失效对于安全可能也会有重要影响。

FTO可能会在测试之后发生，因此也是一种显性失效。它需要介入进行维修，但是因为这种失效发生的时候气体流已经中断，它不会对安全产生影响。因此，FTO失效在这里也是一种SD失效。

12.4.5　表决机制

为了增强SIS的总体可靠性，经常会基于一种表决机制设置逻辑运算器，尤其是对输入元件经常会采用表决机制。如果有n个输入元件，我们需要其中有一定数量的元件（比如k个）发送信号给逻辑运算器并传递信号给执行元件，这就是n选k（k-out-of-n）表决机制，或者也可以写成$k$oo$n$。举个例子来说，一座化工厂的气体检测系统拥有四台气体检测仪，所谓的2oo4表决（4选2表决），意味着四台仪器中至少有两台检测到气体并传递所需信号给逻辑运算器，才能够激活执行元件，切断流程。

如前所述，SIS元件一般主要有两种失效模式：功能未执行和误激活。很多输入元件的设计都是要快速做出反应，执行它们必要的功能（比如检测气体），因此有可能也会有一些误激活的现象出现（比如错误报警）。误激活的速率甚至经常可以与功能未执行失效的速率达到同一数量级。对于输入元件采用1oo$n$表决配置的SIS，只要逻辑运算器接收到一个信号，就会激活执行元件。以上面讲到的气体检测系统为例，每一次气体检测仪出现误激活，流程都会被切断。为了减少这种问题的发生，输入元件通常会采用$k$oo$n$的表决配置，其中$k\geqslant 2$。这意味着至少需要有两个输入元件在“接近”同一时间被错误激活，才会启动执行元件。

如果在n个元件中至少有k个功能正常，$k$oo$n$表决配置就可以执行它的功能，但是如果有超过$n-k$个元件同时失效，这个配置也会失效。因此，如果至少有两个元件功能正常的话，2oo4配置仍然可以执行安全功能，如果有至少三个元件失效的话，系统就会随之失效。我们需要特别注意这个问题，因为有些分析方法很容易对这个情况给出错误的解释，比如说故障树分析。故障树模型可以用来描述系统如何失效，因此对于一个输入元件采用2oo4配置的故障树来说，在绘图的时候要保证有三个同时出现的失效才能生成顶事件。为了减少错误概率，有些研究人员在故障树中使用一些标注，比如2oo4：G（“功能正常”）和3oo4：F（“失效”）。

12.4.6　IEC 61508

现在已经有一些标准发布，设定SIS设计和运行的各种要求。在这些标准中，最为重要的是 IEC 61508——《电气/电子/可编程电子安全相关系统的功能安全》。IEC 61508 是一部非常全面的标准，包括七个部分，囊括了如何管理 SIS 的功能安全的内容。

第一部分：基本要求。

第二部分：E/E/PE 安全相关系统的要求。

第三部分：软件要求。

第四部分：定义或缩写。

第五部分：确定安全完善度的方法举例。

第六部分：IEC 61508-2 和 IEC 61508-3 的应用指南。

第七部分：技术与措施纵览。

前三个部分主要是模式化的内容，而后四个部分包括含有大量信息的附录。在 IEC 61508 当中，SIS 指的是"电气/电子/可编程电子(E/E/PE)安全相关系统"。

这个标准是通用性的，可以应用在任何工业部分的任何与安全相关的项目当中。

具体应用中的标准。IEC 61508 的主要目的是支持具体应用标准的开发，比如，

- IEC 61511：《功能安全：流程工业安全仪表系统》(三个部分)。
- IEC 61513：《核电站：安全重要性系统的仪器使用与控制——系统的基本要求》。
- IEC 62278：《铁路应用：可靠性、可用性、可维护性和安全(RAMS)的规范与描述》。
- ISO 26262：《道路车辆：功能安全》。
- IEC 62061：《机器安全：安全相关电气、电子及可编程电子控制系统的功能安全》。
- IEC 60601：《医疗电子设备》(多个部分)。

IEC 61508 是基于绩效的标准，也就是说这个标准旨在描述系统和流程需要的性能，而不是对系统应该如何实施做出指令性要求。然而，考虑到标准的广泛使用，有些用户还是把它当成指令来看待。

安全生命周期。IEC 61508 的核心就是安全生命周期的概念(从概念设计到危险和风险分析、规范、实施、运行、维护直至最终废弃)，按照系统化方式分步实现功能安全。而整个这一过程都是可以审查的。

标准实施包括识别与 EUC 和 EUC 控制系统相关的危险。在流程行业，采用基本流程控制系统(the basic process control system，BPCS)对 EUC 进行控制。企业也会在一定程度上考虑使用其他技术和外部风险降低设施，以降低与某一特定偏差有关的全部风险。

接下来，要进行风险分析，确定与 EUC 和 EUC 控制系统相关的风险。如果风险大于可以容忍的上限，按照标准的要求，就需要增加安全功能，将风险降低到可以容忍的水平。安全功能与安全完善度的需求(比如出现要求时的失效概率)相关，是安全功能相关风险降低的量度。

IEC 61508 使用了两个概念来描述理想的安全和可靠性表现：功能安全要求——表示需要 SIS 完成的功能，安全完善度要求——表示 SIS 需要达到的性能水准。

12.4.7 安全完善度

按照 IEC 61508 的要求，风险降低的程度是可以量化的，它可以表示为安全完善度水平(SIL)。安全完善度是 IEC 61508 中的一个基础概念，它的定义如下。

- **安全完善度**：在一段特定时间内的所有给定的环境中，安全相关系统能够令人满意地执行所需安全功能的概率。

IEC 61508 定义了四个安全完善度水平(SIL)，其中 SIL 4 代表最高水平，而 SIL 1 代表最低水平。如表 12-1 所示，每个水平都对应一个出现要求的评价失效概率(PFD_{avg})和每小时危险失效概率(PFH)区间。

表 12-1 与不同安全完善度相对应的出现要求时的平均失效概率(PFD_{avg})和每小时危险失效概率(PFH)区间

SIL	PFD_{avg}	PFH	SIL	PFD_{avg}	PFH
4	$\geq 10^{-5}$ 到 $< 10^{-4}$	$\geq 10^{-9}$ 到 $< 10^{-8}$	2	$\geq 10^{-3}$ 到 $< 10^{-2}$	$\geq 10^{-7}$ 到 $< 10^{-6}$
3	$\geq 10^{-4}$ 到 $< 10^{-3}$	$\geq 10^{-8}$ 到 $< 10^{-7}$	1	$\geq 10^{-2}$ 到 $< 10^{-1}$	$\geq 10^{-6}$ 到 $< 10^{-5}$

来源：IEC 61508(2010 年)。

除了定量方法，标准还根据要求的 SIL 水平对系统设计和其他多个生命周期阶段设定了不同的定性要求。这些定量和定性要求合在一起，就可以确定一套安全仪表系统能够实现的安全完善度。

12.4.8 出现要求时的失效概率

SIS 在低频要求模式下运行时的定量测量指标是出现要求时的失效概率(PFD)。这个指标只与 DU 失效有关。考虑一个 DU 失效的固定失效速率是 λ_{DU} 的 SIS 元件，如果该元件在时间 $t=0$ 的时候即投入运行，那么这个元件在时间点 t 出现要求时的失效概率为

$$\mathrm{PFD}(t) = \Pr(T_{DU} \leqslant t) = 1 - e^{-\lambda_{DU} t}$$

这个概率会随着时间 t 增长，因此在时间点 τ 会对元件进行功能测试，以确定它是否依然功能正常。假设功能测试是完美的，即所有的失效都可以发现，如果在测试中发现失效元件可以修复到“完好如初”的状态，同时测试以及可能用于修复的时间可以忽略不计。在这种情况下，在时间点 τ，这个元件又可以看做是一个全新的元件。因此，我们可以认为下一个测试间隔具有和第一个测试间隔(长度为 τ)完全相同的随机属性。

图 12-7 描述了 PFD 作为一个时间函数的变化情况。

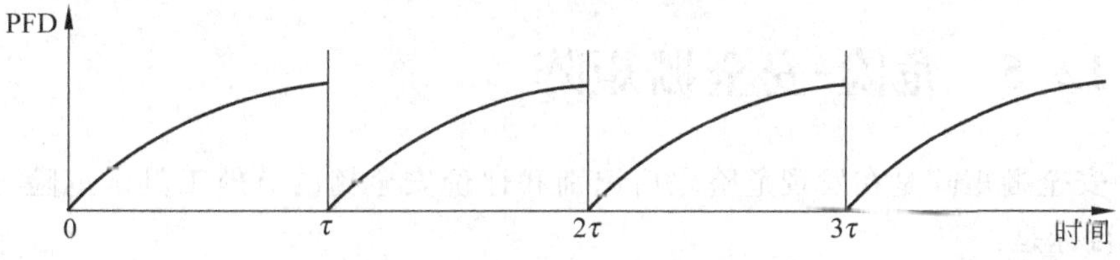

图 12-7 周期性测试元件的 PFD

IEC 61508 建议使用 PFD 的平均值对 SIS 元件进行评估，因为所有的测试间隔都具有相同的随机属性，我们可以根据第一个间隔确定 PFD_{avg}。

$$PFD_{avg} = \frac{1}{\tau}\int_0^{\tau}(1 - e^{-\lambda_{DU}t})dt = 1 - \frac{1}{\lambda_{DU}\tau}(1 - e^{-\lambda_{DU}\tau}) \tag{12-1}$$

如果 $\lambda_{DU}\tau$ 的值“很小”，上面的计算结果可以近似为

$$PFD_{avg} = \frac{\lambda_{DU}\tau}{2} \tag{12-2}$$

在拉桑德和霍伊兰德所著教材(2004 年)的第 10 章，有对这个近似的详细讨论。除此之外，根据公式(12-1)还可以推导出其他几个相关公式。

公式(12-2)适用于满足上述假设条件、进行周期性测试的单个 SIS 元件。绝大部分故障树分析程序，在计算 PFD_{avg} 的时候实际上使用的都是这个公式。

如果要考虑包含多个元件的 SIS，首先有必要建立系统结构，然后对每个元件逐一进行评估，然后再将结果合并，对整体系统进行评估。有多种方法可以使用，比如，

- 近似公式[比如在拉桑德和霍伊兰德所著教材(2004 年)第 10 章介绍的]。
- 故障树分析。
- 马尔可夫方法。
- 蒙特卡洛仿真。

我们应该根据 SIS 的复杂程度确定哪一种方法最为合适。还有一个与复杂安全仪表系统 PFD 有关的重要问题就是共因失效，我们将在第 15 章中进行讨论。

12.4.9 每小时危险失效概率

根据 IEC 61508(2010 年)，在评估高频要求系统安全完善度的时候，应该使用系统的每小时危险失效概率(PFH)作为系统可靠性的量度。

高频要求型 SIS 主要用做预防型安全栅，降低危险事件的概率。高频要求型系统的例子包括机床控制系统、汽车中的 ABS 系统以及船舶和海上油气平台上的动态定位系统。可以根据危险系统失效的频率(每小时)来计算这些系统的 PFH 值。计算可能简单也可能很复杂，这需要取决于系统的配置情况(可参阅刘一骝和拉桑德 2011 年的文章)。

对于在“中等”频率要求运行模式下的系统而言，安全完善度的评估则更为复杂。这些系统偏差出现的频率高于每年一次，但是发生也不是特别频繁，操作人员可以在要求发生之前介入并修复失效。金辉等人 2011 年的文章讨论了这个问题。

12.5 危险-安全栅矩阵

危险-安全栅矩阵是在发现危险之后识别和评价安全栅的有效工具。危险-安全栅矩阵的主要目标是：

(a) 识别已经使用(或者应该使用)的、可以保护设备免受特定危险伤害的安全栅。

(b) 识别可以保护设备免受不止一种危险伤害的安全栅。

(c) 识别现有保护力度不够的危险。

(d) 确定现有安全栅是否充足，指出哪里需要改进。

图 12-8 中给出了一个危险-安全栅矩阵的例子。在这个矩阵当中，识别出来的危险列在左起第一列，现有或者计划使用的安全栅则位于第一行。最好可以将危险分类，比如机械危险、电气危险等。按照同样的方法，安全栅也可以进行分类，比如物理安全栅、管理安全栅等。接下来，我们需要根据不同的危险对每一道安全栅的有效性进行评价，如果某一道安全栅与一个危险相关，那么就在矩阵中两者行列交汇的位置做一个标记(比如×)。还可以使用其他的方式，比如颜色代码来指示安全栅的应用效果。

危险类别	危险描述	1号安全栅	2号安全栅	3号安全栅	4号安全栅	5号安全栅					n号安全栅
机械	描述M1		×								
	描述M2	×									
电气	描述E1		×		×						×
	描述E2			×							

图 12-8　危险-安全栅矩阵

完成之后的危险-安全栅矩阵，可以显示对于特定的危险已经安装了安全栅用来保护资产，也可以指出哪里还需要进行改进。危险-安全栅矩阵是安全栅分析良好的开始，接下来就可以考虑安全栅的可靠性以及安全栅失效对于系统风险的影响(美国能源部，1996 年 a)。

12.6　安全栅图

安全栅图是一种分析安全栅的图形化工具。杜伊姆(Duijm)和马尔科特(Markert)(2009 年)对安全栅图做出了定义。

- **安全栅图**：意外事件(初始事件或者条件)演化的图形化表达方法。系统的状态取决于旨在停止事件演化的安全栅的功能是否正常。

安全栅图的主要目的包括：

(a) 识别在特定事故场景(即从初始事件或者原因到最终后果的事件序列)中已经存在(或者应该部署)的安全栅。

(b) 描述安全栅的激活次序。

(c) 识别同时出现在多个事故场景中的安全栅。

(d) 观察针对哪些危险的保护力度还不够。

(e) 确认现有安全栅是否足够,指出哪里需要改进。

图 12-9 给出了安全栅图的基本元素,安全栅图和故障树以及事件树有一些类似的地方。在图中,安全栅被绘制成矩形,有一个或者多个输入,表示受控设备对安全栅的要求。另外,安全栅的输入也可能不止一个,表示在安全栅针对要求执行安全功能之后的状况。输出可以表示安全栅成功激活,也可以表示安全栅功能失效或者部分失效。安全栅图也可以使用与-门和或-门连接各个部分。

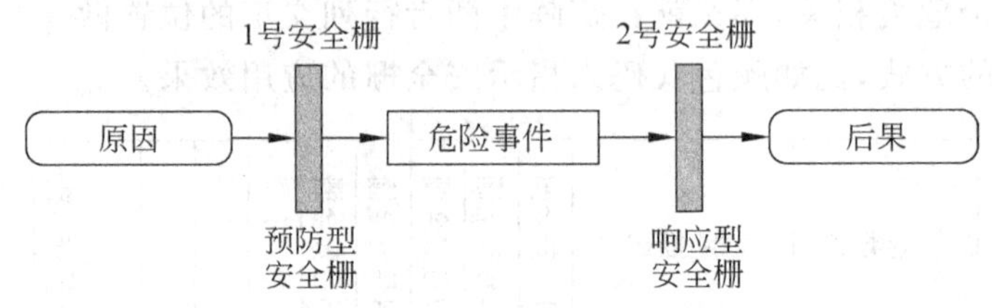

图 12-9 安全栅图的主要元素

图 12-10 给出了一个更加全面的安全栅图。在这个例子中,安装 1 号栅是为了防止原因 1 引起意外事件 1 发生。同样,安装 2 号栅则是为了防止原因 2 引起意外事件 2 发生。如果事件 1 或者事件 2 发生,就会引起事件 3。安装 3 号栅的目的是防止事件 3 引发意外后果。如果 3 号栅没有发挥作用,就会以一定的概率引发后果 1 和后果 2。在杜伊姆(2009 年)以及杜伊姆和马尔科特(Markert,2009 年)的文章中,有更多关于如何绘制安全栅图的细节和案例。

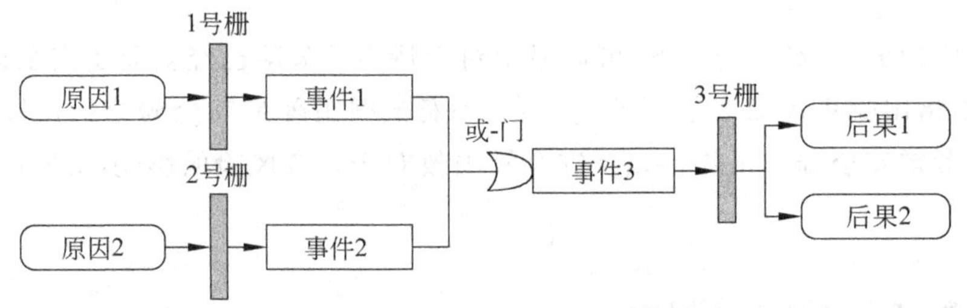

图 12-10 安全栅图(简单示例)

用于油井完善度评估的安全栅图。在油气行业,使用安全栅图评估油井安全完善度的历史已经超过了 30 年。这些图也被称为油井安全栅图,它们可以描述从储油层到周围环境可能的流动路径。图中描述不同流动路径上安全栅的方式与图 12-10 类似,安全栅图既可以进行定性分析,也可以进行定量分析,还可以很容易地转化为故障树。

12.7 领结图

本书已经多次提到过领结图,它也是一种安全栅分析的有效模型。领结图与安全栅图有很多共同的目标和特征,但是它在划分预防型和响应型安全栅的时候结构更加清楚。

12.8 能量流/安全栅分析

12.8.1 简介

能量流/安全栅分析(EFBA)是一种定性方法,可以用来识别危险,确定相关安全栅(已经使用或者计划使用以降低风险)的效果。这种方法可以确认从系统中的能量源到可能受到这些能量负面影响的资产的路径。

这种方法也被称为能量路径/栅分析(ETBA),是管理疏忽和风险树(MORT)框架的一部分(强生,1980 年)。我们在第 6 章已经对 MORT 框架进行了简要的介绍。ETBA 最初是一种事故调查工具,但是它也可以用来进行风险分析。

12.8.2 目标和应用

EFBA 分析的主要目标包括:

(a) 识别系统中所有(危险的)能量源。

(b) 识别与每个能量源有关的安全栅。

(c) 评估每一个试图阻止危险能量流向(易损)资产(人员、设备或者环境)流动的安全栅的性能。

如果需要验证在一个潜在的能量源面前某一项资产是否已经得到了保护,就可以使用 EFBA 分析。EFBA 还可以集成到初步危险分析当中(见第 9 章),也可以用于其他用途[克莱门斯(Clemens),2002 年],比如:

- 系统设计。
- 开发流程。
- 计划或者判断运行是否合理。
- 事故调查。
- 在事故发生地做出"安全进入"决策。

12.8.3 分析步骤

EFBA 分析可以按照下列七步进行:

1. 计划和准备。
2. 识别系统中的能量源。
3. 识别受影响的资产。
4. 描述能量流动路径。
5. 识别并评价安全栅。
6. 提出改进方法。
7. 报告分析结果。

第 8 章中已经讨论了第 1 步和第 7 步,这里就不再赘述。

EFBA 工作表。需要使用 EFBA 工作表指导分析过程并建档。现在研究人员已经提出了多种不同的工作表，其中一些非常简单，只有 3～4 列。而图 12-11 则给出了一个相对复杂一些的 EFBA 工作表。

第 2 步：识别系统中的能量源。研究团队会检查系统，尽量识别出系统中所有的能量源。第 3 章和第 9 章中提到的检查表都可以用来避免相关危险被忽略掉。识别的结果需要记录在图 12-11 中 EFBA 工作表的第 2 列，同时还需要记录能量的类别和数量。

第 3 步：识别受影响的资产。对于在第 2 步中发现的每一种能量源，研究团队都必须识别出受到这种能量源影响的资产。需要根据研究的目标确定考虑哪些资产，但是一般情况下，人员和环境总是在应该被保护的范围内。识别的结果已经记录在图 12-11 中 EFBA 工作表的第 3 列。

研究对象： 日期：2010 年 12 月 20 日
参考编号： 制作人：马文·拉桑德

序号	能量源（类型、数量）	能量危险（能量流动路径）	影响到的资产	安全栅（控制）	安全栅效果	风险	建议行动	注释
(1)	(2)	(3)	(4)	(5)	(6)	(7)	(8)	(9)

图 12-11　EFBA 工作表

第 4 步：描述能量流动路径。必须要为每一对能量源或资产组合找到从能量源到资产的能量流动路径。流动路径会在工作表的第 3 列中简单描述，另外非常重要的一点是，要牢记能量源可能会通过多条路径影响不同的资产。

第 5 步：识别并评价安全栅。必须要识别并简要描述出在第 4 步发现的每一条能量流动路径上现有以及应该安装的安全栅。比如，可以使用从 1 到 10 的量度将与每一条路径有关的风险的简要评估结果记录在第 7 列。

第 6 步：提出改进方法。研究团队应该根据第 2 步到第 5 步的结果提出安全栅的改进意见。改进方法包括添加新的安全栅、改进现有安全栅甚至是移除安全栅。在这个步骤中，研究团队可以参考哈顿的控制危险能量流十大策略（见第 6 章）。

12.8.4 优势和局限

优势。EFBA 提供了识别与能量源相关危险的系统化流程，可以确定现有或者计划中的安全栅是否能够足以保护资产。EFBA 其他的主要优势还包括：

- 简单，易于理解和使用，不需要太多的资源；
- 系统化，从这个意义上说绝大多数能量源都很容易发现；
- 可以和其他方法搭配使用，比如初步危险分析；
- 因为 EFBA 的结果可以直接转化为行动，方便提出修复工作建议。

局限。EFBA 的主要局限包括：

- 会受到分析师个人能力的限制，可能有些能量源无法识别出来；
- 在识别系统危险的时候功能较弱，只能发现与能量源有关的危险，并不能发现所有也许会伤害到目标的危险源；
- 不同案例之间的分析很少有重复。

12.9　保护层分析

12.9.1　简介

保护层分析(LOPA)是 CCPS 于 1993 年提出的一种半定量流程风险分析方法。LOPA 主要是为了确定现有的安全栅是否充足，或者是否还需要更多的安全栅。LOPA 的另外一项应用是将 SIL 的要求分配给安全仪表功能(见第 12.4 节)。需要注意的是，在 LOPA 的术语中，安全栅被称为保护层。

独立保护层：CCPS 在 1993 年引入了独立保护层的概念，它的定义如下。

- **独立保护层**(independent protection layer，IPL)：与特定场景的初始事件无关，也独立于任何其他与该场景有关的保护层，但是可以阻止场景发展成意外后果的设备、行动或者系统。对于 IPL 的有效性和独立性，必须要进行审核。

更具体地说，如果满足下列条件，一个保护层(安全栅)就可以称为 IPL：

1. IPL 提供的保护至少可以将识别出来的风险降低 10 倍，这就意味着 IPL 在出现要求时的失效概率必须要小于 10^{-1}。

2. 保护层满足第 12.3 节中提到的要求，具有特定性、独立性、可靠性和可审性。

12.9.2　目标和应用

LOPA 可以回答下列与指定事故场景有关的问题：

(a) 事故场景中已经包括哪些保护层?

(b) 这些保护层当中哪些可以满足 IPL 的要求?

(c) 每一道 IPL 可以或应该降低多少风险?

(d) 所有的 IPL 总计可以或应该降低多少风险?

(e) 有必要增加新的 IPL 吗?

(f) 有必要执行安全仪表功能(SIF)吗?

(g) 如果问题(f)的答案是肯定的，这一 SIF 的目标安全完善度(SIL)是多少?

最初，LOPA 是在化工行业当中开发出来的，后来也用于油气行业。在 HAZOP 研究或者 HAZOP 校验过程中或者刚刚完成的时候，一般都要进行 LOPA 分析。将 LOPA 和 HAZOP 研究集成使用有很多好处，但是需要研究团队对分析的工厂更加熟悉。

LOPA 分析在项目或者流程生命周期的任何阶段都可以进行，但是最佳的使用时间还是在早期流程图完成、P&ID 图的开发过程当中。对于现有的流程，LOPA 应该在 HAZOP 检查或者校验的过程中或者完成之后进行。

12.9.3 方法描述

LOPA 的起始点是一系列初始事件或者 HAZOP 研究识别出来的偏差。在 LOPA 分析中，初始事件通常是第 2 章中定义的危险事件可能原因中的某一个，但也可能是因果序列中稍后发生的事件。初始事件可能会发展出一个或者多个事故场景。通常，如图 12-12 中的领结图所示，需要使用一个或者多个保护层控制或者减轻初始事件的影响。

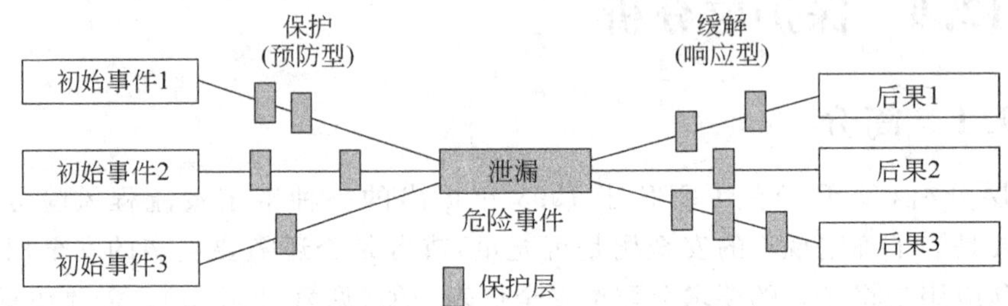

图 12-12 用领结图表示 LOPA 分析中的初始事件和保护层

图 12-12 中的危险事件是一座工厂中发生的泄漏。有很多初始事件会导致泄漏，比如“维护作业之后法兰上的螺栓拧得不够紧”，或者“维护作业之后阀门垫圈位置不正”等。在图 12-12 中，我们列出了三个初始事件，但是在实际情况中可能要多得多。安装保护层用来识别和控制初始事件，防止它们导致泄漏。防止上面提到的两个初始事件发展的保护层，可以是“督导或者现场工程师的独立检查”或者“维护之后生产启动之前进行的压力测试”。同一个保护层可能用来阻止多个初始事件的发展。另外，泄漏可能会导致多种后果，具体的情况则需要取决于缓解型保护层是否能够发挥功效。

在本书的第 2 章中，事故场景被定义为从一个初始事件到一个最终事件的事件序列，在领结图中是从初始事件到某一个结果的路径。在 LOPA 分析中，需要对事故场景逐一进行分析，而每个事故场景在进行后续的分析之前都需要先定义清楚。事件树中有一些场景的最终事件没有明显的后果，因此这些场景也可以在后面的分析当中省略掉。

如图 12-13 所示，不同事故场景从初始事件开始的发展过程也可以采用事件树描述。建立 LOPA 事件树的时候，只需要考虑独立保护层。在图 12-13 当中，从初始事件到最终

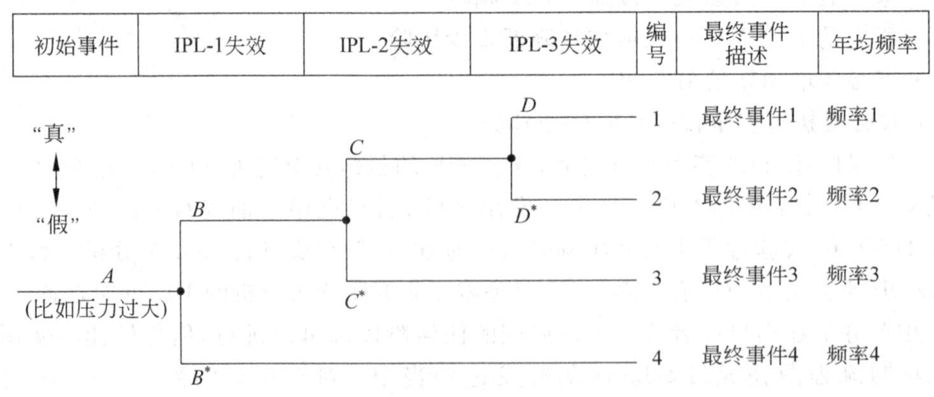

图 12-13 使用 LOPA 事件树描述保护层

事件的一条路径构成一个事故场景,这幅图中总计有四个不同的事故场景。

本书的第 11 章介绍了事件树的定量分析,现在如果手头有足够数据的话,我们就可以用它确定不同事故场景的频率。因为 LOPA 是一种半定量分析方法,我们并不寻求确定每一个 IPL 的 PFD 精确值。通常,只需要给出 PFD 的数量级就可以了,比如 10^{-1}、10^{-2}等。

如果基于现有的保护层,与事故场景相关的风险无法接受的话,就有必要改进保护层以及(或者)增加新的保护层。通过 LOPA,用户可以确定需要降低的风险总量,分析不同 IPL 可以降低的风险。如果在标准保护层性能的基础上还需要进一步降低风险,就需要加入安全仪表功能。可以根据需要额外降低的风险水平,来确定安全仪表功能的安全完善度。因此,在需要将安全完善度分配给不同安全仪表功能的时候,LOPA 是一种十分常用的方法(可参阅 IEC 61511,2003 年)。

注意,LOPA 并不会给出需要增加哪些安全栅或者哪些需要进行设计变更的建议,但是它可以帮助研究人员在不同的方案之间做出选择。

LOPA 工作表。LOPA 工作表用来指导分析过程并建档。绝大多数 LOPA 工作表都与我们在图 12-14 中给出的表格类似,但是会有一些细小的差别。我们在第 12.9.4 节叙述 LOPA 分析步骤的时候,会讨论工作表中每一列的内容。

12.9.4　分析步骤

LOPA 分析可以按照下列八步进行:

1. 计划和准备。
2. 构建事故场景。
3. 识别出初始事件并确定它们的频率。
4. 识别 IPL 并确定它们的 PFD 值。
5. 估计与每个事故场景有关的风险。
6. 评价风险。
7. 比较降低风险的方法。
8. 报告分析结果。

本节所叙述的 LOPA 分析过程是基于弗雷德里克森(Frederickson,2002 年)、英国石油公司(BP,2006 年)以及萨莫尔斯(Summers,2003 年)的研究和报告。

第 1 步:计划和准备。本书的第 8 章已经讲解过这一步的很多细节,在这里我们只是对研究团队的构成和研究需要的数据给出一些建议。

研究团队应该包括:

- 对于研究流程操作非常熟悉的操作员。
- 熟悉流程的工程师。
- 来自制造商的代表(如果 LOPA 是在工厂设计阶段进行)。
- 流程控制工程师。
- 拥有研究流程相关经验的仪表或电气维护人员。
- 风险分析专家。

在研究团队中,至少应该有一个人接受过 LOPA 方法论的培训。

分析需要的数据包括:

- HAZOP 工作表或者初步风险分析报告(如果已经进行过识别事件、原因、保护层、对资产影响的相关分析)。
- 原因和影响图(如果已经使用这类图表来确定 SIF 在保护流程设施免受危险伤害过程中的作用)。
- 管道及仪表流程图。
- 现有 SIF 的安全要求规范(safety requirement specification,SRS)。

第 2 步:构建事故场景。这一步使用事件树分析效率最高。需要对每一个(在 HAZOP 研究中发现的)初始事件建立事件树,只有那些满足 IPL 条件的保护层才可以作为事件树图中的关键点。因为 IPL 是独立的,可以通过初始事件的频率与场景中 IPL 的 PFD 值或者失效概率的乘积来计算事故场景的频率。在确定场景频率的时候,还需要考虑那些没有安全栅保护的关键性事件。

相关最终事件的后果会引起对资产的伤害(比如人员、环境和其他有形资产)。如果某一最终事件对任何资产都没有显著的伤害,那么在后面的分析中就可以忽略与之相关的场景。

可能会有多个场景导致同一个最终事件。如图 12-14 所示,每一个不同并且独特的最终事件都需要赋予一个参考编号,记录在 LOPA 工作表格的第 1 列和第 2 列当中。需要对每一个最终事件的严重程度进行评价并分类,比如高(H)、中(M)和低(L),然后记录到 LOPA 工作表的第 3 列当中。

研究对象:流程系统 A　　　　日期:2010 年 12 月 15 日

参考编号:流程图 14.3-2010　　　　制作人:马文·拉桑德(LOPA 团队负责人)

最终事件			初始事件		保护层				中间事件频率(每年)	SIF 要求的 PFD 值	缓解后的事件频率(每年)	注释
编号	描述	严重程度	描述	频率(每年)	流程设计	BPCS	对警报的反应	工程缓解				
(1)	(2)	(3)	(4)	(5)	(6)	(7)	(8)	(9)	(10)	(11)	(12)	(13)
1	分离器中的高压没有得到控制	H	分离器的出气口堵塞	0.07	1.0	1.0	0.5	PSV 0.01	3.5×10^{-4}	2×10^{-3} (SIL 2)	7.0×10^{-7}	

图 12-14　LOPA 工作表

第 3 步:识别初始事件并确定它们的频率。对于在第 2 步中识别出的每一个独特的最终事件来说,需要在 LOPA 工作的第 4 列中记录相关的初始事件。LOPA 团队应该对每个初始事件进行仔细研究,尤其是要关注那些有关"什么"、"何时"、"在哪里"的问题。

如果 LOPA 并不是 HAZOP 研究的一部分,研究团队就必须要估计每一个初始事件的(年均)频率,并在 LOPA 工作表的第 5 列中记录这些频率。接下来,LOPA 团队需要确定初始事件是否可以被终止,或者能否采取本安设计加以足够的控制。如果可以的话,就不需要再对这个初始事件进行 LOPA 分析了。

第 4 步:识别 IPL 并确定它们的 PFD 值。接下来,LOPA 团队需要识别并且列出与每个特定初始事件有关的全部现有的保护层。这些工作通常是 HAZOP 分析的一部分,但是 LOPA 团队应该仔细地检测每一个保护层,确认自己理解保护层的功能和局限。需要注意的是,LOPA 团队不能过于相信这些保护层的性能和完善度(可参阅:萨莫尔斯,2003 年)。

下一步,LOPA 团队应该基于 IPL 的要求对每一个保护层进行比较,确定哪些保护层可以满足要求。那些不能满足 IPL 要求的保护层在进一步的分析中无须再考虑。在工作表中,应该将每个 IPL 列出,并赋予唯一的参考编号。

LOPA 分析的第 4 步和第 2 步经常可以一起进行,因为在第 2 步建立事件树图的时候需要第 4 步的分析结果。

IPL 主要可以分成以下几类:

1. 流程设计。
2. 基本流程控制系统(BPCS)。
3. 操作员对警报的反应。
4. 工程缓解方法,比如排洪沟、压力释放装置和现有的安全仪表系统。
5. 限制使用等其他缓解措施(这组 IPL 有时候会被省略,在图 12-14 的 LOPA 工作表中就没有出现)。

然后,需要按照它们被初始事件的激活次序,对列出的 IPL 进行排列。

LOPA 团队还必须估计每个 IPL 的 PFD 值(可参阅本书的第 12.4 节和附录 A)。接下来就可以计算每一类(1~4)IPL 的总体 PFD 值,分别记录在 LOPA 工作表的第 6 列到第 9 列中。

第 5 步:估计与每个最终事件有关的风险。现在,可以通过表格第 5 列到第 9 列中数值的乘积计算每个事故场景(即每个初始事件)的频率。我们将计算结果记录在第 10 列,表示该事故场景频率的初步估计值。

对所有指向同一最终事件的事故场景的中间频率(第 10 列中的值)求和,就可以求得这个最终事件频率的初略中间估计值。对这些频率求和,得到的是一个较为保守的近似值,这是因为初始事件不一定彼此完全独立,它们的根本成因可能是一样的,并且会在同时发生。

第 6 步:评价风险。如果在第 5 步中得到的事件的中间频率估值比接受准则中给出的数值要更低,就不需要再添加额外的保护层了。可以使用风险矩阵确定这个风险是否可以接受,或者是否需要更多的 IPL 来进一步降低风险。

另外,如果事件的中间频率估值超过了接受准则,就需要采取进一步的保护行动。在添加更多的保护层和安全仪表系统之前,也可以考虑本安设计方法和解决方案。如果能够进行本安设计变更,就需要更新第 6 列,并计算得到一个新的初步事件概率。如果对于第 1 类到第 5 类中的 IPL 来说,无法进行任何改变,那么就需要加入安全仪表功能(SIF)。

第 7 步：比较降低风险的方法。如果第 6 步中的评价表明需要安全仪表功能，就可以用第 10 列中的事件中间频率估值去除第 12 列中可容忍的经过缓解后的事件频率，得到需要的 PFD 值。然后，再根据 PFD 值确定相应的 SIL 等级。

如果 PFD 的值过高或者过低，就需要将第 10 列和第 11 列中的数值相乘，重新计算缓解后的事件频率，然后将结果记录在第 12 列。LOPA 团队需要重复进行这项工作，直到计算出所有相关最终事件经过缓解之后的频率。

第 8 步：报告分析结果。我们在第 8 章当中已经讨论过这个步骤，这里不再赘述。

- 案例 12-7 油气分离器

重新考虑曾经在案例 10-1 和案例 11-2 中出现的油气分离器，它的一个最终事件为“分离器中的高压没有得到控制”。这是一种非常严重的情况，可能会导致数十人死亡。因此，在图 12-14 的 LOP 工作表第 3 列，我们将其严重度定为“H”。一个可能的初始事件是“分离器的出气口堵塞”。需要注意，在更加详细的 LOPA 分析当中，对于这个事件可能会有多个原因分别被定义为初始事件，但是在本例中没有涉及。初始事件的频率预计为每年 0.07 次，也就是说平均每 14.3 年会发生一次。这个频率值记录在 LOPA 工作的第 5 列中。

接下来，我们需要考虑可能的保护层和 IPL。因为我们无法改进流程设计或者基本流程控制系统(BPCS)，所以将它们的 PFD 改进值设定为 1.0。然后，我们假设在最终事件发生之前，操作员可以介入并终止流程，虽然能否这样做在实际当中还有疑问，但是在本例中我们假设这样做成功的概率是 0.5，这也就意味着介入操作的 PFD 也是 0.5(见第 8 列)，而对于其他要求，操作员都可以成功处理(注意“操作员本身并不满足作为 IPL 的条件”)。分离器当中安装有一个压力安全阀(PSV)，即为表格第 9 列中的工程缓解措施。根据经验数据，这个阀门的 PFD 预计为 0.01。这也就是说，出现 100 次堵塞，有 99 次 PSV 都可以在高压出现之前将分离器中的压力释放掉。

将第 5 列到第 9 列中的数值相乘，我们可以在第 10 列中得到初步的事件频率：每年 3.5×10^{-4}。这说明，大约平均每隔 2 850 年，上面提到的最终事件才会发生一次。看起来这是一个相当安全的系统，但是如果考虑最终事件的严重后果(数十人死亡和巨大的财产损失)，以及类似系统在实际生产中巨大的保有量，这还是一个让人无法接受的风险。

根据我们的仔细分析，对于这个系统来说，如果最终事件的频率是每年 7.0×10^{-7} 或者更低，这个风险水平才是可以接受的(见第 12 列)。这就意味着，我们需要将风险降低到现有水平的 0.2%($7.0\times10^{-7}/3.5\times10^{-4}=2.0\times10^{-3}$)，才可以满足容忍度要求。因此，加入的安全仪表功能需要满足 $\text{PFD}\leqslant2.0\times10^{-3}$。SIL 2 等级安全仪表功能的 PFD 处于$(10^{-3},10^{-2}]$，所以 $\text{PFD}=2.0\times10^{-3}$ 这样的一个安全仪表功能处于 SIL 2 等级。但是 SIL 2 等级的安全仪表功能可能有 $\text{PFD}=10^{-2}$，这样的话最终得到缓解后的频率为 3.5×10^{-6}，这个风险水平是不能接受的！

12.9.5 标准和指南

并没有专门面向 LOPA 的国际标准，但是在下列文件中对 LOPA 有着全面的阐述：

-《功能安全：流程工业的安全仪表系统》(IEC 61511,2003 年)。

另外还有一些教材和学术论文对 LOPA 进行了介绍和讨论,其中最为详细的介绍是：

-《保护层分析：简化流程风险评估》(CCPS,2001 年)。

12.9.6　优势和局限

优势。LOPA 的主要优势包括：

- 帮助分析人员关注最关键保护层上的资源；
- 是讨论与事故场景相关风险的基础；
- 经常可以发现之前定性危险分析中没有识别出的流程安全问题；
- 相比定量风险分析,需要的时间和资源更少,但是又比 HAZOP 更严格；
- 遵循 IEC 61511 国际标准；
- 可以确定是否需要 SIS 或者其他保护方法,在 SIS 选定之后能够确定它的安全完善度。

局限。LOPA 的主要局限包括：

- 对于简单或者低风险决策来说过于烦琐；
- 对于非常复杂的系统来说又显得过于简单；
- 如果安全仪表功能需要达到 SIL 3 或者更高等级,就不再适用；
- 在分析启动之前,需要为 LOPA 研究建立风险接受准则；
- 无法决定需要使用哪些 IPL。保护层的选择依赖于 LOPA 团队的经验和专业能力。

12.10　安全栅与运营风险分析

12.10.1　简介

安全栅与运营风险分析(BORA)是挪威开发的一种在油气设施运营阶段分析预防型和响应型安全栅的方法。BORA 既可以进行安全栅的定性分析,也可以进行定量分析,同时兼顾了运行、人为和组织因素。

风险影响因子(RIF)是 BORA 方法中的核心元素,分为技术因子、人为因子和组织因子等几类。表 12-2 列出一些 RIF 的例子。值得注意的是,RIF 既不是一个事件,也不是随着时间变化的状态。本节将会对 BORA 方法进行简要的介绍,内容主要来自斯克莱特(2006 年 a)[①]和豪根等人(2007 年)的著作。

12.10.2　目标和应用

BORA 的目标包括：

① BORA 方法的主要部分是在斯诺瑞·斯克莱特的博士论文中提出的,本书作者很荣幸地可以成为他的博士生导师。

(a) 识别海上生产设施的安全栅,包括物理和非物理安全栅元素。

(b) 识别并描述事故场景中每一道安全栅的作用。

(c) 识别影响每一道安全栅性能和完善度的因素(RIF)。

(d) 确定每个 RIF 对安全栅完善度的影响。

BORA 是针对海上油气设施开发出来的,但是它的主要观点也可以用于其他领域。

12.10.3 方法描述

根据海量文献和大量有关事故以及未遂事故的报告,斯克莱特(2006 年 a)将油气生产设施(海上平台)上发生的油气泄漏事件分成了七个主要类别。而这些事件又可以发展出 20 个有代表性的事故场景。

油气泄漏场景。我们在这里列出了 20 个场景,斯克莱特的博士论文(2006 年 a)对此有着更加详细的解释。

1. 在正常生产中因为运行失误导致的泄漏

(a) 在手动操作中对阀门进行误操作导致的泄漏。

(b) 临时软管误操作导致的泄漏。

(c) 引流系统中水锁缺水导致的泄漏。

2. 由于维护带来的隐性失效导致的泄漏

(a) 在维护中法兰或者螺栓装配不合理导致的泄漏。

(b) 维护之后阀门位置不正确导致的泄漏。

(c) 选择或者安装了错误的密封设备导致的泄漏。

3. 油气系统维护过程中(需要拆卸)发生的泄漏

(a) 油气系统拆卸过程中或者拆卸之前的失误导致的泄漏。

(b) 维护过程中隔离系统故障导致的泄漏。

4. 技术或物理性失效导致的泄漏

(a) 阀门密封老化导致的泄漏。

(b) 法兰垫片老化导致的泄漏。

(c) 螺栓松动导致的泄漏。

(d) 焊接管老化导致的泄漏。

(e) 内部腐蚀导致的泄漏。

(f) 外部腐蚀导致的泄漏。

(g) 磨损导致的泄漏。

5. 流程波动导致的泄漏

(a) 压力过大导致的泄漏。

(b) 流量过大或装填过满导致的泄漏。

6. 外部事件导致的泄漏

因为外部压力超过了材料的强度,容器结构失效导致的泄漏。有两种类型的外部影响最为普遍:(a)掉落物品,(b)碰撞。但是这些影响无法使用统一的场景进行分析。

7. 设计相关失效导致的泄漏

设计相关失效是在设计阶段引入的潜在失效，可能会在正常的生产过程中引发泄漏。

通用安全栅框图。我们可以将油气泄漏场景定义成一个从初始事件或者偏差（比如阀门在维护之后的位置错误）到可能泄漏的事件序列。为了避免这种泄漏的发生，需要使用各种安全栅。斯克莱特（2006 年 a）识别了与每个场景最相关的安全栅，并使用通用的安全栅框图对每个场景进行了描述，如图 12-15 所示。

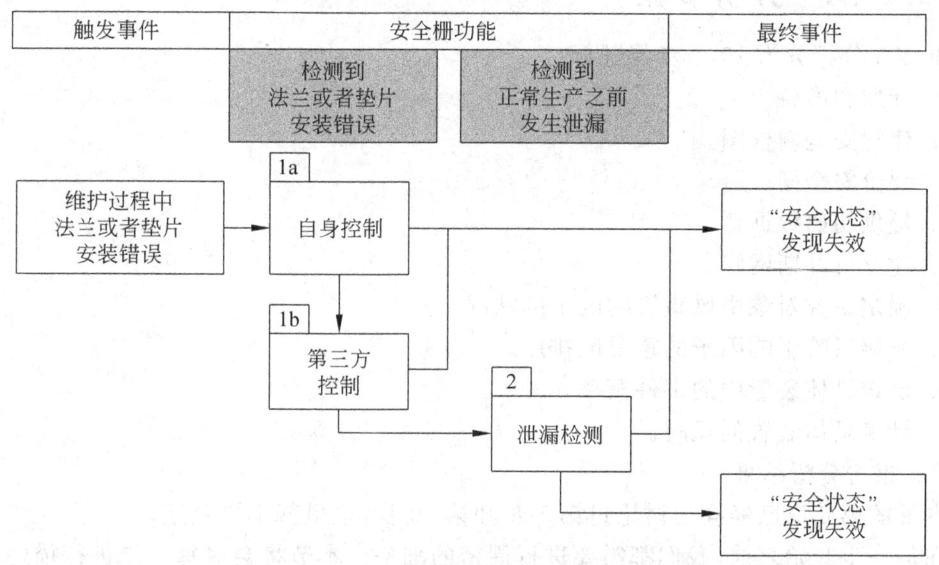

图 12-15　法兰泄漏的安全栅框图（摘自斯克莱特的论文，2005 年）

安全栅框图从初始事件或者偏差开始，如果事件的发展没有被安全栅（一个或者多个）终止，就会引发油气泄漏。在安全栅框图中，安全栅按照它们被激活的次序列出，从安全栅模块中引出的水平箭头表示安全栅按照设计意图执行安全功能，而模块下方的垂直箭头则说明安全栅失效。这样，就可以根据图中的箭头指向，得到从初始事件到最终事件的可能路径，如图 12-15 所示。对于那些指向相同或者几乎相同的最终事件的路径，我们应该把它们连接在一起，目的是让安全栅框图尽可能地紧凑，有时候这个过程会使得最终事件包含多个略微有所不同的子事件。

- 案例 12-8　法兰维护失误

假设我们将生产过程停止以进行维护工作。在维护的过程中，法兰被打开检查，并更换密封条。在密封条更换之后，维护人员再将法兰放回原位，拧紧螺栓。维护中可能出现的失误包括密封条没有放正、法兰没有对齐或者垫片没有完全压紧。

如果有任何偏差存在，就有可能发生初始事件。为了避免意外引发油气泄漏，维护人员应该对他们自己的责任范围（安全栅 1a）进行全面的检查，现场工程师还会进行第三方检查（安全栅 1b）。作为启动程序的一部分，还应该在生产启动之前对法兰进行泄漏测试（安全栅 2）。图 12-15 的安全栅框图显示了从初始事件开始的可能事件序列。三道安全栅中如果至少有一道能够发挥作用，最终的事件就会是"情况安全"。需要注意的是，通向这一最终事件的三条路径影响并不完全相同。如果前两道安全栅(1a 和 1b)失效,而安全栅 2 发挥作用的话,启动程序必须要停止对法兰进行修理。在这种情况下,生产也会遭受一定的损失。

安全栅框图实际上是一种紧凑的事件树,因此事件树的定量分析方法也可以用于安全栅框图中。

12.10.4 分析步骤

BORA 分析分为 10 个步骤进行:

1. 计划和准备。
2. 建立安全栅框图。
3. 评价安全栅。
4. 提供初始数据。
5. 建立贝叶斯网络。
6. 确定研究对象中风险影响因子的状况。
7. 按照风险影响因子的重要度排序。
8. 确定具体装置中的事件概率。
9. 计算具体装置的风险。
10. 报告分析结果。

本书的第 8 章已经详细讨论过第 1 步和第 10 步,这里就不再赘述。

在每一步开始之前,我们都需要进行周密的准备。本节将会对每一步进行描述,如果读者有兴趣,还可以在豪根等人(2007 年)以及维恩南(2007 年)的著作中了解更加详细的信息。

第 2 步:建立安全栅框图。斯克莱特已经为上述列出的 20 个代表性事故场景中的每一个都建立了安全栅框图。如果平台上的物理系统与代表性场景匹配,我们就可以使用豪根等人(2007 年)提出的通用安全栅框图。如果不能匹配,就必须要对场景和通用安全栅框图进行修改。比如说,如果平台上拥有其他类型的安全栅或者安全栅的数量与通用安全栅框图中的不同,就需要对后者进行修改。

在分析过程中,非常重要的一点是要保证研究团队中的所有成员都要能够理解(可能经过修改的)安全栅框图中描述的场景。

第 3 步:评价安全栅。在这一步中,每个安全栅框图中的安全栅都被认为与下列因素有关:

- 初始事件(即激活安全栅功能的事件)。
- 安全栅对事故场景的影响(如果按照设计意图发挥作用的话)。
- 安全栅响应时间(即从偏差出现到安全栅执行功能的时间)。
- 安全栅的可靠性和可用性,即安全栅按照其设计意图响应、执行功能、发挥影响的能力。
- 安全栅的坚固性(即承受某些意外载荷在事故场景中按照意图执行功能的能力)。

在很多情况下,都有必要使用故障树(见第 10 章)分析安全栅的可靠性和可用性。故障树的通用顶事件是“安全栅系统执行指定栅功能的能力失效”，它可以对应到场景中的每一道安全栅。故障树定性分析的结果可以采用基本事件和最小割集来表示。

第 4 步：提供初始数据。这一步的目的是为安全栅失效频率以及第 3 步中建立的故障树中基本事件的频率提供输入数据。这些数据可能来自平台的维护系统和意外情况报告，但是在大多数时候，我们还是需要借助于通用数据源，比如 OREDA（2009 年）。同时，我们应该尽可能将分析当中使用的数据建档（见第 7 章）。

第 5 步：建立贝叶斯网络。在这一步中，我们需要使用贝叶斯网络（见第 10 章）来描述不同风险影响因子（RIF）对每一个安全栅功能的影响。表 12-2 给出了一个相关 RIF 的列表，而在豪根等人的著作（2007 年）中对此有更加深入的讨论。

表 12-2　相关风险影响因子（RIF）调查

人为因子 - 能力和技术 - 工作量和压力 - 工作环境 - 疲劳 任务相关因子 - 方法 - 任务监督 - 任务复杂度 - 时间压力 - 工具 - 备件 技术因子 - 设备设计 - 材料属性 - 流程复杂度 - 人机界面 - 可维护性或可达性 - 系统反馈 - 技术条件	管理因子 - 工作步骤 - 工作许可 - 可见的任务描述 - 文档 组织因子 - 程序 - 工作实践 - 监督 - 沟通 - 干净整洁程度 - 支持系统 - 接受准则 - 同期活动 - 变更管理

在豪根等人（2007 年）的研究报告中，对于每一个风险影响因子有更为详细的描述。

对于简单的安全栅来说，贝叶斯网络可以显示那些直接导致安全栅失效的风险影响因子。而对于那些更加复杂的安全栅，首先需要建立故障树，然后识别出会影响故障树基本事件的风险影响因子。为了避免分析工作过于烦琐，分析人员应该对每个贝叶斯网络中所涉及的风险影响因子数量有所限制（比如小于等于 6 个）。

图 12-16 给出了案例 12-8 中安全栅失效“现场工程师没有检测到法兰失效”的贝叶斯网络。为了确定到底有哪些风险影响因子会对指定事件造成影响，我们建议首先考虑表 12-2 中列出的因子，选择那些与研究事件最相关的因子。

第 6 步：确定研究对象中风险影响因子的状况。在这一步中，需要针对具体装置评价第 5 步中发现的每一个风险影响因子的状况，并根据表 12-3，为每个因子打分（从 A 到 F）。

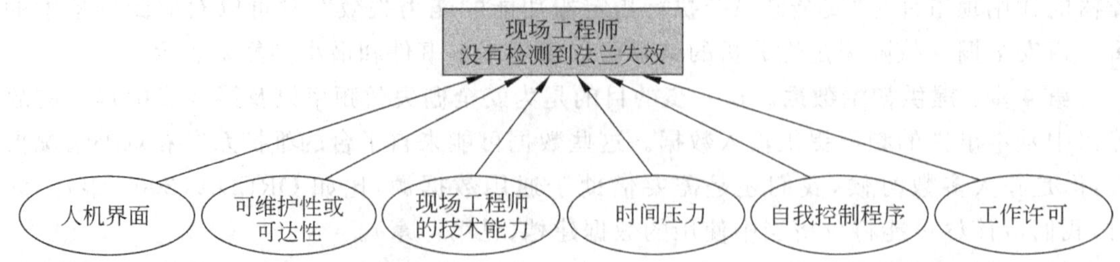

图 12-16　事件“现场工程师没有检测到法兰失效”的贝叶斯网络图(摘自阿文等人的文章,2006 年)

表 12-3　RIF 的状况得分

得分	解　　释	得分	解　　释
A	对应业界最高水平	D	对应的水平不如业界平均水平
B	对应的水平超过业界平均水平	E	对应的水平比业界平均水平差很多
C	对应业界平均水平	F	对应业界最差水平

来源：数据来自豪根等人的报告(2007 年)。

可以采用多种方法评估风险影响因子的状况,比如,使用结构化的问题对关键人员进行采访、观察工作情况、调查、使用检查表等。接下来,还可以使用不同的绩效标准衡量那些能够保证系统具有最高可靠性和最佳表现的安全栅的状况。另外,事故或意外调查报告也可以为我们提供很多有用的信息。

第 7 步：按照风险影响因子的重要度排序。在将风险影响因子与具体研究对象的状态进行匹配的时候,研究团队必须要确定因子的重要度,及它们对安全栅失效或者故障树中基本事件概率或者频率的影响。可以使用专家判断的方法对重要度排序,另外还需要员工与分析师进行讨论才能确定最终的顺序。我们可以使用以下的步骤：

- 根据讨论识别出最为重要的风险影响因子。
- 为风险影响因子赋予一个相对权重(最大权重为 10)。
- 与其他因子的重要度进行比较,因子权重从最重要到最不重要可以从 10—8—6—4—2 当中取值。
- 讨论并评估结果是否符合实际情况。

接下来,如案例 12-9 所示,要对重要度权重进行标准化,保证它们的总和等于 1 或者 100%,其中 ω_i 就是 RIF_i 的标准化重要度权重因子,$i=1,2,\cdots,n$。

- 案例 12-9　RIF 的重要度

考虑图 12-16 中的贝叶斯网络,假设我们可以确定下列重要度权重,见表 12-4。

表 12-4　重要度权重

i	RIF_i	权重 i	调整后的权重 ω_i
1	人机界面	2	5.56%
2	可维护性或可达性	6	16.67%

续表

i	RIF_i	权重 i	调整后的权重 ω_i
3	现场工程师的技术能力	6	16.67%
4	时间压力	10	27.78%
5	自我控制程序	8	22.22%
6	工作许可	4	11.11%
总　计		36	100%

如表 12-4 中最后一列所示，调整后的权重 ω_i 相加结果等于 100%。需要注意的是，本例中使用的重要度权重并不是来自于周密的分析，因此在这里只起到说明的作用。

第 8 步：确定具体装置中的事件概率。第 4 步中发现的数据主要都是反映行业平均水平的通用数据，而第 8 步的目的是让这些数据更贴近我们所研究的具体装置的实际情况。这一步的工作需要使用第 5 步到第 7 步中的结果，根据这种方法得到的数据我们可以称为具体装置数据。

考虑事件 H，它可能是一个安全栅失效，也可能是描述了安全栅失效原因的故障树中的基本事件。另 $\Pr(H)_{\text{gen}}$ 表示使用第 4 步中通用数据得到的事件 A 的概率。

事件 H 在具体装置中的概率是 $\Pr(H)_{\text{inst}}$，在 BORA 分析可以表示为

$$\Pr(H)_{\text{inst}} = \Pr(H)_{\text{gen}} \cdot \sum_{i=1}^{n} \omega_i \cdot Q_i \tag{12-3}$$

其中 n 是第 5 步中贝叶斯网络使用的风险影响因子的数量，ω_i 是第 7 步确定的 RIF_i 的标准化重要度权重，Q_i 是表示 RIF_i 在具体装置中状况的数值。Q_i 的值可以使用下列步骤确定(斯克莱特等人，2006 年)：

1. 确定事件 H 根据专家判断得到的最低概率 $\Pr(H)_{\text{low}}$。
2. 确定事件 H 根据专家判断得到的最高概率 $\Pr(H)_{\text{high}}$。
3. 对于每一个因子 $\text{RIF}_i(i=1,2,\cdots,n)$，令

$$Q_i(s) = \begin{cases} \Pr(H)_{\text{low}}/\Pr(H)_{\text{gen}}, & \text{如果 } s = \text{A} \\ 1, & \text{如果 } s = \text{C} \\ \Pr(H)_{\text{high}}/\Pr(H)_{\text{gen}}, & \text{如果 } s = \text{F} \end{cases}$$

其中 s 表示在第 6 步中给出的 RIF 得分，这意味着 s 的取值范围是 A，B，…，F。

- 案例 12-10　重新考虑法兰维护

重新考虑案例 12-9，对于事件 H“现场工程师没有检测到法兰失效”，假设根据通用的数据源可以得到它的概率是 $\Pr(H)_{\text{gen}}=0.40$，这意味着现场工程师只能够发现 60% 的法兰失效，也就是在 5 个失效中可以发现 3 个。

比如我们考虑 RIF_3“现场工程师的技术能力”，假设根据一组专家判断，如果 RIF 处于业内最佳水平(A)，概率 $\Pr(H)_{\text{low}}=0.30$，如果 RIF 处于业内最差水平(F)，概率 $\Pr(H)_{\text{high}}=0.55$。在此次评价当中，我们假设其他的 RIF 数值都保持不变。

具体在这座装置当中，如果 RIF_3 的得分是 A，那么 $Q_3=\Pr(\text{H})_{\text{low}}/\Pr(\text{H})_{\text{gen}}=0.35/0.40=$

0.875；如果 RIF_3 的得分是 C，那么 $Q_3=1$；如果 RIF_3 的得分是 F，那么 $Q_3=Pr_{high}/Pr_{gen}=0.55/0.40=1.375$。对于在得分为 B、D 和 E 的时候如何计算 Q 因子，阿文等人(2006 年)建议使用线性“插值”的方法，这也就意味着得分为 B 的 Q 因子是得分为 A 和 C 的 Q 因子的平均值，在本例中就是 $(0.875+1)/2\approx0.938$。为了计算得分为 D 和 E 的 Q 因子，我们将得分为 F 和得分为 C 的 Q 因子间的差别三等分，于是可以得到 $\Delta=(1.375-1)/3=0.125$。

因此，在得分为 D 的时候，Q 因子就是得分 C 时候的 Q 因子再加上 Δ，即 $1+\Delta=1.125$。而得分为 E 时候的 Q 因子，则是得分 C 时候的 Q 因子加上 2 倍的 Δ，即 $1+2\Delta=1.250$。

于是，我们可以得到 RIF_3“现场工程师没有检测出法兰失效”在不同得分状况下的 Q 因子，见表 12-5。

表 12-5 不同得分状况下的 Q 因子

状态得分	Q 因子	状态得分	Q 因子
A	0.875	D	1.125
B	0.938	E	1.250
C	1.000	F	1.375

注释：豪根等人(2007 年)的报告并没有像本书案例 12-10 这样给出足够的有关选择权重因子的信息，但是他们指出，如果能够得到足够精确的结果，对于实际的项目而言是非常有帮助的。

另外一个问题是我们应该如何确定 RIF 的 $Pr(H)_{low}$ 和 $Pr(H)_{high}$。我们在前面的做法是，对其中一个因子根据业界最佳和最差情况取值，而其他的 RIF 保持不变。在实际使用的时候，这样做可能会有些问题，因为不同的风险影响因子之间存在一定的关联，这种关联还会导致在分析的其他部分出现问题。

第 9 步：计算具体装置的风险。分析的最后一步就是在风险模型中根据第 8 步计算得到的事件在具体装置中的概率，计算该装置发生油气泄漏的风险。我们需要考虑风险影响因子中技术、人为、运行、组织等多个方面，对风险进行修正。

12.10.5 需要的资源和技术

使用 BORA 方法的花费不菲，这是因为它需要对油气设施中很多复杂问题具有深入的了解，还需要具有系统知识的人员能够与风险分析人员很好地配合。

12.10.6 优势和局限

优势。BORA 的主要优势包括：

- 可以用来确定具体装置的风险；
- 可以帮助分析人员对安全栅有更好的了解；
- 可以更加深刻地理解 RIF 以及它们对于安全栅可靠性和完善度的影响。

局限。BORA 方法的主要局限包括：

- 需要大量的数据，有些数据可能在现有的数据库当中找不到；
- 根据权重 10—8—6—4—2 确定 RIF 的重要度，这样做是否合理缺乏足够的证明；
- 确定权重因子 Q_i 的方法也缺乏足够的证明。这个过程可能过于主观武断，当然这些并不能否定这种方法的应用性和价值。

12.11　延伸阅读

我们推荐读者阅读下列与第 12 章内容相关的文献：

- 《安全栅：定义、分类和性能》(*Safety Barriers: Definition, Classification and Performance*)(斯克莱特，2006 年 b)，是安全栅相关理论一份很好的调查报告。
- 《安全栅与事故预防》(*Barriers and Accident Prevention*)(霍纳格尔，2004 年)是安全栅理论和分析的重要文献。
- 《油气行业中的安全仪表系统：设计和运行中安全与可靠性评估的概念及方法》(*Safety Instrumented Systems in the Oil and Gas Industry: Concepts and Methods for Safety and Reliability Assessment in Design and Operation*)[玛瑞·安·拉廷根(Mary Ann Lundteigen)，2009 年]，这篇博士论文对与低频要求安全仪表系统的安全完善度评估有关的主要问题进行了全面的介绍。
- 《系统可靠性理论：模型、统计方法和应用》(*System Reliablity Theory: Models, Statistical Methods, and Applications*)(拉桑德和霍伊兰德，2004 年)。这本书的第 10 章对于低频要求安全仪表系统的定量分析有一个全面的介绍。
- 《系统安全基础指南》(*Basic Guide to System Safety*)[温克利(Vincoli)，2006 年]。这本书的第 9 章对采用 MORT 方法进行能量跟踪和安全栅分析(ETBA)有一个全面的介绍。
- 《系统安全的危险分析技术》(*Hazard Analysis Techniques for System Safety*)(埃里克森，2005 年)。这本书的第 15 章介绍了 ETBA，并把它作为安全栅分析技术。
- 《COMAH 环境下的防护链/保护层分析》(*Lines of Defence/Layers of Protection Analysis in the COMAH Context*)[弗兰克斯(Franks)，2003 年]是有关 LOPA 的重要参考文献。
- 《运营风险分析：物理和非物理型安全栅的总体分析》(*Operational Risk Analysis: Total Analysis of Physical and Non-physical Barriers*)(豪根等人，2007 年)。这份技术报告对 BORA 方法进行了全面的描述。
- 《海上风险评估：QRA 研究的原理、建模和应用》(*Offshore Risk Assessment: Principles, Modeling and Application of QRA Studies*)(维恩南，2007 年)讨论了几种安全栅分析方法。

第 13 章

人因可靠性分析

如果你是一名哲学家，那么你尽可以坐在象牙塔中指点江山，不需要去计算人为错误。但是很不幸，人因可靠性分析所做的工作全都是哲学家们一直回避的。

——E. M. 多尔蒂爵士(E. M. Dougherty, Jr., 1990 年)

13.1 简介

对于绝大多数的技术系统，在它们生命周期各个阶段，从设计到建造、运行、管理、维护再到系统升级、淘汰或废弃，都会有人的参与。就如同一句中国谚语所说的“人非圣贤，孰能无过”，人们犯错误总是在所难免的。人类本身要比技术系统更加复杂，因此要预测我们自己可能会犯下的错误就更加困难。

人类和技术系统之间一个重要的区别在于，我们有能力察觉并发现自己的错误以及其他人和技术系统出现的错误。记住这一点，我们就会知道人的行为不仅会带来风险，同时也会带来安全。

一般认为，人因错误(也可以称为人为错误、人因失误)导致了 60%～90%的工业和交通事故。这样说可能还是有些遮遮掩掩，实际上因为人参与了系统生命周期的各个阶段，几乎所有的事故最后都可以追溯到某一类人为错误或者在设计早期的决策失误。下面的一段文字也支持这个看法：

> 因为没有哪个系统是自我建造的，也几乎很少有哪个系统能够完全自动运行，更没有哪个系统可以真正做到自我维护，把失效的原因归咎到人肯定没有什么问题。(……)因此，有人犯下了错误这种假设几乎一定是正确的(霍纳格尔，2005 年)。

克努特·厄恩(Knut Øien)对本章做出了巨大贡献。他是挪威工业与技术研究院的高级科学家，同时也是挪威科技大学的兼职教授。

还有一段文字解释了为什么人因错误占据了事故原因很大的比例：

> 正常的事故调查开始时通常都会假设操作人员一定犯下了错误，如果确实是这样的话，调查人员认真询问的环节也就结束了（佩罗，1984 年）。

在本书当中，我们主要对用户或者技术系统的操作人员犯下的错误感兴趣，目的是寻找潜在的人因错误模式和人因错误概率（human error probabilities，HEPs）。我们假设系统中技术设备的失效与人类操作员犯错误遵循同样的方式。当然，我们知道这种假设过于简单，因为人类要比技术元件复杂得多。但是，对于人类行为的方方面面进行更加深入的研究已经超出了本书覆盖的范围，有兴趣的读者可以阅读更加专注于这个领域的文献（比如雷森，1990 年；霍纳格尔，1998 年；斯博金（Spurgin），2009 年；勒波特（Le Bot），2010 年）。

“人因错误”和“人因可靠性”这两个词汇可以定义如下。

- **人因错误**：超乎容忍范围的行为，或者与能够保证系统定义的可以接受的正常行为相背离。这些情况的发生原因在于事件次序、时间、知识、交互、程序和其他资源方面出现了问题（NUREG/CR-6883，2005 年）。
- **人因可靠性**：一个人在规定的时间内（如果时间是一个限制条件）正确地完成系统要求的使命，同时没有伤害到系统的行为的概率。这个定义的反义词是人的不可靠性[国际海事组织（IMO），2002 年]。

关于人因错误和人因可靠性的文献汗牛充栋，我们在本章的最后也列出了一些可供深入学习的资源。本章的目标并不是涵盖所有与人因错误和人因可靠性有关的话题，而是把主要的关注点放在介绍一些与定量风险评估有关的方法上。

13.1.1　人因可靠性分析

人因可靠性分析（human reliability analysis，HRA）是一种系统识别和评价操作人员、维护人员和系统中其他人员可能犯下的错误的方法。HRA 的主要目标包括[原子能委员会（NEA），2004 年 a]：

(a) 保证能够系统性地识别和分析关键性的人员活动，结果可以在风险分析中使用并且可以追溯；

(b) 量化人员成功和失效的概率；

(c) 给出提升人员绩效的建议。比如改进人机界面、工作程序和人员培训，更好地将任务要求与人员能力匹配，尽量减少人为错误之间的相互关联等。

HRA 既可以是定性分析也可以是定量分析。如果 HRA 是定量分析的话，我们主要关注的就是人因错误概率（HEP）。出于以下两个主要的原因，我们需要对 HEP 进行量化：(i)比较不同错误的概率，(ii)使用 HEP 作为定量风险评估的输入。

HRA 的主要步骤。典型的定量 HRA 的主要步骤包括：

1. 识别出如果出现人为事故就可能导致事故和（或）运营问题的关键性操作。
2. 分析相关任务，将任务分解成子任务和任务步骤。
3. 识别潜在的人因错误模式，如果可能的话，寻找错误成因和绩效影响因素。

4. 为每一个错误模式和完整任务确定人因错误概率(HEP)。

以上的每一步还可以分解成若干子步骤。

HRA 方法。HRA 分析有很多种方法,本书不可能一一描述。我们选取了一些最为常用的方法,并把它们分为三类:

- 任务分析方法(第 1 步和第 2 步)。
- 人因错误识别方法(第 3 步)。
- 人因错误定量方法(第 4 步)。

涵盖了所有上述四步的 HRA 方法有时候也可以称为总体 HRA 框架。

主要优势。HRA 的主要优势在于这种方法可以:

- 对潜在和相信会发生的人因错误进行定量估计。
- 识别系统操作员界面的缺点。
- 识别预防或者缓解措施中人为错误的原因。
- 在人机界面中显示出量化的改进效果。
- 通过覆盖人因提升风险评估的价值。

13.1.2 人因错误

"人因错误"这个词一般在用法上都非常随意。在使用这个词的时候,我们假设每个人都理解它的含义,但是他们的理解可能会与我们想要表达的真正意思相差甚远,因此我们对人因错误给出了一个清楚的定义(见本节前面的部分)。

人因错误可能是一个人的错误,也可能是一组人共同犯下的错误。有些作者和机构回避使用"人因错误"这个词,他们采用了更加中性的词,比如行为错误或者错误行为。

人因错误通常与某一项具体的任务相关,在本书中任务这个词的定义如下。

- **任务**:为了实现某个目标或达到某种状态,操作员执行的一系列动作。

任务可以分解成若干子任务,甚至子任务还可以继续分解。行动则可以理解为分解到最底层的子任务。

我们需要记住的一个基本前提就是,重大的人因错误是由工厂环境以及能够导致人犯错误的某些人为因素共同作用的结果。

从领结图模型的角度看(见图 5-2),人因错误会:

1. 成为危险事件的成因。这类错误包括维护错误、校准错误、测试错误等。

2. 与危险事件直接相关。人因错误可能是危险事件或者其直接触发事件的唯一原因。

3. 与危险事件的后果相关。比如没有启动手动安全系统、(响应型)安全栅维护错误等。

对于绝大多数设计完备的系统而言,与它们有关的重大危险事件都已经被识别出来,并且也已经装备了安全栅。因此,接下来要做的就是理解相关人员活动,并将活动按照步骤描述出来。而我们的任务就是要分析这些活动的可靠性。表 13-1 列出了一些典型的人因错误。

表 13-1　典型的人因错误

生理错误	心理错误
- 有行动被忽略 - 有行动未完成 - 行动太多 - 行动太少 - 行动方向错误 - 执行了错误的行动 - 行动时间不合适 - 行动对象错误 - 重复行动	- 缺乏系统或状况的相关知识 - 注意力不够 - 没有记住程序 - 沟通障碍 - 计算错误

13.1.3　人因错误概率

人因错误概率这个词可以定义如下。

- **人因错误概率(HEP)**：人员在执行给定任务的时候出现错误的概率。

通常我们可以把任务假设为独立的贝努利试验，固定错误概率为 HEP。那么，在 n 个任务期间人因错误的数量 z 遵循二项分布(n，HEP)。在这种情况下，HEP 估计值为

$$\mathrm{HEP}^* = \frac{z}{n} = \frac{\text{错误的数量}}{\text{犯错的机会}} \tag{13-1}$$

这个估计值存在一些问题，因为我们一般无法计算出犯错误的机会数量 n。因此，在本例当中，采用 HEP 主观或者贝叶斯解释可能更为妥当(见第 2 章)。

一般我们都假设 HEP 是独立于时间的，也就是说无论任务何时进行，对于这些任务来说，HEP 的值都相同。这不同于技术设备失效的概率。对于后者而言，失效概率通常会随着时间流逝或者设备老化而增加。因此，如果可以把人员类比成设备，那么在执行任何任务的时候，操作人员都可以被假设是“完好如初”的。

13.1.4　人因错误模式

人因错误模式实际上借用了平时用来描述技术元件的“失效模式”这个词汇。人因错误模式的定义如下。

- **人因错误模式**：可以观察到的人因错误造成的影响。

技术元件的失效模式可以解释为偏离了功能要求，那么人因错误模式就可以解释为在执行某一任务或者行动的过程中偏离了期望的方式。

- 案例 13-1　与拧动旋钮有关的错误

考虑这样的案例，操作员需要在接收到指定信号的时候，向顺时针方向将旋钮拧一格。那么对于这项操作而言，可能的人因错误模式包括：

- 没有拧动旋钮。
- 向顺时针方向拧动了两格甚至更多。
- 向逆时针方向拧动旋钮。

- 拧错旋钮(如果存在多个旋钮的话)。

13.1.5 人因错误分类

划分人因错误的方式有很多种,但是现在还没有一种通用的方法。然而,下面列出的三种划分体系或者方法是最为常见的:

- 拉斯姆森(1983 年)提出的技巧、规则、知识相关行为模型。
- 雷森(1990 年)提出的失误、疏忽、差错、违规划分方法。
- 斯万(Swain)和古特曼(Guttmann)(1983 年)提出的遗漏型和执行型错误。

技巧、规则和知识相关的行为。在人员行为方面影响力最大的模型,就是拉斯姆森(1983 年)提出的技巧、规则和知识相关的行为模型(SRK)。在这个模型中,作者将各种类型的行为分成三个层次。

S:技巧相关。是指那些无意识、自动的行为,比如骑自行车——如果我们学会了骑车,那么在骑行的时候根本无须思考。技巧相关的行为依赖于操作人员在执行任务方面的实践经验,而技巧相关的错误发生在类似环境条件下的常规活动当中。

R:规则相关。是指那些根据明确的规则和程序进行的活动。在执行任务的时候,规则相关的行为并不会像技巧相关行为那样和之前所做的几乎一致。

规则相关的行为在程序上并不重复,行为的次序和某些步骤与之前的也不尽相同。与规则相关的错误通常是因为问题解决规则的错误使用或者应用不当。

K:知识相关。在应对陌生情况的时候,没有既定程序(比如诊断程序)可供参考,这个时候就需要有意识地思考问题如何解决并做出决策。如果操作人员需要考虑周边环境、解释信息、做出困难的决策,那么就需要与知识相关的行为。

失误、疏忽、差错和违规。根据雷森的研究(1990 年),有四种类型的人因错误(不安全行为)会导致重大事故:

(a) 失误。这种行动的初衷正确,但是在执行的时候有些问题。失误是计划之外的行动,一般并不是一个很危险的事件(比如不经意间按动电钮、读表错误、传错话等[①])。

(b) 疏忽。因为忘记或者注意力不集中导致行动没有执行。除非有人也有过类似的疏忽,否者疏忽可能并不容易发现。疏忽可能是危险的,而且可能难以避免(比如漏掉了一系列行动当中的一个步骤,我们更熟悉的是从系列行动中的一步直接“跳到”另外一步)。即便是对人员进行培训,也很难消除失误和疏忽,因此在设计的时候就要考虑到这两个问题(HSE,2005 年 a)。

(c) 差错。意图不正确,但是执行的过程没有问题。操作员可能相信某一项操作是正确的,但是实际情况并不如此。比如说,他可能按下了错误的按钮或者关闭了错误的发动机。在差错发生的时候,通常操作人员的行为仍然遵循规则或者熟悉的步骤,但是它要比失误和疏忽更加危险。我们必须要通过培训来避免差错发生。

(d) 违规。操作人员在了解要求的情况下,有意识地采取不同的规则或者程序,即便很多时候他这么做也是出于好意,但仍然是一种违规行为。最常见的一个违规的例子,就是驾驶员明明知道限速还是会超速行驶。违规的性质不同于失误、疏忽和差错,因为它属

① 注意:这类错误有时属于非关键性失误,有时属于关键性错误。

于有意识的或者违法的行为(比如有意不遵循程序操作)。

即便是对于最有经验、最具自我约束力的员工,失误和疏忽也是难以避免的,差错更是经常发生在缺乏经验和足够培训的人员身上。而违规既可能是简单的“投机取巧”,也可能是危险的蓄意破坏。因此违规行为还可以分成(HSE,2005 年 a):

1. 常态违规。在当前的环境下,与规则、程序和说明相对立的行为成为了一种正常现象。

2. 例外违规。次数很少,只有在不常见和特殊的情况下才会发生,这是因为在意外的情况下会出现一些问题。比如,在紧急情况下需要采取一些非常手段。

3. 条件违规。因为工作人员当时的特定工作条件或者环境(物理环境和组织环境)导致的违规。

4. 蓄意破坏。只有破坏者自己才能解释这些行为。原因可能有很多,比如被解雇员工的报复或者恐怖行为。

因为违规行为都是被禁止的,违规者一般不会告诉任何人他们正在做的事情。因此,违规属于隐性失效。

虽然失误、疏忽、差错和违规都可能会导致危险的情况,但是前三者同最后一种错误有很大的区别。它们的区别就在于行为的动机,违规是一种蓄意的行为,而其他错误是无意的。

遗漏型和执行型错误。如表 13-2 所示,按照斯万和古特曼(1983 年)提出的方法,人因错误可以分成遗漏型错误和执行型错误。

表 13-2　遗漏型错误和执行型错误

错误类别			子　类　别
1. 遗漏型错误			1.1.1.1 需要的行动没有执行 遗漏了整个任务 遗漏了任务中一个步骤
2. 执行型错误	2.1 不完全失效		2.1.1.1 任务没有完全执行
	2.2 完全失效	2.2.1 执行错误	2.2.1.1 执行了错误的行动
			2.2.1.2 在错误对象上执行了正确的行动
			2.2.1.3 执行了多余的行动
		2.2.2 时间相关错误	2.2.2.1 行动太早
			2.2.2.2 行动太迟
			2.2.2.3 行动持续时间太短
			2.2.2.4 行动持续时间太长
		2.2.3 次序错误	2.2.3.1 按照错误的顺序行动

在任务或者行动被遗漏的时候,就会发生遗漏型错误,比如说,工作流程中有一步没有执行。在雷森的分类方法中,遗漏型错误通常就是一个疏忽。

如果操作员做了一件不正确或者没有要求的事情,这就是一个执行型错误。这种错误的一个例子,就是阀门本来应该在一个闭合位置,但是却被锁定在开启状态。执行型错误具有以下三个特征,因此显得非常重要:

- 非常少见,但是却时不时发生。
- 对于系统安全影响非常大。

- 难以识别，因此也就难以预防。

也可以按照其他几种方法对人因错误进行划分，有兴趣的读者可以阅读米格尔(Miguel，2006 年)做的调查。

13.1.6 绩效影响因子

复杂系统中的人员绩效受到很多不同因素的影响。这些因素被称为绩效影响因子(performance-influencing factor，PIF)，对于人员绩效可能会有正面或者负面的影响。很多人因可靠性分析方法在估计人为错误概率的时候都需要使用 PIF。

- **绩效影响因子(PIF)**：影响人员绩效和人因错误概率的因子。绩效影响因子可能是在外部影响人员行为，也可能是人自身的某种特性。

常见的 PIF 包括工作程序、培训以及工厂中设施的指示和控制等方面。绩效影响因子也被称为绩效形成因子(performance-shaping factors，PSF)、错误生成条件(error-producing conditions，EPC)等。

主要有三种类型的 PIF(也可参阅斯达马特拉托斯等人的文章，2002 年 a)。

(a) 外在 PIF：存在于操作人员以外的因子，比如任务复杂度、人机界面、书面程序、工作环境以及管理和组织因素。

(b) 内在 PIF：作为操作人员自身特性的因子，比如操作人员培训情况、经验、对任务的熟悉程度、健康状况以及动力。

(c) 压力因子：会造成心理和生理压力的因素，比如任务的速度和载荷、疲劳、振动等。

表 13-3 列出了一些绩效影响因子，这个表单也可以看做是通用危险列表(表 3-1)的扩展。

表 13-3 绩效影响因子(不完全列表)

环境因素	**心理压力**
- 气候(比如温度)	- 任务速度和载荷
- 噪音和振动	- 担心失败和失业
- 照明	- 单调乏味
- 清洁度和整洁度	- 连续保持注意力
- 工作时间和休息情况	- 动机冲突
- 人员配备	- 心理问题
- 上司、同行以及工会代表的活动	- 疲劳、疼痛和不适
- 奖励、荣誉、津贴	- 饥饿、口渴
- 组织结构	- 极端温度
- 工作指南	- 限制行动
任务和设备因素	- 缺乏身体锻炼
- 工作要求	**个人因素**
- 任务复杂度	- 之前接受过培训或有过类似经历
- 任务频率和重复度	- 展示技巧
- 反馈(结果信息)	- 个性和智商
- 任务的关键程度和专业性	- 动力和态度
- 团队结构	- 身体条件
- 人机界面因素(比如工具设计、计算机显示屏摆放方式)	- 社会因素(比如家庭和朋友)

在韩国学者金宰文(Kim)和郑焕大(Jung)2003 年的文章当中,作者基于四个主要的类别:人、系统、任务和环境,对绩效影响因子进行了全面的描述。

13.1.7　人为错误成因

人为错误可能会与个人或者组织有关。

个人。每个人都有着自己的观点、能力、习惯和个性,在执行任务的时候可能是优势也可能是劣势。个人的性格会在很多方面影响他们的行为。有些属性是与生俱来的,根本无法改变。而有些属性,比如能力和观点,则是可以发生变化的。

组织。有一些组织因素可能会同时影响个人和群体行为,但是这些因素在工作设计和事故调查的时候却经常被忽略掉。对于风险分析来说,常见的一个组织因素就是组织中的安全文化,它的定义如下。

- **安全文化**:个人和群体的价值观、态度、能力和行为模式综合的结果,决定了组织安全和健康管理的职责、风格和效率。在拥有积极安全文化的组织当中,成员之间的交流充满信任,所有人都能够认识到安全的重要性,对于防护措施的效果都充满信心(HSE,2005 年 b)。

拥有良好安全文化的组织会把安全放在优先的地位,并且会认识到安全同企业其他业务领域一样都需要进行有效的管理。所有的组织都应该建立自己积极的安全文化。而安全文化会受到下列这些因素的影响[可参阅国际民用航空组织(ICAO)的报告,2009 年]:

- 管理层的行为和倾向。
- 政策和程序。
- 全体人员的参与。
- 公认的目标。
- 监督。
- 安全计划和目标。
- 对于不安全行为的反应。
- 员工培训和激励。
- 维护能力。

还有一些文献,比如 G. A. 皮特斯(Peters)和 B. J. 皮特斯(Peters)2006 年的文章,对于安全文化问题都有着更加深入的探讨。

13.2　任务分析

为了识别出人因错误模式,我们首先需要理解正在执行的任务。如果我们没有充分理解人们将要执行的任务以及他们的工作习惯,就无法全方面地识别出错误会在哪里发生。任务分析是研究这些任务最为有效的方法。

- 任务分析:详细地检查与需要执行的任务或者工作有关的各种可观测活动。

任务分析一般包括以下内容(罗斯内斯,1994 年):

- 将任务分解成子任务和简单的任务步骤。

- 将各个任务步骤分配给不同的人,还应该说明哪里需要进行沟通。
- 描述子任务或者任务步骤之间的关联关系。
- 对任务类型(或者任务步骤类型)进行分类。
- 识别支持每一个任务步骤的线索和反馈。

现在有很多任务分析方法可以使用,所有的这些方法都将一个任务分解成若干的步骤和子步骤,按照与系统相关的身体活动和(或)思维活动(比如诊断、决策)描述人员的行为。比如,在科尔万(Kirwan)和安斯沃齐(Ainsworth)1992 年的文章当中,作者就列出了超过 20 种不同的任务分析技术。在本节中,我们主要介绍两种方法:层次任务分析法和表格任务分析法。

13.2.1 层次任务分析法

层次任务分析法(hierarchical task analysis,HTA)是一种系统化的方法,可以描述(应该)如何组织工作以达到某一特定任务的目标。这项分析按照从上到下的逻辑进行,首先是任务的总目标,然后是各个分任务和子任务,最后是为了实现目标应有的执行这些任务的条件。按照这种方式,任何一个任务都可以表示为由子任务以及完成任务目标需要进行的操作或者动作组成的层次结构(可参阅:科尔万和安斯沃齐,1992 年)。

HTA 在人因可靠性分析中应用广泛,通常可以作为进行更加详细分析的起点。HTA 将任务分解为由目标、操作和计划构成的层次结构[萨尔蒙(Salmon)等人,2003 年]:

- 目标。与问题中任务相关的目标。(需要完成什么?)
- 操作。为了实现问题中任务的目标,操作员必须要进行的可以观察的行为或者行动。操作也可以称为子任务或者行动。
- 计划。需要执行操作的条件陈述(决定或者计划)。这一点是很重要的,因为这个陈述会给出操作人员必须要注意的条件。

对于很多最基本的子任务,比如关闭阀门、打开开关或者查看仪表,我们也经常使用“动作”这个词汇。

目标和应用。层次任务分析的目标是:

(a) 确定应该如何组织工作以满足特定的目标。

(b) 确定如何将总体目标分解成分目标、子目标等。

(c) 确定为了满足不同级别目标操作人员必须执行的动作。

(d) 识别每一个子任务和动作需要的计划(条件)。

(e) 确定新的工作流程中必要的子任务。

HTA 是一个通用的方法,可以用在很多不同的领域。现在,HTA 已经在过程控制、军工、航空、发电等行业得到了成功使用。问题中的任务可能非常简单,也可能极为复杂,既包括人执行的任务,也包括由技术系统执行的任务。

分析过程。HTA 的分析过程与技术设备功能分解时经常用到的功能分析系统技术(FAST)非常类似(拉桑德和霍伊兰德,2004 年,第 80～81 页)。通过 HTA,分析人员用层次结构对任务进行描述以推动更加深入的探讨。分析的主要步骤包括:

1. 计划和准备。

2. 确定任务的总体目标。

3. 确定任务的子目标。

4. 对每个子目标进行分解。

5. 分析计划。

6. 报告分析结果。

第 8 章已经讨论了第 1 步和第 6 步，这里就不再赘述。

第 2 步：确定任务的总体目标。我们需要清楚地描述出任务的总体目标和绩效要求。

第 3 步：确定任务的子目标。我们可以将任务的总目标分解成 3～5 个子目标。

第 4 步：对每个子目标进行分解。在第 3 步中识别出的子目标应该进一步分解成更为详细的子目标和操作。目标分解得越详细越好，而树形结构的最底层就是动作。尽管动作以上的各个任务也都有着各自的目标，但是动作会直接告诉我们需要做什么。

HTA 图采用树形结构，图 13-1 就给出了 HTA 图的第一级结构。分析师可以在他认为合适的时候停止分析(即操作的分解)。有时候操作可以描述得非常详细，而有时候也可以描述得非常简要。

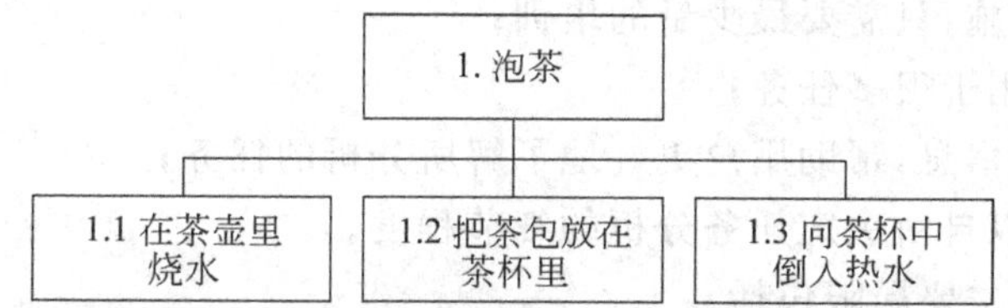

图 13-1　案例 13-2 中“泡茶”这项任务的 HTA 图(第一级)

第 5 步：分析计划。HTA 图中的计划，出现需要将任务分解成子任务的节点，它给出的是具体应该怎样执行任务的信息，比如动作的顺序。例如，一个简单的计划可以是：“首先做任务 1，然后是任务 2，接下来是任务 3”。一旦任务完成之后，操作员就会回到树形结构的更高层级。

案例 13-2 描述了一个简单的 HTA 案例。

- 案例 13-2 泡茶

有一个非常简单的任务是在茶杯里泡茶。这个任务的目标就只是泡茶，完成这个目标需要三个子任务。

1. 泡茶

1.1 在茶壶里烧水。

1.2 把茶包放在茶杯里。

1.3 向茶杯中倒入热水。

这个任务可以采用图 13-1 中的层次图描述。

接下来，每一个子任务可以进一步分解。比如，子任务 1.2 可以分解成下列一些操作(在这里我们引入操作的计划或者条件)。

1.2 把茶包放在茶杯里。

计划：首先完成 1.2.1，如果茶杯不是空的或者不够干净，进行 1.2.2，然后再按次序完成 1.2.3 和 1.2.4。

1.2.1 找到并查看茶杯的情况。

1.2.2 把茶杯里面的水倒掉，清洗茶杯。

1.2.3 寻找或选择茶包。

1.2.4 把茶包放在茶杯里。

需要的资源和技术。HTA 并不需要特别的技术，但是要对分析人员进行几个小时的培训。完成 HTA 的时间要取决于任务的复杂程度以及分析要求达到的细节程度。对于非常复杂的任务来说，则要花费大量的时间。仅仅借助纸笔就可以进行 HTA 分析，但是简单的计算机程序对于分析也很有帮助。

优势和局限

优势。HTA 分析的主要优势包括（也可参阅：CCPS，1994 年；DEFSTAN 00-250，2008 年）：

- 文献充足，是最常用的任务分析方法；
- 易于学习和实施，只需要最少量的培训；
- 通用，可以适用于很多任务；
- 可以传递很多信息，帮助用户更好地了解所分析的任务；
- 非常灵活，可以自由决定任务分析的细节程度。

局限。HTA 的主要局限包括：

- 只有描述功能，并不是以分析为导向；
- 对于大型复杂任务，可能会耗费大量时间；
- 提供任何的场景描述都不容易；
- 关于协同方面的信息很少；
- 无法识别参与任务的人员，也不能确定他们的作用。

13.2.2 表格任务分析法

表格任务分析法（tabular task analysis，TTA）可以用于特殊任务或者场景，检查 HTA 或者其他方法识别出来的每一个（最底层）动作。与 TTA 相关的主要概念如下。

(a) 线索：告诉操作人员可以或应该开始一个动作了。

(b) 反馈：通知操作人员动作的效果。

我们可以在系统中发现线索，比如计算机程序弹出一个对话框需要回答问题，或者给出一个菜单进行选择。线索可以是消息、订单、请求，也可以是其他的确认信息。检查表也可以为我们提供线索。很多时候，唯一的线索就是以前执行过的动作。如果只是把动作顺序作为线索的话，很容易遗忘，尤其是在这些动作的功能彼此分离的时候。在这里，动作功能分离意味着前后两个动作的目标（功能）非常不同。举个例子来说，在维护任务之后需要将系统调整到正常运行状态，这前后两个动作的功能就完全不一样。

如果缺乏反馈、反馈信息不够或者反馈太迟，就可能会出现反复执行错误动作的情况。最理想的是，反馈会显示出操作人员的动作情况，并且会指出动作对系统的影响。如果操作员按下按钮关闭阀门，他需要知道：(i)他按动的按钮是否正确(动作反馈)，(ii)阀门是否真正关闭(效果反馈)。有时候，动作反馈也被称为追溯。

TTA 是一种简单的方法，可以帮助分析师检查并理解因为线索和反馈不足引发的人机界面方面的问题。同时，分析师还必须要去熟悉人机界面的细节，这样也有助于他进行人因可靠性分析。

目标和应用。TTA 的目标包括：

(a) 检查较为复杂任务的每一个动作。

(b) 识别每一个动作的线索，评价线索是否充足。

(c) 识别每一个动作的反馈(既包括动作反馈也包括效果反馈)，评价反馈是否充足。

(d) 识别与每个动作相关的可能错误(不是必需的目标)。

TTA 是一种通用的方法，可以在各种各样的领域当中使用，现在它已经在以下这些方面发挥了作用：

- 设计或者评价人机界面。
- 准备详细的人因可靠性分析。
- 准备运营程序。

分析过程。执行 TTA 分析需要下列几个步骤：

1. 计划和准备。
2. 在 TTA 表格中列出所有的动作。
3. 寻找线索。
4. 识别反馈。
5. 识别可能的错误。
6. 报告分析结果。

第 8 章已经讨论了第 1 步和第 6 步，这里就不再赘述。

第 2 步：在 TTA 表格中列出所有的动作。表格任务分析最主要的元素就是 TTA 表格。TTA 表格中的各个列分别是动作编号、动作描述、线索、反馈、可能错误和备注，我们在图 13-2 中就给出了一个 TTA 表格的简单示例。有兴趣的读者还可以阅读斯坦顿(Stanton)等人的著作(2005 年)。研究人员已经就这一步中 TTA 表格的格式达成了共识，在表格的前两列记录动作的相关信息(编号和描述)。图 13-2 中的 TTA 表格可以通过多种方式扩展，比如加入每个任务步骤的分类和需要的时限。

第 3 步：寻找线索。我们需要找到每一个动作的线索，并将它记录在第三列中。如果线索难以用文字描述的话，也可以附上照片或者草图供后续的分析使用。

第 4 步：识别反馈。我们还需要识别出每个动作的反馈，并记录在表格的第四列。对于简单的动作，比如物品的移动、安装和摆放，反馈信息是直观可见的，甚至有的时候还可以通过触觉感知。如果动作较为复杂，则需要使用指示器和信号灯在操作人员可以看到的地方显示反馈信息，或者也可以使用声音信号。

还有一些动作，它们的反馈信息非常明显，但是没有必要了解细节情况。比如，如果动作是填表，那么反馈信息通常就是表格填完了。如果反馈的质量对于动作绩效没有什么重要影响，那么就可以把这类动作的反馈记录为“琐碎信息”。这样做是为了让分析师能够把精力集中在关键性和困难的动作上面。如果反馈难以描述的话，我们同样也可以使用照片和草图进行补充说明。

研究对象：流程 P1　　　　日期：2010 年 12 月 20 日
参考编号：　　　　制作人：马文·拉桑德

编号	动作(描述)	线索	反馈	可能错误	备注
1	手工关闭阀门 PV1	- 来自控制室的信号 - 检查表	- 下游压力表 - 目测	- 关闭的不是要求关闭的阀门 - 关闭阀门操作不当	

图 13-2　简单的 TTA 表格示例

第 5 步：识别可能的错误。在这一步中，我们会找到并且记录与动作相关的可能发生的错误。无论何时，这些错误都会被记录为人因失效模式。如果 TTA 只用来进行任务分析的话，也可以不用包括这个步骤。

备注。对于每一个动作，我们都可以在表格的最后一列填写备注。备注可以包括以下内容：

- 在分析中做出的假设。
- 完成分析需要的额外信息。
- 有关可能出现的人机界面问题的注释(比如反馈不足或者缺乏线索)。
- 提出人机界面的改进建议。

优势和局限

优势。TTA 的主要优势包括(可参阅斯丹顿等人 2005 年的著作)：

- 非常灵活，可以分析任何与任务相关的因素；
- 有能力全方面地分析某一特定任务；
- 完全通用，可以在任何领域使用；
- 相比 HTA 可以提供更为详细的任务描述；
- 如果使用的分类合理，分析可以非常详尽。

局限。TTA 的主要局限包括：

- 应用的时候可能非常耗时；
- 需要的信息有时候研究团队无法得到。

13.3　人因错误识别

人因错误(模式)识别[human error(mode) identification，HEI]是指识别、描述并且分析执行任务期间可能出现的错误操作的过程。当然，一般我们很难发现所有的错误，斯万和古特曼(1983 年)对此有着自己的看法：

> 即便是最好的分析师也不可能识别出人员反应的所有模式。没有人能预测出工厂职工会有什么离奇的举动。然而，如果有足够的时间，一名有经验的分析师还是能够识别出在系统中需要执行的大部分任务以及人们犯错误的主要方式。

为了能够尽可能多地找到重要的人因错误，我们需要使用一种或者多种结构化方法。现在有很多种人因错误识别方法，名称千差万别，好在有一些研究人员已经做过相关的文献回顾，按照系统化的方式给出了相关方法的列表(可参阅：斯丹顿等人，2005 年)。

人因错误识别工作还有一项任务，就是需要考虑在系统处于异常状态的时候，我们执行或者应该执行的各种任务。

在本节中，我们会介绍三种人因错误识别方法：

1. 动作错误模式分析(action error mode analysis，AEMA)，这种方法与 FMECA(见第 9 章)类似。

2. 人因 HAZOP，是流程工业中使用 HAZOP 分析(见第 9 章)的一种衍生方法。

3. 系统化人因错误减少和预测方法(the systematic human error reduction and prediction approach，SHERPA)。

13.3.1 动作错误模式分析

有几种 HEI 方法都或多或少地与失效模式、影响与重要度分析(FMECA)类似。在本书当中，我们将这些方法称为动作错误模式分析(AEMA)。

分析的开始，需要根据 HTA 或者 TTA 这些方法列出(底层)动作。然后，分析人员需要按照和硬件 FMECA 和 HAZOP 一样的方法，利用经验、检查表、引导词或者头脑风暴方法，识别出每个动作执行过程中可能出现的错误。接下来，还应该分析错误的后果，可以使用事件树分析等方法。

目标和应用。AEMA 的目标包括：

(a) 识别出每个动作会怎样失效。(即人因错误模式是什么?)

(b) 确定这些人因错误模式的原因。

(c) 识别每个人因错误模式对于我们所分析任务的其他部分有什么影响。

(d) 描述检测人因错误模式的方法。

(e) 确定不同人因错误模式的重要性如何。

(f) 寻找相关的风险降低行动或措施。

AEMA 是一种通用型方法，可以应用于所有类型的动作。AEMA 的输出结构可以帮助分析人员识别出可能会导致无法接受后果的重要错误模式，并且还可以根据事件序列寻找可能的安全栅和纠正机会。我们可以使用 AEMA 分析所有的动作，也可以只分析一些选定的动作。

分析过程。AEMA 的分析过程与我们在第 9 章中介绍的 FMECA 过程类似，因此这里就不进行更多的描述了。通常，AEMA 并不是特别关注不同人因错误模式的频率和严重度的量化问题，因此 AEMA 工作表要比 FMECA 简单一些。我们在图 13-3 中给出了一个典型的 AEMA 工作表。

研究对象：流程 P1　　　　日期：2010 年 12 月 20 日
参考编号：　　　　制作人：马文·拉桑德

编号	动作(描述)	动作错误模式	动作错误原因	动作错误后果	风险	风险降低措施	备注
1	手工关闭阀门 PV1	关闭的不是要求关闭的阀门	- 工作程序错误 - 沟通错误 - 阀门标注不完整 - 疏忽	可能会引起爆炸	H		

图 13-3　AEMA 工作表示例

需要的资源和技术。AEMA 只需要一名分析师就可以完成，当然也可以使用一个研究团队。拥有 FMECA 和 HAZOP 经验的人员很容易就可以懂得 AEMA 的工作原理。分析也并不需要心理学和人因工程方面的专业知识，但是分析人员或团队需要能够使用相关的检查表。

优势和局限。AEMA 的优势和局限与硬件 FMECA 类似。

13.3.2　人因 HAZOP

人因 HAZOP 是从流程行业中经常使用的传统危险与可操作性(HAZOP)分析方法中演化出来的，它同样使用引导词(例如表 13-4 中列出的词汇)识别可能出现的人因错误(可参阅科尔万和安斯沃齐的著作，1992 年)。

目标和应用。人因 HAZOP 的目标包括：

(a) 识别不同动作与理想绩效水平之间的所有偏差，确定偏差的原因以及所有与这些偏差有关的危险。

(b) 确定是否应该采取行动控制危险。如果需要采取行动，就要进一步找到解决问题的方法。

(c) 保证确定的行动能够执行。

(d) 让操作人员认识到与各种动作相关的危险。

分析过程。人因 HAZOP 的分析过程与我们在第 9 章介绍的流程 HAZOP 类似。在执行人因 HAZOP 分析的时候，我们一般需要一个 3～10 个人组成的团队。比如一个化工厂的项目，我们建议 HAZOP 团队中应该包括：

- HAZOP 团队负责人。
- 人因专家。
- 项目工程师。
- 流程工程师。
- 运营团队负责人。
- 控制室操作员。
- HAZOP 秘书。

人因 HAZOP 分析需要根据动作列表和描述进行。如果能够确定运行过程完整并且没有问题，我们也可以在分析中使用这些步骤信息。同样，工作安全分析（见第 14 章）的结果也可以用来支持 HAZOP 研究。有时还有必要在启动 HAZOP 研究之前首先进行任务分析（可以是 HTA，但是最好是 TTA）。

对于详细的人因 HAZOP 研究，任务描述应该指出每一个动作的执行人以及使用的控制元件（比如按钮、开关）和指示元件（比如控制灯、指示器）。

接下来，可以把每个动作看做是传统流程 HAZOP 研究中的节点，按照相同的方式进行分析。还需要考虑一系列引导词，列出系统中的遗漏和执行情况、潜在错误以及相信会出现的错误（斯丹顿等人，2005 年）。

对于人因 HAZOP 并没有现成的标准，但是有些研究人员相继提出了自己的一套引导词（或者错误类型）。我们在表 13-4 和表 13-5 中列举了其中的两种。

表 13-4　人因 HAZOP 引导词（1）

流程 HAZOP 引导词	人因 HAZOP 引导词
无/没有	没有做
过少	少于
过多	多于
也	也
不是/不同于	不是/不同于
	重复
早	早
晚	晚
相反	相反
	混乱
部分	部分

来源：上述数据来自瓦利（Whalley）的文章（1992 年）。

表 13-5　人因 HAZOP 引导词（2）

基本引导词	附加引导词	基本引导词	附加引导词
- 没有动作	- 目的	- 过长时间	
- 过多动作	- 清晰	- 过短时间	
- 过少动作	- 培训	- 次序混乱	
- 错误动作	- 异常情况	- 过多信息	
- 部分动作	- 维护	- 过少信息	
- 多余动作	- 安全	- 没有信息	
- 其他动作		- 错误信息	

来源：上述数据来自绍罗克（Shorrock）等人的文章（2003 年）。

人因 HAZOP 研究应该能够回答下列这些问题：

(a) 在执行一项任务的时候，可能会有怎样的人因错误模式发生？

(b) 这些错误的主要原因是什么？

(c) 每个错误发生的可能性多大？

(d) 有可能修正或纠正这个错误模式吗(在错误已经发生的时候)?

(e) 怎样进行纠正,成功的概率有多大?

(f) 每个错误模式的后果是什么?

(g) 每个错误模式后果的严重程度如何?

(h) 可以或应该采取哪些风险降低措施?

我们需要将分析结果记录在人因 HAZOP 工作表中,图 13-4 就是一个人因 HAZOP 工作表的示例。

研究对象:流程 P1　　日期:2010 年 12 月 20 日

参考编号:　　制作人:马文·拉桑德

编号	动作(描述)	引导词	动作错误(描述)	原因	后果	概率	严重程度	风险降低措施	备注
1	手工关闭阀门 PV1	不是	关闭的不是要求关闭的阀门	- 工作程序错误 - 沟通错误 - 阀门标注不完整 - 疏忽	可能会引起爆炸	L	H		

图 13-4　人因 HAZOP 工作表示例

优势和局限

优势。人因 HAZOP 分析的主要优势包括:

- 对工程师有吸引力;
- 是一种全面的结构化方法;
- 在每一步都有检查表支持;
- 简单,不需要大量人因可靠性和认知心理学方面的知识;
- 非常灵活,在识别后果之后还可以进行专门分析,减少了分析人员的工作量;
- 适用于细节程度不同的各种任务。无论是在早期阶段只能简要描述任务时,还是在可以详细描述任务的时候,这种方法都可以发挥作用。

局限。人因 HAZOP 的主要局限在于:

- 需要依赖一组专家使用引导词评价隐藏在错误后面的可能原因;
- 会耗费很长时间;
- 需要进行大量的工作。

13.3.3 SHERPA

系统化人因错误减少和预测方法(SHERPA)最早起源于核电工业,后来也在一些其他的领域中应用,其中就包括航空和流程工业[安博瑞(Embrey),1986 年]。

目标和应用。SHERPA 的目标包括:

(a) 识别与研究对象有关的所有人为动作错误,以及这些错误的成因和后果。

(b) 评价动作错误模式的概率和严重程度。

(c) 识别出可以避免错误引发严重后果的纠正手段。

(d) 确定是否需要采取行动控制危险。如果需要采取行动，就要进一步找到解决问题的方式。

(e) 让操作人员认识到与各种动作相关的危险。

SHERPA 同样是一种通用技术，可以应用于几乎所有类型的任务当中。现在对于 SHERPA 已经有了大量的相关研究，并且研究人员证明这是一种非常有效的方法。

分析过程。SHERPA 与 HRA 使用相同的错误分类，针对指定动作识别潜在以及相信会发生的人因错误。潜在的错误模式可以分为五组，如表 13-6 所示。分析人员使用主观判断以及表 13-6 中列出的 SHERPA 错误模式分类，为任务分析中识别出的每个动作确定相信会发生的错误模式。所谓相信会发生的错误就是分析师判断可能发生的错误。

表 13.6　SHERPA 错误模式分类

动作错误	信息接收错误
- 操作时间太长/太短	- 没有得到信息
- 操作时机不对	- 得到错误信息
- 操作方向错误	- 信息接收不完整
- 操作过多/过少	沟通错误
- 没有对准	- 没有得到信息或者信息没有沟通
- 对错误对象执行正确的操作	- 得到错误信息或者沟通出现偏差
- 对正确对象执行错误的操作	选择错误
- 操作有遗漏	- 选择有遗漏
- 操作未完成	- 选择错误
- 对错误对象执行错误的操作	
检查错误	
- 检查有遗漏	
- 检查不完整	
- 在错误对象上进行正确的检查	
- 在正确对象上进行错误的检查	
- 检查时机不对	
- 在错误对象上进行错误的检查	

对于每一个相信会发生的错误模式，分析人员都需要描述出错误发生的形式，比如“操作员拧错了旋钮的方向”。接下来，分析人员要确定错误的所有后果，以及如果错误模式发生需要采取的所有错误纠正步骤。下一步，分析人员还需要对错误的概率(高、中、低)和重要程度(不重要、一般重要、很重要)进行排序，并描述出所有可能的设计补救措施(即如何修改界面设计避免错误发生)。

在斯丹顿等人的文章(2005 年)中，作者介绍了进行 SHERA 分析的详细步骤；而哈里斯(Harris)等人的文章(2005 年)则给出了一个利用 SHERPA 方法预测民用航空器驾驶舱设计性错误的案例。进行 SHERPA 分析的步骤与 AEMA 中的非常类似，这里就不再重复介绍了。

分析的结果需要记录在如图 13-5 所示的一个 SHERPA 工作表当中。此外，SHERPA 的工作表还有几种变体，有兴趣的读者可以阅读萨尔蒙等人 2005 年的文章。

研究对象：流程 P1　　日期：2010 年 12 月 20 日

参考编号：　　制作人：马文·拉桑德

编号	动作（描述）	动作错误模式	动作错误原因	动作错误后果	纠正方法	概率	严重程度	补救措施	备注
1	手工关闭阀门 PV1	关闭的不是要求关闭的阀门	- 工作程序错误 - 沟通错误 - 阀门标注不完整 - 疏忽	可能会引起爆炸	监督人员发现错误	L	H	- 加强监督 - 改进工作流程	

图 13-5　SHERPA 工作表示例

优势和局限

优势。SHERPA 的主要优势包括：

- 结构化、全面；
- 文献充足，每一步都有检查表支持；
- 适用于细节程度不同的各种任务；
- 简单，不需要大量人因可靠性和认知心理学方面的知识；
- 经过长期使用，很多研究都显示这项技术非常有效。

局限。SHERPA 的主要局限在于：

- 没有考虑到错误机制中的认知元素；
- 冗长乏味，耗费时间；
- 需要进行大量的工作；
- 对分析师的技能依赖度非常高。同一种方法使用不同的分析师，能否得到一致的结果尚存在疑问。

13.4　HRA 方法

在 2009 年，英国健康与安全执行委员会（HSE）进行了一次有关现有 HRA 方法的调查，总计发现了 72 种不同的方法（HSE，2009 年）。HSE 对这些方法进行了评价和比较，并在报告中总结出有 17 种方法适用于高危行业的人因可靠性评估。

HRA 方法主要可以分为两种。

1. 第一代 HRA 方法。第一代 HRA 方法的目的主要是为定量风险分析（QRA/PRA）提供输入，试图将人类活动和人因错误集成到风险分析当中。

最为常见的第一代方法就是人因错误速率预测技术，即广为人知的 THERP 技术（斯万和古特曼，1983 年）。在米勒（Miller）和斯万 1987 年的文章中，作者对 THERP 进行了描述：

> THERP 方法是对传统的可靠性技术进行修改，以满足人员绩效相比设备绩效变数更大、关联更多的特点（……）THERP 的步骤与传统的可靠性分析类似，只不过使用人员任务活动代替了设备运行输出。

因为第一代 HRA 方法是直接从风险分析衍生出来的，风险分析人员非常容易理解，所以这些方法也已经得到了广泛的应用。

这一类方法鼓励分析人员将任务分解成单独的动作，考虑绩效影响因子(PIF)的潜在影响。通过将这些影响综合，分析人员可以确定名义人因错误概率(HEP)。然而，这类方法经常会受到批评，因为它们没有考虑到认知问题、环境影响、组织因素和执行错误等很多事情(米格尔，2006 年；HSE，2009 年)。

本节主要介绍三种第一代方法。

(a) THERP：人因错误速率预测技术。

(b) HEART：人因错误评估与减少技术。

(c) SLIM－MAUD：成功可能性指数方法，多属性效用分解。

2. 第二代 HRA 方法。第二代 HRA 方法起源于 20 世纪 90 年代，现在仍然在发展当中。这些方法试图在人因错误预测的时候考虑环境因素和执行错误(HSE，2009 年)。

这些方法与第一代方法的不同之处在于：(i)它们能够描述出某些特定人为错误活动的深层次原因；(ii)它们能够识别出可能会导致工厂安全条件恶化的各种人因错误模式；(iii)它们能够根据错误生成条件或者环境，对人因错误概率进行量化。

第二代 HRA 方法要比第一代方法复杂很多，它们不能轻易地融合到标准风险分析方法当中，甚至有时候没有经过心理学教育的分析人员都无法理解其中的很多术语。

在这些方法当中，也包括量化人类绩效的指南和策略。尽管相对第一代方法，新方法的相关描述较为简略，但是它们更加关注人因可靠性当中的复杂情况和认知方面(无法直接观察)的问题，与早期技术把重点放在行为方面非常不同(HSE，2009 年)。

第二代方法使用的错误分类方法，与人类行为认知模型有很多重合的地方。最为人们所熟知的第二代方法包括以下几类。

(a) CREAM：认知可靠性和错误分析法。

(b) ATHEANA：人因错误分析法。

(c) MERMOS：操作员工作安全绩效评估方法①。

本节后面的部分将会介绍 CREAM 方法，对于 ATHEANA 和 MERMOS 只会做简单的描述。所有上述这些方法都是公开使用的，只有 MERMOS 是属于法国电力集团公司(Electricité de France，EDF)的专利。

13.4.1 THERP

人因错误速率预测技术(the technique for human error rate prediction，THERP)最早是于 1961 年为美国核标准委员会开发出来的(斯万和古特曼，1983 年)，后来逐渐成为定量人因可靠性分析最为常用的方法。THERP 是人因可靠性评估的一种总体方法，可以进行任务分析、人因错误识别和表示以及人因错误概率量化。

在进行 THERP 分析的时候，必须要使用 THERP 手册(斯万和古特曼，1983 年)，这本手册对分析的各个步骤都给出了详细的解释，还附有标定错误概率表。

---

① MERMOS 是法语 méthode d'évaluation de la realisation des mission operateur pour la sùret 的缩写。

尽管一直饱受批评，但时至今日，THERP 仍然被认为是人因可靠性分析最为重要的方法。

THERP 使用事件树（见第 11.2 节）和关联模型对人因错误进行建模，同时它也考虑了绩效影响因子。这种因子在 THERP 中被称为绩效形成因子（PSF）。

目标和应用。根据斯万和古特曼（1983 年）的描述，THERP 的目标是：

> （……）预测人因错误概率，评价由于人因错误自身或者人因错误与设备、运营和工作结合引起的人机系统性能下降，以及其他影响系统行为的系统和人员特性。

最开始，THERP 主要用于军事应用，然后进入了核电领域。再后来，THERP 开始在很多不同的领域中使用，其中也包括海上油气开采。

一般认为，THERP 对于量化高度程序化作业中的错误非常有效。

方法描述。THERP 的主要元素包括：

(a) 一个存放大量基本动作的通用或者标定人因错误概率的数据库，分析人员可以针对具体场景中的绩效形成因子对数值进行修改。

THERP 手册的第四部分包括了 27 个 HEP 表格，这些通用 HEP 的值是基于记录的数据并辅以专家判断得到的。

(b) 一个关联模型，可以用来评估两个动作之间的关联程度（比如，如果操作人员没有发现警报，也就没有采取修正措施，这一失效就不能简单地理解为独立的错误）。

(c) 一个事件树模型将每一步的人因错误概率综合，计算任务的总体人因错误概率。

(d) 一种可以评估错误纠正选择的方法。

THERP 是一种全面的技术，但是在本节当中我们只介绍基本原理。有兴趣的读者可以阅读 THERP 手册（斯万和古特曼，1983 年）以及科尔万的专著（1994 年）。

THERP 事件树。事件树可以用来把动作按照时间顺序与其他关键性事件对应，为每个事件分配概率。这种方法可以保证 THERP 的结果能够很容易地集成到定量风险分析当中。THERP 使用的事件树图形与我们在第 11 章中介绍的略有不同，但是逻辑结构是一致的。我们在图 13-6 中给出了一个 THERP 事件树的示例。

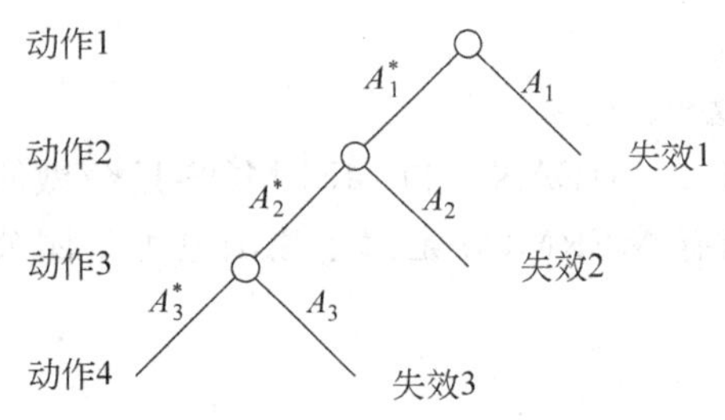

图 13-6 THERP 事件树示例

图 13-6 描述的任务包括三个动作，每个动作可以产生两个结果 A_i（错误）和 A_i^*（没有错误），在这里 $i=1,2,3$。任务的总体结果可以是“成功”（即所有的动作都没有错误），也可能是失效 1、2 或者 3。这三个失效有时候影响是一样的，我们接下来可以把它们归为一类。

可以根据标准的条件概率公式计算不同输出的概率：

$$\Pr(\text{失效 }1) = \Pr(A_1)$$

$$\Pr(\text{失效 }2) = \Pr(A_1^* \cap A_2) = \Pr(A_2 \mid A_1^*) \cdot \Pr(A_1^*)$$

$$\Pr(\text{失效 }3) = \Pr(A_1^* \cap A_2^* \cap A_3) = \Pr(A_3 \mid A_1^* \cap A_2^*) \cdot \Pr(A_1^* \cap A_2^*)$$

$$= \Pr(A_3 \mid A_1^* \cap A_2^*) \cdot \Pr(A_2^* \mid A_1^*) \cdot \Pr(A_1^*)$$

为了能够计算这些概率,我们需要确定每一个动作 i 的 HEP=$\Pr(A_i)$,在这里 $i=1$,2,3。我们还需要确定不同动作之间的关联关系。

标定人因错误概率(HEP_n)。在 THERP 数据表当中,每一个标定 HEP(或者也可以称为 HEP_n)都带有 90%的不确定性边界或者错误因子 k。我们假设 HEP 的不确定度遵循对数正态分布,令 HEP_n 代表手册中给出的标定 HEP,$\text{HEP}_{0.05}$ 和 $\text{HEP}_{0.95}$ 分别对应对数正态分布上 0.05 和 0.95 两个百分位上的数值,那么 HEP 中的不确定性就可以表示为

$$\Pr(\text{HEP}_{0.05} \leqslant \text{HEP} \leqslant \text{HEP}_{0.95}) = 0.90 \tag{13-2}$$

错误因子 k 可以根据下列公式计算得到

$$k = \sqrt{\frac{\text{HEP}_{0.95}}{\text{HEP}_{0.05}}} \tag{13-3}$$

如果我们假设 HEP_n 是对数正态分布的中位值(拉桑德和霍伊兰德,2004 年,第 2.14 节),那么 90%不确定边界就可以写成

$$\Pr(\text{HEP}_n/k \leqslant \text{HEP} \leqslant \text{HEP}_n \cdot k) = 0.90 \tag{13-4}$$

实际上,THERP 手册中绝大多数标定 HEP 的数值都是采用专家估计的方法得到的,只有一少部分来自实证数据。但是后来的一些研究显示,THERP 的数据质量还是相当令人满意的(NEA,1998 年)。

注释:使用对数正态分布对 HEP 中的不确定性建模,看起来有些奇怪,这是因为 HEP 是一个概率,被限制在区间[0,1]当中,而对数正态分布的取值范围则是可以覆盖[0,∞)的所有正数。使用[0,1]区间上的 β 分布看起来要更加合理一些。

绩效形成因子(PSF)。THERP 方法将操作人员和技术系统中的元件按照同样的方式对待。THERP 的目标是预测 HEP,评价这些错误对于整体系统安全性和可靠性的影响。THERP 承认人员绩效会受到一系列 PSF 因子的影响,而分析人员可以根据自己的判断使用这些 PSF 因子修正标定人因错误概率值(米格尔,2006 年)。

PSF 主要可以分为三类:

1. 外部 PSF

- 条件特性。
- 任务特性。
- 工作和任务说明。

2. 内部 PSF

- 组织因素。

3. 压力

- 心理上的压力。
- 身体上的压力。

THERP 手册在每一类中都列出了大量的 PSF 因子,并进行了讨论。分析人员必须能够识别出可能会影响人因错误概率的 PSF 因子。THERP 手册有关不同 PSF 因子的讨论非常清楚,我们建议读者在开始选择 PSF 因子之前认真仔细地阅读。

基本人因错误概率(HEP_b)。假设有一个特定的动作,令 HEP_n 表示在 THERP 手册

中可以找到的这个动作的标定人因错误概率。如果只有一个 PSF 因子影响人因错误概率的话，那么这个动作的基本 HEP 就可以确定：

$$HEP_b = HEP_n \cdot PSF \tag{13-5}$$

可以看出，THERP 采用一个乘法模型，失效速率可以采用 MIL-HDBK 217F(见第 7 章)手册中给出的参数进行调整。PSF 是一个 HEP_n 的修正因子，如果 PSF>1，那么基本 HEP 就要大于标定 HEP；而如果 PSF<1，基本 HEP 就会小于标定 HEP。PSF=1 意味着基本 HEP 与标定 HEP 相等。

HEP 是一个概率，因此只能在区间[0,1]之间取值。在选择 PSF 数值的时候，我们必须要慎之又慎，因为 HEP_b 的值不应该落在[0,1]区间以外。举例来说，如果我们有 $HEP_n=0.4$，而 PSF=3，那么 $HEP_b=1.2$，而这实际上是不可能的。当然，我们可以将其解释为 $HEP_b=1.0$。

如果存在多个 PSF 因子：$PSF_1, PSF_2, \cdots, PSF_k$，共同影响 HEP，那么基本 HEP 就是

$$HEP_b = HEP_n \cdot \prod_{i=1}^{k} PSF_i \tag{13-6}$$

在实际当中，很少有对一个动作使用超过两三个 PSF 因子的情况。

时间可靠性关联模型(time reliability correlation，TRC)。有时候，事故场景中一个动作的 HEP 可能是与时间相关的。这种时间关联性源自 THERP 诊断模型，在这个模型中，诊断失效概率被描述为可以进行诊断的时间 t 的函数。那么，总体 HEP 就是

$$HEP(t) = Pr(T > t) + Pr(A) \tag{13-7}$$

其中 $Pr(A)$ 是诊断后行动的人因错误概率，T 是完成诊断需要的时间(随机变量)。THERP 项目分析人员可以根据操作员的业务水平和经验，在手册给出的三个不同 $Pr(T>t)$ 曲线中进行选择。

TRC 模型的理论前提是将时间看做影响任务(比如诊断)绩效的主要因素。模型中的时间 t 是进行正确诊断允许时间的估计值，等于系统分析师确定的最大允许时间减去进入合适位置并在正确的诊断之后行动的时间。

错误之间的关联。假设操作员犯下了一个错误 A，下一个动作的结果也可能是错误 B。错误 A 和错误 B 之间可能是有关联的，因此条件概率 $Pr(B|A)$ 的概率，要比 B 在没有事件 A 发生的情况下出现的概率更高。错误 B 的成因可以分为两类：

1. 错误 B 是错误 A 的直接后果(即 $Pr(B|A)=1$)，这种情况的发生概率是 β。

2. 错误 B 的发生与错误 A 是否发生无关(即 $Pr(B|A)=Pr(B)$)，这种情况的发生概率是 $1-\beta$。

因此，在 THERP 中，前后两个人因错误 A 和错误 B 的关联度为

$$Pr(B \mid A) = \beta + (1-\beta)Pr(B) \tag{13-8}$$

参数 β 在这里被称为关联因子，即错误 A 直接导致错误 B 发生的概率。我们需要注意，如果 $\beta=0$，$Pr(B|A)=Pr(B)$，这也就意味着 A 和 B 是彼此独立的，错误 A 对于操作人员犯下错误 B 的概率没有任何影响。如果 $\beta=1$，那么 $Pr(B|A)=1$，也就是所谓的“完全依赖”，即错误 A 总会导致错误 B 的发生。THERP 给出了几种常见情况下建议使用的 β 值。

$\beta=0.05$——关联度较低；

$\beta=0.15$——关联度中等；

$\beta=0.50$——关联度较高。

THERP 手册详细介绍了如何确定两个任务和两名人员之间的关联因子 β。有兴趣的读者可以阅读 THERP 手册的第 10 章和第 18 章，了解更多信息。

注释：需要注意，THERP 关联度模型式(13-8)与技术元件的 β 因子模型(见第 15 章)非常相似。

错误纠正。THERP 还可以用来对很多错误纠正行为进行量化(斯万和古特曼，1983 年，图 20-1)。主要的纠正行为包括以下几种。

- 人为冗余：一名操作员的行动要接受另外一名操作员或者监督人员的检查。
- 后续步骤或者任务。
- 错误指示(声音警报)。
- 在控制室内定期扫描或者到现场巡检。

THERP 手册列举了各种修正手段的成功概率。

分析过程。THERP 的分析过程与传统可靠性分析采用的过程类似，只是用人员活动取代了设备功能。THERP 分析可以按照下列步骤进行：

1. 计划和准备。
2. 分析任务。
3. 建立事件树。
4. 分配标定人因错误概率。
5. 评估绩效影响因子和关联的影响。
6. 确定纠正行动的效果(纠正因子的影响)。
7. 确定成功和失败概率。
8. 敏感度分析。
9. 提出改进建议。
10. 报告分析结果。

在实际分析中，我们需要重复第 3 步到第 9 步的工作，对改进的情况做出评价。在晟丰炫(Seong)的著作中，作者给出的分析步骤略有不同。

第 1 步：计划和准备。本书的第 8 章对这个步骤已经有所描述。在开始 THERP 分析之前，我们假设要进行定量分析，并且已经构建好描述相关事故场景的事件树。操作员执行的任务可以体现为事件树的一个或者多个关键性事件(比如安全栅)，然后我们还必须要识别出与每一项任务相关的人因错误，这就是 THERP 的目标。

第 2 步：分析任务。在构建事故场景的过程中，就应该确定哪些是要进行研究的场景(见第 11 章)。作为这项工作的一部分，研究团队还应该找出场景中的关键任务。因此，THERP 分析实际上是受到硬件风险评估的需求驱动的。

接下来，需要对每一个关键任务进行详细的任务分析。THERP 并没有对任务分析方法做出严格的要求，在大多数情况下使用层次任务分析法(HTA)就可以了。

THERP 可以应用于任务的不同层级和不同步骤。分析应该从 HTA 中的最底层——“动作”开始。这些动作的主要错误类型包括：

(a) 遗漏型错误(遗漏掉某个步骤或者整个任务)。

(b) 执行型错误。

(c) 选择错误。

- 选择了错误的控制方式；
- 选择了错误的控制位置；
- 选择了错误的控制指令。

(d) 顺序错误(按照错误的次序操作)。

(e) 事件错误(过早/过晚)。

(f) 数量错误(太多/太少)。

从系统的角度看,人因错误只有在它降低或者有可能降低系统可靠性、系统安全性或者系统成功实现某一目标概率的时候,才应该被当做是一个错误。

对于任务分析中的每一个任务步骤,分析人员都应该去寻找它的错误发生条件。在这种条件下,向操作员发送的指令可能会超过他的能力范围。

第 3 步：建立事件树。下一步是要使用事件树将可能的操作员绩效对应起来,这个过程也被称为表示过程。THERP 手册给出了一个与我们在本书第 11 章当中介绍的略有不同的事件树图形,事件树的每一个关键节点都会有两个分支,一个表示动作正确执行,另一个表示错误的动作。图 13-6 就是这样的一棵 THERP 事件树。在绘制这两种故障树的时候,并没有什么逻辑上的差别,因此如果觉得更方便的话,我们也可以在进行 THERP 分析的时候使用第 11 章介绍的事件树图形。

事件树对应各种动作和错误的顺序,而事件树的每一个分支都结束于最终事件或者最终状态。如果我们知道每个关键性节点的人因错误概率,我们就可以计算最终事件的概率。

在这一步当中,研究团队还应该考虑可能的纠正活动。很多时候,操作员可以在出现错误的时候及时纠正。比如说,如果操作员忘记按下按钮,他在开始下一步工作的时候可能就会意识到这个问题,然后快速地纠正错误。如果没有考虑错误被纠正的机会,任务的错误概率有可能会被大幅高估(可参阅科尔万的专著,1994 年)。

第 4 步：分配标定人因错误概率。THERP 手册的第 20 章给出了 27 个数据表,涵盖了 THERP 事件树中包括的各种任务的标定 HEP。手册还提供了一个搜索方案,帮助分析人员(i)找到给定类型人因错误最合适的数据表,(ii)在需要的时候对表中的标定值做出调整,(iii)如果需要的话确定点估计的不确定边界。

在评价一个手册没列出的 HEP 的时候,我们建议,如果它是遗漏型错误或者执行型错误的发生概率,那么就可以先给定一个标定 HEP 值 0.03。在评价异常事件的时候,如果表格或者文字显示在正常条件下相关的 HEP 是“可以忽略不计的”,我们可以设定这些任务的标定 HEP 值为 0.001。这样做,可以考虑到与异常事件相关的压力的影响。

第 5 步：评估绩效影响因子和关联的影响。为了能够计算得到基本 HEP,必须要针对工厂具体的绩效形成因子对标定 HEP 的值进行调整。因为标定 HEP 的数值是根据行业“平均”情况得到的,应该根据具体状况进行增减。基本 HEP 没有考虑之前的任务,这也就是说它们是无条件概率，而在 HRA 事件树中的 HEP 一定是条件概率（除了第一项任务之外）。我们可以使用 THERP 手册中的关联表确定动作之间的关联关系。

第 6 步：确定纠正因子的影响。纠正因子的影响可以根据下式计算得到

$$\mathrm{HEP}_r = \mathrm{HEP}_n \cdot \prod_{j=1}^{m} w_j \cdot \prod_{k=1}^{n} \mathrm{RF}_k \tag{13-9}$$

其中 w_j 是绩效形成因子 PSF_j 的修正因子，$j=1,2,\cdots,m$，而 RF_k 是我们正在研究的错误的纠正因子，$k=1,2,\cdots,n$。有兴趣的读者可以阅读 THERP 手册，了解更多有关这些因子的信息。

第 7 步：确定成功和失败概率。如果能够确定事件树中每一个分支成功或者失败的条件概率的估计值，就可以通过将每个分支的概率相乘计算得到事件树中每一个路径的概率。同时，我们还需要考虑事件树不同分支之间的相互关联关系。

如果考虑纠正行为，可能会有不止一个人来纠正一个错误，这时候也需要在分析中考虑到纠正行为之间的关联。分析人员应该牢记，衡量关联关系对人因错误概率的影响，必须要具体问题具体分析。THERP 手册中提到的概念只是起到一个启发的作用。

第 8 步：敏感度分析。如果需要的话，研究团队还应该进行敏感度分析，相关的细节我们会在第 16 章中进行详细介绍。

第 9 步：提出改进建议。应该提出整个工作体系的改进建议，将相关的错误速率降低到可以接受的水平。

第 10 步：报告分析结果。我们在第 8 章中已经介绍过这个步骤。

需要的资源和技术。为了进行 THERP 分析，研究团队必须借助 THERP 手册（斯万和古特曼，1983 年），这是因为 THERP 分析非常依赖于数据库中给出的标定人因错误概率（HEP）和其他各种参数。

THERP 是一种全面性的复杂方法，需要进行大量的培训。斯万和古特曼（1983 年）明确指出，应该使用经过良好培训的分析人员量化人因可靠性。同样，詹姆斯·雷森也曾经提道：

> 如果能够雇佣到像阿兰·斯万和他的合作伙伴这样的富有经验的专家，那么 THERP 分析就不能简单地用强大来形容了，分析报告简直就是一份艺术品。但是如果我们使用其他人员，效果可就不好说了（雷森，1990 年，第 224 页）。

另外一位人因专家，同时也是 THERP 手册的审稿人，曾经说过：

> 这份手册就像一件“小提琴”这样的乐器。它看似简单，但是需要很深的技术和造诣才能使用。

优势和局限。在进行 THERP 分析的时候，分配标定 HEP 值通常被认为是最为关键的一步，但是实际上，这项技术真正有价值的地方还是在于它的方法论结构。

优势。THERP 的主要优势包括（也可参阅科尔万的专著，1994 年）：

- 文献充足，在历史上有着无数成功先例；
- 使用强大的方法论，并且可以进行审核；
- 在 THERP 手册中编写有相关数据库。

局限。THERP 的主要局限是：

- 需要大量的资源和时间；
- 需要大量的细节信息，而这些信息对于很多评估来说没有必要。

对于 THERP 的主要批评，是因为它关注的是人员绩效的表现水平，这样做把人和机器元件完全混为一谈(除了使用 PSF 以外)。因此，有些问题是这种方法无法处理的，比如决策失误。

13.4.2 HEART

人因错误评估和减少技术(HEART)是由威廉姆斯(Williams)在 1986 年提出的，目的是提供一种快速高效的人因可靠性分析方法。这是一种通用型的方法，可以适用于任何人因可靠性比较重要的环境或者行业。

HEART 是作者在对大量人因相关的文献，尤其是对那些通过实验证明不同参数对人员绩效具有影响的文献进行了深入研究之后提出的。在这种方法中，需要根据一系列标定 HEP 确定人因错误概率，还需要选择并且评估一系列绩效影响因子。这种因子在 HEART 中被称为错误生成条件(EPC)。在 THERP 方法中，任务会被分解成基本动作，并针对每个动作确定 HEP，而在 HEART 中，HEP 则是在任务级别上确定的。

目标和应用。HEART 的目标是以一种快速高效的方式提供实用的人因错误概率，方法是关注那些可能会对研究系统具有重要影响的错误。

方法使用的一些通用数据来自核能工业，但是 HEART 也可以用于其他很多不同的行业。

方法描述。HEART 的主要元素包括：

1. 通用任务类型。HEART 定义了八个通用任务类型，所有将要进行分析的任务都会被归为八个类型当中的一个(方法中还有第九个任务类型，就是用来归纳那些无法划分到其他八个类型当中的任务)。
2. 标定 HEP 表。根据每个通用业务类型，列出不确定边界为 90%的标定 HEP 值。
3. 错误生成条件(EPC)。HEART 方法一共使用 38 个不同的 EPC，用来修正每个通用任务类型的标定 HEP。根据每个 EPC 的影响确定它的量化数值。
4. 计算方法。HEART 会给出一个计算指定环境下 HEP 的方法。

基本任务类型。在 HEART 分析中，所有的任务都被划分到下列九个通用任务类型当中：

1. 基本熟悉，快速执行，但是不知道后果。
2. 在没有监督和既定程序的情况下，一次性将系统切换到新状态或者恢复到原始状态。
3. 需要深入理解，技术水平要求很高的复杂任务。
4. 快速执行或者很少关注的常规任务。
5. 常规、经常进行、快速执行且只需要较低技术水平的任务。
6. 根据既定工作程序，在存在一些检查的情况下，一次性将系统切换到新状态或者恢复到原始状态。

7. 完全熟悉、设计良好、每小时都要执行数次的常规任务。

8. 对系统指令做出响应,存在自动监督系统。

9. 以上都不是。

标定人因错误概率(HEP_n)。对于每一个通用任务类型,都可以给定一个标定人因错误概率 HEP_n,并采用与 THERP 同样的方式,给定 90%的不确定区间。举个例子来说,对于第 1 类通用任务类型,标定 HEP 是 0.55,不确定区间是从 0.35 到 0.97。

在 HEART 方法中,标定 HEP 被称为标定人因不可靠性。但是在本书中,我们还是继续使用"标定 HEP"这个词汇。

错误生成条件(EPC)。标定 HEP 需要根据 EPC 存在的情况和强度来进行修正。EPC 实际上就是绩效影响(形成)因子的另外一个名称。

HEART 使用的 EPC 与下列因素有关:

- (对任务的)陌生程度;
- 时间不够;
- 信噪比低;
- 信息覆盖的难度;
- 信息吸收的难度;
- 模型不匹配(操作员或设计人员);
- 没有意义的动作;
- 通道过载;
- 技术能力不足;
- 知识转移;
- 绩效标准模糊;
- 理想和现实风险不一致。

HEART 中的 38 个错误生成条件需要与乘法因子 w_i($i=1,2,\cdots,38$)一起使用,乘法因子的取值范围从 1.02 到 17。

人因错误概率估值(HEP_a)。为了评估某一项指定任务的 HEP,分析人员必须要:

1. 选择任务归属的基本任务类型(九种之一)。

2. 在 38 个 EPC 中间选择都有哪些会影响 HEP。

3. 记录已选 EPC 的乘法因子 w_i。

4. 评价 EPC,选择每个 EPC 的影响因子 p_i。在 HEART 中,因子 p_i 被称做影响比重估值(the assessed proportion of effect,POA),需要分析人员确定。无论 i 的取值如何,POA 因子都应该满足 $0\leqslant p_i\leqslant 1$,它的数值是由每个 EPC 的存在比重决定的。

与 THERP 相同,HEART 也使用一个乘法模型,其中 EPC i 的影响通过 HEP_n 与下式相乘确定。

$$[(w_i-1)\cdot p_i]+1 \quad 其中\ i=1,2,\cdots,38$$

因为所有的乘法因子 w_i 都大于 1,每当加入一个新的 EPC,就会增加 HEP_a 的值。如果将全部 38 个 EPC 都考虑进去,HEP 估值就是

$$\text{HEP}_a = \text{HEP}_n \cdot \prod_{i=1}^{38} ([(w_i - 1) \cdot p_i] + 1) \qquad (13\text{-}10)$$

对于一个选定的 EPC 而言，我们一般并不清楚标定 HEP 是否已经将其包含在内。如果对于这个 EPC 在给出标定 HEP 的时候已经有所考虑，我们在加入这个 EPC 修改 HEP_n 的时候实际上就赋予了前者双倍的权重。

补救措施。HEART 给出了与所有 38 个 EPC 和 5 个常见出错任务有关的补救措施的详细建议。如果读者想要了解更多的信息，请阅读威廉姆斯的著作(1986 年)。

分析过程。HEART 分析可以分为以下八个步骤(可参阅萨尔蒙等人的报告，2003 年)：

1. 计划和准备。
2. 进行层次任务分析。
3. 指定基本任务类型和标定 HEP。
4. 确定 EPC，分配乘法因子。
5. 评估 EPC 的 POA 因子。
6. 计算指定环境下的 HEP。
7. 考虑补救措施。
8. 报告分析结果。

威廉姆斯(1986 年)和科尔万(1994 年)都给出了 HEART 的分析过程。因为在分析的时候需要使用 HEART 数据表，所以读者可以参考上面两篇文献中使用的表格。

我们在第 8 章中已经讨论过第 1 步和第 8 步，这里就不再复述。

第 2 步：进行层次任务分析。研究团队需要根据我们在第 13.4 节中的叙述进行 HTA 分析。

第 3 步：指定基本任务类型和标定 HEP。研究团队需要对任务逐个进行考虑，每个任务都要被指定为九个通用任务类型中的一个，并根据威廉姆斯(1986 年)或者科尔万(1994 年)的表格确定它们的标定 HEP。

第 4 步：确定 EPC，分配乘法因子。在这一步当中，研究团队需要从 38 个可能 EPC 中选择出相关的 EPC，并确定每个 EPC 的乘法因子 w_i。我们建议选择的 EPC 的数量应该有所限制(≤4)，并且只选择最为重要的 EPC。

第 5 步：评估 EPC 的 POA 因子。研究团队需要针对每个选定的 EPC 确定它的影响比重估计值(POA)。估值是基于研究团队的主观判断，范围介于 0 到 1 之间(0 表示比重低，1 表示比重高)。

第 6 步：计算指定环境下的 HEP。接下来，可以使用下列公式计算指定环境下的 HEP：

$$\text{HEP}_r = \text{HEP}_n \cdot \prod_{i=1}^{38} ([(w_i - 1) \cdot p_i] + 1) \qquad (13\text{-}11)$$

第 7 步：考虑补救措施。研究团队需要确定是否可以采取任何补救措施降低错误的影响或者终止错误。HEART 给出了一些通用的补救措施，但是研究团队还需要根据错误的属性以及分析系统的实际情况提出更多的措施。

需要的资源和技术。HEART 技术简单易用，不需要很多培训，也不需要纸笔以外的其他工具，但还是需要建立相关的 HEART 文档（HEART 通用类别、HEART 错误生成条件等）。

优势和局限

优势。HEART 方法的主要优势包括：

- 深受工程师欢迎，不需要深入技巧和大量资源；
- 文献齐备；
- 可以针对每一种错误生成条件采取补救行动；
- 相对快速并且实用；
- 非常灵活，已经在很多行业（比如化工、航空、铁路）得到了广泛应用；
- 能够显著减少错误；
- 为分析师提供定量结果；
- 是少有的几个已经得到实证研究证实的 HRA 技术（HSE，2009 年）。

局限。HEART 的主要局限在于（也可参阅科尔万的著作，1994 年）：

- 只能评估单独的任务；
- 在很多方面（比如任务分级）无法为分析人员提供足够的帮助，也没有给出确定影响比重估值的具体方法；
- 还需要进一步验证；
- 标定 HEP 的数据来源未经证实；
- 会受到分析师主观判断的影响；
- 无法对关联问题进行建模。

对于 HEART 最主要的批评，是 EPC 数据从来没有完全开放过，因此也就无法确定 EPC 数据库是否合理。另外，在简单乘法模型当中，把人因错误看做是 EPC 的函数，这一点正确与否也缺乏充足的证明（有些 EPC 或者 PSF 会相互影响）。

13.4.3 CREAM

认知可靠性和错误分析方法（the cognitive reliability and error analysis method，CREAM）是由霍纳格尔发明的（1998 年），属于第二代 HRA 方法。在 CREAM 方法中，人因错误假设存在多种原因，因此也就没有一种单独的解决方案可以避免未来人因错误的发生。所有的人因错误都发生在一个影响人类行为的环境当中，因此，CREAM 方法的一项重要工作就是分析并且理解环境。

研究者假设操作人员对自己行动的控制力决定了他的绩效可靠度，因此开发了一个称为环境控制模型（the contextual control model，COCOM）的认知模型来评估操作员的控制力。

目标和应用。CREAM 的目标包括：

(a) 识别工作、任务或者动作中需要或者依赖人类认知的部分，这些部分会受到认知可靠性的影响。

(b) 确定会引起认知可靠性降低的条件，在这些条件下的动作可能会成为风险源。

(c) 对人员绩效在系统安全方面的影响进行估量，其结果可以用于定量风险或安全分析。

(d) 开发并且确定改进这些条件的方案，以提高认知可靠性、降低风险。

CREAM 最初的分析对象是核电行业，但是它是一种通用型的方法，可以在很多包含复杂、动态系统运行的领域中应用。比如说，这种方法曾经用于美国宇航局的项目以及列车碰撞事故研究当中。CREAM 一方面可以预测潜在的人因错误，另一方面也可以对错误进行量化和分析。

方法描述。CREAM 使用自己独特的分类方法描述错误发生的方式。在这种方法中，主要的错误原因被称为内因(genotype，不可观察)，而错误模式或者错误表现形式被称为显形(phenotype，可观察)。这些概念是用来描述错误可能会怎样发生，并定义分析错误的成因和后果之间的联系。内因可以分为三种：个人、技术和组织性原因。而显形则可以根据下列标准进行分类。

(a) 时机：太早、太晚、遗漏。

(b) 持续时间：太长、太短。

(c) 顺序：颠倒、重复、错误动作、插入。

(d) 目标：错误动作、错误目标。

(e) 力度：太大、太小。

(f) 方向：错误方向。

(g) 距离：太近、太远。

(h) 速度：太快、太慢。

CREAM 使用的是非层次型的组织结构，各个分类组之间存在着因果关系，因此前后两个分类组也可以彼此称做前因和后果。另外，也可以按照个人、技术和组织的方式进行分类。个人类别涵盖与人员生理和认知局限有关的后果，技术类别涵盖技术失效相关的后果，而组织类别涵盖与人员所处的组织中缺陷有关的后果。研究人员已经开发出多个前因和后果表支持 CREAM 分析。

分析过程。CREAM 分析的起点是在故障树或者事件树分析中识别出来的事故场景。分析可以根据下列八个步骤进行(可参阅斯丹顿等人的著作，2005 年)：

1. 计划和准备。
2. 进行任务分析(比如 HTA)。
3. 描述环境。
4. 确定危险事件。
5. 确定错误传播路径。
6. 选择需要定量分析的任务步骤。
7. 定量预测绩效。
8. 报告分析结果。

我们在第 8 章中讨论过第 1 步和第 8 步，这里不再复述。

第 2 步：进行任务分析。在这一步当中，需要分析目标任务或者场景。我们建议使用层次任务分析(HTA)，分析人员在考虑组织和技术系统的同时，还应该留意操作员和控制任务。任务分析可以为后续的研究提供人员动作列表。

第 3 步：描述环境。在完成了第 2 步中的任务分析之后，分析人员需要描述出任务或者场景发生的环境。这个环境也被称为常见绩效条件（common performance conditions，CPC），它与之前提到的绩效影响或形成因子比较类似。CREAM 方法将 CPC 分为九类：

1. 组织完善度。
2. 工作条件。
3. 人机界面的完善程度以及对操作的支持程度。
4. 任务流程或计划。
5. 同时存在的目标数量。
6. 可用的时间。
7. 值班时间（生理节奏）。
8. 培训的程度和经验水平。
9. 员工之间的协作水平。

分析人员必须对与任务或场景相关的每一个 CPC 做出主观判断，并打分。

第 4 步：确定危险事件。在这一步当中，分析人员需要找到那些会导致人因错误的危险事件。霍纳格尔（1998 年）建议在这个步骤中使用事件树，但是因为已经在第 2 步进行过任务分析，所以也可以使用第 2 步分析的结果。分析需要确定出下一步分析的任务或者任务步骤（可参见斯丹顿等人的著作，2005 年）。

第 5 步：确定错误传播路径。在第 5 步中，分析人员需要描述危险事件会如何导致错误的发生。为了对错误进行预测，分析人员可以建立一个后果或前因（错误模式或错误原因）矩阵，矩阵的行表示可能的后果，列表示可能的前因。分析人员首先需要确定矩阵的列标题，它对应的是初始事件（比如需要沟通的信息丢失）。接下来，分析人员要找到所有在这一列有标记的行，每行都会对应一个可能的后果，它们都是由上述的前因导致的。我们建议按照这种方法直接进行预测，直到发现所有的传播路径（霍纳格尔，1998 年）。应该记录下相关（前）因（后）果对应的每一个错误。

第 6 步：选择需要定量分析的任务步骤。根据分析的要求，有时候可能需要进行定量分析。如果是这样，分析人员就需要选择需要量化的错误。我们建议，如果需要定量分析的话，所有识别出来的错误都应该进行量化。

第 7 步：定量预测绩效。CREAM 会对指定任务的绩效可靠性做一个总体的评估，错误的概率取决于操作员的控制模式。通过计算共同绩效条件的总体影响，分析人员可以指定一种控制模式。接下来，分析人员就可以在这种模式下进行更深一步的研究。CREAM 方法包含有关于常见绩效条件如何相互影响的表格，如果读者对于定量分析的细节感兴趣，可以阅读霍纳格尔的著作（1998 年）。

需要的资源和技术。CREAM 是一种全面而且复杂的方法，需要大量的培训。对于最简单的案例，CREAM 分析使用纸笔就可以完成，但是大多数实际案例还是需要借助计算机程序。研究人员现在已经开发出一个软件包以帮助分析师工作（霍纳格尔，1998 年）。

标准和指南。现在还没有一个标准涉及 CREAM 的内容，但是在霍纳格尔的书中

(1998 年),作者对这种方法有非常完整的介绍。我们强烈建议,在使用 CREAM 之前,要认真阅读这本专著,并且在进行分析的时候也把它放在手边。

优势和局限

优势。CREAM 的主要优势包括:

- 在霍纳格尔的书中(1998 年)有详细的讲解;
- 有得到广泛应用的潜力;
- 考虑到了环境;
- 在错误识别或量化方面是一种清晰、结构化、系统化的方法;
- 既可以用作回顾性研究,也可以用作预测性研究;
- 既可以定性分析,也可以定量分析。

局限。CREAM 的主要局限在于:

- 看起来非常复杂,会让新用户感到头疼;
- 比其他方法更加全面,也就意味着需要更多的资源;
- 还没有得到大量使用;
- 没有提供补救措施(即没有给出或考虑人因错误的纠正方法);
- 需要分析人员具备人因和认知心理学方面的知识。

13.4.4 其他 HRA 方法

正如我们之前提到的,现在有很多的 HRA 方法可供使用。除了 THERP、HEART 和 CREAM 之外,我们还会在本节简要地介绍 SLIM、ATHEANA 和 MERMOS。如果读者希望阅读这些方法的调查和比较,可以参考 HSE 的报告(2009 年)。

SLIM。针对美国核电站应用开发的成功可能性指数方法(the success likelihood index methodology,SLIM)是一种专家判断法(NUREG/CR-3518,1984 年),可以用来分析需要解决问题的任务。任务专家需要识别、评估并且为影响任务绩效的因子设定权重。可以使用专家判断生成每一个具体应用的人因错误概率,并使用已经观测到的 HEP 数据进行校准。

开发 SLIM,是因为研究人员发现实际上只有一小部分绩效形成因子对于人因错误概率有着显著的影响,同时我们可以认为专家能够分别出这些绩效形成因子的相对重要度。此外,我们还需要假设,专家还能够根据任务绩效形成因子的"好""坏"情况对这些因子评级。在这里,所谓的"好""坏"情况,是指 PSF 是会降低还是会提高人因错误概率。

在得到每个 PSF 的权重和评级之后,将两者相乘,再将所有 PSF 的乘积结果相加,就可以得到这个任务的成功可能性指数(success likelihood index,SLI),它表示 PSF 对人因错误概率影响的专家总体置信程度。接下来,可以利用下列指数公式将 SLI 转化成 HEP:

$$\log\Pr(\text{成功}) = a \cdot (\text{SLI}) + b$$

其中 a 和 b 是实证研究得到的固定值。根据这个公式,我们就可以得到分析任务的人因错误概率:

$$HEP = 1 - \exp(\log Pr(成功))$$

SLIM 方法的计算机程序基于多属性效用分解方法(multiattribute utility decomposition,MAUD)。科尔万(1994 年)指出,这种方法非常精巧,可以保证专家不会因为偏见影响了自己判断。

SLIM-MAUD 分析包括下列几个步骤:

1. 计划和准备。
2. 确定相关的绩效形成因子。
3. 使用 PSF 表对任务评级。
4. 检查相关性。
5. 设定 PSF 的权重。
6. 计算 SLI,并将其转化为 HEP。
7. 评估 HEP 的不确定性。
8. 寻找错误减少方法,评估方法的效果。
9. 报告分析结果。

SLIM 方法对于具有不同细节程度的很多任务都适用。但是专家判断的质量会对 SLIM 方法的结果有相当大的影响,校准步骤也很容易出现不准确的情况。同时,因为这种方法需要很多专家,也就要使用很多资源。

ATHEANA。人因错误分析技术是一种第二代 HRA 方法,同样是针对美国核电行业应用开发出来的(NUREG－1624,2000 年;NUREG－1880,2007 年)。ATHEANA 的核心元素就是迫使错误环境,它的定义如下。

- **迫使错误环境(error-forcing context,EFC)**:由特定绩效形成因子和工厂条件综合形成的,更加容易出现不安全行为的环境。

ATHEANA 可以用来对已经发生的危险事件进行回顾性的调查分析,也可以用来进行未来可能人因错误的探索性分析。这种方法既可以是定性的,也可以是定量的。

ATHEANA 分析通常遵循下面的八个步骤(NUREG—1880,2007 年):

1. 计划和准备。
2. 描述 PRA 事故场景和标定环境,包括在此环境中的运行规范(动作和工作程序两个方面)。
3. 定义可能会影响到研究对象任务的人因失效事件和(或)不安全行为。
4. 评估相关的人员绩效信息,描述出可能会导致伤害的因子。
5. 在给定的环境条件下,寻找任何可能的与运行规范之间的偏差。
6. 评价纠正能力。
7. 估计人因失效事件和不安全行为的概率。
8. 报告分析结果。

现在有很多关于 ATHEANA 的研究,并且 NUREG－1624(2000 年)和 NUREG－1880(2007 年)都对这种方法有详细的介绍。ATHEANA 的一个最重要的特点,是它对于人因环境的理解比第一代方法更加丰富和全面。ATHEANA 分析需要建立一个跨学科的团队,从各种渠道获取信息,这样才可以找到迫使人们出现错误的环境。

MERMOS。操作员工作安全绩效评估方法是一种第二代 HRA 方法，由法国电力集团公司(EDF)开发，在法国核电站当中使用。MERMOS 的产生基础，是因为研究人员发现个体错误并不足以解释为什么整个团队的操作人员在事故发生的时候都无法控制反应堆。为了克服这个问题，MERMOS 是在一个集体环境中定义人因错误。

MERMOS 中的一个重要概念是人因使命，它是指在处理紧急状况的时候，操作系统必须启动和执行的关键性安全行动。紧急操作系统(the emergency operations system，EOS)的责任能力就是人因使命的绩效。这个紧急操作系统包括操作人员、操作程序、人机界面、正式组织结构和工作场所。MERMOS 并没有假设人因是失效的关键因素，而是把它作为紧急操作系统的一个部分。对于每一个可能的紧急状况，都应该进行功能分析，确定在减缓事故发生或者事故恢复的时候必须要执行的人因使命。

MERMOS 包含两个模块：

模块 1。通过功能分析识别并定义人因使命，描述每个人因使命的特点和它的标准环境。为了辅助分析，MERMOS 研究人员还建立了人因使命和潜在事故场景数据库。

模块 2。对人因使命进行定性和定量分析。

MERMOS 是法国电力公司所有的一项专利技术，所以我们能够阅读到的文档有限。法国电力公司宣称使用这项技术的效果良好，但是它的可信程度和可靠性还需要进一步证实。

13.5 延伸阅读

我们推荐读者阅读下列与第 13 章内容相关的文献：

- 《实用人因可靠性评估指南》(*A Guide to Practical Human Reliability Assessment*)(科尔万，1994 年)，对人因可靠性的很多方面进行了直观实用的介绍，是学习如何将人因可靠性集成到定量风险分析当中的优秀入门教材。
- 《人因方法：功能和设计实用指南》(*Human Factors Methods: A Practical Guide for Engineering and Design*)(斯丹顿等人，2005 年)对人因方法进行了全面的回顾，有关任务分析的介绍非常清楚。
- 《人因可靠性评估方法回顾》(*Review of Human Reliability Assessment Methods*)(HSE，2009 年)调查了大量 HRA 方法，并进行了比较。
- 《组织事故风险管理》(*Managing the Risks of Organizational Accidents*)(雷森，1997 年)，对所有研究与风险评估相关的人为和组织因素的人员来说，这本书都是一部必读教材。

第 14 章

工作安全分析

14.1 简介

工作安全分析(job safety analysis,JSA)是一种简单的风险分析方法,用来审核工作过程和情况,识别潜在危险,确定风险降低措施。每一项工作都可以分解成若干具体的任务,根据观察、以往经验和检查表,我们可以识别出危险以及相关的控制和防护措施。需要一个团队来执行 JSA 分析,分析的大部分工作都是在 JSA 会议中完成的。研究团队会将分析结果记录在 JSA 表格当中,如图 14-2 所示。JAS 方法的其他名称还包括安全工作分析(safe job analysis,SJA)、工作危险分析(job hazard analysis,JHA)和任务风险分析(task hazard analysis,THA)。

14.2 目标和应用

JSA 分析的对象主要有三类。

1. 非常规工作。对于可能具有高风险的新工作和非常规工作,进行 JSA 分析是为了:

(a) 让操作人员认识到他们在进行工作的时候可能会遇到各种危险;

(b) 提供工作前的安全说明;

(c) 告诉操作人员如果危险事件发生该如何处理;

(d) 教育操作人员和监督人员如何以最安全的方式正确地进行工作。

2. 危险的常规工作。对于那些曾经导致多起意外或者事故的工作,需要进行 JSA 分析,仔细检查并提出整改建议。具体的目标包括:

(a) 发现每个员工的危险动作、姿势、行为和工作习惯;

(b) 帮助确定如何在工作环境中控制危险;

(c) 教育操作人员和监督人员如何正确地进行工作;

(d) 加强管理层和员工之间在安全方面的交流;

(e) 让员工更多地参与到安全流程当中；

(f) 为新员工提供工作安全培训；

(g) 确立培训的基本框架，帮助新员工迅速融入工作环境。

3. 新的工作流程。JSA 可以为建立新的常规工作指南打下良好的基础。

在 JSA 分析当中，工作需要分解成具体的任务或者动作，然后对每个任务或者动作进行分析，发现所有与它们相关的实际或者潜在危险。由于自身的研究深度和细致程度等特点，JSA 能够识别出在常规的管理观察和审计当中无法发现的潜在危险。JSA 已经在很多不同的行业领域使用了很多年，被认为是识别危险条件和不安全行为的有效工具。

14.3 分析过程

对于上面提到的三类应用(见第 14.2 节)，JSA 的分析过程略有不同，但是基本上，JSA 分析包括以下七个步骤：

1. 计划和准备。
2. 熟悉工作情况。
3. 对工作进行分解。
4. 识别危险。
5. 对频率和后果进行分类。
6. 提出解决方案。
7. 报告分析结果。

这七个步骤需要按照顺序完成，接下来我们会详细地介绍每一个步骤，而图 14-1 给出了整个 JSA 过程的简单流程图。

第 1 步：计划和准备。我们在第 8 章当中已经讨论过这个话题。对于 JSA 分析来说，应该使用下列准则确定哪些工作需要包含在分析当中。

1. 非常规工作

- 系统危险分析已经显示这项工作非常关键或者非常危险。
- 这项工作在过去曾经在相同或者类似的系统中导致过工作人员死亡或者严重伤残。
- 这项工作包含危险材料或者危险能量源。
- 这项工作非常复杂。

2. 危险的常规工作

- 这项工作经常出现意外或者事故。
- 这项工作曾经导致过一起甚至多起严重事故，或者可能非常严重的意外。
- 这项工作包含危险材料。
- 这项工作包含危险能量源。

3. 新的工作流程

- 所有可能引起伤害的工作。

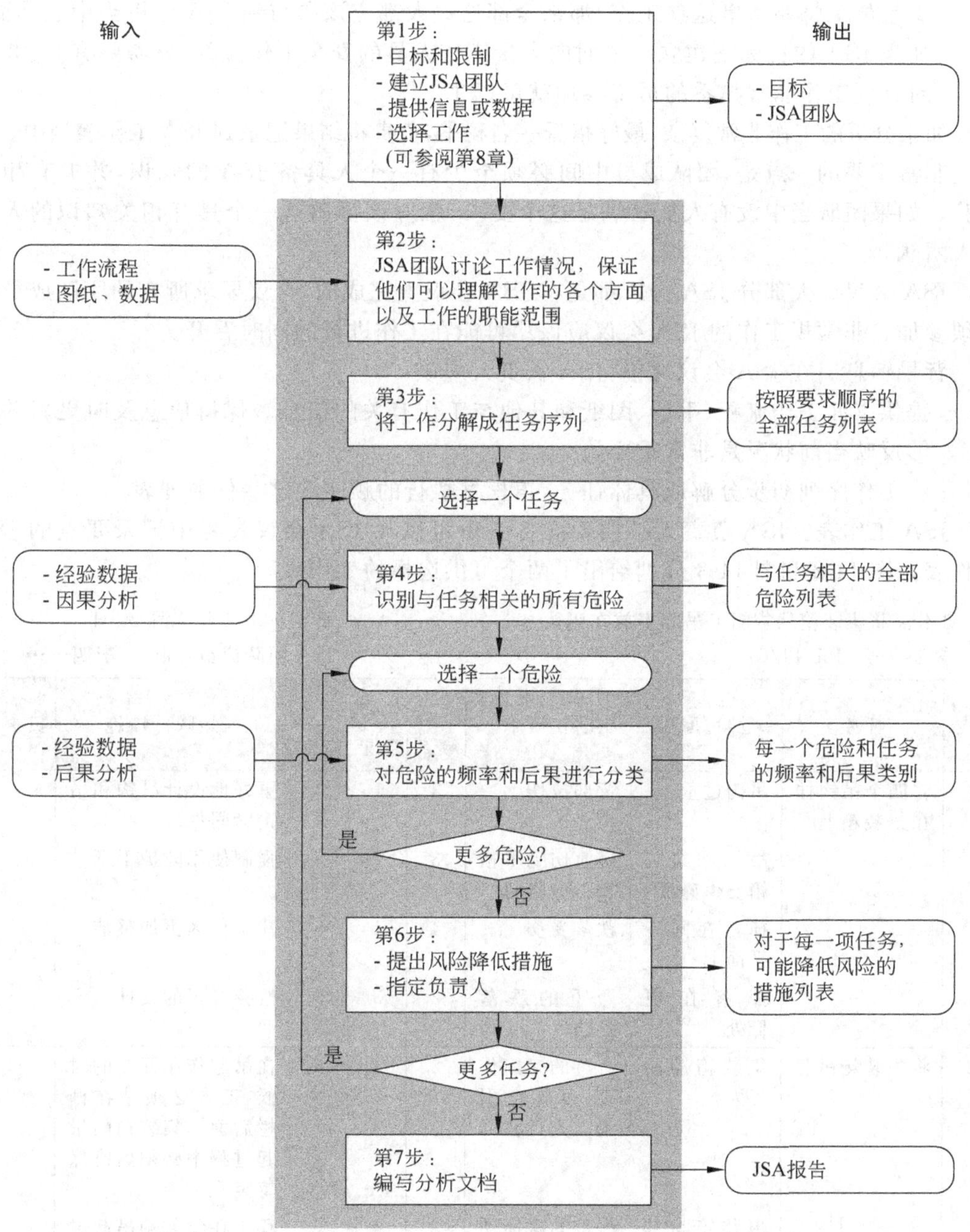

图 14-1 JSA 分析流程图

JSA 团队。执行分析工作的 JSA 包括以下成员：

- JSA 负责人(最好是需要进行分析工作的主管领导)。
- 负责这项工作的生产线经理。
- HSE 代表。
- 需要从事这项工作的员工。应该根据工作的类型确定参与员工的数量。如果只有少量员工将要从事这项工作，那么全部这些人都应该参与到JSA分析当中。然而，如果JSA的目标是建立一个面向大量工作人员的安全工作流程，只需要有2～3名对这项工作非常熟悉的员工参加就可以了。

如果分析的工作非常复杂，最好指派一名秘书，负责将结果记录到JSA工作表当中。

非常重要的一点是，团队成员中间必须至少有一个人具备JSA的知识，并拥有相关经验。如果团队当中没有人能够满足这个要求，就应该再邀请一个具有相关知识的人员加入团队。

JSA会议。大部分JSA分析都是在JSA会议上完成的，会议要求所有的团队成员都必须参加。非常规工作的JSA会议应该尽可能在工作进行的同时召开。

背景信息。在JSA会议之前，JSA负责人应该：

- 提供书面工作流程、手册、图纸和其他与工作有关的信息。保持信息及时更新并能够反映当前状况是非常重要的。
- 将工作序列初步分解成具体任务，再根据执行的顺序将这些任务列表。

JSA工作表。JSA负责人必须要准备一份可以在JSA会议过程中记录要点的JSA工作表。图14-2和图14-3分别给出了两个可供选择的工作表。

工作：将集装箱从货船上吊起安放在码头　　　　日期：2011年1月20日

参考编号：Job 14/C　　　　JSA团队成员：张三、李四……

编号	任务	危险/原因	潜在后果	风险			风险降低措施	负责人
				频率	后果	RPN		
1	将四个吊钩挂在集装箱上	吊钩过重	背部拉伤	3	1	4	更好地设计吊钩和吊钩紧固件	
		吊钩和集装箱发生碰撞	碰撞伤到手指和(或)胳膊	3	1	4	强制使用防护手套	
		掉落在同一平面上	跌落受伤	4	1	5	让工作区更加整洁	
		掉落在更低处	严重的跌落受伤	2	3	5	改善梯子的设计	
2	将集装箱吊起	集装箱冲向工人	严重的碰撞伤害，可能会引起工人死亡	2	4	6	在吊起作业开始的时候，工人必须站在栅栏后面。集装箱的吊起过程中必须始终保持竖直	
		集装箱与其他物品碰撞，砸向工人	严重的碰撞伤害，可能会造成工人死亡	3	4	7	移走在集装箱吊起过程中可能会碰到的物品。在作业开始的时候，工人必须站在栅栏后面	
		集装箱掉落，绳索断裂	严重的碰撞伤害，可能会造成工人死亡	2	4	6	在集装箱吊离地面的时候，工人必须后撤到安全位置	

图14-2　JSA工作表(示例)

工作安全分析(JSA)	编号
工作顺序：	
任务：	编号
JSA 团队成员：	
任务描述：	
危险：	
可能后果：	
风险降低措施：	
需要的安全设备：	
需要的人员防护装备：	
日期和签名：	

图 14-3　另外一种 JSA 工作表

第 2 步：熟悉工作情况。JSA 负责人需要向团队成员介绍工作情况和工作的职能范围。团队则需要讨论工作的方方面面，保证所有的成员都可以理解工作本身及其各方面的情况。如果存在疑问，就需要提供更多的信息，还需要到工作现场进行观察和调查。JSA 分析不适合定义太过宽泛的工作，比如“维修发动机”，也不适合定义过于具体的工作，比如“打开阀门”。

第 3 步：对工作进行分解。大多数工作都可以分解成一个任务序列。JSA 负责人在会议之前就应该对工作进行初步分解，每一项任务都应该进行简要的描述，并以动作为导向。研究团队应该描述出每一个任务的内容，比如使用“提升”、“放置”、“移动”、“定位”、“安装”、“开启”这些词汇。注意，需要描述的是任务的内容，而不应该是这些任务是如何完成的。描述的细节程度由危险级别决定，那些不会引起重大危险的任务也就不需要再进一步分解。在工作分解完成之后，工人们应该对相关的任务序列进行确认，保证分解完整准确。这一步我们需要遵守拇指规则，即大部分工作都应该分解成不到 10 个任务。

在进行工作分解的时候还需要考虑以下几点。

(a) 任务应该按计划完成。

(b) 在任务开始之前的准备以及任务结束之后的收尾工作。

(c) 一些特殊作业，比如工具提供、清洗等。

(d) 纠正可能出现的偏差。

还有两个方面也应该注意：

(e) 设备和工具的维护和检测或测试。

(f) 修复性维护任务。

这一步分析会比第 4 步中危险识别需要更多的时间。研究团队要注意，任务描述应该尽可能简短，但是保证能够覆盖到所有的任务。在开始第 4 步的危险识别之前，JSA 团队还需要保证任务列表尽可能完整。

第 4 步：识别危险。一旦工作分解成任务，就需要检查每一项任务，识别任何实际存在和潜在的危险。为了做到这一点，研究团队可能要去观察一个正在进行的相似工作，还需要阅读事故报告，咨询相关员工、经理或主管、工业或者制造机构以及其他运营方式类似的公司。在这一步中，研究团队应该使用与初步危险分析中使用的(见第 9 章)类似的危险检查表。例如，ISO 12100(2010 年)中就给出了这样的一个检查表。美国职业安全与健康管理委员会(OSHA)2002 年报告的附录 2 中也有一个简要的检查表可供参考。我们在表 14-1 中列出了检查表中的一些问题，可以用来识别危险。

表 14-1　用来识别危险的问题

- 存在冲撞、被撞击或者与其他物品发生有害接触的危险吗？
- 肢体会不会被卷入或者夹在物品中间？
- 存在危险工具、机器或者设备吗？
- 会不会有工人与移动物品发生有害接触？
- 会不会有工人滑倒或者摔倒？
- 会不会有工人从一个平面摔落到另一个平面，或者在同一个平面上跌倒？
- 会不会有工人在提升、推拉或者弯腰的过程中出现拉伤？
- 工人需要在极冷或者极热的环境当中工作吗？
- 有没有噪音或者振动问题？
- 有没有物品掉落的危险存在？
- 有没有照明问题？
- 天气条件会不会影响到安全？
- 有没有燃烧、爆炸或者电气方面的危险？
- 有没有有害放射性物质存在？
- 会不会接触到过热、有毒或者腐蚀性物品？
- 空气中是否有灰尘、烟雾或者蒸汽？

来源：这些问题有一部分来自 CCOHS(2009 年)的报告。注意这并不是一份完整的表单。

第 5 步：对频率和后果进行分类。为了能够为不同的风险降低活动确定优先级，研究团队需要从频率和潜在后果两个方面对每一个危险进行评价。可以使用表 4-8 和表 4-9 中的类别对频率和后果进行划分，当然，我们也可以使用“高”、“中”、“低”这些更为简单的分类方式。

很多 JSA 分析都没有对频率和后果进行分类，JSA 工作表也没有相关的记录。我们在图 14-3 中就给出了这样一个没有风险评价环节的 JSA 工作表。

第 6 步：提出解决方案。在完成危险识别和评估之后，JSA 应该提出一项或者多项措施，控制或者消除与工作相关的风险。

- 工程控制
  - 通过设计变更消除危险或者尽可能减轻危险。可以改变那些可能会产生危险的物理条件,使用那些危险性更低的物品,修改或者更换设备和工具。
  - 控制危险或者人员。
  - 采用防护、互锁或者安全栅等方式将危险隔离。
- 管理控制
  - 使用书面程序、工作许可和安全规章。
  - 对各种有害的暴露和接触进行限制。
  - 加强培训。
  - 加强工作中的监控。
  - 降低相关工作或者任务的频率。
  - 寻找一种更加安全的工作方式。
- 个人防护装备
  - 安全帽。
  - 安全眼镜。
  - 防护服。
  - 手套。
  - 防护耳塞。
  - ……

如果读者想要了解更多信息,请阅读 OSHA(2002 年)和 CCOHS(2009 年)的报告。

第 7 步:报告分析结果。通常,需要在图 14-2 和图 14-3 给出的工作表中记录 JSA 的结果,要了解更多细节信息请阅读本书第 8 章。

- 案例 14-1　吊起重型集装箱

物流企业需要将很多重型集装箱从货船甲板上吊起,然后摆放在码头。一般搬运集装箱的都是大型塔吊。工人需要在每个集装箱上挂四个吊钩,因此他要使用一个便携式的梯子爬到集装箱顶部,抓住吊钩然后把它挂在集装箱上。吊钩同样非常沉重,工作位置非常别扭,所以很容易发生工人背部拉伤的问题。并且,工人还有可能把手指甚至整个手掌夹在吊钩和集装箱之间。在吊钩挂好之后,工人需要给塔吊操作员发送信号,告诉他可以开始提升集装箱。在提升的过程中,集装箱可能会发生摆动,撞到工人。另外,工人也有可能在集装箱表面摔倒或者从集装箱上跌落。

图 14-2 列出了与这项工作相关的一些危险,这幅图只是起到一个说明的作用,并没有进行全面的分析。

14.4　需要的资源和技术

JSA 是一种简单的分析方法,不需要正式的培训或者精深的分析技巧。但是,分析人员必须要对所研究的具体工作非常了解,也应熟悉工作所属的系统。

需要根据工作的复杂程度确定团队成员的数量。JSA 团队最少应该包括两个人，最多可以达到 12 个人。至少应该有一名成员熟悉 JSA 分析方法，或者拥有相关的经验。

进行 JSA 分析所需的时间，同样也要取决于工作的复杂程度和团队成员的经验。就单独的一个任务，可能只需要 5～10min 就可以完成分析，但是对于一个包含 10 个任务的工作，JSA 分析可能就需要两三个小时。

JSA 需要收集大量的信息，这其中包括理解任务和识别危险时必要的信息。对于那些已经运行了一段时间的系统，人们已经有了很多相关的经验，那么最为重要的工作就是要让那些从事这项工作或者管理这项工作的人提供有价值的信息。JSA 中使用的信息可以通过下列方式收集：

- 采访。
- 书面工作说明（可能并不准确，而且在大多数情况下都不完整）。
- 机器使用手册。
- 工作研究（如果有的话）。
- 任务的直接观察报告。
- 多媒体帮助文件（照片或者视频记录）。
- 事故或者未遂事故报告。

观察和采访对于成功进行分析十分必要。另外非常重要的一项工作，是要与那些从事我们所分析的工作的人员建立通畅互信的沟通机制。

14.5 优势和局限

优势。JSA 的主要优势包括：

- 为工作人员提供安全培训和高效的工作流程；
- 提升工作人员的安全意识；
- 向新员工介绍任务和安全工作流程；
- 为非常规工作提供工作前的说明；
- 识别需要部署的防护措施；
- 加强员工对安全工作的参与度；
- 帮助人们对安全有正面的认识。

局限。JSA 的局限在于分析可能会非常耗时，对于复杂工作操作起来也比较麻烦。

14.6 延伸阅读

我们推荐读者阅读下列与第 14 章内容相关的文献深入学习：

- 《工作危险分析》（*Job Hazard Analysis*）是美国职业安全与健康管理委员会（OSHA）发布的指南性文件（2002 年）。
- 《安全工作分析（SJA）的常用模型》[*Common Model for Safe Job Analysis*（*SJA*）]是挪威油气行业协会发布的指南性文件（OLF-90，2006 年）。

-《让工作安全分析更简单》(*Job Safety Analysis Made Simple*)是加拿大职业健康与安全中心发布的指南性文件(CCOHS,2009 年)。

-《任务风险评估》(*Task Risk Assessment*)是英国安全阶跃改变项目发布的指南[阶跃改变项目(Step Change),2007 年]。

-《系统安全基础指南》(*Basic Guide to System Safety*)(温克利,2006 年),这本书的第 4.4 节介绍了 JSA 方法。

第15章

共因失效

任何概率安全分析，无论是分析系统的无效性，还是重大事故场景，都要包含共因失效分析。

——阿波斯托拉基斯(Apostolakis)和莫艾尼(Moieni)

15.1 简介

从20世纪70年代早期开始，核电站概率风险分析就已经在考虑共因失效(CCF)的问题。时至今日，核电行业一直对CCF都非常关注，并投入了巨大精力开发CCF模型，研究CCF相关的数据收集和分析问题。航空业也非常重视这个问题，而挪威的海洋油气工业从20世纪80年代中期以来就一直在关注与安全仪表系统可靠性评估有关的共因失效[可参阅豪格(Hauge)等人的报告，2010年]。

本章的内容基于作者与挪威工业与技术研究院的派尔·胡可斯塔德(Per Hokstad)的合作研究。本章第15.6节摘自胡可斯塔德和拉桑德2008年的文章，已经得到了斯普林格(Springer)出版社的授权。

最近，IEC 61508(2010年)标准也注意到需要控制CCF才能保证安全仪表功能的安全完善度(SIL)(见第12.4节)。在标准建议使用的方法中，计算出现要求时的失效概率(PFD)的时候考虑了CCF的影响，并使用著名的β因子模型对CCF建模。

15.2 基本概念

15.2.1 关联失效

如果系统中有元件失效，这些失效在很多时候都不能看做是独立事件。我们在分析系统的时候，需要认识到两类主要的关联：正关联和负关联。如果一个元件的失效会导致另一个元件失效的可能性增加，这种关联就是正关联；否则，如果一个元件的失效会降低另一个元件失效的可能性，这种关联就是负关联。

- 案例 15-1　包括两个元件的系统

考虑一个系统有两个元件：1号元件和2号元件。令 E_i 表示第 i 号元件处于失效状态这一事件，在这里 $i=1,2$。那么，两个元件一同失效的概率就是

$$\Pr(E_1 \cap E_2) = \Pr(E_1 \mid E_2) \cdot \Pr(E_2) = \Pr(E_2 \mid E_1) \cdot \Pr(E_1)$$

如果有 $\Pr(E_1|E_2)=\Pr(E_1)$ 并且 $\Pr(E_2|E_1)=\Pr(E_2)$，则这两个元件是独立的，因此

$$\Pr(E_1 \cap E_2) = \Pr(E_1) \cdot \Pr(E_2)$$

如果有 $\Pr(E_1|E_2)>\Pr(E_1)$ 并且 $\Pr(E_2|E_1)>\Pr(E_2)$，则这两个元件正关联(正相关)，因此有

$$\Pr(E_1 \cap E_2) > \Pr(E_1) \cdot \Pr(E_2)$$

如果有 $\Pr(E_1|E_2)<\Pr(E_1)$ 并且 $\Pr(E_2|E_1)<\Pr(E_2)$，则这两个元件负关联(负相关)，因此有

$$\Pr(E_1 \cap E_2) < \Pr(E_1) \cdot \Pr(E_2)$$

正关联是风险分析中最常见的一种关联方式，但是负关联有时也会在实际当中出现。比如，两个元件因为振动和发热互相影响，如果一个元件“损坏”需要修理，另外一个元件的运行环境反而会有所改善，因此它的失效概率也就有所降低。

15.2.2　内在关联和外在关联

关联可以分为内在关联和外在关联，其中内在关联是指一个元件的状态和性能受到系统中另外一个元件状态的影响，这种关联性很多时候是精心设计到系统当中的，比如说只有一个元件失效的时候才启用另外一个元件。

外在关联则是源自外部，比如恶劣的环境或者人为干预。读者如要想要了解更多有关内在关联和外在关联的信息，请阅读报告 NUREG/CR－6268(2007年)。

15.2.3　级联失效

有一种特殊的内在关联，如果一个元件失效，就会增加系统中其他元件(一个或者多个)的载荷，并引起这些元件失效。这种关联有时被称为元件间关联或者级联失效(cascading failure)。

- **级联失效**：一系列元件失效，其中第一个失效会将载荷转移到一个或者多个邻近元件身上，因此导致这些元件失效。而在这些元件失效后，它们又将载荷转移到其他元件身上。

级联失效可以采用马尔可夫图或者佩特里网建模，这种失效在电网或者计算机网络当中较为常见，也有可能发生在机械和机电系统里面。

15.2.4　共因失效

假设一个系统有两个元件：1号元件和2号元件。令 E_i 表示第 i 号元件处于失效状

态这一事件，在这里 $i=1,2$。描述系统关联特征的一种方法，就是考虑这两个元件可能会受到一些共同的压力，因而同步失效。在出现共同压力的时候，事件“E_1 和 E_2”(即 $E_1\cap E_2$)被看做是一个共因失效事件(CCF 事件)。CCF 事件可能是由多个类型的内在和外在关联导致的，比如以下几类：

- 物理关联。
- 功能关联。
- 位置或环境关联。
- 工厂配置关联。
- 人因关联。

CCF 并没有一个通用的定义，不同行业领域的人员对何为 CCF 事件有着不同的见解。

史密斯(Smith)和沃特森(Watson)(1980 年)对九种不同的 CCF 定义进行了综述，并指出 CCF 应该具有以下六个方面的属性：

1. 受影响的元件不能按照需要的方式运行；
2. 在冗余配置当中(也不一定局限于系统内部)存在多个失效；
3. 失效应该是“在序列中排第一位”的失效，而不是级联失效的结果；
4. 失效是在已经确定的关键时间段内(比如飞机飞行的时候)发生的；
5. 失效是由一个潜在的缺陷或者一个物理现象(失效的共同原因)引起的；
6. 失效的影响必须导致系统出现某种瘫痪，一些重要的功能无法按照需要执行。

在核电行业，共因失效被定义如下。

- **共因失效(CCF)**：导致两个或者更多元件因为相同的直接原因同步失效，或者在短期内全部处于故障状态的关联失效。

在航天工业中，CCF 事件被定义为“在系统执行任务期间，有超过一个元件因为共同原因发生的失效(或者处于不可用状态)”(斯达马特拉托斯等人，2002 年 a)。CCF 这个词意味着一个因果关系，但是这种关系在本章稍后将要介绍的大多数 CCF 模型中没有得到体现[有关这个问题，可以阅读利特伍德(Littlewood)的文章，1996 年]。

在定义 CCF 的时候，一个关键性的问题就是要解释“同步”(simultaneous)这个词。很显然，即便两个失效不是在相同的时刻发生，它们之间也可能存在着很强的关联关系。在斯达马特拉托斯等人(2002 年 a)的定义当中，如果有多个失效在执行同一个任务的时候发生，那么这些失效都可以划为共因失效。实际上，这个任务可能会持续相当长的时间。在航空工业中，CCF 一词则是用来描述在一次飞行中发生的多个失效。而对于安全仪表系统而言，主要的失效经常都是隐性的，只有在进行周期性功能测试的时候才能发现。因此，如果冗余元件的失效在同一个测试间隔内发生，就可以把这些失效归为共因失效[可参阅拉廷根(Lundteigen)和拉桑德的文章，2007 年]。测试间隔从几个月到几年不等，因为失效都是隐性的，只有在测试时才能发现，我们就很难判断测试时检测到的多个失效是因为相同的原因发生，还是它们只是碰巧在同一时刻发生。

- 案例 15-2　火灾探测器

考虑安装在同一个房间内的一系列火警探测器，它们可能对于湿度非常敏感，当室内的湿度达到一定水平，所有的探测器都有可能失效。实际上，如果湿度过高，探测器可能会性能下降并最终失效，但是每个探测器失效的时间不一定相同。从第一台探测器失效到最后一台完全没有作用，这可能需要很长的一段时间。如果对探测器进行周期性的功能测试，就可以发现这个问题。无论是失效的还是性能下降的探测器都可以得到维修或者更换。

确定测试中发现的多个失效是不是真的代表共因失效事件，需要对元件失效的原因进行彻底调查。举例来说，共因失效可能是源于错误维护或者环境压力(比如振动、高温或者高湿)，而这些原因最终导致失效的元件数量(阶数)可能也不尽相同。根据这个观点，一个共同的原因也可以只导致一个元件失效，即CCF的阶数也可能是1。

分析人员有时候会受到误导，将邻近时间内发生的所有多个失效都当做是共因失效。我们应该尽量避免这个问题，根据失效的原因对多个错误进行分类。

在那些致命性事故发生风险较高的系统当中，我们尤其应该关注关联失效。在航空和核电工业，安全分析多年来一直都致力于寻找控制和避免此类失效的方法。

• 案例15-3 *海洋石油钻井平台*

1982年，在加拿大领海曾经发生了一起共因失效事件，由于压载控制和稳定系统完全失灵，海洋徘徊者号半潜式钻井平台沉没，84名工作人员全部遇难。美国国家交通安全理事会对这起事故进行了调查，发现控制系统失灵的原因是，在暴风雨中防护玻璃损坏，海水进入压载控制面板当中。尽管经过了四个小时的努力工作，平台上的维修人员还是无法改变这个状况。

类似的事故在1986年也曾经发生在北海，当时一个半潜式钻井平台的压载控制功能几乎完全失灵。在这起事故中，故障是因为缺乏滤网导致外界的颗粒进入液压系统当中，使得多个控制阀门无法正确闭合。

IEC 61508(2010年)将CCF定义为"一个或者多个事件导致的失效，引发多通道系统中两个甚至更多独立通道一同失效，进而导致整个系统失效"。这个定义的最后一句"……导致整个系统失效"，存在一些争议。比如说，如果一个三通道系统中的两个通道同步失效，对于"三选二"(2oo3)表决机制，这确实是一个共因失效，但是对于1oo3表决而言，则有所不同。这是因为1oo3系统在两个通道处于失效状态的时候，仍然可以执行要求的功能。

15.3 共因失效的原因

通常，我们可以将共因失效的原因分为根本原因和耦合元素两类[可参阅帕里(Parry)，1991年；帕乌拉(Paula)等人，1991年]。根本原因是一个元件失效的基本原因(比如腐蚀性环境)，而耦合因素解释了为什么几个元件会受到同一个根本原因的影响(比如为多个阀门选用的材料强度不够)。如图15-1所示，根本原因和耦合因素共同作用导致了CCF发生。

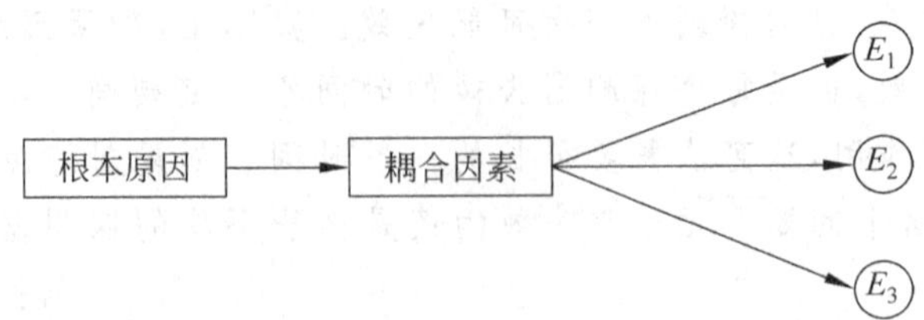

图 15-1 根本原因和耦合因素共同作用，导致 CCF 发生（E_i 表示第 i 个元件失效，$i=1,2,3$）

15.3.1 根本原因

失效的根本原因可以定义如下。

- **根本原因**：某一特定失效的根本原因是指最基本的原因，如果可以修正，就能够避免失效再次出现和类似的失效出现。

我们经常可以为一起事故（或者顶事件）找到一系列原因，找到一个原因之后还会找到产生这个原因的原因。这项追本溯源的工作直到发现了基础性、可纠正的原因才会结束（美国能源部，1992 年）。根本原因的概念与防护连接在一起，这是因为很多时候我们可以采取多种修正措施（即防护）避免其再次发生。了解了根本原因，系统设计者就可以加入安全栅，提高系统对于单一失效和共因失效的免疫力。

有很多研究调查了共因失效事件的根本原因，研究人员也提出了若干分类方法对这些事件进行划分（可参阅的文献包括：帕乌拉等人，1991 年；NEA，2004 年 b；美国能源部，1992 年；拉斯姆森，1991 年）。有多个研究显示，复杂系统中大部分的根本原因都与人员活动和流程缺陷相关。例如，一个有关核电站离心泵的调查显示，共因失效有 70% 都是源自上述两个方面（米勒等人，2000 年）。

在实际工作当中，元件失效的根本原因很少能够根据失效报告确定。必须要通过根本原因分析，辅以通用根本原因检查表，才能确定出 CCF 的根本原因（美国能源部，1992 年）。在很多情况下，只使用单一根本原因对 CCF 的描述可能过于简单了（帕里，1991 年），因此库珀（Cooper）等人（1993 年）认为，对于存在多个根本原因的情况，应该使用共同失效机制这个概念来代替根本原因。

15.3.2 耦合因素

耦合因素可以定义如下。

- **耦合因素**：导致多个元件由于一个共同原因失效的属性。

我们可以列举一些耦合因素的例子，比如[①]，

- 相同的设计。
- 相同的硬件。
- 相同的软件。

---

① NEA（2004 年 b）、NUREG/CR-5485（1998 年）以及柴尔斯（Childs）和莫斯利（Mosleh）（1999 年）都曾经对耦合因素做过更加详细的调查。

- 相同的安装人员。
- 相同的维护或者运营人员。
- 相同的流程。
- 相同的环境。
- 相同的位置。

有关核电站共因失效的研究显示，大部分影响到共因失效的耦合因素都出现在运营方面(米勒等人，2000 年)。

为了节约开支、简化运营和维护，很多行业中的技术解决方案都变得越来越标准化，无论是硬件还是软件都是如此。而这样的一个趋势却增加了耦合因素。挪威研究机构 SINTEF 曾经在挪威海洋油气设施当中进行过多次有关标准化影响的调查，研究发现，新的标准化运营理念和人员的削减都使得耦合因素不断增加(豪格等人，2006 年)。

15.4 共因失效建模

15.4.1 显性建模和隐性建模

CCF 可以采用显性和隐性两种建模方式。如果我们可以识别并且定义出 CCF 的具体原因，这个原因就可以在系统逻辑模型中明确地表示出来，比如图 15-2 中事件树模型上的基本事件或者可靠性框图中的功能框(可参阅斯达马特拉托斯等人，2002 年 b；拉桑德和霍伊兰德，2004 年)，这就是显性建模。同样，显性原因还可以包含在事件树当中，下面的一些原因都可以采用显性建模方式：

- 人因错误。
- 设施失效(比如供电、制冷、加热)。
- 环境事件(比如地震、闪电)。

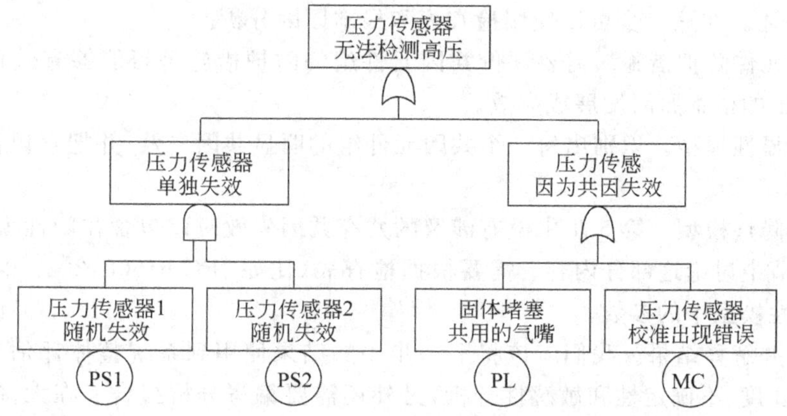

图 15-2　包含两个压力传感器的系统共因失效显性模型

[摘自萨莫斯(Summers)和拉尼(Raney)，1999 年]

• 案例 15-4 共因失效的显性建模

有两个压力传感器安装在压力容器上，如果两个传感器同时失效，那么这个压力传感系统即告失效。如图 15-2 中的故障树所示，失效可能是由两个独立失效或者两个传感器的共因失效引起。压力传感器安装在容器中同一个气嘴(细管)上面，如果气嘴被固体堵塞，传感器就无法检测到容器中的高压。同一个测试团队定期对两个传感器进行校准，如果他们在一个传感器上出现了校准错误，他们也很容易在另外一个传感器上出现同样的错误。图 15-2 的故障树指出了共因失效的显性原因。

另外，有些关联原因很难或者根本不可能发现，也就难以明确地给出模型。我们称这些原因为残存原因，也就只能采取隐性建模的方式。残存原因包括很多根本原因和耦合因素，比如相同的制造商、相同的环境和维护错误等。这种原因有很多，因此很难在一棵故障树或者事件树当中很好地表达。

在建立隐性模型的时候，我们需要牢记哪些原因已经出现在显性模型当中，它们就不必重复考虑了。对于小型系统模块，我们有可能使用马尔可夫技术或者佩特里网同时描述显性和隐性的原因，这些内容在第 10 章中有所介绍(也可参阅拉廷根和拉桑德 2009 年的论文)。

15.4.2 建模方法

CCF 的建模和分析是风险或者可靠性研究的一部分，因此至少需要包括以下几个步骤[可参阅拉斯姆森，1991 年；约翰斯顿(Johnston)，1987 年]：

1. 建立系统逻辑模型。这一步包括熟悉系统、系统功能失效分析、建立系统逻辑模型(比如故障树、可靠性框图和事件树)等任务。

2. 识别共因元件组。需要识别出不能假设彼此独立的一组元件。

3. 识别根本原因和耦合因素。需要为每一个共因元件组识别出根本原因和耦合因素，并进行描述。在这一步可以使用检查表和根本原因分析。

4. 评估元件防护措施。需要评价共因元件组的防护措施是否能够有效地阻止在上一步中识别出的根本原因发展成失效。

5. 建立显性模型。识别出每一个共因元件组的明显共因失效，并把它包含到系统逻辑模型当中。

6. 涵盖隐性模型。第 5 步中没有涉及的残存共因失效应该包含在隐性模型当中，我们将在下一节中讨论这部分内容。需要根据检查表(比如 IEC 61508，2010 年)或者现有数据预测隐性模型中的参数。

7. 量化并解释结果。我们应该将上一步中的结果使用到系统整体评估当中。这一步还包括重要度、不确定性和敏感性分析，另外还需要编写分析报告。在大多数情况下，我们都无法找到显性模型中 CCF 原因的高质量输入数据。但是，即便是质量较低的输入数据，或者干脆靠"猜"，这样分析的结果也要比将明显原因包含在通用(隐性)CCF 模型中所获得的结果更加准确。

本节后面部分讨论的 CCF 模型主要关注的都是共因失效的隐性原因。

15.4.3 失效的阶数

元件的失效，可能是一个单独失效，也可能是一组多重失效中的一环。我们在这里将同步失效的元件的数量称为失效的阶。在后面的部分当中，元件也经常被称为通道，我们要研究的内容是阶和它的分布。

考虑一个包含 n 条通道的系统，在很多 CCF 模型中，我们都需要做出如下假设：

- 系统的 n 条通道是完全对称的，也就是说每条通道的元件都具有相同的固定失效速率。
- 对于 k 条通道失效，$n-k$ 条通道没有失效的情况，各种通道组合的概率都是相同的。
- 如果从 n 条通道中去除 j 条，对于剩下的 $n-j$ 条通道的失效概率没有影响。

失效阶数的分布有几种，我们会在本章稍后的部分进行讨论。在这里，我们首先要阐述包含三条相同通道的系统的情况。

包含三条通道的系统。令 E_i^* 表示第 i 条通道功能正常，而 E_i 表示这条通道失效，在这里 $i=1,2,3$。一条具体通道的失效(比如通道 1)可以包含在四个独立的失效场景当中：

- 通道 1 失效是一个单独的失效，即 $E_1 \cap E_2^* \cap E_3^*$。
- 通道 1 失效和通道 2 失效一起发生，属于一个双重失效，即 $E_1 \cap E_2 \cap E_3^*$。
- 通道 1 失效和通道 3 失效一起发生，属于一个双重失效，即 $E_1 \cap E_2^* \cap E_3$。
- 通道 1、通道 2、通道 3 同时失效，这属于一个三重失效，即 $E_1 \cap E_2 \cap E_3$。

对于通道 2 和通道 3 也可以采取类似的表达方式。

令 $g_{k,n}$ 表示一个功能正常和失效通道的组合方式，也就是说(正好)有 k 条通道处于失效状态，而 $n-k$ 条通道功能正常。那么，具体一个单独失效的概率是

$$\begin{aligned} g_{1,3} &= \Pr(E_1 \cap E_2^* \cap E_3^*) = \Pr(E_1^* \cap E_2 \cap E_3^*) \\ &= \Pr(E_1^* \cap E_2^* \cap E_3) \end{aligned} \tag{15-1}$$

具体某一个双重失效的概率是

$$\begin{aligned} g_{2,3} &= \Pr(E_1 \cap E_2 \cap E_3^*) = \Pr(E_1 \cap E_2^* \cap E_3) \\ &= \Pr(E_1^* \cap E_2 \cap E_3) \end{aligned} \tag{15-2}$$

而三重失效的概率是

$$g_{3,3} = \Pr(E_1 \cap E_2 \cap E_3) \tag{15-3}$$

令 $Q_{k;3}$ 表示包含三条相同通道的系统出现 k 阶(意外)失效的概率，其中 $k=1,2,3$。1 阶和 2 阶失效分别有三种方式，因此

$$\begin{aligned} Q_{1;3} &= \binom{3}{1} \cdot g_{1,3} = 3 \cdot g_{1,3} \\ Q_{2;3} &= \binom{3}{2} \cdot g_{2,3} = 3 \cdot g_{2,3} \\ Q_{3;3} &= \binom{3}{3} \cdot g_{3,3} = g_{3,3} \end{aligned} \tag{15-4}$$

阶的条件概率。假设我们观察(测试)一条通道,发现这条通道处于失效状态。在不失一般性的前提下,我们可以假设这条通道是通道 1。令 Q 表示这个事件的概率。如果观察到这样一个失效,我们知道失效的阶可以是 1、2 或者 3。令 $f_{k,3}$ 表示在我们已知某一通道失效的情况下,k 阶失效的条件概率,其中 $k=1,2,3$。对于三重失效而言,通道 1 的失效包含在这个三重失效事件当中,我们有

$$f_{3,3}=\Pr(E_1\cap E_2\cap E_3\mid E_1)=\frac{\Pr(E_1\cap E_2\cap E_3)}{\Pr(E_1)}=\frac{g_{3,3}}{Q} \tag{15-5}$$

而对于双重失效,通道 1 失效会出现在式(15-2)三种可能失效组合中的两种组合里。根据上面的讨论,我们可以得到包含通道 1 失效和通道 2 失效的双重失效的条件概率是

$$\frac{g_{2,3}}{Q}$$

而包含通道 1 失效和通道 3 失效的双重失效的条件概率是

$$\frac{g_{2,3}}{Q}$$

那么包含通道 1 失效和另外一条通道失效的双重失效的条件概率是

$$f_{2,3}=\frac{g_{2,3}}{Q}+\frac{g_{2,3}}{Q}=\frac{2g_{2,3}}{Q} \tag{15-6}$$

对于一个单独失效而言,通道 1 的失效只可能出现在式(15-1)中的一个失效组合当中,因此通道 1 失效是一个单独失效的条件概率是

$$f_{1,3}=\frac{g_{1,3}}{Q} \tag{15-7}$$

我们还应该注意到,因为系统只有三种独立的失效方式,$f_{1,3}+f_{2,3}+f_{3,3}=1$。

对于包含 n 条相同通道的系统,我们都可以建立出与本节类似的公式。

15.5 β因子模型

弗莱明(Fleming)在 1975 年提出的 β 因子模型至今仍然是最常用的 CCF 模型。可以使用一个简单的例子解释 β 因子模型:假设有一个系统包含 n 条相同的通道,每条通道都有固定失效速率 λ。假定某一条通道已经失效,这个失效会以概率 β 引发所有 n 条通道失效,而仅仅引起自身失效的概率就是 $1-\beta$。那么系统的共因失效概率 $\lambda_C=\beta\lambda$,出现这种失效的时候所有的 n 条通道都无法工作。除此之外,每条通道还有一个独立失效速率 $\lambda_I=(1-\beta)\lambda$。那么对于一条通道来说,它的总体失效速率可以写成

$$\lambda=\lambda_I+\lambda_C \tag{15-8}$$

参数 β 可以表示为

$$\beta=\frac{\lambda_C}{\lambda_I+\lambda_C}=\frac{\lambda_C}{\lambda} \tag{15-9}$$

因此,β 可以解释成 CCF 占一条通道全部失效的相对比例。β 因子还可以进一步被认为是一条通道的失效是共因失效的条件概率,即

$$\Pr(\text{CCF}\mid\text{通道失效})=\beta$$

β 因子模型也可以看做是一个冲击模型,其中冲击按照一个速率为 λ_C 的齐次泊松过

程随机发生。每一次在有冲击发生的时候，无论通道当时的状况如何，系统中所有的通道都会失效。因此，每条通道可能会因为两个独立的原因失效：冲击以及通道自身（个体）的原因。速率 λ_I 有时候也称为个体失效速率。

15.5.1 包含相同通道的并行系统

考虑一个包含 n 条相同通道的并行系统，每条通道的失效速率为 λ。可能会有外部事件能够引起系统中的每条通道都失效。

这个外部事件可以用一个"假定"元件（C）表示，该元件与系统的其他部分串联。图15-3当中可靠性框图描述的就是系统。如果使用 β 因子模型，元件 C 的失效速率就是 $\lambda_C=\beta\lambda$，而图15-3中并联结构里的 n 条通道可以认为是独立的，个体失效速率为 $\lambda_I=(1-\beta)\lambda$。

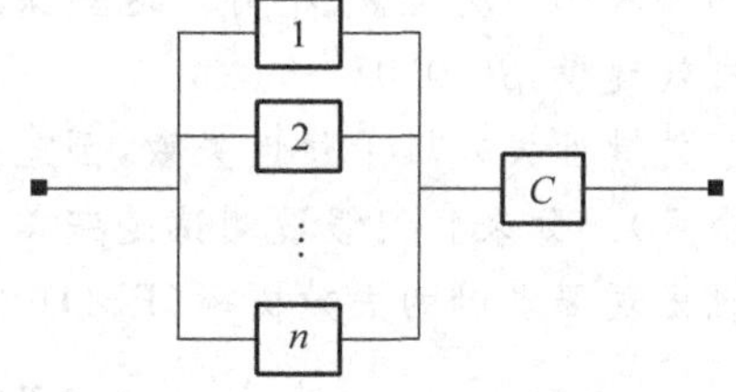

图 15-3 包含共因"元件"的并行系统

那么系统的可靠度函数（也称为生存函数）就是（具体推导过程见本书附录A）：

$$R(t)=1-(1-R_I(t))^n=1-(1-e^{-(1-\beta)\lambda t})^n\cdot e^{-\beta\lambda t} \tag{15-10}$$

注释：对于固定的 β，在 β 因子模型中CCF的速率为 $\lambda_C=\beta\lambda$，随着总体失效速率 λ 增加而增加。因此，会出现很多失效的系统，在这里认为也会有很多共因失效。因为修理和维护经常被当作是CCF的主要原因，也就可以认为，需要很多修理的系统也会有很多共因失效。

有失效发生的时候，失效事件的阶数可能是1或者 n。如果使用 β 因子模型，那么阶数就不可能是大于1小于 n 的中间值。也就是说，失效各个阶的条件概率是（见第15.4.3节）

$$f_{1,n}=1-\beta$$
$$f_{k,n}=0$$
$$f_{n,n}=\beta$$

其中，$k=2,3,\cdots,n-1$。

图15-4说明了包含三条相同通道的系统具有上述性质。在这个系统中，E_i 表示第 i 条通道失效，$i=1,2,3$。假设我们观察（测试）到其中一条通道，比如通道1，已经处于失效状态，这时我们就处在圆圈 E_1 当中，而圆圈中的数字0、β 和 $1-\beta$ 分别表示失效中包含的通道数量的条件概率。$1-\beta$ 表示已经观察到的失效是一个单一（个体）失效的概率，

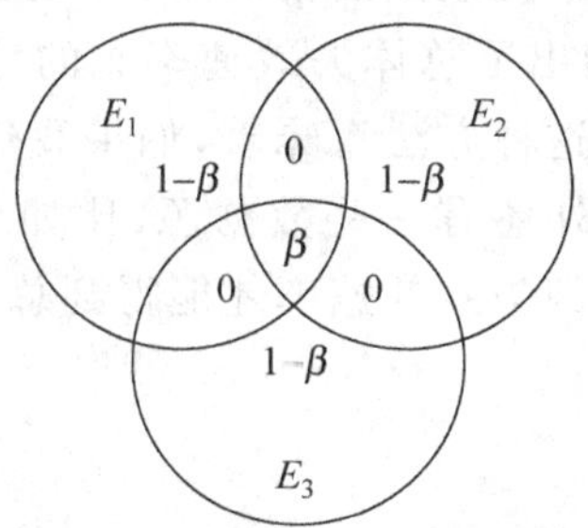

图 15-4 在使用 β 的时候，一个包含三条相同通道的系统各阶失效比例情况

β表示已经观察到的失效是一个阶数为 3 的系统完全失效的概率，而 0 表示阶数为 2 的失效不可能发生。

- 案例 15-5 出现要求时的失效概率

假设有一个装配三个烟雾探测器的系统，采用 1oo3 的表决方式。这意味着，三条通道中至少有一条功能正常的时候，系统的功能即为正常。探测器关键性失效的估计值是 $\lambda=5.0\times10^{-6}$ 次失效/小时。这些探测器可能会出现共因失效，我们使用 β 因子模型对共因失效建模，$\beta=0.07$。

关键性失效属于隐性失效，因此系统需要进行周期性测试，测试间隔为 $\tau=2\,190$h(即三个月)。如果我们假设测试是完美的，在每次测试完成之后探测器都“完好如初”，那么系统出现要求时的失效概率(PFD)是[①]

$$\text{PFD}=1-\frac{1}{\tau}\int_0^{\tau}R(t)\,\mathrm{d}t$$

其中 $R(t)$ 如公式(15-10)所示，是 1oo3 系统的可靠度函数。因此我们可以得到

$$\begin{aligned}\text{PFD}&=1-\frac{1}{\tau}\int_0^{\tau}\left(1-\left(1-e^{-(1-\beta)\lambda t}\right)^3\right)\cdot \mathrm{e}^{-\beta\lambda t}\\&\approx\frac{[(1-\beta)\lambda\tau]^3}{4}+\frac{\beta\lambda\tau}{2}\\&\approx 2.64\times10^{-7}+3.83\times10^{-4}\end{aligned}$$

该系统的总体 PFD 可以近似为 3.83×10^{-4}。如果我们假设系统连续运行，这就意味着系统在运行的周期里面有 0.038 3% 的时间是不可用的(即我们没有得到保护)，即平均每年不可用的时间是 3.36h(一年≈8 760h)。

我们使用级数展开方法进行了上面的近似，在这个例子中，这种近似是完全可以接受的。本例中的 PFD 由两个部分构成，一部分是独立失效，另一部分是共因失效，而后者占据了主导地位。因此我们只需要考虑共因失效，就可以得到 PFD 足够准确的近似结果。

我们还需要注意 β 因子模型的一个特征，就是对于所有 $k$oo$n$ 配置，共因失效都是 PFD 的主导因素。因此，对于所有的配置，无论是 1oo2、1oo3 还是 2oo3，我们都可以近似得到相同的 PFD 数值。

因为 β 因子模型非常简单，实际应用中的共因失效建模会经常使用。IEC 61508 就建议在进行安全仪表系统 PFD 量化的时候使用 β 因子模型(见第 12 章)。

参数 β 很容易解释，在存在相关数据的情况下，也很容易进行估计。我们需要注意，有一些数据源，比如 OREDA，给出了总体失效速率 λ 的估计值，很多分析都接受这个失效速率，并把它当做一个常数。这种方法意味着，如果我们增加 β 的值，个体(单独)失效的速率 λ_I 就会随之变小。而另外还有一些数据源，比如 MIL-HDBK-217F，只给出了个体失效速率 λ_I，因此需要加入共因失效的速率才能得到总体失效速率。

① 要了解 PFD 计算的基本理论和方法，请阅读拉桑德和霍伊兰德的教材(2004 年，第 10 章)。

15.5.2　包含不同通道的系统

最初，β 因子的定义是针对具有同样固定失效速率 λ 的相同通道。然而，很多系统的各个通道并不一样。在这种情况下，定义并解释 β 因子则要困难得多。有时候，我们可以使用这样一种方法，将共因失效的速率定义为元件失效速率几何平均数的一部分（比例为 β），即

$$\lambda_C = \beta \cdot \left(\prod_{i=1}^{n} \lambda_i\right)^{1/n} \tag{15-11}$$

15.5.3　C 因子模型

埃文斯（Evans）等人在 1984 年提出了 C 因子模型，这个模型与 β 因子模型几乎相同，但是使用另外一种方式定义共因失效的比例。在 C 因子模型中，CCF 的速率被定义为 $\lambda_C = C \times \lambda_I$，也就是个体失效速率 λ_I 的一定比例。因此，总体失效概率就可以写成 $\lambda = \lambda_I + C \times \lambda_I$。在这个模型当中，个体失效概率 λ_I 为常数，而 CCF 的速率加到这个速率上面就得到总体失效速率。

15.5.4　具体情况 β 因子

在工厂当中实施的共因失效事件的防护措施，会影响 CCF 事件的比例。因此，根据通用数据得到的 β 估计值的作用有限。根据 NUREG/CR—6268（2007 年），这些防护措施可以分为：

- 功能安全栅。
- 物理安全栅。
- 监控和注意。
- 维护人员任用和计划。
- 元件识别。
- 多样性。

根据采用的防护措施以及实际系统可能出现的共因失效，如何选择“正确的”β 值，各种研究都提出了很多建议。我们在这里简要介绍三种方法，它们都用来在具体情况下确定 β 的值。

汉弗莱方法。汉弗莱（1987 年）提出了一种确定具体情况 β 值的方法。他识别出八种对于 β 的实际值具有重要影响的因素（分为设计、运营和环境三类）。表 15-1 列出了这些因素，并且根据专家判断以及可靠性工程师之间的讨论给出了这些因素的权重。还有一些可能的因素，因为实在难以量化，没有包含在表格当中。在汉弗莱（1987 年）文章的附录中，作者提出这八个因素可以根据五个等级（从 a 到 e，其中 a 代表最差，e 代表最佳）进行衡量。对于具体的情况，八大因素可以根据实际表现定级，再赋以表 15-1 中给出的权重。估计具体情况 β 数值的简单流程如下：

1. “a”列的和表示最差的可能情况，对应 $\beta = 0.3$，这个值被认为是实际当中最糟糕的情况。

2. “e”列的和表示最好的可能情况，对应$\beta=0.001$(即在实际当中β的值不大可能会更低)。

3. 根据上面的数值，选择50 000作为分母。因为在本例中，“a”列的和为15 000，而“e”列的和是50。

在具体计算的时候，可以将各个类别的权重相加然后除以50 000，得到具体情况的β值。

表15-1 汉弗莱(1987年)方法中的因素和权重

因素	子因素	权重				
		a	b	c	d	e
设计	分离性	2 400	580	140	35	8
	相似性	1 750	425	100	25	6
	复杂性	1 750	425	100	25	6
	分析	1 750	425	100	25	6
运营	流程	3 000	720	175	40	10
	培训	1 500	360	90	20	5
环境	控制	1 750	425	100	25	6
	测试	1 200	290	70	15	4

• 案例15-6 相同通道

考虑一个各个通道相同的系统。这个系统对于因素“相似性”来说，是最坏的情况(即处于等级“a”)。如果其他各个因素都处于最好的情况“e”，那么它的总体权重就是1 795，因此β的估计值就是0.036。这意味着，在我们使用汉弗莱方法(1987年)的时候，包含相同通道系统的β可能取值最小就是3.6%。

IEC 61508方法。在IEC 61508第六部分的附录D中，标准建议使用一种与汉弗莱方法(1987年)理念类似的方法。IEC方法适用于安全仪表系统(见第12章)。具体情况的β值需要分别对输入元件、逻辑控制器和最终元件进行计算。为了估计β值，需要评价或回答40个有关安全系统每一类元件的具体问题，问题涉及以下方面[IEC 61508，2010年；史密斯(Smith)和辛普森(Simpson)，2005年]：

1. 物理分离或隔离程度。
2. 多样性或冗余度(比如不同的技术、设计，不同的维护人员)。
3. 设计的复杂性和经验的丰富程度。
4. 评估或分析以及反馈数据的使用。
5. 流程或人机界面(比如维护或测试)。
6. 能力/培训/安全文化。
7. 环境控制(比如温度、湿度、人员接触情况)。

8. 环境测试。

接下来,对于第 i 个问题向每个系统元素分配 X_i 和 Y_i 分数,其中选择 X_i 表示诊断性测试改善了元件性能,选择 Y_i 表示没有改善。X_i/Y_i 这个比值则表示对于第 i 个问题,诊断性测试作为共因失效的一种防护措施所起到的作用。下一步,我们使用简单的公式计算总得分,并将这个分数与 IEC 61508 第六部分中表 D.4 里面的预设值进行比较,得到 β 的估计值。这个过程会得到五个可能的 β 值:0.5%(只有逻辑控制器发生失效)、1%、2%、5%和 10%(输入元件和最终元件失效)。因此,对于输入元件和最终元件而言,最大的 β 可能取值是 10%,这个值要比汉弗莱方法的最大取值低,主要的原因在于安全仪表系统会经常进行诊断性测试,因此消除了相关的失效,也可以避免相应的共因失效。

因为存在两个分数 X 和 Y,IEC 标准对于已检测到的失效和未检测到的失效会给出不同的 β,因此这种方法实际上在计算 β 的时候使用到了诊断覆盖率(diagnostic coverage,DC)。

整合部分法。整合部分法(the unified partial method,UPM)是由英国核电工业开发[可参阅齐特罗(Zitrou)和贝德福德(Bedford)2003 年的文章],同样也是基于 β 因子模型。在 UPM 框架当中,对于共因失效有八类防护措施:

1. 环境控制。
2. 环境测试。
3. 分析。
4. 安全文化。
5. 分离。
6. 冗余和多样性。
7. 理解。
8. 操作员互动。

这种方法同样采用五级得分制,对于每一类防护措施 $j,j=1,2,\cdots,8$,实际系统都会对应一个相应的等级 $x_{i,j},i=1,2,\cdots,5$。与之相应的系统得分 $s_j(x_{i,j})$ 可以从基于过去研究的通用打分表中得到。而系统总体的 β 因子就是这些得分的总和。

齐特罗等人在后续的文章当中(2004 年,2007 年,2010 年)继续讨论了 UPM 模型,并提出了一种基于贝叶斯网络或者影响图(见第 10 章)的创新方法,可以用来评估具体情况的 β 因子。

15.6 更加复杂的共因失效模型

15.6.1 模型假设

我们在这里采用与第 15.4.3 节相同的假设。这些假设暗示,我们不需要为不同的 n 值设定完全不同的参数。也就是说,处理两个元件($n=2$)共因失效的参数,也可以用来处理三个元件($n=3$)的问题。

注释:贝克曼(Beckman,1995 年)曾经对这些假设提出了尖锐的批评,他认为共因失效的概率依赖于系统架构，并指出三元冗余架构的系统发生共因失效的概率要比二元架构高出三倍。但是，他并没有为自己的判断提供任何正式的论证。

令 Z 表示包含 n 条通道的系统发生共因失效时失效通道的数量。我们看到，如果使用 β 因子模型，Z 只可能取 1 和 n。现在有很多方法可以对这个模型进行拓展。举例来说，我们可以假设 Z 具有某种参数分布，比如二元分布；或者我们也可以允许 Z 遵循完全一般的分布，但是可以采用多种方法对分布进行参数化。

在本节后面的部分中，我们首先考虑 Z 遵循一个参数分布。接下来，我们会着眼于一般情况，尤其是多希腊字母模型。最后，我们会介绍多 β 因子(the multiple beta-factor, MBF)模型以及该模型的一个案例。

15.6.2 二项失效速率模型及扩展

维塞利(Vesely)在 1977 年提出了二项失效速率(the binomial failure rate, BFR)模型，用于研究以下情况：系统包含 n 条相同的通道，每条通道都是随机失效，通道之间彼此独立，并且假设它们具有相同的个体(独立)失效速率 λ_I。

BFR 模型的前提是共因失效来自对系统的冲击(埃文斯等人，1984 年)。这些冲击遵循速率为 v 的齐次泊松过程随机发生。一旦有冲击发生，假设每一条通道的失效概率为 p，失效与否与其他通道的状态无关。因此，冲击之后失效通道的数量 Z 是一个二项分布 (n, p)。由于冲击导致的失效阶数 Z 等于 z 的概率是

$$\Pr(Z = z) = \binom{n}{z} p^z (1 - p)^{n-z} \tag{15-12}$$

其中 $z = 0, 1, \cdots, n$。

因此，在一次冲击中平均的失效通道数量是 $E(Z) = np$。现在假设：(i)冲击和个体失效彼此独立；(ii)所有的失效都可以立即发现并修复，修复时间可以忽略。这些假设暗示，在没有冲击的情况下，一条通道发生独立失效的时间间隔遵循失效速率为 λ_I 的指数分布，而两次冲击之间的时间遵循速率为 v 的指数分布。因此，在任何一个时间区间 t_0 内，某一条通道发生独立失效的数量是参数为 $\lambda_I t_0$ 的泊松分布，而在相同时间区间内的冲击次数是参数为 $v t_0$ 的泊松分布。

所以，由于冲击导致的通道失效速率等于 pv，那么一条通道的总体失效速率就是

$$\lambda = \lambda_I + pv \tag{15-13}$$

如果使用这个模型，我们必须要估计独立失效速率 λ_I 以及另外两个参数 v 和 p。参数 v 和系统受到的“压力”程度有关，而 p 的取值依赖于系统针对外部冲击内置的通道保护程度。注意，如果系统只有两条通道，BFR 模型和 β 因子模型就是一样的。

在这里，我们假设在发生冲击之后，各个通道的失效彼此独立。但是实际上，这个假设有很大的局限，经常不符合实际的情况。要解决这个问题，我们可以将冲击的一部分定义为“致命”冲击，也就是说这部分冲击会导致所有通道失效，即 $p=1$。如果所有的冲击都是“致命”的，那么我们就又回到了 β 因子模型。从这个例子中，我们可以观察到 $p=1$ 意味着系统对于外部冲击没有采取任何内置的防护措施。

在实际当中，更常见的情况是个体失效同时伴随着致命冲击和非致命冲击。因此，即

便是在致命冲击和非致命冲击彼此独立发生的情况下，模型也会变得相当复杂。

15.6.3 多希腊字母模型

还有一些β因子的扩展模型，其中最为人们熟知的三个分别是：

- 基本参数(the basic parameter，BP)模型(莫斯利，1991年)。
- α因子模型[莫斯利和萧(Siu)，1987年；NUREG/CR-4780，1989年]。
- 多希腊字母(the multiple Greek letter，MGL)模型(弗莱明等人，1986年)。

我们在这里简要介绍一下弗莱明等人(1986年)提出的MGL模型。在下一小节中，我们还会介绍一个更新的模型——多β因子(MBF)模型。α因子模型是航天工业推荐使用的模型(斯达马特拉托斯等人，2002年a)。

在MGL模型当中，研究人员采用希腊字母表示多种条件概率：

β=一条通道的失效原因与另外至少一条通道的失效原因一致的条件概率。

γ=对于某一通道失效，已知至少有另外一条通道由于相同原因失效。在这种情况下，至少有另外两条通道因为相同原因失效的条件概率。

δ=对于某一通道失效，已知至少有另外两条通道由于相同原因失效。在这种情况下，至少有另外三条通道因为相同原因失效的条件概率。

如果有更高阶的失效，还可以加入更多的希腊字母。我们可以发现，β因子模型实际上就是MGL模型在$n=2$的时候的一个特例。即除了β之外，MGL模型中其他所有的参数都等于1。

包含三条相同通道的系统。我们使用一个包含$n=3$条通道的系统来解释MGL模型。和前面一样，我们令E_i表示第i条渠道失效，$i=1,2,3$，令Z表示失效阶数。假设已经观察到通道1失效，令$\Pr(E_1)=Q$表示这个事件的(无条件)概率。根据β的定义，有

$$\Pr(E_1 \cap Z > 1) = \Pr(Z > 1 \mid E_1) \cdot \Pr(E_1) = \beta Q$$

这意味着通道1发生单独失效的概率是

$$\Pr(E_1 \cap Z = 1) = 1 - \Pr(E_1 \cap Z > 1) = 1 - \beta Q$$

通道1发生二阶或者更高阶失效的概率是

$$\begin{aligned}\Pr(E_1 \cap Z > 2) &= \Pr(Z > 2 \mid E_1) \cdot \Pr(E_1) \\ &= \Pr(Z > 2 \mid Z > 1 \cap E_1) \cdot \Pr(Z > 1 \mid E_1) \cdot \Pr(E_1) \\ &= \beta\gamma Q\end{aligned}$$

因为该系统只有三条通道，$Z>2$的意思就是$Z=3$。这说明，通道1发生一个三重失效(三条通道失效)的概率是

$$\Pr(E_1 \cap Z = 3) = \beta\gamma Q$$

因为失效的阶必定为1、2或者3，现在就可以得到通道1发生双重失效的概率是

$$\begin{aligned}\Pr(E_1 \cap Z = 2) &= 1 - \Pr(E_1 \cap Z = 1) - \Pr(E_1 \cap E_3) \\ &= 1 - (1 - \beta Q) - \beta\gamma Q \\ &= \beta(1 - \gamma)Q\end{aligned}$$

按照同样的方法，无论n的取值如何，我们都可以采用条件概率(即希腊字母)表示任意阶的失效概率。

15.6.4 多 β 因子模型

多 β 因子(MBF)模型是 PDS[①] 方法的一部分(胡可斯塔德和科内柳森,2004 年),与 MGL 模型比较类似。在 MBF 模型中,一个 $koon$ 系统的失效概率 Q_{koon} 可以根据下式确定:

$$Q_{koon} = C_{koon} \cdot \beta Q \tag{15-14}$$

其中 Q 是一条通道处于失效状态的概率,C_{koon} 是一个取决于系统配置的影响因子,而 β 是我们已知一条通道失效的情况下,正好有另外一个失效的条件概率。

参数 β 与通道数量 n 以及系统配置都没有什么关系。当 $n=2$ 的时候,β 的含义与在 β 因子模型当中的相同。需要注意的是,这个模型中的 β 与 MGL 模型中的 β 还是有一些差别的。

我们首先通过一个包含三条相同通道的系统来解释 MBF 模型。

包含三条相同通道的系统。考虑一个与第 15.4.3 节相同的包含三条相同通道的系统,令 E_i 表示第 i 条渠道失效,$i=1,2,3$。假设我们随机选择一条通道进行观察(测试),发现这条通道处于失效状态。令 Q 表示这一事件的无条件概率,即不考虑其他通道状态时候的概率。在不失一般性的前提下,我们可以假设这条失效的通道是通道 1。令 β 表示第二条通道(通道 2 或者通道 3)也已经失效的概率,再令 β_2 表示当我们已知两条通道失效的情况下第三条通道失效的条件概率。

根据等式(15-1),发生三重失效的概率是

$$\begin{aligned} g_{3,3} &= \Pr(E_1 \cap E_2 \cap E_3) \\ &= \Pr(E_3 \mid E_1 \cap E_2) \cdot \Pr(E_2 \mid E_1) \cdot \Pr(E_1) \\ &= \beta_2 \beta \cdot Q \end{aligned}$$

如果我们观察一条通道(通道 1)并发现该通道处于失效状态,那么这个失效是一个三重失效的条件概率是

$$f_{3,3} = \frac{g_{3,3}}{Q} = \beta_2 \beta \tag{15-15}$$

根据等式(15-2),某一双重失效的概率(比如通道 1 和通道 2 失效)是

$$\begin{aligned} g_{2,3} &= \Pr(E_1 \cap E_2 \cap E_3^*) \\ &= \Pr(E_3^* \mid E_1 \cap E_2) \cdot \Pr(E_2 \mid E_1) \cdot \Pr(E_1) \\ &= (1 - \beta_2)\beta \cdot Q \end{aligned}$$

因为通道的类型都是一致的,对于所有三种双重失效的组合,我们得到的结果都是相同的。

当一条通道(通道 1)已经失效,这个失效是涵盖通道 1 和通道 2 的双重失效的条件概率是

$$f_{2,3}^{(2)} = \frac{g_{2,3}^{(2)}}{Q} = (1 - \beta_2)\beta$$

---

① PDS 是挪威语“计算机安全系统可靠性”的缩写。PDS 方法是由挪威研究机构 SINTEF 开发的。

类似地，涵盖通道 1 和通道 3 的双重失效的条件概率是

$$f_{2,3}^{(3)} = \frac{g_{2,3}^{(3)}}{Q} = (1-\beta_2)\beta$$

那么，通道 1 失效是一个包含一条通道的双重失效的条件概率是

$$f_{2,3} = f_{2,3}^{(2)} + f_{2,3}^{(3)} = 2(1-\beta_2)\beta$$

如果有一条通道被发现处于失效状态，那么失效的阶必为 1、2 或者 3，因此我们有 $f_{1,3}+f_{2,3}+f_{3,3}=1$。因此，通道 1 失效是一个单独（个体）失效的概率是

$$f_{1,3} = 1 - f_{2,3} - f_{3,3} = 1-(2-\beta_2)\beta$$

如果观察到一条通道失效，各阶失效的比例为

$$\begin{aligned} f_{1,3} &= 1-(2-\beta_2)\beta \\ f_{2,3} &= 3(1-\beta_2)\beta \\ f_{3,3} &= \beta_2\beta \end{aligned} \tag{15-16}$$

图 15-5 显示了这个比例情况。

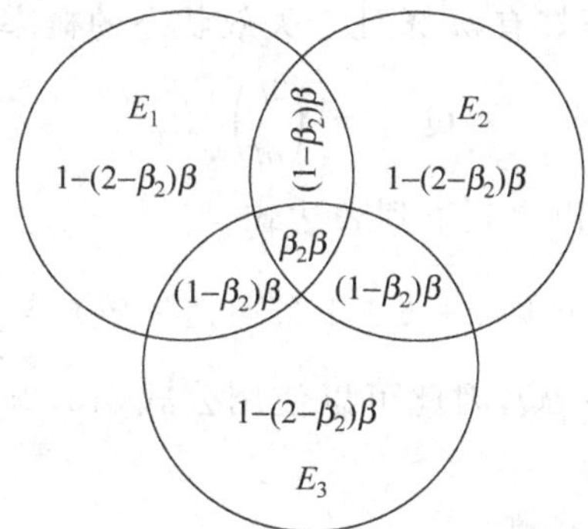

图 15-5　在使用多 β 因子（MBF）模型的时候，一个包含三条相同通道的系统各阶失效的比例情况

和第 15.4.3 节一样，我们令 $Q_{k;3}$ 表示包含三条相同通道的系统出现阶数为 k 的概率，其中 $k=1,2,3$。因为 1 阶和 2 阶失效都可能会有三种不同的通道组合，我们可以得到

$$\begin{aligned} Q_{1;3} &= 3[1-(2-\beta_2)\beta]\cdot Q \\ Q_{2;3} &= 3(1-\beta_2)\beta\cdot Q \\ Q_{3;3} &= \beta_2\beta\cdot Q \end{aligned} \tag{15-17}$$

三条通道的可能配置。包含三条通道的系统，可以按照三种不同的方式进行配置：1oo3（并联）结构、2oo3 结构和 3oo3（串联）结构。

对于 1oo3 结构，只需要至少有一条通道功能正常，系统就可以工作。系统只有在三条通道全部失效的时候才会失效。因此，1oo3 结构系统失效的概率是

$$Q_{1oo3} = Q_{3;3} = \beta_2\beta\cdot Q \tag{15-18}$$

2oo3 结构要求三条通道中至少有两条功能正常，系统才能工作。如果三条通道中至少有两条失效，那么系统也会失效。系统失效的概率是

$$Q_{2oo3} = Q_{2;3} + Q_{3;3} = (3-2\beta_2)\beta\cdot Q \tag{15-19}$$

对于 3oo3（串联）结构来说，三条通道中只要有一条失效，系统就会失效。系统的失

效概率是

$$Q_{3oo3} = Q_{1;3} + Q_{2;3} + Q_{3;3} = [3-(3-\beta_2)\beta]\cdot Q \tag{15-20}$$

MBF 模型给定 $Q_{koon}=C_{koon}\cdot\beta Q$，通过与上面的结果进行比较，我们可以得到配置因子

$$\begin{aligned} C_{1oo3} &= \beta_2 \\ C_{2oo3} &= 3-2\beta_2 \end{aligned} \tag{15-21}$$

包含 n 个相同通道的系统。上面介绍的用于三通道系统的方法，可以扩展到包含 n 条相同通道的系统。每次当通道的数量从 m 增加到 $m+1$ 时，我们就需要使用一个新的参数 β_m，在这里 β_m 是在 m 条通道已经失效的情况下，出现第 $m+1$ 个失效的条件概率。使用与第 15.4.3 节相同的符号，我们可以将 β_m 表示为

$$\beta_m = \Pr(E_1\cap E_2\cap\cdots\cap E_{m+1}\mid E_1\cap E_2\cap\cdots\cap E_m) \tag{15-22}$$

n 条通道当中如果正好有 m 条特定通道失效的概率是

$$g_{m,n} = \Pr(E_1\cap E_2\cap\cdots\cap E_m\cap E_{m+1}^*\cap\cdots\cap E_n^*) \tag{15-23}$$

根据第 15.4.3 节中的对称假设，给定存在 m 个事件 E_i 和 $n-m$ 个事件 E_i^*，我们也可以改变下标。n 条通道中正好有 m 条处于失效状态的概率是

$$Q_{m;n} = \binom{n}{m} g_{m,n} \tag{15-24}$$

通过确定 $g_{m,n}$，我们还可以得到下列表达式

$$Q_{koon} = \Pr(\text{至少 } n-k+1 \text{ 条通道失效}) = \sum_{m=n-k+1}^{n} Q_{m;n} \tag{15-25}$$

我们已经定义了 $Q_{koon}=C_{koon}\cdot\beta Q$，因此可以使用公式(15-25)找到配置因子 C_{koon} 的一般表达式。

为了确定 $g_{m,n}$，直接观察参数

$$g_{n,n} = \left(\prod_{j=1}^{n-1}\beta_j\right)\cdot Q \tag{15-26}$$

根据对称假设和全概率公式，我们有 $g_{m,n-1}=g_{m,n}+g_{m+1,n}$，因此我们可以从下式递归得到 $g_{m,n}$

$$g_{m,n} = g_{m,n-1} - g_{m+1,n} \quad (\text{其中 } m=1,2,\cdots,n) \tag{15-27}$$

因为 $g_{2,2}=\beta_1 Q$（其中 $\beta_1=\beta$），$g_{1,2}=(1-\beta_1)Q$，可以使用上面的表达式来确定 $g_{n,n}$。通过递归，我们可以找到 $g_{n-1,n}, g_{n-2,n},\cdots$，其中 $n=3,4,5\cdots$因此，我们可以得到表达式

$$g_{m,n} = Q\cdot\sum_{i=0}^{n-m}(-1)^i\binom{n-m}{i}\prod_{j=1}^{m-1+i}\beta_j \tag{15-28}$$

在等式(15-28)当中，$Q\cdot\prod_{j=1}^{m-1}\beta_j$ 是一个通用因子。对于 $m\geqslant 2$，我们把 βQ 作为通用因子，并引入 $G_{m,n}=g_{m,n}/\beta Q$，因此

$$G_{m,n} = \frac{g_{m,n}}{\beta Q} = \sum_{i=0}^{n-m}(-1)^i\binom{n-m}{i}\prod_{j=2}^{m-1+i}\beta_j \quad (\text{其中 } m=2,3,\cdots,n) \tag{15-29}$$

结合式(15-24)、式(15-25)和式(15-29)，可以得到

$$C_{koon} = \sum_{m=n-k+1}^{n}\binom{n}{m}G_{m,n} \quad (\text{其中 } k=1,2,\cdots,n-1) \tag{15.30}$$

现在，所有的配置因子都可以用 β_i 明确地表示。

配置因子的特殊情况和数值。如果 n 的值比较大，那么配置因子 C_{koon} 的表达式看起来就会相当复杂。在大多数时候，我们都没有足够的信息，无法估计所有的相关 β_i，因此我们必须要采取一个更为简单的方法。让我们考虑下面两种特殊情况。

第一种情况：对于 $j\geqslant 2$，有 $\beta_j=\beta_2$。在这种情况下，对于 $m=2,3,\cdots,n$，有 $G_{m,n}=\beta_2^{m-2}(1-\beta_2)^{n-m}$。将这个值插入式(15-30)，我们可以得到

$$C_{koon}=\sum_{m=n-k+1}^{n}\binom{n}{m}\beta_2^{m-2}(1-\beta_2)^{n-m}\quad（其中\ k=1,2,\cdots,n-1）$$

第二种情况：对于 $j\geqslant 3$，有 $\beta_j=\beta_3$。在这种情况下

$$C_{koon}=\beta_2\sum_{m=n-k+1}^{n}\binom{n}{m}\beta_3^{m-3}(1-\beta_3)^{n-m}\quad（其中\ k=1,2,\cdots,n-2）$$

$$C_{(n-1)oon}=1-\frac{\beta_2}{\beta_3}+\beta_2\sum_{m=2}^{n}\binom{n}{m}\beta_3^{m-3}(1-\beta_3)^{n-m}$$

参数 β_2 是一个概率，可以在区间[0,1]中取值。选择 β_2 对于配置因子有着决定性的影响。在大多数情况下，我们对于 β_2 的“真值”了解非常有限，因此可以将一个通用值定义为 β_2 的基础值，这种方法适用于信息非常稀缺的情况。对于设计完备的系统，我们有理由相信 β_2 的值通常更接近于 0。根据专家对于失效阶分布情况的判断，我们建议使用 $\beta_2=0.3$ 作为基础值。

对于包含 $n=3$ 条相同通道的系统，配置因子的基础值是

$$C_{1oo3}=\beta_2=0.30$$

$$C_{2oo3}=3-2\beta_2=2.40$$

对于 $k\geqslant 3$ 的情况，我们建议在没有更多信息的时候，可以取 $\beta_k=0.5$ 作为基础值。

如果选择 $\beta_2=1$，我们可以得到平常使用的 β 因子模型。而在另外一个极端情况下，当 $\beta_2=0$ 时，模型就成为一个 γ 因子模型（如图 15-6 所示）。

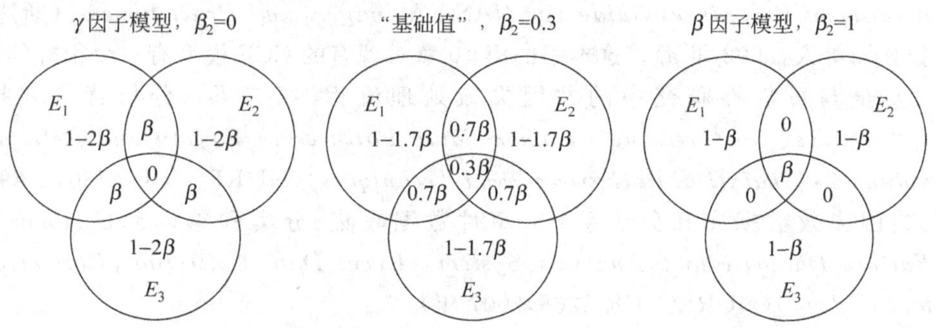

图 15-6　三元系统($n=3$)的多 β 因子(MBF)模型，参数 β_2 有三种选择

表 15-2 列出了对于一些配置的 C_{koon} 取值，对于下列四种模型：

- γ：对于所有的 $j\geqslant 3$，$\beta_2=0$，$\beta_j=0.5$。
- 基础值：对于所有的 $j\geqslant 3$，$\beta_2=0.3$，$\beta_j=0.5$。
- 敏感度：对于所有的 $j\geqslant 2$，$\beta_j=0.3$。

- β：对于所有的 $j\geqslant 2$，$\beta_j=1$。

表 15-2　MBF 模型中配置因子 C_{koon} 的值

参数选择	配置								
	1oo3	2oo3	1oo4	2oo4	3oo4	1oo5	2oo5	3oo5	4oo5
γ	0.0	3.0	0.0	0.0	6.0	0.0	0.0	0.0	15.0
基础值	0.3	2.4	0.15	0.75	4.0	0.08	0.45	1.2	6.0
敏感度	0.5	2.0	0.25	1.25	2.8	0.12	0.75	2.0	3.3
β	1.0	1.0	1.0	1.0	1.0	1.0	1.0	1.0	1.0

注释：对于所有的参数选择，$C_{1oo2}=1$。

图 15-6 分别使用 γ 因子模型、基础值和 β 因子模型，描述了具有三条相同通道的系统各种失效的比例情况。

MBF 模型介于非常简单的 β 因子模型和需要使用多名分析师（比如在核电行业）进行相当细致的建模（比如 MGL 模型）之间。如果分析人员对于 C_{koon} 的通用值可以达成共识，使用这种模型要比使用 β 因子模型（对于所有的配置都有 $C_{koon}=1$）更贴近实际情况，对决策也更有帮助。

15.7　延伸阅读

我们推荐读者阅读下列与第 15 章内容相关的文献：

-《概率分析评估中的共因失效建模指南》（*Guidelines on Modeling Common-Cause Failures in Probabilistic Risk Assessment*）（NUREG/CR-5485，1998 年）。
-《面向 NASA 管理者和工作人员的概率风险评估程序指南》（*Probabilistic Risk Assessment Procedures Guide for NASA Managers and Practitioners*）（斯达马特拉托斯等人，2002 年 a）。这本书的第 10 章对现有的 CCF 模型有一个很好的综述。
-《安全与可靠性研究中的共因失效处理流程，第二卷：分析背景和技术》（*Procedures for Treating Common-Cause Failures in Safety and Reliability, volume 2：Analytical Background and Techniques*）（NUREG/CR-4780，1989 年）。
-《共因失效数据库和分析系统：事件数据收集、分类和编码》（*Common-Cause Failure Database and Analysis System：Event Data Collection，Classification and Coding*）（NUREG/CR-6268，2007 年）。
-《工程中的风险分析：技术、工具和趋势》（*Risk Analysis in Engineering：Techniques，Tools and Trends*）（莫达雷斯，2006 年）。这本书的第 3.5 节对 CCF 模型进行了综述。
-《共因失效建模：现状和趋势》（*Common-cause Failure Modeling：Status and Trends*）（胡克斯塔德和拉桑德，2008 年）与本章类似，这篇文章同样对 CCF 模型进行了综述，同时还介绍了模型参数的估计方法。

第16章 不确定性与敏感性分析

……在这个世界上，除了死亡和征税，没有什么是确定的。

——本杰明·富兰克林

16.1 简介

所有的定量风险分析都存在一定程度的不确定性(uncertainty)。有时候，不确定的程度甚至可能很高，因此风险分析的结论也就不那么可靠。一些风险分析的指南要求将不确定性分析作为风险分析的一部分，这样可以说明使用定量风险分析得到的结论已经考虑到了不确定因素(可参阅 HSE 的报告，1989 年；2003 年 a)。

造成不确定的原因可能有很多，包括模型和数据不完备、系统功能被误解、没有识别出潜在的事故场景等。

考虑不确定性，并不一定需要复杂、正式的不确定性分析。很多时候，比如采用保守的模型近似、使用保守的输入参数，这些保守的风险分析方法都可以提升决策人员对于分析结果的信心。是否需要进行详细的不确定性分析，同样应该取决于决策的重要程度。但是，在任何情况下，分析团队都应该注意到与不确定性相关的问题，在风险分析过程的每一步中尽量避免和降低不确定性。

在大多数风险分析中，都无法做到将分析结果中的不确定性完全量化。我们认为，这种量化甚至要比风险估计本身的不确定性更高。然而，我们可以做的是在风险分析过程的每一步都系统地考虑不确定性，量化可以量化的部分，并记录我们的工作。只有这样做，决策者和其他各方才能够相信我们完成的是一项高质量的工作，并且我们已经利用了现有的最先进技术。

正如我们在第 4 章中所讨论的，风险分析的主要结果是风险图，它可以作为一些决策的输入。风险图列出了与研究对象有关的所有潜在危险事件、相关的概率和描述，以及(或者)结果的分析情况。有时候，我们还可以将第 4 章中介绍的风险图，比如 FAR、PLL、

F-N 曲线或者风险等高线，抽象成风险矩阵，使用这些结果支持决策。

图 16-1 给出了与决策相关的风险分析过程中的主要元素。在进行分析的时候，我们必须要使用研究对象的模型。这个模型经常是对真实系统的简化，因此模型不确定性就不可避免地产生了。我们在使用事故场景模型和后果模型的时候，也会造成同样的问题。另外，在使用这些模型的时候，我们还需要各种输入数据。有些输入数据来自实际的研究对象，而大多数数据是专家判断或者来自一些与研究对象或多或少有一定关系的通用数据源。这就会带来数据或者参数不确定性。而分析的范围通常是有限的，因为知识有限或者分析可以利用的资源太少，我们也可能无法识别出一些危险事件和失效机制，这就产生了完整度不确定性。事实上，很多事故调查都发现，真正的事故原因在进行风险分析的时候根本就没有被识别出来。

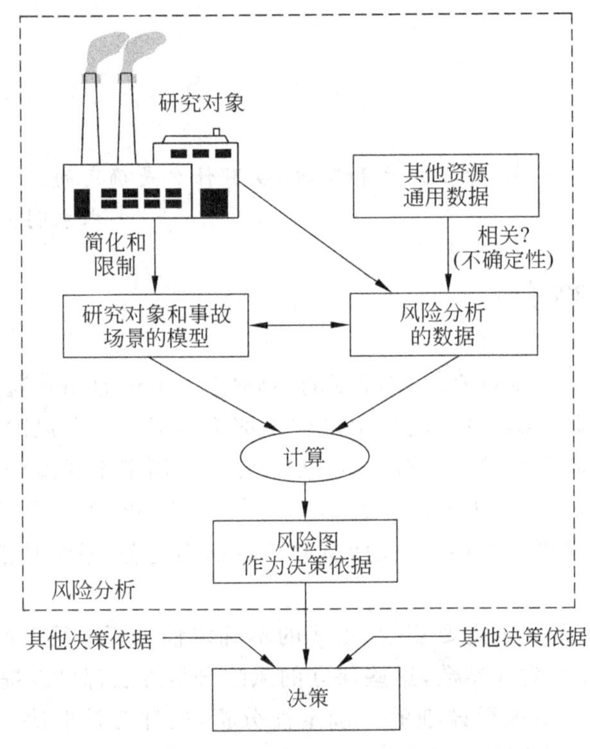

图 16-1　决策制定中的风险分析

不确定性分析是一项复杂而又富有争议的任务，我们在本章当中无法做到面面俱到。本章的目标是将关注的重点放在不确定性的概念上，介绍与风险分析有关的最常见的不确定性分类，讨论不确定性产生的主要原因，并描述一些分析不确定性会用到的方法。

敏感性分析与不确定性分析又有所不同。敏感性分析的目标，是确定数学模型的输出针对模型的变化或者输入数据的变化而产生的变化。敏感性分析的结果可以用来(i)评价模型的适用性；(ii)确定哪些参数对于得到更加精确的结果比较重要；(iii)确定模型微小变化的影响；(iv)理解建模系统的行为。

16.2 不确定性

不确定性这个词在风险分析的文献中有很多含义，有些研究者认为风险就是有关未来的不确定性，因此风险就等同于不确定性。还有的研究者指出，风险和不确定性是两个不同的概念，两者之间没什么关系。这两种截然相反的观点都可以找到很多支持的文献，看起来不确定性这个词本身就有很多的不确定性。

不确定性这个词有怀疑（“他能否按计划完成工作是不确定的”）或者缺乏知识（“我不确定溶液是否有毒”）的意思。在本书中，我们把风险和不确定性看成两个不同的词。研究对象的风险可以用风险分析的结果风险图来表示，而如图 16-1 所示，风险图一般会成为决策制定的依据。当然，决策的依据还有很多，比如生产评估、成本利润评估等。为了能够进行好的决策，决策者必须要相信他所使用的决策依据尽可能正确。因此，决策者也会有兴趣了解，他对于风险分析的结果可以有多大信心，即要了解风险分析结果的不确定性。

因此，我们使用不确定性来作为对于风险分析结果信心的“量度”。我们在这里给量度打上引号是因为不确定性并不一定需要量化。

美国国家研究理事会（NRC）2009 年出版的一本重要文献《科学与决策：推动风险评估》，对不确定性这个词给出了精确的定义。

- **不确定性**：信息缺乏或者不完整。定量不确定性评估试图分析和描述的是计算值与真实值之间的差异程度，描述的方法有时候是概率分布。不确定性取决于数据的质量、数量和相关度，以及模型和假设的可靠性和相关度（美国国家研究理事会，2009 年）。

16.2.1 不确定性研究

有很多研究都希望衡量定量风险分析的不确定性。在化工行业的风险分析研究中，欧盟联合研究中心于 1988—1990 年期间曾经完成了一项标志性的工作。研究邀请来自欧洲各国的 11 家专注于风险分析的机构，对同一个研究对象（一座液氨储存设施）进行风险分析[阿曼多拉（Amendola）等人，1992 年]，以评价风险分析的表现，估计定量风险分析中的不确定性。研究的结果显示，在不同的研究团队之间，对于风险的估计差异巨大。

欧盟随即在 2001 年进行了一项名为 ASSURANCE（化工设施风险分析中的不确定性评估）的后续研究。在这项研究中，来自欧洲各个国家的 7 个风险分析研究团队对另外一座液氨储存设施进行了分析。吸取了第一次研究的教训，这个项目分为几步进行，以更好地汇总专家的工作。该项目还允许对进入最终风险评价环节的中间结果进行比较。

结果显示，无论是在频率还是后果分析上，各个团队都存在很大的差异。至少在欧洲，人们对风险分析的方法论、模型和基本假设还都没有达成共识（也可参阅阿布拉汉姆森的博士论文，2002 年）。

16.3 不确定性分类

有时候需要将不确定性分为两大类。

1. 偶然不确定性：偶然(alertory)这个词来自拉丁语 alea，意思是掷骰子。
2. 认知不确定性：认知(epistemic)来自希腊语 episteme，意思是知识。

接下来我们将介绍这些不确定性。

16.3.1 偶然不确定性

- **偶然不确定性**。这种不确定性是由自然变异和随机性引起的。偶然不确定性的例子包括风速、风向、降水量、产品质量的变化等。

偶然不确定性也可以称为变异、随机不确定性、内在不确定性和不可降低不确定性。如果在相同的条件下重复一个实验若干次，而每次的结果却不尽相同，我们就可以观察到偶然不确定性。增加实验的数量并不能减少这些变异的出现，但是却可以让我们更加准确地描绘出结果变异的概率分布。

- 案例 16-1 毒气云

考虑一个保护毒气云的事故场景。毒气云的最终影响取决于实时的风向。通过对相关地点风向的长期观察，我们可以拟合出不同方向 d 的概率分布 $F(d)$。在事故场景发生的时候，我们无法确定毒气云一定会吹向受到伤害的资产，但是我们可以使用分布 $F(d)$ 寻找事件的概率。

16.3.2 认知不确定性

- **认知不确定性**：这种不确定性是因为缺乏知识引起的。从原理上说，如果我们获得了有关研究对象足够的知识，就可以消除这种不确定性。

认知不确定性也可以称为无知、主观不确定性、知识不确定性、表象不确定性和可降低不确定性。

无知可以分为两种：认识到的无知和没有认识到的无知。认识到的无知是指，我们知道自己不知道，并希望在进行风险分析的时候采取相应措施。而没有认识到的无知则更加危险，因为我们根本不知道自己不知道。

- 案例 16-2 纳米技术

现在，有很多基于纳米技术的新产品不断问世。然而许多人都在担心纳米颗粒会对他们的健康以及地球环境造成伤害。但是至少到现在(2011 年)，纳米技术的影响还无从所知，因此与使用这项技术相关的认知不确定性还非常高。随着人们关于纳米技术的经验越来越多，认知不确定性也就会随之降低。

注释：丹麦物理学家尼尔斯·玻尔(Niels Bohr)(1885—1962 年)对于人类理解原子结构和量子力学作出了巨大贡献。他指出，使用概率论和物理学定律就完全可以描述原子的状态和相关现象。关于这个问题，玻尔和另外一位伟大的物理学家阿尔伯特·爱因斯坦有过争论。爱因斯坦认为，所有的物理现象都只能依靠物理学的规律进行解释和描述。他还认为，如果我们知道了所有的输入变量，我们就可以使用物理学定律预测输出。就比如向地板上掷硬币，我们知道到地面的垂直高度、输出方向和速度、硬币的重量和尺寸等参数，我们就应该能够预测掷出的结果是正面还是背面。因此，按照爱因斯坦的理解，根本不需要任何概率理论。这场在玻尔和爱因斯坦之间的争论相当激烈，也就是在这个过程中，爱因斯坦说了那句名言："上帝是不玩骰子的。"根据我们之前介绍的分类，爱因斯坦认为所有的不确定性都是由于认知引起的。如果放一些马后炮的话，现在我们知道，玻尔处理这个问题的方法要比爱因斯坦成功得多。

从基本的词义上看，不确定性就是简单地缺少确定性，没有必要将其分成不同的类别。然而，绝大部分分析人员都发现使用上面介绍的分类很有帮助[可参阅温克勒(Winkler)，1996 年；安德森(Anderson)和哈迪斯(Hattis)，1999 年；德·基尔赖克恩(Der Kiureghian)和迪特莱沃森(Ditlevsen)，2009 年]。当然，我们也应该认识到，在偶然不确定性和认知不确定性之间并没有固定的界限。如果有新的知识出现，我们可以更加深入地解释某一个情况，那么与之相应的偶然不确定性就降低了。归根结底，可能所有的不确定性都是认知方面的。

有时候，信心和准确性这两个词被当做不确定性的反义词。也就是说，在不确定性很高的时候，我们的信心就很低。

16.4　不确定性的成因

风险分析结果的不确定性来自多个方面。正如我们在第 16.1 节中介绍的，不确定性一般可以分为以下三大类：

(a) 模型不确定性。

(b) 参数不确定性。

(c) 完整度不确定性。

我们在第 2 章中已经讨论过，风险分析中的一些概念在使用的时候经常会有不同的含义。在交流风险分析结果的时候，这种情况会造成混淆。此外，大部分人都没有系统地学习过概率论，对于小概率事件的含义并不能完全理解。比如说，10^{-6} 到底有多大影响？这也在决策的过程中造成了额外的不确定因素。

16.4.1　模型不确定性

风险分析需要使用很多模型，包括系统的结构模型、输入值的随机模型、人因模型、事故模型、分布模型、撤离模型等。这些模型通常都是对现实情况的简化，使用数学工具或者其他分析工具建立，以研究我们感兴趣的属性。

大多数时候，我们都可以选择多个模型和方法，每一种方法都有自己的优点和缺点，对所研究问题的适用程度也不一样。为了能够选择最合适的模型和方法，分析人员需要了解模型的属性，同时也应该具备研究对象在技术和运行各个环节全面的知识。

模型不确定性可能来自两个方面。

1. 模型选择：模型会反映出研究对象的主要属性吗？

2. 模型理解：分析人员对模型以下几个方面充分理解吗？

(a) 模型的目标？

(b) 需要满足的假设？

(c) 模型的局限？

(d) 计算能力和要求？

(e) 输入数据的要求？

模型和方法的选择还会受制于现有的数据情况。如果我们无法找到需要的输入数据，选择一个详细的模型也没有什么用处。图 16-1 就显示了这个问题。

在风险分析中，我们会用到两类模型：确定性模型和概率模型（即随机模型）。确定性模型主要用来描述物理现象，比如压力形成和物理影响。而概率模型的例子包括人员分布、风向概率等。

然而，还有一些方面很难建模，包括：

- 关键情况下的人员行为。
- 人因可靠性和故障状况的人为恢复。
- 组织因素：比如组织的安全文化。
- 违反规定和既定流程。
- 软件功能和软件可靠性。
- 维护和老化的影响。
- 由于系统变更导致的危险。
- 无法量化的原因和因子。

很多时候，我们对于危险事件后果的知识都不是那么完备。举个例子，比如有很多危险品存在的情况，我们一般不知道不同物品混合会不会致癌。尽管科学家在不断发掘新的知识，但是如果不断地加入新的物品，或者将这些物品用于新的领域，想全面地了解风险状况看起来还是遥不可及。事实上，像手机会不会导致脑瘤、生活在高压线附近会不会影响健康这类问题，都还在日复一日的争论当中，始终没有答案。

另外一个问题是破坏的扩大。我们对于危险事件发生之后的事件序列，了解也总是非常有限。气体泄漏是如何扩散的？如果在起火之前发生爆炸会怎样？爆炸对于喷水系统、消火栓都有哪些影响？尽管在相关的应用领域（比如核电站和海上油气平台），人们一直在致力于事故后果方面的研究，但是在绝大多数方面我们的知识还非常有限。

16.4.2 参数不确定性

风险分析需要使用大量的数据，在本章中，我们将这些数据称为参数。本书的第 7 章已经介绍了不同参数的数据源。那么，我们可以列出一些风险分析中常用的参数：

- 不同元件和不同失效模式的失效速率。
- 不同元件的修复时间和停机时间。
- 验证性测试之间的间隔。

- 共因失效速率或者 β 因子。
- 人因错误概率和绩效影响因子的影响。
- 退化元件的磨损参数。
- 泄漏气体的点燃概率。
- 自然事件的频率(比如洪水、火山爆发、闪电、地震)。
- 曝露数据(是谁,在哪里,多久)。
- 活动数据(比如生产率、产能、员工配备)。
- 流程数据。
- 天气数据(比如主要风向、风速和降水量)。

对于这些类别的大部分数据,都会因为以下几个方面的问题出现不确定性:

- 数据的质量和数据收集方式。
- 数据量(比如服务时间)。
- 估计流程(近似、保守)。
- 使用专家判断。

如图 16-1 所示,数据可能直接来自研究对象,也可能来自通用的数据源。对于新系统来说,与元件可靠性有关的数据都是来自通用数据源或者专家判断。那么,这就出现了一个问题,即这些数据与研究对象的相关度如何。还有一个问题,就是技术在飞快地进步,很多现场数据不可避免地会比较"陈旧",因为我们需要一定的经验才能估计参数,所以这些参数经常无法反映最新的技术情况。

如果要确定一系列参数估计是否已经足够,我们可能要问下面的几个问题:如果数据不同,决策会有所不同吗?如果收集到额外的数据,进行了其他研究,会导致不同的决策吗?收集信息需要多久,收集信息的成本如何,会造成结果的显著差异吗?

16.4.3　完整度不确定性

完整度不确定性,与风险分析的流程质量、目标和范围、研究团队的能力、进行分析的方式等多种因素相关。影响这种不确定性的原因主要有两个:

(a) 风险分析的背景资料正确并且及时更新吗?

(b) 是否已经识别出了所有的潜在危险事件?

正如我们在第 8 章中所介绍的,风险分析会使用大量的图纸和文件,如果这些文档有错误或者没有及时更新,风险分析研究的系统可能就会和真实的系统不太一样。

危险识别工作的目标是给出可能危险事件的完整列表,还需要了解这些事件之间的先后顺序,并确定哪些事件应该进行进一步的分析。在这一步中,最可能出现的不确定性问题就是完整度的不确定。

- 是否已经识别出所有可能会导致事故的危险事件?
- 在选择危险事件进行进一步分析时,是否遗漏掉了任何重要的情况?
- 是否有任何危险事件在风险分析中没有考虑?

我们在第 9 章中介绍的危险识别方法是有效的,但是需要分析人员对研究对象的技术、物理和运行等各方面都有充分的了解。分析遇到的问题会与以下几个方面相关:

- 复杂系统。
- 紧耦合系统(即一个元件中的失效会快速蔓延到其他元件的系统)。
- 新技术,或者已知技术应用于新的环境。
- 对于外界环境开放的系统,系统的外部事件可能会导致系统中发生危险事件。

除此之外,还会有一系列因为我们缺乏足够知识出现的问题。因为这样或者那样的原因,我们很难直接发现所有的潜在危险事件。

出现不确定性最大的一个原因,可能就是人们对于场景的定义不同。分析师判断和选择的泄漏模式,都有可能导致效果上的巨大差别[帕斯曼(Pasman)等人,2009 年]。

没有识别出的危险事件当然不会得到分析,也不会出现在风险图中。由于未识别出的危险事件,风险计算的结果也不会很稳妥。

研究团队的能力对于风险分析过程的质量具有决定性的作用。如果研究团队风险分析经验不够,或者缺乏研究对象的相关知识,通常都会导致风险分析的结果存在很大的不确定性。很多时候,必须假设研究团队能够使用现有的模型和方法,但是实际情况可能并不如我们所愿。林可夫(Linkov)和布米斯特洛夫(Burmistrov)(2003 年)曾经对使用相同模型的研究团队的分析结果进行过比较,发现这些结果存在相当大的差异。

有时候风险分析也会受到时间和成本的严格限制,这就意味着研究团队必须要选择简单快速的方法,留给他们进行深入分析的空间很有限。因此,这也造成了风险分析结果巨大的不确定性。

风险分析中的很多方法都使用近似公式,这些公式中的绝大部分都会提供相对保守的结果,但是也有一些方法的近似并不保守。在计算的过程中出现不确定可能是因为:(i)分析人员输入了错误的数值(打印或排版错误、数值弄混);(ii)分析人员由于经验不足对输入或者输出的解释有误。

与分析完整度有关的不确定性非常难以量化,因此也可能是不确定性最主要的来源。

16.4.4 什么时候需要不确定性分析

如果

- 使用保守的点估计方法进行的初始筛选计算指出在决策之前需要进一步调查。
- 错误风险的估计结果非常大。

这时候就应该考虑进行定量不确定性分析。

另一方面,如果

- 风险分析指出现有的风险水平可以充分(有很大余地)满足系统的风险接受准则,风险分析完全可以支持稳妥的决策[可参阅汉门兹(Hammonds)等人,1994 年;代兹弗利(Dezfuli)等人,2010 年]。

就不需要再进行不确定性分析。

大多数时候,我们都应该探讨一下风险分析中的假设。通过敏感性分析,研究团队能够识别出哪些不确定性对于风险管理更加重要,并以此对工作进行分配。可以采用基于专家判断和推理的概率分布来表示重要的不确定性指标。

16.5 不确定性传播

通过不确定性传播(propagation),我们可以研究同时改变所有的输入变量对于模型的影响。研究的方法包括:

1. 分析方法。

2. 蒙特卡洛仿真。

本节将分别简要地介绍这两种方法。对于这两种方法,我们都假设会有一个特定的数学模型。以下我们给出了几个这类模型的例子:

- 技术系统的可靠度函数(比如,对于拥有两个失效速率分别为 λ_1 和 λ_2 的元件的并联系统,有 $R(t)=\mathrm{e}^{-\lambda_1 t}+\mathrm{e}^{-\lambda_2 t}-\mathrm{e}^{-(\lambda_1+\lambda_2)t}$)。
- 故障树的顶事件概率(比如可以通过上限近似公式 $Q_0(t)=1-\prod_{i=1}^{k}(1-\check{Q}_i(t))$ 得到,其中最小割集失效概率 $\check{Q}_i(t)(i=1,2,\cdots,k)$ 是不同元件失效速率、测试间隔和维修时间的函数)。
- 描述毒气云分布的模型。

不确定性传播可以用来分析由于输入变量的参数不确定性引起的输出变量不确定性。这种方法无法分析模型不确定性。

16.5.1 分析方法

风险分析会用到很多数学模型,这些模型可能只是简单的加法或者乘法模型,也可能非常复杂。在本节当中,我们考虑的模型也比较简单,包括一个输出变量 Y 和一组输入变量 $X=(X_1,X_2,\cdots,X_n)$:

$$Y=g(X_1,X_2,\cdots,X_n)=g(X) \tag{16-1}$$

我们假设输入变量是独立的随机变量,均值为 $\mathrm{E}(X_i)=\mu_i$,方差为 $\mathrm{Var}(X_i)=\sigma_i^2,i=1,2,\cdots,n$。我们的目标是确定输出变量 Y 的均值 $\mathrm{E}(Y)=\mu_Y$,方差 $\mathrm{Var}(Y)=\sigma_Y^2$。

对于简单的加法模型 $Y_1=g(X)=\sum_{i=1}^{n}X_i$,$Y_1$ 的均值是

$$\mathrm{E}(Y_1)=\mu_{Y_1}=\sum_{i=1}^{n}\mu_i \tag{16-2}$$

而 Y 的方差是

$$\mathrm{Var}(Y_1)=\sigma_{Y_1}^2=\sum_{i=1}^{n}\sigma_i^2 \tag{16-3}$$

根据中心极限定理(见附录 A),我们知道,在 n 足够"大"的时候,Y_1 近似符合正态(高斯)分布,因此我们就可以利用这个分布确定 Y_1 的概率特性:比如对于某一特定值 y_0 的概率 $\Pr(Y_1>y_0)$。

简单的乘法模型 $Y_2=g(X)=\prod_{i=1}^{n}X_i$ 同样包含有 n 个变量,我们可以使用对数将这

个模型转换为加法模型

$$\ln Y_2 = \ln\left(\prod_{i=1}^{n} X_i\right) = \sum_{i=1}^{n} \ln X_i \tag{16-4}$$

我们可以再一次使用中心极限定理，得到 $\ln Y_2$ 近似符合正态分布，这也就意味着 Y_2 近似符合对数正态分布。

对于一般形式的 $g(X)$，我们可以围绕 $\mu=(\mu_1,\mu_2,\cdots,\mu_n)$ 使用泰勒级数将其展开：

$$\begin{aligned} Y &= g(\mu) + \sum_{i=1}^{n}\left[\frac{\partial g(X)}{\partial X_i}\right]_{X=\mu}(X_i-\mu_i) \\ &\quad + \frac{1}{2!}\sum_{j=1}^{n}\sum_{i=1}^{n}\left[\frac{\partial^2 g(X)}{\partial X_i \partial X_j}\right]_{X=\mu}[(X_i-\mu_i)(X_j-\mu_j)] + \Delta \end{aligned} \tag{16-5}$$

其中 Δ 是包含 3 阶或者更高阶导数的余项。我们还应该注意，所有的导数都应该根据均值或者中值 μ 进行评价。如果偏差 $X_i-\mu_i$ 较小，那么这个值的高次方就会非常小。如果在我们关注的区域函数相对平滑，那么高阶导数也会非常小。在这些情况下，余项 Δ 都会非常小(可参阅阿布拉汉姆森的博士论文，2002 年)。

公式(16-5)的均值是

$$\begin{aligned} E(Y) &= g(\mu) + \sum_{i=1}^{n}\left[\frac{\partial g(X)}{\partial X_i}\right]_{X=\mu}E(X_i-\mu_i) \\ &\quad + \frac{1}{2!}\sum_{j=1}^{n}\sum_{i=1}^{n}\left[\frac{\partial^2 g(X)}{\partial X_i \partial X_j}\right]_{X=\mu}E[(X_i-\mu_i)(X_j-\mu_j)] + E(\Delta) \end{aligned} \tag{16-6}$$

对于很多函数 $g(X)$，余项都小到可以忽略，因为 X_i 的均值是 μ_i，公式(16-6)中的第二项等于 0。同时，因为我们已经假设 $X_1,X_2,\cdots,X_n$ 是独立变量，对于所有 $i\neq j$ 的情况，协方差 $\mathrm{Cov}(X_i,X_j)=E[(X_i-\mu_i)(X_j-\mu_j)]=0$。因此，对于所有 $i\neq j$ 的双重求和项也都等于 0。X_i 的方差 $\mathrm{Var}(X_i)=E[(X_i-\mu_i)(X_i-\mu_i)]=E(X_i-\mu_i)^2=\sigma_i^2$，于是，公式(16-6)可以写成

$$E(Y) \approx g(\mu) + \frac{1}{2}\sum_{i=1}^{n}\left[\frac{\partial^2 g(X)}{\partial X_i^2}\right]_{X=\mu}\sigma_i^2 \tag{16-7}$$

可以利用公式(16-5)的方差来确定 Y 的方差。因为 $g(\mu)$ 是一个常数，我们可以忽略这一项。如果我们同样忽略掉公式(16-5)中的第三项，利用独立假设，我们就能够得到

$$\begin{aligned} \mathrm{Var}(Y) &\approx \mathrm{Var}\sum_{i=1}^{n}\left[\frac{\partial g(X)}{\partial X_i}\right]_{X=\mu}(X_i-\mu_i) \\ &= \sum_{i=1}^{n}\left[\frac{\partial g(X)}{\partial X_i}\right]_{X=\mu}^2\sigma_i^2 \end{aligned} \tag{16-8}$$

- **案例 16-3　两个元件的并联系统**

假设一个并联系统包含两个独立的元件：第 1 号元件和第 2 号元件。另 p_i 表示第 i 号元件的可用性，$i=1,2$。那么，这个并联系统的可用性就是 $Y=g(p_1,p_2)=p_1+p_2-p_1\cdot p_2$(见附录 A)。假设我们要考虑可用度存在不确定性，并且相信可用度的均值是 $E(p_1)=\mu_1=0.92$，$E(p_2)=\mu_2=0.94$；标准差 $SD(p_1)=\sigma_1=0.03$，$SD(p_2)=\sigma_2=0.04$。如果我们使用这些均值计算系统可用性，我们可以得到 $g(\mu_1,\mu_2)=\mu_1+\mu_2-\mu_1\cdot\mu_2=$

0.995 2。Y 的均值可以根据公式(16-6)确定，其中

$$\frac{\partial^2 g(p_1,p_2)}{\partial p_1^2}=\frac{\partial^2 g(p_1,p_2)}{\partial p_2^2}=0$$

因此，在这个例子中，我们有

$$\mathrm{E}(Y)=g(\mu_1,\mu_2)\approx 0.995\,2$$

Y 的方差也可以根据公式(16-8)确定，其中

$$\frac{\partial g(p_1,p_2)}{\partial p_1}\Big|_{p=\mu}=1-p_2\,|_{p=\mu}=1-\mu_2=1-0.94=0.06$$

类似地，我们也可得到

$$\frac{\partial g(p_1,p_2)}{\partial p_2}\Big|_{p=\mu}=1-\mu_1=1-0.92=0.08$$

再通过公式(16-8)计算 Y 的方差

$$\mathrm{Var}(Y)\approx 0.06\times(0.03)^2+0.08\times(0.04)^2=1.82\times 10^{-4}$$

这意味着 Y 的标准差是 $\mathrm{SD}(Y)=\sqrt{\mathrm{Var}(Y)}\approx 0.013\,5$。需要注意的是，我们在使用这个结果的时候也要非常小心，因为 Y 是一个概率值，永远不可能大于1.0。

16.5.2 蒙特卡洛仿真

绝大多数分析人员都使用蒙特卡洛仿真研究类似式(16-1)这样的数学模型中不确定性传播的问题。要使用蒙特卡洛仿真，我们必须要在自己的知识框架内，为式(16-1)中的每一个输入变量选择一个最能够反映其不确定性的概率分布。在进行蒙特卡洛仿真的时候，需要对每个变量的概率分布重复抽样。根据模型中各个变量的分布，我们使用计算机上的伪随机数发生器产生随机数($X_i=x_i$)，然后用仿真值 $x=(x_1,x_2,\cdots,x_n)$ 计算输出值 $y=g(x)$。我们需要进行多次抽样，这样就能够得到 y 值的大量样本。我们可以采用直方图为样本描点，还可以根据 E(Y)和 Var(Y)的估计值确定样本的均值和样本方差。图 16-2 描述的就是这样一个仿真过程。

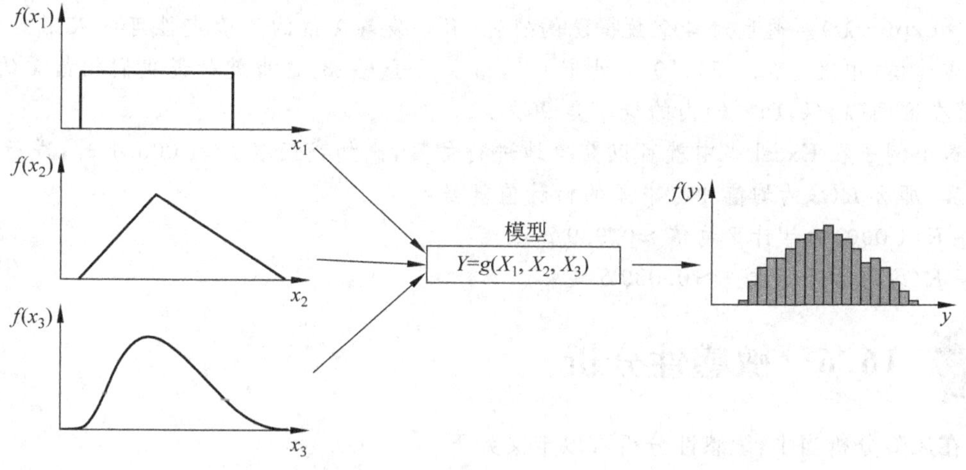

图 16-2 基于蒙特卡洛仿真的不确定性传播

根据分布生成随机变量。令 X 表示一个随机变量，它的分布函数 $F_X(x)$ 严格单调递增，因此反函数 $F_X^{-1}(z)$ 在区间 $z\in(0,1)$ 内自变量和因变量也是一一对应的。令 $Z=F_X(X)$，那么分布函数 $F_Z(z)$ 可以表示成

$$\begin{aligned} F_Z(z) &= \Pr(Z\leqslant z) = \Pr(F_X(X)\leqslant z) = \Pr(X\leqslant F_X^{-1}(z)) \\ &= F_X(F_X^{-1}(z)) = z \quad (0<z<1) \end{aligned} \tag{16-9}$$

因此，$Z=F_X(X)$ 在区间(0,1)内均匀分布，这就意味着如果随机变量 Z 在(0,1)区间内均匀分布，$X=F_X^{-1}(Z)$ 的分布函数是 $F_X(x)$。

这个结果可以用来生成分布函数为 $F_X(x)$ 的随机变量 $X_1,X_2,\cdots$，而在(0,1)区间内均匀分布的变量 $Z_1,Z_2,\cdots$ 可以通过计算机上的伪随机数发生器生成。这样，对于 $i=1,2,\cdots$，变量 $X_i=F_X^{-1}(Z_i)$ 的分布函数就是 $F_X(x)$。

因为需要稳定可靠地生成随机数和重复计算，我们应该使用计算机进行蒙特卡洛仿真。现在有很多仿真程序可以使用，其中一些属于通用程序，可以连接像 Excel 这样的表格程序。当然还有一些程序是为特别的应用设计的，比如很多故障树分析软件都包含一个基于蒙特卡洛仿真的不确定性传播模块。

蒙特卡洛仿真的优势包括：

- 易于使用。
- 可以直接应用于模型。我们不需要使用像泰勒级数这样的代理模型。
- 我们可以为输入变量选择很多不同的分布，还可以测试哪个分布最合适。
- 有很多专用的软件可供使用。

蒙特卡洛仿真一个最主要的缺点，就是对于复杂模型需要大量的计算。所以，有很多学者都致力于开发提高仿真效率的方法(可参阅阿布拉汉姆森，2002 年；斯达马特拉托斯等人，2002 年 b；莫达雷斯，2006 年)。

• 案例 16-4　固定失效速率

考虑一个固定失效速率为 λ 的元件，这个元件在时间间隔 $(0,t)$ 内功能正常的概率是 $R(t)=\exp(-\lambda t)$。通过对各个数据源的研究，我们发现 λ 值的不确定性可以采用对数正态分布建模，中值为 $\lambda_m=5\times10^{-5}$(小时)$^{-1}$，错误因子 $k=3$，这也就是说我们相信 λ 的“真值”落在区间 $(\lambda_m/k,\lambda_m\cdot k)$ 内的概率是 90%。

这个例子在 Excel 当中就可以简单地进行仿真，比如我们取 $t=1\,000$ 小时，进行 500 次仿真，那么 $R(t)$ 的均值和标准差的估计值就是：

- $R(1\,000)$ 的估计平均值≈0.939 7。
- $R(t)$ 的估计标准差≈0.039 5。

16.6 敏感性分析

在风险分析当中，敏感性分析可以定义如下。

- **敏感性分析**：分析在改变每个假设的时候，计算结果或者模型会发生怎样的变化(AS/NZS 4360，1995 年)。

敏感性分析是一种定量方法，检查分析的结果会如何随着下列因素改变而发生变化：

- 输入参数(比如失效速率、失效概率和维修时间)。
- 分析假设(比如与运行、维护和独立性有关的假设)。
- 模型结构(比如故障树的结构)。

有时候，这种变化可能非常巨大，输出的结果对于输入值的依赖程度非常高。

传统的敏感性分析，是在某个时间点上改变一个不确定的输入，然后观察在输入的可能取值范围内模型的结果会怎样变化。此外，双因素敏感性分析方法也较为常用，即同时改变两个输入变量，在一个二维空间上绘制结果。

敏感性分析是研究输入参数变化影响最为常用的手段。和前面一样，我们假设使用数学模型 $g(X)=g(X_1,X_2,\cdots,X_n)$，其中 $X_1,X_2,\cdots,X_n$ 是 n 个独立输入变量或参数。我们还可以进一步假设，对于 $i=1,2,\cdots,n$，X_i 的中值或者均值是 μ_i，那么这个变量为 X_i 的模型的敏感度就可以定义为

$$I(i)=\left.\frac{\partial g(X)}{\partial X_i}\right|_{X=\mu} \tag{16-10}$$

对于故障树分析，我们可以研究在改变输入事件 j 的概率 $q_j(t)$ 的时候，顶事件概率 $Q_0(t)$ 会发生什么变化。顶事件概率变化 $\Delta Q_0(t)$ 可以看做是输入事件概率变化 $\Delta q_j(t)$ 的函数。在这里，我们只改变一个输入事件概率来研究 $\Delta Q_0(t)$。当然，我们也可以改变更多的事件概率，比如将所有输入事件的概率提高 20%，看一看 $\Delta Q_0(t)$ 有哪些相应的变化。

敏感性分析的目标是识别出模型中最重要的变量，即对于模型输出影响最大的变量。敏感性分析还可以识别出数据质量对于分析敏感或者不敏感的元件。

如果可以建立一个数学表达式，将输出值表示为输入值的函数，我们就能够通过对这个函数求偏导数确定输入参数的敏感度。这种方法在故障树分析中很常见，我们可以根据伯恩鲍姆重要性量度确定模型的敏感度：

$$I^B(j\mid t)=\frac{\partial Q_0(t)}{\partial q_j(t)} \tag{16-11}$$

重要性量度可以用来计算每一个输入参数的不确定性对于模型输出不确定性的影响。现在，人们已经提出了多种重要性量度，其中最重要的几种在拉桑德和霍伊兰德(2004 年)的教材中都有讨论。阿文和诺克兰德(Nøkland)(2010 年)也对不确定性的重要性量度进行了全面的讨论。大部分故障树分析计算机软件都可以用来确定多个重要性量度。

很多时候，也可以使用“如果……会怎样”这样的问题进行敏感性分析。改变某一个特定参数的值，同时保证所有其他参数处于均值，我们就可以研究每一个变化对模型输出的相对影响。接下来，我们就可以谨慎地做出假设，这个模型(比如故障树)完全能够反映系统的情况，因此保持模型不变。敏感性分析还可以用来发现模型的弱点，研究某些特定假设和简化的影响，有时候还可以研究风险降低措施的影响。

我们还可以研究模型变化的敏感度。比如说，在故障树分析当中，我们可以研究将四台气体探测器的表决方式从四选三改成四选二之后，顶事件概率会发生什么样的变化。

敏感性分析可以帮助分析人员理解系统的动态性能，使用大量数值进行实验能够帮

助我们了解系统在极端情况下的行为。敏感性分析还可以直接用来研究那些对系统风险影响最大的子系统和元件。

16.7 延伸阅读

我们推荐读者阅读下列与第 16 章内容相关的文献：

- 《在知会风险的决策过程中处理与 PRA 相关的不确定性指南》(*Guidance on the Treatment of Uncertainty Associated with PRAs in Risk-Informed Decision Making*)(NUREG-1855,2009 年)主要关注核电站的风险分析,但是也为其他应用领域提供了有价值的信息。
- 《工业实践中的不确定性：定量不确定性管理指南》(*Uncertainty in Industrial Practice: A Guide to Quantitative Uncertainty Management*)[德·洛克奎尼(de Rocquigny)等人,2008 年],对不确定性分析和敏感性分析的各个方面进行了全面介绍。
- 《工程中的风险分析：技术、工具和趋势》(*Risk Analysis in Engineering: Techniques, Tools and Trends*)(莫达雷斯,2006 年),这本书的第 5 章详尽讨论了不确定性问题,并介绍了多种不确定性分析方法。
- 《定量风险分析中的不确定性：特征和处理方法》(*Uncertainty in Quantitative Risk Analysis: Characterisation and Methods of Treatment*)(阿布拉汉姆森,2002 年),这篇博士论文对不确定性分析的很多方面做了清楚的介绍。
- 《科学与决策：推动风险评估》(*Science and Decisions: Advancing Risk Assessment*)(美国国家研究理事会,2009 年)。这本书的第 4 章给出了不确定性分析中主要概念和词汇的定义,并进行了讨论。这本书主要关注的是环境风险评估和剂量响应分析,但是对于风险分析的其他应用也很有帮助。
- 《风险分析中的不确定性：处理方法的六个层级》(*Uncertainty in risk analysis: Six levels of treatment*)[佩特·康奈尔(Paté-Cornell),1996 年],讨论了在风险分析中处理不确定性的几种方法。

第17章

风险评估的发展与应用

……我们学习的历史都是那些不学历史的人编写的。

——乔治·萧伯纳

17.1 简介

本章将会简要地介绍风险评估在一些行业中的发展和应用情况。当然，我们的介绍涉及的领域非常有限，只能起到管中窥豹的作用。我们的调查主要来自挪威、欧盟成员国和美国，也有少部分注释是关于澳大利亚和加拿大的情况。这并不是说世界上其他地区没有风险评估的研究和实践，只是作者对于这些地区的相关发展并不了解。

在本章中，我们会介绍多个应用领域的情况，它们出现的先后顺序并没有按照重要性排列。但是，需要指出的是，在我们介绍的前三个领域，风险评估方法和工具发展的历史确实是最为悠久的。[①]

本章的目标是帮助读者了解更多有关风险评估在不同领域使用的情况。因此，我们在每个应用领域都会列出一些重要的组织机构。挑选这些机构的主要原则，就是根据它们在互联网上给出的信息量，因此读者如果想要更加深入地了解这些机构的工作，就请访问它们的网站。在本书的主页上，我们还提供了更多有关这些机构以及其他机构的信息和链接，有兴趣的读者请访问：http://www.ntnu.edu/ross/books/risk。

另外一种了解更多信息的方法，是搜索不同应用领域中风险评估相关的法律、规定、标准和指南。因此，我们也针对各个领域给出了这些资源的简要列表。读者也可以查阅本书的参考文献列表或者在网上搜索更多的信息。

我们会采用相似的结构分别介绍以下应用领域：

---

① 克努特·厄恩对本章作出了巨大贡献。他是挪威工业与技术研究院的高级科学家，同时也是挪威科技大学的兼职教授。

- 军事与国防工业。
- 核电行业。
- 流程行业。
- 海洋油气行业。
- 航天工业。
- 航空业。
- 铁路交通。
- 海事运输。
- 机械系统。

另外,以下几个领域我们也会简单提及:

- 环境风险。
- 关键性基础设施。
- 风险和弱点评估。

本章将会提到很多项标准,这些标准的更新相当频繁,因此本章中列出的很多版本可能很快就会过时。所以读者在搜索标准的时候,记得要查阅最新的版本。

对于风险评估不熟悉的读者可能会感到本章列出的标准和机构太多了,而那些本身就是某个领域风险专家的读者又可能会发现有一些重要的参考文献和机构被漏掉了。我们在这里努力为两类读者寻找一种平衡,当然这样做的结果也可能是两类读者的要求都无法充分满足。

17.2 军事与国防工业

17.2.1 简介

在第二次世界大战之后,风险评估开始作为一门学科发展。1949 年,第一部关于可靠性和风险分析方法的标准——面向失效模式与影响分析(failure mode and effects analysis,FMEA)的 MIL-STD-1629 正式颁布。这个标准的目标是将风险和可靠性的思想集成到新产品开发中,避免产品在实际使用的时候出现失效。1962 年,贝尔实验室在为民兵型 LGM-30 洲际弹道导弹的发射系统进行安全分析的时候,开发出了故障树分析方法。后来,波音公司同样使用故障树分析方法研究民兵导弹系统和商业飞行器的设计。接下来在 1969 年,系统安全标准 MIL-STD-882《系统安全程序要求》发布,这项标准同样在一定程度上基于民兵导弹系统的要求。

17.2.2 重要机构

以下这些机构能够影响国防系统风险评估的进行方式,并提供相关风险评估标准和指南:

- 可靠性信息分析中心(The Reliability Information Analysis Center,RIAC)是美国国防部在可靠性、可维护性、质量、可支持性和互操作性方面的信息分析中心。

- 美国国防部(The U.S. Department of Defense,DoD)发布很多与可靠性和风险分析有关的报告。
- 英国国防标准委员会的网站上发布有英国国防标准以及其他很多相关信息。

17.2.3　法规、标准和指南

除了少数例外情况,国防工业必须与民用行业遵循相同的法律和规定。现在,各国都已经发布了很多军事标准和指南,其中包括:

- MIL-S-38130《安全规范》(美国空军,1964 年),这是最早将安全设定成要求的标准,也是 MIL-STD-882 的前身。
- MIL-STD-882《系统安全程序要求》。
- DEF STAN 00-56《国防系统安全管理要求》(2007 年),第一部分和第二部分(包括安全管理系统的要求和安全实例)。
- ANSI-GEIA-STD-0010《系统安全程序开发与执行最佳实践标准》。
-《美国国防部采购风险管理指南》(第六版)(美国国防部,2006 年)。

17.2.4　风险评估

传统上,国防工业对于可靠性的关注度要超过对安全的关注度,这种偏向也清楚地反映在现有的诸多军事标准当中。

而在今天,国防工业进行风险评估的目的有很多。作为雇主,国防工业同样需要对自己的员工、公众和外界环境负责,因此它们也必须建立一套安全和风险管理系统,和其他行业一样进行风险评估(可参阅 DEF STAN 00-56,2007 年)。

有时候,国防工业还需要区分策略风险和安全风险,它们的定义如下。

- **策略风险**:这种风险考虑的是因为有敌人或者反对者而存在的危险。它在各种级别的战争和所有与国防相关的工作中都存在。

策略风险不是本书讨论的话题,因此我们也不会对这类风险进行更深一步的评论。

- **安全风险**:包括策略风险以外的各种运营风险。它包括系统运行对于盟友的风险、对于普通民众的风险,以及对于环境的影响。它所研究的范围包括所有可能会伤害到盟友、普通民众、设备和环境的活动。

国防工业现在还非常关注与采购有关的风险,美国国防部已经专门为此开发了相应的风险管理指南(美国国防部,2006 年)。

17.3　核电行业

17.3.1　简介

人类的第一座核设施是用于生产核武器,因此它距离人口稠密地区非常遥远。这种地理上的分离本身就是一种最主要的安全战略。而人类使用核能进行商业发电开始于 1956 年,这些电站需要靠近人口稠密的地区。从此之后,核电行业的安全战略就变成了深度防护。

深度防护。深度防护战略的主要观点，是在辐射材料和周围环境之间建立大量的安全栅。因为这些安全栅同时失效的概率非常低，所以能够尽量避免事故发生。深度防护现在已经成为法律要求，只有在遵循所有法律规定的情况下，我们才能认为一座核电站是"足够安全的"。

- **深度防护**：这是一种设计和运营理念，即核电设施需要多层保护，以避免事故、减轻事故影响。保护的方法包括控制、多层物理安全栅防止辐射外泄、冗余和多种关键安全功能、紧急响应措施等(美国核标准委员会)。

在 20 世纪 70 年代，美国、英国和法国的核电行业开始在风险评估当中使用概率方法。

美国核标准委员会。美国原子能委员会(The U. S. Atomic Energy Commission，AEC)最初成立于 1946 年，在受到了一些严厉的批评之后，AEC 进行了重组，并在 1975 年成为美国核标准委员会(NRC)。NRC 最重要的一项责任，就是要保证核电站的运行对于公众健康和安全不会有过多风险。多年以来，NRC 发布了大量与核电设施风险评估相关的高质量报告和指南。这些报告称为 NUREG 报告，可以在 NRC 的网站上下载。

美国核反应堆安全研究。核反应堆安全研究项目(NUREG-75/014，1975 年)是在 1972—1975 年期间进行的，这项研究的结果也被称为 WASH 1400，有时候也以其项目负责人麻省理工学院教授纽曼·C.拉斯姆森的名字命名，称为拉斯姆森报告。研究覆盖了美国 100 座核电站的风险情况，对风险评估的发展具有里程碑式的意义。WASH 1400 主要使用故障树分析，但是研究人员很快发现故障树并不能解决所有的安全问题。因此，他们研究开发出了融合故障树和事件树分析的框架，还首次在风险分析中考虑了共因失效和参数的不确定性因素。虽然 WASH 1400 报告现在已经非常陈旧，但是它的分析框架仍然在核能工业以及其他很多行业的风险分析中广泛应用。

1990 年，研究人员对 WASH 1400 进行了升级和改进，这就是 NUREG-1150《严重事故风险：五座美国核电站的评估》。现在，这些美国核电站的风险分析已经对公众开放，人们对其进行了广泛的讨论，并为核电行业开发出了很多新的方法。事实上，关于 WASH 1400 的讨论非常激烈，后来又有多份 NUREG 报告发表，介绍和讨论不同的风险评估方法。人们关注的问题主要包括：元件可靠性数据、共因失效、人因失效、不确定性、一致性以及各种风险分析的比较(美国核标准委员会，2007 年)。

共因失效分析。作为 WASH 1400 项目的后续研究，人们提出了很多新的共因失效(CCF)的分析方法，我们在第 15 章中已经介绍过其中的一些。伴随着多希腊字母模型(MLG)和 α 因子模型的发展，美国核标准委员会(NRC)和美国电力研究学会(Electric Power Research Institute，EPRI)联合发布了一份重要报告——NUREG/CR-4780(1989 年)，这份报告在 1998 年又升级为 NUREG/CR-5485。

17.3.2 重要机构

与核电行业风险评估相关的一些主要机构包括：

- 国际原子能机构(The International Atomic Energy Authority，IAEA)于 1957 年成

立，总部设在奥地利维也纳。

- 原子能委员会(The Nuclear Energy Agency，NEA)于 1958 年成立(由国际经合组织领导)，总部设在法国巴黎。
- 国际核安全咨询专家组(The International Nuclear Safety Advisory Group，INSAG)隶属于国际原子能机构。
- 美国核标准委员会(NRC)(具体介绍如上所述)。
- 世界核电运营者协会(The World Association of Nuclear Operators，WANO)成立于 1989 年，成立的背景是 1986 年发生的切尔诺贝利核电站爆炸事故。

17.3.3　法规、标准和指南

国际原子能机构颁布了核电站国际安全要求，我们在下面列出了两个。在 NRC 网站上，有很多关于概率风险分析的 NUREG 报告。我们这里也提到了一些早期的 NUREG 报告，以及另外两篇 IAEA 的报告：

- IAEA NS-R-1(2000 年)：《核电站安全：设计、安全要求》。
- IAEA NS-R-2(2000 年)：《核电站安全：运行》。
- NUREG/CR-2300(1983 年)：《PRA 流程指南：核电站概率风险评估的绩效》。
- NUREG/CR-2815(1984 年)：《概率安全分析流程指南》。
- IAEA-TECHDOC-1200(2001 年)：《核电站概率安全评估应用》(IAEA，2001 年)。
- IAEA-TECHDOC-1267(2002 年)：《非反应堆核能设施概率安全评估执行步骤》。

17.3.4　风险评估

在核电站的生命周期，包括选址、设计、建设、运行、废弃的各个阶段，进行定量风险评估已经成为一种常态。在核电行业中，定量风险评估在美国被称为概率风险评估(PRA)，在大部分其他国家则被称为概率安全评估(PSA)。为了简单起见，我们在本节后面的部分中使用 PRA 这个词汇。本书的第 2 篇已经介绍过 PRA 的执行过程，它可以分为三个“等级”。

第一级 PRA，是概率风险评估的第一个部分，需要识别出所有可能会导致重大破坏的事件序列，并估计它们的概率。我们对分析开始的情况都非常熟悉，一般都是反应堆开足马力满负荷运行。我们需要对所有保护反应堆的系统建模，通常都可以使用详细的故障树分析模型。因为分析人员对这些系统的工作情况很了解，结果的不确定性也就相对很小。第一级 PRA 一般至少要包括以下内容：

- 所有初始事件的事件树分析，描述所有的相关事故场景。
- 人因可靠性评估。
- 共因失效分析。
- 所有相关顶事件的故障树分析。
- 基本事件的重要性量度。
- 不确定性分析(完整度、模型和参数)。

和诸如地震、洪水、飞机失事这些外部事件有关的风险，一般也是第一级 PRA 的内容。

第二级 PRA 用来确定从安全壳泄漏出来的放射性物质的放射量、放射概率和放射时间(假设反应堆芯已经损坏，那么会有多少放射性物质泄漏到环境当中?)。分析会评估在不同事故序列当中的物理演化情况和反应堆事故发生时间。这一步的分析主要使用事件树，并结合仿真手段。

第三级 PRA 可以用来评估如果反射性物质从安全壳中泄漏会对人员和环境有怎样的风险。像风速和风向这些变数很大的因素都会对结果产生影响。

美国核标准委员会有一项明确的使命，就是推动风险响应型和绩效导向型的法规，在进行有关电站和处理核废料的法规性决策的时候，使用 PRA 的结果辅助传统的工程方法。这就是所谓的“风险响应型”方法或者风险响应决策(RIDM)，我们在第 1 章中已经进行过简单讨论。欧洲的立法者也紧跟这一趋势，尽管上述工作在欧洲还没有强制执行，但事实上，在进行很多法规性决策的时候，人们都已经在考虑风险响应型和绩效导向型的方法[瓦尔斯特罗姆(Wahlström)，2003 年]。

动态 PRA。无论是国际原子能机构还是美国核标准委员会，都在关注动态 PRA。所谓动态 PRA 就是指保持不断更新，可以反映工厂当前设计和运行特征的概率风险评估。这种评估模型的每个方面都可以与现有的工厂信息、工厂文档或者分析师的假设直接相关。动态 PRA 可以用来进行设计验证、工厂设计或者运行的潜在变化评估、培训方案设计以及工厂业务变化的评估(IAEA，2001 年)。

17.4 流程行业

17.4.1 简介

层出不穷的事故促使流程行业的风险评估不断发展。1974 年英国弗利克斯巴勒的爆炸事故和 1976 年意大利塞维索的二噁泄漏事件，都把人们的目光吸引到欧洲的流程安全问题上面，进而推动欧盟关于重大事故危险的法案——《塞维索指令》于 1981 年颁布。在 1984 年印度博帕尔剧毒气体泄漏和 1986 年瑞士桑多兹化工厂火灾之后，这个指令被再次修正。1996 年，由于北海上发生的派珀·阿尔法钻井平台爆炸事件，欧盟对《塞维索指令》进行了重大修改，新的指令被称为《塞维索二号指令》(欧盟，1996 年)。欧盟内部所有生产或者储存大量危险化学品的企业，都被强制要求遵守《塞维索二号指令》。实际上，在其他的一些国家，比如澳大利亚和美国，也都有类似的法规要求。

因为大规模化工流程本身就存在发生重大事故的隐患，这个行业自己也有加强运营安全的需求。

2005 年，在美国得克萨斯城 BP 炼油厂发生的爆炸和火灾中，有 15 名工人遇难，另外还有超过 170 人受伤。这起事故再次引起了官方和业界对于流程安全的关注。

17.4.2 重要机构

- 美国职业安全与健康管理委员会(U. S. OSHA)。
- 欧洲工作安全与健康委员会(EU OSHA)。
- 美国环保委员会(The U. S. Environmental Protection Agecy,EPA)。
- 化工流程安全中心(The Center for Chemical Process Safety,CCPS)是由美国化学工程师学会(The American Institute of Chemical Engineers,AIChE)运营的一家企业会员机构。CCPS 成立于 1985 年,而它的第一份出版物《危险评价过程指南》问世于 1990 年。在此之后,CCPS 发表了一系列流程安全指南。在海德舒特(Hendershot)的文章中(2009 年),作者对 CCPS 在流程安全方面的活动进行了综述。
- 欧洲重大事故危害调查局(The Major Accident Hazards Bureau,MAHB)是欧盟联合研究中的一部分,对欧盟执行《塞维索二号指令》起到支撑作用。此外,MAHB 还负责运营塞维索二号事故数据库。
- 欧洲流程安全中心(The European Process Safety Centre,EPSC)成立于 1992 年,是一家工业资助的机构,负责推动欧洲的流程安全。
- 欧洲石油化工协会(CONCAWE),关注炼油和输油环节中的环境、健康和安全问题。

17.4.3 法规、标准和指南

与重大流程事故相关的主要法规包括:

- 《1996 年 12 月 9 日关于包含危险物品的重大事故危险控制委员会指令 96/82/EC》(《塞维索二号指令》)(欧盟,1996 年)。
- 美国职业安全与健康管理委员会标准 29 CFR 1910.119《高危险性化学品流程安全管理》(1992 年),是《塞维索二号指令》的美国版本。
- 美国环保委员会标准 40 CFR 第 68 部分《化学事故预防规定》(1999 年)。
- API RP 750《流程危险管理实践建议》,由美国石油学会发布。
- NOHSC 1014《重大危险设施控制国家标准》(2002 年),是《塞维索二号指令》的澳大利亚版本。

针对具体的流程风险,还有一些其他的指令和标准。

欧洲。《塞维索二号指令》(欧盟,1996 年)的目标是防止重大事故发生,并限制事故对人员和环境的伤害。

需要根据危险品的存量(或者未来的可能存量),决定在一座工业设施中是否应用《塞维索二号指令》。指令根据危险品数量的不同(需要设定阈值),确定了两个责任等级("层级"),设施中的危险品如果超过了上限,那么企业就应该投入更大的精力进行控制和管理。

近二十年来,有很多关于风险评估和《塞维索二号指令》的重要报告发布,其中包括:

- 《塞维索二号指令框架内的行业事故风险分析方法论》(ARAMIS)(2004 年)。

-《定量风险评估指南(紫皮书)》(荷兰住房、空地规划与环境部,2005 年)。

-《定量风险评估(QRA)》[波利舍维奇(Borysiewicz)等人,2007 年]。

美国。美国职业安全与健康管理委员会流程安全管理(Process Safety Management,PSM)标准和 EPA 化学事故预防规定,是美国最早的两部旨在防止可能会伤害到工人、大众和环境的重大化学事故的联邦法规。

实施 29 CFR 1910.119,需要考虑流程系统中错综复杂的 14 个关键元素:

1. 员工参与。
2. 流程安全信息。
3. 流程危险分析(process hazard analysis,PrHA)。
4. 操作程序。
5. 培训要求。
6. 承包商。
7. 启动前安全检查。
8. 机械安全性。
9. 高温工作许可。
10. 变更管理。
11. 事故调查。
12. 应急计划和反应。
13. 合规检查。
14. 使用秘密商业信息。

有兴趣的读者可以查阅 29 CFR 1910.119 的附录 C 部分,阅读每一个条款的详细注释(可以访问美国 OSHA 的网站:http://www.osha.gov)。

澳大利亚。《重大危险设施控制国家标准》(NOHSC 1014,2002 年),与欧洲的《塞维索二号指令》保持高度一致。

17.4.4 风险评估

HAZOP。危险与可操作性(HAZOP)技术(见本书第 9 章)起源于 20 世纪 60 年代。它首先在英国成为绝大多数企业进行化工流程设计和运营的标准技术,随后欧洲大陆也逐渐接受了这项技术。克莱兹(Kletz,1999 年)的文章介绍了 HAZOP 的历史,他本人曾经是英国帝国化学工业集团(ICI)的安全顾问,也曾经参与了 HAZOP 技术的开发。

在 1974 年的弗利克斯巴勒爆炸事故之后,HZAOP 方法迅速流行开来。有多本 HAZOP 方法的指南和数据陆续出版[比如克莱兹,1999 年;克劳利(Crawley)等人,2000 年],现在 HAZOP 已经成为很多国家化学工程学位教育中必不可少的一部分。

HAZOP 方法的应用范围已经远远不再局限于流程工厂的设计和运营,现在修改过的 HAZOP 技术还用于分析复杂工作流程、人因错误和软件问题。

肯维岛。历史上最早的一次全面定量风险评估,是 1978 年英国对泰晤士河北岸肯维岛工业区内的石化工厂进行的健康与安全风险分析。

在 1975 年之后,流程行业也开始采用美国核反应堆安全研究项目(NUREG－75/

014)中提出的风险分析步骤。

流程危险分析。在美国进行流程危险分析(PrHA),必须要遵循 29 CFR 1910.119 标准。根据标准的要求,在进行分析的时候,操作人员必须要:

- 确定潜在安全问题的位置。
- 识别出可以提升安全性的修正措施。
- 预先计划好在安全控制失效的时候应该采取的应急行动。

这项标准还提到了一些进行流程危险分析时可以使用的方法,包括:

- 因果问题(如果……会怎样)方法。
- 检查表。
- 因果/检查表(即 SWIFT)。
- 危险与可操作性研究(HAZOP)。
- 失效模式与影响分析(FMEA)。
- 故障树分析。
- 合理的等效方法。

为了方便 PSM 标准实施,美国环境部在 1996 年又发布了《化学流程危险分析》手册,并在 2004 年对手册进行了更新(US DOE,2004 年)。这份手册介绍了进行流程危险分析(PrHA)的详细分步程序。

ARAMIS。欧盟研究项目"塞维索二号指令框架内的行业事故风险分析方法论"(ARAMIS)是在 2001 年到 2004 年期间进行的,有多家欧洲大学和研究机构参与。这个项目开发出了一套与《塞维索二号指令》相关的集成化风险评估方法,ARAMIS 用户指南和很多文献[比如萨尔维(Salvi)和德布雷(Debray),2006 年]对这种方法都有全面的介绍。

17.5　海洋油气行业

17.5.1　简介

北海上的挪威公司率先在海洋油气行业开展风险评估工作,这是受到了 1977 年埃科弗克油田布拉沃平台的油气泄漏事故以及 1980 年亚历山大·基兰半潜式钻井生活平台倾覆沉没事故的刺激。在布拉沃平台井喷事故之后,挪威研究理事会决定启动名为"海洋安全"的全面研究项目,目标是为海上作业开发风险评估方法,全面提升海上作业的安全性。从 1981 年开始,挪威石油理事会(The Norwegian Petroleum Directorate,NPD)规定对所有新建海上平台都要进行详细的风险评估。

1988 年在英国阿伯丁东部的北海派珀·阿尔法钻井平台,由于压缩机模块的气体泄漏引发一系列爆炸,最终导致 167 名工作人员遇难。由罗德·库伦(Lord Cullen)领导的派珀·阿尔法平台事故调查,对风险评估提出了一系列新的要求。

2010 年,墨西哥湾深海地平线号钻井平台的事故,让人们的目光再次回到海上油气行业的安全问题上面。这次井喷事故造成了 11 名工作人员遇难,大火吞噬了整个平台并使其最终沉没，这也是美国历史上最大规模的海上漏油事故。

相比陆地上的工厂，海上油气行业会面临很多额外的危险，包括陆地与平台之间的交通、紧凑的设计、运输相关的风险、结构坍塌的风险、天气的影响甚至是地震对支撑结构的影响，都有可能导致事故发生。此外，我们还必须考虑工作人员在生活区休息的时候，采油作业仍在进行当中，这也蕴藏着巨大的风险。

17.5.2 重要机构

在海洋油气行业，一些与风险评估相关的重要机构包括：

- 挪威石油安全管理局。
- 英国健康与安全执委会海事部门。
- 美国海洋能源管理、法规与执法局(BOEMRE)①。
- 澳大利亚国家海洋石油安全局(The National Offshore Petroleum Safety Authority,NOPSA)。
- 美国石油学会(The American Petroleum Institute,API)。
- 国际油气生产商协会(The International Association of Oil & Gas Producers,OGP)。
- 国际钻井承包商协会(The International Association of Drilling Comtractors,IADC)
- 挪威标准委员会(Standard Norge,NORSOK)

17.5.3 法规、标准和指南

- ISO 17776:《石油与天然气行业——海上生产设施：危险识别与风险评估工具和技术指南》(ISO 17776,2002 年)。
- API 14C(2007 年):《海上生产平台基本表面系统分析、设计、安装和测试实践建议》。

挪威。当前，由挪威石油安全管理局(PSA)和挪威环境部共同颁布的规定，关注风险评估在石油行业的实施和实用。规定可以分为五个部分：

1. 与石油行业中和特定海上设施上健康、安全和环境相关的规定(规定框架)。
2. 与管理以及石油行业和特定离岸设施的信息提供相关的规定(管理规定)。
3. 与(石油生产中的)设施设计和装备相关的规定(设施规定)。
4. 与进行石油生产相关的规定(生产规定)。
5. 与石油生产设施技术和运营问题相关的规定(技术和运营规定)。

另外，挪威还有一个专门的风险分析标准，支持挪威海洋安全方面的立法工作。

- NORSOK Z-013:《风险与应急准备分析》(NORSOK Z-013,2010 年)。

英国。在英国的海洋油气生产当中，与风险评估相关的主要法规是：

-《海上设施(安全实据)规定》,2005 年。

---

① 前身是美国矿产管理服务局。

这份规定的“谅解备忘录”介绍并解释了规定中的各个条款。此外，在英国健康与安全执行委员会海洋信息纪要第 2/2006 号文件当中，也详细介绍了安全实例中定量风险评估的作用。这份文件的第 4 章还讨论了若干风险测量指标（比如 IRPA 和 PLL），并给出了一些相关建议。

澳大利亚。在澳大利亚海上油气行业，与风险评估相关的主要法规是：

-《海上油气与温室气体储存条例》，2006 年。

这个规定要求使用安全实例方法，对此在 NOPSA 的网页上有详细解释。规定要求的风险评估称为综合安全评估（FSA），主要关注重大事故事件（major accident event，MAE）。

- **重大事故事件（MAE）**：与技术设施相关的事件，也包括自然事件，有可能导致设施内部或者附近多人死伤（http://www.nopsa.gov.au）。

17.5.4　风险评估

在挪威，需要根据 NORSOK Z-013（2010 年）标准进行定量风险分析。这项标准中规定的分析程序与本书介绍的基本一致。

在英国，必须要使用安全实据显示安全方面的要求。在安全实据中，必须要表明：

- 该设施具有充足的安全管理系统。
- 已经识别出所有的重大危险，相关的风险已经得到控制。
- 已经对风险进行了评价，并在合理的范围内将风险控制在尽可能低的水平。

定量风险评估是识别重大事故危险、说明风险已经得到尽可能降低的最为重要的技术，在很多安全实据法规当中对定量风险评估都有着明文规定。

有兴趣的读者还可以在国际油气生产商协会（OGP）的网站上找到有关风险评估方法的综述：http://info.ogp.org.uk。

17.6　航天工业

17.6.1　简介

美国宇航局（The U.S. National Aeronautic and Space Administration，NASA）曾经一直对概率风险分析持谨慎的态度，直到 1967 年在测试“阿波罗”宇宙飞船的过程中发生发射垫台起火事件的时候，NASA 还在使用最差情况失效模式和影响分析（FMEA）。而 FMEA 主要还是一种定性方法，有很多弱点，比如只关注单一元件，不能在系统的级别上累加风险等。因此，质量保证和质量控制只能依赖于“卓越的工程能力”。这次起火事故导致三名宇航员遇难，从此之后，NASA 才开始进行系统性的风险分析工作。它们首先雇佣了波音公司进行风险评估，使用故障树对整个阿波罗系统进行了分析。但是，在通用电气公司对登月计划进行“全面概率风险分析”的时候，上述的工作受到了很大的阻碍。因为分析显示登月成功的概率只有不到 5%，而后来的历史证明这个结果太过悲观了。所以，NASA 对于概率风险分析几乎丧失了信心，直到几年之后才重新开始风险分析的工作。

然而，NASA 还是一直使用 FMEA 进行安全评估，一直到 1986 年的“挑战者”号航天飞机事故。“挑战者”号事故调查报告批评 NASA 没有对不同航天飞机元件的失效概率进行估计。在 1988 年，《“挑战者”号事后评价：航天飞机风险评估和管理》报告发布，建议“应该尽早将概率风险评估方法应用于航天飞机风险管理程序当中”。

有关航天飞机的第一次概率风险评估是在 1988 年进行的(针对伽利略计划)，之后这项研究又在 1993 年进行了升级。1995 年，航天飞机的首次大型概率风险评估在外部咨询顾问的帮助下完成，评估使用了核电工业中的最新研究成果。1996 年，研究人员又使用了贝叶斯方法对评估进行了再次升级。从此，概率风险评估就成为航天飞机、国际空间站中常用的方法，并成为 NASA 星座计划的一部分。[①]

在 1998 年，NPG 7120.5A《NASA 计划与项目管理过程和要求》发布，指出：

- 计划和项目经理必须要把风险管理准则作为决策工具，这样才能保证计划和技术的成功。
- 必须在有序的风险管理工作中进行计划和项目决策。
- 风险管理包括识别、评估、降低、消除整个 PAPAC(provide aerospace products and capabilities，提供航天产品和技术能力)过程中的风险。

PRA 指南《面向 NASA 管理者和工作人员的概率风险评估程序指南》(斯达马特拉托斯等人，2002 年 a)于 2002 年发布。从 2003 年开始，全面的概率风险评估成为 NASA 的常规工作。

17.6.2 重要机构

在航天工业当中，一些与风险评估相关的重要机构包括：

- 美国国家宇航局(NASA)。
- 欧洲航天局(The European Space Agency，ESA)。
- 欧洲航天标准化合作组织(European Cooperation for Space Standardisation，ECSS)。

17.6.3 法规、标准和指南

现在各国都已经发布了一些相关的标准(比如 ECSS)，但是最为全面和权威的文献是：

-《面向 NASA 管理者和工作人员的概率风险评估程序指南》(斯达马特拉托斯等人，2002 年 a)。
-《航天应用故障树手册》(斯达马特拉托斯等人，2002 年 b)。
-《NASA 风险指引型决策手册》(代兹弗利等人，2010 年)。

17.6.4 风险评估

在 1986 年“挑战者”号事故之后，NASA 引入了一套概率风险分析程序，支持其载人

---

① 译者注：2010 年 1 月 29 日，美国白宫证实，由于奥巴马政府 2011 年预算中的财政限制，(重返月球的)星座计划已经终止。

航天飞机在设计和运行阶段的安全管理。以这项工作为基础,NASA 发布了针对航天飞机项目的概率风险评估(PRA)指南,稍后又发布了更加通用的 PRA 指南。

今天,NASA 在大范围使用概率风险评估,其中最为深入的评估就是全方面 PRA,它会对所有可能导致意外最终事件的场景建模,甚至涉及员工流失和公众伤害等方面。在模型当中,硬件失效、人因错误、过程错误和表面问题都被看做是可能引发事故的基本原因。

17.7 航空业

17.7.1 简介

在 20 世纪 30 年代,航空业可能还是一个新兴的产业,安全正在不断的试验和错误中摸索。所谓的“边飞边修”方法,就是让飞机先试着飞,如果出现故障就赶快修理,然后接着飞。这个循环过程会一直持续到出现可以接受的解决方案为止。当然,这种方法在国防工业中是无法接受的,尤其是在试验核武器的时候。

航空业有使用 FMEA 和故障树分析的传统,并且为每一个可能的技术失效(比如发动机的总体失效)建立了详细的故障树,但是并没有将故障树和事件树分析结合构建事故场景。

美国联邦航空局(The U. S. Federal Aviation Administration,FAA)曾经在 1999 年对机场的运营状况做过一次风险评估,这次分析使用的就是基于定量故障树和事件树分析的方法。

在计算荷兰斯基普机场周围风险的时候,分析人员使用代表人口分布的参数、飞行运营数据、飞机编队数据和飞机事故率计算机场周边地区的风险。分析人员还研究了不同风险降低策略的影响,比如新加一条跑道或者改变飞机编队的搭配。

17.7.2 重要机构

在航空业中,一些与风险评估相关的重要机构包括:

- 国际民用航空组织(The International Civil Aviation Authority,ICAO),是旨在提高民用航空的安全性、环境保护能力和效率的联合国专设机构。

- 欧洲航空安全局(The European Aviation Safety Agency,EASA)成立于 2003 年,代表欧盟成员国进行所有与航空安全相关的规则制定和标准建立工作。安全局的职责还包括认证飞机及其相关产品,未来还将出台有关飞行器产品和零部件的设计和维护方面的法规。

- 美国联邦航空管理局(FAA)。
- 英国民用航空管理局(The UK Civil Aviation Authority,CAA)。在 CAA 的网站上可以找到很多有用信息。
- EUROCONTROL(European Organization for the Safety of Air Navigation,欧洲航空安全组织),该组织的建立初衷是为了协调并整合欧洲的航空服务,目标是为

民用和军方用户建立一个统一的空中交通管理(air traffic management,ATM)系统。
- 国际航空运输协会(The International Air Transport Association,IATA)。
- 飞行安全基金会(The Flight Safety Foundation,FSF)成立于1947年,旨在提升全球航空业的安全性。FSF是一家独立的会员制机构,拥有来自全世界150个国家的会员。

17.7.3 法规、标准和指南

在航空业中,一些与风险评估相关的主要指南性文件包括:
- 《安全管理手册》(safety management manual,SMM)(国际民用航空组织,2009年)。
- 《系统安全手册》(美国联邦航空管理局,2000年)。
- 《风险管理手册》(美国联邦航空管理局,2009年)。

17.7.4 风险评估

在航空业中,进行风险评估的流程与本书介绍的也基本一致。风险一般都是根据飞行时间或者起飞次数进行量化。航空业最经常使用的风险指标是致死事故率(FAR),它被定义为:

$$FAR = 每飞行10万小时出现的致死性事故的数量$$

17.7.5 直升机运输

挪威工业与技术研究院(SINTEF)曾经进行过一次关于陆地与海上油气设施之间直升机运输的全面风险评估[海尔雷拉(Herrera)等人,2010年]。这项研究主要关注北海直升机事故和意外情况,使用每百万人飞行小时死亡率来衡量风险水平。研究依据的数据是在北海上运营的油气公司的飞行时间和搭载人员记录。

这个项目还研究了对风险的频率和后果具有影响的因素,即风险影响因子(RIF)。研究通过一系列专家判断,得到每个RIF的重要度估计值,并识别出对于总体风险影响最大的影响因子。

17.8 铁路运输

17.8.1 简介

铁路安全一直以来都是相关法规关注的内容,每一次发生事故,法律法规就会随之变化和改进。铁路部门在采购新系统的时候,都会使用详细的技术规范,这些规范的制定基于铁路运行人员的经验,同时也需要参考通用的国际法。而铁路运营中风险分析是最近才出现的(开始于20世纪90年代),原因是有多家大型机构出现变化(私有化或者并购)、铁路系统的技术复杂度增加、事故越来越多,以及现代安全管理的理念深入人心。英国于

1994 年引入了安全实据机制，但是随着欧盟铁路安全指令(欧盟，2004 年)在 2006 年开始全面实施，旧的机制已经终止。

和其他很多行业一样，铁路部门安全立法的发展和风险评估的需求也是受到了几次重大事故的推动。在欧洲，影响力最大的几次事故包括：

- 1988 年在英国伦敦西南部克莱芬车站发生的三列火车相撞事件(造成 35 人死亡，大约 500 人受伤)。
- 1998 年在德国艾雪德，由于车轮断裂导致一辆高速列车出轨(造成 101 人死亡，88 人受伤)。
- 1999 年在英国伦敦帕丁顿车站发生的两辆列车相撞事故(造成 31 人死亡，超过 520 人受伤)。

17.8.2 重要机构

在铁路运输行业，一些与风险评估相关的重要机构包括：

- 欧洲铁路局(The European Railway Agency, ERA)。
- 美国联邦铁路管理局。
- 英国铁路规章办公室(The UK Office of Rail Regulation, ORR)。
- 英国铁路安全和标准理事会(The UK Rail Safety and Standards Board, RSSB)。

17.8.3 法规、标准和指南

《安全电器条例》是一部美国联邦法律，它要求美国境内的所有列车上都必须安装空气制动器和自动耦合器。这可能也是全世界第一部有关铁路安全的法律，它的颁布时间是 1893 年 3 月 2 日。

更新的法规和标准包括：

- 欧盟铁路安全指令(欧盟，2004 年)。
- 欧盟与铁路安全指令相关的风险评价和评估通用安全防范使用规定(352/2009 号规定)。
- 英国铁路与其他引导型交通系统(安全)规定，2006 年。
- IEC 62278：《铁路应用：可靠性、可用性、可维护性和安全性(RAMS)规范和说明》(IEC 62278，2002 年)。①

铁路行业吸取了大量其他行业(比如核电行业)的风险评估方法，积极讨论了风险评估的应用，并出版了大量相关报告。其中包括：

- 《工程安全管理(黄皮书)》(RSSB，2007 年)，由英国铁路安全和标准理事会出版，介绍了铁路系统风险评估和风险控制的情况。
- 《铁路安全规定中的风险容忍度》(NTC，2004 年)，由澳大利亚国家交通委员会发布，全面讨论了铁路运营中的风险和风险接受度问题。

---

① 该标准基于欧盟标准 EN 50126。

17.8.4 风险评估

《欧盟铁路安全指令》(欧盟,2004 年)要求铁路运营商实施安全管理系统,使用通用安全方法进行风险评估。欧盟关于"根据欧洲议会和欧盟委员会 2004/49/EC 号指令第 6(3)(a)条款使用通用安全防范进行风险评价和评估"的专门规定(352/2009)于 2010 年 7 月发布。欧盟规定中描述的风险管理过程和通用安全方法与本书中介绍的相应方法几乎一致。

17.9 海事运输

17.9.1 简介

大量的轮船事故一方面会造成大量的伤亡(比如"自由企业先驱"号、"爱沙尼亚"号渡轮事故),另一方面还可能形成巨大的污染(比如"阿莫科·加的斯"号沉没、"埃克森·瓦尔迪兹"号触礁、"埃里卡"号沉没、"威望"号沉没)。海事运输具有国际性,因此它的安全性主要受国际海事组织(IMO)约束。海事方面的法律一直以来都是采用规则条文的形式,并且海事组织会根据经常发生的事故增加新的规则。重大事故也会导致新规则写进法律当中,目的就是避免此类事故再次发生。这种方式会产生很多规则,这就让管理变得非常复杂。因此,IMO 决定启用基于风险的方法,并开发出了风险分析方法,也就是人们熟知的综合安全评估(FSA)。

17.9.2 重要机构

在海事运输领域,一些与风险评估相关的重要机构包括:

- 国际海事组织(IMO),这是一家联合国的专设机构,负责开发国际公约和法规,保证海洋运输安全,避免污染发生。
- 欧洲海洋安全局(The European Maritime Safety Agency,EMSA)建立于 2002 年,从技术和科学的角度,帮助欧盟理事会各成员国普及和实施欧盟在海事安全、船污染预防和船上安全方面的法规。

17.9.3 法规、标准和指南

为了建立通用的国际标准,IMO 需要进行大量的协调工作,它出台的规定必须得到足够数量国家的批准才能生效。每一个批准了 IMO 规定的国家,都必须要把这个规定纳入到本国的法律体系当中,并强制执行。IMO 还发布了一些以自愿为基础的条例,这些条文也在广泛使用,但是它们没有形成法律,因此不能强制执行。

海事运输领域相关的法规包括:

- 国际海上人命安全公约(safety of life at sea,SOLAS),1974 年。
- 国际海事危险物品管理条例。
- U.S. 33 CFR 96:《轮船安全运行规定和安全管理体系》。

-《美国海事运输安全法》(2004 年)，旨在保护美国的港口和航道免受恐怖袭击。该法规要求轮船和港口设施都需要进行风险或弱点评估。

评级机构的规定。评级机构一般都是独立实体，负责发布轮船和海上设施安全的规定，同时还要进行各种调查和检查，以保证它们发布的规定得到遵守。这些规定的主要目的是保护各种轮船和货船，规定主要是针对船体强度以及船上各种机械和设备的可靠性。世界上比较重要的评级机构包括：英国劳氏船级社、挪威船级社、法国船级社(必维国际检验集团)和美国船级社。这些评级机构给出的规定，都要求使用风险评估消除各种危险(HSE，2001 年 a)。

17.9.4　风险评估

HSE 的报告(2001 年 a)对海事风险评估进行了全面的介绍。

综合安全评估。综合安全评估(FSA)是 IMO 提出的一种系统化的风险评估方法(IMO，2002 年)。开发这种方法的部分原因是由于派珀·阿尔法灾难性事故的发生。在 1997 年，IMO 通过了将风险评估作为制定海事安全和环境法规基础的计划，现在 FSA 已经应用于 IMO 的规则制定流程中。

FSA 可以帮助评价新的法规，也可以用来考核现有标准的修订。FSA 方法在某种程度与本书介绍的风险评估方法比较类似，它包括五个步骤：

1. 识别危险(即列出所有相关的事故场景，以及这些场景的可能原因和结果)。
2. 评估风险(即分析和评价每一个重要的事故场景)。
3. 提出风险控制措施(即设计调整措施，控制并降低识别出的风险)。
4. 评估每个风险控制方案的性价比。
5. 为决策制定提出建议(即提供危险、相关风险以及各个风险控制方案性价比的信息)。

考虑到海事行业的成本以及管理和立法负担，使用 FSA 提出的调整措施可能会具有深远的影响。

SAFEDOR。SAFEDOR(安全设计、运行和调整)是 2005—2009 年期间欧盟进行的一个研究项目。SAFEDOR 的一些主要结果集成新的 IMO 方法，都出现在《基于风险的船体设计：方法、工具和应用》一书中[帕帕尼克劳(Papanikolaou)，2009 年]。

17.10　机械设备

17.10.1　简介

第一版欧盟机械指令(89/392/EEC)于 1989 年问世，它是世界上最早描述“新方法”的指令。这部指令只给出了必要的健康和安全要求，而将细节的要求放在配套标准中。20 年来，立法机构已经对这部指令进行了多处修改，同时还开发了大量的配套标准。这些标准在刚刚出版的时候都是作为欧洲规范或者欧洲标准出现，但是稍后就会变成国际标准，并且主要是 ISO 标准。

无论是谁希望在欧洲销售或者使用机械设备，这些设备都必须要满足机械指令的要求。通过合规认证之后，有关部门会在设备上贴上 CE 标志（如图 17-1 所示），以及“符合标准声明”。很多时候，在进行合规认证的时候，风险评估也是工作的一个部分。

图 17-1 CE 标志

在那些向欧洲出口机械设备的国家，也需要进行类似的设备认证。

17.10.2 法规、标准和指南

相关的规章和标准包括：

-《欧盟机械指令 2006/42/EC》。
-《机械指令 2006/42/EC 应用指南》。
- EN1050：《机械安全：风险评估准则》(即初始风险评估标准)。
-《机械安全——一般设计原理：风险评估和风险降低》(ISO 12100，2010 年)。
- ANSI B11. TR3(2000 年)：《风险评估与风险降低：机械刀具相关风险估计、评价和降低指南》。

17.10.3 风险评估

如果需要对机械设备进行风险评估，评估必须要依据 ISO 12100(2010 年)进行。这份标准中使用的术语和方法与本书介绍的风险评估方法相当类似，主要的区别就是 ISO 12100 还额外关注操作员在事故场景发展的过程中撤离的能力。

在下列设备生命周期的各个阶段都必须要进行风险分析：

1. 制造(包括装配和测试)。
2. 运输(包装、提升、装载、卸载和开包)。
3. 装配、安装和试车(也包括安装准备、调试和组装)。
4. 设置、培训或执行程序以及(或者)流程交接。
5. 运行(紧固、装载、启动等)。
6. 清洗和维护(拆卸、组装、停机、重新启动)。
7. 故障寻找或定位。
8. 废弃或分解。

有兴趣的读者可以在麦克多纳德(Macdonald，2004 年)的著作中找到更多有关机械安全的信息。

17.11 其他应用领域

风险评估的应用范围远远不止上述这些领域，我们将在这节中简单地列举和讨论一些其他领域的应用。

17.11.1 环境风险

所有的风险评估都会处理可能伤害环境的问题，本书也介绍了相应的风险评估方法。有时候，我们可能还需要在环境方面投入更多的注意力，考虑连续、有计划排放的负面影响，也就是我们在这里要谈到的环境风险评估。这种评估有时候还需要考虑对人体健康的有害影响，所以我们也可以把这部分分析称为对人体健康和环境的风险评估。

有多个欧盟指令都要求进行环境风险评估。其中，指令 93/67/EEC 指出，"要制定对人类和物质环境风险的评估准则……"本书关注的主要都是离散危险事件的风险，因此没有涉及连续排放和有计划排放的环境风险评估。

17.11.2 关键基础设施

关键基础设施一词是指那些社会和经济运行必需的资产。关键基础设施主要包括：

- 能源和公用设施（比如发电、天然气、石油开采和输送系统）。
- 通信和信息技术（比如电信、广播系统、互联网）。
- 金融（比如银行、保险和投资）。
- 健康服务（比如医院、健康服务站和血站、实验室和药厂）。
- 食物（比如食品安全、配送、农业和食品工业）。
- 水（比如饮用水和污水管理）。
- 交通（比如航运、铁路、水运和公路）。
- 安全（比如化工、生物、辐射以及核安全，危险材料管理、人员搜索和营救、应急服务、防洪堤坝）。
- 政府（比如政府服务、信息网络、资产、文化和自然遗产）。
- 制造（比如提供产品和服务）。

在报告《关键基础：保护美国的基础设施》（美国总统关键基础设施保护委员会，1997年）中，作者强调了关键基础设施的重要性。在美国，保护关键基础设施被认为是广义国土安全的一部分。美国国土安全部就曾经开发过一种风险评估方法，称为风险评估与管理程序（the risk assessment and management program，RAMP）。

美国机械工程师协会（ASME）还开发过另外一种风险评估方法 RAMCAP＋，这种方法的主要步骤包括：

1. 资产特性描述。
2. 威胁特性描述。
3. 后果分析（基于工程判断）。
4. 弱点分析。
5. 威胁评估（考虑威慑力量，估计吸引力）。
6. 风险评估。
7. 风险管理。

17.11.3　市政风险与弱点评估

挪威政府要求国内所有的城市都必须要进行与城市主要职能相关的风险和弱点评估，作为制定应急计划和资源配置的依据。挪威市政保护和应急计划理事会(DSB)还专门为此开发了评估指南。

挪威大部分的城市都已经根据上述指南进行了风险和弱点评估，各种基础设施的运营商和所有者也进行了相同类型的分析。风险和弱点分析主要包括以下步骤。

第1步：识别和选择相关的事故场景。绝大多数市政风险和弱点分析都可以基于初步危险分析(PHA，见第9章)。

可以按照多种不同的方式识别可能的事故场景(负面事件)：

(a) 按照功能、活动和物理区域对城市进行划分，识别与每个部分相关的危险和事故场景；

(b) 考虑不同的危险(比如之前列出的)，识别这些危险会在城市的哪些部分引发事故；

(c) 识别城市中最重要的资产，识别发生在这些资产上的事件。

我们可以对上述这些方法进行任意的组合。

对于不同的城市，可能会发生不同的事故场景。但是我们还是可以使用一个通用的事件分类作为检查表，比如，

- 自然事件(洪水、泥石流、暴雨、罕见暴风雪等)。
- 基础设施的破坏或者功能丧失(供电、供水、排水、数据网络等)。
- 重大交通事故(公路、铁路、民航、水运)。
- 火灾(森林、建筑物、医院、护理中心、文化遗产、工业设施)。
- 爆炸(燃料仓库、化工厂等)。
- 重大工业事故。
- 堤坝裂缝。
- 严重污染(饮用水、河流、湖泊等)。
- 涉及大批人的群体性事件(足球比赛、流行音乐会等)。
- 蓄意破坏或者骚乱。
- 核辐射。

一般每个城市都有一些非常重要的资产必须保护，包括：

- 医院。
- 护理中心。
- 学校。
- 文化遗产。

……

危险识别过程一般都会生成很多可能的事故场景。一般我们无法对所有事件都进行详细分析，因此更为重要的一项工作就是从每一类中选择一些有代表性的场景。

作为初步危险分析的补充，简单的SWIFT分析(见第9章)有时候也是一个不错的

选择。分析人员需要询问这一类的问题："如果……会怎样。"省略号中内容可以是：

……油罐车和一辆轿车在隧道中相撞？

……手足口病爆发，蔓延到多个农场？

……在护理中心发生火灾？

……有一块大石头从山上坠落，同时破坏了主要的公路和铁路？

……城市饮水源被污染？

第 2 步：评价相关的事故场景。下一个主要步骤就是根据频率和后果评价选择的事故场景。这里的做法和标准 PHA 一致，事故场景的频率和后果可以分为 3～5 个级别。

城市中的危险事件可能会影响单独一座基础设施，也可能同时影响所有的设施。对于一个城市而言，最重要的是要及早做好计划。比如，分析需要了解如果停电引起供水问题，哪些居民会受到影响，会不会出现危及生命的情况。

第 3 步：评价应急准备。在这一步中，对于每个相关的事故场景，分析人员都应该询问下列问题：

- 我们必须准备什么样的计划才能处理这个事故？
- 这些计划足够吗？
- 我们是否有充足的装备、人员、资源去执行这些计划？
- 设备是否得到了维护，现在是否可用？
- 设备和资源的位置合适吗？
- 相关人员是否接受过充分的训练以完成使命？
- 我们可以从外部（私人、其他城市、国家）得到哪些帮助？
- 我们应该怎样通知居民和媒体有关事故的情况？

第 4 步：修改并分配资源。这一步的目标是确定城市的应急准备是否需要修改或者改进。还需要哪些新的人员和新的设备？必须要制定哪些长期的计划？

其他国家。在其他的一些国家，比如瑞典和丹麦，也在强制推行类似的风险和弱点分析。美国国土安全部下属的联邦紧急事务管理局（Federal Emergency Management Agency，FEMA）也曾经开发过应急准备的相关指南，但是这些文件主要关注的是公民个人和家庭。

17.12 结束语

本书的目标是介绍风险评估、风险评估方法以及一些与风险评估有关的重要问题。在最后的这一章中，作者对风险评估的发展以及风险评估在一些主要的行业当中如何应用进行了综述。

然而，我们不可能面面俱到，还有一些方法、问题和应用在本书中没有涉及，其中包括：

(a) 风险评估中的组织因素。风险研究人员早就已经认识到组织因素对风险有着巨大的影响。这种影响尤其体现在人因错误和人因可靠性方面。从这个角度来说，组织因素包括安全文化、培训、工作计划、工作安全分析等。此外，组织因素还会通过维护计划、工具提供和监督直接影响技术可靠性。莫哈赫格(Mohaghegh)等人(2009 年)提出了一种衡量组织因素的新方法,并列举了很多相关的文献。

(b) 动态系统的风险评估。本书介绍的大部分方法都主要针对静态系统,也就是运行模式几乎不变或者改变非常缓慢的系统。现在,研究人员已经提出了一些关于动态系统的方法,但是这些方法都还没有被广泛接受。我们推荐有兴趣的读者可以阅读萧(Siu)的相关文章(1994 年)。

(c) 风险评估中的维护问题。有一些研究指出,在工业致死性事故中,有相当一部分都与维护有关。事故可能是在维护工作进行当中发生的,也可能是因为维护不到位或者缺乏维护引起的。哈勒(Hale)等人(1998 年)提出了一种方法,并指出在他们研究的流程和建筑行业中,大约有 30%～40%的致死性事故是由维护引起的。

(d) 风险评估中的软件。现在,大多数复杂系统都集成有软件。本书的第 12 章在讨论安全仪表系统的时候也对这个问题有所涉及,但是并没有展开论述。本书第 2 篇中介绍的一些方法也可以用于包含软件的系统,但是不能解决所有的问题。莱沃森(Leveson)的文章(1995 年)是这个领域较早的一篇文献。

(e) 环境风险评估。根据对环境定义的不同,环境风险评估主要可以分为两类:(i)在这里环境是一种需要保护的资产;(ii)在这里环境是一种危险。这两类在本书中都多次提到,但是还远远不够。环境与大多数其他资产都不同,因为它可以吸纳一些伤害,并可以通过自身清除伤害(比如泄漏到海洋中的石油在一段时间之后可以自动消解)。对于这些影响的研究,属于工业生态学的范畴。此外,第二类环境现在也变得越来越重要,这是因为气候在发生改变,每年自然灾害的数量都在不断增加。因此这个领域的风险评估和应急计划都是非常重要的议题。

(f) 项目风险评估。有太多的项目没有完成既定的目标,或者超出了事先设定的时间和成本预算。项目管理与大多数其他应用领域又有所不同,因为我们可以非常方便地使用各种缓冲和冗余措施。项目风险评估和风险管理是现在非常热门的一个话题,需要更多的研究,尤其是对大型项目的研究。

(g) 国土安全。本书曾经几次提到由于蓄意的敌对行为引起的对系统和功能的伤害,但是并没有进行详细的讨论。本书第 2 篇中介绍的一些方法也可以用来处理这个问题,但是还需要对具体情况进行具体分析。卡里克(Garrick,2008 年)的文章对这个问题进行了全面的介绍,有兴趣的读者可以阅读。

第3篇

附录

附录 A

概率论精要

概率论，只不过是把常识用数学公式表达了出来……

——皮埃尔·西蒙·拉普拉斯，1812 年

A.1 简介

附录 A 将会简要介绍概率论和统计学的一些主要内容。我们在这里不求全面，只是希望给出一些简要的信息，帮助读者阅读本书其他的部分。同时，我们还会介绍一些可靠性理论的基本概念，对于该理论和统计比较熟悉的读者不需要阅读这部分内容。如果想要进一步学习概率论知识，我们推荐阅读罗斯(Ross，2004 年和 2007 年)以及杜德维奇(Dudewicz)和米斯拉(Mishra)(1988 年)的著作。

A.2 结果和事件

A.2.1 事件和布尔运算

随机试验。随机试验是指可以在“必要的相同条件”下多次重复的试验。随机试验的例子包括像掷硬币、计算一段时间的失效次数、观察着陆期间飞机是否坠毁这些简单的试验。

很多时候，也许不可能在完全相同的条件下重复相同的试验，但是我们把每一次尝试都看做随机试验，并想象它们是在几乎相同的条件下重复进行。

单个结果。某一具体随机试验的结果被称为单个结果，或者就简称为结果。我们经常用字母 e 来表示单个结果。

样本空间。我们将一个随机试验所有可能的单个结果的集合称为样本空间，并使用符号 S 来表示。样本空间可能是有限可数的，也可能包括无数个结果。包含有限数量 n

个结果的样本空间可以写成 $S=\{e_1,e_2,\cdots,e_n\}$。

事件。事件 E 是样本空间 S 中包含某些结果的集合。我们可以写做 $E\subset S$,其中$\subset$表示前者是后者的子集。大部分事件都是复合事件,包含多个结果,但是某一单个结果 e 也可以是一个事件,我们称之为简单事件。

- 案例 A-1

掷硬币就是一个随机试验。这个试验的样本空间是

$$S=\{e_1,e_2\}=\{H,T\}$$

其中 $e_1=H$ 表示硬币掷出的结果是正面,而 $e_2=T$ 表示掷出的结果是背面。

- 案例 A-2

考虑在两只球队 A 和 B 之间进行的足球比赛,我们希望了解比赛的结果,也就是每只球队进球的数量。在这个例子中,样本空间是

$$S=\{(0,0),(0,1),(1,0),(1,1),(0,2),(2,0),(1,2),(2,1),\cdots\}$$

举个例子来说,如果本例的结果是(2,0),就说明 A 队以 2∶0 的比分击败了 B 队。实际上 A 队赢得比赛的比分可以有很多种,如果事件 e 属于集合 $E_1=\{(1,0),(2,0),(2,1),\cdots\}$,就表明 A 队获胜。这个集合 E_1 就是 S 中的一个事件。本书中考虑的事件一般都可以用动词描述,比如

$$\text{A 队获胜}\Leftrightarrow e\in E_1$$

另外一个事件 E_2 是"比赛中的进球不超过两个",它可以表示成集合 $E_2=\{(0,0),(0,1),(1,0),(1,1),(2,0),(0,2)\}$。

对立事件。事件 E 的对立事件(complementary)是由样本空间 S 中所有不属于 E 的结果组成的集合。E 的对立事件可以使用符号 E^* 表示。

样本空间 S 的对立事件必须要定义为空,也就是我们所说的空集或者不可能集合,使用$\varnothing$表示。

维恩图。一般我们可以采用维恩图来表示样本空间和不同的事件,如图 A-1 所示。在这幅图中,矩形代表样本空间 S,试验的所有可能结果都可以表示为矩形中的一点。椭圆形 E 包含了所有属于事件 E 的结果,而对立事件 E^* 则包括了 S 中不属于 E 的所有结果。

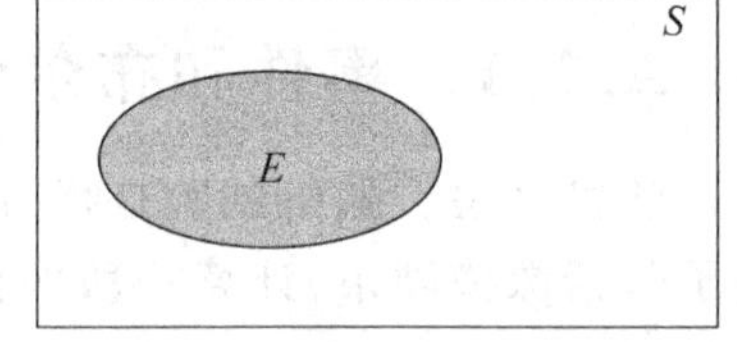

图 A-1 事件 E 的维恩图

事件交集。两个事件 E_1 和 E_2 的交集(intersection),可以使用符号 $E_1\cap E_2$ 表示,这个事件包含所有既属于 E_1 也属于 E_2 的结果。

- 案例 A-3

在案例 A-2 中,两个事件的交集是

$$E_1\cap E_2=\{(1,0),(2,0)\}$$

即 A 队获胜,且比赛中进球不超过 2 个。

事件并集。两个事件 E_1 和 E_2 的并集(union),可以使用符号 $E_1 \cup E_2$ 表示,它包含所有属于 E_1 或者属于 E_2 的结果[如图 A-2(a)所示]。

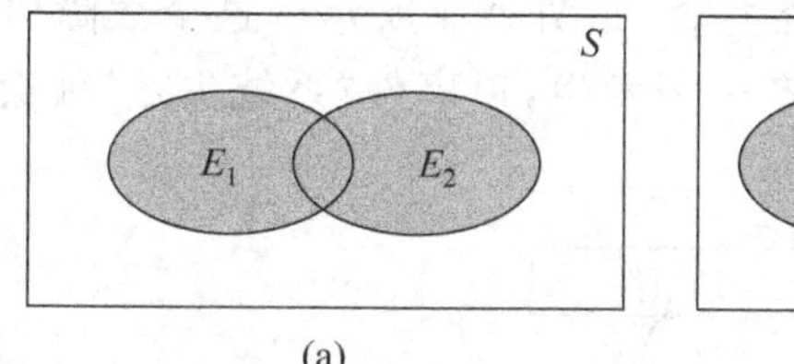

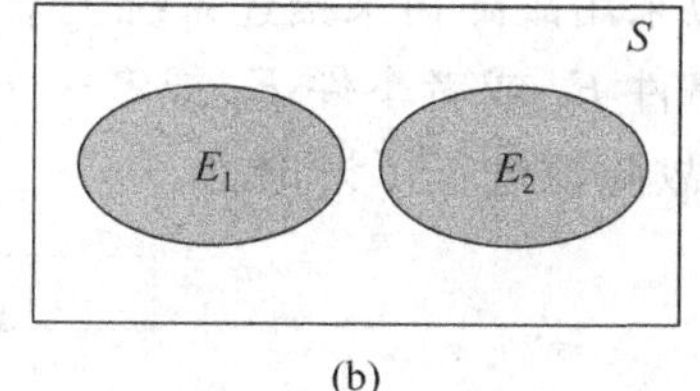

(a) (b)

图 A-2 两个事件 E_1 和 E_2 的维恩图(在图(a)中,两个事件有重叠,而在图(b)中,它们没有交集)

互斥事件。如果 $E_1 \cap E_2 = \varnothing$,那么这两个事件 E_1 和 E_2 就是互斥事件,或者说它们互不相容。换句话说,就是两个事件没有任何共同的结果。图 A-2(b)表示的就是这种情况,事件 E_1 和 E_2 不可能同时发生。

A.2.2 简单系统

我们现在考虑包含多个元件的系统,每一个元件有两个状态:正常或者失效。假设这个系统有 n 个不同的元件,用 X_i 表示元件 i 的状态,$i=1,2,\cdots,n$,那么元件 i 的状态可以用状态变量表示

$$X_i = \begin{cases} 1, & \text{如果第 } i \text{ 号元件功能正常} \\ 0, & \text{否则} \end{cases} \tag{A-1}$$

$X=(X_1,X_2,\cdots,X_n)$称为系统的状态向量。

那么,系统的状态就可以采用一个二元函数表示

$$\phi(X) = \phi(X_1, X_2, \cdots, X_n) \tag{A-2}$$

其中

$$\phi(X) = \begin{cases} 1, & \text{如果系统功能正常} \\ 0, & \text{否则} \end{cases} \tag{A-3}$$

函数 $\phi(X)$称为系统的结构函数。

串联系统。当且仅当系统中所有 n 个元件都功能正常的时候,系统才可以正常运行,这种系统称为**串联系统**(可参阅拉桑德和霍伊兰德 2004 年的教材)。该系统的结构方程是

$$\phi(X) = X_1 \cdot X_2 \cdots X_n = \prod_{i=1}^{n} X_i \tag{A-4}$$

我们可以发现,只有对所有的 $i=1,2,\cdots,n$,都有 $X_i=1$,才有 $\phi(X)=1$。

串联系统可以用图 A-3 中的可靠性框图描述。

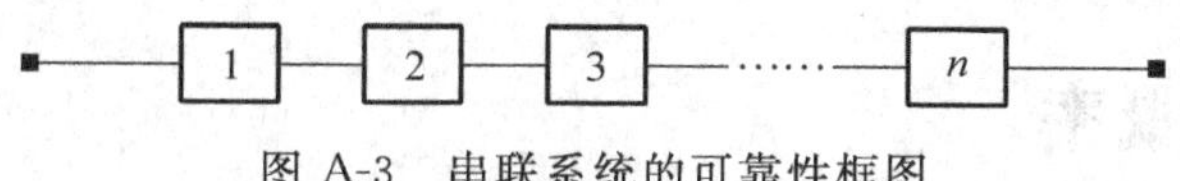

图 A-3 串联系统的可靠性框图

令事件 E_i 表示第 i 号元件处于失效状态,$i=1,2,\cdots,n$,然后令 E_S 表示系统失效。

因为只要有一个元件失效，系统就会失效，我们可以得到

$$E_S = E_1 \cup E_2 \cup \cdots \cup E_n$$

我们还可以采用故障树来描述系统失效，如图 A-4 所示。这个故障树中的“门”是一个或-门，如果事件 E_1 或者事件 E_2 或者……发生，顶事件“系统失效”就会发生。我们在第 10.3 节中对故障树进行了讨论。

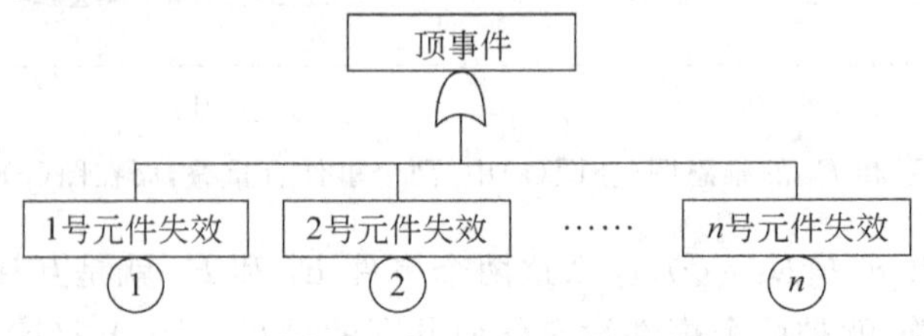

图 A-4　采用故障树表示串联系统

并联系统。只要 n 个元件中至少有一个功能正常，系统就可以正常运行，这种系统叫做并联系统(可参阅拉桑德和霍伊兰德 2004 年的教材)。图 A-5 采用可靠性框图描述了包含 n 个元件的并联系统。

这个并联系统的结构方程可以写成

$$\begin{aligned}\phi(X) &= 1-(1-X_1)(1-X_2)\cdots(1-X_n)\\ &= 1-\prod_{i=1}^{n}(1-X_i)\end{aligned} \tag{A-5}$$

图 A-5　并联系统的可靠性框图

我们可以发现，只有对所有的 $i=1,2,\cdots,n$，都有 $X_i=0$，才会有 $\phi(X)=0$。

当系统中的所有元件同时失效时，这个并联系统才会失效。和串联系统类似，我们可以得到

$$E_S = E_1 \cap E_2 \cap \cdots \cap E_n$$

我们同样也可以采用故障树来描述系统失效，如图 A-6 所示。这个故障树中的“门”是一个与-门，只有事件 E_1 和事件 E_2 和……同时发生，顶事件“系统失效”才会发生。

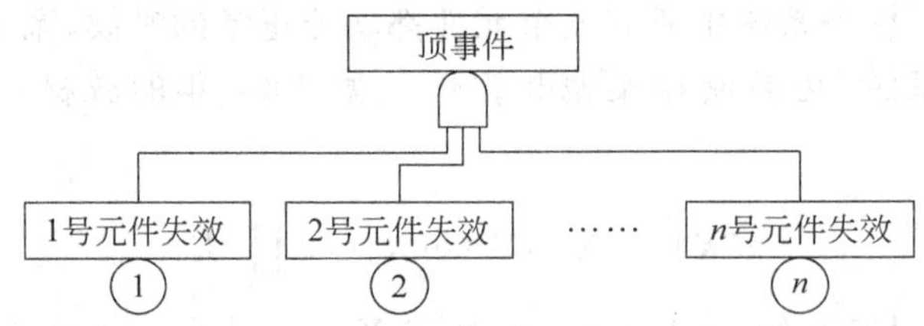

图 A-6　采用故障树表示并联系统

A.3　概率

我们在第 2.3 节中提到了概率的概念，当时我们使用了三种方法对这个概念进行了解释，并区分它们之间的差别。这三种方法分别是：(i)经典方法，(ii)频率学方法和(iii)

贝叶斯或者主观方法。然而，不管使用哪种方法解释，概率的法则和数学表达都是相同的。

接下来，我们将给出概率计算中使用的主要术语的定义，并介绍主要的法则和公式。

A.3.1 概率的定义

令 S 表示一个随机试验的样本空间，对于样本空间中的每一个事件 E，我们假设有一个数 $\Pr(E)$ 满足以下三个条件：

1. $0 \leqslant \Pr(E) \leqslant 1$。
2. $\Pr(S)=1$。
3. 对于任意互不相容的事件序列 $E_1, E_2, \cdots$（即对于任何 $i \neq j$，都有 $E_1 \cap E_2 = \varnothing$），有

$$\Pr\left(\bigcup_{i=1}^{\infty} E_i\right) = \sum_{i=1}^{\infty} \Pr(E_i) \tag{A-6}$$

我们就称 $\Pr(E)$ 为事件 E 的概率。

上述条件指出，事件 E 的概率一定介于 0 和 1 之间，概率 1 意味着这个事件一定发生，而概率 0 则意味着这个事件不可能发生或者一定不发生。如果事件之间没有共同的结果，那么这些事件至少有一件发生的概率就是它们的概率之和。

A.3.2 概率计算的基本法则

对立事件的概率。令 E^* 表示事件 E 的对立事件，那么 E^* 的概率是

$$\Pr(E^*) = 1 - \Pr(E) \tag{A-7}$$

因此，事件 E 发生的概率就等于 1 减去事件 E 不发生的概率。

概率的加法法则。如果 E_1 和 E_2 是任意两个事件，那么有

$$\Pr(E_1 \cup E_2) = \Pr(E_1) + \Pr(E_2) - \Pr(E_1 \cap E_2) \tag{A-8}$$

等式(A-8)就是概率的加法法则。图 A-7 中的维恩图和故障树对加法法则进行了说明。我们需要注意，如果事件 E_1 和 E_2 是互斥事件（互不相容），那么

$$\Pr(E_1 \cup E_2) = \Pr(E_1) + \Pr(E_2)$$

图 A-7 给出的就是这种情况。

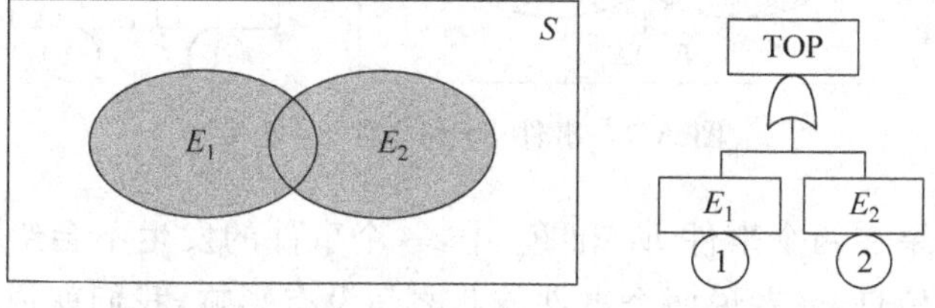

图 A-7 事件 E_1 或者事件 E_2 发生

加法法则也可以进行扩展，如果事件 $E_1, E_2, \cdots, E_n$ 都是互斥的，就有

$$\Pr(E_1 \cup E_2 \cup \cdots \cup E_n) = \Pr(E_1) + \Pr(E_2) + \cdots + \Pr(E_n)$$

$$= \sum_{i=1}^{n} \Pr(E_i) \tag{A-9}$$

条件概率。假设我们在已知事件 E_1 已经发生的情况下，希望确定事件 E_2 的概率。如果事件 E_1 已经发生，E_2 如果要发生，实际出现的结果必然是一个既在 E_1 当中也在 E_2 当中的结果，即 $E_1 \cap E_2$。因此，给定 E_1 发生，E_2 的条件概率是

$$\Pr(E_2 \mid E_1) = \frac{\Pr(E_1 \cap E_2)}{\Pr(E_1)} \tag{A-10}$$

前提是 $\Pr(E_1) > 0$。

- 案例 A-4

假设事件 E_2 是流程工厂当中某一种类型的流程失效，我们希望研究流程失效概率 $\Pr(E_2)$ 是否依赖于关键液位控制器的运行情况。令 E_1 表示液位控制器失效这个事件，图 A-8 中的树结构描述的就是这一情况。

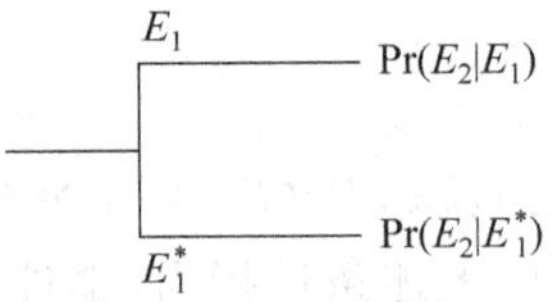

E_1 —— $\Pr(E_2|E_1)$

E_1^* —— $\Pr(E_2|E_1^*)$

图 A-8 概率树

我们注意到树结构最终节点的概率是：

- $\Pr(E_2 \mid E_1)$（即在液位控制器失效的时候流程失效的概率）。
- $\Pr(E_2 \mid E_1^*)$（即在液位控制器运行的时候流程失效的概率）。

图 A-8 中的树就称为概率树或者事件树。

概率的乘法法则。根据式(A-10)，我们发现

$$\Pr(E_1 \cap E_2) = \Pr(E_2 \mid E_1) \cdot \Pr(E_1) = \Pr(E_1 \mid E_2) \cdot \Pr(E_2) \tag{A-11}$$

图 A-9 中的维恩图和故障树描述了 E_1 和 E_2 的交集。这个公式可以进一步推广到 k 个事件

$$\Pr(E_1 \cap E_2 \cap \cdots \cap E_k) = \Pr(E_1) \cdot \Pr(E_2 \mid E_1) \cdot \Pr(E_3 \mid E_1 \cap E_2) \cdots \Pr(E_k \mid E_1 \cap \cdots \cap E_{k-1})$$

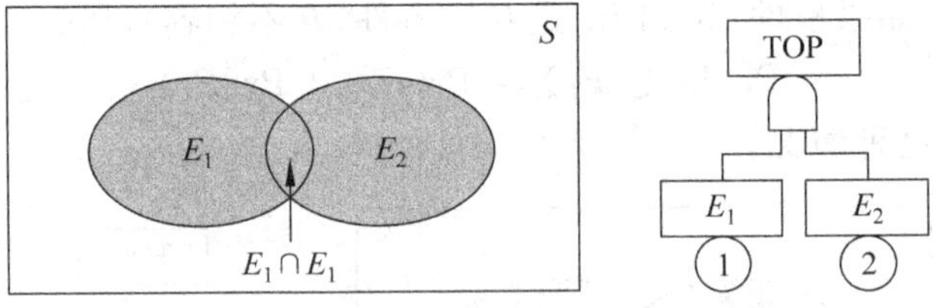

图 A-9 事件 E_1 和事件 E_2 发生

独立事件。如果在两个事件 E_1 和 E_2 中，一个事件的发生不会给出任何另外一个事件是否发生的相关信息，或者说两个事件彼此之间没有影响，我们就说这两个事件是独立的。这也就是说，当且仅当 $\Pr(E_2 \mid E_1) = \Pr(E_2)$ 或 $\Pr(E_1 \mid E_2) = \Pr(E_1)$ 时，两个事件 E_1 和 E_2 是独立的。

如果上述两个事件独立，就有

$$\Pr(E_1 \cap E_2) = \Pr(E_1) \cdot \Pr(E_2) \tag{A-12}$$

如果一系列事件 $E_1, E_2, \cdots, E_n$ 都是独立的，那么有

$$\Pr(E_1 \cap E_2 \cap \cdots \cap E_n) = \Pr(E_1) \cdot \Pr(E_2) \cdots \Pr(E_n)$$
$$= \prod_{i=1}^{n} \Pr(E_i) \tag{A-13}$$

注释：如果 $\Pr(E_1 \cap E_2) \neq \Pr(E_1) \cdot \Pr(E_2)$，那么事件 E_1 和 E_2 就是相依的。两个事件 E_1 和 E_2 之间不一定存在因果关系，它们的"联系"可能只是逻辑上的。

样本空间划分。如果事件 $E_1, E_2, \cdots, E_n$ 是互斥的，并且满足

$$S = E_1 \cup E_2 \cup \cdots \cup E_n$$

那么样本空间 S 中的一系列事件 $E_1, E_2, \cdots, E_n$ 可以看做是对 S 的一种划分。

图 A-10 描述的就是样本空间 S 的一种划分。

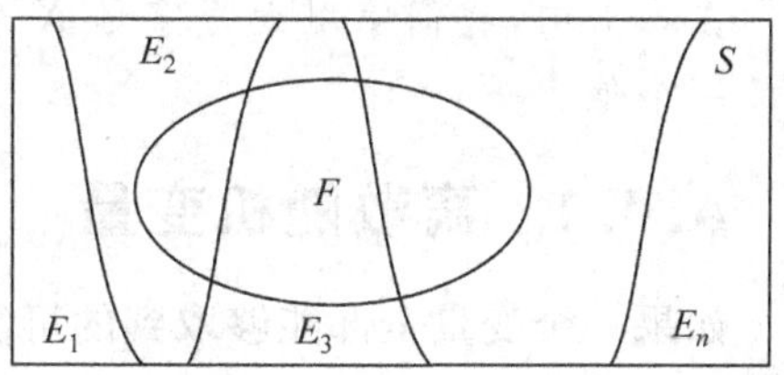

图 A-10 样本空间划分

全概率。令 F 表示样本空间 S 中的一个事件，然后 $E_1, E_2, \cdots, E_n$ 是 S 的一种划分，那么 F 的概率就可以写成

$$\Pr(F) = \sum_{i=1}^{n} \Pr(F \cap E_i) = \sum_{i=1}^{n} \Pr(F \mid E_i) \cdot \Pr(E_i) \tag{A-14}$$

贝叶斯公式。如果 $E_1, E_2, \cdots, E_n$ 是样本空间 S 的一种划分，对于所有的 $i=1,2,\cdots$ 都有 $\Pr(E_i)>0$；对于 S 中的任何事件 F，也有 $\Pr(F)>0$，那么如果我们已知 F 发生，想确定 F 属于空间中某一部分 E_j 的概率，就有

$$\Pr(E_j \mid F) = \frac{\Pr(F \cap E_j)}{\sum_{i=1}^{n} \Pr(F \cap E_i)} = \frac{\Pr(F \mid E_j) \cdot \Pr(E_j)}{\sum_{i=1}^{n} \Pr(F \mid E_i) \cdot \Pr(E_i)} \tag{A-15}$$

其中 $j=1,2,\cdots,n$。

A.3.3 古典概率模型

古典概率模型是最简单的一种概率模型。假设 S 是一个有限非空样本空间，包含 n 个结果。S 的古典概率模型可以定义为

$$\Pr(e) = \frac{1}{n}, \quad e \in S \tag{A-16}$$

假设 S 中的事件 E 包含 n_E 个不同的结果，如果使用古典概率模型，事件 E 的概率就是

$$\Pr(E) = \frac{n_E}{n} \tag{A-17}$$

• 案例 A-5

假设一个掷骰子的随机试验，骰子是一个（均匀）六面体，因此样本空间 $S=\{1,2,3,4,5,6\}$，掷出结果的数量 $n=6$。那么，掷出结果是 2 的概率就是

$$\Pr(2) = \frac{1}{6}$$

假设事件 E="掷出偶数",包含三个结果{2,4,6},因此 E 的概率就是

$$\Pr(E)=\frac{n_E}{n}=\frac{3}{6}=0.50$$

A.4 随机变量

随机变量是样本空间中与每一个输出对应的实值函数。按照频率学方法(见第 2 章),随机变量就是一个可以测量的数。

在本书中,我们使用大写字母 X 表示一个随机变量,相对应的小写字母 x 则表示变量的一个值。

A.4.1 离散随机变量

如果一个变量全部能够取到的可能值是有限个,它就是一个离散变量。

- 案例 A-6

假设有一组人,我们随机地从这组人中挑选一个人出来。那么这组人就是样本空间,而选出的这个人就是样本空间的一个结果 e。我们希望测量结果的某种属性,比如他一共有多少个兄弟姐妹,并令 X 代表他兄弟姐妹的数量。当我们选好一个人并观察这个变量,我们就会得到一个数值,这个数值用 x 表示。比如我们可能得到 $x=2$。试验的结果与试验的随机性有关,因为我们不知道会选中哪个人,也就不知道 X 的值。一旦我们选好了具体某个人,我们就可以"测量"他的兄弟姐妹的数量,一般不会出现任何的不确定性。

概率质量函数。令 X 是一个离散随机变量,值集是$\{x_1,x_2,\cdots\}$,再令 $\Pr(X=x_i)$表示变量 X 的取值是 x_i 的概率。这个概率也可以解释为,对取得的结果的测量值(根据 X)是 x_i,因此我们有

1. 对于所有的 $i=1,2,\cdots,\Pr(X=x_i)\geqslant 0$。

2. $\sum_{i=1}^{\infty}\Pr(X=x_i)=1$。

分布函数。离散随机变量 X 的分布函数是

$$F(x)=\Pr(X\leqslant x)=\sum_{x_i\leqslant x}\Pr(X=x_i) \tag{A-18}$$

这个分布函数有时候也称为累计分布函数。随机变量 X 取值在区间$(x_i,x_j]$的概率是

$$\Pr(x_i<X\leqslant x_j)=\Pr(X\leqslant x_j)-\Pr(X\leqslant x_i)=F(x_j)-F(x_i) \tag{A-19}$$

其中 $x_i<x_j$。

均值、方差和标准差。值集为$\{x_1,x_2,\cdots\}$的离散随机变量 X 的均值是

$$\mathrm{E}(X)=\mu=\sum_{i=1}^{\infty}x_i\cdot\Pr(X=x_i) \tag{A-20}$$

假设 $g(X)$为 X 的函数,那么随机变量 $g(X)$的均值就是

$$E[g(X)] = \sum_{i=1}^{\infty} g(x_i) \cdot \Pr(X = x_i) \tag{A-21}$$

X 的方差是

$$\mathrm{Var}(X) = E[(X-\mu)^2] = \sum_{i=1}^{\infty} (x_i-\mu)^2 \Pr(X = x_i) \tag{A-22}$$

X 的标准差是

$$\mathrm{SD}(X) = \sqrt{\mathrm{Var}(X)} \tag{A-23}$$

边际分布和条件分布。假设 X_1 和 X_2 是两个离散随机变量，X_1 和 X_2 的联合概率质量函数是

$$\Pr(X_1 = x_1 \cap X_2 = x_2)$$

这个式子也可以写成 $\Pr(X_1=x_1, X_2=x_2)$。

给定 $X_1=x_1$，那么 $X_2=x_2$ 的条件概率是

$$\Pr(X_2 = x_2 \mid X_1 = x_1) = \frac{\Pr(X_1 = x_1 \cap X_2 = x_2)}{\Pr(X_1 = x_1)} \tag{A-24}$$

X_2 的边际概率质量函数是

$$\Pr(X_2 = x_2) = \sum_{x_1} \Pr(X_1 = x_1 \cap X_2 = x_2) \tag{A-25}$$

协方差和相关系数。假设 X_1 和 X_2 是两个离散随机变量，且它们的均值和方程都存在。考虑数学期望

$$E[(X_1 - E(X_1)) \cdot (X_2 - E(X_2))] = E(X_1 \cdot X_2) - E(X_1) \cdot E(X_2)$$

这个数字称为 X_1 和 X_2 的协方差，表示为 $\mathrm{Cov}(X_1, X_2)$。X_1 和 X_2 的相关系数定义为

$$\rho(X_1, X_2) = \frac{E[(X_1 - E(X_1)) \cdot (X_2 - E(X_2))]}{\sqrt{\mathrm{Var}(X_1) \cdot \mathrm{Var}(X_2)}} \tag{A-26}$$

相关系数可以衡量随机变量 X_1 和 X_2 之间的关联程度，即两个变量之间线性关系的强度。相关系数通常介于-1到 1 之间。正相关意味着 X_1 和 X_2 会一起变大，负相关则意味着在 X_2 变小的时候 X_1 会变大，反之亦然。如果 X_1 和 X_2 彼此独立，它们的相关系数就是 0。

A.4.2 连续随机变量

令 T 为一随机变量，其值集不可数，这时候它就是一个连续随机变量。如果存在一个定义在所有实数 t 上的非负函数 $f(x)$，使得对于任意实数集合 A 都有如下性质

$$\Pr(T \in A) = \int_A f(t)\mathrm{d}t$$

函数 $f(x)$就称为随机变量 T 的概率密度函数。

在这个附录当中，我们使用 T 来代表连续随机变量，这是因为本书很多应用关注的随机变量都是失效或者事件的时间。因此，使用 T 来表示时间就是很自然的事情。使用这个符号仅仅是出于方便的考虑，可以任何一个大写字母来代替 T。时间 T 一般来说都只能取正实数。还有一些其他类型的连续随机变量，取值范围可能是从$-\infty$到$+\infty$的整个数轴，或者仅局限在数轴的某个区间之内。在这个附录当中，我们主要都是假设 T 为

正数，但是这样做有的时候会和一些特殊分布的假设相悖。我们希望这不会让读者感到迷惑。

概率密度函数满足下列几个性质：

1. 对于所有 t，$f(t) \geqslant 0$。
2. $\int_0^\infty f(t)\mathrm{d}t = 1$。
3. $\Pr(a < T \leqslant b) = \int_a^b f(t)\mathrm{d}t$。

在后面的几节中，我们都假设随机变量 T 是一个元件的失效时间，我们将会介绍这个变量的主要概率量度。

失效时间。一个元件的失效时间(time to failure)，是指从这个元件投入运行一直到它第一次发生失效的时间，我们设定 $t=0$ 为起始点。失效时间至少在一定程度上会存在一些偶然性，因此我们把这个时间解释为一个随机变量 T 也是合乎情理的。

状态变量 $X(t)$是用来描述元件在时间点 t 的状态，它同样也是一个随机变量

$$X(t) = \begin{cases} 1, & \text{如果元件在时间点 } t \text{ 功能正常} \\ 0, & \text{如果元件在时间点 } t \text{ 处于失效状态} \end{cases}$$

图 A-11 描述了离散状态变量 $X(t)$和失效时间 T 之间的联系。

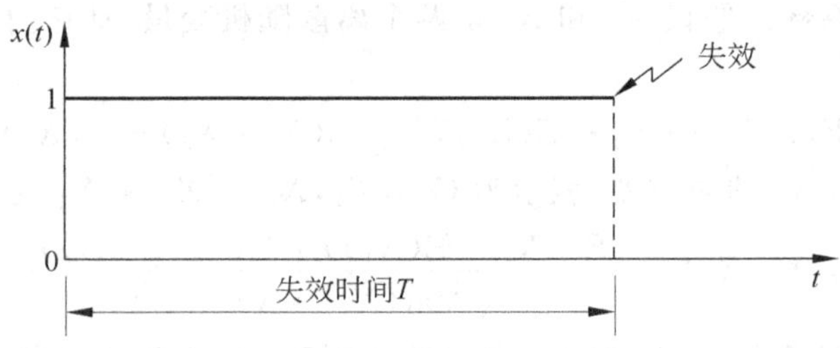

图 A-11 元件的状态变量和失效时间

值得注意的是，所谓的失效时间并不一定是日历时间，它可以采用其他一些非直接的时间概念描述，比如，

- 开关操作的次数。
- 汽车的行驶里程数。
- 轴承的旋转次数。
- 周期性工作产品的工作次数。

从这些例子中我们可以看出，失效时间有时候也可以是一个离散变量。但是，这个离散变量可以近似成一个连续变量。在这里，除非有特殊说明，我们一般都假设失效时间 T 是一个连续变量。

分布函数。T 的分布函数可以定义为

$$F(t) = \Pr(T \leqslant t), \quad t > 0 \tag{A-27}$$

我们可以发现，$F(t)$实际上就是元件在时间间隔$(0,t]$内失效的概率。

概率密度函数。那么，这个元件的概率密度函数 $f(t)$就是

$$f(t)\ \frac{\mathrm{d}}{\mathrm{d}t}F(t)=\lim_{\Delta t\to 0}\frac{F(t+\Delta t)-F(t)}{\Delta t}$$

$$=\lim_{\Delta t\to 0}\frac{\Pr(t<T\leqslant t+\Delta t)}{\Delta t} \tag{A-28}$$

式(A-28)表明，如果 Δt 很小，

$$\Pr(t<T\leqslant t+\Delta t)\approx f(t)\cdot\Delta t \tag{A-29}$$

图 A-12 描述了分布函数 $F(t)$和概率密度函数 $f(t)$。

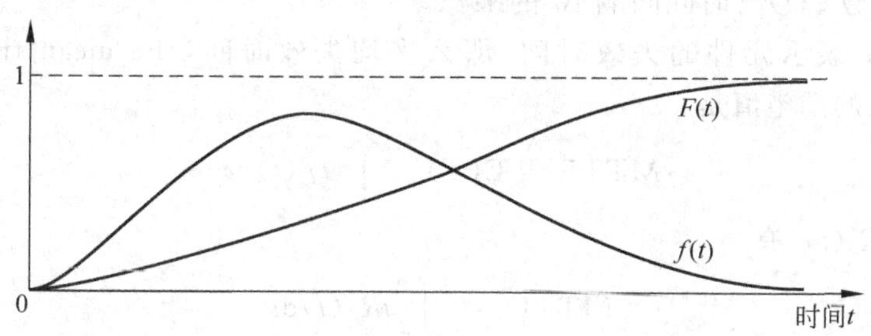

图 A-12 分布函数 $F(t)$和概率密度函数 $f(t)$

可靠度函数。元件的可靠度函数可以定义为

$$R(t)=1-F(t)=\Pr(T>t),\quad t>0 \tag{A-30}$$

因为 $R(t)$是元件在时间间隔$(0,t]$内没有失效的概率，或者换句话说就是元件在时间间隔$(0,t]$内一直功能正常(存活下来)，在时间点 t 依然可靠的概率。图 A-13 描述的就是可靠度函数(存活率函数)。

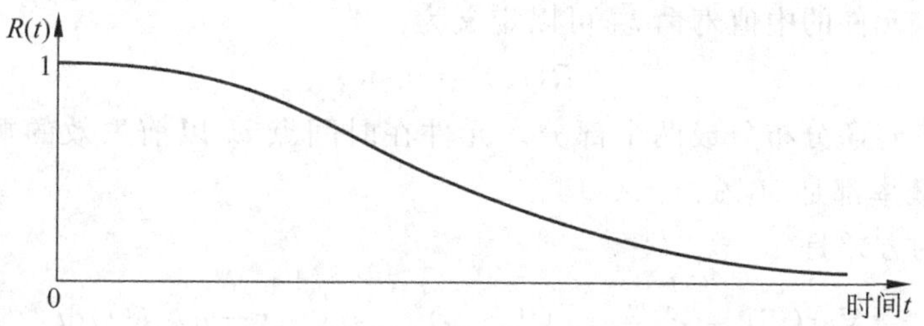

图 A-13 可靠度函数 $R(t)$

失效速率函数。如果我们已知元件在时间点 t 功能正常，那么它在时间间隔$(t,t+\Delta t]$内失效的概率就是一个条件概率。

$$\Pr(t<T\leqslant t+\Delta t\mid T>t)=\frac{\Pr(t<T\leqslant t+\Delta t)}{\Pr(T>t)}=\frac{F(t+\Delta t)-F(t)}{R(t)}$$

等式的两边同时除以时间间隔长度 Δt，再取极限令 $\Delta t\to 0$，就可以得到元件的失效速率函数 $z(t)$。

$$z(t)=\lim_{\Delta t\to 0}\frac{\Pr(t<T\leqslant t+\Delta t\mid T>t)}{\Delta t}$$

$$=\lim_{\Delta t\to 0}\frac{F(t+\Delta t)-F(t)}{\Delta t}\frac{1}{R(t)}=\frac{f(t)}{R(t)} \tag{A-31}$$

当 Δt 很小的时候，

$$\Pr(t < T \leqslant t + \Delta t \mid T > t) \approx z(t) \cdot \Delta t \tag{A-32}$$

需要注意概率密度函数 $f(t)$ 和失效速率函数 $z(t)$ 之间的区别。假设我们在时间 $t=0$ 开始启用一个新的元件，并询问“该元件在时间间隔 $(t,t+\Delta t]$ 内失效的概率是多少？”根据式(A-29)，可以知道这个概率约等于在时间点 t 的概率密度函数 $f(t)$ 与时间间隔 Δt 的乘积。如果一个元件在时间点 t 仍然正常工作，那么我们在这个时候询问“在下一个时间间隔 $(t,t+\Delta t]$ 元件失效的概率是多少？”根据式(A-32)，这个(条件)概率约等于时间点 t 的失效速率函数 $z(t)$ 与时间间隔 Δt 的乘积。

均值。令 T 表示元件的失效时间，那么平均失效时间(the mean time to failure, MTTF)或者 T 的期望值是

$$\mathrm{MTTF} = \mathrm{E}(T) = \int_0^\infty t f(t)\mathrm{d}t \tag{A-33}$$

因为 $f(t) = -R'(t)$，有

$$\mathrm{MTTF} = -\int_0^\infty tR'(t)\mathrm{d}t$$

上式右边进行分步积分，得到

$$\mathrm{MTTF} = -[tR(t)]_0^\infty + \int_0^\infty R(t)\mathrm{d}t$$

如果 $MTTF < \infty$，可以得到 $[tR(t)]_0^\infty = 0$，此时

$$\mathrm{MTTF} = \int_0^\infty R(t)\mathrm{d}t \tag{A-34}$$

一般来说，通过式(A-34)确定 MTTF 要比使用式(A-33)更加容易。

中值寿命。元件的中值寿命 t_m 可以定义为

$$R(t_m) = 0.50 \tag{A-35}$$

中值寿命将寿命分布分成两个部分。元件在时间点 t_m 以前失效的概率和在时间点 t_m 以后失效的概率都是 50%。

方差。T 的方差是

$$\mathrm{Var}(T) = \sigma^2 = \mathrm{E}[(T-\mu)^2] = \int_0^\infty (t-\mu)^2 f(t)\mathrm{d}t \tag{A-36}$$

边际分步和条件分布。令 T_1 和 T_2 分别表示两个连续随机变量，它们的概率密度函数分布是 $f_1(t)$ 和 $f_2(t)$。

T_1 和 T_2 的联合概率密度函数可以写成 $f(t_1,t_2)$。那么，T_1 的边际概率密度函数就是

$$f_1(t_1) = \int_0^\infty f(t_1,t_2)\mathrm{d}t_2 \tag{A-37}$$

如果我们已经知道 $T_1 = t_1$，那么 T_2 的条件概率密度函数就是

$$f(t_2 \mid t_1) = \frac{f(t_1,t_2)}{f_1(t_1)} \quad f_1(t) > 0 \tag{A-38}$$

根据这个结果，我们可以确定 $T2$ 介于 (a,b) 之间条件概率：

$$\Pr(a < T_2 < b \mid T_1 = t_1) = \int_a^b f(t_2 \mid t_1)\mathrm{d}t_2 \tag{A-39}$$

它的条件均值是

$$E(T_2 \mid t_1) = \int_0^\infty t_2 f(t_2 \mid t_1) dt_2 \tag{A-40}$$

独立变量。如果 $f(t_2|t_1)=f_2(t_2)$ 且 $f(t_1|t_2)=f_1(t_1)$，那么这两个连续随机变量 T_1 和 T_2 就是彼此独立的，这就是说，如果对于所有 t_1 和 t_2

$$f(t_1,t_2) = f_1(t_1) \cdot f_2(t_2)$$

T_1 和 T_2 就是彼此独立的。这个定义同样也可以扩展到更多变量的情况。

卷积。假设 T_1 和 T_2 是两个独立变量，概率密度函数分别是 f_1 和 f_2。有时候，我们需要确定 T_1+T_2 的分布。

$$\begin{aligned} F_{1,2}(t) &= \Pr(T_1 + T_2 \leqslant t) = \iint_{x+y\leqslant t} f_1(x) f_2(y) dx dy \\ &= \int_0^\infty \int_0^{t-y} f_1(x) f_2(y) dx dy = \int_0^\infty \left(\int_0^{t-y} f_1(x) dx \right) f_2(y) dy \\ &= \int_0^\infty F_1(t-y) f_2(y) dy \end{aligned} \tag{A-41}$$

分布函数 $F_{1,2}$ 称为分布 F_1 和 F_2 的卷积(后两者分别是 T_1 和 T_2 的分布函数)。

对 $F_{1,2}(t)$ 求 t 的导数，就可以得到 T_1+T_2 的概率密度函数 $f_{1,2}(t)$

$$f_{1,2}(t) = \int_0^\infty f_1(t-y) f_2(y) dy \tag{A-42}$$

A.5 相关概率分布

A.5.1 离散分布

二项分布(binomial distribution)。需要使用二项分布应该满足下列条件：

1. 我们进行 n 次独立试验。
2. 每一次试验都有两个可能的结果 E 和 E^*。
3. 所有试验都满足概率 $\Pr(E)=p$。

这种情况称为二项情况(binomial situation)，有时候试验也称为贝努利试验。实际上，英语中"bi"这个前缀表示的就是有两个可能的结果。

令 X 表示 n 次试验结果是 E 的次数，那么 X 就是一个离散随机变量，它的概率质量函数是

$$\Pr(X = x) = \binom{n}{x} p^x (1-x)^{n-x}, \quad x = 0,1,\cdots,n \tag{A-43}$$

其中 $\binom{n}{x}$ 是二项式系数，

$$\binom{n}{x} = \frac{n!}{x!(n-x)!} \tag{A-44}$$

式(A-43)中的分布形式称为二项分布(n,p)，我们有时也记为 $X\sim \text{bin}(n,p)$。在这里，试

验的次数 n 通常是一个已知常数，而 p 则是一个分布参数。参数 p 一般是一个直接观测不到的未知常数。对于这个参数，我们无法进行“测量”，但是可以根据对大量试验的观察估计它的相对频率。

在二项分布中，X 的均值和方差分别是

$$\mathrm{E}(X) = np \tag{A-45}$$

$$\mathrm{Var}(X) = np(1-p) \tag{A-46}$$

- 案例 A-7

消防泵需要定期进行测试。在测试期间，我们需要启动消防泵，让它运行一小段时间。如果消防泵在指定的一段时间内无法启动，我们就观察到一次“启动失效”(事件 E)。假设我们进行了 $n=150$ 次测试，并且这些测试都是独立的。结果总共记录到 $X=2$ 次失效，根据式(A-45)，我们知道 $p=\mathrm{E}(X)/n$，因此很自然地就可以估计消防泵的启动失效概率：

$$\hat{p} = \frac{x}{n} = \frac{2}{150} \approx 0.0133 = 1.33\%$$

- 案例 A-8

对于一个 3 选 2 系统来说，3 个元件当中至少要有 2 个功能正常，系统才可以工作。我们假设这些元件是独立的，并令 X 表示功能正常的元件的数量，p 表示某个具体元件功能正常的概率。这个例子可以看做是一个进行了 $n=3$ 次的二项试验，因此 X 遵循二项分布。这个 3 选 2 系统可以工作的概率 p_S 是

$$\begin{aligned} p_S &= \Pr(X \geqslant 2) = \Pr(X = 2) + \Pr(X = 3) \\ &= \binom{3}{2} p^2 (1-p)^{3-2} + \binom{3}{3} p^3 (1-p)^{3-3} \\ &= 3p^2(1-p) + p^3 = 3p^2 - 2p^3 \end{aligned}$$

几何分布。再次假设我们进行二项试验，令 Z 表示结果首次为 E 的时候进行的试验次数。如果 $Z=z$，这就意味着前$(z-1)$试验的结果都是 E^*，而结果 E 在第 z 次试验中首次出现。那么，Z 的概率质量函数就是

$$\Pr(Z = z) = (1-p)^{z-1} p, \quad z = 1,2,\cdots \tag{A-47}$$

式(A-47)的分布就称为几何分布。我们可以得到

$$\Pr(Z > z) = (1-p)^z$$

随机变量 Z 的均值和方差是

$$\mathrm{E}(Z) = \frac{1}{p} \tag{A-48}$$

$$\mathrm{Var}(Z) = \frac{1-p}{p^2} \tag{A-49}$$

泊松分布和泊松过程。风险分析经常假设事件的发生遵循一个齐次泊松过程(HPP)。HPP 是一个随机过程，可以用来描述事件 E 在给定时间内的发生情况。

HPP 需要满足下列几个条件：

1. 事件 E 在一段时间内的发生次数，与它在其他任何不重合时间段内的发生次数无关。这也就说 HPP 是无记忆的。

2. 事件 E 在一段非常短的时间间隔内发生的概率与时间间隔的长度成正比，且与此段时间间隔以外的事件发生次数无关。

3. 在一段非常短的时间间隔内，事件发生的次数超过 1 次的概率可以忽略不计。

在不失一般性的前提下，我们可以设定 $t=0$ 是泊松过程的起始点。

令 $N_E(t)$ 表示事件 E 在区间 $(0,t]$ 内发生的次数，那么这个离散随机变量 $N_E(t)$ 就称为泊松随机变量，它的概率分布也因此称为泊松分布。$N_E(t)$ 的概率质量函数是

$$\Pr(N_E(t)=n)=\frac{(\lambda_E t)^n}{n!}e^{-\lambda_E t},\quad n=0,1,\cdots \tag{A-50}$$

其中 $\lambda_E>0$ 是一个参数，$e=2.71828\cdots$

事件 E 在时间间隔 $(0,t]$ 内发生次数的均值是

$$E(N_E(t))=\sum_{n=0}^{\infty}n\cdot\Pr[N_E(t)=n]=\lambda_E t \tag{A-51}$$

并且

$$\lambda_E=\frac{E[N_E(t)]}{t}$$

因此，参数 λ_E 就是事件 E 在单位时间内的平均发生次数，也称为泊松过程的速率或者事件 E 的发生速率。

$N_E(t)$ 的方差是

$$\operatorname{Var}[N_E(t)]=\lambda_E t \tag{A-52}$$

A.5.2 连续分布

指数分布。让我们假设一个元件的失效时间 T 是参数为 λ 的指数分布。那么，T 的概率密度函数就是

$$f(t)=\begin{cases}\lambda e^{-\lambda t}, & t>0,\lambda>0\\ 0, & \text{其他}\end{cases} \tag{A-53}$$

分布函数是

$$F(t)=\Pr(T\leqslant t)=1-e^{-\lambda t},\quad t>0 \tag{A-54}$$

图 A-14 给出了指数分布的概率密度函数和分布函数。

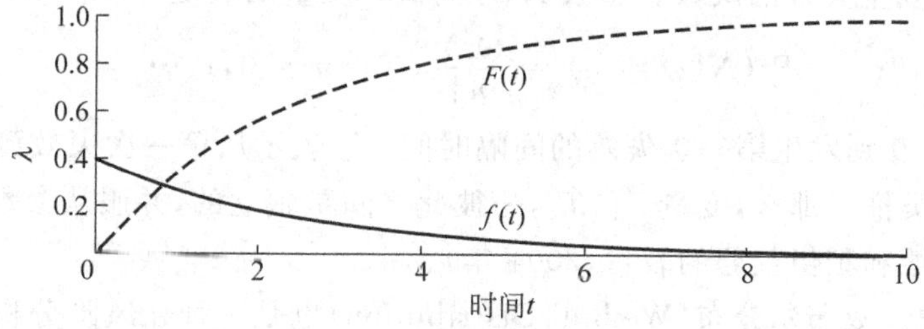

图 A-14　指数分布（$\lambda=0.4$）

然后就可以推导可靠度(存活率)函数

$$R(t)=\Pr(T>t)=\int_t^{\infty}f(u)\mathrm{d}u=\mathrm{e}^{-\lambda t},\quad t>0 \tag{A-55}$$

平均失效时间是

$$\mathrm{MTTF}=\int_0^{\infty}R(t)\mathrm{d}t=\int_0^{\infty}\mathrm{e}^{-\lambda t}\mathrm{d}t=\frac{1}{\lambda} \tag{A-56}$$

T 的方差是

$$\mathrm{Var}(T)=\frac{1}{\lambda^2} \tag{A-57}$$

失效速率函数是

$$z(t)=\frac{f(t)}{R(t)}=\frac{\lambda\mathrm{e}^{-\lambda t}}{\mathrm{e}^{-\lambda t}}=\lambda \tag{A-58}$$

从式(A-58)可以看出,服从指数分布的元件的失效速率函数是一个常数(即与时间无关)。

我们可以用日常语言去比较式(A-56)和式(A-58)的结果,如果元件平均每年有 $\lambda=4$ 次失效,它的平均失效时间就是 1/4 年。

现在,我们假设元件的失效时间 T 服从指数分布,对于这个元件,有

$$\Pr(T>t+x\mid T>t)=\frac{\Pr(T>t+x)}{\Pr(T>t)}=\frac{\mathrm{e}^{-\lambda(t+x)}}{\mathrm{e}^{-\lambda t}}=\mathrm{e}^{-\lambda x}=\Pr(T>x)$$

这说明,给定元件在 t 时刻功能正常,那么它在 $t+x$ 时仍然功能正常的概率等于一个新元件的失效时间长于 x 的概率。因此,在时间点 t 功能正常的元件的剩余寿命与 t 无关。这也就意味着指数分布是没有“记忆”功能的。

所以,假设元件服从指数分布就意味着:

- 在统计意义上,一个用过的元件仍然是“完好如初”的。因此,也就没有理由更换功能仍然正常的元件。
- 在估计可靠度函数、平均失效时间等参数的时候,需要收集的数据是观测到的运行时间(小时数)和失效次数,不需要考虑相关元件已经使用了多久。

指数分布是风险和可靠性分析中最为常用的寿命分布形式,原因是它的数学原理比较简单,对于很多类型元件的实际寿命模型也适用。

指数分布和泊松过程。假设失效的发生是一个速率为 λ 的泊松过程,$N(t)$代表在时间间隔$(0,t]$内发生失效的次数。那么 $N(t)$的概率质量函数是

$$\Pr(N(t)=n)=\frac{(\lambda t)^n}{n!}\mathrm{e}^{-\lambda t}\quad n=0,1,\cdots$$

令 T_1 表示从 $t=0$ 到发生第一次失效的间隔时间,T_2 表示从第一次失效到第二次失效的间隔时间,以此类推。那么,变量 $T_1,T_2,\cdots$彼此之间是独立的,并服从参数为 λ 的指数分布(可参阅拉桑德和霍伊兰德的教材,2004 年)。

威布尔分布。威布尔分布(Weibull Distribution)也是一种在风险分析中最常用的寿命分布形式。这种分布是以瑞典数学家瓦勒迪·威布尔(Waloddi Weibull,1887—1979 年)的名字命名的,他在对材料强度建模时发明了这种分布。威布尔分布非常灵活,可以

通过合理地选择参数对不同类型的失效行为建模。

如果元件失效时间 T 的分布函数是

$$F(t)=\begin{cases}1-e^{-(\lambda t)^{\alpha}}, & t>0,\lambda>0,\alpha>0\\0,\text{其他}\end{cases} \tag{A-59}$$

我们就说这个元件服从参数为 α 和 λ 的威布尔分布。

与威布尔分布对应的概率密度函数是

$$f(t)=\frac{\mathrm{d}}{\mathrm{d}t}F(t)=\begin{cases}\alpha\lambda^{\alpha}t^{\alpha-1}e^{-(\lambda t)^{\alpha}}, & t>0\\0,\text{其他}\end{cases} \tag{A-60}$$

其中 λ 是一个尺度参数，而 α 则被称为形状参数。需要注意的是，如果 $\alpha=1$，那么威布尔分布就等同于一个指数分布。图 A-15 给出了在选择不同的 α 值时分布的概率密度函数 $f(t)$。

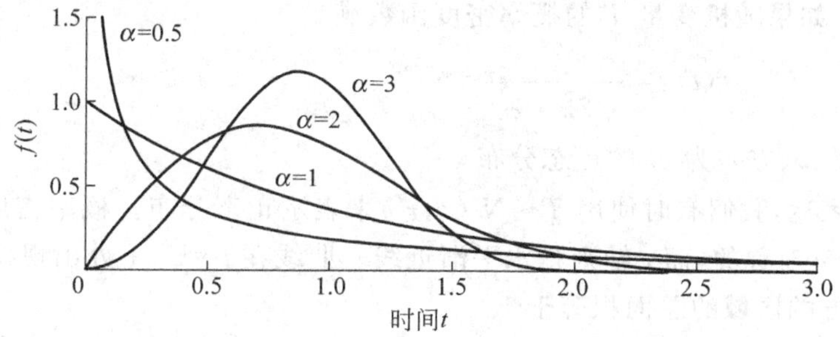

图 A-15 当形状参数 α 选择不同值时，威布尔分布的概率密度函数($\lambda=1$)

分布的可靠度函数是

$$R(t)=\Pr(T>t)=e^{-(\lambda t)^{\alpha}} \quad t>0 \tag{A-61}$$

它的失效速率函数是

$$z(t)=\frac{f(t)}{R(t)}=\alpha\lambda^{\alpha}t^{\alpha-1}, \quad t>0 \tag{A-62}$$

图 A-16 给出了在选择不同的 α 值时威布尔分布的失效速率函数 $z(t)$。威布尔分布的灵活性很好，可以用于失效速率函数是增函数、减函数或者固定值等各种情况的寿命分布建模。

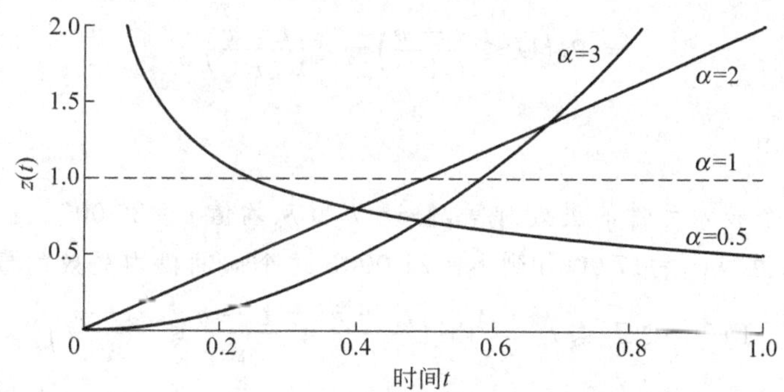

图 A-16 当形状参数 α 选择不同值时，威布尔分布的失效速率函数($\lambda=1$)

威布尔分布的平均失效时间 MTTF 是

$$\text{MTTF} = \int_0^{\infty} R(t)\,\mathrm{d}t = \frac{1}{\lambda}\Gamma\left(\frac{1}{\alpha} - 1\right) \tag{A-63}$$

其中 Γ(·)是一个伽马函数,它的定义是[①]

$$\Gamma(x) = \int_0^{\infty} t^{x-1}\mathrm{e}^{-t}\,\mathrm{d}t, \quad t > 0$$

具体来说,对于正整数 n,我们有

$$\Gamma(n+1) = n!, \quad \text{n} = 0,1,2,\cdots$$

T 的方差是

$$\text{Var}(T) = \frac{1}{\lambda^2}\left[\Gamma\left(\frac{2}{\alpha}+1\right) - \Gamma^2\left(\frac{1}{\alpha}+1\right)\right]$$

正态分布(高斯分布)。统计学中最为常用的分布是正态(高斯)分布(Normal Distribution)。如果随机变量 T 的概率密度函数满足

$$f(t) = \frac{1}{\sqrt{2\pi}\cdot\tau}\mathrm{e}^{-(t-v)^2/2\tau^2}, \quad -\infty < t < \infty \tag{A-64}$$

T 就服从均值为 v、方差为 τ_2 的正态分布。

为了简化表达,我们有时使用 $T \sim N\ (v,\tau^2)$来表示正态分布。概率密度函数 $f(t)$是关于垂直线 $t=v$ 对称的,而 t 轴则是水平渐近线。曲线在 $t=v\pm\tau$ 处出现拐点,而曲线下方和水平轴上方的区域的总面积等于 1。

如果 $v=0$ 同时 $\tau^2=1$,这个分布就称为标准正态分布,记为 $N\ (0,1)$。

如果随机变量 X 服从正态分布 $N\ (v,\tau^2)$,且 $\tau^2>0$,那么就有 $U=(X-v)/\ \tau \sim N(0,1)$。我们说随机变量 U 实现了标准化。

服从标准正态分布的随机变量 U 的分布函数可以记为 $\Phi(u)=Pr(U \leqslant u)$,相应的概率密度函数是

$$\Phi(u) = \frac{1}{\sqrt{2\pi}}\mathrm{e}^{-u^2/2} \tag{A-65}$$

一般正态分布 $T \sim N\ (v,\tau^2)$的分布函数可以写成

$$\begin{aligned} F(t) &= \Pr(T \leqslant t) = \Pr\left(\frac{T-v}{\tau} \leqslant \frac{t-v}{\tau}\right) \\ &= \Pr\left(U \leqslant \frac{t-v}{\tau}\right) = \Phi\left(\frac{t-v}{\tau}\right) \end{aligned} \tag{A-66}$$

- 案例 A-9

令 T 表示一个技术元件的失效时间,假设 T 服从均值 $v=20\,000\text{h}$、$\tau=5\,000\text{h}$ 的正态分布。那么,元件在从 $t_1=17\,000\text{h}$ 到 $t_2=21\,000\text{h}$ 这个时间段内失效的概率是

$$\Pr(t_1 < T \leqslant t_2) = \Pr\left(\frac{t_1-v}{\tau} < \frac{T-v}{\tau} \leqslant \frac{t_2-v}{\tau}\right)$$

---

① 伽马函数是一些计算机软件中的标准函数,这些软件包括 Matlab、Scilab 和 GNU Octave。

$$= \Phi\left(\frac{t_2 - v}{\tau}\right) - \Phi\left(\frac{t_1 - v}{\tau}\right)$$

$$= \Phi(0.200) - \Phi(-0.600) \approx 0.305$$

令 $T_1, T_2, \cdots, T_n$ 为独立变量，且服从相同的分布 $N(v, \tau^2)$。因此有

$$\sum_{i=1}^{n} T_i \sim N(nv, n\tau^2)$$

可以看出，独立正态分布随机变量的和也是正态分布，并且

$$\frac{\sum_{i=1}^{n} T - nv_i}{\sqrt{n}\tau} = \frac{\frac{1}{n}\sum_{i=1}^{n} T_i - v}{\tau}\sqrt{n} \sim N(0,1)$$

如果使用 $\overline{T} = \frac{1}{n}\sum_{i=1}^{n} T_i$，那么上面的表达式可以写成

$$\frac{\overline{T} - \mathrm{E}(\overline{T})}{\sqrt{\mathrm{Var}(\overline{T})}} \sim N(0,1) \tag{A-67}$$

伽马分布。令 $T_1, T_2, \cdots, T_n$ 为服从参数是 λ 的指数分布的随机变量，这些变量的和 $V = T_1 + T_2 + \cdots + T_n$ 就是一个参数为 λ 和 n 的伽马分布(Gamma Distribution)。随机变量 V 的概率密度函数是

$$f(v) = \frac{\lambda}{\Gamma(n)}(\lambda v)^{n-1}\mathrm{e}^{-\lambda v}, \quad v > 0 \tag{A-68}$$

式(A-68)中的参数 n 不一定是正整数，只要是正数就可以。

V 的均值和方差分别是

$$\mathrm{E}(V) = \frac{n}{\lambda} \tag{A-69}$$

$$\mathrm{Var}(V) = \frac{n}{\lambda^2} \tag{A-70}$$

- 案例 A-10

假设一个元件会受到一系列冲击，这些冲击的发生遵循一个速率为 λ 的泊松过程。那么，前后两次冲击之间的时间间隔 $T_1, T_2, \cdots$ 就是独立的变量，且服从参数为 λ 的指数分布。假设该元件正好在第 n 次冲击的时候失效，那么它的失效时间 $\sum_{i=1}^{n} T_i$ 就是一个参数为 λ 和 n 的伽马分布。

贝塔分布。如果随机变量 T 的概率密度函数是

$$f(t) = \frac{\Gamma(r+s)}{\Gamma(r)\Gamma(s)} t^{r-1}(1-t)^{s-1}, \quad 0 \leqslant t \leqslant 1 \tag{A-71}$$

那么 T 就服从参数为 r 和 s 的贝塔分布(β 分布，Beta Distribution)。

T 的均值和方差分别是

$$\mathrm{E}(T) = \frac{r}{r+s} \tag{A-72}$$

$$\mathrm{Var}(T) = \frac{rs}{(r+s)^2(r+s+1)} \tag{A-73}$$

均匀分布。假设 T 是参数 $r=1$ 和 $s=1$ 的贝塔分布，那么它的概率密度函数就是

$$f(t)=\begin{cases}1, & 0\leqslant t\leqslant 1\\0, & \text{其他}\end{cases}$$

这个分布就称为均匀分布(Uniform Distribution)或者矩形分布。均匀分布可以看做是参数 $r=1$ 和 $s=1$ 时 β 分布的一个特例。

通常，如果随机变量 T 的概率密度函数是

$$f(t)=\begin{cases}\dfrac{1}{b-a}, & 0\leqslant t\leqslant 1\\0, & \text{其他}\end{cases} \tag{A-74}$$

我们就说这个变量在区间$[a,b]$服从均匀分布。

T 的均值和方差分别是

$$\mathrm{E}(T)=\frac{a+b}{2} \tag{A-75}$$

$$\mathrm{Var}(T)=\frac{(b-a)^2}{12} \tag{A-76}$$

强大数定律。令 $X_1,X_2,\cdots$ 为一系列独立的随机变量，且分布形式相同(可能是离散分布也可能是连续分布)，均值为 $\mathrm{E}(X_i)=\mu$。那么，以概率 1 得到

$$\lim_{n\to\infty}\frac{1}{n}\sum_{i=1}^{n}X_i=\mu \tag{A-77}$$

这个重要的结论称为强大数定律，它说明一系列独立同分布的随机变量的算术平均数，将以概率 1 收敛于这些随机变量的数学期望。

中心极限定理。令 $X_1,X_2,\cdots$ 为一系列独立的随机变量，每个变量的均值都是 v，方差都是 τ^2。令 $\overline{X}$ 为序列前 n 个变量的实证均值，

$$\overline{X}=\frac{1}{n}\sum_{i=1}^{n}X_i$$

那么它的分布

$$\frac{\overline{X}-\mathrm{E}(\overline{X})}{\sqrt{\mathrm{Var}(\overline{X})}}=\frac{\overline{X}-v}{\tau}\sqrt{n}$$

在 $n\to\infty$时，趋近于标准正态分布，即

$$\Pr\left(\frac{\overline{X}-v}{\tau}\sqrt{n}\leqslant y\right)\to\frac{1}{\sqrt{2\pi}}\int_{-\infty}^{y}\mathrm{e}^{-t^2/2}\,\mathrm{d}t \tag{A-78}$$

其中 $n\to\infty$。这个结果就称为中心极限定理，无论 X_i 服从何种分布，它都适用。

- 案例 A-11

假设 X 服从参数为 n 和 p 的二项分布，X 可以看做是 n 个独立随机变量的和，记为 $\mathrm{bin}(1,p)$。因此，我们可以使用中心极限定理得到下列分布：

$$\frac{X-\mathrm{E}(X)}{\sqrt{\mathrm{Var}(X)}}=\frac{X-np}{\sqrt{np(1-p)}}$$

在 $n\to\infty$时趋近于标准正态分布。一般来说，如果 n 和 p 的值满足 $np(1-p)\geqslant 10$，

这种正态近似的效果就已经很好了。

A.6 点估计和区间估计

可以通过概率分布来描述随机变量。通常,这个分布会依赖于一个或者多个参数。比如说,服从指数分布的变量就需要依赖于一个参数——失效率 λ。因为参数决定了分布的情况,一般我们需要做的就是要估计参数的值。

作为概率分布的一部分,参数实际上是一个未知值。我们可以观察随机变量的数值,但是永远不能观察参数。从定义来说,参数就是无法观察的。在传统的方法中,我们都是假设参数是一个未知的实数,比如说对于一个气体检测仪,我们就可以假设它有一个失效率 λ,它实际上是气体检测仪的一个属性。

估计未知参数实际上是简单地对这个参数进行“相应”的统计(比如使用一个或者更多变量的函数)。而根据观察数据计算得到的估计的具体数值,我们称为估值(估计值)。参数估计的方法主要有点估计和区间估计两种。点估计是指使用一个具体的特征值作为未知参数的估值,而区间估计则是构建一个参数的真值以某种概率落入的随机区间。这样的一个随机区间一般也称为置信区间。

A.6.1 点估计

假设 X 是一个随机变量,其分布函数包含一个参数 θ,那么它的分布就可以表示为 $F(x|\theta)$,这个分布可能是连续分布,也可能是离散分布。令 $X_1, X_2, \cdots, X_n$ 表示随机变量 X 的 n 个随机观察样本。我们希望找到一个统计量 $Y=g(X_1, X_2, \cdots, X_n)$,如果 $x_1, x_2, \cdots, x_n$ 是 $X_1, X_2, \cdots, X_n$ 的观察值,那么数量 $y=g(x_1, x_2, \cdots, x_n)$ 就是 θ 的点估计值。

进行点估计需要注意下列一些问题:

- 点估计应该是无偏估计。这就是说,长期平均值或者说点估计的均值应该等于参数的真值即 $E(Y)=\theta$。
- 点估计应该保证最小方差。因为点估计是一个统计量,也就是一个随机变量。这个性质说明,最小方差点估计的方差应该比同参数其他估计方法的方差都要小。

θ 的估计值一般可以记为 $\hat{\theta}$,这个符号有时既用作表示估计,也用作表示估计值,有可能会发生混淆。

• 案例 A-12

假设我们进行 n 次的贝努利试验,每次试验的结果要么是事件 E 发生,要么是不发生,并且所有试验中 E 发生的概率 $p=\Pr(E)$ 都是相同的。令 X 表示事件 E 发生的次数,那么参数 p 的自然估计值是

$$\hat{p} = \frac{X}{n} \tag{A-79}$$

估计值 $\hat{p}$ 可以看做是一个无偏估计,因为

$$\mathrm{E}(\hat{p}) = \mathrm{E}\left(\frac{X}{n}\right) = \frac{\mathrm{E}(X)}{n} = \frac{np}{n} = p$$

$\hat{p}$ 的方差是

$$\mathrm{Var}(\hat{p}) = \frac{p(1-p)}{n}$$

可以看出 $\hat{p}$ 是 p 的最小方差估计值。

最大似然估计。最大似然估计(maximum likelihood estimation,MLE)是一种对参数进行点估计的常用方法。令 $X_1,X_2,\cdots,X_n$ 表示 n 个独立同分布随机变量,它们的概率密度函数是 $F(x|\theta)$。参数 θ 可能是一个单独的参数,也可能是参数向量。在这里,我们假设 θ 就是一个单独的参数,并假设我们观察到一组数据 $x_1,x_2,\cdots,x_n$。MLE 方法认为,对于给定的这组采样数据,我们应该能找到一个参数值 $\hat{\theta}$(如果它存在的话),使这个采样的“可能性”最大。这也就是说,对于 θ 任何其他的估计值,都有

$$f(x_1,x_2,\cdots,x_n \mid \hat{\theta}) \geqslant f(x_1,x_2,\cdots,x_n \mid \theta)$$

我们在第 2 章中曾经引入了似然的概念,在这里似然函数 $L(\theta|\boldsymbol{x})$ 可以通过以下公式得到:

$$L(\theta \mid \boldsymbol{x}) = \prod_{i=1}^{n} f(x_i \mid \theta) \tag{A-80}$$

其中 $\boldsymbol{x}$ 是已知值的向量,$L(\theta|\boldsymbol{x})$ 则是 θ 的函数。注意,$L(\theta|\boldsymbol{x})$ 并不是一个概率分布。

通过在 θ 的所有取值范围内使 $L(\theta|\boldsymbol{x})$ 最大化,可以得到最大似然估计值 $\hat{\theta}$。在实践当中,最大化对数似然函数 $ln[L(\theta|\boldsymbol{x})]$ 一般更加容易,因为对数函数都是单调的。

那么,对数似然函数可以根据下式得到

$$\ln[L(\theta \mid \boldsymbol{x})] = \sum_{i=1}^{n} \ln f(x_i \mid \theta) \tag{A-81}$$

现在可以求解

$$\frac{\partial}{\partial\theta}\ln[L(\theta \mid \boldsymbol{x})] = 0 \tag{A-82}$$

并证明方程的解确实给出的是极大值,就可以得到最大似然估计值。

A.6.2 区间估计

参数 θ 的区间估计,是以一定概率包含 θ 真值的两个统计量之间的距离。为了对 θ 进行区间估计,我们需要找到两个统计量 θ_L 和 θ_U,这样概率就可以表示为

$$\Pr(\theta_L \leqslant \theta \leqslant \theta_U) = 1 - \varepsilon \tag{A-83}$$

区间

$$\theta_L \leqslant \theta \leqslant \theta_U$$

称为参数 θ100(1−ε)%的置信区间。它的含义是,如果我们重复试验,构建出这个区间,那么它就有 100(1−ε)%这样的一个概率包含 θ 的真值。统计量 θ_L 和 θ_U 分别称为置信下限和置信上限,而(1−ε)称为置信度。

• 案例 A-13

假设 X 是一个正态分布的随机变量,均值 v 未知,而方差 τ^2 已知。令 $X_1,X_2,\cdots,X_n$

表示随机变量 X 的 n 个随机观察样本。对于正态分布，它的平均值是

$$\frac{1}{n}\sum_{i=1}^{n} X_i = \overline{X} \sim N(v,\tau^2/n)$$

因此

$$\frac{\overline{X}-v}{\tau}\sqrt{n} \sim N(0,1) \tag{A-84}$$

未知均值 v 的估计值是

$$\hat{v} = \overline{X} = \frac{1}{n}\sum_{i=1}^{n} X_i \tag{A-85}$$

因为 $E(\hat{v})=v$，这个估计值是无偏估计，方差 $\mathrm{Var}(\hat{v})=\tau^2/n$。

根据式(A-84)，我们可以得到

$$\Pr\left(-z_{\varepsilon/2} \leqslant \frac{\overline{X}-v}{\tau}\sqrt{n} \leqslant z_{\varepsilon/2}\right) = 1-\varepsilon \tag{A-86}$$

其中 $z_{\varepsilon/2}$ 是标准正态分布的上 $\varepsilon/2$ 百分位数，也就是说在 $z_{\varepsilon/2}$ 右侧的概率是 $\varepsilon/2$。因此，式(A-86)还可以写成

$$\Pr\ (\overline{X}-z_{\varepsilon/2}\tau/\sqrt{n} \leqslant v \leqslant \overline{X}+z_{\varepsilon/2}\tau/\sqrt{n}) = 1-\varepsilon \tag{A-87}$$

因此我们可以找到均值为 v，置信度为$(1-\varepsilon)$的置信区间，它的

置信下限是：

$$v_L = \overline{X}-z_{\varepsilon/2}\tau/\sqrt{n}$$

置信上限是：

$$v_U = \overline{X}+z_{\varepsilon/2}\tau/\sqrt{n}$$

置信区间的上限和下限都是随机变量，如果我们观察到一组数值 $X_1, X_2, \cdots, X_n$，我们就可以计算置信上限和下限的估计值。

注释：在计算置信区间的时候，是否包括参数 θ 的真值都可以。如果试验重复很多次，置信区间就会以 $100(1-\varepsilon)\%$的概率包含 θ 的真值，因此我们可以说区间包含 θ，但是不能说 θ 以 $100(1-\varepsilon)\%$的概率落在区间当中。这是因为参数 θ 并不是一个随机数，它是一个真实存在但是未知的值(可参见阿文，2003 年)。

A.7 贝叶斯方法

我们表达的是概率，我们能够相信的也是概率……

——奥古斯都・德摩根(1947 年)

我们在第 2 章中简要介绍和讨论过贝叶斯或者主观概率。现在，我们假设意外事件 E 的发生遵循速率为 λ_E 的齐次泊松过程(HPP)。在贝叶斯方法中，假设分析人员对 λ_E 的值是先验知识，即随机变量 Λ_E 的概率密度函数是 $\pi(\lambda_E)$。如果分析人员对 Λ_E 的值有一个清楚明确的认识，他就会选择一个集中或者“很窄”的分布。如果他的认识比较模糊，他就会选择一个比较“散”的分布。选择哪一种分布并不重要，但是这可能会带来非常复杂的数学公式，因此我们强烈建议为先验分布选择一个和样本分布共轭的分布形式。

- **共轭分布**：如果两个分布(a)和(b)满足下列属性，我们就说这两个分布共轭：如果先验分布是(a)，样本分布是(b)，(在给定样本的情况下)后验分布仍然是(a)(参数值与先验分布可能不同)。

在本例中，样本就是在累计时间长度 t 内，观察到的事件 E 发生的次数 $N_E=n$。这个样本遵循泊松分布

$$\Pr(N_E = n \mid \lambda_E) = \frac{(\lambda_E \cdot t)^n}{n!} e^{-\lambda_E t}, \quad n = 0,1,2,\cdots \tag{A-88}$$

可以看出，与这个样本分布共轭的是伽马分布。因此，分析人员可以选择伽马分布作为先验分布。

$$\pi(\lambda_E) = \frac{\beta}{\Gamma(\alpha)} (\beta\lambda_E)^{\alpha-1} e^{-\beta\lambda_E} \tag{A-89}$$

这是一个参数为 α 和 β 的伽马分布概率密度函数。符号 $\Gamma(\alpha)$ 是 α 的伽马函数(可参阅拉桑德和霍伊兰德教材附录 A 部分，2004 年)。

伽马分布非常灵活，因此可以通过合理选择参数 α 和 β，对最相关的先验知识建模。Λ_E 的(先验)均值是

$$\mathrm{E}(\Lambda_E) = \int_0^{\infty} \lambda_E \pi(\lambda_E) d\lambda_E = \frac{\alpha}{\beta} \tag{A-90}$$

标准差是

$$\mathrm{SD}(\Lambda_E) = \frac{\sqrt{\alpha}}{\beta} \tag{A-91}$$

这两个公式可以用来确定参数 α 和 β 的值，与分析人员关于 λ_E 值的知识拟合。有时候，先验均值也称为 λ_E 的先验估值 $\bar{\lambda}_E$。

如果样本 (n,t) 给定，那么就可以使用贝叶斯公式(见第 2 章)找到分析人员的后验概率密度函数：

$$\pi(\lambda_E \mid n,t) \propto \pi(\lambda_E) \cdot L(\lambda_E \mid N_E(t) = n) \tag{A-92}$$

如果使用“比例”常数 k，它可以由下列等式确定

$$\pi(\lambda_E \mid n,t) = \frac{1}{k}\pi(\lambda_E) \cdot L(\lambda_E \mid N_E(t) = n) \tag{A-93}$$

$\pi(\lambda E|n,t)$ 如果是一个真正的概率密度函数，它的积分必定等于 1。

$$\int_0^{\infty} \pi(\lambda_E \mid n,t) \mathrm{d}\lambda_E = \frac{1}{k}\int_0^{\infty} \pi(\lambda_E) \cdot L[\lambda_E \mid N_E(t) = n] \mathrm{d}\lambda_E = 1$$

因此，常数 k 可以计算得到

$$\begin{aligned} k &= \int_0^{\infty} \pi(\lambda_E) \cdot L[\lambda_E \mid N_E(t) = n] \mathrm{d}\lambda_E \\ &= \int_0^{\infty} \frac{\beta}{\Gamma(\alpha)} (\beta\lambda_E)^{\alpha-1} \mathrm{e}^{-\beta\lambda_E} \cdot \frac{(\lambda_E t)^n}{n!} \mathrm{e}^{-\lambda_E t} \mathrm{d}\lambda_E \\ &= \frac{\beta^{\alpha} t^n}{\Gamma(\alpha) n!} \int_0^{\infty} \lambda_E^{\alpha+n-1} \mathrm{e}^{-(\beta+n)\lambda_E} \mathrm{d}\lambda_E \\ &= \frac{\beta^{\alpha} t^n}{\Gamma(\alpha) n!} \frac{\Gamma(n+\alpha)}{(\beta+t)^{n+\alpha}} \end{aligned} \tag{A-94}$$

合并式(A-88)、式(A-89)、式(A-93)和式(A-94),我们可以得到后验密度

$$\pi(\lambda_E \mid n,t) = \frac{(\beta+t)^{\alpha+n}}{\Gamma(\alpha+n)}\lambda_E^{\alpha+n-1}\mathrm{e}^{-(\beta+t)\lambda_E} \tag{A-95}$$

这个公式可以看做是参数为$(\alpha+n)$和$(\beta+t)$的伽马分布。

因此,我们可以看出伽马分布和泊松分布是共轭的。在林德利(Lindley,2007 年)和德兹弗利(Dezfuli)等人(2009 年)的著作中对于这个问题有着非常全面的讨论。

A.8 频率概率方法

本节将会介绍一些学者(比如卡普兰和加里克,1981 年;加里克,2008 年)研究的频率概率方法。需要注意的是,这种方法兼顾了概率的两种解释:(i)采用经典的随机过程对事件发生建模,其中速率 λ 是一个未知参数;(ii)采用主观概率分布对 λ 值的不确定性建模。

A.8.1 先验分布

假设我们研究一种新型气体检测仪的可靠性,相信该检测仪的失效时间 T 服从失效速率为 λ 的指数分布。参数 λ 是一个未知量,但是这种气体检测仪与我们已经有一定经验的其他类型检测仪类似。

结合以往的经验,同时对新型气体检测仪进行详细的检查,我们感觉已经掌握了一些关于"未知"失效速率 λ 的先验信息。使用主观概率,这个先验信息可以表示为 Λ 的先验分布,其中 Λ 是一个随机变量。如图 A-17 所示,我们可以使用先验密度 $\pi(\lambda)$来表示这个先验分布。

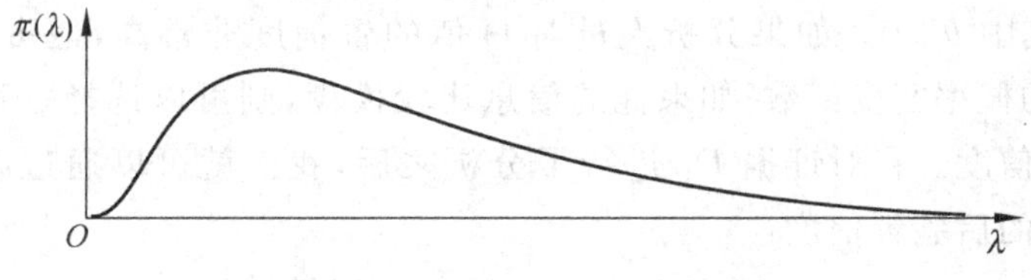

图 A-17 失效速率的先验密度

这是一种非常灵活的方法,既可以表示非常详细的先验信息(密度非常集中),也可以显示模糊的信息(密度比较分散)。

我们可以选择先验分布的形式来更好地描述先验知识。一般人们最常用的一种分布就是伽马分布

$$\pi(\lambda_E) = \frac{\beta}{\Gamma(\alpha)}(\beta\lambda)^{\alpha-1}e^{-\beta\lambda}, \quad \lambda > 0 \tag{A-96}$$

注意,我们并没有使用式(A-68)中的伽马分布,而是对其进行了参数化处理。我们使用 β 代替了 v,使用 α 代替了 n。选择伽马分布的原因,是因为它易于使用并且非常灵活。我们可以合理地选择 α 和 β 的值来描述不同的先验信息。

先验估计。如图 A-17 的先验分布可以描述我们关于未知参数 λ 的全部知识。有时

候，我们还有必要描述单个值（λ 的估计值），而这个估计值一般都是先验分布的均值。如果使用式（A-96）中的伽马分布作为先验分布，我们可以得到

$$\hat{\lambda}=\int_0^{\infty}\pi(\lambda)\mathrm{d}\lambda=\frac{\alpha}{\beta} \tag{A-97}$$

有时也可以用先验分布的中值来代替均值。

A.8.2 可能性

给定样本证据 D_1，E 的可能性（Likelihood，似然性）可以写成 $L(E|D_1)$。从数学的角度来说，似然函数 $L(E|D_1)$ 等于 $Pr(D_1|E)$，但是这两个概念的解释却完全不同。前者表示在给定证据 D_1 的时候，自然状态是 E 的可能性；而后者表示的则是状态是 E 的时候样本为 D_1 的概率。因此，有一种更好的方法可以表示式（2-4）中的贝叶斯公式

$$\Pr(E\mid D_1)=\frac{1}{\Pr(D_1)}\cdot\Pr(E)\cdot L(E\mid D_1) \tag{A-98}$$

因为 $\Pr(D_1)$ 表示的是证据 D_1 的边际概率，它独立于 E，因此在式（A-98）中可以当做是一个“正态常数”。于是，我们可以将上式写成

$$\Pr(E\mid D_1)=\begin{pmatrix}\text{正态}\\\text{常数}\end{pmatrix}\cdot\Pr(E)\cdot L(E\mid D_1)$$

也可以写成

$$\Pr(E\mid D_1)\propto\Pr(E)\cdot L(E\mid D_1) \tag{A-99}$$

其中，符号 $\propto$ 表示“前者与后者成比例”。接下来，我们将会使用字母 k 表示正态常数 $\Pr(D_1)$。

有时候，分析人员对自然状态的先验置信程度可以表示为概率密度函数为 $\pi(\theta)$ 的连续随机变量 Θ，其中 $\theta\geqslant 0$。如果分析人员对 Θ 值的置信度非常高，他可以选择一个“集中”或者“狭窄”的概率密度函数；如果他的信息比较模糊，则可以选择一种“分散”的密度来描述自己的置信度。在对证据 D_1 进行了分析之后，我们就可以通过后验概率密度函数表示分析人员的后验置信度：

$$\pi(\theta\mid D_1)\propto\pi(\theta)\cdot L(E\mid D_1) \tag{A-100}$$

其中 $L(\theta|D_1)$ 是给定证据 D_1 时 θ 的可能性。通过引入常数 k，我们可以将式（A-100）写为

$$\pi(\theta\mid D_1)=\frac{1}{k}\cdot\pi(\theta)\cdot L(E\mid D_1)$$

如果 $\pi(\theta|D_1)$ 是一个概率密度函数，它的积分一定等于 1，因此有

$$\int_0^{\infty}\pi(\theta\mid D_1)d\theta=\frac{1}{k}\int_0^{\infty}\pi(\theta)\cdot L(\theta\mid D_1)\mathrm{d}\theta=1$$

所以，常数 k 必须满足

$$k=\int_0^{\infty}\pi(\theta)\cdot L(E\mid D_1)d\theta \tag{A-101}$$

而后验概率则可以表示为（贝叶斯公式）

$$\pi(\theta \mid D_1) = \frac{\pi(\theta) \cdot L(\theta \mid D_1)}{\int_0^{\infty} \pi(\theta) \cdot L(\theta \mid D_1) \mathrm{d}\theta} \tag{A-102}$$

- 案例 A-14

考虑下面一个二项分布的情况：

1. 我们总共进行了 n 次独立试验。
2. 每一次试验都有两个可能的结果 A 和 A^*。
3. 在所有 n 次实验中，结果为 A 的概率都是 $\Pr(A)=\theta$。

令 X 表示结果为 A 的试验次数，那么 X 的概率分布就可以采用二项分布来描述：

$$\Pr(X = x \mid \theta) = \binom{\theta}{x} \theta^x (1-\theta)^{n-x}, \quad x = 0,1,\cdots,n$$

假设现在我们知道试验可以按照两种方式：方式(1)和方式(2)进行，但是具体使用了哪种方式却是未知的。

如果我们选择了方式(1)，那么 A 的概率就是 $\Pr(A)=\theta_1$；而如果我们选择的是方式(2)，那么 A 的概率就是 $\Pr(A)=\theta_2$。我们不知道具体选择了哪种方式，但是却知道所有的 n 次试验都是按照相同的方式进行的。我们可以采用随机变量 Θ 来描述自然状态，它有两个可能的取值 θ_1 和 θ_2。

假设一名分析人员希望找到使用方式(1)的概率，即 $\Theta=\theta_1$ 的概率。根据以往经验他相信，平均来说有比例为 α 的试验采用方式(1)进行。因此，他对于事件 $\Theta=\theta_1$ 的初始或者先验置信度就可以根据他的先验概率得到

$$\Pr(\Theta = \theta_1) = \alpha$$

这名分析人员进行了 n 次试验，得到样本证据 $D_1=\{X=x\}$。得到这个结果的概率很显然依赖于未知的自然状态 Θ，也就是使用的方式是(1)还是方式(2)。我们可以得到在给定样本 D_1 的情况下 $\Theta=\theta_1$ 的概率：

$$L(\Theta = \theta_1 \mid D_1) = \binom{n}{x} \theta_1^x (1-\theta_1)^{n-x}$$

那么，分析人员关于 $\Theta=\theta_1$ 的后验概率是

$$\begin{aligned} \Pr(\Theta = \theta_1 \mid D_1) &\propto \Pr(\Theta = \theta_1) \cdot L(\Theta = \theta_1 \mid D_1) \\ &\propto \alpha \cdot \binom{n}{x} \theta_1^x (1-\theta_1)^{n-x} \end{aligned} \tag{A-103}$$

如果这是一个概率分布，必然有

$$\Pr(\Theta = \theta_1 \mid D_1) + \Pr(\Theta = \theta_2 \mid D_1) = 1$$

如果我们引入比例常数 k，它必须能够满足

$$\frac{1}{k}\left[\alpha \cdot \binom{n}{x} \theta_1^x (1-\theta_1)^{n-x} + (1-\alpha) \cdot \binom{n}{x} \theta_2^x (1-\theta_2)^{n-x}\right] = 1$$

那么，在给定样本证据 D_1 的情况下，分析人员对 $\Theta=\theta_1$ 的后验置信度为

$$\Pr(\Theta=\theta_1 \mid D_1)=\frac{\alpha\cdot\binom{n}{x}\theta_1^x(1-\theta_1)^{n-x}}{\alpha\cdot\binom{n}{x}\theta_1^x(1-\theta_1)^{n-x}+(1-\alpha)\cdot\binom{n}{x}\theta_2^x(1-\theta_2)^{n-x}} \tag{A-104}$$

比例常数 k 或者说式(A-104)中的分母可以看做是 D_1 的边际概率(见附录 A.4)。分析人员现在可以按照相同的方式进行 n_2 次新的试验，观察样本 D_2，使用公式(2-5)更新他对于 $\Theta=\theta_1$ 的置信度。

下面给出的案例 A-15 说明了为什么要弄清楚可能性(似然性)和概率并不相同。

- 案例 A-15

假设有一个元件的失效时间 T 服从固定失效速率 λ 的指数分布。失效速率无法直接观察，但是 λ 描述的是一种"自然状态"。如果 λ 给定，T 的概率密度函数是

$$f(t \mid \lambda)=\lambda\cdot e^{-\lambda t}$$

如果观察到失效时间为 t，λ 的似然函数是

$$L(\lambda \mid t)=\lambda\cdot e^{-\lambda t}$$

如果 $L(\lambda|t)$ 是一个概率密度，它的积分应该等于 1。但是在这里

$$\int_0^{\infty} L(\lambda \mid t)\mathrm{d}\lambda=\int_0^{\infty}\lambda\cdot e^{-\lambda t}\mathrm{d}\lambda=\frac{\lambda}{t}$$

因为这个积分并不总是等于 1，我们可以得到结论，$L(\lambda|t)$ 并不是一个概率密度函数。

A.8.3 后验分析

我们再次考虑上面曾经提到的气体检测仪。

寿命模型。如果我们已知气体检测仪的失效速率 λ，它的失效时间 T 的概率密度函数就可以写成

$$f(t \mid \lambda)=\lambda e^{-\lambda t} \tag{A-105}$$

需要注意，我们现在在 $f(t|\lambda)$ 中加入了参数 λ，目的是明确概率密度函数也是 λ 的一个函数。

为了获得有关 λ 的信息，我们进行了大量试验，并观察到气体检测仪的 n_1 次失效，每次的失效时间分别是 $t_1,t_2,\cdots,t_{n_1}$。我们假设这 n_1 次失效每次的失效时间是独立变量，那么这些变量的联合概率密度函数就是

$$f(t_1,t_2,\cdots,t_{n_1} \mid \lambda)=\prod_{i=1}^{n_1}\lambda e^{-\lambda t_i}=\lambda^{n_1}e^{-\lambda\sum_{i=1}^{n_1}t_i} \tag{A-106}$$

随机变量 $T_1,T_2,\cdots,T_{n_1}$ 全部都是可以观察的，这就说明我们在进行试验时可以为每一个变量赋值。而参数 λ 是无法观察的。

后验分布。我们现在可以使用从数据 $d_1=\{t_1,t_2,\cdots,t_{n_1}\}$ 中得到的信息，更新我们的先验知识。可以使用贝叶斯公式(A-102)将先验分布式(A-96)和数据分布 d_1 式(A-106)合并，得到后验分布：

$$\pi(\lambda \mid d_1)=\frac{f(d_1 \mid \lambda)\cdot\pi(\lambda)}{f(d_1)} \tag{A-107}$$

通过先验分布式(A-96)和数据分布 d_1 式(A-106),经过计算我们可以得到

$$\pi(\lambda \mid d_1) = \frac{\beta + \sum_{i=1}^{n_1} t_i}{\Gamma(\alpha + n_1)} \left[(\beta + \sum_{i=1}^{n_1} t_i)\lambda \right]^{\alpha + n_1} \mathrm{e}^{-(\beta + \sum_{i=1}^{n_1} t_i)\lambda} \tag{A-108}$$

这个分布可以看成是一个伽马分布,参数是

$$\alpha_1 = \alpha + n_1$$

$$\beta_1 = \beta + \sum_{i=1}^{n_1} t_i$$

后验分布 $\pi(\lambda|d_1)$表示的是我们当前所有关于参数 λ 的知识,这些知识是基于先验知识以及通过观察数据 d_1 获得的知识。

为数据选择指数分布,为参数 λ 选择伽马分布,这样我们会观察到后验分布与先验分布的分布形式相同。因此,指数分布和伽马分布是共轭分布。

后验估值。按照与之前一样的方法,我们现在可以找到 λ 的后验估值:

$$\bar{\lambda}_1 = \frac{\alpha_1}{\beta_1} = \frac{\alpha + n_1}{\beta + \sum_{i=1}^{n_1} t_i} \tag{A-109}$$

如果我们对这个估计值感到满意,就可以停止分析,使用这个值。如果还不满意,我们就可以观察一组数量为 n_2 的新元件,获得数据 d_2。这个时候,我们可以使用基于第一组数据的后验分布(n_1,d_1)作为我们新的先验分布,然后使用数据集(n_2,d_2)更新这个分布,得到新的后验分布。这个新的后验分布仍然是伽马分布,然后我们又可以按照相同的步骤找到一个新的后验估值。这种方法一般被称为贝叶斯更新。

注意,即便是在时间间隔 t 内没有观察到事件 E(即 $n=0$),我们仍然可以使用这个估值。还需要注意的是,随着样本数量的增加(即 n 和 t 增加),α 和 β 取值的重要度下降。在极限状态,式(A-109)中的估值与第 A.6 节中使用频率方法得到的估值相等。

可信区间。所谓可信区间是置信区间在贝叶斯统计中的对应概念。λ 可信度水平为$(1-\varepsilon)$的可信区间是区间$[a(d),b(d)]$,因此在给定数据 d 的情况下,它的条件概率满足

$$\Pr(a(d) < \lambda < b(d) \mid d) = \int_{a(d)}^{b(d)} f_{\lambda|d}(\theta \mid d)\mathrm{d}\lambda = 1 - \varepsilon \tag{A-110}$$

区间$[a(d),b(d)]$是 λ 的区间估计,即在给定数据 d 的情况下,λ 的条件概率属于这个区间的概率等于 $1-\varepsilon$。

A.9 延伸阅读

我们推荐读者阅读下列与附录 A 内容相关的文献:

- 《概率模型导论》(*Introduction to Probability Models*)(罗斯,2007 年),是经典概率论非常优秀的一本入门教材。
- 《工程和科学用概率与统计导论》(*Introduction to Probability and Statistics for Engineers and Scientists*)(罗斯,2004 年)是谢尔顿·罗斯教授编写的另外一本入

门教材,这本书也包含了参数估计和假设检验方面的内容。

-《概率论:科学的逻辑》(*Probability Theory: The Logic of Science*)(耶内斯(Jaynes),2003 年)对概率论做了综述,但是比前两本参考书的哲学性更强。

-《理解不确定性》(*Understanding Uncertainty*)(林德利(Lindley),2007 年)是介绍贝叶斯概率理论的优秀教材。这本书清楚明了,公式不多,非常适合数学基础一般的人员阅读。

附录 B

缩　写

AEMA	行动错误模式分析
AFR	年度死亡率
AIChE	美国化学工程师协会
ALARA	在合理可能的情况下尽量低
ALARP	在合理可行的范围内尽量低(最低合理可行原则)
API	美国石油学会
ARAMIS	《塞维索二号指令》框架内的行业事故风险分析方法论
ASME	美国机械工程师协会
ATHEANA	人因错误分析技术
BDD	二元决策图
BFR	二项分布失效率
BOEMRE	海洋管理与执法局
BORA	安全栅与运营风险分析
BPCS	基本流程控制系统
CAF	致死事故避免成本
CBA	性价比分析
CCF	共因失效
CCPS	化学流程安全中心
CDF	重大损失频率
CM	修正性维护
COCOM	环境控制模型
CPC	正常表现条件
CPT	条件概率表
CREAM	认知可靠性与错误分析法

DD	检测出的危险(失效)
DoD	美国国防部
DoE	美国能源部
DPM	每百万人死亡数量
DU	未检测出的危险(失效)
EDF	法国电力集团公司
EFBA	能量流/安全栅分析
EFC	误差不可避免的环境
EMSA	欧洲海洋安全局
EN	欧盟标准
EOS	紧急运行系统
EPA	美国环保局
EPC	错误生成条件
EPRI	美国电力研究学会
EPSC	欧洲流程安全中心
ERA	欧洲铁路局
ESP	(汽车中使用的)电子稳定程序
ETA	事件树分析
ETBA	能源跟踪/安全栅分析
EU	欧盟
EUC	受控设备
FAR	致死事故率
FEMA	美国联邦能源管理局
FMEA	失效模式与影响分析
FMECA	失效模式、影响与重要度分析
F-N	致死事件的频率和数量
FRACAS	失效报告分析与修正系统
FSA	综合安全评估
FTA	故障树分析
FTF	功能失效
GAMAB	总体上,至少同样好
GAME	总体上,至少相当于
GCAF	避免致死事故的总体成本
GIDEP	政府行业数据交换项目
HAZID	危险识别
HAZOP	危险与可操作性分析
HEART	人因错误评估和减少技术
HEI	人因错误识别

HEMP	危险与影响管理过程
HEP	人因错误概率
HFI	人为因素集成
HMSO	英国皇家文书局
HPP	齐次泊松过程
HRA	人因可靠性分析
HRO	高可靠度组织
HSE	健康、安全与环境
HSE	英国健康与安全执行委员会
HSWA	英国工作健康与安全条例
HTA	层次任务分析
IAEA	国际原子能机构
ICAF	避免死亡的隐含成本
ICAO	国际民用航空组织
IEC	国际电工技术委员会
IEEE	美国电气和电子工程师协会
IMO	国际海事组织
INSAG	国际核安全咨询专家组
IPL	独立保护层
IR	个体风险
IRPA	年均个体风险
ISO	国际标准化组织
JHA	工作危险分析
JRC	欧盟联合研究中心
JSA	工作安全分析
LIRA	地域性(平均)个体风险
LNG	液化天然气
LOC	容器内介质泄漏
LOPA	保护层分析
LRF	大量释放频率
LSIR	指定地点个体风险
LTA	不够充分
LTI	失时工伤
LTIF	失时工伤频率
LWF	误工频率
MAE	重大事故事件
MAHB	欧洲重大事故危害调查局
MARS	重大事故报告系统

MAUD	多属性效用分解
MBF	多 β 因子
MDT	平均停机时间
MEM	最低内源性死亡率
MERMOS	操作员安全绩效评估方法
MGL	多希腊字母(模型)
MLD	主逻辑图
MLE	最大似然估计
MMS	美国矿产管理服务局
MOCUS	割集获取方法
MORT	管理监督和风险树
MTBF	平均故障间隔时间
MTO	人-技术-组织
MTTF	平均无故障时间
MTTR	平均修复时间
NASA	美国宇航局
NEA	原子能委员会
NOAEL	未观察到的负面影响程度
NOPSA	澳大利亚国家海洋石油安全局
NRC	核标准委员会
NS	挪威国家标准
NTNU	挪威科技大学
NUREG	美国核标准委员会的报告题目
OGP	油气生产国国际协会
OREDA	海洋设备可靠性数据库
OSHA	美国职业安全与卫生条例
PDS	基于计算机的安全系统的可靠性(挪威文)
PEF	潜在等效死亡率
PFD	出现要求时的失效概率
PHA	初步危险分析
P&ID	管道与仪表图
PIF	绩效影响因子
PLC	可编程逻辑控制器
PLL	潜在生命损失值
PM	预防性维护
POA	影响比重估值
POB	在船上的人员
PRA	概率性安全评估

PrHA	流程危险分析
PSD	流程停止
PSF	绩效影响因子
QRA	定量风险分析(评估)
RAM	可靠性、有效性与可维护性
RAMP	风险分析与管理项目
RAMS	可靠性、有效性、可维护性与安全
RAW	风险获取价值
RBD	可靠性框图
RBDM	风险导向型决策
RCM	面向可靠性的维护
RIAC	美国国防部可靠性信息分析中心
RIDM	风险响应型决策
RIF	风险影响因子
RLE	预期寿命减少时间
ROCOF	事故发生率
RPN	风险优先级
RRR	快速风险排列
RRW	风险降低价值
RSSB	英国铁路标准与安全理事会
SAE	国际交通运输机具工程师学会(美国汽车工程师学会)
SFAIRP	到现在为止可行
SHE	安全、健康与环境
SHERPA	系统化人因错误减少和预测方法
SIF	安全仪表功能
SIL	安全完善度
SIS	安全仪表系统
SJA	安全工作分析
SLIM	成功可能性指数方法
SMS	安全管理系统
SRF	少量释放频率
SRK	技巧、规则和知识相关的(行为模型)
STAMP	系统理论事故模型和过程
STEP	时间序列事件描点法
SWIFT	结构化因果分析技术
THA	任务危害分析
THERP	人因错误速率预测技术
TOR	风险容忍度

TRA	总体风险分析
TRC	时间可靠性关联
TTA	表格式任务分析
UK	英国
UPM	整合部分法
USCG	美国海岸警卫队
VAF	避免个体死亡的价值
VROM	荷兰住房、空地规划与环境部
VSL	统计生命的价值
WOAD	全球海洋事故数据

附录 C

术语表

可接受风险(acceptable risk)：认为不重要的风险，不需要进一步降低这些风险(HSE，2001 年 a)。

风险已经被人们所理解，项目或程序、政府、执委会和其他客户已经达成一致，不需要采取进一步具体的行动(NASA，2007 年)。

根据当前的社会价值观和企业情况，在特定的环境下可以被接受的风险(NS 5814，2008 年)。

在控制之后，分析人员已经识别出对于相关危险的残存风险，在最大程度上进行了量化和分析，并已经通报了相应的管理层，在经过评价之后认为这些风险是可以接受的[SSDVC-28(DOE)]。

事故(accident)：突然发生、不受欢迎且在计划之外的事件或者事件序列，会伤害到人员、环境或者其他资产。

意料之外的事件或者事件序列，会引起死亡、受伤或者环境破坏和物料损坏(DEF-STAN 00-56，2007 年)。

由于一系列的计划和运营错误，没有对物理或者人为因素的变化做出调整，产生了不安全的情况和(或)不安全的操作，引起某一行动中的风险增加，打乱或者干扰了正常行动，同时因为缺乏安全栅和(或)控制，出现了不需要的能量转移，造成对人员、财产和流程的伤害(强生，1980 年)。

替代词汇：不测(mishap)。

事故场景(accident scenario)：从初始事件到意外后果(或者伤害)的特定事件序列(概念来自国际海事组织，2002 年)。

主动型安全栅(active barrier)：依赖于操作员行为、控制系统和(或)一些能量源来执行功能的安全栅。

ALARP(as low as reasonably practicable，在可行的范围内尽量低)：风险水平可以接受，再进一步降低风险所获得的收益与为此付出的成本相比不成比例。

风险处于 ALARP 水平，意味着任何进一步降低风险所需要的成本(包括采用防护措施的费用、动用财务和其他资源的成本)，都与降低风险能够获得的收益不成比例。[①]

偶然(aleatory)：包含随机(非确定性)事件，事件的结果需要使用概率描述。这个词来自拉丁语中的"alea"一词，意思是掷骰子(德兹弗利等人，2009 年)。

分析(analysis)：检查任何复杂的事物，理解它的本质，或者确定它的必要特征。

与-门(AND-gate)：开发故障树使用的一种布尔逻辑元素。只有所有的输入事件同时存在时，这个门的输出事件才会存在。

资产(asset)：任何对我们有价值、希望保护的事物。

可用性(availability)：一个元件(在其可靠性、可维护性和维护支持的共同影响下)在指定时刻或者指定的一段时间内执行所需功能的能力(IEC 60050-191，1990 年)。

安全栅(barrier)：计划用来预防、控制或者防止泄漏能量接触到资产并造成伤害的物理或者工程系统以及人员行动(基于具体的程序或者管理措施)。

可以降低危险造成伤害的概率以及降低伤害后果的措施。

注释：安全栅可以是物理型的(比如材料、防护设备、屏障、隔离等)，也可以是非物理型的(比如程序、检查、培训、深入研究等)(ISO 17776，2002 年)。

基本事件(basic event)：故障树的底层或者"叶"事件，它体现了故障树解析能力的极限。基本事件的例子包括元件失效和人因错误(斯达马特拉托斯等人，2002 年 b)。

故障树模型中最底层的事件，不需要进一步扩展(比如设备元件失效、人因失效或者外部事件)(CCPS，2008 年)。

基本风险因素(BRF)：机构中长久存在的错误要素，但是一直处于隐藏的状态，因为如果没有触发状况的话，它们的影响不会浮出水面(瓦格纳等人，1990 年)。

贝叶斯概率(Bayesian probability)：一种概率学方法，表示在一定的知识水平下，一个人对于某件事件发生的相信程度。

领结图(bow-tie diagram)：领结图描述了危险事件与危险和可能导致事件的成因以及事件后果之间的关系。它的名字来自于图的形状，危险事件在图中位于领结的中心。

头脑风暴法(brainstorming)：头脑风暴法用来识别问题可能的解决方案以及可能的改进机会。头脑风暴这项技术可以开启团队的创造性思维，产生一系列观点，解决各种问题。

广泛可接受风险(broadly acceptable risk)：社会上的很多人，尤其是那些对于制定决策比较重要的人，达成一致意见，认为风险可以接受。

这种风险可以忽略，不需要采取进一步行动。

级联失效(cascading failure)：一系列元件失效，其中第一个失效会将载荷转移到一个或者多个邻近元件身上，因此导致这些元件失效。而在这些元件失效后，它们又将载荷转移到其他元件身上。

共因元件组(common-cause component group)：一组基本比较相似的元件(在使用目的、

---

① 译者注：在实际当中，ALAPR 有时候也被称为"二拉平"原则。

制造商、维护和环境等方面)，很可能会因为相同的原因失效(NUREG/CR-6268，2007 年)。

共因失效(common-cause failure)：导致两个或者更多元件因为相同的直接原因同步失效，或者在短期内全部处于故障状态的关联失效。

多个元件在相同时间或者在相对较短的时间内，因为共同的原因发生失效(斯达马特拉托斯等人，2002 年 a)。

因为一起或者多起事件产生的失效，引起多通道系统中两条或者更多条通道一同失效，进而导致系统失效(IEC 61508，2010 年)。

两个或者更多的结构、系统和元件因为单一具体事件或者原因的失效(IAEA，2007 年)。

条件独立(conditional independence)：设定三个事件 A、B 和 C，如果我们知道事件 C 已经发生，如果有

$$\Pr(A \cap B \mid C) = \Pr(A \mid C) \cdot \Pr(B \mid C)$$

就可以认为在给定 C 的情况下，事件 A 和事件 B 是条件独立的。

后果(consequence)：用定性或者定量的方式表达的事件的输出结果，可能是损失、伤亡、冲击或者负面影响。一个事件可能会有多个可能的后果。

事故的结果(IMO，2002 年)。

修正性维护(corrective maintenance)：在失效之后，让元件恢复到指定状态的活动。

在失效发生后进行的维护，意在让元件回到可以执行其需要功能的状态。

耦合因素(coupling factor)：导致多个元件由于一个共同原因失效的属性。

导致多个元件失效的条件或者机制是联系在一起的(NUREG/CR-6268，2007 年)。

关键项目清单(critical items list)：FMECA 分析识别出的所有关键项目的列表。

割集(cut set)：故障树中的割集是一系列基本事件，它们的(同时)发生会导致顶事件发生。

深度防护(defense-in-depth)：这是一种设计和运营理念，即核电设施需要多层保护，以避免事故、减轻事故影响。保护的方法包括控制、多层物理安全栅防止辐射外泄、冗余和多种关键安全功能、紧急响应措施等(美国核标准委员会)。

要求(demand)：需要保护性系统或者设备采取合适行动避免或者缓解后果的条件或者事件。

渴望风险(desired risk)：人们为了追求某种形式的乐趣，主动选择、不想回避的一类风险。

分布函数(distribution fucntion)：考虑一个随机变量 X，X 的分布函数是

$$F_X(x) = \Pr(X \leqslant x)$$

停机时间(downtime)：元件不能执行所需功能的一段时间。

能量路径(energy source)：能量从源头流向目标的路径。

能量源(energy source)：包含可以释放的潜在能量的材料、机构或者过程。我们关注的是可能会对潜在目标造成伤害的释放能量(埃里克森，2005 年)。

认知(epistemic)：包含一定程度的模型和参数知识，来自希腊语“episteme”(知识)(德兹弗利等人，2009 年)。

受控设备(equipment under control，EUC)：用于制造、流程、运输、医疗或者其他活动

的设备、机械、仪器或者工厂(IEC 61508,2010 年)。

错误(error):从可接受或者理想运行(比如元件或者系统)状态出现偏离,会导致无法接受或者不希望的后果。

恶化(escalation):危险事件的影响扩散到设备或者其他区域,导致这个事件的后果变得更加严重(ISO 17776,2002 年)。

事故的间接结果。恶化可以看做是事故后果引发的又一起事故(NSW,2003 年)。

事件(event):在一段特定时间内在特定地点发生的意外或者情况(AS/NZS 4360,1995 年)。

失效安全(fail safe):这是可以防止失效变严重的元件的设计特征。这个设计特征保证系统处于安全状态,或者在出现失效事件的时候将系统恢复到安全状态,防止事故发生(MIL-STD-882D,2000 年)。

失效(failure):执行需要功能的能力终止。

超出了设计容忍度或者服务期望的不可接受的偏差,或者是不正确的输出、无法执行需要的功能(斯达马特拉托斯等人,2002 年 a)。

合适功能或者性能停止,不能满足标准要求,没有实现需要或者期望的性能(斯达马特拉托斯等人)。

一个结构、系统或者元件不能再接受准则要求的范围执行功能(IAEA,2007 年)。

失效原因(failure cause):构成失效基本原因或者导致物理流程恶化出现失效的物理或化学流程缺陷、设计缺陷、质量缺陷、零部件使用错误等问题。

在设计、制造或者使用过程出现的导致失效发生的情况(IEC 60050-191,1990 年)。

失效影响(failure effect):一种失效模式作用在元件的运行、功能和状态上的后果(MIL-STD-1629A,1980 年)。

失效模式(failure mode):在故障物品上观察到的失效的影响。

失效模式和影响分析(failure mode and effect analysis,FMEA):对系统中每一种潜在失效模式进行分析的过程,确定这些模式对于系统的影响,并根据严重程度对每一种潜在失效模式进行划分(MIL-STD-1629A)。

失效速率(失效率,failure rate):失效作为时间函数的速率。如果 T 代表一个元件的失效时间,那么它的失效速率 $z(t)$ 就可以定义为

$$z(t) = \lim_{\Delta t \to 0} \frac{\Pr(t < T \leqslant t + \Delta t \mid T > t)}{\Delta t}$$

失效速率有时候也称为致死概率(force of mortality,FOM)。

失效征兆(failure symptom):会发现潜在失效的可以识别的物理条件。

致死事故率(fatal accident rate,FAR):指定人群暴露在危险之中累计一亿个小时(108)所出现的死亡数量。

故障(fault):出现在硬件、软件元件或者系统内部的不同程度的缺陷、不完善、错误或者瑕疵。故障是一个通用的词汇,可以是一个小的缺陷,也可以是一个失效(斯达马特拉托斯等人,2002 年 a)。

可能会引起功能单元在执行需要功能时能力出现折扣的异常情况(IEC 61508,

2010 年)。

故障容忍度(fault tolerance):功能单元在存在故障或者错误的情况下继续执行所需功能的能力(IEC 61508,2010 年)。

综合安全评估(formal safety assessment,FSA):对于潜在重大事故的事件本质、可能性和影响的综合调查,防止事件发生或者将其发生概率和后果在可行的范围内降到最小。在安全实据当中使用综合安全评估这个词汇,也指操作人员对于具体设施的研究报告,报告包括对综合调研结果的讨论和判断。

频率(frequency):每单位时间(比如每年)发生的次数。

频率学概率(frequentist probability):根据大量试验或者数据集中的事件频率,来计算概率的一种方法。

功能正常状态(functioning state):元件正在执行所需功能的状态(可参见"运行状态")。

渐变失效(gradual failure):检查和监控无法发现的失效。

总体失衡(grossly disproportionate):在评估什么样的安全是合理可行的时候出现偏差(HSE,2001 年 a)。

群体风险(group risk):是一个群体所经历的风险。它经常被描述成事件频率与受事件影响的人员数量之间的关系(HSE,2001 年 a)。

伤害(harm):对健康、资产或者环境的实际损伤和破坏(IEC 60300-3-9,1995 年)。

危险(hazard):可能会对资产造成损害的不安全源头。

潜在伤害的来源,或者可能会引起损失和不受控能量交换的情况。

可以引起人员受伤、疾病和死亡,系统、设备或者资产的破坏或者损失,或者环境破坏的任何现实或者潜在的情况(MIL-STD-882D,2000 年)。

活动(或者条件和情况)中出现错误、疏忽、变化或者压力导致事故的潜力,风险或者问题的来源(强生,1980 年)。

威胁人员生命、健康、财产和环境的潜力(IMO,2002 年)。

危险分析(hazard analysis):详细描述系统相关的危险和事故、定义事故序列的过程(DEF-STAN 00-56,2007 年)。

危险识别(hazard identification):识别并列出所有与系统相关的显著危险、威胁和危险事件的过程(DEF-STAN 00-56,2007 年)。

危险日志(hazard log):在系统、产品或者其他变更的安全分析过程中详细记录识别出的危险和潜在事故的文件,以及生成安全文件的记录(RSSB,2007 年)。

危险速率(hazard rate):同"失效速率"。

危险事件(hazardous event):一系列事件中的第一个,如果不加以控制,会导致意料之外的后果(对一些资产造成伤害)。

危险情况(hazardous situation):人员、财产或者环境曝露在一个或者多个危险当中的情形。

HAZOP:危险与可操作性分析,是一个系统性的危险识别过程,需要一组专家探讨系统或者工厂是否背离了设计初衷,以及危险和操作问题是如何产生的。

隐藏失效(hidden failure)：在执行正常任务时发生的不明显的失效。

人因错误(human error)：个人或者集体的部分行为与可接受或者理想的情况发生了偏离，会导致不能接受或者不希望的风险。

超乎容忍范围的行为，或者与能够保证系统定义的可以接受的正常行为相背离。这些情况的发生原因在于事件次序、时间、知识、交互、程序和其他资源方面出现了问题(NUREG/CR-6883，2005 年)。

人因错误模式(human error mode)：可以观察到的人因错误造成的影响。

人因错误概率(human error probability，HEP)：人员在执行给定任务的时候出现错误的概率。

人因可靠性(human reliability)：一个人(i)在规定的时间内(如果时间是一个限制条件)正确地完成系统要求的使命，同时(ii)没有伤害到系统的行为的概率。这个定义的反义词是人的不可靠性[国际海事组织(IMO)，2002 年]。

意外(incident)：计划之外、不受控制的事件，在不同的环境下可以导致事故发生(RSSB，2007 年)。

计划之外、没有预料到的事件，可能会也可能不会对资产造成伤害。

独立事件(independent event)：两个事件 E_1 和 E_2，满足 $\Pr(E_1 \cap E_2)=\Pr(E_1)\cdot\Pr(E_2)$，则称它们是独立事件。

独立保护层(independent protection layer，IPL)：与特定场景的初始事件无关，也独立于任何其他与该场景有关的保护层，但是可以阻止场景发展成意外后果的设备、行动或者系统。对于 IPL 的有效性和独立性，必须要进行审核。

个体风险(individual risk)：当某些危险变成现实的时候，预计个体会受到一定程度伤害的频率(IChemE，1992 年)。

初始事件(initiating event)：引起负面事件流从而导致事故场景的初始不安全行为或者不安全条件。

初始事件是事故场景的开端，也是触发后续事件序列的事件。

需要开启工厂安全功能的单一事件。初始事件可能是内部事件也可能是外部事件(比如元件失效、自然现象或者人因危险)(STUK，2003 年)。

已经发现的对系统正常运行造成不良影响的事件，需要采取措施才能避免意外的后果(摘自 IAEA，2002 年)

检测(inspection)：对产品或者服务的一项或者多项特征进行的测量、检查、测试和校准工作，以及与具体的要求进行比较确定是否合规。

地域性个体风险(localized individual risk，LIRA)：给定一个人一直身处某一地点，由于危险设备的事故导致他在一年的时间里死亡的概率(可参见约克曼等人 2003 年的文章)。

维护(maintenance)：所有旨在保持或者让一个实体恢复到能够执行所需功能的状态的技术和相应的管理活动的总和，也包括监督活动(IEC 60050-191，1990 年)。

重大事故事件(major accident event，MAE)：与技术设施相关的事件，也包括自然事件，有可能导致设施内部或者附近多人死伤(http://www.nopsa.gov.au)。

重大危险(major hazards):可能会引起重大事故(比如立即导致多人死亡、物料资产的严重破坏、重大污染等)的危险活动。

平均失效时间(mean time to failure,MTTF):令 T 表示一个元件的失效时间,其概率密度函数为 $f(t)$,可靠度函数为 $R(t)$。那么,平均失效时间就是 T 的均值(期望值)

$$\mathrm{MTTF}=\int_0^\infty t\cdot f(t)\,\mathrm{d}t=\int_0^\infty R(t)\,\mathrm{d}t$$

平均修复时间(mean time to repair,MTTR):令 D 表示元件失效之后的停机时间(或者修复时间),令 $f_D(d)$ 表示 D 的概率密度,$F_D(d)$ 表示 D 的分布函数。那么平均修复时间就是 D 的均值(期望值)

$$\mathrm{MTTR}=\int_0^\infty t\cdot f_D(t)\,\mathrm{d}t=\int_0^\infty (1-F_D(t))\,\mathrm{d}t$$

有时 MTTR 也被称为元件的平均停机时间(MDT)。还有一些情况,MTTR 用来表示平均主动修复时间,而不是元件的平均停机时间。

机械完整性(mechanical integrity):保证流程装备使用合适的材料制造,得到合理的安装、维护和更换,预防失效和事故性泄漏(EPA 40 CFR 第 68 部分)。

方法(method):技术或者工具。根据基础、详细和逻辑顺序计划制定的具有原则性、规范性和系统性的步骤。

最小割集(minimal cut set):如果一个割集继续分解的话就不能再导致顶事件发生,那么这个割集就是最小割集。

缓解(mitigation):降低某个事物的严重程度、剧烈程度和痛苦程度的行为。

对具体事件不希望出现的影响的限制(ISO 17776,2002 年)。

在事故发生后使其后果最小的措施。有时候它可以用于各种类型的风险降低(HSE,2001 年 a)。

特殊的活动,或者专门设计或部署的技术或设备,用来捕捉或者控制丧失了防护的物品,减少公众或者环境的曝露。被动缓解措施意味着这些装置、设备或者技术不需要借助人员、机械或者其他能量输入。主动缓解措施意味着这些装置、设备或者技术需要借助人员、机械或者其他能量输入才能发挥作用(EPA 40 CFR 第 68 部分)。

蒙特卡洛分析(Monte Carlo analysis):一种基于计算机的方法,使用统计抽样技术得到数学等式或者模型解的概率近似值。

蒙特卡洛仿真(Monte Carlo simulation):通过重复应用模型算法,得到模型近似结果的过程。

未遂事故(near accident):计划之外、没有预料到的事件,原理上会伤害到一个或者多个资产,但实际上伤害并没有出现。

可忽略风险(negligible risk):这种风险非常小,不需要注意,也没有理由采取行动降低风险(HSE,2001 年 a)。

运行状态(operating state):一个实体正在执行所需功能的状态(IEC 60050-191,1990 年)。

组织型事故(organizational accident):相对少见,但通常是灾难性的。这些事件发生在复杂的现代科技中(比如核电站、商业航空、石化工业、化工厂、海事及铁路运输、银行和体育场等)，有多种成因，涉及很多在各自组织中层级不同的人员。组织型事故经常会对无辜的人群、资产和环境形成可怕的影响。

或-门(OR-gate)：开发故障树使用的一种布尔逻辑元素。如果至少有一个输入事件存在，这个门的输出事件就会存在。

参数(parameter)：标定出随机变量概率密度函数或者累计分布函数特征的常数。

被动型安全栅(passive barrier)：集成在工作场所的设计之中，不需要人员、能量源或者信息源就可以执行功能的安全栅。

百分位(percentile)：令 X 代表一个分布函数为 $F(x)$ 的随机变量，那么分布在 $F(x)$ 的上 $100\varepsilon\%$ 位置上的百分位数 x_ε 可以定义为

$$\Pr(X > x_\varepsilon) = \varepsilon$$

绩效形成因子(performance-shaping factor, PSF)：由工厂、人员和个体操作人员的各种特征导致的对于操作人员绩效的一系列影响。这些特征包括工作步骤、培训以及工厂显示和控制设施的人因方面(NUREG-1880,2007 年)。

后验概率(posterior probability)：分析师人员接触到数据 D_1 之后对于事件 E 的新的相信程度。

潜在等效死亡率(potential equivalent fatality, PEF)：将引起重大和轻微伤亡的各种伤害都等效成死亡率的一定比例(RSSB,2007 年)。

潜在生命损失值(potential loss of life, PLL)：PLL 是在一个系统或者一个活动当中预测的长期平均(每年)死亡人数。

PLL 是特定人群(或者在特定区域 A)每年预计的死亡人数。

预防原则(precautionary principle)：在存在严重或者不可逆的破坏危险的场合，缺乏足够的科学根据不能成为拖延采取有效行动去阻止情况恶化的借口(UN,1992 年)。

预防性维护(preventive maintenance)：按照预先制定的周期，或者根据制定的原则进行的维护，目的是降低失效概率以及元件功能下降的概率。

先验概率(prior probability)：在没有收集任何与 E 相关的证据之前，个人对于事件 E 能够发生的相信程度。

概率(probability)：概率是与随机事件相关的介于 0～1 之间的实数。它也可以与事件的长期相对发生频率或者置信度有关。如果置信度非常高，那么概率会接近 1。

概率密度(probability density)：考虑一个随机变量 X，X 的概率密度函数 $f_X(x)$ 是

$$f_X(x) = \frac{\mathrm{d}F_X(x)}{\mathrm{d}x} = \lim_{\Delta x \to \infty} \frac{\Pr(x < X \leqslant x + \Delta x)}{\Delta x}$$

其中 $F_X(x)$ 表示 X 的分布函数。

定性风险分析(qualitative risk analysis)：使用完全定性的方法确定概率和后果的风险分析。

质量(quality)：产品或者服务特征和特性的总和，表现为满足标定或者隐含需求的能力。

定量风险分析(quantitative risk analysis)：提供概率和(或)后果数字估值的风险分析，有时候也会处理相关的不确定性问题。

合理可行(reasonably practicable)：这意味着实施一项措施的成本(包括金钱、时间或者精力)同获得的收益相比并没有失衡(HSE,2001 年 a)。

冗余(redundancy)：在一个实体中,存在超过一种方法执行需要的功能(IEC 60050-191)。

对于一个功能单元来说,除了已经足以执行需要功能的方法之外,还存在其他方法。或者对于数据,除了一种完全可以显示信息的方法,还有其他的方法(IEC 61508,2010 年)。

参考事故场景(reference accident scenario)：是指某一个事故场景,它可以代表风险分析中识别出的事故场景集合。而在此集合中的所有场景都是有可能发生的。

可靠性(reliability)：一个元件在给定环境和运行条件下,在一段指定的时间内执行需要功能的能力。

修理(repair)：修正维护工作的一部分,人工在实体上进行工作(IEC 60050-191,1991 年)。

需要功能(required function)：实体提供指定服务必须的功能或者功能组合(IEC 60050-191,1991 年)。

残余风险(residual risk)：在工程、管理和工作实践控制措施完成之后依然存在的风险(SEMATECH,1999 年)。

弹性(resilience)：在没有重大故障的情况下适应变化的能力,以及平稳吸收冲击的能力。

风险(risk)：下面三个问题的答案：(1)会有什么发生问题?(2)有多大的可能发生?(3)后果是什么?

会影响目标对象的一些事情的发生机会。可以使用后果和可能性衡量(AS/NZS 4360,1995 年)。

风险接受(risk acceptance)：在知晓的情况下,做出决策接受特定风险的后果和可能性(AN/NZS 4360)。

相关各方达成一致认为风险可以接受的系统化过程(DEF-STAN 00-56,2007 年)。

风险分析(risk analysis)：系统地使用既有信息识别出危害,并预测其对于人员、财产和环境的风险(IEC 60300-3-9,1995 年)。

风险评估(risk assessment)：风险分析和风险评价的全部过程(IEC 60300-3-9,1995 年)。

风险避免(风险规避,risk avoidance)：在知晓的情况下,做出决策不介入风险情况(AS/NZS 4360,1995 年)。

风险导向型决策(risk-based decision-making)：在资源有限的条件下,使用定量的风险、成本和收益,评估和比较决策选项的过程(美国能源部,1998 年)。

风险估计(rlsk estimation)：系统使用现有信息估计风险(DEF-STAN 00-56,2007 年)。

风险评价(risk evaluation)：以风险分析作为基础,考虑社会、经济、环境等方面的因素,对风险的容忍度做出判断的过程(IEC 60300-3-9,1995 年)。

通过对风险程度与预设的标准、目标风险级别或者其他准则进行比较，确定风险管理优先级的过程(AS/NZS 4360,1995 年)。

风险指标(risk indicator)：根据风险分析模型，使用通用或者其他可用数据可以预测的参数。一个风险指标代表我们对于一个未来行为或者未来系统运行的某一方面所存在风险的了解和相信程度。

风险影响因子(risk-influencing factor)：影响风险的一个相对稳定的条件。

风险响应型决策(risk-informed decision-making)：一种决策方法，同时考虑定量风险分析的结果和其他因素。

这是一种决策方法，理念是将风险与其他因素一起考虑，更加关注设计和运营问题，将它们放在与健康和安全同等重要的位置(来自 NUREG-1855,2009 年)。

风险管理(risk management)：目标是识别、分析、评估系统中或者与某项活动相关的潜在危险的连续管理过程，识别并引入风险控制措施，消除或者减少对人员、环境或者其他资产的伤害。

风险猜测(risk perception)：对风险的性质和严重度进行的主观判断。

风险降低(risk reduction)：应用合理的技术和管理准则降低事件发生的可能性或者后果，或者两者同时降低(AS/NZS 4360,1995 年)。

根本原因(root cause)：某一特定失效的根本原因就是指最基本的原因，如果可以修正，就能够避免失效再次出现和类似的失效出现。

安全(safety)：是一个状态。在这个状态下，风险在合理可行的范围内尽量低(ALARP)，而剩余的风险基本上是可以接受的。

不存在能够引起死亡、伤害、职业病、设备或者资产破坏和损失的情况，也不会对环境造成破坏(MIL-STD-882D,2000 年)。

预期系统在指定条件下不会出现威胁人员生命的状态。

没有对生命、肢体和健康来说不可接受的风险。

降低了人员伤害或者财产破坏的可能性，通过持续的危险识别和安全风险管理将上述可能性维持在一个较低的可接受水平上(ICAO,2009 年)。

安全实据(safety case)：描述系统或者设备需要何种程度安全管理的文件。

对系统在指定应用和环境下整个生命周期足够安全进行描述和合理论证的文档(英国民用航空局,2006 年)。

对于证据、论证和假设的正式阐述，保证铁路系统、产品或者其他变更满足了安全需求，同时安全需求也是充足的(RSSB,2007 年)。

安全关键性(safety critical)：这个词汇可以用于任何条件、事件、运行、流程或者元件，如果它们的识别、控制、绩效和容忍度对于安全系统运行和支持(比如安全关键功能、安全关键路径或者安全关键元件)是必要的，它们就具有安全关键性(MIL-STD-882D,2000 年)。

安全文化(safety culture)：个人和群体的价值观、态度、能力和行为模式综合的结果，决定了组织安全和健康管理的职责、风格和效率。在拥有积极安全文化的组织当中，成员之间的交流充满信任，所有人都能够认识到安全的重要性，对于防护措施的效果都充满信心(HSE,2005 年 b)。

安全仪表功能(safety instrumented function,SIF):安全仪表系统执行的安全栅功能,旨在针对特定的偏差(过程要求),使得或者保证受控设备处于安全的状态。一套安全仪表系统可能会有一项或者多项安全仪表功能。

安全完善度(safety integrity):在一段特定时间内的所有给定的环境中,安全相关系统能够令人满意地执行所需安全功能的概率(IEC 61508,2010 年)。

安全完善度水平(safety integrity level,SIL):标定分配给 E/E/PE 安全相关系统安全功能的安全完善度要求的离散水平(总共四个水平)。其中,安全完善度水平 4 表示最高级别的安全完善度,安全完善度水平 1 则表示最低水平(IEC 61508,2010 年,第四部分)。

安全绩效(safety performance):在指定的时间段内(过去)发生的所有事故,以及观察到的每种类型事故的频率和后果。

安全绩效指标(safety performance indicator):根据具体设备或者活动的经验数据估计出的参数。因此,风险绩效指标可以告诉我们已经发生了什么。

场景(scenario):一系列事件,比如活动或者事件过程的记录或者梗概(NASA,2008 年)。

一个期待的或者假设未来事件序列的概述或者模型。

安防(security):防止未经授权的进入和(或)未经授权处理信息的可靠性。

没有个人对于生命、健康、财产、环境有意识破坏活动的风险。

敏感性(sensitivity):由于数学模型输入值的变化,引起模型输出的不同。

严重度(severity):事件后果的严重性程度,可以用财务指标或者后果类型表示。

失效模式的后果。严重度考虑了失效的最坏可能后果,由最终发生的伤亡、财产破坏或者系统损坏程度决定。

单一失效点(single failure point):一个元件的失效就会导致系统失效,而且没有使用冗余或者其他替代运行程序进行补偿。

社会风险(societal risk):当某种危险成为现实的时候,在一定的人群中,受到某种程度伤害的人数与频率之间的关系(IChemE,1992 年)。

利益相关者(stakeholder):能够影响决策或者行为,以及已经或者可能受到决策或者行为影响的人或者机构。

状态变量(state variable):与一个元件相关的变量 $X(t)$,有

$$X(t)=\begin{cases}1, & \text{如果元件在时间点 } t \text{ 功能正常}\\ 0, & \text{如果元件在时间点 } t \text{ 处于失效状态}\end{cases}$$

状态向量(state vector):组成系统的 n 个元件的状态变量的向量 $\boldsymbol{X}(t)=[X_1(t),X_2(t),\cdots,X_n(t)]$。

结构方程(structure function):与系统[状态向量是 $\boldsymbol{X}(t)$]相关的变量 $\phi[\boldsymbol{X}(t)]$,有

$$\phi(\boldsymbol{X}(t))=\begin{cases}1, & \text{如果元件在时间点 } t \text{ 功能正常}\\ 0, & \text{如果元件在时间点 } t \text{ 处于失效状态}\end{cases}$$

主观概率(subjective probability)：在区间[0,1]内的一个数值，代表个人对一个事件在未来是否会发生的相信程度(信任度)。

存活率函数(survivor function)：令 T 表示元件的失效时间，那么该元件的存活率函数 $R(t)$ 是

$$R(t) = \Pr(T > t), \quad t \geqslant 0$$

$R(t)$ 也可以称为可靠度函数或者元件在时间 t 的存活概率。

系统(system)：可能包含人员、程序、物料、工具、设备、设施和软件的任何复杂度的复合实体。这个复合的元素可以在指定的运行或者支持环境中一起使用，执行某一特定任务实现具体的目标(IEC 60300-3-9，1995 年)。

根据设计一系列互相影响的元素，系统中的一个元素也可以是另外一个系统，即子系统。它可以是控制系统、受控系统，可以包含硬件、软件和人员活动(IEC 61508，2010 年)。

功能元素的组合，进而产生能够满足需求的能力。这些元素包括为此目的需要的所有硬件、软件、装备、设施、人员、流程以及程序。

系统性失效(systematic failure)：确定由于某种特定原因导致的失效，只有修改设计或者制造流程、运行程序、文档或者其他因素才能消除。

系统安全(system safety)：通过系统使用功能和管理工具识别、分析和控制危险，尽量实现安全。

任务(task)：为了实现某个目标或达到某种状态，操作员执行的一系列动作。

任务分析(task analysis)：详细地检查与需要执行的任务或者工作有关的各种可观测活动。

测试间隔(test interval)：对同一传感器或者通道启动前后两次同样测试之间相隔的时间。

威胁(threat)：任何能够攻击系统弱点的事物和行为。

与蓄意和敌对行为有关的危险。

威胁制造者(threat agent)：引起或者有能力引起、携带、传播或者强化威胁的人或者事物。

制造威胁或者做出可能会引起危险事件的行动的人。威胁制造者不一定是一个人，也可能是一群人、一个机构甚至是一个国家。威胁制造者可以是内部人员(比如机构自身的雇员)，也可以是外部人员。

可容忍风险(tolerable risk)：根据社会现有的价值观，在特定环境下可以接受的风险(ISO 17776，2002 年)。

触发事件(trigger)：危险升级为事故时所需要的事件或者条件(RSSB，2007 年)。

不确定性(uncertainty)：知识不完备或者不同因素导致的差异，比如知识缺乏、信息的适用性、物理差异、随机性或者随机行为、模糊不清、判断和近似(NASA，2008 年)。

脆弱性(易损性，vulnerability)：物体无法抗拒危险事件的影响，也无法在事件发生之后恢复初始的功能状态。

可以被一个或者多个威胁制造者攻击的资产的弱点：比如可以接触资产并进行破坏，对部分资产修改、盗窃资产等。

最坏情况事故场景（worst-case accident scenario）：会带来最严重后果的事故场景，与它的发生概率无关（金东焕等人，2006 年）。

最坏可信事故场景（worst credible accident scenario）：合理可信的会带来最严重后果的事故场景（金东焕等人，2006 年）。

参考文献

Abrahamsson, M. (2002). *Uncertainty in Quantitative Risk Analysis: Characterisation and Methods of Treatment*. Ph. D. thesis, Department of Fire Safety Engineering, Lund University, Lund, Sweden.

Ale, B. J. M. (2005). Tolerable or acceptable: A comparison of risk regulation in the United Kingdom and in the Netherlands. *Risk Analysis*, 25:231-241.

Amendola, A., Contini, S., and Ziomas, I. (1992). Uncertainties in chemical risk assessment: Results of a European benchmark exercise. *Journal of Hazardous Materials*, 29:347-363.

Andersen, H. R. (1999). An introduction to binary decision diagrams. Lecture notes, IT University of Copenhagen, Copenhagen, Denmark.

Anderson, E. L. and Hattis, D. (1999). Uncertainty and variability. *Risk Analysis*, 19:47-49.

Andrews, J. D. and Dunnett, S. J. (2002). Event-tree analysis using binary decision diagrams. *IEEE Transactions on Reliability*, 49(2):230-238.

Andrews, J. D. and Moss, T. (2002). *Reliability and Risk Assessment*. Professional Engineering Publ., London.

Andrews, J. D. and Ridley, L. M. (2002). Application of the cause-consequence diagram method to static systems. *Reliability Engineering and System Safety*, 75:47-58.

Apostolakis, G. and Moieni, P. (1987). The foundations of models of dependence in probabilistic safety assessment. *Reliability Engineering*, 18(3):177-195.

ARAMIS (2004). Accidental risk assessment methodology for industries in the context of the Seveso Ⅱ directive. Technical report EVSG1-CT-2001-00036, Fifth Framework Programme of the European Community, Energy, Environment and Sustainable Development, http://aramis.jrc.it.

Arendt, J. S. (1990). Using quantitative risk assessment in the chemical process industry. *Reliability Engineering and System Safety*, 29:133-149.

Ashenfelter, O. (2005). Measuring value of a statistical life: Problems and prospects. Working paper 505, Princeton University, Princeton, NJ.

AS/NZS 4360 (1995). *Risk Management*. Standards Association of Australia, Sydney, Australia.

ATSB (2006). International fatality rates: A comparison of Australian civil aviation fatality rates with international data. B2006/0002, Australian Transport Safety Bureau, Canberra, Australia.

Attwood, D., Khan, F., and Veitch, B. (2006). Occupational accident models: Where have we been and where are we going? *Journal of Loss Prevention in the Process Industries*, 19(6):664-682.

AusAID (2005). Managing risk. AUSGuideline 6.3, Australian Agency for International Development, Canberra, Australia.

Aven, T. (2003). *Foundations of Risk Analysis*. Wiley, Chichester, UK.

Aven, T. (2007). On the ethical justification for the use of risk acceptance criteria. *Risk Analysis*, 27: 303-312.

Aven, T. (2008). *Risk Analysis: Assessing Uncertainties Beyond Expected Values and Probabilities*. Wiley, Chichester, UK.

Aven, T. and N kland, T. E. (2010). On the use of uncertainty importance measures in reliability and risk analysis. *Reliability Engineering and System Safety*, 95:127-133.

Aven, T. and Renn, O. (2009a). On risk defined as an event where the outcome is uncertain. *Journal of Risk Research*, 12(1):1-11.

Aven, T. and Renn, O. (2009b). The role of quantitative risk assessments for characterizing risk and uncertainty and delineating appropriate risk management options, with special emphasis on terrorism risk. *Risk Analysis*, 29(4):587-600.

Aven, T., Sklet, S., and Vinnem, J. E. (2006). Barrier and operational risk analysis of hydrocarbon releases (BORA-Release). Part I. Method description. *Journal of Hazardous Materials*, 137:681-691.

Aven, T. and Vinnem, J. E. (2005). On the use of risk acceptance criteria in the offshore oil and gas industry. *Reliability Engineering and System Safety*, 90:15-24.

Ayyub, B. M. (2001). *Elicitation of Expert Opinions for Uncertainty and Risks*. CRC Press, Boca Raton, FL.

Ball, D. J. and Floyd, P. J. (1998). Societal risks. Technical report, Health and Safety Executive, London.

Basra, G. and Kirwan, B. (1998). Collection of offshore human error probability data. *Reliability Engineering and System Safety*, 61:77-93.

Bayes, T. (1763). An essay towards solving a problem in the doctrine of chances. *Philosophical Transactions of the Royal Society*, 53:370-418.

Beckman, L. V. (1995). Match redundant system architectures with safety requirements. *Chemical Engineering Progress*, pages 54-61.

Bedford, T. and Cooke, R. M. (2001). *Probabilistic Risk Analysis: Foundations and Methods*. Cambridge University Press, Cambridge, UK.

Bergman, B. and Klefsjö, B. (1994). *Quality: From Customer Needs to Customer Satisfaction*. McGraw-Hill, London.

Bernstein, P. L. (1996). *Against the Gods: The Remarkable Story of Risk*. Wiley, New York.

Bier, V. M. (1999). Challenges to the acceptance of probabilistic risk analysis. *Risk Analysis*, 19:703-710.

Bird, F. E. and Germain, G. L. (1986). *Practical Loss Control Leadership*. International Loss Control Institute, Loganville, GA.

Birnbaum, Z. W. (1969). On the importance of different components in a multicomponentsystem. In Krishnaiah, P. R., editor, *Multivariate Analysis*, pages 581-592. Academic Press, San Diego.

Blanchard, B. S. and Fabrycky, W. J. (1998). *Systems Engineering and Analysis*. Prentice Hall, Upper Saddle River, NJ, 3rd edition.

Borysiewicz, M. J., Borysiewicz, M. A., Garanty, I., and Kozubal, A. (2007). Quantitative risk assessment (QRA). Technical report, CoE MANHAZ, Institute of Atomic Energy, Otwock-Swierk, Poland.

Bottelberghs, P. H. (2000). Risk analysis and safety policy developments in the Netherlands. *Journal of Hazardous Materials*, 71:59-84.

BP (2006). Guidance on practice for layer of protection analysis (LOPA). Technical report GP 48-03, BP Group, London.

Brissaud, F., Barros, A., Berenguer, C., and Charpentier, D. (2011). Reliability analysis for new technology-based transmitters. *Reliability Engineering and System Safety*, 96(2):299-313.

Brissaud, F., Charpentier, D., Fouladirad, M., Barros, A., and Berenguer, C. (2010). Failure rate evaluation with influencing factors. *Journal of Loss Prevention in the Process Industries*, 23(2): 187-193.

Briš, R. and Kochaníčková (2006). Stochastic Petri net approach to production availability evaluation of special test case. In *ESREL Proceedings*.

Cameron, R. F. andWillers, A. (2001). Use of risk assessment in the nuclear industry with specific reference to the Australian situation. *Reliability Engineering and System Safety*, 74:275-282.

Cardwell, G. (2008). The application of the four essentials bowtie diagram to enhance business success. *Total Quality Management*, 19:37-45.

CASU (2002). Making it happen: A guide to risk managers on how to populate a risk register. Technical report, The Controls Assurance Support Unit, University of Keele, Staffordshire, UK.

CCOHS (2009). Job safety analysis made simple. Technical report, Canadian Centre for Occupational Health and Safety, http://www.ccohs.ca/oshanswers.

CCPS (1993). *Guidelines for Safety Automation of Chemical Processes*. Center for Chemical Process Safety, American Institute of Chemical Engineers, New York.

CCPS (1994). *Guidelines for Preventing Human Error in Process Safety*. Center for Chemical Process Safety, American Institute of Chemical Engineers, New York.

CCPS (1998). *Guidelines for Improving Plant Reliability Through Data Collection and Analysis*. Center for Chemical Process Safety, American Institute of Chemical Engineers, New York.

CCPS (2000). *Guidelines for Chemical Process Quantitative Risk Analysis*. Center for Chemical Process Safety, American Institute for Chemical Engineers, New York, 2nd edition.

CCPS (2001). *Layer of Protection Analysis: Simplified Process Risk Assessment*. Center for Chemical Process Safety, American Institute of Chemical Engineers, New York.

CCPS (2007). *Guidelines for Safe and Reliable Instrumented Protective Systems*. Wiley and Center for Chemical Process Safety, American Institute of Chemical Engineers, Hoboken, NJ.

CCPS (2008). *Guidelines for Hazard Evaluation Procedures*. Wiley and Center for Chemical Process Safety, American Institute of Chemical Engineers, Hoboken, NJ, 3rd edition.

Charniak, E. (1991). Bayesian networks without tears. *AI Magazine*, 12(4):51-63.

Childs, J. A. and Mosleh, A. (1999). A modified FMEA tool for use in identifying and assessing common cause failure risk in industry. In *Proceedings Annual Reliability and Maintainability Symposium*.

Clemens, P. L. (2002). Energy flow/barrier analysis. Slide presentation.

CNCS (2009). Guidance on the use of deterministic and probabilistic criteria in decision-making for class I nuclear facilities. Draft RD-152, Canadian Nuclear Safety Commission, Ottawa, Canada.

Cockshott, J. E. (2005). Probability bow-ties: A transparent risk management tool. *Trans IChemE. Part B: Process Safety and Environmental Protection*, 83(B4):307-316.

Comer, P. J., Fitt, J. S., and Østebø, R. (1986). A driller's HAZOP method. SPE paper 15876, Society of Petroleum Engineers, European Petroleum Conference, London.

Cooke, R. M. (1991). *Experts in Uncertainty: Opinion and Subjective Probability in Science*. Oxford University Press, New York.

Cooper, S. E., Lofgren, E. V., Samanta, P. K., and Wong, S.-M. (1993). Dependent failure analysis of NPP data bases. *Nuclear Engineering and Design*, 142:137-153.

Crawley, F., Preston, M., and Tyler, B. (2000). *HAZOP: Guide to Best Practice*. Institution of Chemical Engineers, Rugby, UK.

David, R. andAlla, H. (2005). *Discrete, Continuous, and Hybrid Petri Nets*. Springer, Berlin.

de Finetti, B. (1974). *Theory of Probability*, volume 1 and 2. Wiley, New York.

de Jong, H. H. (2007). Guidelines for the identification of hazards. How to make unimaginable hazards imaginable? NLR-CR-2004-094, EUROCONTROL, Brussels.

de Rocquigny, E., Devictor, N., and Tarantola, S. (2008). *Uncertainty in Industrial Practice: A Guide to Quantitative Uncertainty Management*. Wiley, Chichester, UK.

DEF-STAN 00-250 (2008). Human factors for designers of systems. Part 4: HFI methods, tools and techniques. Standard, UK Ministry of Defence, London.

DEF-STAN 00-56 (2007). Safety management requirements for defence systems. Standard, UK Ministry of Defence, London.

Der Kiureghian, A. and Ditlevsen, O. (2009). Aleatory or epistemic? Does it matter? *Structural Safety*, 31(2):105-112.

Dezfuli, H., Kelly, D., Smith, C., Vedros, K., and Galyean, W. (2009). Bayesian inference for NASA probabilistic risk and reliability analysis. NASA/SP-2009-569, U. S. National Aeronautics and Space Administration, Washington, DC.

Dezfuli, H., Stamatelatos, M., Maggio, G., Everett, C., and Youngblood, R. (2010). NASA risk-informed decision making handbook. Handbook NASA/SP-2010-576, U. S. National Aeronautics and Space Administration, Washington, DC.

Douglas, M. and Wildavsky, A. A. (1983). *Risk and Culture: An Essay on the Selection of Technological and Environmental Dangers*. University of California Press, London.

Dudewicz, E. J. and Mishra, S. A. (1988). *Modern Mathematical Statistics*. Wiley, New York.

Duijm, N. J. (2009). Safety-barrier diagrams as a safety management tool. *Reliability Engineering and System Safety*, 94:332-341.

Duijm, N. J. and Markert, F. (2009). Safety-barrier diagrams as a tool for modeling safety of hydrogen applications. *International Journal of Hydrogen Energy*, 34:5862-5868.

Elms, D. G. (1992). Risk assessment. In Blockley, D., editor, *Engineering Safety*, chapter 2, pages 28-46. McGraw-Hill, London.

Embrey, D. E. (1986). SHERPA: A systematic human error reduction and prediction approach. In *International Meeting on Advances in Nuclear Power Systems*, Knoxville, TN.

EN50126 (1999). *Railway Applications: The Specification and Demonstration of Reliability, Availability, Maintainability and Safety (RAMS)*. European Norm, Brussels.

Ericson, C. A. (2005). *Hazard Analysis Techniques for System Safety*. Wiley, Hoboken, NJ.

ESReDA (1999). Handbook on quality of reliability data. Working group report, European Reliability Data Association, Det Norske Veritas, Hovik, Norway.

EU (1996). *Council Directive 96/82/EC of 9 December 1996 on the Control of Major Accident Hazards Involving Dangerous substances (Seveso II Directive)*. Official Journal of the European

Communities, L 10 (1997).

EU (2003). *Council Directive* 2003/42/*EC of* 13 *June* 2003 *on Occurrence Reporting in Civil Aviation*. Official Journal of the European Communities L167/23 (2003).

EU (2004). *Council Directive* 2004/49/*EC of* 29 *April* 2004 *on the Licencing of Railway Undertakings* (*Railway Safety Directive*). Official Journal of the European Union, L 220/16 (2004).

EU-JRC (2006). Land use planning guidelines in the context of article 12 of the Seveso II directive 96/82/EC as amended by directive 105/2003/EC. Technical report, European Commission, Joint Research Centre, Ispra, Italy.

Evans, A. W. and Verlander, N. Q. (1997). What is wrong with criterion FN-lines for judging the tolerability of risk? *Risk Analysis*, 17:157-168.

Evans, M. G. K., Parry, G. W., and Wreathall, J. (1984). On the treatment of common cause failures in system analysis. *Reliability Engineering*, 9:107-115.

Farmer, F. (1967). Siting criteria: A new approach. *Atom*, 128:152-170.

Fischhoff, B., Lichtenstein, S., and Keeney, R. L. (1981). *Acceptable Risk*. Cambridge University Press, Cambridge, UK.

Fleming, K. N. (1975). A reliability model for common mode failures in redundant safety systems. Technical Report GA-A13284, General Atomic Company, San Diego, CA.

Fleming, K. N., Mosleh, A., and Deremer, R. K. (1986). A systematic procedure for the incorporation of common cause events into risk and reliability models. *Nuclear Engineering and Design*, 93:245-279.

Foster, H. D. (1993). Resilience theory and system evaluation. In Wise, J. A., Hopkin, V. D., and Stager, P., editors, *Verification and Validation of Complex Systems: Human Factors Issues*, pages 35-60. Springer, Berlin.

Franks, A. (2003). Lines of defence/layers of protection analysis in the COMAH context. HSE-report, Amey VECTRA, Warrington, UK.

Frederickson, A. A. (2002). The layer of protection analysis (LOPA) method. Technical report, Safety User Group, http://www.safetyusergroup.com.

Garrick, B. J. (2008). *Quantifying and Controlling Catastrophic Risks*. Academic Press, San Diego, CA.

Gertman, D. I. and Blackman, H. S. (1994). *Human Reliability & Safety Analysis Data Handbook*. Wiley, New York.

Gibson, J. J. (1961). The contribution of experimental psychology to the formulation of the problem of safety. In *Behavioral Approaches to Accident Research*. Association for the Aid of Crippled Children, New York.

Groeneweg, J. (2002). *Controlling the Controllable: Preventing Business Upsets*. Global Safety Group Publications, Leiden, The Netherlands, 5th edition.

Grøtan, T. O., Størseth, F., and Albrechtsen, E. (2011). Scientific foundations of addressing risk in complex and dynamic environments. *Reliability Engineering and System Safety*, 96:706-712.

Haas, P. J. (2002). *Stochastic Petri Nets*. Springer, New York.

Haddon, W. (1970). On the escape of tigers: An ecologic note. *American Journal of Public Health and the Nation's Health*, 8(12):2229-2234.

Haddon, W. (1980). Advances in the epidemiology of injuries as a basis for public policy. *Landmarks in American Epidemiology*, 95(5):411-421.

Hale, A. R., Heming, B. H. J., Smit, K., Rodenburg, F. G. T., and van Leeuwen, N. D. (1998). Evaluating safety in the management of maintenance activities in the chemical process industry. *Safety Science*, 28:21-44.

Hambly, E. C. (1992). Preventing disasters. Royal Institution Discourse, London.

Hammer, W. (1993). *Product Safety Management and Engineering*. American Society for Safety Engineers, Des Plaines, IL, 2nd edition.

Hammonds, J. S., Hoffman, F. O., and Bartell, S. M. (1994). An introductory guide to uncertainty analysis in environmental and health risk assessment. Technical Report ES/ER/TM-35/R1, Oak Ridge National Laboratory, Oak Ridge, TN.

Hansson, S. O. (1996). Decision-making under great uncertainty. *Philosophy of the Social Sciences*, 26:369-386.

Hansson, S. O. (2010). Risk: Objective or subjective, facts or values. *Journal of Risk Research*, 13(2):231-238.

Harris, D., Stanton, N. A., Marshall, A., Young, M. S., Demagalski, J., and Salmon, P. (2005). Using SHERPA to predict designed-induced error on the flight deck. *Aerospace Science and Technology*, 9(6):525-532.

Hauge, S., Lundteigen, M. A., Hokstad, P., and H brekke, S. (2010). *Reliability Prediction Method for Safety Instrumented Systems*. SINTEF, Trondheim, Norway.

Hauge, S., Onshus, T., Øien, K., Grøtan, T. O., Holmstrøm, S., and Lundteigen, M. A. (2006). Independenceof safety systems on offshore oil and gas installations-status and challenges (in Norwegian). STF50 A06011, SINTEF, Trondheim, Norway.

Haugen, S., Seljelid, J., Sklet, S., Vinnem, J. E., and Aven, T. (2007). Operational risk analysis: Total analysis of physical and non-physical barriers. Research report 200254-07, Preventor, Bryne, Norway.

Heinrich, H. W. (1931). *Industrial Accident Prevention: A Scientific Approach*. McGraw-Hill, New York.

Hendershot, D. C. (2009). A history of process safety and loss prevention in the American Institute of Chemical Engineers. *Process Safety Progress*, 28(2):105-113.

Hendrick, K. and Benner, L. (1987). *Investigating Accidents with STEP*. Marcel Dekker, New York.

Herrera, I. A., Håbrekke, S., Kråkenes, T., Hokstad, P., and Forseth, U. (2010). Helicopter safety study (hss-3). Research report SINTEF A15753, SINTEF, Trondheim, Norway.

Hirst, I. L. (1998). Risk assessment: A note on F-n curves, expected numbers of fatalities, and weighted indicators of risk. *Journal of Hazardous Materials*, 57:169-175.

Hokstad, P. and Corneliussen, K. (2004). Loss of safey assessment and the IEC 61508 standard. *Reliability Engineering and System Safety*, 83:111-120.

Hokstad, P., Jersin, E., and Sten, T. (2001). A risk influence model applied to north sea helicopter transport. *Reliability Engineering and System Safety*, 74:311-322.

Hokstad, P. and Rausand, M. (2008). Common cause failure modeling: Status and trends. In Misra, K. B., editor, *Handbook of Performability Engineering*, chapter 39, pages 621-640. Springer,

London.

Holand, P. (1996). *Offshore Blowouts: Causes and Trends*. Ph. D. thesis, Department of Production and Quality Engineering, Norwegian Institute of Technology, Trondheim, Norway.

Hollnagel, E. (1998). *Cognitive Reliability and Error Analysis Method: CREAM*. Elsevier, Oxford.

Hollnagel, E. (2004). *Barriers and Accident Prevention*. Aldershot, Ashgate, UK.

Hollnagel, E. (2005). Human reliability assessment in context. *Nuclear Engineering and Technology*, 37(2):159-166.

Hollnagel, E., Woods, D. D., and Leveson, N. (2006). *Resilience Engineering: Concepts and Precepts*. Ashgate, Aldershot, UK.

Holmgren, Å. and Theden, T. (2009). Risk analysis. In Grimvall, G., Holmgren, Å., Jacobsson, P., and Thedén, T., editors, *Risks in Technological Systems*, chapter 13. Springer, London.

HSE (1989). *Quantified Risk Assessment: Its Input to Decision Making*. HMSO, London.

HSE (1992). *The Tolerability of Risk from Nuclear Power Stations*. HMSO, London.

HSE (1999). The implementation of CORE-DATA, a computerized human error probability database. Research report 245/1999, Health and Safety Executive, London.

HSE (2001a). *Marine Risk Assessment*. HMSO, London.

HSE (2001b). *Reducing risks, protecting people; HSE's decision-making process*. HMSO, Norwich.

HSE (2003a). Good practice and pitfalls in risk assessment. Research report RR151, Health and Safety Executive, London.

HSE (2003b). *Transport Fatal Accidents and FN-Curves* (1967-2001). HMSO, London.

HSE (2005a). Human factors in themanagement ofmajor accident hazards. Inspector toolkit , Health and Safety Executive, London.

HSE (2005b). A review of safety culture and safety climate literature for the development of the safety culture inspection toolkit. Research report 367, Health and Safety Executive, London.

HSE (2006). Five steps to risk assessment. Booklet INDG163, Health and Safety Executive, London.

HSE (2008). Optimising hazard management by workforce engagement and supervision. Research report RR637, Health and Safety Executive, London.

HSE (2009). Review of human reliability assessment methods. Research report RR679, Health and Safety Executive, London.

Huang, Y.-H. (2007). *Having a New Pair of Glasses: Applying Systematic Accident Models on Road Safety*. PhD thesis, Linkoping University, Linkoping, Sweden.

Humphreys, R. A. (1987). Assigning a numerical value to the beta factor common cause evaluation. In *Proceedings: Reliability'87*, volume 2C.

IAEA (1994a). Convention on nuclear safety. INFCIRC/449, International Atomic Energy Agency, Vienna, Austria.

IAEA (1994b). Safety assessment of research reactors and preparation of the safety analysis report. Safety Series 35-G1, International Atomic Energy Agency, Vienna, Austria.

IAEA (2001). Applications of probabilistic safety assessment (PSA) for nuclear power plants. Technical Report IAEA-TECDOC-1200, International Atomic Energy Agency, Vienna, Austria.

IAEA (2002). Procedures for conducting probabilistic safety assessment for nonreactor nuclear facilities. Technical report IAEA-TECDOC-1267, International Atomic Energy Agency, Vienna, Austria.

IAEA (2007). IAEA safety glossary: Terminology used in nuclear safety and radiation protection.

Technical report, International Atomic Energy Agency, Vienna, Austria.

ICAO (2009). Safety management manual (SMM). Technical report 9859 AN/474, International Civil Aviation Organization, Montreal, Canada.

IChemE (1992). Nomenclature for hazard and risk assessment in the process industries. Technical report, Institution of Chemical Engineers, Rugby, UK.

IEC 60050-191 (1990). *International Electrotechnical Vocabulary*, *chapter* 191, *Dependability and Quality of Service*. International Electrotechnical Commission, Geneva.

IEC 60300-3-4 (2007). *Dependability Management*. *Parts* 3-4: *Application Guide—Guide to the Specification of Dependability Requirements*. International Electrotechnical Commission, Geneva.

IEC 60300-3-9 (1995). *Dependability Management—Application Guide*: *Risk Analysis of Technological Systems*. International Electrotechnical Commission, Geneva.

IEC 60812 (2006). *Procedure for Failure Mode and Effects Analysis*. International Electrotechnical Commission, Geneva.

IEC 61508 (2010). *Functional Safety of Electrical/Electronic/Programmable Electronic Safety-Related Systems*, *Parts* 1-7. International Electrotechnical Commission, Geneva.

IEC 61511 (2003). *Functional Safety*: *Safety Instrumented Systems for the Process Industry Sector*, *Parts* 1-3. International Electrotechnical Commission, Geneva.

IEC 61882 (2001). *Hazard and Operability Studies* (*HAZOP Studies*): *Application Guide*. International Electrotechnical Commission, Geneva.

IEC 62278 (2002). *Railway applications*: *Specification and Demonstration of Reliability*, *Availability*, *Maintainability*, *and Safety* (*RAMS*). International Electrotechnical Commission, Geneva.

IEC 61025 (2006). *Fault Tree Analysis* (*FTA*). International Electrotechnical Commission, Geneva, 2nd edition.

IEC 61165 (2006). *Application ofMarkov Techniques*. International Electrotechnical Commission, Geneva, 2nd edition.

IEC 62551 (2012). Analysis techniques for dependability: Petri net techniques. International Electrotechnical Commission, Geneva.

IEEE Std. 500 (1984). *IEEE Guide for the Collection and Presentation of Electrical*, *Electronic*, *Sensing Component*, *and Mechanical Equipment Reliability Data for Nuclear Power Generating Stations*. IEEE and Wiley, New York.

IFE (2009). Assessing organizational factors and measures in accident investigation (in Norwegian). Technical report IFE/HR/F-2009/1406, Institutt for Energiforskning (IFE), Kjeller, Norway.

IMO (2002). Guide for formal safety assessment (FSA) for use in the IMO rulemaking process. Technical report MSC/1023, International Maritime Organization, London.

Ishikawa, K. (1986). *Guide to Quality Control*. Productivity Press, Cambridge, MA.

ISO 12100 (2010). *Safety of Machinery—General Principles for Design*: *Risk Assessment and Risk Reduction*. International Organization for Standardization, Geneva.

ISO 14224 (2006). *Petroleum*, *Petrochemical*, *and Natural Gas Industries*: *Collection and Exchange of Reliability and Maintenance Data for Equipment*. International Organization for Standardization, Geneva.

ISO 17776 (2002). *Petroleum and Natural Gas Industries—Offshore Production Installations*:

Guidelines on Tools and Techniques for Hazard Identification and Risk Assessment. International Organization for Standardization, Geneva.

ISO 31000 (2009). *Risk Management: Principles and Guidelines*. International Organization for Standardization, Geneva.

ISO 9000 (2005). *Quality Management Systems: Fundamentals and Vocabulary*. International Organization for Standardization, Geneva.

ISO/IEC 15909-1 (2004). *Systems and Software Engineering—High-LevelPetri Nets. Part 1: Concepts, Definitions, and Graphical Notation*. International Organization for Standardization, Geneva.

Jaynes, E. T. (2003). *Probability Theory: The Logic of Science*. Cambridge University Press, Cambridge.

Jensen, K. and Kristensen, L. M. (2009). *Coloured Petri Nets: Modelling and Validation of Concurrent Systems*. Springer, Berlin.

Jin, H., Lundteigen, M. A., and Rausand, M. (2011). Reliability performance of safety instrumented systems: A common approach for both low- and high-demand mode of operation. *Reliability Engineering and System Safety*, 96:365-373.

Johansen, I. L. (2010a). Foundations and fallacies of risk acceptance criteria. ROSS report 201001, NorwegianUniversity of Science and Technology, Trondheim, Norway.

Johansen, I. L. (2010b). Foundations of risk assessment. ROSS report 201002, Norwegian University of Science and Technology, Trondheim, Norway.

Johnson, W. G. (1980). *MORT Safety Assurance System*. Marcel Dekker, New York.

Johnston, B. D. (1987). A structured procedure for dependent failure analysis (dfa). *Reliability Engineering*, 19:125-136.

Jonkman, S. N., van Gelder, P. H. A. J. M., and Vrijling, J. K. (2003). An overview of quantitative risk measures for loss of life and economic damage. *Journal of Hazardous Materials*, A99:1-30.

Kaplan, S. (1997). The words of risk analysis. *Risk Analysis*, 17:407-417.

Kaplan, S. and Garrick, B. J. (1981). On the quantitative definition of risk. *Risk Analysis*, 1:11-27.

Kartson, D., Balbo, G., Donatelli, S., Franceschinis, G., and Conte, G. (1994). *Modeling with Generalized Stochastic Petri Nets*. Wiley, New York.

Kasperson, R. E., Renn, O., Slovic, P., Brown, H. S., Emel, J., Goble, R., Kasperson, J. X., and Ratick, S. (1988). The social amplification of risk: A conceptual framework. *Risk Analysis*, 8:177-187.

Khan, F. and Abbasi, S. (2002). A criterion for developing credible accident scenarios for risk assessment. *Journal of Loss Prevention in the Process Industries*, 15(6):467-475.

Khan, F. I. and Abbasi, S. A. (1999). Major accidents in process industries and an analysis of causes and consequences. *Journal of Loss Prevention in the Process Industries*, 12:361-378.

Kim, D., Kim, J., andMoon, I. (2006). Integration of accident scenario generation and multiobjective optimization for safety-cost decisionmaking in chemical processes. *Journal of Loss Prevention in the Process Industries*, 19(6):705-713.

Kim, J. W. and Jung, W. (2003). A taxonomy of performance influencing factors for human reliability analysis of emergency tasks. *Journal of Loss Prevention in the Process Industries*, 16(6):479-495.

Kirwan, B. (1994). *A Guide to Practical Human Reliability Assessment*. Taylor & Francis, London.

Kirwan, B. and Ainsworth, L. K. (1992). *A Guide to Task Analysis*. Taylor& Francis, London.

Kjærulff, U. B. and Madsen, A. L. (2008). *Bayesian Networks and Influence Diagrams: A Guide to Construction and Analysis*. Springer, Berlin.

Kjellén, U. (2000). *Prevention of Accidents Through Experience Feedback*. Taylor & Francis, London.

Kletz, T. (1998). *What Went Wrong? Case Histories of Process Plant Disasters*. Gulf Publishing Company, Houston, TX.

Kletz, T. (1999). *Hazop and Hazan*. Taylor & Francis, London, 4th edition.

Klinke, A. and Renn, O. (2002). A new approach to risk evaluation and management: Risk-based, precaution-based, and discourse-based strategies. *Risk Analysis*, 22(6):1071-1094.

Kontogiannis, T., Leopoulos, V., and Marmaras, N. (2000). A comparison of accident anaysis techniques for safety-critical man-machine systems. *Industrial Ergonomics*, 25:327-347.

Kvaløy, J. T. andAven, T. (2005). An alternative approach to trend analysis in accident data. *Reliability Engineering and System Safety*, 90:75-82.

La Porte, T. R. and Consolini, P. M. (1991). Working in practice but not in theory: Theoretical challenges of "high-reliability organizations". *Journal of Public Administration Research and Theory*, 1:19-47.

Laheij, G. M. H., Post, J. G., and Ale, B. J. M. (2000). Standard methods for land-use planning to determine the effects on societal risk. *Journal of Hazardous Materials*, 71:269-282.

Leveson, N. (1995). *Safeware. System Safety and Computers: A Guide to Preventing Accidents and Losses Caused by Technology*. Addison-Wesley, Reading, MA.

Leveson, N. (2004). A new accident model for engineering safer systems. *Safety Science*, 42(4):237-270.

Lindley, D. V. (2007). *Understanding Uncertainty*. Wiley, Hoboken, NJ.

Linkov, I. and Burmistrov, D. (2003). Model uncertainty and choices made by modelers: Lessons learned from the International Atomic Energy Agency model intercomparisons. *Risk Analysis*, 23: 1297-1308.

Littlewood, B. (1996). The impact of diversity upon common mode failures. *Reliability Engineering and System Safety*, 51:101-113.

Liu, T. S. and Chiou, S. B. (1997). The application of Petri nets to failure analysis. *Reliability Engineering and System Safety*, 57:129-142.

Liu, Y. and Rausand, M. (2011). Reliability assessment of safety instrumented systems subject to different demandmodes. *Journal of Loss Prevention in the Process Industries*, 24:49-56.

Lundteigen, M. A. (2009). *Safety Instrumented Systems in the Oil and Gas Industry: Concepts and Methods for Safety and Reliability Assessments in Design and Operation*. Ph. D. thesis, Norwegian University of Science and Technology, Trondheim, Norway.

Lundberg, J., Rollenhagen, C., and Hollnagel, E. (2009). What-you-look-for-is-what-you-find: The consequences of underlying accident models in eight accident investigation manuals. *Safety Science*, 47(10):1297-1311.

Lundteigen, M. A. and Rausand, M. (2007). Common cause failures in safety instrumented systems on oil and gas installations: Implementing defense measures through function testing. *Journal of Loss*

Prevention in the Process Industries, 20(3):218-229.

Lundteigen, M. A. and Rausand, M. (2009). Reliability assessment of safety instrumented systems in the oil and gas industry: A practical approach and a case study. *International Journal of Reliability, Quality and Safety Engineering*, 16:187-212.

Lupton, D. (1999). *Risk*. Routledge, London.

Macdonald, D. (2004). *Practical Machinery Safety*. Newnes/Elsevier, Oxford.

Machilis, G. E. and Rosa, E. A. (1990). Desired risk: Broadening the social amplification of risk framework. *Risk Analysis*, 10:161-168.

Macza, M. (2008). A Canadian perspective of the history of process safety management legislation. In *8th International Symposium on Programmable Electronic Systems in Safety-Related Applications*, Cologne, Germany.

Martinez, J. and Silva, M. (1982). A simple and fast algorithm to obtain all invariants of a generalized petri net. In Girauld, C. and Reisig, W., editors, *Informatik-Fachberichte* 52: *Application and Theory of Petri Nets: Selected Papers from the First and Second European Workshop on Application and Theory of Petri Nets, Strasbourg, Sept.* 23-26, 1980, *Bad Honnef, Sept.* 28-30, 1981, pages 301-310, London. Springer.

Miguel, A. R. (2006). *Human Error Analysis for Collaborative Work*. PhD thesis, Department of Computer Science, University of York, York, UK.

MIL-HDBK-217F (1991). *Reliability Prediction of Electronic Equipment*. U. S. Department of Defense, Washington, DC.

MIL-STD-1629A (1980). *Procedures for Performing a Failure Mode, Effects, and Criticality Analysis*. U. S. Department of Defense, Washington, DC.

MIL-STD-2155 (1985). *Failure Reporting, Analysis and Corrective Action System*. U. S. Department of Defense, Washington, DC.

MIL-STD-882D (2000). *Standard Practice for System Safety*. U. S. Department of Defense, Washington, DC.

Miller, A. G., Kaufer, B., and Carlson, L. (2000). Activities on component reliability under the OECD Nuclear Energy Agency. *Nuclear Engineering and Design*, 198:325-334.

Miller, D. P. and Swain, A. D. (1987). Human error and human reliability. In Salvendy, G., editor, *Handbook of Human Factors*. Wiley, New York.

Modarres, M. (2006). *Risk Analysis in Engineering: Techniques, Tools, and Trends*. Taylor & Francis, Boca Raton, FL.

Mohaghegh, Z., Kazemi, R., and Mosleh, A. (2009). Incorporating organizational factors into probabilistic risk assessment (pra) of complex socio-technical systems: A hybrid technique formalization. *Reliability Engineering and System Safety*, 94:1000-1018.

Mosleh, A. (1991). Common cause failures: An analysis methodology and example. *Reliability Engineering and System Safety*, 34:249-292.

Mosleh, A. and Siu, N. O. (1987). A multi-parameter common cause failure model. In *9th International Conference on Structural Mechanics in Reactor Technology*, pages 147-152, Lausanne, Switzerland.

Moss, T. R. (2005). *The Reliability Data Handbook*. ASME Press, New York.

NASA (2007). NASA systems engineering handbook. Technical Report NASA/SP-2007-6105, U. S.

National Aeronautics and Space Administration, Washington, DC.

NASA (2008). Agency risk management procedural requirements. NASA Procedural Requirements NPR:8000.4A, U.S. National Aeronautics and Space Administration, Washington, DC.

NASA (2010). Technical probabilistic risk assessment (PRA) procedures for safety and mission success for NASA programs and projects. NASA Procedural Requirements NPR 8705.5A, U.S. National Aeronautics and Space Administration, Washington, DC.

NEA (1998). Critical operator actions: Human reliability modeling and data issues. Technical report NEA/CSNI/R(98)1, Nuclear Energy Agency, Paris.

NEA (2004a). Human reliability analysis in probabilistic safety assessment for nuclear power plants. CSNI technical opinion papers 4, Nuclear Energy Agency, Paris.

NEA (2004b). International common-cause failure data exchange. ICDE general coding guidelines. Technical report R(2004)4, Nuclear Energy Agency, Paris.

Nielsen, D. S. (1971). The cause/consequence diagram method as a basis for quantitative accident analysis. Technical report RISO-M-1374, Danish Atomic Energy Commission, Riso, Roskilde, Denmark.

Niwa, Y. (2009). A proposal for a new accident analysismethod and its application to a catastrophic railway accident in Japan. *Cognition, Technology & Work*, 11:187-204.

Nordland, O. (2001). When is risk acceptable? In *Presentations at 19th International System Safety Conference*, Huntsville, AL.

NORSOK Z-013 (2010). Risk and emergency preparedness analysis. Norsok standard, Standard Norge, Oslo, Norway.

NRI (2009). NRI MORT user's manual. Technical report NRI-1, The Noordwijk Risk Initiative Foundation, http://www.nri.eu.com/NRI1.pdf.

NS 5814 (2008). *Requirements for Risk Assessment*. Standard Norge, Oslo, Norway, Norwegian edition.

NSW(2003). Hazard identification, risk assessment, and risk control no. 3. Technical report, New South Wales, Department of Urban and Transport Planning, Sydney, Australia.

NSW (2008a). HAZOP guidelines: Hazardous industry planning advisory paper no. 8. Technical report, New SouthWales, Department of Planning, Sydney, Australia.

NSW (2008b). Risk criteria for land use safety planning: Hazardous industry planning advisory paper no. 4. Technical report, New South Wales, Department of Planning, Sydney, Australia.

NTC (2004). Risk tolerability in rail safety regulation. Issues paper, National Transport Commission, Melbourne, Australia.

NUREG-0492 (1981). *Fault Tree Handbook*. U.S. Nuclear Regulatory Commission, Office of Nuclear Regulatory Research, Washington, DC.

NUREG-1624 (2000). *Technical Basis and Implementation Guidelines for a Technique for Human Event Analysis (ATHEANA)*. U.S. Nuclear Regulatory Commission, Washington, DC, revised edition.

NUREG-1855 (2009). *Guidance on the Treatment of Uncertainties Associated with PRAs in Risk-Informed Decision Making*. U.S. Nuclear Regulatory Commission, Office of Nuclear Regulatory Research, Washington, DC.

NUREG-1880 (2007). *ATHEANA User's Guide*. U.S. Nuclear Regulatory Commission, Office of

Nuclear Regulatory Research, Washington, DC.

NUREG -75/014 (1975). *Reactor Safety: An Assessment of Accident Risk in U. S. Commercial Nuclear Power Plants*. U. S. Nuclear Regulatory Commission, Washington, DC.

NUREG/CR-3518 (1984). *SLIM-MAUD: An Approach to Assessing Human Error Probabilities Using Structured Expert Judgment*. U. S. Nuclear Regulatory Commission, Washington, DC.

NUREG/CR-4780 (1989). *Procedures for Treating Common—Cause Failures in Safety and Reliability Studies, volume 2, Analytical Background and Techniques*. U. S. Nuclear Regulatory Commission, Washington, DC.

NUREG/CR-5485 (1998). *Guidelines on Modeling Common-Cause Failures in Probabilistic Risk Assessment*. U. S. Nuclear Regulatory Commission, Washington, DC.

NUREG/CR-6268 (2007). *Common-Cause Failure Database and Analysis System: Event Data Collection, Classification, and Coding*. U. S. Nuclear Regulatory Commission, Office of Nuclear Regulatory Research, Washington, DC.

NUREG/CR-6823 (2003). *Handbook of Parameter Estimation for Probabilistic Risk Assessment*. U. S. Nuclear Regulatory Commission, Office of Nuclear Regulatory Research, Washington, DC.

NUREG/CR-6883 (2005). *The SPAR-H Human Reliability Analysis Method*. U. S. Nuclear Regulatory Commission, Washington, DC.

OLF-090 (2006). *Common Model for Safe Job Analysis (SJA)*. The Norwegian Oil Industry Association, Stavanger, Norway, 2nd edition.

OREDA (2009). *OREDA Reliability Data*. OREDA Participants, Available from: Det Norske Veritas, NO 1322 Høvik, Norway, 4th edition.

OSHA (2002). Job hazard analysis. Technical report OSHA 3071, Occupational Safety and Health Administration, Washington, DC.

Ouyang, M., Hong, L., Yu, M.-H., and Fei, Q. (2010). Stamp-based analysis on the railway accident and accident spreading: Taking the china-jiaoji railway accident for example. *Safety Science*, 48:544-555.

Pandey, M. D. and Nathwani, J. S. (2004). Life quality index for the estimation of societal willingness-to-pay for safety. *Structural Safety*, 26:181-199.

Papanikolaou, A., editor (2009). *Risk-Based Ship Design: Methods, Tools and Applications*. Springer, Berlin.

Papazoglou, I. A. and Aneziris, O. N. (2003). Master logig diagram: Method for hazard and initiating event identification in process plants. *Journal of Hazardous Materials*, A97:11-30.

Parry, G. W. (1991). Common cause failure analysis: A critique and some suggestions. *Reliability Engineering and System Safety*, 34:309-320.

Pasman, H. J., Jung, S., Prem, K., Rogers, W. J., and Yang, X. (2009). Is risk analysis a useful tool for improving safety? *Journal of Loss Prevention in the Process Industries*, 22:769-777.

Paté-Cornell, M. E. (1996). Uncertainties in risk analysis: Six levels of treatment. *Reliability Engineering and System Safety*, 54:95-111.

Paula, H. M., Campbell, D. J., and Rasmuson, D. M. (1991). Qualitative causedefense matrices: Engineering tools to support the analysis and prevention of common cause failures. *Reliability Engineering and System Safety*, 34:389-415.

Perrow, C. (1984). *Normal Accidents: Living with High-Risk Technologies*. Basic Books, New

York.

Pesme, H. and Le Bot, P. (2010). Lessons learned on HRA benchmarking: the EDF point of view with MERMOS. In *PSAM* 10. , Seattle, WA.

Peters, G. A. and Peters, B. J. (2006). *Human Error: Causes and Control*. Taylor & Francis, Boca Raton, FL.

Petri, C. A. (1962). *Kommunikation mit Automaten*. Ph. D. thesis, University of Bonn, Bonn, Germany.

President's Commission on Critical Infrastructure Protection (1997). Critical foundations: Protecting America's infrastructures. http://www.fas.org/sgp/library/pccip.pdf.

Pukite, J. and Pukite, P. (1998). *Modeling for Reliability Analysis: Markov Modeling for Reliability, Maintainability, Safety and Supportability Analyses of Complex Computer Systems*. IEEE Press, Piscataway, NJ.

Qureshi, Z. H. (2008). A review of accident modelling approaches for complex critical sociotechnical systems. Technical report DSTO -TR-2094, Defence Science and Technology Organization, Edinburgh, Australia.

Rasmuson, D. M. (1991). Some practical considerations in treating dependencies in pras. *Reliability Engineering and System Safety*, 34:327-343.

Rasmussen, J. (1983). Skills, rules, knowledge: Signals, signs and symbols and other distinctions in human performance models. *IEEE Transactions on Systems, Man and Cybernetics*, 13:257-267.

Rasmussen, J. (1997). Risk management in a dynamic society: A modelling problem. *Safety Science*, 27:183-213.

Rasmussen, J. and Svedung, I. (2000). *Proactive Risk Management in a Dynamic Society*. Swedish Rescue Services Agency (Currently: The Swedish Civil Contingencies Agency), Karlstad, Sweden.

Rausand, M. (1991). *Risikoanalyse; Veiledning til NS* 5814. TapirAkademisk Forlag, Trondheim, Norway.

Rausand, M. and Høyland, A. (2004). *System Reliability Theory: Models, Statistical Methods, and Applications*. Wiley, Hoboken, NJ, 2nd edition.

Rausand, M. and Utne, I. B. (2009a). Product safety—principles and practices in a life cycle perspective. *Safety Science*, 47:939-947.

Rausand, M. and Utne, I. B. (2009b). *Risikoanalyse: Teori og metoder*. Tapir Akademisk Forlag, Trondheim, Norway.

Rausand, M. and øien, K. (1996). Basic concepts of failure analysis. *Reliability Engineering and System Safety*, 53 (1):73-83.

Reason, J. (1990). *Human Error*. Cambridge University Press, Cambridge, UK.

Reason, J. (1997). *Managing the Risks of Organizational Accidents*. Ashgate, Aldershot, UK.

Reason, J. (2008). *The Human Contribution: Unsafe Acts, Accidents and Heroic Recoveries*. Ashgate, Farnham, UK.

Rosa, E. A. (1998). Metatheoretical foundations for post-normal risk. *Journal of Risk Research*, 1 (1):15-44.

Rosness, R. (1994). Human dependability methods for control and safety systems. STF75 A93060, SINTEF, Trondheim, Norway.

Rosness, R., Guttormsen, G., Steiro, T., Tinmannsvik, R. K., and Herrera, I. A. (2004).

Organizational accidents and resilient organizations: Five perspectives. STF38 A04403, SINTEF, Trondheim, Norway.

Ross, S. M. (1996). *Stochastic Processes*. Wiley, New York.

Ross, S. M. (2004). *Introduction to Probability and Statistics for Engineers and Scientists*. Elsevier, Amsterdam.

Ross, S. M. (2007). *Introduction to Probability Models*. Elsevier, Amsterdam.

Royal Society (1992). Risk: analysis, perception and management. Report of a Royal Society study group. Royal Society, London.

RSC (2007). Note on: Hazard and operability studies (HAZOP). Technical report, Royal Society of Chemistry, Environmental Health and Safety Committee, London.

RSSB (2007). *Engineering Safety Management* (*The Yellow Book*), volume 1 and 2. Rail Safety and Standards Board, London.

SAEARP 5580 (2001). *Recommended Failure Modes and Effects Analysis* (*FMEA*) *Practices for Non-automobile Applications*. The Engineering Society for Advancing Mobility in Land, Sea, Air, and Space, Warrendale, PA.

Salmon, P., Regan, M., and Johnston, I. (2005). Human error and road transportation: Phase one—literature review. Technical report 256, Accident Research Centre, Monash University, Victoria, Australia.

Salmon, P., Stanton, N. A., and Walker, G. (2003). Human factors design methods review. Technical Report HFIDT/WP1. 3. 2/1, Brunel University, Uxbridge, UK.

Salvi, O. and Debray, B. (2006). A global view on ARAMIS, a risk assessment methodology for industries in the framework of the SEVESO Ⅱ directive. *Journal of Hazardous Materials*, 130: 187-199.

Sammarco, J. J. (2003). *A Normal Accident Theory-Based Complexity Assessment Methodology for Safety-Related Embedded Computer Systems*. Ph. D. thesis, College of Engineering and Mineral Resources, West Virginia University, Morgantown, WV.

Sammarco, J. J. (2005). Operationalizing normal accident theory for safety-related computer systems. *Safety Science*, 43:697-714.

San 821-2 (1973). MORT-The management oversight and risk tree. Technical Report AT(04-3)-821, U. S. Atomic Energy Commission, Division of Operational Safety, Washington, DC.

Sch be, H. (2001). Different approaches for determination of tolerable hazard rates. In Zio, E., Demichela, M., and Piccinini, N., editors, *Towards a Safer World* (*ESREL'* 01). Politechico di Torino, Turin, Italy.

Schoenig, R. (2004). *Definition d'une methodologie de conception des syst mes mechatroniques surs de fonctionnement*. Ph. D. thesis, Institut National Polytechnique de Lorraine, Nancy, France.

Schönbeck, M., Rausand, M., and Rouvroye, J. (2010). Human and organizational factors in the operational phase of safety instrumented systems: A new approach. *Safety Science*, 48:310-318.

SEMATECH (1992). *Failure Mode and Effect Analysis* (*FMEA*): *A Guide for Continuous Improvement for the Semiconductor Equipment Industry*. SEMATECH, Austin, TX.

SEMATECH (1999). Hazard analysis guide: A reference manual for analyzing safety hazards on semiconductor manufacturing equipment. Technical report 99113846A-ENG, International SEMATECH, Austin, TX.

Seong, P. H. (2009). *Reliability and Risk Issues in Large Scale Safety-Critical Digital Control Systems*. Springer, London.

Shorrock, S., Kirwan, B., and Smith, E. (2003). Individual and group approaches to human error prediction: A tale of three systems. In *IBC Conference on Preventing Human Errors and Violations*, London.

Shrader-Frechette, K. (1991). *Risk and Rationality: Philosophical Foundations for Populist Reforms*. University of California Press, Berkeley, CA.

Siu, N. (1994). Risk assessment for dynamic systems: An overview. *Reliability Engineering and System Safety*, 43:43-73.

Skjong, R., Vanem, E., and Endresen, Ø. (2007). Risk evaluation criteria. Technical report, SAFEDOR-D-4. 5. 2 DNV.

Sklet, S. (2002). Methods for accident investigation. ROSS report 200208, Norwegian University of Science and Technology, Trondheim, Norway.

Sklet, S. (2004). Comparison of some selected methods for accident investigation. *Journal of Hazardous Materials*, 111:29-37.

Sklet, S. (2005). *Safety Barriers on Oil and Gas Platforms; Means to Prevent Hydrocarbon Releases*. Ph. D. thesis, Norwegian University of Science and Technology (NTNU), Trondheim, Norway.

Sklet, S. (2006a). Hydrocarbon releases on oil and gas production platforms: Release scenarios and safety barriers. *Journal of Loss Prevention in the Process Industries*, 19:481-493.

Sklet, S. (2006b). Safety barriers: Definition, classification, and performance. *Journal of Loss Prevention in the Process Industries*, 19:494-506.

Sklet, S., Vinnem, J. E., and Aven, T. (2006). Barrier and operational risk analysis of hydrocarbon releases (BORA-Release). Part Ⅱ: Results from a case study. *Journal of Hazardous Materials*, 137:692-708.

Slovic, P. (1987). Perception of risk. *Science*, 236:280-285.

Slovic, P. (1992). Perception of risk: Reflections on the psychometric paradigm. In Golding, D. and Krimsky, S., editors, *Theories of Risk*, pages 117-152. Praeger, London.

Smith, A. M. and Watson, I. A. (1980). Common cause failures: A dilemma in perspective. *Reliability Engineering*, 1(2):127-142.

Smith, D. J. and Simpson, K. G. L. (2005). *Functional Safety: A Straightforward Guide to Applying the IEC 61508 and Related Standards*. Elsevier, Burlington, UK.

Spouge, J. (1999). A guide to quantitative risk assessment for offshore installations. Technical report, DNV Technica, London.

Spurgin, A. J. (2009). *Human Reliability Assessment: Theory and Practice*. CRC Press, Boca Raton, FL.

Stack, R. J. (2009). Evaluating non-independent protection layers. *Process Safety Progress*, 28(4): 317-324.

Stamatelatos, M., Apostolakis, G., Dezfuli, H., Everline, C., Guarro, S., Moieni, P., Mosleh, A., Paulos, T., and Youngblood, R. (2002a). Probabilistic risk assessment procedures guide for NASA managers and practitioners. Technical report, U. S. National Aeronautics and Space Administration, Washington, DC.

Stamatelatos, M., Vesely, W., Dugan, J., Fragola, J., Minarick, J., and Railsback, J. (2002b).

Fault tree handbook with aerospace applications. Technical report, U. S. National Aeronautics and Space Administration, Washington, DC.

Stanton, N. A., Salmon, P. M., Walker, G. H., Baber, C., and Jenkins, D. P. (2005). *Human Factors Methods: A Practical Guide for Engineering and Design*. Ashgate, Aldershot, UK.

Step Change (2007). Task risk assessment. Guide, Step Change in Safety, Aberdeen, Scotland.

Stewart, M. G. and Melchers, R. E. (1997). *Probabilistic Risk Assessment of Engineering Systems*. Chapman & Hall, London.

Størseth, F., Rosness, R., and Guttormsen, G. (2010). Exploring safety critical decision-making. In Briš, R., Soares, C. G., and Martorell, S., editors, *Reliability, Risk, and Safety: Theory and Applications*, pages 1311-1317. Taylor & Francis, London.

Strategy Unit (2002). Risk: Improving government's capability to handle risk and uncertainty. Technical report, U. K. Cabinet Office, Strategy Unit, London.

STUK (2003). Probabilistic safety analysis in safety management of nuclear power plants. Guide YVL2. 8, Radiation and Nuclear Safety Authority, Helsinki, Finland.

Suchman, E. A. (1961). A conceptual analysis of the accident problem. *Social Problems*, 8(3): 241-246.

Summers, A. E. (2003). Introduction to layers of protection analysis. *Journal of Hazardous Materials*, 104:163-168.

Summers, A. E. and Raney, G. (1999). Common cause and common sense, designing failure out of your safety instrumented system (SIS). *ISA Transactions*, 38:291-299.

Svádová, M. and Hanz lek, Z. (2001). Matlab toolbox for petri nets. In *22nd International Conference ICATPN* 2001, pages 32-36.

Svedung, I. and Rasmussen, J. (2002). Graphic representation of accident scenarios: mapping system structure and the causation of accidents. *Safety Science*, 40:397-417.

Swain, A. D. and Guttmann, H. (1983). Handbook of human reliability analysis with emphasis on nuclear power plant applications. Technical report NUREG/CR-1278, Nuclear Regulatory Commission, Washington, DC.

Timmerman, P. (1986). The risk puzzle: some thoughts. *Ethics and Energy*, 6:1-2.

Treasury Board (2001). Integrated risk management framework. Technical report, Treasury Board of Canada, Ottawa, Canada.

Tripod Solutions (2007). Tripod beta. User guide, Tripod Solutions, Den Helder, The Netherlands, http://www.advisafe.com.

UK CAA (2006). Guidance on the conduct of hazard identification, risk assessment and the production of safety cases—for aerodrome operators and air traffic service providers. Technical report CAP 760, Civil Aviation Authority, Gatwick Airport, UK.

UK CAA (2008). Safety management systems: Guidance to organisations. Technical report, Civil Aviation Authority, Safety Regulation Group, Gatwick Airport, UK.

UN (1992). Report of the United Nations conference on environment and devleopment, Rio Declaration on environment and development. Technical report, United Nations, New York.

US DOD (2006). Risk management guide for DoD acquisition. Technical report, U. S. Department of Defense, Washington, DC.

US DOE (1992). Root cause analysis guidance document. Technical Report DOENE-STD-1004-92, U.

S. Department of Energy, Office of Nuclear Energy, Washington, DC.

US DOE (1996a). Hazard and barrier analysis guidance document. Technical Report EH-33, U. S. Department of Energy, Office of Operating Experience Analysis and Feedback, Washington, DC.

US DOE (1996b). Process safety management for highly hazardous chemicals. DOEHDBK-1101-86, U. S. Department of Energy, Washington, DC.

US DOE (1998). Guidelines for risk-based prioritization of DOE activities. Technical report DOE-DP-STD-3023-98, U. S. Department of Energy, Washington, DC.

US DOE (1999). Conducting accident investigations. Technical report, U. S. Department of Energy, Washington, DC.

US DOE (2004). Chemical process hazard analysis. Technical Report DOE-HDBK-1100-2004, U. S. Department of Energy, Washington, DC.

US FAA (2000). System safety handbook. Technical report, Federal Aviation Administration, Washington, DC.

US FAA (2009). Risk management handbook. Technical Report FAA-H-8083-2, Federal Aviation Administration, Washington, DC.

US National Research Council (2009). *Science and Decisions: Advancing Risk Assessment*. National Research Council, National Academies Press, Washington, DC.

US NRC (2007). Probabilistic risk assessment. Fact sheet, U. S. Nuclear regulatory Commission, Washington, DC.

USCG (2008). Risk based decision making. RBDM guidelines, U. S. Coast Guard, http://www.uscg.mil/hq/cg5/cg5211/E-Guidelines.asp.

Vesely, W. E. (1977). Estimating common cause failure probabilities in reliability and risk analyses: Marshall-Olkin specializations. In Fussell, J. B. and Burdick, G. R., editors, *Nuclear Systems Reliability Engineering and Risk Assessment*, pages 314-341. SIAM, Philadelphia.

Vincoli, J. W. (2006). *Basic Guide to System Safety*. Wiley, Hoboken, NJ, 2nd edition.

Vinnem, J. E. (2007). *Offshore Risk Assessment: Principles, Modeling and Application of QRA Studies*. Springer, London, 2nd edition.

VROM (2005). Guidelines for quantitative risk assessment (the purple book). Technical Report PGS 3, The Netherlands Ministry of Housing, Spatial Planning and the Environment.

Wagenaar, W. A., Hudson, P. T. W., and Reason, J. T. (1990). Cognitive failures and accidents. *Applied Cognitive Psychology*, 4:273-294.

Wahlström, B. (2003). Risk informed approaches for plant life management: Regulatory and industry perspectives. In *Presentation at FISA* 2003, *EU Research in Reactor Safety*, Luxembourgh.

Weick, K. E. and Sutcliffe, K. M. (2007). *Managing the Unexpected: Resilient Performance in an Age of Uncertainty*. Jossey-Bass, Sa Francisco, CA, 2nd edition.

Whalley, S. (1992). Minimising the cause of human error. In Kirwan, B. and Ainsworth, L. K., editors, *A Guide to Task Analysis*. Taylor & Francis, London.

Wilde, G. J. S. (1982). The theory of risk homeostasis: Implications for safety and health. *Risk Analysis*, 2:209-225.

Williams, J. C. (1986). HEART-a proposed method for assessing and reducing human errors. In *Ninth Advances in Reliability Technology Symposium*, Birmingham, UK.

Winkler, R. L. (1996). Uncertainty in probabilistic risk assessment. *Reliability Engineering and*

System Safety, 54:127-132.

Yang, S. K. and Liu, T. S. (1997). Failure analysis for an airbag inflator by Petri nets. *Quality and Reliability Engineering International*, 13(3):139-151.

Ye, X., Zhou, J., and Song, X. (2003). On reachability graphs of (p)etri nets. *Computers and Electrical Engineering*, 29:263-272.

Yosie, T. F. and Herbst, T. D. (1998). Using stakeholder processes in environmental decisionmaking. Technical report, The Global Development Research Center. Available at http://www.gdrc.org/decision/nr98ab01.pdf.

Zitrou, A. and Bedford, T. (2003). Foundation of the UPM common cause model. In *Proceedings ESREL* 2003, pages 1769-1775, Lisse, The Netherlands. Balkema.

Zitrou, A., Bedford, T., and Walls, L. (2004). Developing soft factors inputs to common cause failure models. In Spitzer, C., Schmocker, U., and Dang, V. N., editors, *Probabilistic Safety Assessment and Management* (*PSAM* 7 *ESREL*'04), pages 825-830. Springer, Berlin.

Zitrou, A., Bedford, T., and Walls, L. (2007). An influence diagram extension of the unified partial method for common cause failures. *Quality Technology* & *Quantitative Management*, 4(1): 111-128.

Zitrou, A., Bedford, T., and Walls, L. (2010). Bayes geometric scaling model for common cause failure rates. *Reliability Engineering and System Safety*, 95:70-76.

Øien, K. (2001). *Risk Control of Offshore Installations. A Framework for the Establishment of Risk Indicators*. Ph. D. thesis, Department of Production and Quality Engineering, Norwegian University of Science and Technology, Trondheim, Norway.

运筹学（第 4 版）

本书特色

经典教材，课件完备，多次重印，广受好评。

教辅材料

课件

书号：9787302288794
作者：《运筹学》教材编写组
定价：58.00 元
出版日期：2012.8

任课教师免费申请

运筹学（第 4 版）本科版

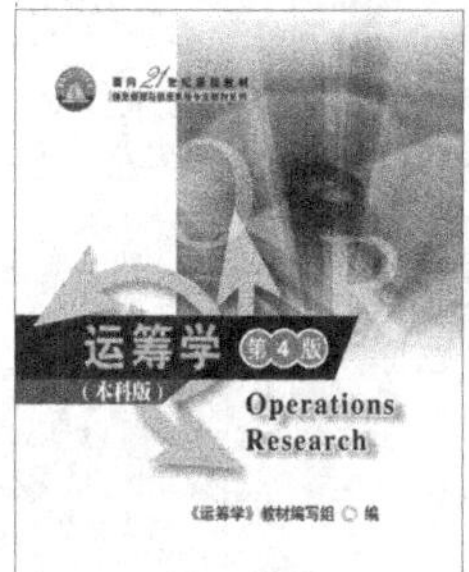

本书特色

经典教材，课件完备，多次重印，广受好评。

教辅材料

课件

书号：9787302306412
作者：《运筹学》教材编写组
定价：48.00 元
出版日期：2012.11

任课教师免费申请

运筹学习题集（第 5 版）

本书特色

名师大作。习题、解答、案例、案例分析，丰富的学习辅助资源，配套《运筹学教程》。

获奖信息

“十二五”普通高等教育本科国家级规划教材

书号：9787302523987
作者：胡运权 主编
定价：58.00 元
出版日期：2019.3

任课教师免费申请

运筹学教程（第 5 版）

本书特色

“互联网＋”教材。名师大作，经典运筹学教材，课件、习题等教辅资源完备，难度适中，配套《运筹学习题集》。

教辅材料

教学大纲、课件、习题答案、试题库

获奖信息

“十二五”普通高等教育本科国家级规划教材

书号：9787302481256
作者：胡运权 主编，郭耀煌 副主编
定价：59.00 元
出版日期：2018.7

任课教师免费申请

管理信息系统（第 6 版）

本书特色

名师大作，经典管理信息系统教材，发行百万多册，即将改版。

教辅材料

课件

获奖信息

“十二五”普通高等教育本科国家级规划教材

书号：9787302268574
作者：薛华成
定价：49.80 元
出版日期：2011.12

任课教师免费申请

管理信息系统（第 6 版）简明版

本书特色

名师大作，经典管理信息系统教材，简明版更适合非信息管理专业学生。

教辅材料

课件

获奖信息

“十二五”普通高等教育本科国家级规划教材

书号：9787302330950
作者：薛华成
定价：45.00 元
出版日期：2013.7

任课教师免费申请

管理信息系统：管理数字化公司（全球版·第12版）

本书特色

原汁原味，全球高校广泛采用，兼具权威性和新颖性，更加灵活和可定制化。

教辅材料

课件、习题库

书号：9787302449706
作者：（美）肯尼思·C.劳顿　简·P.劳顿
定价：79.00元
出版日期：2016.8

任课教师免费申请

数据、模型与决策

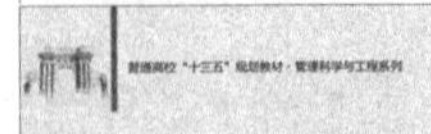

本书特色

创新型教材，理论与实践兼备，课件资源丰富。

教辅材料

课件

书号：9787302524731
作者：张晓冬　周晓光　李英姿
定价：49.00元
出版日期：2019.3

任课教师免费申请

信息技术应用基础教程（第二版）

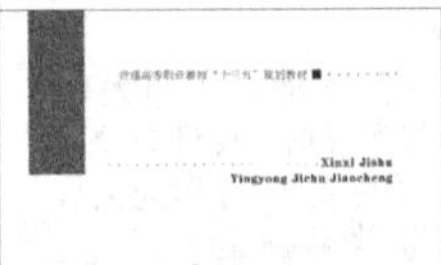

本书特色

操作性强，简明实用，适合应用型本科及高职层次，数十所大学采用，广受欢迎。

教辅材料

教学大纲、课件

书号：9787302527503
作者：丁韵梅　谭予星　等
定价：48.80元
出版日期：2019.6

任课教师免费申请

信息管理学教程（第五版）

本书特色

经典教材，结构合理，多次改版。

教辅材料

课件

书号：9787302526841
作者：杜栋
定价：48.00元
出版日期：2019.3

任课教师免费申请

运营管理（第二版）

本书特色

“互联网+”教材，结构合理，形式丰富，课件齐全，便于教学。

教辅材料

教学大纲、课件、教师指导手册、案例解析等

获奖信息

辽宁省“十二五”规划教材

书号：9787302531593
作者：李新然 主编，俞明南 副主编
定价：49.00元
出版日期：2019.8

任课教师免费申请

现代生产管理学（第四版）

本书特色

经典的生产管理学教材，畅销多年，课件齐全。

教辅材料

课件

书号：9787302491217
作者：潘家轺
定价：49.00元
出版日期：2018.3

任课教师免费申请

质量管理学（第三版）

本书特色

畅销教材的最新修订版，内容丰富，课件完备。

教辅材料

课件

书号：9787302499206
作者：刘广弟
定价：49.00 元
出版日期：2018.5

任课教师免费申请

国际认证认可——质量管理与认证实践

本书特色

专门的质量认证认可方面的高校课程和培训教材。全面介绍认证认可、质量管理体系认证、产品认证、服务认证的相关知识。作者多年从业经验，教材紧密结合实践，辅助资源齐全。

教辅材料

课件

书号：9787302513896
作者：刘建辉
定价：49.00 元
出版日期：2018.10

任课教师免费申请

项目管理（第 3 版）

本书特色

“十二五”国家规划教材，根据最新 PMBOK 更新改版，理论结合应用。

教辅材料

课件

获奖信息

“十二五”普通高等教育本科国家级规划教材

书号：9787302481287
作者：毕星
定价：29.00 元
出版日期：2017.11

任课教师免费申请

项目管理

本书特色

实用性强，深入浅出，课件完备。

教辅材料

课件

书号：9787302548737
作者：许鑫 姚占雷
定价：48.00 元
出版日期：2020.3

任课教师免费申请

建设工程招投标与合同管理

本书特色

创新型“互联网+”教材，章末增设在线测试习题，课件资源丰富。

教辅材料

课件

书号：9787302528289
作者：赵振宇
定价：45.00 元
出版日期：2019.6

任课教师免费申请

ERP 原理与实施

本书特色

原理与实施相结合，内容全面实用。

教辅材料

课件

书号：9787302470526
作者：金镭 沈庆宁
定价：42.00 元
出版日期：2017.6

任课教师免费申请

◦管理科学工程◦

管理决策模型与方法

本书特色

“互联网+”教材，结构合理，形式丰富，课件齐全，便于教学。

教辅材料

教学大纲、课件

书号：9787302508502
作者：金玉兰 沈元蕊
定价：45.00元
出版日期：2019.6

任课教师免费申请

软件项目管理（第二版）

本书特色

“互联网+”创新型立体化教材，增设在线测试题，配套资源完备，附赠课件。

教辅材料

课件、习题答案、案例解析

书号：9787302556831
作者：夏辉 徐朋 王晓丹 屈巍 杨伟吉 刘澍
定价：49.00元
出版日期：2020.7

任课教师免费申请

生产计划与管控

本书特色

“互联网+”教材、内容全面，深入浅出，注重实践，教辅丰富。

教辅材料

教学大纲、课件、习题答案、案例解析

书号：9787302571643
作者：孔繁森
定价：79.00元
出版日期：2021.8

任课教师免费申请

运筹学导论（英文版·第11版）

本书特色

运筹学经典教材，在国外高校中有很高的采用率，原汁原味英文版，配有中文翻译版，原书配套网站提供丰富资源。

教辅材料

课件、习题答案、习题库、数据集

书号：9787302580904
作者：[美]弗雷德里克·希利尔 杰拉尔德·利伯曼
定价：99.00元
出版日期：2021.5

任课教师免费申请